20世纪中国语言学方法论研究

陈保亚 著

图书在版编目(CIP)数据

20世纪中国语言学方法论研究/陈保亚著.—北京：商务印书馆,2015(2023.3重印)
ISBN 978-7-100-11607-7

Ⅰ.①2… Ⅱ.①陈… Ⅲ.①语言学—方法论—中国—20世纪 Ⅳ.①H0-3

中国版本图书馆 CIP 数据核字(2015)第 232523 号

权利保留,侵权必究。

20世纪中国语言学方法论研究
陈保亚 著

商 务 印 书 馆 出 版
(北京王府井大街36号 邮政编码100710)
商 务 印 书 馆 发 行
北京捷迅佳彩印刷有限公司印刷
ISBN 978-7-100-11607-7

| 2015年12月第1版 | 开本 787×960 1/16 |
| 2023年3月北京第3次印刷 | 印张 49¼ |

定价:198.00元

本书是作者所主持的一系列研究项目的成果之一,感谢各基金会的支持:

1994:汉藏语系的发生学研究(国家社科基金项目,批准号 94 CYY 002);

1996:二十世纪中国语言研究方法论(国家教委人文社会科学研究规划项目,批准号 1996—1998,96JC740001);

1998:近二十年来中国语言学理论建设研究(国家社会科学基金项目,批准号 98BYY001);

2001:网络汉语研究(北京市社科基金重点项目,批准号 03 BJAWY 002);

2003:汉越语音对应语素的时间层次(教育部博士点基金项目,批准号 03JB740008);

2004:汉台对应语素数据库及其时间层次标注(国家社科基金重点项目,批准号 04AYY001);

2006:基于严格语音对应同源语素的汉藏语系数理谱系分类(教育部基地重大项目,批准号 2006JDXM007);

2008:基于汉藏语言有序对应数据库的亲缘关系计量研究(国家自然科学基金项目,批准号 60773159);

2011:基于系统语音对应的核心词分阶及建模研究(教育部基地重大项目,批准号 11JJD740004);

2013:基于严格语音对应的汉语与民族语言关系字专题研究(国家社科基金重点项目,批准号 13AZD051);

2014:基于中国语言及方言的语言接触类型和演化建模研究(国家社科基金重大项目,批准号 14ZBD102)。

目 录

引言 ·· 1
1 马建忠的语法理论 ·· 5
2 中国结构语言学 ··· 18
  2.1 语法理论 ·· 19
    2.1.1 词类论 ··· 19
      2.1.1.1 分布观念的形成 ································ 19
      2.1.1.2 一线制和双轴制 ································ 22
      2.1.1.3 词类的意义标准和三品说 ····················· 27
      2.1.1.4 鉴定字的提出 ··································· 31
      2.1.1.5 分布理论的全面展开 ·························· 38
      2.1.1.6 鉴定字与英汉词类的有阶比较 ··············· 45
      2.1.1.7 语类划分的相对性与分布特征推导 ········· 61
    2.1.2 单位论 ··· 69
      2.1.2.1 同形替代法与词的提取 ······················· 70
      2.1.2.2 扩展法与词的提取 ···························· 78
    2.1.3 结构论 ··· 83
      2.1.3.1 同构 ·· 84
      2.1.3.2 句法结构的初始概念 ·························· 87
      2.1.3.3 结构关系的判定 ······························· 95
    2.1.4 层次论 ··· 104
    2.1.5 词组本位论 ·· 109
  2.2 音系理论 ··· 113
    2.2.1 音位的相对性 ··· 113
    2.2.2 音节中心观念与音节的层次 ······················· 118

    2.2.3 调位论 ··· 125
    2.2.4 音系和语法的关系 ···································· 128
  2.3 中国结构语言学的地位和去向 ······························ 136
3 基于语文学的汉语历时研究 ·· 149
  3.1 系联法 ··· 151
  3.2 对音与古音构拟 ··· 153
  3.3 谐声原则 ··· 163
  3.4 空格论与内部构拟法 ·· 164
  3.5 右文说 ··· 168
4 汉藏语言发生学 ··· 174
  4.1 汉藏语言谱系划分分歧的产生 ······························ 175
  4.2 同构标准的采用 ··· 176
  4.3 对应标准的转向 ··· 180
  4.4 同源标准的探索 ··· 184
5 异质语言研究的兴起：语义关系研究 ····························· 191
  5.1 异质语言观的转向 ··· 191
  5.2 语义研究的必要性 ··· 194
  5.3 语义结构关系 ··· 197
  5.4 变换分析与转换层面 ·· 202
    5.4.1 变换分析的必要性 ······································ 204
    5.4.2 变换分析的平行性原则 ································ 220
    5.4.3 空语类和深层结构 ······································ 224
    5.4.4 汉语的支配与约束 ······································ 230
  5.5 语义结构关系的扩展 ·· 237
    5.5.1 格语法和配价语法的研究 ······························ 237
    5.5.2 形容词和名词的配价 ···································· 246
    5.5.3 论元的判定 ·· 248
  5.6 语义特征研究 ··· 250
  5.7 语义指向分析 ··· 258
  5.8 语法研究的三个层面 ·· 261

5.9　IA 与 IP：汉语与中国结构语言学 ………………………… 269
6　非线性音系研究 …………………………………………………… 274
　　6.1　对非线性的认识：基本形式和派生形式 …………………… 275
　　6.2　声调的调域和音高 …………………………………………… 277
　　6.3　连读变调的复杂条件 ………………………………………… 284
　　6.4　字调与词调 …………………………………………………… 287
　　6.5　节律研究 ……………………………………………………… 289
　　　　6.5.1　莫拉、音节和音步 ……………………………………… 290
　　　　6.5.2　韵律词和韵律短语 ……………………………………… 295
　　　　6.5.3　节律层阶的表现形式 …………………………………… 297
　　　　6.5.4　节律和句法研究 ………………………………………… 299
　　6.6　语调研究 ……………………………………………………… 303
　　6.7　优选论与汉语音系学 ………………………………………… 304
7　字本位论 …………………………………………………………… 308
　　7.1　语素与字 ……………………………………………………… 311
　　　　7.1.1　对比原则的必要性 ……………………………………… 312
　　　　7.1.2　字与语素的切分 ………………………………………… 314
　　　　7.1.3　字与语素的归并 ………………………………………… 324
　　7.2　字化现象 ……………………………………………………… 327
　　　　7.2.1　分析型字化 ……………………………………………… 327
　　　　7.2.2　综合型字化 ……………………………………………… 330
　　7.3　字与词 ………………………………………………………… 333
　　　　7.3.1　自由标准与词的提取 …………………………………… 334
　　　　7.3.2　平行周遍对比与规则字的提取 ………………………… 336
　　　　7.3.3　单层单位说的不充分性 ………………………………… 344
　　　　7.3.4　语法单位的类型差异 …………………………………… 346
　　7.4　平行周遍原则 ………………………………………………… 349
　　　　7.4.1　自由与平行周遍条件 …………………………………… 349
　　　　7.4.2　自由与规则的关系 ……………………………………… 354
　　　　7.4.3　平行周遍条件与类比 …………………………………… 356

    7.4.4　汉语词法和句法的对齐 …………………………… 361
  7.5　语义语法 ……………………………………………… 366
8　词汇扩散论 …………………………………………………… 381
  8.1　词汇扩散与音变方式 ………………………………… 382
  8.2　词汇扩散与音变条件 ………………………………… 385
9　叠置式音变论 ………………………………………………… 392
  9.1　音系叠置与音变规律 ………………………………… 393
  9.2　音系叠置和差异原则的冲突 ………………………… 400
  9.3　语法系统的叠置 ……………………………………… 412
10　自组织论 …………………………………………………… 415
  10.1　结构协合与变异的序 ………………………………… 419
  10.2　组合协合与聚合协合 ………………………………… 431
  10.3　多层次干扰 …………………………………………… 436
  10.4　结构与音变规律 ……………………………………… 444
11　语言接触的无界有阶论 …………………………………… 453
  11.1　母语匹配与接触规律性 ……………………………… 455
  11.2　语言转换与语言转型 ………………………………… 463
  11.3　互协同构与无界有阶性 ……………………………… 468
  11.4　对应：同源的必要条件而非充分条件 ……………… 473
12　语素关联对应与层次 ……………………………………… 478
  12.1　关联对应分析的必要性 ……………………………… 478
  12.2　关联对应的单位 ……………………………………… 480
  12.3　建立对应的基本形式：语素与字 …………………… 480
  12.4　对应的语义实证原则 ………………………………… 481
  12.5　完全对应和不完全对应 ……………………………… 483
  12.6　完全对应的周遍性 …………………………………… 487
  12.7　一致对应 ……………………………………………… 499
  12.8　多重对应与时空层次区分 …………………………… 501
  12.9　普遍对应与非普遍对应 ……………………………… 504
  12.10　完全一致对应与普遍一致对应 …………………… 505

  12.11 核心一致对应 ··· 507
    12.11.1 核心字、核心语素、核心语符和核心词 ··············· 507
    12.11.2 核心一致对应语素集 ··· 508
    12.11.3 核心一致对应语素集的重要性 ································ 510
    12.11.4 声调在核心一致对应中的层次判定作用 ·············· 511
  12.12 有序对应关联表 ··· 512

13 关系词有阶分析 ··· 521
  13.1 关系词比较的基础：现代语言还是构拟语言 ········ 521
  13.2 绝对有阶分析 ·· 524
    13.2.1 绝对有阶分析程序 ·· 525
    13.2.2 绝对有阶分析的可行性与限度 ································ 535
    13.2.3 核心词自动分阶问题 ··· 538
  13.3 相对有阶分析 ·· 540
    13.3.1 单向相对有阶分析 ·· 541
    13.3.2 双向相对有阶分析 ·· 545
    13.3.3 内核语符相对有阶分析 ·· 550
  13.4 语素类聚有阶分析 ··· 554
    13.4.1 考古证据和语素文化类聚分阶 ································ 556
      13.4.1.1 类聚语素的对应和考古分布 ······················ 556
      13.4.1.2 语素的时空判定和传播过程 ······················ 561
      13.4.1.3 语素类聚考古有阶分析方法 ······················ 565
    13.4.2 自然序列和语素类聚分阶 ··· 566
      13.4.2.1 数词对应的语源问题争论 ···························· 566
      13.4.2.2 汉台数词类聚的有阶分布 ···························· 567
      13.4.2.3 数词分布语序的有阶差异 ···························· 569

14 历史比较与恰当重构 ··· 573
  14.1 比较的充分性 ·· 574
  14.2 弱重构、过度重构与恰当重构 ······························ 579
  14.3 构拟的系统格局和音变机制 ·································· 581

15 基于异质性的《切韵》研究 ·· 585

- 15.1 从《切韵》同质论到《切韵》异质论 585
- 15.2 比较法的作用与限度 591
- 15.3 语文学和比较法的互补 595
- 15.4 构拟的协调性和充分性 600
  - 15.4.1 赋值的充分性 605
  - 15.4.2 内转与外转 606
  - 15.4.3 等 607
  - 15.4.4 开合 610
  - 15.4.5 摄 611
  - 15.4.6 《切韵》音系韵母协调构拟表 611

16 基于异质性的上古音构拟 623
- 16.1 上古音和中古音的关系 625
- 16.2 上古韵母 626
  - 16.2.1 韵腹和押韵原则 626
  - 16.2.2 介音和等 628
  - 16.2.3 重纽 629
  - 16.2.4 上古韵部拟音修订 634
- 16.3 上古声母 635
  - 16.3.1 复辅音 635
  - 16.3.2 腭化 640
  - 16.3.3 日母和娘(泥)母的对立 642
  - 16.3.4 上古声母表 643
  - 16.3.5 上古声母及其和中古声母的关系 644
- 16.4 上古声调 645
  - 16.4.1 从音变规则看上古四声 645
  - 16.4.2 阴入通押 646
  - 16.4.3 去声 647
  - 16.4.4 上古类声调及其和中古声调的关系 649

17 汉藏区域语言的谱系关系 651
- 17.1 汉藏关系字关联对应与有阶分布 651

17.2 澳台关系字关联对应与有阶分布 …………………………… 659
　17.2.1 首音、腹音、尾音的切分和关联对应 ………………… 659
　17.2.2 傣印词根关联对应表 …………………………………… 662
　　17.2.2.1 傣印首音对应 …………………………………… 662
　　17.2.2.2 傣印腹音对应 …………………………………… 663
　　17.2.2.3 傣印尾音对应 …………………………………… 665
　17.2.3 傣印完全对应有阶分布 ………………………………… 666
　17.2.4 傣印宽式不完全对应有阶分布 ………………………… 667
　17.2.5 同源关系的可传递性和澳台语源关系 ………………… 670
17.3 汉藏区域语言谱系关系 ……………………………………… 673
17.4 谱系分类的原则 ……………………………………………… 674
　17.4.1 共享创新法 ……………………………………………… 674
　17.4.2 词源统计法 ……………………………………………… 676
　17.4.3 严式词源统计法和谱系树绘制 ………………………… 679
　17.4.4 谱系分类存在的问题 …………………………………… 681

结语 ………………………………………………………………… 683

符号和术语说明 …………………………………………………… 689

中西人名对照 ……………………………………………………… 697
　1 人名译名对照西文排序 ……………………………………… 697
　2 人名译名对照汉语排序 ……………………………………… 701

参考文献 …………………………………………………………… 705

后记 ………………………………………………………………… 773

引 言

一种方法论就是一种理论,语言学方法论就是语言学理论。本书所理解的中国语言学方法论指以汉语、中国境内民族语言以及跨境民族语言为研究对象所涉及的方法论或理论。

中国的语言学研究有个传统,很多受过严格理论训练的学者并不轻易正面展开方法论或理论的讨论,但在材料的观察和分析过程中都带有特定的方法论。比如赵元任的《现代吴语研究》(1928)就是这方面的典型,它的方法论基础就是描写语言学和历史比较语言学。实际上对任何材料的观察和分析都有特定的方法论。材料需要理论和方法来照亮,从语言学家和被调查人对材料的解释过程中就可以看出这一点。被调查人往往都比调查者更熟悉所面对的语言,但通常都不可能像语言学家那样能够提取出材料的规律。扎实而有规律的描写往往蕴涵了坚实的理论基础。

关于20世纪中国语言学方法论已经有不少论著做了介绍,本书将把重点放在对方法论的研究和论证方面。由于中国语言学研究把方法隐藏在材料背后的这种特殊传统,分析中国语言学方法论就显得非常困难。这就需要我们有面向材料分析的评价标准,而不是简单的介绍和梳理。只有经过大量材料的分析,我们才能够断定隐藏在材料背后的方法论的得失。断定一种方法的得失可以有很多角度,可以看这种方法和某个著名语言学家的说法是否一致,可以看这种方法和某个重要理论是否一致,也可以看这种方法是否跟当前趋势一致。这些都是值得参考的角度,但本书评判一种方法的得失主要是观察这种方法对材料的解释力,这就需要我们在讨论一种方法的得失时分析很多材料,这样做可能会使某些问题的叙述过分专门化,过分烦琐,但这样展开分析可以使方法论进展的线路更具有实证性,同时也便于说明我们提出不同方案或模型的理由。

方法论就是找出材料的规律的理论。任何一种方法都试图用规则和模型有序地解释材料。比如汉语中"差点儿没"有两种相反的意思:

肯定意义：	否定意义：
差点儿没买着。（买着了）	差点儿没摔死。（没摔死）
差点儿没考上大学。（考上了）	差点儿没掉进水里。（没掉进水里）
差点儿没修好。（修好了）	差点儿没输了。（没输）
差点儿没赶上车。（赶上了）	差点儿没错过机会。（没错过机会）
差点儿没见着面。（见着面了）	差点儿没落榜。（没落榜）

仅仅描写"差点儿没"有两种相反的意思是不够的，还需要给出理论上的解释，即在什么情况下是肯定意义，在什么情况下是否定意义。在很长一段时间，人们对"差点儿没"都没有合理的解释。后来朱德熙（1959.9）用说话者"是否企望发生"的规则解释了这个问题：企望发生的是肯定，不企望发生的是否定。提出这种解释本身就是方法论的进展，因为这一解释涉及了心理原则，以前没有人做过这样的解释。

有时候面对相同的材料可以提出不同的方法来解释。怎样判定其中哪一种方法解释力强？可以拿《切韵》同质论和《切韵》异质论来说明这个问题。

《切韵》是联系上古、近代音系和现代方言音系的重要著作。中国地域广袤，《切韵》记录的是何处的语音系统？这是历史语言学家面临的一个根本问题。面对这一问题形成了两种解释：一种把《切韵》看成一时一地的音系，可以称为同质论；一种把《切韵》看成包含了南北方言特点的综合音系，可以称为异质论。

同质论假定《切韵》音系是从《诗经》音系发展下来的，现代方言又是从《切韵》发展下来的，可以概括成这样的模式：

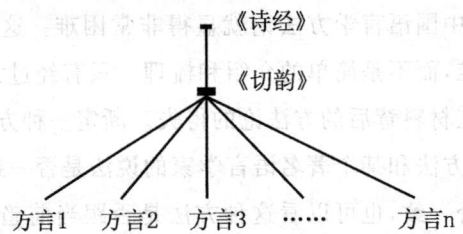

Karlgren 是《切韵》同质论的主要代表，他在《中国音韵学研究》（高本汉，1915—1926）中认为《切韵》代表了公元 6 世纪左右的长安音系。这种观念也反映在 Maspero 的《唐代长安方音》（1920）以及 Dragunov 的《对于中国古音重订的贡献》（龙果夫，1928）等论文中。按照这种观点，以《诗经》为代表的上古音发展成为以《切韵》为代表的中古长安音，中古长安音又分化成现代的诸多方音。

同质论在方法论上会碰到两个难以解释的问题。

从《切韵》往上看,即把中古的《切韵》和上古的《诗经》比较,同质论会和语音演变的规律性产生矛盾。根据《诗经》的押韵,最多可以分成31个韵部。这是不计算声调的统计。但《切韵》系统的韵部,即使不算声调,也有61部。也就是说,从《诗经》到《切韵》,韵部主要是一个分化过程,而且分化的数量相当大,因此韵部增加了很多。问题还不在于分化的数量。如果分化是有条件的,分化得再多也符合语音演变的规律性。同质论的矛盾就在于,从《诗经》到《切韵》,很多分化是找不到条件的。如果只是几个韵部找不到分化的条件,尚可说我们的研究深度不够,条件尚未找到。现在的难点是,从《诗经》到《切韵》,很多韵部的分化都找不到条件。这可能不是条件尚未找到的问题。找不到分化条件,而说从《诗经》到《切韵》产生了分化,这和语音演变的规律性有矛盾。

再从《切韵》往下看,把中古《切韵》和现代方言比较。如果《切韵》代表了中古音,而中古音又是长安音,就必须假定现代中国的几大方言都是从长安音分化出来的。但是从方言存在的一些特殊音类对立看,闽方言可能在中古以前就形成了,不太可能是由长安音分化出来的。

张琨在《原始汉语韵母系统与〈切韵〉》(1972)中开始对《切韵》的性质做了新的解释,可以把这种解释作为《切韵》异质论的代表,其含义可以概括如下:

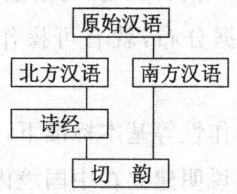

即《切韵》不完全是由《诗经》发展而来的,早在《诗经》以前,原始汉语就分化成为北方汉语和南方汉语,《切韵》既包含了《诗经》的北方汉语系统,也包含了《诗经》以外的南方的汉语系统,《切韵》所反映的语音系统是综合系统,是一个异质系统。这样比较容易解释《切韵》和《诗经》的复杂关系,也比较容易解释《切韵》和现代方言的复杂关系。

面对相同的材料,两种方法的解释力可能相同,这时需要诉诸简明性原则。比如对汉语儿化词的分析有两种方法。一种是线性切分,即把 kar^{51}(盖儿)这样的词进行线性切分,得到 ka-^{51} 和 r 两个成分,ka-^{51} 是 kai^{51}(盖)的语素变体,分布在-r前面，-r是"体词·小称"语素。这是美国结构语言学描写北京话时采取的方法。另一种分析方法是先不直接做表层的线性切分，而用改写规则描写，即先假定底层语素 kai^{51}（盖）和 r 的存在，当这两个底层形式结合而变成可以观察到的表层形式时，有一条语音规则控制着改写规则：

$$-ai+r \rightarrow ar$$

这是很多中国学者描写北京话时隐藏在背后的一种方法。显然，这两种方法都可以描写儿化，但线性切分法不符合简单性原则，因为儿化词很多，线性切分法必然面临大量语素变体，而用改写规则来描写儿化词要简单得多。

评价一种方法的强弱还涉及可操作性问题。在词类理论中，分布（distribution）标准比意义标准好，就在于分布标准有可操作性，意义标准可操作性较低。比如[①]：

金	银	铜	铁	锡
*金是金属	*银是金属	铜是金属	铁是金属	锡是金属
*一块金	*一块银	一块铜	一块铁	一块锡
*买金	*买银	买铜	买铁	买锡

如果根据意义把"金、银、铜、铁、锡"都看成事物，把它们都看成名词，就不能说明为什么"金、银"在组合上要受到限制，而"铜、铁、锡"不受限制。坚持意义标准的人可以说"金、银"的语法意义和"铜、铁、锡"的语法意义有区别，但怎样判定这种区别，没有可操作性。如果根据分布，就有可操作性，"金、银"可归入区别词，"铜、铁、锡"可归入名词。

在解释力强、简单性、可操作性等基本标准下，我们将展开具体材料分析，研究20世纪中国语言学方法论，说明建立在中国境内语言研究基础上的语言学方法对普通语言学的意义，揭示存在的主要问题，并尽可能在我们自己已有的研究基础上提出自己的研究方法或思路。

---

① 左上方带"*"的言语片段是不可接受的言语片段。

1. 马建忠的语法理论

《马氏文通》是中国第一部语法著作,尽管语料的时间跨度很大,但仍然是一部共时研究著作。共时研究主要描写要素在同一时间中的关系,而不管要素在不同时间中的关系。

任何学科的初级阶段都需要把所研究的对象限定在一个确定的范围内,使研究的对象有一个稳定的、静态的、没有变异的、可观察的基础。这就是研究对象的同质化。同质化的目的是使研究者容易达成共识。语言研究的初级阶段需要对语言同质化,中国语言研究的初级阶段也需要对语言同质化。在同质化的基础上对语言所做的研究可以称为同质语言研究。

马建忠的《马氏文通》(1898)标志着中国现代语言学的开始,同时也标志着中国同质语言研究的开始。后来 Karlgren 的《中国音韵学研究》属于历时研究范畴(高本汉,1925—1926)。在共时研究中,为了使研究对象高度同质化,《马氏文通》把研究对象限制在汉代及汉代以上,汉代以后只取韩愈的文章,因为韩愈的文章和汉代以前的文章比较接近。在历时研究中,Karlgren 的《中国音韵学研究》把研究对象集中在《切韵》上,认为《切韵》代表了中古音,是一个内部一致的系统。

马建忠和 Karlgren 分别从共时和历时的角度开创了中国同质化语言研究的范式。20 世纪上半个世纪的中国语言研究,正是在同质化过程中展开的。

共时语法研究的根本任务是找到有限的单位和将有限的单位组合成句子的规则。马氏找出了最基本的单位:字。为了说明字的组合,马氏引入了三个相当重要的概念:相当于词类的字类、相当于语义格(论元)的"词"、相当于句子成分或语法格的"次"。因此,马氏在方法论上的重要特点是:

    1.提出了基本单位"字"。
    2.提出了汉语字类的学说。
    3.初步区分了语义结构关系和语法结构关系,提出了两套句子成分。

纵观百年来语法理论的变迁,各种语法体系都是围绕这几个基本问题展开的。体系总是建立在少数几条基本原则的基础上的。很多人认为马建忠模仿拉丁语法体系,这只是从语法体系上去看问题。从方法论上看,马建忠一开始就有自己的特点。把"字"作为基本单位,提出汉语的字类学说,并不完全是模仿印欧语法。

马氏的字类学说对后来的汉语语法研究影响很大。在马氏看来,字类问题是语法的核心问题。马氏认为:

> 惟字之在句读也必有其所,而字字相配必从其类,类别而后进论夫句读焉。(《马氏文通·例言》,P15)

这里的论述涉及了20世纪语法研究方法论的两个根本概念:单位的分布(位置)和单位的类(语类)①。这两个概念也是 Boas(1911)、Bloomfield(1926;1933)、Harris(1946;1951)等结构语言学家甚为关心的问题。语类问题在马氏的著作中体现为字类问题。马氏认为字类是组字造句的条件(字字相配必从其类),这是马氏观察到的一个非常重要的语法事实。句法的核心问题就是说明组合关系,而组合关系是以聚合关系为条件的。当然马氏并没有弄清楚字类和分布的复杂关系,尽管他认识到了"惟字之在句读也必有其所"这样一个分布问题,但并没有处理好分布和字类的关系。在实际划分字类的时候,既根据意义,又根据位置(分布),有时候两个标准会产生矛盾。马氏首先划分了实字和虚字,所根据的标准就是意义及跟意义相联系的功能:

> 界说一:凡字有事理可解者,曰实字。无解而惟以助实字之情态者,曰虚字。(《马氏文通·正名》,P19)

马氏的虚字主要是从位置和功能来分类的。《马氏文通·正名》有如下界说:

> 界说七:凡虚字以联实字相关之义者,曰介字。
>
> 界说八:凡虚字用以为提承展转字句者,统曰连字。
>
> 界说九:凡虚字用以煞字与句读者,曰助字。
>
> 界说十:凡虚字以鸣人心中不平之声者,曰叹字。

马氏实字的划分在界说时根据的是意义(《马氏文通·正名》,P20—21):

> 界说二:凡实字以名一切事物者,曰名字,省曰名。

---

① 基于不同的体系,目前有字类和词类的说法,我们统称为语类。

界说四：凡实字以言事物之行者，曰动字。

界说五：凡实字以肖事物之形者，曰静字。

但在实际操作中则根据具体位置和该位置中的意义。像下面的句子：

陛下不能将兵而善将将。(《史记·淮阴侯列传》)

马氏认为前两个"将"是动字，最后一个"将"是名字(《马氏文通·正名》界说十，P24)。因此马氏提出了一个著名论断："字无定义，故无定类。而欲知其类，当先知上下之文义何如耳。"(《马氏文通·正名》界说十，P24)不过一般人都把马氏的这一论断误解为词无定类的根据，而忽略了马氏说这句话的前提，即"字无定义"的前提。实际上马氏这一论断是针对多义字而说的，即多义字可以有多类。所以马氏说：

字各有义，而一字有不止一义者，古人所谓"望文生义"者此也。义不同而其类亦别焉。故字类者，亦类其义焉耳。(《马氏文通·正名》界说十，P23)

字有一字一义者，亦有一字数义者。后儒以字义不一而别以四声，古无是也。凡字之有数义者，未能拘于一类，必须相其句中所处之位，乃可类焉。(《马氏文通·正名》界说十，P23)

《马氏文通》在这个论题下所举的例子，都是指多义字的情况(《马氏文通·正名》界说十，P23—24)。例如：

《论·学而》："求之与？抑与之与？"第二"与"字为动字，上下两"与"，皆虚字也。

《孟·万上》："讼狱者不之尧之子而之舜。"第二"之"字，虚字，上下两"之"字，解往也，动字也。

真正体现马氏字无定类思想的学说实际上是在他的"假借说"中(《马氏文通·实字卷之二》，P34)。比如：

《汉·张敞传》："夫心之精微，口不能言也；言之微眇，书不能文也。""精微"与"微眇"皆静字，今用为通名矣。

《庄·逍遥游》："天之苍苍，其正色耶？""苍苍"重言，本状字也，今假借为名。

这里做主语的静字和状字在语义上和它们做语词(谓语)或状词(状语)的意义是一样的，马氏由此认为它们假借为名字。回头来看前面"字无定义，故无定类"中所说的"字"，是指一个字在不同位置上意义不一样。可以说，马氏早在100年前已经区分了两种情况：

  1. 字义不同而出现在不同的语法位置上。

  2. 字义相同而出现在不同的语法位置上。

对于前一种情况，我们现在也可以看成属于不同的字类（词类）。比如：

  会唱(动词)歌　　开个会(名词)

  他把(动词)着门　　把(介词)门关上　　一把(量词)伞

  一张白(形容词)纸　　白(副词)跑了一趟

但对于第二种情况，问题比较复杂。比如：

A	B	C
很热	热一碗饭	喜欢热不喜欢冷
很红	红了脸	喜欢红不喜欢绿
很低	低一下头	喜欢低不喜欢高
很冷	*冷一碗饭	喜欢冷不喜欢热
很绿	*绿了脸	喜欢绿不喜欢红
很高	*高一下头	喜欢高不喜欢低
……	……	……

  A栏的"热、红、低、冷、绿、高"等词都是可以受"很"修饰的形容词，可以看成是本用，它们在B栏和C栏中分布在不同的语法位置上，B栏中的分布是有条件的，不是所有受"很"修饰的形容词都可以这样分布，带*号的表示不能这样分布。C栏中的分布是无条件的，所有受"很"修饰的形容词都可以这样分布。我们现在通常把B栏的分布看成是兼类或互用的结果，是部分形容词的一种性质，而把C栏的分布看成是所有形容词的一个性质。

  马氏的假借说没有区分B、C两种情况。马氏断定字类假借的根据也是字所处的位置或分布。不过马氏预先假定了静字、状字不能出现在主语位置上，只有名字才能做主语，现在既然静字、状字出现在主语位置上了，就假借成了名字。为什么静字、状字不能出现在主语位置上，名字才能出现在主语位置上？这里有一个潜在的原则。一般认为这是印欧语法的框架，因为在印欧语中，名词做主语、宾语是基本的，动词、形容词等做主语都有名物化的标记，要转换成名物性的成分。印欧语存在句子成分和形态对应的现象。根据这种对应来划分词类便形成形态成分对应原则，这一原则的基本思想是：在不改变词汇意义的情况下，如果一个词(字)在不同的语法位置上有不同的形态变化，就属于不同的词类，如果没有不同的形态变化，就属于相同的词类。印欧语一般可以根据形态成分对应原则把动词、形容词的类和名词的类区别开。但是，汉语的动词、形容词做主语、宾语，一般不需要形式上的变化。比较汉语和英语的"游泳"和"茶"：

Swimming is good for health.　　She likes swimming.
游泳有益于健康。　　　　　　　她喜欢游泳。

Tea is good for health.　　　　She likes tea.
茶有益于健康。　　　　　　　　她喜欢茶。

英语中的 swim 在主语和宾语位置上要转换成带 ing 的形式，和 tea 不一样。汉语的"游泳"在主语和宾语的位置上没有形态变化，和"茶"一样。根据形态对应原则，必然导致词类假借说，最终导致汉语无词类的结论。形态成分对应原则对后来的汉语语法研究影响很大。

马氏划分字类不是根据形态成分对应原则，因为汉语中没有形态。马氏在给实字分类时，界说中根据的是意义，实际操作中主要根据的是位置或分布。从根本上说，马氏主张从字所处的位置或分布来断定字类，这是 20 世纪结构语言学确定词类的一个基本原则：分布。分布原则和形态成分对应原则并不相同。但是从马氏的分布论中为什么会引出字无定类的结论？其实所谓"分布"是一个相当复杂的概念，可以有具体分布（specific distribution）和总体分布（total distribution）两种不同的理解，这两种不同的理解可以导致完全不同的词类观念和分类原则。具体分布是根据词在句子中的具体环境来确定词类，比如出现在主语、宾语中的词是名词，出现在定语中的词是形容词或分词。印欧语的词类大体上可以这样处理，因为印欧语的词类和句子成分大体上是一一对应的。汉语不是这样，词类和句子成分的关系很复杂。总体分布是从词所分布的所有环境来确定词类。在当时的条件下，由于对汉语的特点认识不足，还没有人对总体分布有充分研究。更主要的是，马建忠所用的语料都是古汉语，材料不可能得到充分测试和检验，即在古代汉语的范围内我们不能充分有效地描写和测试每个单位的分布情况，因为"总体分布"这个概念涉及对一个词在各种句法结构位置上的描写，它要求的语料从理论上说应该是无限的、可测试的，只有现代的语料可以达到这一点，即调查者可以通过被调查者来收集无限的语料，展开测试调查。古代汉语尽管文献浩瀚，但仍然是有限的，要确定一个词的分布总和很困难。马氏不可能断定是否所有的静字和状字都可以做主语。

正是在有限语料的前提下，不能对马氏要求过高。马氏提出用位置来确定字类的操作方法,从方法论的角度看已经很领先了。十几年后,Boas(1911)作为美国结构语言学创始人提出了跟单位的位置有关的分析法,即把语序(order)作为表达语言单位之间关系的基本手段之一。Boas当时也没有谈到总体分布的问题,因为印欧语的语序相对来说不是很固定,Boas不太可能首先提出分布或位置的方法来确定词类,更难涉及总体分布问题。

现在来看马氏是怎样处理语法结构和语义结构的关系。马氏在句法层面提出了"词"和"次"两个概念,我们现在所说的"词",在马氏体系中是"字"。通常认为,马氏的"词"代表句子成分,"次"和"词"没有根本区别,是同一概念的不同说法,马氏区分"词"和"次"是多余的。下面的讨论旨在说明,"词"和"次"的区分是有必要的,这种区分暗示了语义结构关系的区分和语法结构关系的区分。

根据我们对《马氏文通》用例的调查,"词"相当于现代语法理论中的语义结构成分或论元结构中的论元角色,即通常所谓的施事、行为、受事、与事、工具、处所等概念,而"次"才相当于句子成分,即主语、宾语、定语、中心语等概念。更严格地说,由于"次"只限于名词,所以"次"相当于印欧语中表层的语法格,即主格、宾格、领格等概念。这样来理解《马氏文通》的"词、次",与百年来大多数学者的理解有距离。下面先说明这样理解的理由,然后讨论马氏确立这两个重要概念的理论意义。①

"词"和"次"的概念在马氏的实例解释中是有区别的。"起词"基本上相当于我们现在所说的施事,"止词"相当于我们现在所说的受事。"主次、宾次、偏次、正次"相当于我们现在所说的主语、宾语、定语、中心语。从马氏对"词、次"的定义看,也能说明这一点(《马氏文通·正名》)。马氏的各种"词"都是从语义关系上定义的,和当代语言学中从语义关系的角度定义"施事、受事、动作行为、性质、状态"等方式大体一致:

  界说十二:凡以言所为语之事物者,曰起词。

  界说十三:凡以言起词所有之动静者,曰语词。

  界说十六:凡名代之字,后乎外动而为其行所及者,曰止词。

  界说十六:惟静字为语词,则名曰表词,所以表白其为如何者,亦以别于止词耳。

---

① 值得注意的是,朱德熙(1985,P41)曾提到马氏的"起词"指施事,"止词"指受事。

正是因为"词"是从语义关系定义的,在语词前的名字就不一定是起词,只有和语词有狭义或广义施事关系的,才是起词。在语词前,表示处所、时间的名字一般不是起词。同样,语词后的名字也不一定是止词,只有和语词有狭义或广义受事关系的,才是止词。

从语义结构关系看,名字和动字的关系是很多的,不限于施事和受事,正是要说明这种复杂的语义关系,马氏又设立了"司词、转词、加词"等概念。

凡名代诸字为介字所司者,曰司词(界说二十二,P28)。

介字与其司词,统曰加词,所以加于句读以足起语诸词之意(界说二十二,P28)。

外动行之及于外者,不止一端。止词之外,更有因以转及别端者,为其所转及者曰转词。转词例有介字为先焉。介字不外"於""以""为""舆""自"诸字,而转词介字,一视外动之行而各异(实字卷之四·外动字四之一,P145)。

"司词、转词、加词"等概念概括了"施事、受事"无法说明的各种语义关系:

《孟·梁上》:王坐于堂上。(界说二十二,P28)	"堂上",司词,处所。
《孟·梁上》:杀人以梃与刃,有以异乎?(界说二十二,P28)	"梃与刃",司词,工具。
《汉·召信臣传》:信臣为民作均水约束,刻石立于田畔,以防分争。(界说二十二,P28)	"民",司词,目的。
《孟·梁上》:王如施仁政于民。(实字卷之四·外动字四之一,P145)	"民",转词,与事。
《孟·公下》:子哙不得与人燕。(实字卷之四·外动字四之一,P146)	"人",转词,与事。
《孟·离下》:逢蒙学射於羿。(实字卷之四·外动字四之一,P148)	"羿",转词,对象。
《孟·尽上》:天下有道,以道殉身。(实字卷之四·外动字四之一,P149)	后一个"道",转词,工具。

如果把"词"理解成句子成分,就不能说明为什么马氏要设立"止词、司词、转词"等概念。其实它们是对宾语所包含的语义关系的分类。当然,当时马氏并没有把这些语义结构关系说得很清楚。

马氏的"次"才和句子成分有关系。更准确地说,"次"指和名字、代字相关的句子成分。马氏是这样来定义"次"的(《马氏文通·正名》):

界说十七:凡名代诸字在句读中所序之位,曰次。

> 界说十八：凡名代诸字为句读之起词者，其所处位曰主次。
>
> 界说十九：凡名代诸字为止词者，其所处位曰宾次。
>
> 界说二十：凡数名连用而意有偏正者，则正意位后，谓之正次。
>
> 界说二十一：凡数名连用而意有偏正者，偏者居先，谓之偏次。
>
> 界说二十二：凡名代诸字为介字所司者，曰司词。司词之次，亦为宾次。

马氏还定义了"前次"和"同次"：

> 凡名代诸字，所指同而先后并置者，则先者曰前次，后者曰同次（实字卷之三·同次三之四，P102）。

这些"次"涉及的都是句子成分的概念，"主次、宾次、偏次、正次、同次"基本上和我们现在理解的"主语、宾语、定语、中心语、同位语"分别相当，当然所管辖的词类要少一些，不包括动词、形容词等。至于"前次"，我们现在还没有一个统一的称呼。

"偏次、正次、同次"的设立最能反映"次"和句子成分的对应关系。如果说"主次、宾次"还可以勉强理解成"起词、止词"等语义结构成分，"偏次、正次、同次"等就很难理解成任何语义结构成分了，这就像定语、中心语、同位语很难当作任何语义结构项来理解一样。如果认为马氏的"次"和"词"相同，就不能说明"偏次、正次、同次"和什么样的"词"相当。

从另一个角度看，"词"相当于语义格或语义结构成分①，"次"相当于语法格，即表层的格，"主次、宾次、偏次、正次、同次"分别相当于"主格、宾格、领格、中心格、同位格"，西洋语法中的格是名词所具有的语法范畴，马氏的"次"也限于名词，这也说明"次"和表层格是等价的。后面我们会谈到，格和句子成分有很多对当的地方。因此从格的角度理解"次"，"次"仍然属于语法结构关系的概念。

正是因为"次"属于语法结构关系中的概念，所以，它所辖的语义关系很宽，比如宾次，不仅包括上面界说中的止词和司词，还包括其他语义结构成分。所以马氏说：

> 又句读中，凡名字用以记地、记时、记价值、记度量、记里数，类无介字为先者，皆可视同宾次（《马氏文通·实字卷之三·宾次三之三》，P97）。

---

① 严格地说，"语义格"是动词中心论的概念，只涉及名词和动词的语义关系，不能真正对应马氏的"词"，因为"词"也包括动词、形容词等做语义结构成分。

因此,"次"是根据名字在句子中的位置来确定的,是从形式上而不是从语义关系上规定的概念。前面我们看到,马氏在确定字类时用了位置的概念,是一个创见。这里在确定"次"的关系时又用了位置的概念,从这一点可以再次看出马氏的独创性。因为在汉语中没有形态变化或缺少形态变化,不能像印欧语那样根据形态变化确定句子成分和字类。汉语中能够依赖的最重要的显性形式特征之一就是字在句子中的前后位置。

可以说,正是马氏通过汉语的研究首先阐述了语序在语法分析中的重要性。语序、位置、分布都是相关的概念。马氏抓住语序分析语法,和后来的结构语言学分布理论的思路是一致的。语言的特点往往是产生新的方法论的条件。印欧语言由于对语序的依赖较少,印欧语学者在马氏以前并没有把语序当作最重要的原则讨论。Boas、Bloomfield 等在马氏之后提出了语序概念,在很大程度上是因为他们开始面临印第安语这样一些非印欧语言。

马氏根据名字(名词)的位置确定"次",即根据名字的位置确定句子成分,在缺少形态变化的语言中有重要意义。怎样确定主语和宾语是汉语语法研究中一大难题,20 世纪上半叶,这个问题一直没有解决好,究其原因,就是没有分清语义结构关系和语法结构关系,经常根据施事定主语,受事定谓语,由此引出很多麻烦,因为汉语中动词前后的名词和动词的关系是多种多样的:

例子	动词前名词的语义性质
他砸坏了玻璃	施事
石头砸坏了玻璃	工具
玻璃砸坏了	受事
屋子住人	处所
王冕死了父亲	?
明天下雨	时间
……	……

例子	动词后名词的语义性质
屋子里走出一个人	施事
这把刀切菜	受事
今天吃食堂	处所
挖了一个洞	结果
他跳俯卧式	方法
……	……

如果根据施事、受事等就可以决定句子成分,那么句子成分就可以取消。实

际上问题远远要复杂得多。

从赵元任(1948)开始,经过丁声树(1952)、吕叔湘(1979)、朱德熙(1979)等的努力,这方面的研究才有了一些进展,基本肯定了这样一个方法:根据名词在动词的前后位置确定主语和宾语,这种方法得到了推导式的支持。朱德熙在《论句法结构》(1962.8—9)中提出了用推导式来鉴定不同的结构关系,石安石在《汉语词组基本类型的鉴别问题》(1978.4)又进一步讨论了这个问题。以主谓关系来说:

今天有课　　　　　我们有课　　　　　马上有课
今天有没有课　　　我们有没有课　　　＊马上有没有课
今天是不是有课　　我们是不是有课　　＊马上是不是有课
今天没有课　　　　我们没有课　　　　＊马上没有课

名词在前和副词在前有不同的推导式。

句子成分(或结构成分)和语法结构关系是等价的,因为"主语、宾语、谓语、述语、中心语"等句子成分(或结构成分)概念是在结构关系中确定的。只有确定了结构关系的概念,"主语、宾语、谓语、述语、中心语"这些结构成分的概念才可以得到确定,反过来,结构成分确定了,结构关系也就确定了。

根据名词的位置来规定名词所充当的句子成分,其重要意义还在于可以提供纯语法方面的一些信息,而《马氏文通》在19世纪末就根据位置区分了相当于语义结构成分的"词"和相当于语法结构成分的"次"两个概念,可以看出马氏对组合关系的理解还是很深的。

当然,马氏本人对施受概念和主宾概念的区分不是很清楚。根据马氏的定义和用例,似乎可以在"次、词、字"之间建立起对当关系,由此形成语法关系、语义关系和词类三个层面的对当关系:

语法关系层面	语义关系层面	字类层面
主次	起词	名字、代字
＊	语词	动字、静字
＊	表词	静字
宾次	止词(外动词后)、司词(介词后)、转词(介词后)	名字、代字
正次	＊	名字
偏次	＊	名字

续表

*	*	状字
*	*	介字
*	*	连字
*	*	助字
*	*	叹字

这三个层面单位的对当关系有一定的问题,带*号的表示没有合适的对当项目。马氏在列举材料时往往按照自己指定的对当关系来列举。其实在古汉语中,有很多受事名词可以放在主次的地位,这些例子马氏很少提到。

从马氏的用例和界说基本可以看出,名字、代字和起词、止词、司词及转词对当,并且和主次、宾次对当。动字、静字和语词、表词对当,但没有对当的"次",从这里可以进一步看出"次"相当于表层格。从马氏所引用的实例看,"语词、表词"也兼做句子成分中的谓语。

换一个角度看马氏的体系,主次、宾次由名字、代字充当,分别表示施事(起词)和受事(止词)。语词不再设"次",就是谓语,表示动作和性状,用动字和静字充当。

在马氏的系统中,语法关系层面没有与状语、形容词定语相当的成分,也没有与谓语相当的成分。另外状字作为实字,和句子成分的关系也不是很清楚。类似的问题还很多。

马氏在句子成分"次"之前设立反映语义关系成分的"词",有利于说明语义组合条件。组合关系不仅是语法层面的组合关系,也是语义层面的组合关系。但是马氏有关"词、次"的理论不如马氏的词类说影响大,很大原因是因为后来的学者没有意识到这种区分的价值,而语义结构关系和语法结构关系错综复杂的联系也难以让人把语义结构关系和语法结构关系区分开来。中国语言学家正式明确区分语法结构关系和语义结构关系是20世纪80年代的事。

马氏是否已经感觉到句子成分的概念对汉语不是很重要?他在谈到"词"和"次"的关系时说:

> 其实起词之于主次,止词之于宾次,一也。(《马氏文通·正名》,界说十九,P27)

很多人认为《马氏文通》的"词"和"次"指同一概念,主要依据《马氏文通》中

有这样一句话。不过何容(1936)对马氏的这句话做过这样的解释:

> 但这似乎也只是说,知起止对待之义,即可知主宾对待之义,故不必引书以明之,而非把"次"与"词"混为一谈。

如果"次"和"词"完全是对当的,就没有必要立两套术语,"次"这个层面就可以取消。如果"次"和"词类"也对当,也没有必要立"次"这个层面。后来的研究证明这是一个相当复杂的问题。马氏的这种对当关系埋下了以后几次语法大争论的伏笔,主宾语的讨论关系到主语、宾语是否分别对当于施事、受事,即"次"和"词"是否对应,词类的讨论关系到主语、宾语是否对当于名词、代词,即"次"和字类是否对应。

马氏的体系是西洋语法体系和汉语结合的产物。西洋语法体系是以拉丁语法为参照点,以印欧语言为描写对象而形成的语法体系。西洋语法有三套重要的、和结构有联系的语法概念:词类、句子成分、格。这三套概念都有形式标记。格表示名词、代词和其他词的关系。句子成分表示各种词之间的关系。像主语、宾语这样的句子成分,由于大都由名词充当,因此主语、宾语和动词的关系基本等同于主格、宾格和动词的关系。只是因为语言的不同而有所侧重。在拉丁语、德语、俄语这样一些屈折变化比较丰富的语言中,用格来说明单位之间的组合关系,比较方便。在屈折变化较少的印欧语言中,如英语,用主语、宾语等概念来说明单位之间的组合关系比较方便。所以主语和主格通常是对当的,宾语和宾格通常是对当的。

词类、句子成分、格三套概念在印欧语中有形态变化或形式标记,很容易识别出来,但汉语缺少形态变化,要在汉语中设立这三套概念就比较困难。马氏只能利用词序这种形式标记,其他标准就只好凭借意义。

马氏用次序来区分"主次、宾次、正次、偏次、前次、同次",除了"前次、同次"的关系要涉及一点语义概念(凡名代诸字所指同而先后并置者,则先者曰前次,后者曰同次),其他成分基本上不涉及语义概念,这和当代汉语研究中根据名词的次序确定句子成分有很多相似的地方。另外,马氏根据意义和字类两个标准区分起词、止词、司词、转词,比较好地解决了施受、受事、与事、处所等语义关系,实际上已经涉及后来配价语法、格语法所研究的一些问题。

马氏"词"和"次"的确立,对进一步研究语法组合关系和语义组合关系有重要价值。经过近百年的语法研究证明,语义组合关系和语法组合关系尽管有联系,但两者都是独立的初始概念。因此,在语法研究中,词的组合关系有两个初始的层面:语义结构关系和语法结构关系。在汉语语法研究中,马氏最早区分了这两种关系。当然,马氏对这两个层面的关系的讨论还有很多不明确的地方。

从《马氏文通》到20世纪20年代初陈承泽的《国文法草创》问世以前,语法研究基本是在马氏开创的框架下展开的,章士钊的《中等国文典》(1907)、杨树达的《高等国文法》(1920)等是这一时期的代表作,和《马氏文通》的框架基本上是一致的。

2. 中国结构语言学

这里所说的中国结构语言学,或中国结构主义,是指中国语言学家在借鉴西方结构语言学方法的前提下,在近代实证主义思潮的影响下,通过对汉语的分析,提出的一套方法原则。这些方法原则主要是围绕《马氏文通》中的单位、词类、结构三个方面展开的。由于这一套方法和全世界整个结构语言学的方法基本上是一致的,同时又有其独立性,所以称为中国结构语言学或中国结构主义。这种方法论是从陈承泽开始的,后来不断深化,20世纪60年代初达到顶峰。基本原则一直延续至今。

人们习惯于把中国现代共时语言学看成是西方结构语言学在中国的实践,其含义是中国学者用西方结构语言学理论解决汉语的实际问题。实际上这只是一部分工作。另一部分工作,而且是相当关键的一部分工作,是中国语言学对方法论的探讨。人们常说中国学者在研究汉语时有一种"印欧眼光",实际上很多评论中国语言学的学者和从事西方语言学理论研究的学者有一种更隐蔽的印欧眼光,那就是:结构语言学是西方语言学的产物,中国语言学有结构语言学的东西,所以中国的结构语言学是西方结构语言学在中国的运用。按照这种印欧眼光,中国学者对结构语言学方法论似乎没有做出实质性的贡献。

实际上从《马氏文通》开始,中国学者一直在努力探索能够解决中国语言研究的方法。借鉴只是一个方面。马氏找出了最基本的单位:字。为了说明字的组合,马氏引入了三个相当重要的概念:相当于词类的"字类"、相当于语义结构成分的"词"、相当于名词性句子成分或表层格的"次"。因此,马氏在方法论上已经和西方语言理论有差别。20世纪20年代初,陈承泽《国文法草创》对分布问题所做的探讨,也相当深入。下面我们从语法和语音两个层面展开讨论。

2.1 语法理论

语法理论是20世纪中国结构语言学最为活跃的一个领域。《马氏文通》提出了"字、词、次"等单位和范畴,同时用位置、意义两个标准给单位分类,说明"字、词、次"的关系,结果引出了很多复杂的问题。问题的复杂性首先在于汉语的特殊性。从理论上说,世界上所有语言都有共性和个性,汉语也不例外,但是哪些是汉语和其他语言的共性,哪些是汉语的个性,这个问题是需要深入研究才能回答的。马氏提出的问题涉及语法单位、单位的分类、单位的组合关系,这在任何语言的语法研究中也是基本问题。语法研究的根本任务就是要找到有限的单位,并说明单位组合的规则。不过,由于汉语缺少形态变化,从提取单位到给单位分类、识别单位的组合关系,都遇到了相当大的困难。中国结构语言学围绕着这些问题展开了研究。

2.1.1 词类论

词类问题是语法理论中最核心的问题之一。前面说过,马建忠(1898)已经认识到划分字类是为了说明组合关系,由于汉语没有形态标准,划分词类非常困难,马氏才不得不启用位置和意义两个标准。从这个意义上说,马氏已经开始摆脱了传统印欧语法的形态标准。但是,正如我们前面看到的,马氏的两个标准遇到了困难。当意义和位置产生矛盾的时候,哪个是优先标准?所有的多标准论都会遇到这个问题。实际上马氏选择了位置,因为意义在这个关键时候失去了可操作性。不过马氏所谓的位置是既定的、单一的位置,而汉语中很多词可以同时出现在不同的句法位置上,马氏不得不用字类假借说来解释这个现象,最后就导致了字无定类。

马氏既然主张字无定类,却认为有了字类才能说明字的组合关系。这说明马氏在字类划分的方法论上还存在一些根本的问题。20世纪初的中国语言学家围绕着《马氏文通》所遇到的问题展开了研究。

2.1.1.1 分布观念的形成

1922年,陈承泽的《国文法草创》问世。考虑到马氏的字类假借说会带来字无定类的结果,陈氏主张:

> 各字应归入之字类，必从其本用定之，而不从其活用定之。（P18）

而区分本用和活用的标准是：

> 当未分本用、活用之前，应不设成见，先广搜各字之用例，然后参合比较，而得其孰为本用，孰为由本用而生之活用，不当仅于实质上求之也。（P20）

陈承泽比较早地认识到了总体分布的观念，认识到了应该在分布的差异中建立字类的标准。"先广搜各字之用例"就是考察一个字的总体分布。"然后参合比较，而得其孰为本用，孰为由本用而生之活用"涉及了区别性分布，所谓本用就是把一个字类和其他字类区别开的区别性分布特征。他在这方面的很多论述都具有方法论上的重要价值。又比如：

> 名、动、象、副等之质各异，因在文章上，各取得其特定之文位（如名字居主位、目的位、领位、被领位，象字居冠位、说明位，自动字、他动字居说明位，副字居副位等是也）。（P18）

这一说法否定了字类和句子成分有一一对当的关系。

陈承泽对总体分布的认识比 Bloomfield（1926）所谈到的总体分布理论早几年。当时 Bloomfield 是这样谈论总体分布和词类的关系的（Bloomfield，1926,32,33）：

> 32.语法形式出现的位置就是该语法形式的功能（The positions in which form occurs are its functions）。
>
> 33.具有相同功能的所有形式构成一个形式类（All forms having the same functions constitute a form-class）。

Bloomfield 的"位置（positions）"用的是复数，所以不是指单一的分布。

可以看出，陈承泽有关总体分布和字类关系的论述与 Bloomfield 的论述没有根本区别，应该说陈承泽首先提出了总体分布的概念。不过陈承泽的字类理论是在句子成分的框架下展开的，而 Bloomfield 则没有用句子成分的概念。陈承泽用句子成分的原因在于当时的讨论都是在拉丁语法体系的框架和术语下展开的。

继陈承泽的《国文法草创》（1922）之后，胡以鲁《国语学草创》（1923）也谈到分布问题，认为划分词类的办法是："举句察词，以普通者定其品，而以特殊者作其兼。"但是，直到20世纪30年代有关字类或词类问题的讨论，并没有沿着总体分布这条思路展开。黎锦熙《新著国语文法》(1924)提出了"凡词,依句辨品,离句无品"主张。这种观点跟《马氏文通》的观点一样,也是根据词在句子中的既定位置来确定词类。他的基本观点是,做主语、宾语和某些类型的补足语的是名词,做述语的是动词,做名词附加语的是形容词,做动词、形容词附加语的是副词。这种观点的核心就是认为句子成分和词类之间存在一一对当的关系,这对后来的汉语语法研究产生了很大的影响,很多语法著作和教科书都采用了这一基本论点。当然,影响大不一定说明在方法论上就有进展,最后的结论往往要经过很多年的检验才能看出。从方法论上看,黎锦熙反而不如陈承泽清晰。因为"依句辨品,离句无品"会导致词无定类、类无定词的结论,会导致汉语无词类的结果,而黎锦熙本人的前提是承认汉语有词类。可以说,直到陆志韦《北京话单音词词汇》(1937)问世以前,在词的分布和词类问题上都没有越出陈承泽的论述。

陆志韦在《北京话单音词词汇》[①]中给出了一个更为具体的操作方法,即通过结构关系来确定词类,而不提及句子成分。陆志韦提出两种结构来确定三种词类:

  1. 附加关系:附加者——被附加者,如"红花";
  2. 接近关系:接近者——被接近者,如"吃饭"。

这样就可以规定三类词:名词、变化词(动词)和形容词。我们可以把陆志韦的说法表示得更直接一些:

3 附加者	1 被附加者	2 接近者	1 被接近者
红	花	吃	饭
大	海	种	花
好	人	在	家

在附加关系中为被附加者,在接近关系中为被接近者,就是名词。确定了名词后,剩下的就比较好处理:附加者是形容词,接近者是动词。这种分析的特点是,同时考虑名词的两处分布,而不是只考虑一处分布。

由于陆志韦用两种结构关系确定三种词类,而不是用一种结构关系确定两种词类,所以陆志韦的词类划分思想和陈承泽的词类划分思想是一致的,即都是

---

  ① 原名《国语单音词词汇》。当时发表的是序言部分,即方法论部分,词汇表部分于1951年出版。1956年修订并改名为《北京话单音词词汇》。

以词在句子成分中的多处分布为词类划分的依据，而不是以词在某个特定成分中的分布为依据。不过陆志韦考虑两种结构关系来划分三种词类是不够的，因为在满足上面的两种结构关系中，我们还可以有下面的情况：

3 附加者	1 被附加者	2 接近者	1 被接近者
少	去	打算	去
多	吃	爱	吃

这里的"去、吃"都满足"在附加关系中为被附加者，在接近关系中为被接近者"的条件，但并不是名词。我们从陆志韦在这里遇到的困难可以看出，所谓总体分布，必须充分考虑词出现的全部语境。陆志韦的总体分布观念还不是很明确，因而也没有看出总体分布的实质。陆志韦所考虑的分布还只是一种相关分布，和马氏的单项分布不同，相关分布至少考虑到词在两项结构关系中的分布。但相关分布只能算是总体分布的特殊情况，因为这种处理方法没有考虑各种情况下的分布。总体分布必须考虑所有分布的可能性。从这种角度看，陆志韦对总体分布认识不如陈承泽。陆志韦的贡献就在于给出了一种根据相关分布确定词类的操作方法。如果把这种操作方法用到总体分布上去，原则是一样的。

从陈承泽《国文法草创》(1922)到陆志韦的《北京话单音词词汇》(1937)，代表了汉语语法研究方法论的一个重要时期，这一时期最显著的进展就是认识到词类和句子成分不是一一对应的，确定词类要考虑总体分布，不同的词类在分布上有相同的地方(所谓活用)，但也有不同的地方(本用)，词类是通过本用确定下来的。

2.1.1.2 一线制和双轴制

陈承泽认为字类(词类)的划分应该充分考虑词所出现的各种位置，但他所说的位置是句子成分。这就潜在一个循环论证的问题。因为确定句子成分又要用到字类的概念，比如说动词前的名字是主语，动词后的名字是宾语。这就是说，确定字类需要句子成分的概念，而确定句子成分又需要字类的概念。

陆志韦(1937)的方法在考虑词的分布时，没有用句子成分的概念，而只用了结构关系，即附加关系和接近关系，通过观察词在关系项中的分布来确定词类。但在划分词类时，如果用了结构关系的概念，实际上就是用了主语、宾语、谓语、述语、中心语等概念，前面我们已经提到主语、宾语、谓语、述语、中心语等概念是在结构关系中确定的，因此是和结构关系等价，只有确定了结构关系，主语、宾语这些结构成分才可以得到确定。反过来,结构成分的性质确定了,结构关系也就确定了。陆志韦的附加关系和接近关系相当于通常所说的偏正关系和述宾关系,于是附加者和被附加者就相当于偏正结构中的修饰语和中心语,接近者和被接近者就相当于述宾结构中的述语和宾语。因此,陆志韦用结构关系确定词类,观察词在结构成分中的分布确定词类,本质上仍然是用句子成分确定词类。

我们也不可能根据一类词来确定另一类词。当我们说副词是可以出现在动词或形容词前面的词,又说动词、形容词是可以出现在副词后面的词,这就出现了循环论证。

到此为止,可以看出词类问题实际上是一个相当复杂的问题,它不仅涉及分布、总体分布、区别性分布等问题,还涉及怎样避开和句子成分相互循环论证的问题。

正是因为词类问题的这种复杂性,引发了 20 世纪 30 年代末 40 年代初有关文法革新问题的讨论。这次讨论的焦点就是词类问题。参加讨论的有陈望道、傅东华、方光焘、张世禄、廖庶谦、许杰、金兆梓、汪馥泉、陆高谊等。讨论的文章先由汪馥泉(1940)收入《中国文法革新论丛讨论集》(26 篇),后又由陈望道(1943)补充编定为《中国文法革新论丛》(34 篇)。

这次讨论的一个关键问题就是词类和句子成分的关系。讨论中形成了所谓"一线制"和"双轴制"的争论,这个争论实际上涉及了句法结构的初始概念,即研究句法到底需要哪些初始概念。双轴制认为词类和句子成分是两套不同的概念,都有存在的价值。这种观念一直是《马氏文通》以来的传统,也是拉丁语法的传统。前面谈到的陈承泽、陆志韦的分布理论也都是以双轴制为前提的。一线制首先由傅东华(1939)在《三个体制的实例比较和几点补充的说明》一文中提出。所谓一线制就是将词类和句子成分合而为一,只需要词类这一套概念就够了。拿"张生作文"的例子来说,傅东华是这样分析的(1939,P42):

　　　　"张生"——名词,名所言之人,主名。
　　　　"作"——言词,言此人所为之事。
　　　　"文"——名词,名承事之物,客名。

傅东华认为这里只用了词类的性质就可以解释词和词之间的关系,而不必另设主语和宾语等概念。

一线制有几个根本问题没有考虑到。首先,傅东华在用词类对"张生作文"

做一线制的分析时,又说"张生"这个名词是"名所言之人",是"主名",说"文"这个名词是"名承事之物",是"客名"。这些解释本身已经说明把"张生作文"分析成"名词+动词+名词"是不够的,还需要其他平面的知识,比如同是名词,同时还需要区分主名和客名。陈望道在《从分歧到统一》(1939.2,P105)中认为:

> (一线制)不够说明一切文法现象。例如"张生作文"一例,照一线制来分解,只能分解到"张生"名词,"作"言词,"文"名词为止,再要指出"张生"和"文"在句中的职务不同,就得添加"主名"(就是"主语"改称)、"客名"(就是"宾语"改称)两项,就上表来看,已经涉及双轴制。

其实傅东华在展开论证时,也暗中假定了句子成分的初始概念。傅东华(1939,P42)认为:

> 殊不知离开了职务,分部(划分词类)便没有根据,那么词性和职务之间必须求其完密的配合,是不待说的(这一层,望道先生也主张);既须求其完密的配合,就必须同职务的也同词性,异职务的也异词性,方算妥当。

这里的"职务"其实就是句子成分。傅东华想通过一线制来摆脱双轴制在词类和句子成分上循环论证的困难,但并没有真正摆脱双轴制。所以傅东华在确定词类时最终依靠的还是句子成分。傅东华认为他的词类理论是"分部(划分词类)依附于析句","析句依附于分部",即词是在句子中分出来的,离开句子无所谓词类。他认为"花红"的"红"和"红花"的"红"是两个词,因为这"红"在句中的职务不同。这实际上就是马建忠的词类假借说和黎锦熙的依句辨品的方法论。但这种依句辨品的方式和马建忠、黎锦熙等还有区别。马建忠、黎锦熙的依句辨品根据的是词在句子中的句法位置,不过只考虑一种位置。傅东华也没有像马建忠那样分出语义结构层面(词)和语法结构层面(次),他对"主名"和"客名"的解释到底是语义成分上的解释还是语法成分上的解释并不清楚,即"主名"和"客名"到底对应施事和受事还是主语和宾语,并不明确。如果是主语和宾语,所谓一线制本质上就是双轴制。如果是施事和受事,说明句法分析还涉及更复杂的问题,一线制的理论对这一关键问题都没有说明。无论主名是施事还是主语,客名是受事还是宾语,都是句子成分,是语法上的句子成分或语义上的句子成分。

当然,从方法论上看,一线制可能引导我们去思考一个根本问题:词类和句子成分到底是什么关系?从拉丁语法看,词类和句子成分都有地位。但句子成分是否可以取消,由词类加以说明,这是拉丁语法没有考虑的问题。同样是在

20世纪30年代,美国结构语言学主要代表之一Bloomfield实际上在考虑取消句子成分的问题。Bloomfield(1926;1933)并不怎么讲句子成分,他的句法结构不是从主谓、述宾等角度定义的,而是从直接成分的功能和整个结构的功能的异同来定义的,这就是著名的"向心结构"(endocentric construction)和"离心结构"(exocentric construction)的概念。向心结构指至少有一个直接成分的功能和结构的功能相当的结构,离心结构指没有一个直接成分的功能和结构的功能相当的结构。在这里,Bloomfield没有用结构关系和句子成分等概念,而是用了"功能"的概念。功能又是由什么决定的?前面已经分析过,功能是由总体分布决定的。不过这种分布是不是指词在句子成分中的分布?根据Bloomfield的解释,不是指在句子成分中的分布。比如Bloomfield在谈到体词的功能时,说体词有如下性质:

> 用在招呼的句型中,占据带有动词的施事位置,占据带有动词的目的或受事位置,占据跟前置词在一起的轴心位置;作为物主或领属形容词的基础,等等。(布龙菲尔德,1933,16.1,P333)

这实际上是在考虑词的语义结构作用,更明确地说,是从句子的语义成分上考虑词的总体分布。前面提到,无论是施事还是主语,是受事还是宾语,都是句子成分,是语义上的句子成分或语法上的句子成分。这说明Bloomfield在确定词类时,仍然没有超越句子成分。

一线制的思路和当时Bloomfield的思路有一致的地方,这可能是因为英语的形态变化已经不显著,反映句子成分的形态标记也保留得不多。

一线制想摆脱句子成分的束缚,是因为词类和句子成分的循环论证确实碰到了麻烦。既然一线制是不成立的,或者说双轴制是必要的,同时又要避免词类和句子成分的循环论证,就有必要在句子成分以外来寻找确定词类的标准。方光焘的"广义形态"就是在这种背景下提出的。方光焘(1939.1)在《体系与方法》一文中说:

> 我以为词性却不一定要在句中才能辨别出来。从词与词的互相关系上,词与词的结合上(结合不必一定是句子),也可以认清词的性质。比如说:"一块墨","一块铁","墨"与"铁"既然都可以和"一块"相结合,当然可以列入同一范畴。……我认为词与词的互相关系,词与词的结合,也不外是一种广义的形态,中国单语本身的形态,既然缺少,那么辨别词性,自不能不求

助于这广义的形态了。

"广义形态"的提出是避开词类和句子成分循环论证的最关键性的一步。在这里,确定"墨"和"铁"是一个类,没有用任何句子成分的概念,只用了"一块"这个具体的词。这证明词类作为一种在组合关系中确定下来的聚合关系,具有独立于句子成分的性质。也就是说,词类是一种独立于句子成分的初始概念。在同一篇文章中,方光焘分析了西洋语法体系,对词类和句子成分的相互独立性,也做过重要的论述:

> 其实西洋文法的 parsing 和 analysis 是建立在两种不同的原理上的。parsing 是以"单语"(word)为对象;而 analysis 却以"句"(sentence)为对象。语言学家告诉我们:"语"是言语(language)的单位,隶属于言语世界的。"句"是"言"(speech)的单位,隶属于"言"世界的。上文我曾经说过:从词与词的互相关系,词与词的结合上,也可以认清词性。所谓"关系",所谓"结合",都无非是一种广义的形态。这形态确也是言语世界的事实,可是一涉及"句子",那已是跳出了言语世界,而跑进"言"世界里去了。西洋文法学者在析句工作里,不用名、动、形、副……等等名称,却另用 subject, predicate, attribute 等等术语,那恐怕就是因为 word 与 sentence 所隶属的世界不同吧。

方光焘所谓的"言语"相当于我们现在所说的"语言",他所说的"言"相当于我们现在所说的"言语"。他把词类归属于语言世界,句子归属于言语世界,这是 Saussure《普通语言学教程》中的观点,现在看来不一定正确,因为句子成分、句法关系等概念也是语言层面的事实,可以用有限的规则控制。但方光焘对词类、句子成分独立性的分析是有深度的,词类和句子成分属于不同的层面,各有一套术语。

和方光焘的思路相似,陈望道在《文法的研究》(1943.2)中提出了功能的概念:

> 所谓功能就是字语在组织中活动的能力。例如我们可以说"开水"、"水开",一个"开"字用在附加组织,一个"开"字用在统合组织,便是"开"字在组织中有这两种活动的能力,也就是"开"字有这两种功能。另一方面,我们不能说"吗开"、"吗水",便是"吗"在组织中没有这种活动的能力,便是"吗"字没有配置在"开"、"水"两字前面的功能。

尽管这里用到了"附加组织""统合组织"两个结构关系的概念,但由于是从具体的词的结合来说明功能,因此不用"附加组织""统合组织"两个概念也可以确定"开"字的功能,这种功能的确定实际上可以不以结构关系为条件,因而可以不以句子成分为条件。

词类和句子成分的概念源于印欧语法,但印欧语学者对词类和句子成分独立性的理论展开分析的并不多见。把词类和句子成分两个层面从根本上独立开,从广义形态上找确定词类的标准,这和后来赵元任(1948)、吕叔湘(1954)提出的"鉴定字"的思路是相同的。当然方光焘对分布理论的认识最终还会回到循环论证上。从"一块墨""一块铁"中固然可以把"墨、铁"等词归成一个类,但出现在"一块"后面的词毕竟是很有限的,尽管我们还可以有"糖、饼干、毛巾、瓦片、冰、肉、煤、石头、玻璃"等等,但其他大量和"墨、铁"性质相似的词,如"书、杯子、树根、红薯、牙刷、纸"等等,都不能和"一块"结合。因此"一块"在确定词类上没有普遍性。如果我们说这些词都可以出现在量词后面,但量词是怎么来的,最终又要回到循环论证上去。用类似"一块"这样的词来确定其他词的词性时所遇到的问题,就是后来吕叔湘(1954)想解决的问题:词类的划分应该对内有普遍性,对外无开放性。而这一问题又涉及总体分布、区别性分布等一系列和分布理论有关的问题。

可以说,通过20世纪30年代末40年代初中国文法革新问题的讨论,对词类和句子成分两个层面的独立性的认识是有一定深度的。但在对分布理论的认识上,跟陈承泽20年代所做的分布论述相比,是大为逊色的。正如朱德熙在《汉语语法丛书·序》(1980.10)中所说:"由于当时对划分词类的标准只能是词的分布(distribution)这个原理还缺乏认识,这次讨论的深度是不够的。"

到此为止,我们可以看到,划分词类的前提是要解决两个问题,一个是避免词类和句子成分循环论证,一个是解决个别分布、总体分布及区别性分布的关系。要真正解决分布理论中遇到的各种问题,找出词的总体分布和区别性分布,必须首先做大量的扎扎实实的描写工作,20世纪30年代末40年代初中国文法革新问题的讨论毕竟是讨论问题,没有展开广泛深入的描写,所以在分布理论上不可能比陈承泽、陆志韦有更多的进展。

2.1.1.3 词类的意义标准和三品说

从20世纪20年代陈承泽讨论分布论到40年代初文法革新问题讨论的结

束,一些重要问题已经比较清楚了,词类和句子成分是两个不同的平面,词类的划分应该根据分布,这些分布不是句子成分的分布,而是词与词的结合,具体地说就是广义形态或功能。但是,吕叔湘、王力、高名凯在40年代推出的三套重要的、影响很大的汉语语法体系中,吕叔湘《中国文法要略》(1942)、王力《中国现代语法》(1943)和《中国语法理论》(1944—1945)竟然都根据意义分类,而高名凯干脆认为汉语没有词类。拿吕叔湘的体系来说,不仅根据意义给实词分大类,还根据意义给实词分了小类(吕叔湘,1942,2.11,P16):

(1) 名词
　　孔子、父、子、官、兵、友、敌等。[人物]
　　猫、犬、桃、李、耳、书、画、山、川等。[物件]
　　水、火、米、布、铁、空气等。[物质]
　　念头、苦头、战争、睡眠、经济、道德、法律等。[无形]

(2) 动词
　　来、去、飞、跳、说、笑、吃、喝等。[活动]
　　想、忆、爱、恨、怨、悔、感激、害怕等。[心理活动]
　　生、死、睡、等候、盼望、忍耐、遗失等。[不很活动的活动]
　　为、是、有、无、似、类、值(值一千)、加(二加二)等。[简直算不上活动]

(3) 形容词
　　红、白、大、小、富、贵、忙、闲、谨慎、悠悠、寥寥等。

这样倒是可以避开词类和句子成分的循环论证,但有一个最大的弱点,就是在具体处理一个词的归属时没有严格的标准,不同的人划分出来的词类系统可能完全不同。从方法论上看,根据意义划分词类存在的问题尤其严重。前面已经看到,无论是马建忠、陈承泽的词类学说,还是美国结构语言学的词类学说,都承认词类的划分目的是为了说明造句过程,也就是为了说明组合关系。如果不从组合关系中来确定词类,孤立地根据意义,就不能通过词类控制住具体语言的组合规则,甚至会得出全世界所有语言的词类都完全一样的结论。

因此,根据意义划分词类的方式似乎又把我们带回到了马建忠时代,甚至比马建忠时代还要原始。因为马建忠尽管根据意义定义词类,但划分词类还是根据句法位置。

其实沿着双轴制的角度看问题,这是一种必然结果。经过中国文法革新问题的讨论,大多数学者已经认识到了双轴制的必要性,词类应该有一套独立于句子成分的分析方法。方光焘的广义形态、陈望道的功能方法本来是想超越句子成分说明词类,但是由于没有展开广泛深入的描写,广义形态、功能等观念的重要价值没有通过系统的研究体现出来,因此划分词类的操作标准在当时也并没有在具体的语法描写中建立起来。

在印欧语法的双轴制体系中,词类的划分可以根据形态。但汉语的形态变化很少,广义的形态又没有建立起来,意义标准就自然出现了。其实吕叔湘在根据意义划分词类时提出的理由已经清楚地说明了这一点:

> 汉语里的词没有他们(指欧洲)那么容易分类,因为他们的词往往可以从形式上分辨,可是汉语的词在形式上无从分辨。但是要讨论文法就非把词分类不可。现在按意义和作用相近的归为一类,暂时分为下面几类(吕叔湘,1942,2.11,P16)。

但是,划分词类是为了说明词的组合关系,如果没有找到词类划分的严格标准,就等于没有从语法上划分词类,这可能是高名凯提出汉语无词类的重要原因。如果组合关系无法依靠词类得到说明,就必然要用其他方法来说明组合关系。也许正是意义标准仍然难以说明组合关系,吕叔湘和王力都用到了Jesperson(叶斯泊森,1924)的"三品说"来说明词和词之间的关系。这一做法受到很多人的批评。吕叔湘、王力后来也撤回"三品说"。现在看来,问题并不是如此简单。"三品说"是想通过"品"这种层次等级来说明词与词的限定与被限定的关系。我们先从 Jesperson 的实例中来观察"三品说"的实质。

The furiously barking dog
The dog barks furiously

尽管两个结构的功能和句法关系不同,其"品"的关系都相同,dog 是一品,barking、barks 是二品,furiously 是三品。一旦确定了品的地位,哪个词限定哪个词就可以确定下来,语义关系也就可以确定下来。

"三品说"的这种思路对解释汉语语法有时候确实很有用。比如对下面的例子:

非常认真 de 调查

我们可以以有两种语法分析:

副词 + 形容词 + de + 名词 ── → 状语 + 定语 + 中心语 ── → 体词性结构
副词 + 形容词 + de + 动词 ── → 状语 + 状语 + 中心语 ── → 谓词性结构

无论哪一种,品的关系都一样,"非常"限定"认真","认真"限定"调查","调查"是一品,"认真"是二品,"非常"是三品。而这种品的稳定关系正是理解这个结构的意义的关键。至于"调查"是名词还是动词,在这里并不重要。无论理解成哪一种词,整个结构的语义是相同的。又如:

明天有雨

不同的人对这个短语有不同的分析。有人认为"明天"是主语,是名词,有人认为"明天"是状语,是副词,但是这里的品的关系只有一种,"雨"是首品,"有"是次品,"明天"是三品。这个短语的语义也只有一种。

可能正是因为汉语的词类和句子成分对应关系复杂,所以王力、吕叔湘在20世纪30年代都用"三品说"来分析汉语。从这种意义上说,选择"三品说"的理论研究汉语在方法论上有一定的意义,尤其是面对汉语中语义关系明确而词类、语法关系不太明确的大量实例,采用"三品说"更能说明问题的实质。

我们认为"三品说"的本质在讨论哪个是核心成分,哪个是附加成分。核心和附加是全人类语言中都存在的。汉语有没有词类还在争论,但核心和附加这两个范畴是存在的。比较:

大白薯

买白薯

烤白薯

Jesperson 当时没有层次的概念,实际上只要二品就够了,因为核心成分和附加成分是根本,至于附加成分上的附加成分,可以用结构的叠加来说明,这就涉及了层次。如果把层次和品混淆起来,会出现问题。比如:

做了非常认真的调查

这就不得不用四品,即"调查"是一品,"作"是二品,"认真的"是三品,"非常"是四品。按照 Jesperson 的思路,其实还可以有更多的品,很难得到控制。如果把层次和品分开,则品的概念解释了一种很重要的关系:核心与附加。

划分词类的目的就是为了说明组合关系,王力、吕叔湘的"三品说"是想说明词和词之间的关系,不过这种理论并没有展开。实际上从现代的从属关系语法的角度看,"三品说"在方法论的发展过程中也是有价值的。法国 Tesnière 的从属关系语法就体现了这种价值。

Tesnière 于 1934 年首次阐释了从属关系语法的基本论点(*Comment con-*

struire une syntaxe)。1959 年的《结构句法基础》(*Éléments de Syntaxe Structurale*)又详细展开了他的思想。从属关系语法最基本的概念是关联(connexion)和转位(translation)。法语 Alfred parle(阿尔弗莱德讲话)中，Alfred 和 parle 之间有一种关联关系。关联是有层次的，这就是从属关系。在 Alfred mange une pomme（阿尔弗莱德吃苹果）中，动词 mange（吃）是句子的"结"(noeud)，Alfred 和 pomme 从属于动词 mange，une 从属于 pomme。Tesnière 认为动词是句子的核心，宾语和主语受动词支配，宾语和主语是平等的。转位(translation)实际上在讨论词与词相组合的功能。Tesnière 的基本从属关系是这样的（这里用←表示从属）：

　　一级　二级　三级　四级
　　动词←名词←形容词←副词

或：

　　动词←副词←副词

第一级是动词，第二级是名词或副词，第三级是形容词或副词，第四级只是副词。这些级可以转化。比如：le livre de Pierre（比尔的书）中，de Pierre 在结构上与 livre 发生关系，相当于形容词，这就是 de 把名词 Pierre 转位为话语中的形容词。

可以看出，转位就是说明级的变化，由于级和词类是对应的，所以级的转化就是在说明词类的转换方式。说明了词类的转化方式，同时也就说明了词与词的组合关系。

"三品说"和从属关系语法相比，共同点在给词分等级，确定核心和附加，名词无论是施事还是受事，主语还是宾语，都在同一个等级，差别在于"三品说"拿名词做一品，而从属关系语法可以看成是拿动词做一品。一个是名词中心论，一个是动词中心论。如果从成分之间的选择限制看，"三品说"不完全能反映组合中的选择限制。比如"经常写诗"在更大的环境中的选择限制主要是"写"在起作用，是核心，但"写"是二品，"诗"才是一品。后面相关章节我们会进一步讨论核心和附加对词类划分的意义。

2.1.1.4　鉴定字的提出

划分词类的意义标准不容易找到共识。更关键的是，如果真正要编写一部标词类的词典，意义标准没有可操作性，不能说明组合条件。比如下面的几个有

关金属的词,在语法意义上是否有差异是很难断定的,但它们在分布上显然不同:

金	银	铜	铁	锡
*金是金属	*银是金属	铜是金属	铁是金属	锡是金属
*一块金	*一块银	一块铜	一块铁	一块锡
*买金	*买银	买铜	买铁	买锡

如果根据意义把"金、银"也归成名词,就不能说明它们为什么在组合上要受到限制,而"铜、铁、锡"不受限制。这种限制根本上还是分布上的限制。

划分词类最终还是要回到分布上来。从前面对语法标准的分析可以看出,根据词在句子成分中的分布划分词类,可以沿着两个方向发展。一个方向是,根据词和句子成分的对当关系可以形成词无定类的结果;另一个方向是,根据词在句子成分中的分布总和可以划分出词类,因为每个词都有自己的分布。但是在实际操作中,后一个方向至少会遇到两方面的具体问题。首先是怎样避免前面提到的循环论证的问题。其次,句子成分有时候并不是很明确的概念,比如下面实例中"昨天"和"两厘米"的成分地位并不明确:

　　昨天下过雪。(是主语还是状语有分歧)
　　个子矮了两厘米。(是宾语还是状语有分歧)

因此,无论是从意义出发还是从词在句子成分中的分布出发,都会使问题复杂化。前面谈到方光焘(1939.1)提出的广义形态、陈望道(1939.2)提出的功能观念,为摆脱循环论证提供了一条思路。但他们的工作都只是讨论式的、举例式的,并没有在大量材料的描写中展开。方法没有系统的材料支持,不容易鉴别优劣。

20世纪40年代末,赵元任在结构语言学的影响下,系统地展开了汉语词类的描写。他的观点体现在他的重要著作《北京口语语法》(*Mandarin Primer, An Intensive Course in Spoken Chinese*,1948)中。赵元任并没有提到广义形态的问题,这可以看出赵氏的方法论态度。其实广义形态说法已经带有印欧眼光,因为这种说法拿有形态的印欧语言为参照系。赵元任的根本思路就是从分布入手,不是句子成分的分布,而是词与词的组合的分布。赵元任首先从词与词的分布角度论证了汉语的词可以分类(赵元任,1948,P200):

　　汉语里头,词的功用变动的范围,要是不比英语大,也比别的印欧语大,不过变动的范围还是有限制的。比方说,"酒"字后头决不能加表示动作完成的后加成分"了"字;表示程度的"更(去声)"字决不跟数字连在一起;"躺着"后头也决不会跟上个宾语。反过来,"打"字的后头总跟着体词。换句话说,咱们可以在字典里头注明,"酒"字是名词,表示程度的"更(去声)"字是副词,"躺着"是内动词,"打"字是外动词等等。因为每个字或者词的功用照例有一定的范围,学习的时候,一定得知道那个范围。

赵元任一方面承认汉语的词在功能上比印欧语变动大,同时又断定汉语的词在功能的变动范围上是有限制条件的,根据这一点,赵元任认为汉语的词可以分类。这是比较典型的分布理论。更重要的是,赵元任此处所举的例子,除了有一处用到"宾语"这个概念,基本上不用句子成分的概念来谈分布,而是在具体的词和词的结合上谈分布。这一观点在赵元任划分动词的时候体现得更明确(赵元任,1948,P203):

[赵元任动词分布表]

	例词	不	句尾了	词尾了	着	很	把
动作内动词	来	+	+	(+)	+	−	
性质内动词	大	+	+	(+)	−	+	
状态内动词	病	+	+				
动作外动词	看(戏)	+	+	+	+	−	+
性质外动词	爱(财)	+	+				
类别外动词	在(家)	+	+				
助动词	会(飞)	+	+	−	−	+	

这里完全没有用句子成分的概念。赵元任第一次系统地使用了鉴定字,第一次给出了词在鉴定字中的分布矩阵。可以看出,这6类词的分布特征都是不一样的。赵元任第一次提出,动词(即我们现在的谓词)就是能受副词"不"修饰并且后面可以跟后缀"了"的句法词。这是要给谓词找出区别性分布特征。后来划分词类的学者在确定谓词的语法特征时基本都没有离开过"不"这个鉴定字标准。

鉴定字的操作方法完全是在具体的字中考察其他词的分布情况,这就彻底摆脱了通过句子成分的分布确定词所遇到的循环论证的困难。这是汉语词类研究中最重要的一次进展。当然赵元任没有用鉴定字这个术语,这不是问题的实质。

就在赵元任提出鉴定字分布操作法的前两年,Harris(1946)在《从语素到话语》(*From morpheme to utterance*)一文中也提出了从具体语素的分布中建立语素类的分布方法。我们来观察 Harris 是怎样建立 N、V、A 三个语素类的：

  N：出现于复数 -s 或其变体之前，the 或形容词之后的语素：hotel"旅馆"，butter"奶油"，gain"获得"，one"一个"，two"两个"。

  V：过去式 -ed 或其变体之前；-ing 之前；N 加 should，will，might 等之后：go"去"，gain"获得"，take"拿、取"，think"想"，will"希望"，have"有"，do"做"。

  A：the 和 N 之间，永远不在复数 -s 之前：young"青年"，pretty"漂亮"，first"第一"。

在考察 N 的分布时，Harris 用到了形容词 A 的概念。在考察 A 的分布时，Harris 又用到了 N 的概念。在考察 V 的分布时，也用到了 N 的概念。所以 Harris 的论证实际上是有循环论证因素的。当然，Harris 如果在考察 N 的分布时，不提"形容词"，N 也可以确定下来。N 一旦建立，在考察 V 和 A 时尽管用到 N，也不算循环论证。不过 Harris 既然没有这样做，说明 Harris 还没有完全避开循环论证。可以说，尽管赵元任的鉴定字分布比 Harris 的分布理论晚两年，但在方法论上做得更明确干净。从这种意义上说，赵元任的鉴定字分布法在整个结构语言学中也是一次重要的进展。

  鉴定字和被鉴定字之间是有结构关系的，但是鉴定字在判断词类的过程中并没有依赖这种结构关系，因为鉴定字是从具体词入手而不是从句子成分入手。循环论证可以通过鉴定语素排除：即先通过"不"可以确定一个类，比如 V，然后 V 就可以为鉴定其他的类提供分布框架。因此在分布分析中，最初一步都要用鉴定字。最初不用鉴定字，说"体词是不受副词修饰的词"，又说"副词是不修饰体词的词"，就会陷入循环论证。启用鉴定字是中国学者对分布理论所做出的贡献，当然没有从理论上来论证这个问题。可以把这种方法叫作鉴定字原则，即先以具体的语素或词作鉴定字确定一个类，比如用"不"确定后面成分为谓词，再根据这个类确定其他的类。

  鉴定字的选择从根本上说会涉及意义，因为用"很"鉴定形容词而不用"不"，实际上根据的是语义标准，"很"鉴定出的词都有程度的差别。从另一角度也可以看出鉴定字涉及意义，我们最初一步是用"不"区分出两类词，为什么不用"二"来区分两类词？实际上可以和"二"结合的是一类词，不可以和"二"结合的又是一类词。显然,我们心目中大体已经有了体词和谓词的对立,而用"不"又恰好可以把体词和谓词分开。那么心目中体词和谓词的对立根据的是什么,这种机制可能是非常复杂的,是在长期运用母语的过程中获得的,有形式的因素,也不排除意义的因素,因为从语义上看,体词对应指称,谓词对应于陈述,"不"的语义是否定,陈述才有所谓否定和肯定的区别,指称没有这种区别。因此,从根本上说,意义在划分词类中是有地位的,但是并非像早期的意义论者所理解的那种地位。从分布理论的角度看,意义的价值在于可以引导我们去寻找鉴定字,提出一些可能的分类方案,它给了我们一个寻找鉴定字的前提,使直觉中的词类成为有形式标准的词类。这可能是意义标准在很多人心目中仍然有地位的原因。直到今天,还有不少教科书坚持意义和形式并行的标准。实际上这是两个不同层面的问题,意义是引导性和解释性的,鉴定字(形式)是判定性或操作性的。通过意义的引导,我们可以提出"不"这样的鉴定字来区分体词和谓词,最后的判定标准必须依赖"不"这样的鉴定字。在词类划分出来以后,我们可以通过"不"这样的鉴定字来解释划分出来的词类的语法意义。但是意义是不能作为最终标准的,否则词类的划分就没有可操作性,无法把"战斗"和"战争"区分开。若依据鉴定字,"战斗"前可以加"不"。

也许正是这个原因,形成了20世纪50年代初"汉语词类问题"的讨论。参加讨论的有贺重、王力、黎锦熙、陆宗达、周祖谟、高名凯、曹伯韩、文炼(张斌)、胡附(胡裕树)、穆德洛夫、钟梫、赵淑华、金德厚、王还、陈乃凡、俞敏、吕叔湘等。这次讨论的焦点是,汉语有没有词类?如果有词类,应该根据什么标准?高名凯《关于汉语的词类分别》(1953.10)一文不主张汉语分词类,理由是词类必须根据形态来划分,不能根据意义,由于汉语没有形态或形态不丰富,不能划分词类。高名凯所说的词类是形态学中的词类,至于在形态学以外词是否可以分类,是另一问题。高名凯批评很多人在汉语中找形态,即所谓广义的形态,是有一定道理的。所谓广义形态就是坚持形态标准,坚持形态标准实际上是印欧眼光的表现。在印欧语中,词法和句法是两个独立的领域,词有形态变化,不需要参照句子成分就可以分类。当时大多数苏联学者都认为汉语没有词类,这可能和他们受自己母语的影响有关,俄语的词和其他印欧语言一样,也有丰富的形态。相比之下,汉语的形态很少,不足以根据形态划分词类。高名凯将词法和句法独立开不是没有意义的,我们前面看到的黎锦熙的句本位学说所遇到的困难,在某种意义上就是词法和句法不分的结果。陈承泽有关分布的理论,用句法位置定字类(词类),又用字类说明句法,最终可能陷入循环论证,也是词法和句法不分的结果。20世纪30年代末40年代初有关文法革新问题的讨论,弄清了双轴制的必要性,本质上也是要坚持词法和句法的独立。但是,在词法独立于句法的前提下,根据形态划分词类的理由和目的是什么,不仅在汉语中没有追问过,在结构语言学以前的印欧语法理论中也没有追问过。划分词类的根本目的是要说明组合关系,词类概念是句法研究中的初始概念,因为没有词类就不能说明组合条件。在汉语中,不同的词出现的环境是不一样的,这种环境不仅仅是句子成分所决定的句法环境,也有具体的词和词相搭配的环境,不认清这种搭配的条件,就不能正确组词造句。这不仅说明汉语的词必须分类,而且说明形态标准不一定是分类的必要条件,在形态之外还有更初始的条件在制约词的分布。赵元任《北京口语语法》(1948)中有关汉语词类的解释就是在谈这个问题。后面我们会看到,其实在印欧语言的分类中,最根本的操作标准也是根据分布。

在20世纪50年代初汉语词类问题的讨论中,很多人还是主张汉语有词类,不过在分类标准上分歧比较大。王力《关于汉语有无词类的问题》(1955.2)主张根据意义、形态、句法三个标准给词分类。文炼(张斌)、胡附(胡裕树)《谈词的分类》(1954.2—3)和曹伯韩《关于词的形态和词类的意见》(1955)都主张根据词与词的结合这种广义形态来划分词类,吕叔湘在《关于汉语词类的一些原则性问题》(1954.9—10)一文中进一步讨论了用鉴定字确定词类的问题。比如拿"不"作为鉴定字,可以鉴定出动词。动词都可以出现在"不"字的后面。其实"不"也可以鉴定出形容词。因此,"不"应该是谓词的鉴定字。

怎样确定鉴定字,这是一个非常复杂的问题。吕叔湘(1954.9—10)提出了"对内有普遍性,对外无开放性"的原则:

  理想的鉴定字,应该对内有普遍性,对外无开放性,应该归入这类的词都适用,不该归入这类的词都不适用(所谓应该、不应该,是说这样归类的结果用来说明一般语法现象是合适的)。如果有例外,最好能说出条件,或是为数不多,可以列举。还拿"不"字作例,咱们用对"不"字的负反应规定名词,但是名词前面有加"不"字的,如"不道德、不规则、不法"。咱们说这些都是单词,这里的"不"已经只是造词成分,并且是死的(不生产的)。还有"不三不四"、"管他星期天不星期天"等等,那是特殊格式,必须连说,不能单说

"不三"或"不星期天"。如果用对"不"字的正反应规定动词,咱们可以说只有一个例外,"有",它的否定形式不是"不有"而是"没有"。如果例外很多,没有条件,也不能列举,无论失入或失出,这个鉴定字的价值就减低了,用来做划分词类的主要根据就不相宜了。

这是继赵元任《北京口语语法》(1948)之后,对鉴定字方法最清楚的表述。我们可以用"不、过、了"三个字来进一步说明这个原则。如果用"不"确定谓词,除了"有"以外,所有的动词都可以出现在"不"字的后面。当然仍然存在一定数量的例外(郭锐,1993.10),不过这些例外往往可以得到解释。比如,一般不说"不冰凉",这是因为"凉"带上"冰"以后有量的肯定。如果拿"过"作为鉴定字,普遍性就不够,因为"含有、渡过、类似、交替、知道、认识、适合、符合、具备、充满、巩固、加强、消失、死亡、拉倒"等大量动词都不能出现在"过"字的后面。从这一点上看,"不"字作为谓词鉴定字,对内有普遍性,而"过"没有。如果拿"了"作为谓词的鉴定字,一方面,"能、会、敢、该"等所谓"助动词"都不能加"了",说明"了"对内没有普遍性;另一方面,有些名词性词组也可以加"了",如"星期天了""二十岁了",说明"了"对外有开放性。吕叔湘提出的有关鉴定字的普遍性原则在方法论上很有价值。正是通过普遍性原则的深入讨论,吕叔湘认为通过"不"字可以把谓词提取出来(只有"有"是一个例外),通过"很"可以把形容词提取出来。前面我们已经看到,赵元任的《北京口语语法》已经把"不"和"很"列为主要的鉴定字,通过赵元任给出的鉴定字分布表,也可以看出,通过"不"可以提取谓词,通过"很"可以提取形容词。因此,只要坚持"对内有普遍性,对外无开放性"的原则,用鉴定字划分词类有可操作性。实际上后来的语法著作,大都采用了用"不"提取谓词,用"很"提取形容词的鉴定字方法。不过,吕叔湘认为鉴定字只是区分词类的辅助手段。吕叔湘在谈到鉴定字的同时,又提出结构关系是主要标准。并认为"鉴定字就是结构关系"。后面我们还要详细讨论这个问题。

通过20世纪50年代初关于汉语词类问题的争论,暴露了几个问题:

  1. 对划分词类的目的认识不足,这是汉语无词类的主要原因。

  2. 从分类标准上看,很多人都主张用几个标准。从逻辑学的观点看,分类是不能有几个标准的。采取几个标准是由于对根本标准认识不足。

  3. 对分布理论的认识不够清楚,没有能区分鉴定字的分布环境和结构关系(或句子成分)的分布环境。这两种环境是有根本区别的。

如果考虑到从20年代初到40年代初陈承泽、方光焘、陈望道、陆志韦等所做过的工作,考虑到赵元任 40 年代末在《北京口语语法》中汉语词类研究所达到的水平,再考虑到该书的译本已经由开明书店于 1952 年 2 月正式出版(李荣译),那么 50 年代初汉语词类问题的讨论从总体上说在方法论上的进展是不显著的。这次讨论的主要成就在于对词法、句法、鉴定字环境、句子成分环境有了更进一步的认识。

2.1.1.5 分布理论的全面展开

分布到底能不能作为划分词类的根本标准,需要系统描写汉语事实才能说明问题,仅仅靠举例是不够的。从 50 年代中期到 60 年代初期,朱德熙发表了《现代汉语形容词研究》(1956.1)、《关于动词形容词"名物化"问题》(1961.4,和卢甲文、马真合著)、《说"的"》(1961.12)和《论句法结构》(1962.8—9),通过对汉语语法的系统描写,展开了分布分析。

在《关于动词形容词"名物化"问题》中,朱德熙等从分析"名物化"入手,系统展开了从分布研究词类的理论问题。"名物化"是 50 年代末形成的一种很有代表性的观点,即认为主语和宾语位置上的动词和形容词具有名词的性质。"名物化"理论出现有特定的背景。从赵元任的《北京口语语法》(1948)到 50 年代初汉语词类问题的讨论,大多数学者对汉语的词类认识都有了提高,认为汉语可以分词类,认为鉴定字可以作为划分词类的标准,但是,按照"不"提取出来的谓词和按照"很"提取出来的形容词,在主语和宾语的位置上表现出一些独特的性质,跟它们做谓语时不一样。具体地说,包括如下内容:

  1.从意义上看,主语宾语位置上的动词和形容词已经由"行为范畴"或"性状范畴"转入"事物范畴"(黎锦熙、刘世儒,1960.1)。

  2.做主语和宾语的动词和形容词具有一系列名词的语法特点(黎锦熙、刘世儒,1960.1):

   (1)可以受定语修饰;

   (2)可以用名词或代词复指;

   (3)可以跟名词组成联合结构。

  3.主语和宾语位置上的动词和形容词失去了动词和形容词的全部或一部分语法特点。如不能重叠、不受副词修饰等(张志公等,1956)。

从以上几点可以看出,提出"名物化"的学者对材料的观察是细致的,这些细致的观察揭示出了汉语的词在分布上的复杂性。问题是根据这些观察是否可以说汉语的动词、形容词在主语和宾语位置上已经变成了名词。

"名物化"观点实际上是《马氏文通》(1898)词类假借说和《新著国语文法》(1924)"依句辨品,离句无品"说的延续,基本思路都是根据特定的句子成分确定词类,认为词类和句子成分有对当关系。不过词类假借说和依句辨品说提出的理由仅仅是说,出现在主语和宾语位置上的动词和形容词变成了名词,出现在定语位置上的动词和名词变成了形容词。而"名物化"论者提出了上面几点更充分的理由。正是因为这些理由,这种学说比起马建忠的词类假借说和黎锦熙的依句辨品说有更大的影响。这反映了自陈承泽以来,尽管有人在讨论分布问题,但由于汉语词的分布和句子成分的关系错综复杂,对这些错综复杂的关系没有做系统的理论分析以前,要弄清分布和词类的关系是很困难的。

朱德熙的分布分析就是在这种背景下展开的。朱德熙的分布既包括词在句子成分中的分布,也包括词在鉴定字中的分布。由于朱德熙主要不是讨论归纳词类的标准,而是讨论既定的词类在分布上的性质,所以基本不会出现循环论证的问题。朱德熙的基本观点是,汉语是可以分词类的,汉语的词尽管和句子成分没有对当关系,不同的词可能在句子成分中有相同的分布,但不同的词在总体分布(total distribution)上是有区别的。比如在谈到"什么""怎么样"的差别时,朱德熙等给出了下列分布环境(1961.4,2.3):

	受副词修饰	做谓语	做主宾语	做定语	做状语
什么	−	−	+	+	−
怎么样	+	+	+	+	+

这两个词在分布上既有相同的地方,也有不同的地方。在这个基础上,朱德熙等提出了词类的共性与个性的观点(1961.4,3.2):

> 词类是根据词的语法性质分出来的类。同类的词必须具有某些共同的语法性质,异类的词必须具有互相区别的语法性质。

> 总起来说,同类的词必须有共性,同时其内部又有不同的个性;异类的词必须有互相对立的个性,但这也不妨碍它们之间有某些共性。正是因为同类的词可以有不同的个性,所以大类之下可以分出小类来(例如动词里的及物动词和不及物动词);因为异类的词之间也有共性,所以我们可以把不同的词类归并为一个大类(例如把动词和形容词合并为谓词)。

朱德熙在词类的共性和个性的基础上,提出了后来经常被引用的两个重要概念:词类的"语法性质"和它的"语法特征"(1961.4,3.3):

一个词类的"语法性质"和它的"语法特征"显然是不同的概念。词类的语法性质指这一类词的全部共性。既然是全部共性，其中当然也包括这一个词类与其它词类之间的共性在内。词类的"语法特征"指的是仅为此类词所有而为它类词所无的语法性质，即这个词类所以区别于其它词类的个性。有了语法性质和语法特征两个重要概念，名物化的实质就比较容易弄清了。前面提到名物化的几条理由可以概括成一个根本理由，即主语和宾语位置上的动词和形容词具有名词的语法性质。在区分语法性质和语法特征的前提下，朱德熙等认为(1961.4,3.5)：

同类的词在不同的语法位置上表现出的语法性质可以不一样。例如名词放在主语或宾语的位置上，可以受数量词修饰。但是当它直接（即不带"的"字）作定语的时候，就不再受数量词的修饰了。例如"汽车轮子"里的"汽车"之前不能加数量词"一辆"，可是能说"一辆汽车的轮子"。我们决不能根据这一点说"汽车轮子"里的"汽车"跟放在主宾语位置上的"汽车"以及"汽车的轮子"里的"汽车"语法性质有什么不同。实际上所有直接作定语的名词都不受数量词修饰，可见这正是名词本身的性质之一。同样，放在谓语位置上的动词和形容词不受名词或代词修饰，只有放在主宾语位置上的时候，才受名词或代词修饰，这正是动词和形容词的性质之一。两种位置上的动词和形容词本身性质并没有起变化。

动词和形容词在主语和宾语位置上表现出的语法性质，正是动词和形容词总体分布特征的一部分，它们并不是动词和形容词的区别性分布特征，而是非区别性分布特征，因此不是划分动词和形容词的根据，名物化论者从根本上说就是没有区别总体分布（语法性质）和区别性分布（语法特征），把主语和宾语位置上的动词和形容词的非区别性分布当作了划分词类的标准。

词类的语法性质就是词类的分布总和或总体分布（total distribution），语法特征就是区别性分布特征。当时无论就国内还是国际上有关分布理论的学说来看，朱德熙等有关分布理论的讨论都是相当深入全面的。前面说过陈承泽(1922)对区别性分布已经有了认识，主张"各字应归入之字类，必从其本用而定之，不从其活用而定之"。(P18)陈承泽的所谓本用，从现在的观点看就是区别性分布特征。陈承泽所谓的活用实际也是一个词类正常的分布特征，说活用是因为当时对总体分布特征的认识不如后来明确。陈承泽是以古汉语为研究对象的,古汉语语料有限的性质也决定了不可能观察一个词的总体分布。从国际上看,当时研究分布理论最全面的是 Harris。Harris 在 *From morpheme to utterance*(《从语素到话语》,1946)和 *Methods in Structural Linguistics*(《结构语言学方法论》,1951)中系统地讨论了怎样通过语素的分布建立语素类,怎样通过语素类建立语素组合的类。但由于印欧语言中的词和句子成分的对当关系相对来说是比较明确的,加上印欧语的词有较多的形态变化,不同类的词在分布上的对立容易看出来,比如名词性语素 N 可以出现在复数 -s 前,定冠词 the 后,动词语素 V 可以出现在 -ing 和 ed 前,因此总体分布和区别性特征分布的区分问题在 Harris 的讨论中没有深入展开。正是因为没有认真讨论两者的差异,真正追问到原则上来的时候,就会出现问题。比如 Harris 认为 the 后面是鉴定名词的框架之一(Harris, Z., 1946, 4.1),实际上所有的形容词都可以出现在这个框架中,比如:

the good/the black/the red/the big...

只是因为英语的形态变化仍然够用来划分词类,分布理论没有充分实施,因此没有出现名物化的问题。一旦充分考察分布,人们也可以说英语中 the 后面的形容词名物化了。

这里有必要区分区别性分布环境和非区别性分布环境。像 the 这样的标记,既是名词出现的环境,也是形容词出现的环境,所以不是名词的区别性分布环境。如果没有总体分布和区别性分布的观念,the 也可以看成是转换标记,即所有的形容词在 the 后面都转换成了名词。这样在英语中就有两种分布语境,一种像英语的不定冠词 a,它是名词的分布环境,它并不转换语境中的词性,一种像英语中的 the,可以将形容词转换成指称。这种说法和汉语中的名物化是等价的。所以,Harris 的分布理论由于没有严格区分总体分布和区别性分布,必然暗含着名物化的观念。

名物化的实质就是词在句子成分中的交叉分布问题。这个问题在汉语中至关重要。汉语中词的交叉分布很突出,动词和形容词好些都可以出现在主语和宾语位置上,而且在主语和宾语的位置上表现出很多名词的语法特点。不仅早期谈分布理论的文章没有解释过这些现象,Harris 的分布理论由于面对的是英语和印第安语,也没有解释这些现象。朱德熙从分析"名物化"学说入手,抓住汉语词类在句子成分中错综复杂的分布,对"名物化"理论做了深入细致的分析,系统阐述了语法性质和语法特征的关系,即总体分布和区别性分布的关系,这对分布理论是有贡献的。

朱德熙在20世纪50年代末60年代初的工作大大加深了人们对分布理论的认识。自《马氏文通》(1898)问世以来,半个多世纪有关词类问题的争论,很大程度上都是因为没有对总体分布和区别性分布有足够的认识。马建忠(1898)的假借说,黎锦熙(1924)的"依句辨品,离句无品"的句本位论,张志公等(1956)的"名物化"说及意义分类标准,黎锦熙、刘世儒(1960.12)的词类转化说,史振晔(1960.12)的"名词化"说,从根本上看都是没有区分词的总体分布和区别性分布。从张志公等《暂拟汉语教学语法系统》(1956)的"名物化"尤其可以看出很多语言学家对总体分布和区别性分布的认识还不清楚。《暂拟汉语语法教学系统》是在50年代初期汉语词类问题讨论后形成的,该系统采用的是词汇和语法范畴的多项分类标准,即根据词的意义和语法特点来划分词类。多个标准不符合分类的逻辑原则。由于朱德熙对"名物化"学说及其理论背景的批评是全面深入的,从那个时候开始,人们对汉语词类问题有了较深入的认识,结合分布理论,人们对早些时候陈承泽、陆志韦、方光焘、陈望道、赵元任、吕叔湘等的分布观念、广义形态标准、词与词的结合标准、鉴定字标准等有了更进一步的理解。很少有人再谈名物化。值得注意的是,后来的语法著作都不同程度地启用了鉴定字分类标准。有不少著作在讨论划分词类的方法时说要形态、意义、功能相结合,实际上最终的标准都是先用鉴定字规定某些词类,再用这些词类规定其他词类。胡裕树主编的《现代汉语》(1979)、黄伯荣和廖序东主编的《现代汉语》(1979)、张静主编的《新编现代汉语》(1980)、张志公主编的《现代汉语》(1982),所依据的根本标准都是以鉴定字和句子成分为环境的分布标准。也正是在以鉴定字和句子成分为环境的分布标准上,吕叔湘(1966.3;1981.2)发现了汉语中的非谓形容词,朱德熙(1956;1982)区分了性质形容词和状态形容词,北京大学中文系现代汉语教研室的《现代汉语》(1993)把状态形容词称为状态词。

一般认为中国的词类理论是接受了美国描写学派分布理论的结果,这只看到问题的一部分。中国结构语言学家确实接受了美国描写学派分布理论的基本原则,即词类划分必须依据词的语法功能,词的语法功能就是词的分布总和。但是这一基本原则在划分词类的时候不是充分条件,仅仅坚持这个原则还不能完全解决汉语的"名物化"问题,不解决汉语的名物化问题,词类问题就不能得到进一步处理。到 50 年代末,词类问题已经争论了半个多世纪,和分布理论有关的问题已经在陈承泽、陆志韦、方光焘、陈望道、赵元任、吕叔湘等的著作中得到不同程度的表述,赵元任《北京口语语法》(1948)已经比较系统地运用了分布理论分析词类。但是代表专家群体成果的《暂拟汉语教学语法系统》(张志公等,1956)却仍然依靠意义划分词类,提出"名物化"的观点,这说明美国描写学派分布理论的基本原则在划分词类时确实不具有充分性。在陈承泽、陆志韦、方光焘、陈望道、赵元任、吕叔湘等人研究的基础上,朱德熙系统地讨论了语法性质(总体分布)和语法特征(区别性分布)的关系,不仅把汉语词类研究大大推进了一步,而且在方法论上丰富了分布理论。分布分析是 20 世纪语言研究中最重要的方法之一,其重要性主要体现在它的简单性、可操作性以及容易达成共识标准。分布分析既可以照顾到语言的相对性,因为分布分析都是从具体语言的具体单位入手的,分布分析还可以使意义问题形式化。后来的语义特征分析、格语法、配价语法实际上都没有离开分布思想,只不过是在语义结构层面展开分布分析。

中国学者对分布的研究还使我们看到了分布的两个平面:一是词做句子成分的平面,一是词和词结合的平面。汉语中很多实词都可以做主语:

红不好。

去和不去一样。

形成这种结果是因为在任何语言中,抽象程度高的词可以解释抽象程度低的词,在英语中实现这种过程需要语法层面的形式标记,比如英语会出现 the red 和 to go、going 这样的带标记形式。汉语的特点是不需要形式标记,直接就实现了这种组合关系。我们将在后面相关章节中进一步讨论分布的两个平面的问题。

分布理论之所以在汉语研究中得到了充分的讨论和发展,这和汉语的特点有一定的关系:汉语缺少形态变化。但这并不等于分布理论只适合汉语研究,也不等于有形态的语言就可以不考虑分布理论。朱德熙在《语法答问》(1985,P11—12)中有过这样的论述:

> 我们可以根据形态给印欧语的词分类,可是归根结柢还是根据语法功能。譬如英语用后缀 s(实际语音形式是 -s、-z、-iz)表示名词复数。我们可以根据这一点来确定英语的名词一类。这看起来是根据形态分类。实际上仍旧是功能分类。因为凡是能加表示复数的后缀 s 的词在句子里的语法功

能是一致的。而且正因为这样,分出来的类才是有价值的。要是根据形态分出来的类并不能反映句法功能,这种分类就没有意义。譬如说俄语动词有两种变位法,名词变格有三种类型。如果我们根据这些区别来给俄语的动词和名词分小类,虽然根据的也是形态,这样划分出来的类在句法上就没有多大价值,因为它完全不反映句法功能。另一方面,即使在印欧语里,也有少数词没有形态标志,例如英语的名词 sheep(羊)后边不能加表复数的后缀,俄语的名词 палъто(大衣)没有格的变化。可是讲英语和俄语语法的人仍旧把这些词归入名词。这个时候就是根据句法功能来确定词类的。总之,我们能够根据形态划分词类,是因为形态反映了功能。形态不过是功能的标志。

有关汉语词类和分布研讨对整个普通语言学都有方法论的价值。Saussure 的聚合关系和组合关系是所有语言的单位之间最根本的关系,但 Saussure 没有提出处理这两种关系的根本方法。分布把聚合关系和组合关系统一起来了,并且使这种关系有了可观察性。

现在再回过头来看《马氏文通》的词类观念。面对汉语的复杂性,马氏提出词类假借说是可以理解的。像汉语这样的语言,由于缺少形态变化,必须对词的分布有充分的认识才可能提出词类划分的共识标准。现在看来,一个词的分布特点涉及三个重要现象:分布总和、共同分布特征、区别性分布特征。每个词都有它自己特定的分布总和,这是词类划分的根本基础。词类是根据某些分布特征划分出来的。同类的词都有共同的分布特征和区别性分布特征,区别性分布特征使这些词能够区别于其他词类的词,共同分布特征是该类词的分布性质。尽管马氏从语义上来定义词类,但在操作上依据的是词所出现的位置,这里带有分布观念。不过马氏的分布观念是原始的,马氏并没有意识到分布总和、共同分布特征、区别性分布特征等问题。

对分布理论的深入探讨在方法论上有重要价值。当然,分布不能代替具体的分类体系。因为没有任何两个词的分布是绝对相同的,每一个词都有自己的分布,形成分布个性。词类最终是对具体分布的概括,这种概括总是考虑不同词之间的分布共性而忽略分布个性。分类越细,分布个性考虑得就越多;分类越粗,分布个性考虑得就越少。同类词的分布不可能完全一致,但总有共同的区别性分布特征。在具体分类时,往往有一种划分目的,比如语法教学的目的要求分类较粗,人机对话的目的要求分类较细,具体目的规定了选择区别性分布特征的宽严,规定了不同的分类体系。这就决定了词类划分有一定的相对性。但是这种相对性并不等于词类划分是任意的,郭锐(1993.10)提出的分布相关度的概念,就是为了在词类划分的相对性中找到一种最佳分类体系。

2.1.1.6 鉴定字与英汉词类的有阶比较

有了对分布理论的充分认识,我们就可能在鉴定字的基础上来验证汉语中词的分布的确定性,以进一步证明鉴定字在方法论上的重要意义。

确定词类的根本标准是分布。说汉语无词类,一个潜在的依据是认为汉语中词的分布不明确。我们考察了核心词在鉴定字中的分布,得出了一个不同的结论。

这里首先需要弄清两个问题:分布涉及的对象和分布的标准。

先来看分布所涉及的对象。首先需要分清词根词和语法词,或者说词根词和形态词。拿汉语和英语比较,汉语的词表面看上去不如英语的词分布确定,因为英语的词有两类丰富的标记,一类标记是词缀(affix),如 worker 中的-er,另一类标记是语法层面的形态(inflexional),如 waiting 中的-ing,凡是具有动词、形容词的词缀或形态的词,通常都可以受副词的修饰,做谓语,凡是具有名词词缀或形态的词都没有这类分布性质。可以说有标记的词分布一般都比较确定。汉语词缀和形态都不丰富,因此容易让人贸然得出汉语词的分布不太确定的结论。

但是拿有标记的成分确定词性(词的分布性质)往往会混淆不同层面单位的分布性质。当我们说 looked 可以分布在副词构成的框架中时,这到底是 looked 的分布很明确还是 look 的分布很明确?如果不考虑 ed,那么 look 的分布并不比汉语的"看"更明确。

过去我们习惯于拿光杆的汉语词和有标记的印欧语词相比,这种比较缺乏可比性。要使项目的分布有可比性,应该拿汉语的无标记词和英语的无标记词比,拿汉语的有标记词和英语的有标记词比,然后说明单纯词的分布和标记的关系。

再来看分布的标准。要比较不同语言中词的分布差异,需要有一个在各种语言中都可行的普适性分布标准。我们在印欧语和汉藏语中面临三种层面的分布语境:句子成分语境、形态语境和词汇语境。

先说句子成分语境。不同的语言句子成分不完全相同。新近的研究越来越多地表明汉语的主语在大多数情况下和话题并没有严格的形式区分标记,几乎任何实词都可以作为话题被陈述,因此由句子成分构成的语境在不同的语言中也没有普遍性,不宜作为不同语言词性分布比较的共同标准。其实主语、宾语等句子成分概念也是从形态丰富的印欧语言中引出来的,印欧语言中主语、宾语等往往都有"格"的形态标记,既然汉语没法充分利用严格的形态标记确定词的分布,当然也没法利用主语、宾语等句子成分确定词的分布。

再看形态语境。首先要区分有标记和无标记等概念。[①] 前面提到印欧语言中不少词是带有词缀的,这些词缀本身就显示了词的语法性质。我们把能够标志词性的词缀叫作确定词性的内部标记。以英语为例:

  有内部标记的名词:thinker, scientist, employee, musician, Chinese, racism…
  有内部标记的形容词:useful, careless, active, acceptable, famous, different…
  有内部标记的动词:realize, widen, beautify…

汉语的词除了名词有一部分有标记,如后缀"子、儿、头"等,动词和形容词都没有内部标记。这很容易造成汉语没有词类的印象。

实际上英语中也有很多词没有内部标记,我们注意到,在 Swadesh(1954)提出的人类最常用的 100 核心词中,都没有内部标记。确定这些词的词性根据的是这些词进入句子以后所产生的形态变化。按 Bloomfield 和 Harris 的理解,这实际上是根据词所分布的上下文确定词性。

汉语中也不是完全没有形态。这涉及我们怎样对比两个语言的问题。语言的对比研究可以从两个向度展开。一个是从两个语言的差异入手,一个是从两个语言的共性入手,这两个向度都是必要的。如果只从前一个向度入手,容易把很多普遍现象对立起来。比如汉语的虚词,不能完全说和印欧语的形态没有关系。汉语的虚词有两种,一种虚词的特点是与之结合的另一个成分是无限的,如分布在动词后面的"的",前面的成分可以扩展;另一种虚词的特点是,与之结合的直接成分是有限的,比如动词后的"着",前面的成分不可以扩展,这种虚词实际上相当于印欧语中的形态。

再回头来看前面提到的汉语词性不确定的问题。我们通常认为汉语的词分

---

① 这儿的有标记和无标记不是指标记理论中的有标记和无标记。

布的确定性比英语的小,这和我们比较的视角有关。这时我们是从形态词的视角做比较的。印欧语中有形态词,形态特点容易凸现。look 带上形态和不带上形态,分布是不同的。汉语缺少形态,我们拿印欧语带形态的词和汉语中不带形态的词比较,当然可能得出汉语的词分布不确定的说法。

现在来考虑词汇语境。可以把用于确定词性的上下文叫作分布标记,前面提到的形态标记就属于一种分布标记。在印欧语中并非所有的实词都有形态变化,比如英语集合名词和物质名词是没有单复数变化的。另外像下面一些常见的普通名词也没有单复数的形态变化:

barracks	营房	aircraft	飞机	sheep	羊
deer	鹿	swine	猪	means	方法
series	系列	species	物种	fish	鱼

确定这些词的词性就不仅仅是依据形态这种分布标记,而是依据这些词和其他实词的结合来确定它们是名词,比如这些词不能受副词修饰等等。我们可以把形态标记构成的上下文称为狭义分布标记,而把由词构成的上下文称为广义分布标记。鉴定字就属于广义分布标记。

印欧语大部分实词都可以用形态确定词性。比如英语中的词可以通过能否分布在-ed 和-ing 等语境中确定是否是动词。但是形态语境在整个人类语言中并没有普适性,汉语中的形态就不丰富,因此形态语境不能作为跨语言分布比较的标准。在形态分布标记根本没有的情况下,就必须依据广义分布标记或者说由词构成的上下文来确定词性,印欧语中既没有内部标记也没有形态标记的那部分词,也必须用广义分布标记来确定词性。可以说广义分布标记在确定词性上比狭义分布标记或形态分布标记强。因此我们认为广义分布标记是最初始的确定词性的依据,这种初始性的实质在于它能代替其他的标准而其他的标准不能代替它。汉语由于缺少内部标记和形态标记,用广义分布标记确定词性就显得很重要。

根据赵元任(1948)、吕叔湘(1954)、朱德熙(1982)等的研究,可以先凭借能否出现在否定副词"不"的后面把体词和谓词区别开。严格地说还应该考虑"没"(郭锐,1993.10),再根据能否出现在程度副词"很"的后面把一般动词和形容词、心理动词区别开,最后根据能否带宾语把形容词和心理动词区别开。这几项标准对英语和印欧其他语言也大体适用。比如英语中带有词尾的词在分布上都符合这几条标准。最近我们对德语、法语、俄语和几种汉藏语群的语言所做的初步调查也证明这几条标准有一定的普适性。我们将遵循这几条标准来比较汉语和英语词的分布差异。

现在考虑拿什么性质的词做比较。可以说每一种语言都有一定数量的核心自由语素,如"人、死、大"等等,这些核心自由语素构词能力强,使用频率高,时间跨度长。大部分单纯词都是由这些核心自由语素实现的,断定一种语言词的分布确不确定,应该首先考察这些核心自由语素的分布。

我们对汉语和英语大量核心自由语素的分布调查所得到的结果证明汉语核心自由语素的分布比英语确定。为了使当前分析尽可能保持客观性,我们选用91个核心词作为分析样本。这91个核心词是从Swadesh(1954)的100核心词中筛选出来的实词。这种取样方式是为了取得一个共识标准,因为我们的调查并没有穷尽汉语和英语中所有的实词,而只是按照概率统计原则取样调查了一部分词。为了使统计结果尽可能准确,取出的样本不应该受调查者潜在意向的左右。这里的91个核心实词是从Swadesh 100核心词中除去副词、代词而得到的。之所以删除副词和代词,因为大量事实证明副词容易随时间变化,而英语的代词由于有格变化,不便于和汉语的代词比较。

Swadesh当初提出100核心词的目的是要通过这些词在亲属语言中的分布数量来确定亲属语言分化的年代,因此他选词尽量保持"常用、构词能力强、稳固"几条标准。Swadesh的目的是分析核心词的衰变,不存在我们提到的"潜在意向影响词性分析"的问题,因此我们从Swadesh的100词中选出91个实词作为我们的样本,基本符合统计原则。91个词在汉语中的对等词根据徐通锵《历史语言学》(1991)中的汉语百词表来确定,由于该百词表也是用于语言年代分析的,所以也不存在影响词类分析的潜在意向问题。下面是英语和汉语这91个核心实词中名词、动词、形容词互用的情况:

(英语和汉语91核心实词中互用的情况)

	名动	形	形名	动	形动	动名形
英语	54		4		3	2
汉语	1		1	3		

英语词性互用的情况比汉语要多得多。这里的互用标准是这样处理的:在词的语音形式不变并且意义基本不变(自指和转指都算意义基本不变,引申义算

意义已经改变)的情况下,只要分布变了就算互用。朱德熙(1982,5.5.2)认为"锁门"的"锁"和"一把锁"的"锁"是两个不同的词,而"影响工作"的"影响"和"政治影响"的"影响"只是一个词的不同用法。我们认为"锁"的不同分布和"影响"的不同分布在性质上是一样的,都是在形式相同的条件下名动互用,区别仅在于"锁"的语义更具体,动名之间是行为和转指(工具)的区别,而"影响"的语义更抽象,动名之间是行为和自指的关系。当然,即便我们把这两种情况像朱德熙那样区别开,也可以看出英语核心词互用的情况比汉语多得多。

我们再来看这 91 个核心实词的详细分布情况:

[第 100 词核心词(实际 91 词)英语和汉语词性分布比较]

英语	词性	实例(易理解的不举例)	英语实例翻译	汉语	词性	解释
root	n	the root of a tree		根	n	
	v	root a cutting in the earth	插枝植树			
breasts	n			乳房	n	
rain	n			雨	n	
	v	It is raining				
bark	n			树皮	n	
	v		剥去树的皮			
heart	n			心	n	
	v		安放在中心			
stone	n			石头	n	
	v	stone sb. to death	用石头砸死某人			
skin	n			皮肤	n	
	v	skin a rabbit	剥兔子的皮			
liver	n			肝	n	
sand	n			沙子	n	
	v		撒沙、搀沙、填沙			
flesh	n			肉	n	
	v		喂肉			
drink	v			喝	v	
	n	bottled drinks	瓶装饮料			
earth	n			土地	n	
	v		埋入土中			
blood	n			血	n	
	v		用血弄湿			
eat	v			吃	v	
cloud	n			云	n	

	v		布满云彩		
bone	n		骨头	n	
	v	bone a fish	剔鱼骨		
bite	v		咬	v	
		have a bite	吃一口		
smoke	n		烟	n	
	v	to smoke	抽烟,冒烟		
grease	n		脂肪	n	
	v		涂油脂		
see	v		见	v	
fire	n		火		
	v	fire a house	火烧房子		
egg	n		蛋	n	
	v		扔鸡蛋		
hear	v		听见	v	
ash	n		灰	n	
				a	很灰
horn	n		角	n	
	v		用角触		
know	v		知道	v	
burn	v		烧	v	
	n		烧伤		
many	a		多	a	
	n	the many; a good many;			
tail	n		尾毛	n	
	v	tail a kite	给风筝装尾巴		
sleep	n	have a good sleep	睡个好觉	睡	v
	v	sleep late	睡得很晚		
path	n		路	n	
one	num		一	num	
feather	n		羽毛	n	
	v		装上羽毛		
die	n		死	v	
mountain	n		山	n	
two	num		二	num	
hair	n		头发	n	
kill	v		杀	v	
	n		杀伤		

2. 中国结构语言学

red	a			红	a
	n	a little girl in red			v
big	a			大	a
	n	the big			
head	n			头	n
	v	head the ball	头顶球		
swim	v			游	v
	n	go for a swim	去游泳		
green	a			绿	a
	n	in dressed in green			
long	a			长	a
	n	It will not take long	不会花很长时间		
ear	n			耳朵	n
fly	v			飞	v
	n	have a fly			
yellow	a			黄	a
	v	Time has yellowed the wallpaper	时间使糊墙纸发黄了		
small	a			小	a
	n	the small of the back	腰背部		
eye	n			眼睛	n
	v	eye sb. narrowly	端详某人		
walk	v			走	v
	n				
white	a			白	a
	n	dressed in white			v	白了他一眼①
woman	n			女人	n
	v		使成女人腔		
nose	n			鼻子	n
	v	nose out something fishy	嗅出气味有些不对头		
come	v			来	v
black	a			黑	a
	v		弄黑,变黑		
	n	written in black, the blacks	黑色写的,黑人		

---

① 这个动词的"白"和"白色"的"白"词义差别已经很大了,也可以不算动名互用。这样汉语的互用在第100词中就更少。

man	n			男人	n
	v	man a ship	为船配备人员		
mouth	n			嘴	n
	v	mouth the word	从口中发出这个词		
lie	v			躺	v
	n	go and have a lie	去躺一下		
night	n			晚上	n
person	n			人	n
tooth	n			牙齿	n
	v	tooth a saw	咬,为锯子锉齿		
sit	v			坐	v
	n				
hot	a			热	a
	v	hot it	把它加热		
fish	n			鱼	n
	v	fish in the sea	在海上捕鱼		
tongue	n			舌头	n
	v		舔,发音		
stand	v			站	v
	n	come to as stand	站住,停住	站点	
cold	a			冷	a
	n	shiver with cold; catch a cold	冷;受寒		
bird	n			鸟	n
	v		在野外观察辨认野鸟;打鸟		
claw	n			爪子	n
	v		用爪子抓		
give	v			给	v
full	a			满	a
	n	the full	全部		
dog	n			狗	n
	v	dog sb. 's steps	跟踪某人		
foot	n			脚	n
	v		跳舞;步行		
say				说	v
new	a			新	a
	n	the new;news	新东西;新闻		
louse	n			虱子	n

2. 中国结构语言学

				捉虱子		
knee	n	v		膝盖	n	
		v		用膝盖碰；用弯头管结合		
sun	n			太阳	n	
		v		晒太阳		
good	a			好	a	
		n	do good	做好事		
tree	n			树	n	
		v		使上树		
hand	n			手	n	
		v	hand me a hammer	给我一把榔头		
moon	n			月亮	n	
round	a			圆	a	
		n	a round of beef	一块牛腿肉；圆形物		
		v	round the world	环绕地球		
seed	n			种子	n	
		v	seed the field with wheat	播种		
belly	n			肚子	n	
		v	the wind belly the sails	鼓起		
star	n			星星	n	
		v	star an item on the list	给表中的项目加星号		
dry	a			干	n	
		v	dry one's hand	弄干手		
leaf	n			叶子	n	
		v		翻页		
neck	n			脖子	n	
		v		割脖子杀死		
water	n			水	n	
		v	water the streets	给地上浇水		
name	n			名字	n	
		v	name the boy after his grandfather	按祖父的名字给这小孩取名		

这里的 91 个词和后面要讨论的 90 个词的互用情况，都指有生成能力的词的互用情况，不包括习惯用语。互用情况最后由美国纽约州立大学的 Frances Cudaitis 女士（原北京大学留学生）审定。通过这 91 个实词（名词、动词和形容

词)的比较,以下现象值得注意:

英语有 54 个词能同时做名词和动词,而汉语中名词和动词互用的只有 1 例,即"站"(站立、站点)。即使"站点"的"站",也还另有历史来源,这里不展开。

汉语中形容词和动词互用的有"热、红、满"3 例①,英语中有"黄、热、干"3 例。

英语中形容词和名词互用的有"长、冷、新、好"4 例,汉语只有"灰"1 例。

英语中名词、动词、形容词互用的词有 2 例,汉语没有。

Swadesh 在提出第 100 词前,曾经提出过 200 词(1952),我们从 200 词中减去 100 词,就得到了第 200 词,第 200 词的核心程度没有第 100 词高(陈保亚,1994)。根据处理第 100 词的理由,我们同样可以从第 200 词中得到 90 个实词。现在我们来观察第 200 词中英汉词性的分布情况:

[第 200 核心词(实际 90 词)英语和汉语词性分布比较]

英语	词性	实例(易理解的不举例)	英语实例翻译或解释	汉语	词性	解释
fog	n			雾	n	
	v		以雾笼罩			
play	v			玩	n	
	n					
stick	n			棍子	n	
	v	stick a wild boar	刺杀野猪			
animal	n			动物	n	
four	num			四		
pull	v			拉	n	
	n	give a pull at the rope	拉一下绳子			
straight	a			直	a	
					v	把腰直起来
back	n			背	n	
	v		背靠		v	背着我做事
freeze	v			冻		
	n		结冰			
push	v			推	v	
	n	give the door a push; a vigorous push	推一下门;巨大的推动			
suck	v			吮	v	

————————————

① 汉语的形容词一般都能带时量一类宾语,如"红了一片",这种情况不算是形容词和动词互用。这里所说的形容词兼动词是指"很热"和"热一碗饭"这种情况。

		n	a suck of wine	一口酒		
bad	a				坏	a
						v	坏我的事儿
fruit	n			水果		n
		v	These trees fruit annually	这些树每年结果子		
rightside	n			右边	n	
swell	v			肿	a	
		n		肿胀		v
grass	n			草	n	
		v		吃草；长草		
correct	n			对	a	
		v	correct mistakes	改正		v	对得上
blow	v			吹	v	
		n	go for a blow	外出吹风		
guts	n			肠子	n	
		v		取出内脏		
breathe	v			呼吸	v	
river	n			江	n	
rope	n			绳子	n	
		v	rope a box	用绳子捆箱子		
thick	v			厚	a	
child	n			孩子	n	
rot	v			腐烂	v	
		n	rot has set in	开始烂了		
thin	a			薄	a	
		v	thin wine with water	使薄；使淡		v
count	v			数	n	
		n	an accuratec count	精确的计数		
hit	v			打		
		n	score a hit	命中		
rub	v			擦		
		n	give the table a good rub	把桌子好好擦一擦		
think	v			想	v	
		n	exchange thinks	交换想法		
cut	v			砍	v	
		n	a smooth cut	光滑的切口		
hold-take	v			拿	v	
		n	keep a tight hold on the rifle; a large take of fish	紧握手中枪；捕到很多鱼		

salt	n			盐	n	
	v	salted meat	用盐腌的肉			
three	num			三	num	
day	n			天	n	
scratch	v			抓	v	
	n	It's only a scratch	仅仅是一点擦伤			
throw	v			扔	v	
	n	make a nice throw	投得好			
dig	v			挖	v	
	n		挖掘;出土物			
hunt	v			打猎	v	
	n				n	
sea	n			海	n	
tie	v			捆	v	
	n		绳子;带子		n	一捆柴
dirty	a			脏	a	
husband	n			丈夫	n	
sew	v			缝	v	
turn	v			转	v	
	n	a turn of the wheel	轮子的一次转动		n	绕了一转
dull	a			呆、笨	a	
	v		使迟钝			
ice	n			冰①	n	
	v	an iced melon	冰冻西瓜			
sharp	a			尖	a	
	v		把音调提高半音			
vomit	n			呕吐	n	
	v	vomit blood	吐血		n	一次呕吐
dust	n			尘土	n	
	v	dust a room	打扫房间			
short	a			短	a	
wash	v			洗	v	
	n	have a large wash	洗一大堆东西			
fall	v			掉	v	
	n	a heavy fall of rain	降了一场大雨			

---

① "冰"在一些汉语方言中可以做形容词,如四川话"太冰了"(太冷了)。

2. 中国结构语言学

sing	v			唱	v
	n			合唱	
wet	a			湿	a
	v	wet a sponge	弄湿海绵		
far	a			远	a
	n	come from far	从远方来		
lake	n			湖	n
sky	n			天空	
	v		将(板球)击向天空		
father	n			父亲	n
	v		当……的父亲		
laugh	v			笑	v
	n	raise a laugh	引起一阵笑		
smell	n			闻	v
	v				
wide	a			宽	a
fear	v			怕	v
	n				
leftside	n			左边	n
smooth	a			平	a
	v	smooth the soil	平土		
wife	n			妻子	n
few	a			少	a
	n	few of my friends	我的少数几个朋友		
leg	n			腿	n
snake	n			蛇	n
	v	the train snake its way	火车蜿蜒而行		
wind	n			风	n
	v		使吹风		
fight	v			打架	n
	n				
live (alive)	v			活	a(区别词)
	a		活的		
snow	n			雪	n
	v		用雪覆盖		
wing	n			翅膀	n
	v	The plane wiged its way through the clouds	飞机穿过云层		

five	num			五	num
spit	v			吐	v
	n		吐;唾液		
heavy	a			重	a
float	v			漂浮	v
	n		漂浮;漂浮物		
mother	n			母亲	n
	v		生孩子;像母亲一样照看		
split	v			劈	v
	n	a split in a rock			
	a	split bamboo	劈开的竹子		
wood	n			木头	n
	v	wood the stove	往炉子里加木材		
flow	v			流	v
	n	the total flow			
narrow	a			窄	a
	v	narrow the gap	缩小距离		
squeeze	v			压	v
	n	a tight squeeze	很拥挤		
worm	n			虫	n
	v	worm through the snow	蠕行穿过雪地		
flower	n			花	n
	v		开花		a	眼睛花了
near	a			近	
	v	the ship is nearing the wharf	船正在接近码头		
stab	v			刺	v
	n				n
year	n			年	n
old	a			老	a

从以上材料可以得到第 200 词中英语和汉语词类互用情况:

[第 200 词(实际 90 词)英语和汉语词类互用的情况]

	名动	形	形名	动	形动	动名形
英语	52		2	5		
汉语	6			5		

我们再来看第 100 词和第 200 词英汉词类互用的比较:

[第 100 词和第 200 词英汉词类互用的比较]

	名动	形	形名	动	形动	动名形
英语	54/52		4/2		3/5	2/0
汉语	1/6		1/0		3/5	0/0

("/"前为第 100 词中的数据,"/"后为第 200 词的数据)

无论从第 100 词还是第 200 词看,英语词类互用的情况都比汉语要多得多。由此我们得到一个结论,从鉴定字的角度看,也就是从词汇语境分布的角度看,核心词中汉语词比英语词在分布上要确定得多。过去很多学者,尤其是西方学者,认为汉语的词性不确定,都只是不严格的猜测,主要是因为没有用相同的标准对不同语言的词进行分布比较。鉴定字使这种比较有了可行性,这从另一个角度证明了鉴定字在方法论上的价值。

就汉语第 100 词和第 200 词的比较看,第 200 词的互用情况比第 100 词多。似乎可以说,汉语词类分布是有阶的,即越是核心的词分布越确定。

基于同样的跨语言词性比较方法,最近我们让蔡薇做了一个抽样调查,扩大了比较的范围。蔡薇选取了 Lawler/Rhodes Simplex Word Database 中字母 b 开头的单音节词和《现代汉语词典》(第 6 版)中拼音字母 b 开头的单音节词。这样做考虑到统计的有效性,也考虑到所选的词是单纯词[①]。研究范围限于名词、动词、形容词三大类实词。英语中首字母大写的专有名词不统计;相应地,汉语中姓氏、地名、化学元素名、干支名等专有名词不统计。最后得到的统计结果如下:

[汉英部分单音节词互用情况]

	汉语(个数)	汉语(百分比)	英语(个数)	英语(百分比)
无互用情况	208	89.27%	128	54.94%
n.,v.互用	18	7.73%	98	42.06%
n.,a.互用	0	0.00%	3	1.29%
v.,a.互用	4	1.72%	1	0.43%
n.,v.,a.互用	3	1.29%	3	1.29%
总数	233	100.00%	233	100.00%

---

① 这是北大中文系蔡薇的学年论文。蔡薇还补充了一部分拼音字母 p 开头的单音节词,以保证英汉两部分词的数量一致。

表中的数据显示，英语中互用的情况要远多于汉语。在统计的英汉各233个词中，英语词有互用情况的约占一半，汉语仅占了约10%。两种语言中最多见的都是名词、动词互用，英语中这种情况的比例高达42%，汉语中则仅占7%左右。以上统计数据会因为判定同义词的宽严而有差异，但这种差异不是很显著，所以统计数据基本是有效的。

根据上面材料还可以看出，从第100词到第200词，再到非核心词，汉语实词分布的确定性在不断降低，互用的情况在增加。可以说汉语单纯词的分布基本上是确定的，尤其是单纯词中的核心词的分布。词性的作用就在于确定组合关系，尽管汉语中一般词汇尤其是复合词的分布有不确定性，但单纯词尤其是核心词在分布上的确定性有利于确定组合关系。

从形态的角度看，可能因为汉语单纯词分布确定性高，所以两个词相加时，即使没有形态变化，结构关系和结构功能也往往是可以确定的。英语中由于单纯词分布的确定性比汉语低，所以在词汇层面词缀比较多，在语法层面形态标记比较多，词缀和形态都能为结构关系提供标记。换个角度看，由于汉语在单纯词的结合层面分布的确定性高，所以在句法层面可以自由地充当各种成分而基本不影响结构关系的确定。印欧语言不是这样，印欧语言的词充当不同的句子成分通常都有不同的形态标记，正是由于印欧语言已经有丰富的词缀和形态标记来标志不同的句子成分，所以单纯词的词汇分布不是那么严格。这是否暗示，一种语言中单纯词分布的确定性和形态的多少大致呈反相关关系：单纯词分布的确定性越高，形态变化越不丰富；单纯词分布的确定性越低，形态变化越丰富。可以把这种关系称为形态与分布的互补关系，即在单纯词范围，形态越丰富，词的词汇分布越不确定，形态越不丰富，词的词汇分布越确定。这个假说需要进一步证明。我们把傣语、白语、佤语、藏语作为一方，把俄语、法语、德语作为另一方，对这些语言的单纯词的初步考察能证明这一点。更重要的是，这种证明方式只有在鉴定字的分布中才有可行性。所以鉴定字的分布框架对语言学方法论有重要的意义。这也是中国结构语言学一个世纪以来在词类问题上对普通语言学的贡献。当时人们对鉴定字的重要意义认识不够，主要原因之一在于人们没有从单纯词的分布来认识词性问题。

如果汉语的语法关系大部分由单纯词的词性来控制，汉语单纯词的词性描写就应该有非常重要的地位。句法关系可以有三种方式来实现：词序、形态和单纯词词性。其他表达方式从根本上都可以规约到这三种方式上来。现有的调查似乎说明世界上大多数语言都充分利用了词序，但利用形态和单纯词词性的程度在不同的语言中差别较大，印欧语和汉语可能代表了两个不同的极端。

2.1.1.7 语类划分的相对性与分布特征推导

考虑下面实例：

	定语	状语	很-	补语	谓语
红	红布	-	很红	涂红	花红
好	好人	好写	很好	写好	人好
高兴	-	高兴来	很高兴	玩儿高兴	他高兴
突然	-	突然来	很突然	-	事情突然

即使不同的研究者达成了共同的协议，根据分布分了类，把这些词命名为形容词，但在词的组合过程中，这些词的组合方式并不一样，"好"可以做状语，"红"不能，差异的解释仍然要回到分布。

人们为什么要把"红、好、高兴、突然"归成同一个类？这里确实有共同的地方，从上面的表中可以看出，共同的地方是都能够受"很"的修饰，都能够做谓语。词类归纳遇到的最根本的问题是分类如何进行的问题。到底应该根据什么标准分类，应该怎样分类，需要分出多少词类，一直在争论中，问题没有得到根本解决。比如，根据分布分类，可以进行下面的工作：

	-宾语	很-
看	+	-
醒	-	-
喜欢	+	+
大	-	+

如果只需要把上面的词分成两个类，根据上面的分布标准，可以有不同的结果。如果根据能否带"宾语"，"看、喜欢"是一类，"醒、大"是一类。如果根据前面能否加"很"，"大、喜欢"是一类，"看、醒"是一类。

对于上面的分布现象，目前关于动词和形容词的区分多数人采用了更复杂的标准，能够带"宾语"的是动词，不能够带宾语但不受"很"修饰的，也是动词，不能够带宾语但能受"很"修饰的，是形容词。这个标准是先已经有了形容词和动词，再从分布中找分类的依据，从分类程序看是先依据带宾语这一特征，然后再依据带"很"这一分布特征。如果事先没有动词和形容词的概念，也可以先从能否带"很"入手，凡是带"很"的是 A 类词，不能带"很"的，再具体根据能否带宾语继续进行分类,形成更多的分类结果。

以上是只分两类而出现的情况。如果不限制分类的数量,完全根据分布特征矩阵分类,只要一个词的分布特征集合不完全相同,就是不同的类,那么上面四个词的分布特征集合都不相同,属于四个不同的类。

问题就在于,每个词都有自己独特的分布特征集合,如果不限制分类的数量,每个词都可能独立成为一个类。可见分类有宽严之分。吕叔湘曾经从形容词中区分出非谓形容词,朱德熙后来称为区别词。比如"公、母、男、女、单、棉、夹、任何、唯一、公共",这是从早期的形容词中区分出来的,把区别词从形容词中独立出来是因为区别词和一般的形容词的分布不同,不受"很"的修饰,也不能做谓语、补语,也不能带补语,只能修饰名词,或跟"的"组合。但是,如果要把分布不同的词就归成不同的类,形容词中还可以再进一步分类。随着分布特征的增多,要区分的类就越来越多,最终会导致一个词一个类的现象,或者说一个类只有很少几个词。

语类数量是相对的,关键是用哪些分布特征做分类特征,争论的焦点也在分类特征的选择上。由于宽严标准的不同,语类划分有相对性。但是语类划分的相对性并不能否认词的分布这一观察事实的绝对性。从根本上说,在结构位置上是否可以替换取决于分布特征而不是语类。对于"XN"(好人)来说,只要有修饰特征的词就可以在 X 位置上相互替换。如果没有修饰特征,即使是形容词,如"高兴",也不能替换,因为"高兴"不具备修饰特征。所以我们可以直接从分布特征入手,或者说从词性入手来观察组合在分布上的推导性。而词类划分的一个根本目的就是要解决语类和结构关系的推导性问题,这个问题过去一直不是很明确。具体地说,分类应该满足语类的组合条件和组合类的可推导性,这一条件可以称为分类的结构推导原则。更明确地说,一个有效的语类推导模型应该回答三个问题:

X 类词和 Y 类词能否组合

XY 之间有什么组合关系

XY 组合属于什么语类(以便进一步推导[XY]Z 的类)

比如 N+N 可以组合,组合关系可以是偏正关系"木头桌子",也可以是并列关系"桌子椅子",组合后的语类也是名词性的。可见分类的相对性不是任意的。分类必须满足语类的组合与推导。因此分类不应该漫无边际的细化以至于没有概括性,也不应该太粗以至于无法推导词组的语类,比如 V+N 有两种结构关系和分布,例如"炒鸡蛋",无法解释歧义,这时才有细分词类的必要。我们可以提出一个语类组合推导原则:

> 相同的语类组合应该推导出相同的结构分布类和结构关系。

如果归纳的语类不满足这个条件,就还需要再分类,最终充分解释词组分布的类和结构关系。

由于分类以分布为基础,研究可推导性也可以从分布特征入手。每个词都有自己的句法分布特征,在这些分布特征中,我们希望找到一些关键的分布特征,这些特征需要回答下面的问题:

> 具有分布特征 A 的词 X 和具有分布特征 B 的词 Y 能否组合
> XY 之间的结构关系是什么
> XY 词组的分布特征是什么(以便进一步推导[XY]Z 的分布特征)

这里寻找句法分布特征显然立足于句法规则的驱动,于是我们可以提出一个特征组合推导原则:

> 相同的分布特征组合应该推导出相同的结构分布特征和结构关系。

如果提取到的句法分布特征不满足这个条件,就还需要继续提取更多的特征,最终充分解释词组分布特征和结构关系。

从词的分布特征推导组合的特征,推导结构关系,推导层次,是句法研究的必要工作,因为词是有限的片段,而组合是无限①的,我们不可能把无限的片段的分布特征存放起来。当然,在实际组合中,已经有标记可以判定组合的分布、组合关系,词的特征也可以推导出来。比如"一斤烤红薯",由于"一斤"后面只能出现指称特征的词,这时的"烤红薯"肯定实现的是指称特征。

词组在言谈、运思活动中的分布是不一样的:

便宜土豆(一斤/便宜土豆;*不/便宜土豆)
土豆便宜(*一斤/土豆便宜;土豆不便宜)
买土豆(*一斤/买土豆;不/买土豆)
烤土豆(一斤/烤土豆;不/烤土豆)

如何判定词组在分布上的差别,是交际或运思必须要面临的问题。我们需要从词的分布规律找出词组的分布规律,这就是分布或词类初始性的体现。

---

① 这种无限是指组合都是新产生的。如果限制句子的字数,从理论上来说句子的数量仍然是有限的。

提取分布特征可以从不同的角度切入。我们可以先从指称和陈述开始,这是一般公认的区分。句子都有肯定和否定之分,而只有某些词能独立承载否定:
老师不了解学生——不了解
学生不理解老师——不理解

这说明有些词是判定一个句子能否获得肯定和否定的关键。由此我们可以接受朱德熙最早提出的关于陈述和指称的区分,即词首先可以分为体词和谓词,体词有指称特征,谓词有陈述特征。

于是分布特征可以首先分出谓述特征(陈述特征)和指称特征。在能够独立成句的词中,即一般所谓的实词中,能独立承载否定形式的词具有谓述特征,否则只有指称特征。

承载否定形式的主要格式:
不去(不 A)
去不去(A 不 A)
没去(没 A)
去没去(A 没 A)

主张汉语必须划分词类的学者通常根据"不"划分谓词和体词,从这里的分析看是有根据的[①]。

一般地说,由于有些词已经自带了一定的量或某种限定,如"冰凉、漆黑",再否定的话在语义上不一致,所以这些词前面不带否定词,但可以通过系联的方式来判定这些词是否有谓述特征。借助建立在否定形式上的谓述特征,可以判定核心词以及大量基本词是否带有谓述特征。有些连接词框架只允许带谓述特征的词或词组出现:
不但天气热,而且空气潮湿

这些词组和句子的连接还可以还原到具有谓述特征的词:
不但热,而且潮湿

有了谓述连接词,我们可以通过系联的方式由已知谓述词断定其他谓述词:
不但窄,而且漆黑
不但糊涂,而且叽叽喳喳
不但干净,而且雪白

于是"漆黑、雪白、透亮、飞快"等词尽管不能直接出现在否定词后,但都能通过系

[①] "非人、非马"这样的用法有特殊的条件,此处不展开讨论。

联方法判定为具有谓述特征的词。

再观察实例：

大红薯　　　　　　　　　　　　指称特征
买红薯　　　　　　　　　　　　谓述特征
烤红薯(不烤红薯/三个烤红薯)　　谓述特征/指称特征

从成分的分布特征看，这三个实例的前一个成分有谓述特征，后一个成分有指称特征，但整个词组可以有两种特征，谓述特征和指称特征。要有效地完成特征组合推导，还需要从谓述特征中独立出修饰特征、支配特征，即"大、买、烤"都有谓述特征，但"大"还有修饰特征，"买"还有支配特征，"烤"既有修饰特征，也有支配特征。增加修饰特征和支配特征后，以上三个实例的特征推导就可以满足特征推导原则。

如果考虑非独立词，即不能单说的词，分布特征还要增加。比较：

经常工作(不经常工作)
局部工作(*不局部工作)

"经常工作"有谓述特征，"局部工作"没有谓述特征，这两者的差别在于"经常"和"局部"，可见修饰特征要分成两种，一种是谓饰特征，一种是体饰特征。郭锐(2002)从表述功能上分出体饰和谓饰，从这里的特征组合推导上可以找到依据。

通常所说的支配关系，也需要分成两种。比较：

从北京
去北京

"从北京"有谓饰特征，"去北京"有谓述特征。如果支配特征不分成两种，则不能充分区别这里的特征推导。于是可以再提取一个引介特征。通常把动词和介词分开，在这里可以找到依据。

以上在不考虑结构标记的情况下，提取了几个基本分布特征。要全面描写组合规则和推导规则，需要提取更多的基本分布特征。只要达到组合推导目的，特征的提取就终止。剩下的组合规则应该是语义上的，比如"吃鸡、喝水"的选择限制。

以上部分词的分布特征可标注为：

大：谓述、体饰、谓饰(大干一场)
买：谓述、支配

烤:谓述、体饰、支配

经常:谓饰

局部:体饰

从:引介

工作:谓述、指称、体饰

胜利:谓述、指称、体饰、谓饰

有了以上分布特征,结构的分布特征和结构关系就可以推导出来:

前项分布特征	后项分布特征	实例	结构分布特征	结构关系
体饰	指称	大苹果/恶性肿瘤	指称	定中
支配	指称	买苹果	谓述	述宾
谓饰	谓述	经常工作	谓述	状中
指称	谓述	苹果大	谓述	主谓
引介	指称	把苹果	谓饰	介宾

如果前后两项所含的分布特征有两种或两种以上的可组合性,词组的分布和内部结构关系就有歧义,比如:

前项分布特征	后项分布特征	实例	结构分布特征	结构关系
体饰	指称	大苹果/烤白薯	指称	定中
支配	指称	买苹果/烤白薯	谓述	述宾

考察下面几个语类推导式:

N + N ⟶ NP　例如:语法格式、香蕉苹果

D + N ⟶ NP　例如:男人、女人、大型建筑、男式服装(D指区别词)

A + N ⟶ NP　例如:大房子、红房子、新房子

V + N ⟶ NP　例如:烤土豆、炒菜(V限于部分动词)

从更高的角度看,N、D、A 和 V 都带有体饰特征,所以以上词类推导可以概括为更简单的特征推导:

体饰 + 指称 ⟶ 指称

可见,特征推导有两个好处。首先,特征推导使得分布的推导更具有概括性。其次,特征推导更具有初始性,即无论把区别词 D 和 A 都称为形容词,还是把二者分开,"男、女、大型、男式"和"大、红、新"这些具体的词都具有体饰特征,这一特征不会因为分类的宽严而转移。

从以上分析可以看出,在没有词类但有分布特征的前提下,从词的分布特征推导词组分布特征仍然可以展开,结构关系的推导也可以展开。

划分词类的困难不在于一个词有很多种分布特征,而在于分布特征不整齐。比如通常所说的谓述词,分布特征并不一样:

  吃: 谓述 支配
  买: 谓述 支配
  写: 谓述 支配
  研究: 谓述 支配 体饰 指称
  区别: 谓述 支配 体饰 指称 谓饰
  姓: 谓述 支配   指称

如果有大量词都只有谓述、支配特征,确定动词的类就比较容易,否则就要考察和处理不一致分布的情况。

如果分布整齐,就有利于分类。一旦获得了内部成员分布整齐的词类,在标注上就可以简化。比如,区别词的分布特征可以在语法手册中加以详细描述:

  区别词:体饰特征;____的

在词库中,我们只需要标注某个词为"区别词",就提供了这两个分布的信息,于是相同词类的词具有相同的组合规则和语类推导规则。

在前面的语类推导中我们提到"学生家长"这样的实例有两种结构关系,我们还提到没有必要把"学生"分成两个类,因为所有类似"学生"的普通名词都有这样的功能。从分布特征看,这里的推导特征容易得到解释,因为"学生"这样的词既有指称特征,也有体饰特征,所以"学生家长"能够形成偏正关系和并列关系。汉语的普通名词通常都有体饰特征。

"陈述+陈述"有很多结构关系:

  去钓鱼
  吃完
  通知开会
  跳远跳高

如何通过分布特征解释这些不同的结构关系,现在还存在困难。尽管如此,当两个词相组合时,结构关系并不知道,但单位的分布信息却可以存放在记忆中,所以,我们应该尽量从分布来定义结构关系,即当两个词组合时,我们通过搜寻词库中这两个词的全部分布特征,来判定哪两个特征的组合是可能的,从而确定结构关系。在大多数情况下,这种方案是可行的。比如上面给出的 NN、DN、AN、VN(有条件),不仅通过特征分布可以推导出这些结构有指称性质,也可以推导出这些结构属于偏正结构。即使改变分类的宽严,这种特征推导关系也不会变化。

　　分类是相对的,但分布特征却是可观察事实,是绝对的,比如"好"可以做状语,"红"不能做状语,这些可观察事实都是语言知识,无论是否承认汉语的词类,无论采取什么分类,无论是否把"好"和"红"归成一个类,这些分布条件在组合中都要遵守。由此引导我们考虑这样一个思路,直接从分布特征这一可观察事实入手来研究词的组合规则和词组的分布规则。可以把依据分类来研究组合条件和推导词组分类的句法称为语类句法,而把根据特征来研究组合条件和推导词组分布性质的句法称为特征句法。在特征句法中,也可以有名词加名词、动词加动词这样的表述,这是为了术语应用的方便,实际上是指名词性特征加名词性特征,或者说词性的相加。这样的术语用法之所以允许,就在于分类语法中的名词加名词本质上是词性在相加。

　　尽管每个词都有自己的分布,尽管词类划分有很多争议,不过这些分布总会形成一定的模式,所以名词、动词、形容词几种大类有原型基础。比如通常所说的及物动词有相似的分布,只有少数及物动词分布特殊:

吃饭	正在吃饭	吃了饭	不吃饭	吃着饭呢	吃的饭	吃不吃饭
写书	正在写书	写了书	不写书	写着书呢	写的书	写不写书
削梨	正在削梨	削了梨	不削梨	削着梨呢	削的梨	削不削梨
看戏	正在看戏	看了戏	不看戏	看着戏呢	看的戏	看不看戏
磕头	正在磕头	磕了头	不磕头	磕着头呢	磕的头	磕不磕头
姓张	—	—	不姓张	—	—	姓不姓张
像熊	—	—	不像熊	—	—	像不像熊

　　正是因为有这样的分布范式或模式,我们可以对"吃"类及物动词的规则进行统一概括和处理,而对"姓"这样的及物动词做单独的处理,这样就使得语言规则更为有效。词之所以能够在错综复杂的分布中进行归类,就因为存在分布模式。就这一点看,词类划分是对共同分布模式的解释。可以说,分类并不是按照意义分类,而是按照范式分类,具体地说就是按照分布的相似性分类。前面提到的鉴定字实际上是找能够反映范式的形式标准。如果按照"很 X"分类,并且后面不带受支配的成分,则可分出"大、小、高、低、长、短、胖"等一大批有共同分布范式的词:

| 很大 | 大大的 | 不大 | 大得很 | 大一寸 |
| 很小 | 小小的 | 不小 | 小得很 | 小一寸 |

很高	高高的	不高	高得很	高一寸
很矮	矮矮的	不矮	矮得很	矮一寸
很短	短短的	不短	短得很	短一寸
很长	长长的	不长	长得很	长一寸
很胖	胖胖的	不胖	胖得很	胖一斤
很瘦	瘦瘦的	不瘦	瘦得很	瘦一斤

但如果要用"X化"来鉴定一个类,可以得到 X 类,这时 X 的分布范式很不一致。比较:

美化	很美	不美	美美的	美得很	—
汉族化	—	—	—	—	一个汉族
钙化	—	—	—	—	—
扩大化	—	不扩大	—	—	扩大范围

在这种情况下,我们很难找到分布范式,因此也很难在这个分类基础上来描写共同的语法规则。

2.1.2 单位论

词类问题是句法研究的焦点之一。谈论词类必须以词为先决条件,因此确定词的问题也是一个至关重要的问题。从语法的描写目标看,由于造句过程是通过有限的单位和规则造出无限的句子,提取有限的单位也是语法描写的主要目标之一。

《马氏文通》(1898)没有把词作为专门问题讨论,马氏的字是造句的基本单位。由于马氏描写的是古汉语,句法单位的提取没有困难,因为除了拟声词和借词,古汉语中一个音节通常是一个语素、一个字,同时这个字又是一个句法单位,两个字组合为一个句法单位的情况比较少。

马建忠以字为句法的最小单位,这对后来的影响很大。但是,如果要真正阐明词类的理论,马建忠所理解的字是不够的。马建忠所理解的字有时相当于印欧语中的语素,有时相当于词。不过在印欧语法中,语素不是句法单位,不存在从句法上分类的问题。词才是句法单位,需要分类。印欧语言中从语素到词的派生规则和从词到词组的派生规则并不相同,因此语素和词这两种单位有重要区别。

汉语的语素容易确定,从线性方向看,大部分字都和语素对应。但在描写现代汉语时,很多人认为字不是造句的基本单位,词才是造句的基本单位。不过在汉语中,要找出相当于印欧语的词相当困难。印欧语言中的词是比较好区分的,因为印欧语的词从语音和语法上看都有一定的形式标记。比如,从语音上看,在捷克语中,词的重音在第一个音节,在波兰语中,词的重音在倒数第二个音节。这些都是词的固定重音,固定重音本身就给词划出了界限。在英语和俄语这样的语言中,尽管没有固定词重音,但除了虚词,每个词都有一个重音,这个重音的位置一般是有规则的,从这个重音也可以确定词的界限。比如英语带 tion 后缀的名词词重音都在倒数第二个音节:

production
introduction
pronunciation
information
transformation

从语法上看,绝大部分实词都有形态变化,派生词都有构词词缀,因此词的提取相对来说也比较容易。

词是印欧语中造句的基本单位,界限比较明确。汉语中词的界限并不是很清楚。于是,随着现代汉语语法描写的深入展开,词或句法单位的提取就成了一个迫切的任务。20世纪初开始的拼音化运动,在一定程度上就是要将汉语的文字欧化,而印欧的拼音文字是以词为单位记录语言的,即词和词是分开写,这也迫使汉语学者确定词的界限。

因此,在汉语中,要研究聚合关系和组合关系,确定词又是一个难题。

2.1.2.1 同形替代法与词的提取

直到陆志韦(1937)写《北京话单音词词汇》以前,在汉语研究中没有人正面论述过提取词的方法。陆志韦在《北京话单音词词汇》中首先给出了一个鉴定词和非词的同形替代标准。陆志韦的基本操作方式是这样的(P15—16):

我吃饭	我吃饭
他吃面	我盛饭
猴儿吃花生	我煮饭
……	……

在左栏的实例里,"吃"所出现的环境"我……饭"可以被"他……面、猴儿……花生"替换,在右栏的实例里"吃"在相同的环境下可以被"盛、煮"替换。于是"吃"就是词。

从原则上看,同形替代的操作过程包括了两个步骤(P29):

  1.先把需要鉴定的言语片段从环境里挑选出来,又搁在别的同形式的环境里(这是左栏要完成的工作)。

  2.留下的空隙又必须用同类的词补上(这是右栏要完成的工作)。

  陆志韦当时在解释他的"同形替代"法时不是很清楚,所以很多人没有理解同形替代的含义。其中一个主要原因在于当时对词类的认识还不够深入,直接成分的理论还不成熟。从陆志韦所列举的材料看,所谓同形主要是指功能相同,也就是指词类相同。这就是说,提取词要涉及词类的概念,也就是要涉及功能的概念,最终要涉及分布的概念。因此,从词的功能或分布来考虑同形必须建立在对词类问题有深入研究的基础上。同形和分布的问题后来由朱德熙在《论句法结构》(1962.8—9)一文中做了深入的研究。陆志韦当时讨论同形是假定汉语有词类,并且已经分了词类(陆志韦,1937,P14)。我们认为同形替代法的本质是,如果一个言语片段的两个直接成分都能被同功能的成分替换,就是词组,否则就是词。比如:

金表	金表
金镯子	银表
金耳挖子	钢表
金项链	铜表

其中"金表"中的后一直接成分"表"可以被同形的成分"镯子、耳挖子、项链"替代,前一直接成分"金"可以被同形的成分"银、钢、铜"替代,所以金表是词组。由于"金"和"表"都不能再切分,所以"金"和"表"都可以看成词。

  可以看出,所谓同形替代法要求一个言语片段的两个直接成分都分别被同形的片段替换。像下面的替换,按照陆志韦的观点,不是同形替代:

  他回家
  他的家

因为"回"和"的"不同类。下面的替换也不是同形替代:

  飞船
  汽船
  大船

因为"飞、汽、大"的类也不同。

  汉语大部分的词都可以通过同形替代法或同形替代法的修正式提取出来。要准确认识同形替代的方法论意义,需要回顾印欧语学者在这方面所做过的工作。最早给出词的提取方法的是 Sweet(1875-6),他在《词、逻辑和语法》(Word, logic, grammar)一文中认为词是:

> 最后提出一些语音群,有独立的意义,不能再往小里划分。测验有没有独立意义用游离法,也就是能构成独立的句子的能力。因此我们不妨给词下一个定义:词是终极的,不能再分解的句子。

沿着 Sweet 的思路,20 世纪 20 年代对提取词的方法有较大贡献的有 Jesperson 和 Bloomfield。Jesperson 在《语法哲学》(叶斯泊森,1924,P110)中批评了意义标准和语音标准,提出了一个形式标准,即看一个言语片段是否能从中间隔开。比如拉丁语的 amat(爱)不能分开,是词,英语的 he loves(他爱)可以插入一个形式把它们分开:He never loves(他从不爱)。这可以看成是原始的扩展法,但是 Jesperson 并没有讨论可以分开的原则和条件。Bloomfield 在 A set of postulates for the science of language(1926)一文中,给出了两个定义,实际上已经给出了一个提取词的方法:

> 定义 10:能够做话语的形式是自由的。不自由的形式是黏着的。(A form which may be an utterance is *free*. A form which is not free is *bound*.)

> 定义 11:最小的自由形式是词。(A minimum free form is a *word*.)

可以把 Sweet 和 Bloomfield 提取词的方法称为"单说论"。直到 30 年代,对词最有影响的形式化定义是 Bloomfield 的单说论。Bloomfield 把词定义成"最小的自由形式",他所理解的自由形式是指单独成句,即能够成为一句话(utterance)。30 年代 Bloomfield 在《语言论》(布龙菲尔德,1933)中进一步陈述了这种观点:

> 能够作为句子出现的形式,就是自由形式(free forms,11.5,P217)。

> 词就是一个最小的自由形式(minimum free form,11.5,P218)。

单说论可以看成是当时最有分量的形式化定义。这种定义可以涵盖大量的实词,但也会漏掉不少实词。像前面汉语"金表"一词中的"金",不能单说,现在一般认为是区别词。单说论无法提取汉语中类似"金"这样的词。基本上可以说,单说论能提取的词,同形替代法也能提取,但反过来就不一定,像"金表"一词中的"金",单说论提取不出来,同形替代法却可以提取出来。从另一个角度看,单说论所能提取的词大都是能做主语、宾语、谓语的词,只能做定语、状语的词，好些难以用单说论提取。像下面这样一些词，只能修饰名词或后面带"的"：

  正、负、单、双、公、母、雌、雄、男、女、荤、素、粉(色)
  阴、阳、金、银、公、私、夹、本(国)
  切身、高等、初等、任何、唯一、所有、边远
  公共、私有、日常、永久、新型、大型、版式、色彩
  碧绿、慢性、急性、长期、彩色
  首要、次要
  ……

  这些词可以列举出很多，单说论提取不出来这些词，可以看出单说论在方法上的局限。同形替代法不受这个限制，能做句子成分的词，包括只能做定语、状语的词，大都可以通过同形替代法提取。

  和同形替代法相比，单说论在理论上是有矛盾的。Bloomfield 根据能否单说把言语片段分成自由和黏着两种形式，比如"人"是可以单说的，因此它是一个自由形式，由于"人"不能再分割，所以"人"也是最小的自由形式。显然，能单说只是某些言语片段的一种性质。但是"人"是否是词却取决于具体的环境，在"人民"中，"人"只能是一个语素，在"人来了"中，"人"是一个词。黏着语素在一般条件下总是黏着的，而自由形式在有些条件下是自由的，在有些条件下是黏着的。Bloomfield 通过单说来规定词，实际上把这两个层面混淆起来了。

  同形替代法提取的词都是具体言语片段中的词，不会产生单说论的矛盾。当然，同形替代法还没有解决提取词的过程中遇到的全部问题。前面说过，所谓同形替代法要求一个言语片段的两个直接成分都分别被同形的片段替换。因此同形替代法实际上是一种双项同形替代。这种方法在汉语带虚词的结构中会遇到困难。比如：

  吃的   吃的
  喝的   吃？
  抽的   吃？

只有"吃"可以进行同形替代，"的"难以进行同形替代，因为和"的"同形的形式不容易确定。可以说，"吃的"这样的言语片段只能进行单项同形替代。同形替代法提取不了"的"这样的虚词。当然，单说论同样提取不了。

  印欧语确定词都围绕"自由形式"这个概念展开。"自由"的含义就是看能否

独立成句,这对汉语虚词并不适用。汉语中虚词的作用在印欧语中大都被形态变化代替了。但从功能上看,汉语中的虚词和印欧语中的形态变化有一个根本的区别,印欧语大部分的形态都是附着在词上的,由于词是有限的,因此形态只能和有限的单位组合,而汉语中的虚词既可以附着在词上,也可以附着在结构上,因此往往可以和无限的片段组合。比如:

  买的
  昨天买的
  昨天在商店买的
  昨天他哥哥在商店买的
  ……

  其实英语中的 of 也有这样的性质。分析到这一步就涉及了区分词和词组的目的。句法的根本目标是要研究从有限到无限的生成能力,提取词的目的是为了从有限的规则和单位说明无限的生成过程。只要一个句法单位有生成能力,它是否是自由的,是否可以单说,并不重要。句法单位的重要性在于有生成能力和自身的不可推导性。

  语言是有限的单位和有限的规则组成的系统,言语是对有限的单位和有限的规则的运用。因此,区分语言层面的事实和区分言语层面的事实很重要。区分词和词组就是要区分有限的单位和无限的组合,并且用尽量少的单位和规则来控制无限的话语,这不仅对于解释语言习得过程是必要的,而且对于自然语言理解和语言教学也是必要的。词应该是有限的,词组(具体的词组而不是词组的类型)是无限的。把"的"字结构这样的词组当成词,词典中的词条会无限增加,以至于无法控制。这等于是没有找出语言的有限单位。

  其实在陆志韦的心目中,"的"这样的单位是被当作词来处理的,不过陆志韦是把同形替代法做了一点修正,尽管"的"字结构中的"的"不能进行同形替代,但"的"字结构前面的成分可以在别种环境里是词,所以"的"也算词。比如前面"买的",我们可以在其他环境中通过同形替代法确定"买"是词:

  买书   买书
  写书   买笔
  卖书   买纸

由此可以断定"的"是词。"吃的"中的"的"也可以用同样方法得到。这实际上是最早出现的提取词的剩余法,即在同形替代前提下讨论剩余法。在陆志韦之后，Смерниций，А. И.（斯米尔尼兹基，1952）正式提出了提取词的剩余法。认为一个言语片段的词都被提出来以后，剩下的必须看成是词。陆志韦在《汉语的构词法》(1957)中进一步讨论了剩余法。后来吕叔湘在《汉语语法分析问题》(1979)中又提出了用剩余法来提取汉语的虚词，不过吕叔湘是在单说论的前提下讨论剩余法，即先把能单说的提取出来，剩下的也是词。比如"我下午再来"，其中"我""下午""来"都能单说，剩下的"再"虽然不能单说，也只能是词。

用剩余法提取词在逻辑上有矛盾。按照这种方法，"人民""人口""人儿"中的"人"都可以在其他的环境下证明是一个词，"民""口""儿"是否也应该是剩余法得到的词？我们在字本位一章中再来讨论这个问题。

同形替代的另一个问题是怎样理解"同形"的问题。由于同形替代中的同形是一个重要条件，这种方法和 Bloomfield 等根据替换确定语素的办法有所不同。Bloomfield 是这样定义语素的：

> 跟别的任何一个形式在语音——语义上没有任何部分相似的语言形式是一个简单形式（simple form）或者叫做语素（morpheme）（布龙菲尔德，1933，10.2，P195）。

Bloomfield 既给语素下了定义，也暗示了提取语素的替换方法。可以看出，从 Bloomfield 的语素定义中引申出的替换原则并不以同形为条件。我们从实际操作中可以看出这一点。

农民　　　　农民
农村　　　　贫民
农业　　　　难民

这里的"农""贫""难"不一定是同形的，所以这样替代出来的"民"是语素。正是因为不要求同形，"儿化"词中的 r 作为一个语素也可以提取出来。

hua^{55}r 花儿①　　　　hua^{55}r 花儿
hua^{55}tuo^{214} 花朵　　kua^{55}r 瓜儿
hua^{55}pan^{51} 花瓣　　hua^{51}r 画儿
……　　　　　　　　……

---

① 声调是超音段音位，因此"花儿"的语音形式也可以写成 huar^{55}，这里写成 hua^{55}r 是为了更容易看出对比的项目。

陆志韦的同形替代和 Bloomfield 的替换最根本的区别就是陆志韦的同形替代有同形的条件，这个同形实际上就是词类相同，而 Bloomfield 的替换不要求有同形的限制。因此陆志韦的同形替代是提取词的方法，而 Bloomfield 的替换是提取语素的方法。

但在有些情况下，即使考虑严格的同形条件，同形替代提取词时仍然会遇到困难。比如：

白菜	白菜
白葡萄	好菜
白衣服	辣菜
白萝卜	酸菜

很难说"菜、葡萄、衣服、萝卜"不同形，"白、好、辣、酸"不同形。同形替代法很可能把"白菜"这样的言语片段切分成两个词。汉语中存在不少类似"白菜"这样的词，其特点是两个直接成分都是自由语素，整个片段只是一个词。说汉语者一般都能断定它们是词，因为它们的意义不是直接成分的意义加结构关系的意义，而有一个单独的意义，即通常所说的转义。"好菜"是指"好的菜"，而"白菜"不是指"白的菜"。从平行的条件看，上面的"白菜"和"白葡萄、好菜、白衣服、辣菜、白萝卜、酸菜"在组合关系上是不平行的。通过"白菜"这一例可以看出，用同形替代法断定一个由两个直接成分组成的言语片段是词还是词组，除了要依赖词类的概念以外，还要依赖组合关系的概念。也就是说，聚合关系和组合关系都是确定词的必要条件。陆志韦当时没有说明这一点。这里所说的结构关系，是可以类推的结构关系。构词法中说"白菜"是偏正构词，这里的偏正关系并不能类推。至于类推的复杂性，我们在字本位一章中再进一步展开讨论。

可见 Bloomfield 的单说论也有它的理由，就是在确定词的时候，不启用词类和结构关系的概念。可能在 Bloomfield 的眼光中，词类和结构关系是后于词的概念，有了词，才有词类和结构关系的概念。陆志韦在定义词的时候，用了"同形"的概念，尽管陆志韦当时还没有解释清楚"同形"的确切含义，但正如前面讨论过的，"同形"至少必须以同类和同结构关系为必要条件。陆志韦说："所谓'同形替代'，至少得是'同类替代'。"（陆志韦，1937，P17）从这一点上可以看出，陆志韦鉴定词时所用的背景条件比 Bloomfield 要多一些，同时可以看出，陆志韦所谓的"词"，实际上已经蕴涵了"类"和结构关系的概念。后面字本位一章我们还会看到,如果把词看成是有生成能力的最小语法单位,确定词必须以词类(分布)和结构关系为先决条件。

无论是单说论还是同形替代法,都没有办法把汉语中的虚词提取出来。即这两种方法会把虚词这样的单位排除在词的范围之外。这是两个方法共同的地方。不同的地方在于,同形替代法比起 Bloomfield 的单说论来说是一种较强的方法,因为这种方法可以提取"金"这样的词,而单说论不能。

同形替代有一定的可操作性和客观性,在提取句法单位方面对后来的中国结构语言学有很大的影响。尽管陆志韦在 20 世纪 50 年代声明放弃了这种方法(《北京话单音词词汇》1956),但实际上陆志韦(1957)提出的"扩展法",就是在"同形替代"法的基础上展开的。陆志韦本人放弃一种方法可能有多方面的原因,并不能抹掉该方法的价值。我们现在所说的"词是最小的、能够自由运用的语言单位",主要不是指 Bloomfield 单说论意义上的语言单位,而是指不能扩展的语言单位。甚至 40 年代 Harris 的词类分布理论,Wells 的直接成分理论,都要涉及"同形替代"的原则。我们可以从 Harris 确定替换类的过程中看出和陆志韦替代法的相似之处(Harris, Z. 1946, 3.4)①:

> 我们将在下文提出的工作程序主要就是替换手续的反复运用。例如我们可以用 child 替换 where did the young boy go? 里的 young boy(年轻人)。概括地说,我们把 A 从 C__D 这个环境里抽出来,然后用另外一个形式 B 去替换它。要是经过这样的替换以后,我们得到一个能在所讨论的语言里出现的词语,这就是说,在我们所讨论的语言里,不仅有 CAD 的词语,而且也有 CBD 的词语,我们就说 A 和 B 属于同一个替换类,或者说 A 和 B 都能占据 C__D 这个位置,或者采取别的与此类似的说法。

后来 Wells(1947)分析直接成分时提出的扩展法,陆志韦(1957)提取词时提出的扩展法,都和同形替代法有方法论上的连续性。因此同形替代法在方法论上的价值不仅仅在于对词的提取,而在于这种方法体现了一种结构分析的基本原则,这种原则对提取句法单位和说明组合关系是根本的,它反映了人类语言能力中隐藏的一种简单原理。同形替代法又是和分布一脉相承的,分布是考虑

---

① 据说 Harris 承认自己受到陆志韦"同形替代"法的影响。

一个单位的语境,而同形替代法是考虑同功能的单位在相同环境下的分布。从这一点上也可以看出中国结构语言学和美国结构语言学在分析思路上的共性,并且表现出双方在方法论上的互相渗透。

2.1.2.2 扩展法与词的提取

扩展法是提取词的另一种重要方法。前面我们谈到,Jesperson(1924)最早提出了隔开法,但并没有讨论可以分开的原则和条件。Bloomfield(布龙菲尔德,1933,11.6,P221)在提出单说论的同时,也讨论过隔开法:

> 一个词不能被其它形式隔开的原则,几乎适用于一切语言。比方,说 black—I should say, bluishblack—birds(一些黑色的——或者说,带点蓝黑色的——鸟),但是我们却不能以同样的方式隔开复合词 blackbirds。这个原则的例外情况是稀罕得跟胡闹似的了。

不过 Bloomfield 也没有讨论隔开的原则。

王力的《中国现代语法》(1943)、《中国语法理论》(1944)、《中国语法纲要》(1946)在区别词和词组时,运用"插入法"和"转换法"来区别词和词组,所谓插入法就是看两个成分之间能否插入一个成分,能插入的是词组,如"白手套",可以说是"白的手套",是词组,而"白菜"不能说成是"白的菜",是词。"转换法"是看两个成分之间是否能换位,能换位的是词组,不能换位的是词,如"白手套"可以说成是"手套是白的",是词组,"白菜"不能说成"菜是白的",是词。但王力对插入法和转换法也没有展开深入的讨论。

陆志韦在 1955 年声明放弃同形替代法,但由于"同形"和"替代"实际上是鉴定词的必要条件(不是充分条件),要真正放弃它是不可能的。比较好的办法是在同形替代基础上引入结构关系这个条件。陆志韦在《汉语的构词法》(1957)一书中提出的扩展法,就是沿着这条思路展开的。

扩展法的基本思想是,如果 AB 之间能插入 C,形成 ACB,并且 AB 和 ACB 的结构基本相同,AB 就是词组或结构:

原型	扩展	
黄纸:	黄的纸	词组
铁路:	*铁的路	词

但是这种从同形替代到扩展法的思路的连续一贯性可能连陆志韦本人也没有意识到。所以陆志韦(1957)在全书开始的时候说:

种种说明、补充、条件都挽救不了它(同形替代法)的根本弱点。基本上还只是肯定了汉字的孳生力的大小是鉴定词的标准。(P278)

可是当说到扩展法时,作者说：

我们的基本主张是在结构类型相同而长短不同的句子里找出"自由运用"的"最小单位",也就是词。(陆志韦,1957,P276)

广义地说,扩展法不过是同形替代法的一种,互相替代的成分是某和〇,插进某去要保证不变形式。(陆志韦,1957,P278)

我们再通过实例来观察和分析陆志韦扩展法的实质：

买了一斤牛肉　　　　　　　买了一斤肥肉
买了一斤那个铺子里的牛肉　买了一斤肥的肉

先看左边一栏。下句中的"那个铺子里的牛肉"正是上句中"牛肉"的同形替代,不过更长了,上下句基本上同形式,因为"牛肉"和"那个铺子里的牛肉"的功能是相同的,不会改变扩展前和扩展后结构的同形条件。再看右边一栏。下句中的"肥的肉"正是上句中"肥肉"的同形替代。上下句仍然是同形的,因为"肥肉"和"肥的肉"的功能也是相同的,不会改变扩展前和扩展后结构的同形条件。这说明,扩展本质上是一种同形替代,不过是保持相同结构关系的同形替代。

从理论上说,扩展法是看一个片段的直接成分是否可以被更长的同形片段替换,是看两个成分的结合程度,能够扩展的组合往往结合得比较松。学界关于"扩展"的用法不完全一致,从"买书"到"买新书",有的说是"买书"扩展了,有的说是"书"扩展了。为了认清扩展法的实质,我们可以给言语片段的可扩展性一个更形式化的描述。如果 AB 是两个直接成分构成的结构,AB 可以有以下扩展情况：

原型	扩展型	原型实例	扩展实例
AB	(AC)B	买书 白花	(买了)书　白的花
AB	A(CB)	买书	买(新书)
AB	(CA)B	红帽子	(浅红)帽子
AB	A(BC)	走出	走(出去)

陆志韦的扩展法实际上包括两种情况,陆志韦本人并没有详细区分开。一种情况是,扩展前后两个言语片段直接成分的功能、结构的功能、结构关系都相同。比如从"买书"扩展到"买新书"就属于这种情况：

	扩展前	扩展后	功能解释
整个结构	买书	买新书	功能相同：谓词性的
			结构关系相同：述宾结构
第一个直接成分	买	买	功能相同：动词
第二个直接成分	书	新书	功能相同：体词

我们可以把这种扩展称为严式扩展。还有一种情况，扩展后直接成分的功能可能不相同。比如从"白花"到"白的花"就属于这种情况：

	扩展前	扩展后	功能解释
整个结构	白花	白的花	功能相同：体词性的
			结构关系相同：偏正结构
第一个直接成分	白	白的	功能不同："白"是形容词，
			"白的"是体词性的
第二个直接成分	花	花	功能相同：名词

前一直接成分"白"和"白的"在功能上是不同的。可以把这种扩展称为宽式扩展。

另外还有一种情况，在扩展中加入的成分既不属于前一个直接成分，也不属于后一个直接成分，比如从"打倒"到"打得倒"的扩展，"得"既不属于前一直接成分"打"（"打得"没有意义），也不属于后一个直接成分"倒"（"得倒"更没有意义）。这也可以看成是一种宽式扩展。

无论是严式扩展还是宽式扩展，扩展前和扩展后都满足结构关系的同一性和结构体功能的同一性。所以扩展法的名称尽管没有提到同形二字，但实际上以同形为必要条件。陆志韦(1957，P278)最终承认："广义地说，扩展法不过是同形替代法的一种。"不过这个同形应该包括功能相同和结构关系相同。所以扩展法实际上是同形扩展法。结构关系的相同在扩展法中显得很重要，这可以从陆志韦(1957，P278)对下面的例子在形式上是否相同的解释看出：

扩展前	扩展后	陆志韦的解释
羊肉	羊的肉	都是前面修饰后面，形式相同。
羊肉	羊身上有肉	这就不适合。（实际上是结构关系不同）
你去	你和我去	都是主谓结构，只是其中一个主语是并列式。
你送我	你送书给我	就不是同形式。

尽管扩展法是沿着同形替代法发展出来的，但在方法论上有一些大的转变，其中最重要的就是结构关系的引入。词和词组最重要的区别就在于词组内部的结构关系是可周遍类推的，词组的直接成分之间的关系是通过规则来控制的，也

就是通过可周遍类推的结构关系来控制的,能扩展通常就表明这种可周遍类推的结构关系是存在的①。正是因为扩展法考虑了这种结构关系,扩展法能够把"白菜"这样的言语片段排除在词组之外,或者说能够断定"白菜"是词而不是词组,同形替代法就不能。随着扩展法的提出,汉语大多数词的提取基本上得到了解决。尤其是对虚词的提取,这是单说论、同形替代无法相比的。

不过陆志韦对扩展法的价值还缺乏足够的认识。我们前面谈到的同形替代法、单说论都没有解决虚词的提取问题。前面还谈到,同形替代和单说论试图通过补充一个剩余法来解释虚词的提取,实际上并不成功。在扩展法中,陆志韦也启用了剩余法的概念(1957,P288-289):

> 从形式上说,词就有两种。一种是像"笔",能单说,能独立。一种是像"和",不单说,不独立,可是在语言结构里是独用的,不附属于别的词的,所以也不只是语素。独立的词当然能独用,独用的词有时只有在分析一个言语片断,挑出了能独立的词之后,剩下来的成分。不妨叫做"剩余的词",但是这些"剩余"的东西正是造句的骨干,构词学上的关键,我们凭它来开辟分析手续的门径。

事实上陆志韦启用剩余法在理论上是不完备的,其道理和同形替代法、单说论启用剩余法是一样的。其实扩展法本身就足以提取大部分虚词,标准仍然是看一个言语片段是否可以扩展:

扩展前	扩展后
写的	昨天写的
笔和墨	好写的笔和深色的墨
来吧	来我家吧

通过这样的扩展就可以把"的、和、吧"等虚词提取出来。可见尽管陆志韦提出了扩展法来提取词,但他本人对扩展法在方法论上的价值认识还不充分。

如果我们从生成能力来认识扩展法,那么一个言语片段能否扩展可以有不同的层级。设 AB 是两个成分组成的言语片段,AB 能否扩展可以分成五种情况:

---

① 但情况并不总是这样,字本位一章中会进一步讨论这个问题。

	单说标准①	扩展标准	范围	实例
1	A、B 可单说	可做无限扩展	实词加实词	走路
2	A、B 有一个成分不可单说	可做无限扩展	实词加虚词	我的、吃的、好的
3	A、B 有一个成分不可单说	可做无限扩展	实语素加实语素，限于一部分比较固定的语素组	洗澡（洗热水澡）、发言（发两次言）、带头、睡觉、散步、跳舞、上当
4	A、B 不可单说②	可做有限扩展	实词加实词	打倒（打不倒）、推翻（推不翻）、看见、说完、记住、染红、放下、穿上
5	A、B 有一个成分不可单说	不可扩展	实词加词缀	研究者、第一、同学们

单说论只能提取 1 中的词，扩展法能提取 1、2 中的词，但提取 3、4 中的词开始遇到困难，对 5 中的词处理更复杂。

扩展法是比单说论、同形替代法更有效的提取词的方法，因为这种方法基本上和词的生成能力联系起来了，而且适应范围也更广。人类的语言是由有限到无限的过程，其单位是有限的，同时又能根据这些有限的单位生成无限的句子，扩展法得出的单位基本上是指具有无限生成能力的单位。

扩展法在方法论上有重要意义。因为除了汉语以外，很多语言都可以用扩展法来鉴定词。而扩展法主要是立足于汉语而获得的③。汉语由于没有类似印欧语言那样的分词书写的文本，口语中又没有类似印欧语言那样的以词为本位的形态变化系统，所以确定汉语中的词是一个很困难的工作，正是因为这种难处，就要求在提取词时有更强有力的方法。

当然，从上面的几种类型看，扩展法还遇到一些困难，比如"洗澡、睡觉、散步、跳舞、上当"等可以扩展，陆志韦认为扩展时是词组，没有扩展时是词，这等于说 AB 扩展的时候是词组，AB 没有扩展的时候是词，这就和扩展法的定义产生

① 指切分出来的成分。
② 这里所谓的不可单说是指不能在词组规定的意义上单说，"看见没有？"不能说"看"或"见"。
③ 陆志韦(1957)提取词的扩展法和 Wells(1947)切分层次的扩展法是有区别的，但在方法论原则上最终可以追溯到陆志韦(1937)的替代法。请参考后面相关章节的讨论。

了矛盾,因为扩展法是说,如果 AB 可以扩展,AB 就是词组。

问题就出在过渡状态。这种过渡状态是由历史原因造成的,有些词组长期固定使用,就有了独立的意义,即由词汇化过程导致的转义。体现过渡状态的一个典型的实例是"牛肉、羊肉"的区别。在陆志韦讨论词和词组的区别时,"牛肉"已经固定化了,被当成不能扩展的例子,"羊肉"还没有凝固化,被当成可扩展的例子。现在恐怕"羊肉"也很难扩展了。从理论上说,人的语言能力显然包括能处理带有历史因素的过渡状态的实例。人们可能是把这些过渡状态的实例作为"语势"或半凝固的组合存储在头脑中,因为这些东西是相对有限的,不违背从有限到无限的原则。还有很多言语片段也是不可以扩展的,我们仍有充分理由认为它们是词组。这些问题将涉及更多的方法论原则。我们将在讨论字本位时讨论这些问题。

2.1.3 结构论

无论是陆志韦的同形替代法还是扩展法,都要涉及"同形"的概念,即替代式和被替代式之间形式上要相同,扩展式和被扩展式之间形式要相同。但是所谓形式相同或"同形"的准确含义是什么,陆志韦并没有给出。当时汉语词类研究的水平也不可能给出严格的定义。所以陆志韦所谓的同形,有时是指两个结构的结构关系相同,有时是指某个直接成分的功能相同,有时又是指整个结构的功能相同。

因此,提取词这一级单位,除了我们前面提到的要涉及类的问题,还要涉及结构的同一性问题。

层次切分也要涉及同一性问题。对语言结构的层次进行分析是结构分析的一个重要内容。层次分析最有效的方法是替代法和扩展法。Pike(1943)、Wells(1947)、Harris(1946;1951)在这方面做了比较充分的论述。在层次分析中使用替代法和扩展法时,仍然需要判定替换前和替换后结构是否相同,需要判定扩展前和扩展后结构是否相同。因此,结构同形的问题在层次分析中也是一个最基本的问题。但是结构的同形或结构的同一性的条件一直没有得到明确的表述。这在很大程度上是因为印欧语的结构性质是有标记的,判定结构的同一性相对来说比较容易。

和词类、句法单位问题一样,结构的同一性问题也是汉语中最复杂的问题之一。这也是汉语没有形态变化所致。一般地说,结构的性质可以从两个角度观察,一个是从结构的功能观察,可以得到体词性结构、谓词性结构等等,一个是从结构关系观察,可以得到主谓结构、偏正结构、述宾结构等等。在印欧语言中,从这两个角度出发一般都能找到形态标记,所以印欧语言中结构的性质是比较容易确定的,结构是否相同就容易得到解决。汉语没有多少形态变化,结构的性质不容易确定:比如:

  今天休息
  研究计划

第一句是主谓结构还是偏正结构?第二句是体词结构还是谓词结构,是偏正关系还是述宾关系?没有形式标记,难以判定。正因为如此,判定结构是否相同也就困难重重。当然,第二句可以通过结构的分布来断定,但是具体的词组是无限的,我们根本不可能观察每个具体词组的分布,这就需要有一种方法来断定结构的同一性问题。

2.1.3.1 同构

  朱德熙在《论句法结构》(1962.8—9)中系统地讨论了句法结构的同一性问题,提出并分析了"同构"和"同型"两个概念。同构又可分成狭义同构、广义同构和异类同构。

  狭义同构要求两个言语片段所有层次都相同,并且所有成分功能都分别相同。

  写两封信
  养三只鸡

这两个片段层次一样,基本模式是:

  [动词][[数词][量词 名词]]

每个成分的功能都相同,是指:

结构 A	结构 B	功能
写两封信	养三只鸡	谓词性的
写	养	动词
两封信	三只鸡	体词性的
两封	三只	数量词组
两	三	数词
封	只	量词

广义同构只要求两个言语片段的功能以及它们的直接成分的功能都分别相同:

	结构 A	结构 B	功能
结构	一所房子	两本新书	体词性的
第一个直接成分	一所	两本	数量词组
第二个直接成分	房子	新书	名词或名词性的

广义同构由于只考虑结构和两个直接成分的功能,所以不涉及层次问题。

无论是狭义同构还是广义同构,都可以看成是同构,都要求结构的功能和直接成分的功能分别相同。因此朱德熙把同构的功能条件概括如下:

(1) X1Y1 = X2Y2

(2) X1 = X2

(3) Y1 = Y2

对于很多形态丰富的语言来说,同构不一定要求结构的功能相同。但朱德熙认为汉语结构的同构必须以结构功能的相同为必要条件,否则控制不住同构。比如:

烤白薯(述宾)　　　　烤白薯(偏正)

经济困难(主谓)　　　经济困难(偏正)

下去(后补)　　　　　下去(连动)

朱德熙想说明(1)也是必要条件,因为满足(2)和(3)的语法片段不一定同构。上面的例子都满足(2)和(3),但不同构。朱德熙已经看出,用 Harris 只考虑词类功能的方法来描写汉语的结构功能会遇到问题,所以朱德熙提出了同构的概念,并且认为结构的功能是一个必要条件。

同构是句法研究的基础。一旦我们确定了不同的词的序列是同构的,就知道了它们在其他地方有相同的语法性质,就可以用相同的规则去控制它们,这就好比一个学汉语的外国人知道了"吃"的用法和"水"的用法,如果我们再告诉他"喝、饮、吸"和"吃"的词类相同,"粥、酒"和"水"的词类相同,他就能够以类推的方式应用这些词,计算机理解语言的原理也是一样的。朱德熙的同构也讲直接成分的类和结构的类的关系,和 Bloomfield 的向心结构及离心结构相比,同构概念避免了定性所带来的麻烦,因为判定离心和向心有时有困难,关键就在于如何定义向心和离心。

在朱德熙之前,Wells(Wells,R.,1947,3)在对语素序列类的定义时涉及了语素序列的同一性问题:

假定有一个序列 S,这 S 序列所属的序列类被确定为:凡属这个序列类的序列,它们的第一个语素都跟 S 序列的第一个语素一样属于相同的语素类,它们的第二个语素都跟 S 序列的第二个语素一样属于相同的语素类,以此类推;所以某个序列类中所有的成员都含有相同数目的语素。

这个定义实际上暗示这样一种同构关系:如果语素 A1 和 B1 同类,A2 和 B2 同类,A3 和 B3 同类,An 和 Bn 同类,那么 A1A2A3……An 和 B1B2B3……Bn 同类。即:

$$A1A2A3……An = B1B2B3……Bn$$

这意思是说,如果两个序列的每一个成分的功能相同,序列的功能也就相同。Wells(Wells,R.,1947,3)还对序列的不同做了解释:

一个序列的语素成分中只要有一个语素属于一个以上的语素类——通常的情况是这样,那么这个序列就属于一个以上的序列类。

这意思是说,两个对应的序列如果在某个成分上功能不同,这两个序列的功能才不同。Wells 的同构观念是从 Harris(1946)开始就形成的一种同构观念,这是在印欧语基础上建立起来的一种比较简单的同构,它只要求成分的功能分别相同,因此它不能说明为什么"烤白薯"有歧义而"买白薯"没有歧义。在这两个例子中,每个语素的功能都是相同的。

朱德熙有关同构的定义揭示了这样一个问题:相同的词类序列在形态丰富的语言中没有歧义,在汉语中却隐藏了歧义。因此,在汉语中只讲直接成分的功能,不一定总能控制住结构的功能。

同构是从功能的角度看结构的同一性。结构的同一性还可以从结构关系的角度出发来观察。朱德熙提出的"同型"就是从结构关系出发的。具有相同结构关系的结构叫作同型结构。不过结构关系相同并不等于结构功能相同,比如:

结构	结构关系	结构的功能
白马	偏正	体词性的
很冷	偏正	谓词性的
上海和北京	联合	体词性的
又快又好	联合	谓词性的

从结构关系出发"白马"和"很冷"都是偏正结构,同型,但功能不同,因此不同构;同样从结构关系出发,"上海和北京"和"又快又好"都是联合结构,同型,但功能也不一样,不同构。

2.1.3.2 句法结构的初始概念

根据朱德熙的意见,同型是比同构更宽泛的同形。由于同型是从结构关系定义的,同构是从结构功能定义的,这就引出了一个问题:结构关系是否可以通过功能来定义。如果结构关系可以通过功能来定义,就可以取消结构关系,只用功能来控制结构的性质。比如上面的实例根据结构关系不能分开,根据功能就可以分开。以"白马"和"很冷"的区别为例:

	前一个直接成分的功能	后一个直接成分的功能	结构的功能
白马	形容词	名词	名词性
很冷	副词	形容词	形容词性
北京上海	名词	名词	名词性

可以看出,通过功能不仅可以把"白马"和"很冷"区别开,还可以把"白马"和"北京上海"区别开。"白马"和"北京上海"结构关系的不同可以归结为直接成分功能的不同。

一些在语法关系上有歧义的格式,似乎也可以通过功能消除:

	前直接成分的功能	后直接成分的功能	结构的功能	结构关系
烧土豆	动词	名词	动词性	述宾
烧土豆	动词	名词	名词性	偏正

这就出现了一个初始概念问题:结构关系是否都可以通过语类来解释。其实 Harris 的《从语素到话语》(1946)就是在做这种工作,即只通过语素和语素类来控制结构,所以 Harris 在这篇文章中从来不提结构关系。

直接成分的功能最终要追问到词的功能。我们在前面已经看到,词的功能可以通过分布来确定,而无须考虑结构关系,再考虑到词是有限的,可以通过语素进行穷尽描写,语法或许可以通过语素来描写。正是沿着这条思路,Harris 想通过语素的功能来描写语法。这里暗含了这样一个基本问题,只要直接成分的功能确定了,结构的功能就确定了。这样我们就可以通过有限描写无限,通过已知描写未知。比如:

v + n = vp
a + n = np

这样似乎可以不启用结构关系,使语法描写更简单。

用功能取代结构关系导致了转换生成语法中短语结构规则的形式化。Chomsky(1957;1965)的短语结构规则就没有启用结构关系,只用了分布或功能的概念。比如句子的短语结构规则的描写:

S ⟶ NP + VP
VP ⟶ V + NP
NP ⟶ T + N

各种结构关系都用"＋"号,实际上是不考虑结构关系的区别。这里也暗示了只要对词类或语素类做详细的描写,通过词类的分布可以控制结构的功能,结构关系可以抛弃。

为什么要抛弃结构关系?这必须追问结构关系的实质。结构关系是从传统语法学中引出来的,传统语法讲句子成分,讲"主语、宾语、谓语、述语、中心语、定语、补语、状语"等概念,这些概念就蕴涵了结构关系的概念。句子成分在印欧语中有比较明显的结构标记,比较:

鸡已经吃了　　The chicken has been eaten
　　　　　　　The chicken has eaten something

英语中的主语要和谓语一致,所以我们容易判定 chicken 是主语。对于汉语来说,可以认为"鸡"是主语,但在一般人心目中,在早期语法学的著作中,如果"鸡"是受事,"鸡"可以看成是宾语提前。如果这样理解,"鸡已经吃了"就是述宾关系而不是主谓关系。

还有更复杂的问题:

今天我们有课　　Today we will have lessons

"今天"是主语还是状语,或者说两个直接成分是偏正关系还是主谓关系?在汉语中有争议。显然两种关系并没带来语义上的歧义,语义关系是明确的:"今天"表示时间,"我们"表示施事。英语比较明确,动词和 we 一致而不是和 Today 一致。这就引出了一个问题,句子成分和结构关系这两个概念有什么价值?既然在汉语中不用它也可以做出正确的理解,为什么还要这套术语或概念?尤其是在汉语中,这个问题更为突出。吕叔湘(1942)就有过取消句子成分的想法。

述补结构和述宾结构也存在这样的问题。比如"睡两天"是述补结构还是述宾结构就有分歧,但语义关系没有分歧。结构关系的分歧这类问题在英语中也有,比如英语中"是"后面的成分就有做表语还是宾语的问题。结构语言学也许正是考虑到各种结构关系的不同说法,希望避开结构关系。其实结构关系出现的困难最终是因为和语义牵连在一起的,当我们说"主谓关系"时,就意味着陈述和被陈述的关系,这种抽象的语义问题,通常称为语法意义。但"今天我们有课"到底哪个是可被陈述的对象,不好确定。Bloomfield(1933)提出向心结构和离心结构的定义,就是想说明直接成分的功能和结构的功能关系,解决同一性问题。这样就可以不考虑结构关系。不过问题又出现了,汉语的主谓短语和述宾短语,属于向心结构还是离心结构,是有分歧的,这时确定离心结构和向心结构比较困难。这取决于功能的宽严。严格地看,"吃饭"和"吃""饭"的功能都不同;宽泛地看,"吃饭"和"吃"功能相同。和 Bloomfield 不同,Harris 尽可能全面地描写了语素和语素序列在分布上可能存在的各种关系,不追问"吃饭"是向心结构还是离心结构,而追问"吃饭"和"喝水"在功能上是否相等。概括地说,Harris 不追问 AB 是向心结构还是离心结构,而追问 AB 和 CD 是否相等。这是比较容易实证的,也是我们在研究组合中比较关心的问题。比如 Harris(1946,4.33)给出过这样一条规则:

$$Vd2N4 = Ve2$$

这条规则说明了及物动词(Vd2)加名词(N4)的功能和不及物动词(Ve2)相等。

无论是 Bloomfield 的向心结构和离心结构,还是 Harris 的语素类和语素序列类,都有一个共同的思路,不考虑结构关系。下面我们来看汉语中是否可以抛弃结构关系。

汉语中有许多言语片段,即便我们让它们满足了结构的功能和直接成分的功能相同的同构条件,也不能控制结构关系:

塑料玻璃
电脑桌子
香蕉芒果
香蕉苹果

这些词组的直接成分都是名词,结构也是名词性的,但都存在偏正结构和并列结构两种关系。我们把词类分得再细,NN 有两种结构关系的可能性仍然存在。由此可见,结构关系不能全部由语类推导出来,结构关系是句法结构的初始概念。可能正是考虑到这个原因,吕叔湘在《关于"语言单位的同一性"等等》(1963.11)中提出了辨认句法结构同一性的重要原则。吕叔湘认为两个语法结构是否相同,涉及三个条件:

1. 结构的功能。
2. 直接成分的功能。
3. 结构关系。

举例来说：

实例	结构体	结构体的类	直接成分的类	结构关系
A	砖头|瓦片	名	名|名	并列
B	砖|墙	名	名|名	修饰
C	高|墙	名	形|名	修饰
D	新|书	名	形|名	修饰
E	一本|新书	名	数量|名	修饰
F	新|买	动	形|动	修饰
G	举|手	动	动|名	支配
H	随|手	副	动|名	支配
I	(快)煮|饺子	动	动|名	支配
J	(吃)煮|饺子	名	动|名	修饰

根据上面的实例，结构的类、直接成分的类、结构关系三个因素的异同比较可以有八种可能：

实例	结构的类的异同	直接成分的类的异同	结构关系的异同
C:D	+	+	+
A:B	+	+	−
B:C	+	−	+
A:C	+	−	−
G:H	−	+	+
I:J	−	+	−
D:F	−	−	+
A:F	−	−	−

根据上面的异同情况，吕叔湘认为，任何两个因素相同时，都不可能决定第三个因素。比如：

[结构的功能相同，直接成分功能相同，但结构关系不同]

实例	结构体的类的异同	直接成分的类的异同	结构关系的异同
C:D 高|墙:新|书	+	+	+
A:B 砖头|瓦片:砖|墙	+	+	−

[结构的功能相同,结构关系相同,但直接成分的类不同]

实例	结构体的类 的异同	直接成分的 类的异同	结构关系 的异同
C:D 高|墙:新|书	+	+	+
B:C 砖|墙:高|墙:	+	−	+

[直接成分的功能相同,结构关系相同,但结构的功能不同]

实例	结构体的类 的异同	直接成分的 类的异同	结构关系 的异同
C:D 高|墙:新|书	+	+	+
G:H 举|手:随|手	−	+	+

按照吕叔湘的思路,最严的同构条件就是两个结构的结构功能相同,直接成分的功能相同,结构关系相同。我们可以把吕叔湘的同构称为严式同构。这实际上是同时考虑朱德熙的同构标准和同型标准。严式同构的提出证明结构关系是确定句法结构同一性的必要条件。严式同构从方法论上证明了20世纪30年代提出的双轴制的必要性。剩下的问题是怎样确定结构关系,汉语中有哪些基本结构关系,而不是结构关系可有可无的问题。

把结构关系作为句法结构的初始条件,在方法论上已经超过了美国结构语言学对同一个问题的讨论。Bloomfield(布龙菲尔德,1933,16.3,P337)已经暗示了结构关系的重要性:

所以,归根到底,短语的形类一般决定于它所包含的一个或者一个以上的词的形类。根据这层理由,说话的人(以及语法学家)不需要另外再分别处理每一个短语;如果我们知道短语里词的句法结构以及它们的形类,那么几乎任何一个短语的形类也都可以知道了。所以词的形类对于句法是基本的。

这里所说的"句法结构"就是指结构关系,但是 Bloomfield 并没有论证语法结构关系存在的必要性。Hockett 在《语法描写的两种模式》(霍凯特,1954,3.3)中试图通过汉语的实例来论证句法关系的必要性:

到目前为止,我所发现的最接近于三者完全独立的例子是在汉语里[①]。把"炒"和"饭"按"炒"字在前"饭"字在后的次序组合起来,结构关系仍然有两种可能——虽然在这个序列的本身上不能明显地看出来。一种可能的结

[①] Hockett 这里说的三者完全独立是指形式、次序和结构关系的独立,即把这三者作为初始概念。

构关系是动宾结构"炒饭",另一种结构关系是偏正结构"炒饭"。两种结构关系截然不同:前者跟并无歧义的动宾结构"吃饭"相同,后者跟并无歧义的偏正结构"好饭"相同。

"炒饭"可以是动宾结构,也可以是偏正结构,但是对这两种结构关系,我们完全可以通过朱德熙的广义同构来控制:

	前提		结论	
	前一个直接成分的功能	后一个直接成分的功能	结构的功能	结构关系
炒饭	动词	名词	体词性	偏正
炒饭	动词	名词	谓词性	述宾

如果结构功能是体词性的,就是偏正关系;如果结构功能是谓词性的,就是述宾关系。因此,尽管 Hockett 从汉语的例子中提到了结构关系的初始性,但他所讨论的现象还不是结构关系初始性的充分条件,像"香蕉芒果"这样一些例子,才是结构关系初始性的重要例证。正是美国结构语言学没有找到结构关系作为初始条件的真正理由,所以 Harris(1946;1951)才彻底抛弃结构关系,提出只用语素和语素的分布(功能)来控制句法结构的模式。从这种思路后来发展出了 Chomsky(1957)转换生成语法的短语结构规则。

Harris 的思路对中国结构语言学的影响很大。中国结构语言学尽管没有抛弃结构关系,但对结构关系的必要性没有展开论证。朱德熙本人对结构关系的必要性的认识也不够充分。朱德熙(1962)提出过"同型"的概念来说明句法结构在结构关系上的同一性问题,但是正如我们前面已经看到的,"同型"是可以通过"同构"来定义的,由于"同构"只涉及功能,所以朱德熙的"同型"实际上可以通过功能定义,因此"同型"不能说明结构关系的必要性或初始性。朱德熙在《语法分析和语法体系》(1982.1)中再次论证过结构关系的必要性:

在英语里,NP+VP 只能是主谓关系,V+NP 只能是动宾关系(V 指限定式动词)。在汉语里,这种办法是行不通的。因为汉语光凭词类和层次不能控制结构关系。NP+VP 不一定是主谓关系,例如"经济困难",可以是主谓关系,也可以是偏正关系。V+NP 也不一定是动宾关系,例如"出租汽车"可以是动宾关系,也可以是偏正关系。因此讲汉语语法不能不讲结构关系。

但是这里的论证深度和 Hockett(1954)的论证深度相同,即论证不够充分,因为我们可以有两个办法仅仅根据功能就能解释这里的歧义。第一个办法是参考结构的功能来消除歧义,如果"经济困难"是体词性的,就是偏正关系;如果"经济困难"是谓词性的,就是主谓关系。第二个办法是通过细分词类,"困难"可以是形容词,也可以是名词,于是造成了不同的歧义。真正能够证明结构关系必要性的实例应该是"香蕉芒果"这样的实例,无论我们考虑结构的整体功能,还是细分词类,都不可能消除结构关系带来的歧义。"香蕉芒果"的整体功能只能是体词性的,"香蕉"并没有前加"很"这样的形容词属性。"香蕉芒果"就是 N+N 的一个实例,N+N 本身存在两种结构关系。正是在这种意义上,我们说结构关系是句法结构的初始概念。

无论是朱德熙的狭义同构、广义同构还是吕叔湘的严式同构,都要用到结构的功能,即要考虑每一个言语片段整体结构的功能。这就出现了一个问题。具体的言语片段是无限的,我们要判定同构,就不得不掌握所有言语片段的功能。实际上这是不可能的。从另一个角度看,语法研究的根本目的就是找出有限的单位和有限的规则,如果每一个言语片段的功能都要掌握,这等于没有找到有限的单位和有限的规则。

根据我们的观察,吕叔湘(1953.11)提到确定同构的三个条件还可以减少一个,即把结构的功能相同这个条件去掉(陈保亚,1985.2)。也就是说,如果两个言语片段的直接成分功能相同,结构关系相同,这两个结构的功能也相同。结构的功能是可推导的。我们可以把这个规律叫作结构功能原则。根据这一原则,只要知道了直接成分的功能和结构关系,结构的功能就知道了。这个原则的另一个含义是,如果直接成分的功能预先确定,结构关系也预先确定,结构的功能不会有歧义。比如:

前提		结论	
前一个直接成分的功能	后一个直接成分的功能	结构关系	结构的功能
烧土豆	动词	名词	述宾	动词性
烧土豆	动词	名词	偏正	名词性
香蕉芒果	名词	名词	偏正	名词性
香蕉芒果	名词	名词	联合	名词性

可以说,直接成分的功能和结构关系是任何一个句法结构的初始概念。如

果一个言语片段的成分不止两个,层次当然也是句法结构的初始概念。

当初吕叔湘为什么要把结构的功能也作为同构的必要条件？或者说作为结构的初始概念？我们再来分析吕叔湘的例子：

a. 举手　　b. 随手

吕叔湘认为这两个实例都是述宾关系,对应的词类也相当,但"举手"是谓词性的,"随手"是副词性的。实际上这是两个不同层面单位的比较。"随手"不是结构,仅仅是一个词。句法功能原则只是句法层面的原则,对构词没有约束力。如果不严格地说,下面的言语片段从关系上来说都是述宾,两个直接成分的功能也都分别相同,但整个片段的功能不相同：

	前提		结论	
	前一个直接成分的功能	后一个直接成分的功能	结构关系	结构的功能
将军	动词	名词	述宾	名词/动词
到底	动词	名词	述宾	副词
卫生	动词	名词	述宾	形容词
关心	动词	名词	述宾	动词

产生这种例外的原因就在于这些例子都不是词组或结构,而是词。

赵元任(1948)已经观察到汉语词法和句法相似,后来有很多学者认为汉语的句法规则和构词是平行的,这只是类比说法,实际上句法规则和词法规则有重要的区别,结构功能原则就是区别之一,即句法要满足结构功能原则。复合词内部的关系已经在历史演变中凝固化,有的发生转义,直接成分的词性也不明确,谈不上结构功能原则。有人说它们之间还存在某种关系,它们的直接成分有某种功能,但这些都不是句法关系和句法功能。

结构功能原则的存在意味着可以通过有限的规则(分布和结构关系)和单位(词)控制未知的结构。在语言研究中,从已知条件到未知结果的描写是一个最根本的研究原则(在语义层面也应该是这样),其重要性还没有被很多人认识到。这一点就像任意性原则一样,其重要性很晚才被人们认识到。

结构功能原则只把直接成分的功能和结构关系作为初始概念,并不否认结构的功能有重要的作用。当一个结构的结构关系没法确定时,有时可以利用结构所出现的上下文来确定结构关系。比如：

涮羊肉好吃。

涮羊肉很容易。

这实际上是通过上下文先确定"涮羊肉"的功能,再通过功能确定结构关系。第一句中"涮羊肉"是名词性的,所以"涮羊肉"只能是偏正结构;第二句中"涮羊肉"是动词性的,所以"涮羊肉"是述宾结构。这其实是利用了另外的已知条件,即已知第一个例句的分布环境"X 好吃"中的 X 是一个名词性分布环境,第二个例句的分布环境"X 很容易"中的 X 可以是谓词性分布环境。

2.1.3.3 结构关系的判定

如果结构关系是句法结构的初始概念,就意味着结构关系不能由词类概念推导出来。那么结构关系靠什么来识别?这个问题和确定词类碰到的问题同样难。汉语不仅词类缺乏形态标记,结构关系也缺乏形态标记。主谓关系、述宾关系、连谓关系都缺少必要标记。很多情况下联合关系有"和、跟、与"等做标记,偏正关系有"的、地"做标记,述补关系有"得"做标记,这些标记的出现也都不是必须的,其出现与否往往有条件或有语法区别作用。例如:

实例	结构关系类型	有无标记	标记形式
我去	主谓	无	
唱歌	述宾	无	
去玩儿	连谓	无	
弟弟和妹妹	联合	有	和(跟)
弟弟妹妹	联合	无	
大的苹果	偏正	有	的
大苹果	偏正	无	
认真地调查	偏正	有	地
认真调查	偏正	无	
洗得干净	述补	有	得
洗干净	述补	无	

这里的主谓、述宾、连谓都没有形式标记,偏正、联合、述补有形式标记,但这些标记也不是必不可少的。

在句法关系层面,汉语也缺少形式标记,怎样区分主语和宾语的问题就是由此引发出来的。我们前面讨论过,句子成分的问题实际上就是结构关系的问题,因为"主语、宾语、谓语、述语、中心语"等概念是在结构关系中确定的。有了主谓结构,也就有了主语和谓语的概念;有了述宾结构,也就有了述语和宾语的概念。句子成分都是结构成分,只有确定了结构关系的概念,这些结构成分的概念才可以得到确定；反过来，结构成分确定了，结构关系也就确定了。因此结构成分和结构关系是等价的。主谓关系和述宾关系没有显性标记，主谓关系和述宾关系就难以确定，主语和宾语的区分就必然要凸现出来。

因此，在汉语中，鉴定结构关系面临的第一个问题就是怎样区分主语和宾语的问题。这个问题从《马氏文通》(1898)就开始了。前面提到，《马氏文通》采取的是两套成分制，语义结构成分用"起词、止词、司词、转词"等一套术语来表示；语法结构成分用"主次、宾次、正次、偏次、前次、同次"等一套术语表示。尽管马氏最早区分了语法结构平面和语义结构平面，但马氏的句法描写重点在语义结构层面，所以马氏讲"词"（相当于我们现在所说的语义结构成分）的篇幅大，基本在讨论句子的语义结构关系或语义结构成分，更确切地说，在讨论施事和受事等关系。当然马建忠的论述有很多地方不是很明确。后来的语法学家形成了两派，有的主张根据语义划分句子成分，有的主张根据词序划分句子成分。主张根据意义划分句子成分的人主要根据施事和受事来区分主语和宾语，即动词前的施事是主语，动词前的受事是宾语，动词后的施事是主语，动词后的受事是宾语。根据词序确定句子成分的人把动词前的名词看成主语，动词后的名词看成宾语。所有其他的辅助标准和设想都是围绕着这两种对立的标准展开的。

马建忠(1898)从语义结构关系来讨论句法关系对后来的影响很大。在赵元任《北京口语语法》(1948)发表以前，句法关系主要都是从语义结构出发的，即基本根据施事和受事确定主语和宾语。施事是主语，受事是宾语。黎锦熙的《新著国语文法》(1924)、王力的《中国现代语法》(1943)是典型的代表。既然施事和主语对应，受事和宾语对应，还要主语和宾语做什么？吕叔湘的《中国文法要略》(1942)可能正是考虑到了这个问题，所以提出了这样一个模式：

起词——动词——止词

根据吕叔湘的正常次序和非正常次序的句子用例分析，他所说的起词和止词分别代表的是施事和受事。比如：

起词——动词——止词　　　猫捉老鼠。
起词——止词——动词　　　他什么都要管，可是一样也没有管好。
止词——起词——动词　　　这个话你打哪儿听来的？
起词——(把)止词——动词　　他把银子揣在怀里，转身走了。
止词——(被)起词——动词　　他被他哥哥骂了一顿。

吕叔湘在"结合关系"一节里也提到"主语"和"谓语"的概念（吕叔湘，1942，2.41，

2.42),但在具体分析句子时都没有再使用,只用"起词、止词"等概念来控制句子模式。这是第一次只用语义结构分析句法关系的模式。

吕叔湘在《从主语、宾语的分别谈国语句子的分析》(1946)中全面系统地讨论了施事、受事在句子中的各种复杂位置。比如:

大鱼(施事)吃小鱼(受事),小鱼(施事)吃虾米(受事),虾米(施事)拱起背。
实棒槌(受事)灌米汤(受事),滴水不进。
你(施事)怎么外套(受事)也不穿就跑出去了?
什么(受事)我(施事)不知道?
大狗(施事)叫,小狗(施事)跳。
酒(受事)要一口一口地吃。
晚间挤了一屋子的人(施事)。
打钟(受事)了。
……

施事和受事可以占据动词前后的各种位置,因此仅仅根据位置说明主语和宾语时,主语和宾语有什么用处?吕叔湘倾向于根据施事和受事来说明词和词在句子中的组合关系,取消主语和宾语的概念。吕叔湘(1946)最后总结说:

分析国语的句子是不是可以只讲施事受事,不谈主语宾语?如果要有"主语"和"宾语",采取哪一个评准来分辨?纯依施受关系?纯依位置先后?还是尽量的给每句找一个主语?还是斟酌去取,采取折衷的办法?无论如何,这个评准必须简单,具体,容易依据,还要有点弹性,能辨别句子的多种类型。

只考虑施事和受事来控制动词和其他词的关系,这可以看成是一种语义结构中心论。根据施事和受事确定主语和宾语,主语和宾语实际上没有意义,也是一种语义结构中心论。无论是根据施事和受事确定主语和宾语,还是只从施事和受事来控制句子的轴心,都是语义结构中心论。

语义结构中心论可以直接深入到意义。但是,和动词发生关系的词远远不只是施事和受事,还有工具、与事、结果、原因、处所等等,这些语义结构成分仅仅靠施事和受事是控制不住的。另外,施事和受事等语义结构成分的概念是人类语言的普遍成分,如果仅仅靠这些语义概念就可以控制复杂的句法关系,人类语言的语法就应该都是一样的了。但事实并非如此。

更值得注意的是,根据施事和受事等来确定主语和宾语,不仅是语义结构中心论,而且是以动词为参照点的语义结构中心论。汉语的句子并不是仅仅以动词为中心的。黎锦熙《新著国语文法》(1924)已经从谓语的特点入手把汉语的句子分成三种:以动词为谓语的叙述句;以形容词为谓语的描写句;以"是"加名词为谓语的描写句。描写句就是没有动词的句子,要说明描写句前的名词是施事就比较困难。吕叔湘在《中国文法要略》(1942)中谈到以动词为中心的句子只是最常见的一种,还有以形容词为谓语的表态句和以名词为谓语的判断句。比如(吕叔湘,1942,5.1):

  天高,地厚。
  月白,风清。
  项脊轩,旧南阁子也。
  鲸鱼非鱼。

吕叔湘认为(1942,5.1):

  在表态句和大多数判断句里,通常不用动词。假如有动词,不是性质异常特别(如"是"、"非"),就是用来和形容词一样(一部分表态句里如此,见下)。因为这两类句子的中心不是一个动词,就不适用"起词"、"止词"这两个名称。说明这些句子的时候,我们需要别种名目。这些句子都可以分成两个部分,一个"什么"(如"项脊轩"、"天"、"地"),另一个"什么"或"怎么样"(如"南阁子"、"高"、"厚")。我们把前者称做"主语",后者称为"谓语"。其实最好一个称"句头",一个称"句身",不过主语和谓语这两个名称现在已经通用,我们也就沿用这两个名称。

"是"加名词构成的谓语还勉强可以算是动词谓语句,不带"是"的名词谓语句就很难说是动词谓语句了。高名凯的《汉语语法论》(1948)也提到了名词句。要用施事和受事等确定句子成分,在汉语中会遇到很大的困难。

王力《中国现代语法》(1943,P68—69)举出了作首品和末品的谓语形式:

  办事要紧。
  擂在水里不好。
  吃个双分子也不过。
  我不喜欢赌钱。

这些实例的主语要用施事来规定也很困难。

要承认语法结构关系或句子成分独立于语义结构成分的地位,不仅要说明施事和受事这些语义结构成分概念代替不了主语和谓语这些语法结构成分概念，还必须说明主语和宾语这些语法结构成分能提供什么语法信息，否则这些语法结构成分仍然只是虚设，没有价值。吕叔湘(1946)首先观察到了一个重要的现象：

> 只要看2b提前的受事(指句首的受事)没有一个不是有定性，不是特别定指的，就是周遍性的；4a退后的施事(指动词后的施事)大多数是无定性，甚至有定如人名也作无定性看待(加"一个")——只要看清这两点，就知道这两种词序实在出于同一心理，2b(指句首的受事)是要把听者的心里已有的事物先提出来，然后加以申说；4a(指动词后的施事)是把听者心中所无的事物暂时捺住，先从环境说起头，然后引出那个未知的事物：总之，是要把已知的部分说在前，新知的部分说在后，由"熟"而及"生"。

1948年，赵元任在《北京口语语法》中第一次正面提出根据位置来确定主语和宾语的标准。赵元任认为主语可以解释成主题，谓语是跟主题有关的话，汉语里的主语不仅有体词主语，还有动词主语、主谓主语等，谓语也不限于动词。主语通常是有定的，宾语通常是无定的。赵元任认为(1948，P194)：

> 主语跟谓语在语音上连系得很松，意义上也是这样子。在汉语的句子里，主语可以从字面解释成主题，谓语不过是跟主题有关的话。谓语不一定要指主语所指的那个东西的动作或者特征。例如："这地方儿可以游水｜我是两毛钱"(我买的这个东西是两毛钱)。

赵元任对谓语和主语的种类做了如下划分(1948，P194)：

  动词谓语：他要点儿开水。｜这样儿行。①
  体词谓语：我傻子？｜我太太安徽人。｜今儿初三。｜他五尺半。｜我昨天到的。
  主谓谓语：这个人心好。｜我道路生。｜我谁知道？
  体词主语：饭好了。｜你上哪儿去？｜这儿冷。
  动词主语：走行，不走也行。｜打是疼，骂是爱。
  主谓主语：冰比水轻是真的。｜他不来很好。
  宾语兼主语：我叫他来。｜归谁付钱。

从吕叔湘(1942)、王力(1943)、高名凯(1948)，再到赵元任(1948)，对主语、

---

① 就赵元任的整个体系看，他的动词谓语句包括形容词谓语句。

谓语的理解越来越宽泛,这种理解方式到赵元任最为自觉。这种观点的转变在方法论上有重要意义。这以前谈句法结构关系或句子成分主要都围绕动词转,这是典型的印欧眼光。因为印欧语的句子是以动词为中心的,任何句子都要有一个定式动词。现代汉语用形容词、名词做谓语的,印欧语通常要有一个 to be 动词,主语和宾语都是相对于动词的成分。从动词中心论这种印欧眼光出发,汉语中很多复杂的主语和谓语都被忽略了。汉语中不只是动词才可以充当谓语的中心,很多其他的词或词组,都可以充当谓语的中心。

稍后,丁声树等的《现代汉语语法讲话》(1952.7—1953.11)将这种根据位置确定主语和宾语的思路进一步展开,谓语前只要是谓语陈述的对象,都是主语,并且认为主语和宾语是处在不同的层次,同时提出了几个主要论点:

> 主语是对谓语说的,宾语是对动词说的。(P29)

> 一般地讲,在现代汉语里,主语总是在谓语的前边,宾语总是在动词的后边。由意义上看,主语跟谓语有各种不同的关系,宾语跟动词也有各种不同的关系。(P29)

> 总起来说,主语是受事的句子有这样两个特点:
> 第一,主语往往是确定的或周遍性的。
> 第二,谓语往往不只是一个单独的动词,动词前后常有别的成分。(P32)

> 有时候宾语好像是动词行为的施事。表示存在、出现或者消失的句子常常是这样。(P35)

丁声树等《现代汉语语法讲话》和赵元任的《北京口语语法》一样,把句子分成体词谓语句、形容词谓语句、动词谓语句和主谓谓语句。

面对语义标准论和语序标准论,从 1955 年 7 月开始,在《语文学习》上展开了主语和宾语问题的争论。争论的焦点是根据施事受事还是根据位置确定主语和宾语。吕冀平、允川、李之琛、王力、邢公畹、徐仲华、陈庭珍、唐启运、张其春、周祖谟、文炼(张斌)、胡附(胡裕树)、高名凯以及贵阳师范学院中文系汉语科学小组的老师都参加了讨论。这次讨论的文章汇成《主语宾语问题的讨论》(中国语文杂志社,1956)一书。这次争论并没有统一确定主语和宾语的标准,但大家都认识到动词前面和后面的词在语义上和动词的关系很复杂,除了施事和受事,工具、与事、结果、原因、处所等都可以分布在动词前后。

后来的趋势是，人们越来越多地接受了赵元任《北京口语语法》(1948)和丁声树等的《现代汉语语法讲话》(1952)等的主张，根据位置确定主语和宾语。实际上是默认几个重要的结论：

　　1. 语法结构关系和语义结构关系是两个不同的层面；
　　2. 主语往往是有定的，宾语往往是无定的；
　　3. 汉语的句子并不是以动词为中心的，除了动词句，还有体词谓语句、形容词谓语句和主谓谓语句，这些谓语并不需要借助"是"动词。

语序标准论认为被陈述的对象都是主语，其中不排除时间名词和处所名词。比如：

A	B
今天是中秋	今天下午开会
明天是星期三	明天会下雨
北京是首都	北京下雪了
楼道很干净	楼道堵住了

A 类句子中句首的时间名词和处所名词是谓语陈述的对象，承认它们是主语没有问题，但要把 B 类句子中句首的时间名词和处所名词理解成谓语陈述的对象，很多人从心理上是很难接受的，原因之一是语序论者也并没有拿出强有力的形式标准来证明时间名词或处所名词是主语而不是状语。

朱德熙在《论句法结构》(1962.8—9)中首先提出了根据推导式的异同确定结构关系异同的方法。下面的两个言语片段有相同的推导式：

A	写信	B	买票
A_1	写一封信	B_1	买两张票
A_2	写完信	B_2	买好/票
A_3	写不写信	B_3	买不买票

A_1、A_2、A_3 是 A 的推导式，B_1、B_2、B_3 是 B 的推导式。显然，推导式和原格式都满足广义同构。

更具体地说，上述实例构成一个矩阵，横行之间满足狭义同构，纵列之间满足广义同构。由此可以断定"写信"和"买票"的结构关系相同。我们可以把这个原则称为推导式平行性原则。

根据这一原则，朱德熙认为助动词"会、能、敢、肯、应该、可以"等跟后头的动词之间是述宾关系而不是偏正关系，因为它们的推导式和典型的述宾关系相近而不是和典型的偏正关系相近。比较：

AB	A不B	A不AB	AB不A	不A不B
会去	会不去	会不会去	会去不会	不会不去
能去	能不去	能不能去	能去不能	不能不去
敢去	敢不去	敢不敢去	敢去不敢	不敢不去
肯去	肯不去	肯不肯去	肯去不肯	不肯不去
应该去	应该不去	应该不应该去	应该去不应该	不应该不去
可以去	可以不去	可以不可以去	可以去不可以	不可以不去
喜欢去	喜欢不去①	喜欢不喜欢去	喜欢去不喜欢	不喜欢不去
赞成去	赞成不去	赞成不赞成去	赞成去不赞成	不赞成不去
买票	—	买不买票	买票不买	—
也去	也不去	—	—	—
马上去	—	—	—	—
好好儿地说	—	—	—	—

通过扩充平行原则,朱德熙为鉴定句法关系提供了一种准形式化的手段。这一方法常常能得到其他旁证,说明它确实对汉语有一定的效力。比如谓语前的时间名词和处所名词是主语还是状语？通过推导式可以确定它们是主语:

谓语前时间名词	谓语前处所名词	典型主谓结构	典型偏正结构
今天有课	这个教室有课	我们有课	马上有课
今天有没有课	这个教室有没有课	我们有没有课	*马上有没有课
今天有课没有课	这个教室有课没有课	我们有课没有课	*马上有课没有课
今天是不是有课	这个教室是不是有课	我们是不是有课	*马上是不是有课
今天没有课	这个教室没有课	我们没有课	*马上没有课

这个结论还可以得到其他事实的支持。比如主谓结构如果加上"的"字做定语,主语和动词谓语之间可以插入"所"字,偏正结构加上"的"做定语没有这个性质,但时间名词和处所名词加上谓语所构成的结构在这一点上也和主谓结构相同:

谓语前时间名词	谓语前处所名词	典型主谓结构	典型偏正结构
昨天挂的地图	墙上挂的地图	他挂的地图	刚才挂的地图
昨天所挂的地图	墙上所挂的地图	他所挂的地图	*刚才所挂的地图

通过推导式证明谓语前面的时间名词和处所名词是主语,这一点本身不是最重要的,最重要的在于扩充作为一种方法,是美国结构语言学不曾提出的。对形态

---

① 朱德熙原来认为"喜欢不去"不可以说,实际上可以说,至少现在可以说。

变化不丰富的语言来说，推导式给确定句法关系的同构提供了一种可行的方法。

推导式对于切分主谓宾的层次也是有意义的，可以在推导式基础上给出一个层次分析推导式方法。主谓宾片段的第一个层次应该在什么地方断开，下面的 A、B 两种切分似乎都可以，但如果从推导式出发，结论是比较明显的：

A	A'	B	B'
我/读书	我/读	我读/书	读/书
我是不是读书	我是不是读	*我读不我读书	读不读书
我读书不读书	我读不读	*我读书不我读书	读书不读书

由于"我读书"和"我读"的推导式相同，整个结构应该划成"我/读书"。

朱德熙（1962.8—9）用推导式分析的实例，往往可以从词类上得到解释。比如在主谓结构和谓词性偏正结构的区分中，"名·动"是主谓结构，而"副·动"是偏正结构。但像"学习好""学习认真""说明白"这样一些言语片段，词类都是"动·形"格式，结构关系不能从词类上得到解释，推导式是否有效？石安石（1978.4）全面讨论了用推导式判定结构关系问题，认为通过"肯定式""否定式""选择问式"，基本上可以把"主谓、动宾、偏正、后补"几种结构关系区别开：

	实例	肯定式	否定式	选择问式		
主谓	他去	AB	A 不 B	A 是不是 B?	AB 不 B?	——
动宾	唱歌	AB	不 AB	AB 不 AB?	A 不 AB?	AB 不 A
偏正 1	好人	AB				
偏正 2	好的人	A 的 B	不 A 的 B			
偏正 3	常去	AB		AB 不 B?		
后补 1	看完	AB	不 AB	(AB 不 AB?)	A 不 AB?	
后补 2	看得完	A 得 B	A 不 B	A 得 BA 不 B	AB 不 AB?	
后补 3	长得瘦	A 得 B	A 得不 B	A 得 B 不 B		
后补 4	大极了	AB 了				

像"学习好""学习认真""说明白"三式的结构关系，仍然可以通过推导式判定。"学习认真"是主谓结构，"说明白"是后补结构，"学习好"有歧义，可以是主谓结构，也可以是后补结构：

肯定式	否定式	选择问式		
学习认真	学习不认真	学习是不是认真	学习认真不认真	主谓
说明白	不说明白	说明白不说明白	说不说明白	后补
学习好	学习不好	学习是不是好	学习好不好	主谓
学习好	不学习好	学习好不学习好	学习不学习好	后补

这进一步说明了用推导式鉴定结构关系在方法论上的价值。这一方法不仅可以用于汉语中,也可以用于其他缺少形态变化的语言中。这些都是美国结构语言学没有讨论过的。这一方法从另一个角度证明了结构关系的初始性。

2.1.4 层次论

在赵元任《北京口语语法》(1948)问世以前,汉语语法的析句方法都是中心词分析法,又叫句子成分分析法。这是西方传统语法研究的分析方法。黎锦熙的《新著国语文法》(1924)采用的就是中心词分析法,这种方法在中小学的教学中占有很重要的地位。中心词分析法主要以动词为句子的焦点,理出句子主语、谓语、宾语、定语、状语、补语等成分,说明句子的构造模式。比如对"他妈妈刚刚炒好了一盘菜"这样一句话。中心词分析法的分析是:

他(定语)妈妈(主语)刚刚(状语)炒(谓语)好了(补语)一盘(定语)菜(宾语)

赵元任在《北京口语语法》(1948)中首次启用了美国结构语言学的层次分析法。丁声树等的《现代汉语语法讲话》(1952)也采用了层次分析法。层次分析法对"他妈妈刚刚炒好了一盘菜"的分析是:

{他妈妈}{(刚刚)(<炒好/了><一盘/菜>)}

这两种方法后来在汉语语法研究中得到广泛使用。吴竞存、侯学超(1982)比较系统地使用了层次分析来分析汉语的各种句型。从 1981 年到 1982 年,《中国语文》陆续发表了一系列文章,讨论析句方法。这些文章后来收入《汉语析句方法讨论集》(中国语文杂志社,1984)。邢福义在《评"暂拟汉语教学语法系统"》(1981.2)一文中,批评了中心词分析法不讲层次,混淆了词与词组合的先后顺序。史存直等为中心词分析法辩护,认为中心词分析法能反映句子的格局。这两种观点都从不同的角度看到了分析句子的问题。廖序东、黄伯荣、张静、陆丙甫、吕冀平等都试图把两种方法的优点结合起来。

这次讨论加深了对分析方法的认识,但也反映了有些学者对语法结构有哪些初始概念缺乏认识,需要进一步澄清。从方法论上说,层次是单位组合的顺序,言语片段的组合都是有层次的,即组合都是有顺序的。朱德熙在《语法分析和语法体系》(1982.1)中陈述了层次概念的初始性:

在我看来,把层次分析作为一种方法看待,并且讨论它的长处和短处,恐怕不一定妥当。我们知道,所有自然语言的语法构造都是有层次的,层次性是语言的本质属性之一。既然如此,进行语法分析就不能不进行层次分析,层次分析是语法分析的一部分,是进行语法分析不可缺少的手续之一,不是一种可以采用也可以不采用的方法。

其实不仅层次是自然语言的初始概念,迄今为止我们所观察到的所有有生成能力的符号系统,都是有层次的。比如数学符号系统、计算机语言等等。

当然"层次分析法"这个术语至今仍然有人在使用。其实层次和层次分析法是两个概念。层次是句法结构的初始概念,这一点 Hockeet 在《语法描写的两种模式》(1954)中已经指出过;而层次分析法是寻找层次的方法。语言的单位都是按照层次组合起来的,从说话者一方看,这个问题是清楚的,但是在组合的过程中,不一定总是有标记的;从听话者一方看,根据什么找出说话者心目中的组合层次,确实需要一种层次分析的方法。把自然语言和人工语言相比,自然语言在层次上的无标记性显得特别突出。数学符号系统中的层次是有标记的,其标记是人为的,是通过括号表示先加减后乘除。必要时可以用各种括号来表述。比如:

$4+3\times 2$

$(4+3)\times 2$

但不同的自然语言层次标记并不一样,有些是显性的,有些是隐性的。和词类、结构关系所碰到的问题一样,汉语中层次的显性标记也很少。很多层次关系,在印欧语言中可以通过形态变化确定下来,汉语不能。比如在形态丰富的印欧语言中,主语和谓语有一致关系,这本身就反映了主语和谓语是直接组合的。修饰名词的形容词有性、数、格的变化,说明了形容词和与之相同性、数、格的名词是直接组合的。汉语就不能利用这样的标记确定层次。但说话人在说汉语的时候,接受者能理解各种层次,说明有一种潜在的标记在起作用。层次分析的理论就是为了找到这种潜在的标记。

有人认为层次分析法不讲结构关系,是层次分析法的缺点。实际上这是两个层面的问题。层次分析法是要寻找一个言语片段的层次,至于是什么结构关系,需要另外的手续和原则。层次和结构关系都是句法结构的初始概念。在这一点上朱德熙(1982.1)也有比较合理的解释:

层次分析只是语法分析的一部分,不是全部。事实上从来没有人把层次分析看成是自足的、完备的语法分析手续。进行层次分析一点也不排斥同时进行结构关系的分析。

总之,层次分析不能包括或代替结构关系的分析并不是层次分析的缺点,正如词类分析不能包括或代替结构关系分析也不能说是词类分析的缺点一样。

认为层次分析对付不了某些复杂的句式。最常举的例子是兼语式。层次分析有时确实会遇到困难。这只是因为我们对于分析对象的认识不够深入,不能说是层次分析本身的缺点。

层次分析并不排斥提取中心词,正如层次分析也不排斥结构关系的分析一样。只要有必要,这两套分析手续完全可以结合起来用。近年有人提出一种称为"主干分析"的析句方法(陆丙甫,1981),其实质是分析句子的时候把某些词组作为一个整体看待,不加分析,由此简化分析的层次和步骤。中心词分析的实质是把词组紧缩成单词,主干分析法的实质是把词组作为单词对待,我们不打算在这里评价这两种方法的长短,只想指出一点,就是这两种方法都必须建立在层次分析的基础上。

这些问题也是美国结构语言学没有充分展开的原则问题。朱德熙的这些论述表明中国学者有的对层次概念缺乏充分的认识,有的对层次概念的认识已经有了相当的深度。

通过汉语研究对层次分析做过贡献的是范继淹。范继淹在《动词和趋向性后置成分的结构分析》(1963.2)中提出了并立扩展法,后来在《汉语语法结构的层次分析问题》(1983)中又进一步讨论了该方法的原则。并立扩展法的含义是:

如果 ABC 的后两项能扩展为并立结构(BC + B'C'),则 ABC = A(B + C);例如:"他很高"可以扩展为"他很高,很瘦",所以层次组合是"他|很高"。反之,如果 ABC 组合的前两项能扩展为并立结构(AB + A'B'),则 ABC = (A + B)C;例如"红的花"可以扩展为"红的和白的花",所以层次组合是"红的|花"。

主谓宾的格式可以用这种方法处理。我们认为这种方法的理论基础是,并立结构(AB + A'B')只能理解为一个整体跟第三个成分发生直接关系,所以原有的两个成分(AB)也只能理解成一个整体跟第三个成分发生直接关系。

并立扩展法是在扩展法基础上建立起来的。Wells 在《直接成分》(1947)中首先提出了分析层次的扩展法。Wells 对扩展法的解释是(Wells, R., 1947):

有时两个序列能出现在相同的环境里，即使它们的内部结构不一样。当这两个序列中有一个序列比另一个序列长或者跟它一样（包含的语素更多或者相等）而结构不同（不属于完全相同的序列类）的时候，我们就把这个序列叫做另一序列的扩展，而把另一个序列叫做模型。假如 A 是 B 的扩展，那么 B 就是 A 的模型。

扩展法是比较形式化的一种方法。可以用 Wells 举的一个英语实例 The king of England opened Parliament（英国国王召开国会会议）看出扩展法的实质：

1 The king of England   opened Parliament
2 John   worked

The king of England 可以看成是 John 的扩展，这里的 John 不是 The king of England 的成分（被扩展的项目也可以是包含在扩展项里的），但功能相同，或者说 John 和 The king of England 的分布相同。同样，opened Parliament 可以看成是 worked 的扩展，这里的 worked 不是 opened Parliament 的成分，但功能相同，或者说 worked 和 opened Parliament 的分布相同。正是因为 1 是 2 的扩展，而 2 的层次只能是 John ∣ worked，所以 1 的层次也就是：

The king of England ∣ opened Parliament

再看一个汉语的例子：

1   我们工厂的业余剧团   昨天召开成立大会
2   业余剧团   开会
3   我   去

1 是 2 的扩展，2 是 3 的扩展。"业余剧团"属于"我们工厂的业余剧团"的一部分，"我"不属于"业余剧团"的一部分，但这不是扩展的实质，扩展的实质是要功能相同。严格地说，扩展法是要在长句子和短句子之间建立一种功能上的平行关系，上面 1、2、3 的两部分功能都是相同的。由于 3 只有一种划分直接成分的可能，1 也就只有一种可能。通过这种平行关系的建立，就达到了给长的片段划分直接成分的目的。扩展法的根本原则是：如果切分出来的言语片段按照功能可以归到某个语素类中去，这种切分就是合理的。

扩展法可以解决很多层次切分的问题。比如主谓宾片段的第一层次应该在什么地方断开，下面的两种切分似乎都可以：

他哥哥∣写了一封信

他哥哥写了|一封信

但如果我们根据扩展法,就可以解决这个问题:

A	B
他哥哥|写了一封信	他哥哥写了|一封信
哥哥|来	?|信

如果按照 A 来切分,两部分都容易还原,或者说容易归类,"他哥哥"和"哥哥"同类,"写了一封信"和"来"同类。如果按照 B 切分,"一封信"和"信"是同功能的,但是"他哥哥写了"却不容易找到同功能的词。所以直接成分应该按照 A 划分。

　　扩展法把要分析的结构看成是和某个简单形式同功能的扩展结构,通过找简单结构,把原来的复杂结构还原成简单结构。由于简单结构的层次是没有分歧的,通过复杂结构和简单结构的类比,就可以确定复杂形式的层次。可以看出,扩展法实际上是一种还原法。而把复杂的形式规约为简单形式时,必然要用功能相同的概念,比如把"读书"的功能看成和"读"的功能相同。在向心结构之间判定功能是否相同比较容易,但在判定离心结构的功能时,有时候会遇到困难,因为我们必须说明哪些结构和哪些词是同功能的。回答这一问题比较复杂。

　　扩展法是可行性比较强的一种方法,但也有解释不了的问题。比如:

A	B
经常|读英语	经常读|英语
先|走	读|书

"经常读英语"同时可以是两种模型"先走"和"读书"的扩展,所以按照扩展法就有两种层次。很明显,这里的语法意义只有一种。从方法论上说,同一种语法意义最好能分析成一种层次,扩展法在这儿没有满足这个需求。

　　范继淹的并立扩展法就能解决这个问题:

A	B
经常|读英语	经常读|英语
经常|读英语、讲英语	*经常读、经常讲|英语

可见 A 的切分是合理的。并立扩展法还能把其他很多成分类相同的结构的层次划分开:

词类序列及层次	实例层次	并立扩展方式
副·动|宾	别说|这样的事儿	别说别想这样的事儿
	不了解|情况	不了解、不调查情况
副|动·宾	先|看电视	先看电视、听音乐

	很|伤感情	很|伤感情、伤面子
	一起|写信	一起|写信、听音乐
副·动|了	别哭|了	别哭别吵了
	不读|了	不读、不写|了
	太淘气|了	太淘气、太顽皮了
	最清楚|了	最清楚、最明白了
副|动·了	都|读了	都|读了、写了
	又|修了	又|修了、补了

像这样的言语片段的层次，Wells 所提出的扩展法是解决不了的。这里有更隐蔽的方法论背景，范继淹在提出并立扩展法时没有交代。扩展法是建立在成分同功能的基础上的，即扩展式和模型同构。词类序列中每个对应的成分功能都相同，层次却不一样，这反映了汉语的复杂性。前面已经说过，在汉语中，两个相同词类序列的功能不一定相同。现在可以说，两个相同词类的序列即便可以进行相同功能的替换（即扩展），也不一定具有相同的层次。因此，仅仅靠功能的相同控制不了汉语的层次。

并立扩展法和扩展法最大的区别就在于引进了结构关系，所谓"并立"就是一种联合结构关系。并立扩展法不仅能解决扩展法能解决的问题，而且能解决扩展法不能解决的问题。当然并立扩展法仍然有解决不了的问题。

2.1.5 词组本位论

前面我们多次提到，结构关系和句子成分是等价的，比如说，确定了主谓关系，就等于确定了主语和谓语。反过来，确定了主语和谓语，也就确定了主谓关系。换句话说，任何句子成分总是和其他句子成分有一种结构上的关系，句子成分一旦确定下来，这种结构上的关系也确定下来了。我们所谓句子成分和结构关系等价的观念，就是从这种意义上说的。当然，细分起来，句子成分和结构关系是有差别的。在"他头很大"中，"他"是整个句子的主语，"头"不是整个句子的主语，而只是"头很大"这个小句的主语。因此，语法结构的成分是对词组或结构而言的，而句子的成分是对句子而言的。更准确地说，传统所谓的句子成分反映了句子层面的结构关系，而一般所谓的结构关系，既包括词组层面的结构关系，也包括句子层面的结构关系。再换个角度看，传统所谓的句子成分指句子层面的成分；而一般所谓的成分，既包括词组层面的成分，也包括句子层面的成分。

在印欧语中,词组或结构的成分和句子的成分有一定的区别。汉语中这种区别不显著,但一般的语法论著中都把词组和句子这两个平面对立起来,句子是分析的主要目标,主语和谓语是构成句子的必要条件,其他词组或成分都围绕主语和谓语展开。这一观点可以称为"句本位"。黎锦熙《新著国语文法》(1924)是这种观点的代表。

刘世儒在《现代汉语语法讲义》(1963,P121)中提出了把词组和句子分开描写的理由,同时也为句本位提供了一个理论基础。刘世儒认为:

> 上面所谈各种类型的词组,是把它们孤立起来看的,即脱离开句子来看的,至于这些词组进入了句子,就有的不再是词组,而被熔解为句子成分了,也就是说,这时候词组的各成分都成为句子的成分,因之便被熔解在句子之中而不存在了。例如:
>
> "伟大的祖国"站立起来了。
>
> 我们"爱祖国"。
>
> 孤立地看,"伟大的祖国"和"爱祖国"都是词组,但是在这两个句子里,就不再是词组了。因为"伟大的祖国"这个名词词组的中心词"祖国"作了句子的主语,词组中的定语"伟大"也成了句子中主语的定语,这个时候,词组的两个实词都各自成为句子的成分,这个词组便熔解在句子之中而不存在了。"爱祖国"这个动宾词组也是如此。它在句子里,动词"爱"成了句子的谓语,宾语"祖国"也成了句中的宾语,因此也熔解在句子之中而不存在了。

从构造上看,熔解与否并没有形式上的区别。如果承认熔解说,就必须承认两套成分,一套是词组的成分,一套是句子成分;同时还要承认两套结构关系,一套是词组成分之间的结构关系,一套是句子成分之间的结构关系,而这两套成分都有"主语、谓语、述语、宾语、定语、状语、补语"之分,都有"主谓关系、述宾关系、偏正关系、述补关系、并列关系"之分。这样的描写缺乏简单性。

句本位在分析汉语中还会遇到一个困难。汉语的句子并不以"主语+谓语"为基本模式。汉语中的实词在一定的语言环境下,可以单独成句,这种情况很普遍。早期的语法论著多用主语省略或谓语省略来解释这类现象。但在印欧语中,即使有上下文条件,主语或谓语也是不可以随便省略的。比如:

谁能说汉语？	Who can speak Chinese?
我。	I can.
谁在外边？	Who is outside?
我。	It's me.

可以看出，"主语+谓语"的模式是印欧语句子的必要格局，汉语没有这个要求，一般的实词和词组只要带上语调，都可以实现为一个句子。

朱德熙(1985)正式提出了词组本位的理论，认为在汉语中，词组和句子的构造没有根本的区别，把词组构造和句子的构造对立起来，是受了印欧语法的影响。朱德熙认为：

> 印欧语里句子的构造原则跟词组的构造原则有明显的区别。拿英语来说，谓语位置上的动词结构是一种形式，搬到主宾语位置上去的时候必须变成另一种形式，不但形式不同，性质也不一样。所以把它们区别开，看成不同的东西是有道理的。(朱德熙，1985，P70—71)

> 由于汉语的句子的构造原则跟词组的构造原则基本一致，我们就有可能在词组的基础上来描写句法，建立一种以词组为基点的语法体系。这就是说，我们可以把各类词组(主谓结构、述宾结构、述补结构、偏正结构、联合结构、连动结构以及介词结构、"的"字结构等虚词结构)作为抽象的句法格式来描写它们的内部结构以及每一类词组作为一个整体在更大的词组里的分布状况，而不急于把它们跟具体的句子联系起来，特别是不把它们钉死在句子的某个成分上。如果我们把各类词组的结构和功能都足够详细地描写清楚了，那么句子的结构实际上也就描写清楚了，因为句子不过是独立的词组而已。(朱德熙，1985，P74)

> 在印欧语里，词、词组、子句、句子之间的关系是组成关系(composition)，即部分和整体的关系：句子是由子句组成的，子句是由词组组成的，词组是由词组成的。在以词组为基点的语法体系里，只有词和词组之间是组成关系(词组是由词组成的)，词组和句子之间则是一种实现的关系(realization)。(朱德熙，1985，P75)

印欧语中，词、词组、子句、句子之间的关系是否是组成关系还可以进一步研究。但刘世儒的熔解说是不可观察的，而汉语中词组和句子在构造上的一致性与印欧语中词组和句子在构造上的不一致性，确实是可以观察到的。我们可以通过

"她说汉语"在英语和汉语中的不同分布看出这一点：

她说汉语(句子)。	She speaks Chinese.
我担心她说汉语。	I am worried about her speaking Chinese.
她说汉语吗？	Does she speak Chinese?
她说什么？	What does she speak?
我不知道她说什么。	I don't know what she speak.
我请她说汉语。	I ask her to speak Chinese.

英语中一个言语片段，不仅做句子成分和单独成句构造不一样，就是做不同的句子成分，构造也不一样，而汉语中通常是一样的。因此，在词组的基础上来描写句法，可以使描写手续简化，只要句法结构讲清楚了，句法成分也就讲清楚了，同时句子成分也就讲清楚了。

以词组为本位讲句法，还可以使汉语语法中层次的概念从词组到句子贯彻到底。层次分析的基本原则要求：分析出来的片段都是可接受的，或者是语言中的词或词组。前面的英语实例，有些是不能进行层次分析的，比如"Does she speak Chinese"，在任何一个地方断开都会得到不可接受的片段，违反层次分析的基本原则。前面的汉语实例基本都可以进行层次分析。从这种意义上看，词组本位体现了对汉语的一种认识深度。在后面很多地方我们会提到，转换生成语法之所以不像结构语言学方法那样在汉语中占有重要的地位，可能和汉语的词组和句子在构造上的一致性有很大关系。20世纪前半个多世纪，中国结构语言学之所以致力于词和词组的区分、词类的划分、结构关系的同一性判定、层次的分析、分布理论的探讨，跟词组和句子在构造上的一致性也有一定的关系。

当然，这种一致性只是相对的，是相对于印欧语而体现出来的。所以朱德熙(1985)也承认：

> 我只是强调汉语的句子的构造原则跟词组的构造原则是一致的。句子的结构实际上就是词组的结构。不过句子跟词组终究是两回事，不能混为一谈。因此在建立词组本位的语法体系的时候，不能不考虑以下两个问题：(1)是不是所有的词组都能独立成句？(2)是不是所有的句子都能还原为被包孕的词组，就是说，能不能作为更大的词组里的一个组成部分？对于(1)的回答是否定的。因为词组跟别的语法单位一样，也有粘着与自由的区别。粘着的词组如V+了+O(吃了饭|打了电话)，V+C+O(吃完饭|拿出一本书)等等当然不能独立成句。(P78)

2.2 音系理论

中国传统音韵学在没有音标的情况下,以声调、声母和韵母为基本音系单位,根据"开口、合口、等、阴、阳"等概念说明音类的组合关系和聚合关系,音系研究已经达到很高的水平。中国20世纪的音系理论从传统音韵学中或明或暗地继承了很多东西,同时又从西方音位学理论中引进了很多东西,形成了中国20世纪音系研究的独特道路。但中国学者很少正面展开音系理论的讨论,往往是通过拼音文字的制定、方言和民族语言的调查来展开方法论讨论的。下面来分析这些工作背后的方法论。

2.2.1 音位的相对性

赵元任《音位标音法的多能性》(1934),从汉语方言和古音中的一些现象阐释音位的应用和理论,至今被认为是音位学创始时期的重要理论文献。该文主要贡献是一方面系统地说明了音位系统的相对性,另一方面又肯定了严式记音的重要性。也就是说,在提取音位的过程中,一方面要考虑区别性,另一方面还要考虑读音的实质。这已经暗含了对 Saussure(索绪尔,1916)"语言是形式而不是实质"这一理论的修正。赵元任(1934,P22)认为:

> 把一种语言里的音化成音位系统,通常不止一种可能的方法,得出的不同的系统或答案不是简单的对错问题,而可以只看成适用于各种目的的好坏问题。

赵元任提到的音位分析的相对性实际上有两层含义。一是把两个互补分布的音素归纳成一个音位还是两个音位是相对的;二是把线性方向的动态音段切分成两个还是一个是相对的。

赵元任有关音位相对性的方法论价值可以从当时人们对音位认识的水平看出。音位概念的形成最早是从 Courtenay 开始的,他于1870年提出要区别音位和音素,认为语音的生理、物理属性和功能属性彼此并不一致。英国学者 Sweet 于1887年开始讲宽式音标和严式音标的区别,也有了音位的观念,但是当时还没有人用音位的概念来标音。直到20世纪30年代,标音方法根据的都是1887年由 Sweet 倡议,由 Passy、Jones 等完成的国际音标。后来布拉格学派和美国描写学派都对音位展开了全面研究,但对音位系统的相对性并不是很清楚。这样就在严式音标和音位学之间形成了对立。坚持传统严式音标记音的学者由于受严式记音的影响,认为一种语言的语音系统只可能有一种答案,即严式音标所记录的音所构成的系统。Bloomfield《语言论》(布龙菲尔德,1933,5.6,P99)谈到了音位标音,表现出对传统严式标音的背离和批评:

> 语音学家的记音本领因人而异,带有偶然性;他分辨出的音响特征,只是他所研究的那些语言里有区别性的特征。……他应当记住,非区别性特征,他能听出多少,这决定于他个人恰巧具有的辨音本领,即使他做了最精密的记录,也还远远不如机器录音那样有价值。
>
> 语言记录只有两种在科学上是有用的。一种是总音响特征的机器记录,如语音实验室里的录音。另一种是根据音位作出来的记录,这种记录把语言里那些非区别性特征撇开不管。除非我们的音响学知识比目前的大大进了一步,语言研究如需要考虑所说的话的意义,就只有利用音位记录。

Bloomfield认为只有音位才是有价值的语音单位,这在当时引起了不少传统语音学家的反对,这些语音学家习惯的是国际音标的训练。当时对Bloomfield的抵触心理说明了人们尽管已经开始研究音位、启用音位的概念,但对音位的实质并不是很清楚。

20世纪30年代形成的严式记音和音位记音的对立,至今还未完全消除。Karlgren直到50年代在其 *Compendium of Phonetics in Ancient and Archaic Chinese*(1954)中还否认音位理论,认为音位理论只是少用几个符号,并没有实质性的价值。这是他坚持《切韵》j化说的根源。后来陆志韦(1939b)、赵元任(Chao,1941)、李荣(1956)从音位互补的角度证明了j化和非j化没有对立,主张取消j化说,其方法论基础都是坚持音位理论中的互补原则。

就坚持音位记音的学者看,不仅音位记音是第一性的,而且每一种语言的音位系统只有一种。产生这样的看法当然是和"对立"这一根本原则有联系的。比如下面的汉语材料:

古 ku²¹⁴ 　　组 tsu²¹⁴
枯 khu⁵⁵ 　　粗 tshu⁵⁵
呼 xu⁵⁵ 　　苏 su⁵⁵

k组和ts组是对立的,两组音在相同的语音条件下区别了意义,所以必须分成两组音位,这对任何一个发音人和调查者来说都是没有争议的,所以音位系统只能有一种。Sapir(1921)、Bloomfield(1933)及其以前的很多音位论者,都有这种绝对音位系统观念。Jakobson 直到 50 年代仍然坚持这种绝对音位观念(Jakobson,R. 1951),这种观念显然是和 Saussure"语言是形式而不是实质"这一思想一致的。

对比原则的理论基础是:单位的价值在于它不是什么,不在于它是什么。单位的价值在于它的区别性功能。这一原则比较好地区分了同一环境中对立的音和同一环境中的自由变体。汉语普通话 w 声母尽管有很多变体,但它和其他声母的对立确定了它的价值。对比原则的分析结果表明,区别意义层面是由有限的区别性单位构成的。

但是,对比原则只解决了"差异"问题,解决了同一语音条件下音素的同一性问题,并没有解决不同条件下音素的同一性问题。有些音素并不在相同的条件下出现,不能构成对立。比如下面 tɕ 类音子和 ts、tʂ、k 类音子都不对立:

子 tsɿ₁²¹⁴   指 tʂɿ₁²¹⁴   古 ku²¹⁴   几 tɕi²¹⁴
此 tshɿ₁²¹⁴ 齿 tʂhɿ²¹⁴   苦 khu²¹⁴   起 tɕhi²¹⁴
死 sɿ₁²¹⁴   使 ʂɿ₁²¹⁴   虎 xu²¹⁴   洗 ɕi²¹⁴

当时 Bloomfield 等不是没有看到互补问题,但没有从方法论上阐述清楚这些问题,因此引起了严式记音和音位记音的争论。赵元任的《音位标音法的多能性》从方法论上解释了严式记音和音位记音的关系。赵元任认为音位系统是相对的,因为在处理互补现象时会遇到下面一些因素:

1. 语音准确,或者音位的范围小。
2. 整个语言的语音模式简单或对称。
3. 节省音位的总数。
4. 照顾本地人的感觉。
5. 照顾词源。
6. 音位之间相互排斥。
7. 符号的可逆性。

赵元任详细地讨论了这七个因素,证实了音位标音不止一种可能,也就是证实了一个语言的音位系统不止是一种。而这七个因素本质上都是和互补相似原则相联系的。互补相似原则是指,处于互补条件下的音素,如果在音值上相似,就是相同音位的条件变体,否则是不相同的音位。音值的相似根据的是语音的物理或生理性质,这和 Saussure 所谓的"实质""外部因素"相关;相似还涉及本族人的感觉,这又和"个人言语"相关。所以音位系统的归纳不可能只是一种。赵元任的讨论是全面而深入的。通过赵元任的解释,还可以看出 Saussure 有关语言价值观念所遇到的困难。Saussure 认为语言是差异构成的系统,认为语言是形式而不是实质。事实上问题更为复杂。

现在我们仍用互补相似原则,在音位理论的范围内,还没有更好的办法。因此音位系统的归纳是相对的,即不同的人归纳出的音位数目不同,音位的条件变体不同。而赵元任谈到的七个因素一直是后来归纳音位的学者必须考虑的因素。

赵元任有关归纳音位的相对观念本来应该有更深远的意义,但是当时没有人意识到这一点。这个深远的意义就在于,任何有关语言描写和解释的理论都是相对的。现在看来,不仅在音位学理论中,在语法学理论中也是这样。后来 Chomsky 提出的"评价程序"和这种相对论的思路是一致的。Chomsky 评判了结构语言学"发现程序"的理论目标,而提出评价程序的目标。所谓发现程序是指制定一套程序或操作方法,把这套程序用于一种语言,就可以提取出该语言的基本单位和语法。Bloomfield 以来的结构语言学就是在追求发现程序,即找到提取语言单位和规则的程序。Harris 的《从语素到话语》(1946)、Wells 的《直接成分》(1947)、Harris 的《结构语言学方法论》(1951)都是发现程序的典范。对比(替换)和分布就是结构语言学的发现程序的重要内容,通过对比和分布可以完成对任何一种语言的切分、归并、分类和组合的分析工作。结构语言学的 IA 和 IP 模式也是两种重要的发现程序。由于发现程序在操作中所遵循的是一套严格的手续,因此所得到的结论应该是唯一的。而 Chomsky 认为语言学家在分析语法时可能包括"直觉、猜测、对以往经验的依赖"等,分析程序或方法不只是一种。Chomsky 所谓的评价程序就是对不同的描写方法做出选择,选择较好的、解释力较强的描写方法。比如他认为转换分析就比非转换分析的解释力强。语言理论相对性的产生从现在来看是比较容易理解的。从音位层面看,因为存在互补相似原则。从语法层面看,因为必须假定深层结构概念的存在。至于为什么必须假定深层结构,我们后面再讨论这个问题(§5.4.3)。

赵元任(1934,P58—59)认为音位归纳的相对性不等于可以抛弃严式记音手续:

> 我们不能像 Bloomfield 想要暗示的那样,说音质标音大抵是主观的,

音位标音大部分是客观的。我们已经见到音位标音怎么会有多种可能,从而相应地带有主观性。另一方面,普通语音学中符号的非音位的使用实际上也是有一定程度的一致性。严式标音对于以下各种目的有时非常有用,有时必不可少:(1)当需要引证一些形式时,在这些形式中某个特征在所引证的语言中没有区别的作用,但跟所讨论的问题有关;(2)在比较方言学中提出词或音的形式;(3)指出音变的苗头或残迹;(4)在得出合适的音位系统之前不偏不倚地考虑一种语言的总特征;(5)最后一个目的不太重要,即用于教学的目的。……根据我自己记录汉语方言的经验,除了把声音相关的词进行匹配和比较以外,很重要的一个步骤是开头就给出严得合理的音质标音,这样,碰到几种方案的抉择时,我们的判断就有了材料的依据。

分析赵元任的整个思路,归纳音位的操作程序就是先进行严式记音,然后根据对立原则确定对立的音,最后在互补相似的基础上,根据不同的目的归纳音位。赵元任的这些观点,尤其是在提取音位的过程中坚持严式记音,都是在研究了汉语语音和调查了大量汉语方言的基础上归纳出来的。赵元任的《国语罗马字的研究》(1922)、《现代吴语研究》(1928)都体现了这种思路。这种思路正是后来美国结构语言学达到成熟期时提取音位所采取的步骤:先根据严式记音记录话语,得到音子构成的线性序列,再先后根据对立和互补将音子归并成音位。

在音位归纳中坚持严式记音越来越显示出重要价值。比如赵元任认为严式记音"可以指出音变的苗头或残迹",后来的有序异质理论(Weinreich, U. and W. Labov, 1968)、词汇扩散理论(王士元, 1969)、叠置式音变理论(徐通锵、王洪君, 1986.1)等都证明了这一点。音位归纳中坚持严式记音还有一个重要的意义。目前对音位聚合关系的研究显得越来越重要,而确定聚合关系就要根据音质。比如北京话声母系统:

[北京话声母矩阵]

p	p'	m	f	□	○
t	t'	n	□	○	l
ts	ts'	○	s	□	○
tʂ	tʂ'	□	ʂ	ʐ	○
tɕ	tɕ'	□	ɕ	□	○
k	k'	□	x	□	□

这里同行是发音部位的聚合，同列是发音方法的聚合。○表示不会出现的音，□表示可以出现但实际上没有出现的音。其中 z 和 l 分别都只有发音部位的聚合单位，没有发音方法的聚合单位，我们说 z 和 l 是单向聚合的音。其他的音都是双向聚合的音。单向聚合和双向聚合的区分根据的就是具体的语音特征。如果不考虑具体的语音特征，我们完全有理由把北京话的声母矩阵排列如下：

[北京话声母矩阵]（不严格考虑音值）

p	p'	m	f
t	t'	n	○
ts	ts'	○	s
tʂ	tʂ'	z̧	ʂ
tɕ	tɕ'	l	ɕ
k	k'	□	x

这时辅音声母的数量同样多，保持的对立也是一样。但这样一来，很多重要的演变和语音系统的性质就不能得到解释，后面会讨论到这个问题（§10）。

赵元任在《音位标音法的多能性》中有关音位的相对性、严式记音的重要性等论述至今在田野考察中都是至关重要的原则。音位理论发展到今天，越来越多的人认识到，语言不仅有形式的一面，也有实质的一面。在音系中，如果只考虑对立而不考虑具体读音，就不可能认识音位的聚合关系。石锋在《试论语音的层次》(1990)中，进一步讨论了赵元任的严式记音思想。石锋在分析了音素、音子、音位的关系后提出，现代语音学的逻辑起点是音子，这和后期结构语言学的观点一致。陈其光(1994.6)根据民族语言调查的经验，则进一步发展了赵元任的音位相对论思想，提出了归纳和标写音位的六种选择。

2.2.2 音节中心观念与音节的层次

汉语由于每个音节有一个声调，所以我国学者尽管引进了西方的音位分析理论，但暗中却一直坚守音节本体的观念，并且按照传统音韵学的方法来处理分析音节，即把音节分成声韵调三个部分。20世纪初的国语罗马字、拉丁字母等拼音方案，都按照声韵调的方式来排列音节。在方言调查中，同音字表是最重要的一环。这里背后的理论基础是：只要有了同音字表，音系中的所有单位都可以推导或分析出来；但如果只有音位表和音位的组合规则，不一定能推导或分析出音节表。这反映了音节在汉语中是更具有实证性的单位。与此相反，印欧语中音位比起音节来说是更具有实证性的单位,印欧语的音节之间的界线往往不容易在线性方向上切分开,而音位是比较容易提取出来的。印欧语研究中通常不一定要列出音节表,而列出音位表和音位的组合规则却显得很重要。

这并不是说在印欧语中音节就不重要。Saussure(索绪尔,1916,P81)就强调过音节的重要性。后来 Kahn(1976)开创了音节音系学。不过音节中心论还有更重要的理论意义。再观察前面提到过的材料:

子 $ts_1{}^{214}$	指 $tʂ_1{}^{214}$	几 $tɕi^{214}$
此 $tsh_1{}^{214}$	齿 $tʂh_1{}^{214}$	起 $tɕhi^{214}$
死 $s_1{}^{214}$	使 $ʂ_1{}^{214}$	洗 $ɕi^{214}$

在 ı、ʅ、i 归并成/i/音位的情况下,tɕ 类音不能归并到 ts 或 tʂ 类音位中,否则就会出现对立的音节被归并在一起的现象。

这里就引出了一个问题:直接成分不对立的音,整个音节可以有对立。上面"指"类字和"几"类字属于这种情况,"子"类字和"几"类字也属于这种情况。这也是结构语言学没有注意到的问题。根据同样道理,不对立的语音特征,组成音素后也可能对立。这说明音位理论、区别性特征理论和生成音系学理论一味地把语音单位往小里切分,在理论上不具有完备性,作为语音结构单位的音节,在音系学中也是一种初始单位。

再来看音节的线性切分。西方音系学切分音节是同时把音节直接切分成音段或音位,尽管这种切分在线性方向上已经切分到了最小的单位,但却是没有层次的线性切分。在中国传统音韵学中,音节的切分是论层次的,把音节先分出声调,再分出声母和韵母,分别用反切上字和反切下字来代表声母和韵母(包括声调),韵母再分等呼。游汝杰等在《论普通话的音位系统》(1980.5)中从理论上讨论了根据声韵调来归纳普通话音位系统的理由。这个理由的关键就是音段的层次。

当然,从线性方向上看,传统音韵学的线性切分是不充分的。这主要表现在对韵母的切分上。等韵学把韵母分成四等,这明显是聚合上的划分而不是线性上的切分。等韵学又把韵母分成开口呼和合口呼,但开口呼和合口呼到底是线性上的切分还是聚合上的划分,并不明确。比如我们还没有充分的理由断定开口呼和合口呼的对立到底属于下面两种情况中的哪一种:

圆展的对立　　介音的对立
a/ɔ　　　　　a/ua

就方言和民族语言的汉语借词来看，上面两种情况都有可能。可见传统音韵学一方面反映出自身线性切分有层次的优势，另一方面也反映出自身线性切分不充分的局限。

1913年，中华民国教育部筹备召开的"读音统一会"，议定了第一套法定汉字拼音字母，即"注音符号"。这套字母由北洋政府教育部于1918年公布，这就是在大陆通行到1958年，在台湾通行至今的注音字母。1918年的注音字母已经把汉语音节中的介音独立出来了，这是音节线性切分的一个进展。注音字母除了给每一个韵和每一个声母一个字母外，还给出了三个介音字母。我们可以把注音字母的韵和介音字母做以下排列（括号中为汉语拼音）：

丫[a]　　ㄧ[i]　　ㄨ[u]　　ㄩ[u]
ㄛ[o]
ㄜ[ê]
ㄟ[ei]
ㄞ[ai]
ㄠ[ao]
ㄡ[ou]
ㄢ[an]
ㄤ[ang]
ㄣ[en]
ㄥ[eng]
ㄦ[er]

可以看出，第一列都是一个字母一个韵，这些字母也可以单独做韵母，而ㄧ、ㄨ、ㄩ是介音字母，也兼表韵母。给每一个韵一个字母，看上去是不充分切分，比威妥玛（Wade，T. F,1859）的拼音方案似乎倒退了，但却反映了音节内部要素组合的层次性，即介音和韵是直接成分的关系，而在威妥玛的拼音方案中，可以把介音、韵腹、韵尾同时看成是一个层面的单位。后来又有学者把介音看成和声母有直接成分关系，总体上看还是具有音段层次的观念。

赵元任的《国语罗马字的研究》(1922)，不仅切分出介音，而且完成了充分切分。赵元任首先根据传统音韵学的方式把声母和韵母分开，然后按照开、齐、合、撮的方式排列韵母，以 an 韵为例：

开口呼	阴平	an	安
	阳平	★	
	上声	aan	俺
	去声	ann	岸
齐齿呼	阴平	ian	烟
	阳平	yan	言
	上声	yean	眼
	去声	yann	砚
合口呼	阴平	uan	弯
	阳平	wan	完
	上声	woan	碗
	去声	wann	万
撮口呼	阴平	iuan	冤
	阳平	yuan	元
	上声	yeuan	远
	去声	yuann	院

作为音位文字,赵元任的音位切分是充分的。更重要的是,把韵母按照四呼排列,不仅仅是切分到了音位,而是切分出了韵头或介音,因为按照四呼排列就是按照韵头的聚合关系排列韵母,而这里的聚合关系本质上就是一种组合关系的体现。所以这样的排列就是对介音的提取。把韵母按照四呼排列也等于承认了介音和韵之间是直接成分关系。从赵元任对声母卷舌音和舌面音的处理看,尤其能反映出介音的突出地位。我们现在的汉语拼音方案中卷舌音是 zh、ch、sh,舌面音是 j、q、x,但在赵元任的系统中都是 j、ch、sh,结果形成了这样的局面(以 an 韵字为例):

实例	间	粘	千	搀	先	山
赵元任国语罗马字	j	j	ch	ch	sh	sh
汉语拼音方案	j	zh	q	ch	x	sh

赵元任的 j(间、粘)、ch(千、搀)、sh(先、山)各自在具体读音上的差别完全是靠介音 i 来确定的,因此介音的独立性很强。当然赵元任通过韵母的不同拼法来体现声调的差别,在方法论上存在弱点,这一点后面要谈到(§2.2.3)。

后来瞿秋白在苏联汉学家郭质生协助下写成的《中国拉丁化字母》(1929),复韵母也采取四呼排列,这说明对介音的区分也是明确的。但瞿氏不标声调,在这方面的弱点比赵元任的罗马拉丁字母更明显。

1954 年 12 月国务院成立"中国文字改革委员会",1955 年组织了"拼音方案委员会",由吴玉章、胡愈之任正副主任,黎锦熙、罗常培、丁西林、韦悫、王力、陆志韦、林汉达、叶籁士、倪海曙、吕叔湘、周有光等专家为委员,开始了制定拉丁字母文字的研讨工作。该委员会所制定的《汉语拼音方案》于 1958 年 2 月 11 日由全国人民代表大会批准公布,1982 年国际标准化组织承认该方案为拼写汉语的国际标准。《汉语拼音方案》是在威妥玛式拼音、注音字母、国语罗马字和拉丁化新文字的基础上形成的,吸收了各种拼音方案的优点。《汉语拼音方案》不仅对汉语音节做了充分的音位切分,而且是有层次的切分:首先是提取声韵调,然后把韵母分成韵头和韵,韵母按照四呼排列。由于参加制定汉语拼音方案的学者能够代表当时中国音系研究的学术水平,所以汉语拼音方案在方法论上的意义就在于以一种权威的方式暗示音位的组合是有层次的。

中国学者在切分音节时由于兼顾了传统方法,继承了传统的声韵调单位,把音节先分出声调,再分出声母和韵母;韵母又分成介音和韵,韵再分成韵腹和韵尾,这种切分的最终结果是既切分出了音位,又反映了音位组合的层次性,这种方法和当代的 CV 音系学有共同之处,体现了分析方法的领先性。比如像 lian⁵¹这样的音节,切分出声调后,下一步的切分是:

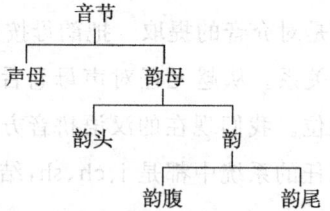

对音节的层次分析是中国传统音韵学声韵调三分法和现代语言学对音段充分切分相结合的结果。有人认为声、韵、调的切分和对音节的充分切分是不同的方法,两种方法都有合理性。这暗示这两者对音节的切分都是完备的。游汝杰等在《论普通话的音位系统》中(1980.5)就主张根据声、韵、调来归纳普通话的最小音系单位。

其实废弃两者之一都会导致对音节结构认识的不完备。如果只简单地做音节的充分切分,即把音节切分到音位,就不可能认识到音节内部的构造层次。反过来,只把音节切分到声、韵(韵母)、调,就只能承认声、韵、调是汉语音节结构的基本单位。不过所谓基本单位是相对的,在什么层面上建立基本单位取决于要解决什么问题。如果要认识声、韵、调的聚合关系和组合关系,就有必要把音节继续切分到音位,甚至分析到区别特征。没有对音位的认识,就不可能准确地分出四呼,也不可能准确地分析韵尾和韵腹,韵母的聚合关系就排列不出来。汉语拼音方案之所以能有效地排列韵母的聚合关系,跟对音节的充分切分是有关系的。而传统音韵学对韵头韵尾的切分之所以不明确,就是没有对音段做充分切分。游汝杰等(1980.5)尽管主张根据声、韵、调来归纳普通话的最小音系单位,但和传统音韵学比较起来是有区别的,即准确地切分出了介音,而介音的切分是需要以音段的充分切分做前提的,介音的本质就是以元音音位充当韵头。在游汝杰等的体系中,如果要准确地反映韵母的聚合关系,韵尾和韵腹最终都需要切分出来。

音位分析是有目的的,其中最重要的目的之一就是给一种语言制定拼音字母,或者说用有限的字母来记录音系。汉语的音位分析也就是在拼音化的过程中发展起来的,美国结构语言学音位理论的迅速发展,在很大程度上也和给土著语言制定拼音文字有联系。如果汉语音位分析只限制在声韵调的分析上,就需要较多的字母,甚至超过传统的二十几个字母。因此,在游汝杰等(1980.5)的系统中,如果要给出一套拼音文字,并且要坚持一个音一个字母的原则,也需要把韵位切分到韵腹和韵尾。赵元任早在《音位标音法的多能性》中(1934,P53)曾说过:

> 希望不超出 26 个罗马字母的范围,这个愿望的力量非常强大,以致标音者不得不付出放弃其他方面考虑的巨大代价来迁就它。

传统音韵学之所以没有走向音位分析的道路,缺乏用有限字母书写音系的迫切要求可能也是一个原因。

把韵母作为一个韵位,不做进一步分析,这是不充分分析法(under-analysis),其方法论基础可以追溯到赵元任的《音位标音法的多能性》(1934)。前面谈到,赵元任提到的音位分析的相对性实际上有两层含义。一是两个互补分布的音素归纳成一个音位还是两个音位是相对的;另一种相对性是指线性方向的动态音切分成两个还是一个是相对的。赵元任认为(1934,P29):

> 二合元音类型的动态音需要特殊的考虑。塞擦音、送气音和带有典型的过渡音的音,必要时通常都可以分析成两个或者三个可识别的要素,动态元音和准元音则是音质变化更加渐进的音。通常表示这些音的方法只是指

出整个发音运动的起讫点,比方[ei];或者指出开的位置和最后关闭的位置,尽管实际上舌头从不达到这后一位置。比方[ai]所表示的音,它的动程从来不大于[ae]。……

按照我们的音位定义,没有什么东西会妨碍我们把一种语言里特有的开口动态音看成独立的音位。汉语注音符号的设计者事实上就是这么做的,他们用单个符号ㄞ、ㄟ、ㄠ、ㄡ表示[ai]、[ei]、[ɑu]、[ou],甚至用ㄢ、ㄣ、ㄤ、ㄥ表示[an]、[ən]、[ɑŋ]、[əŋ]。把汉语注音符号看成正经八百的音位标音,好像不合正统,可是遇到动程小的动态音,确实令人拿不准怎么办才好。这种相对性现在看来是不必要的,因为对音段进行最小切分还有一些更重要的理由,其中最重要的一点就是对语音系统的把握。音系分析不仅仅是提取单位的问题,还要说明单位和单位的关系,即要说明音系的系统性。这种系统性又是解释音变规律和音变原因的基础。对音系分析的这种要求在赵元任和Bloomfield时代都还不明确。现在我们可以看出,高层次音系单位的聚合关系和组合关系是以低层次音系单位的充分切分为基础的。比如汉语韵母的四呼是一种很重要的聚合关系,同时又能说明韵母和声母的组合规则,而四呼划分就是以把韵母切分成韵头和韵为基础的。

对韵做充分切分,即切分出韵腹和韵尾,也是必要的。比如汉语的语气词"啊",在带韵尾的韵母后面,读音都和前面音节的韵尾有关系,反映出韵尾在组合上的特点:

啊	-n	-ŋ	-i	-u
例	na	ŋa	ia	ua
读音	看啊!	唱啊!	来啊!	跑啊!
	khan51 na	tʂhaŋ51 ŋa	lai35 ia	phau214 ua

如果不切分出音节的韵尾,就不能说明语气词"啊"在连续音变上的规则。

不仅音节有必要切分到音位,音位也有必要切分到区别特征。目前,音位按照聚合关系进行排列已经在音系的共时和历时研究中越来越重要。前面我们看到,我们可以把汉语声母系统排列成矩阵以认识汉语声母的性质,而排列的前提就是已经把音位切分到了区别特征。

王洪君在《什么是音系的基本单位》(1994a,P308)中,进一步联系区别特征,对充分切分问题有过比较中肯的讨论:

一些学者曾提出,普通话音系的基本单位是声、韵、调,不是音位。我以为，从汉语音节的直接组成成分看，声、韵、调是基本单位。但韵母无论从结构上还是从语音上考虑，都还可以进一步切分。从线性音段的最小单位着眼，音位是最小的单位。而从非线性的角度看，音位不过是联系若干共时发出的区别特征的一个时间格。韵母、音位、区别特征是音系中层次不同的单位。同级单位间彼此相关，形成聚合系统。不同级的单位则按一定规则彼此连接。因而，韵母、音位、区别特征是描写普通话音系不可缺少的。

王洪君在这里提到了区别特征这个层面，这是同一个音段在聚合关系上的再分析，是横向切分，犹如语法层面的语义特征分析。汉语音节的切分在这方面怎么进行目前还做得不够。抛开区别特征不论，就音节的线性切分来说，声韵调跟音位相结合的切分和在语法层面切分直接成分的道理是一致的，如果我们只分析出一个句子的第一个直接成分，这种层次分析是不完备的；如果我们只分析出一个句子的词或语素，没有给出层次，这种分析也是不完备的。正因为汉语拼音方案既考虑声、韵、调，又考虑音位，既考虑音节切分的层次性，又考虑最小切分，所以体现了方法上的合理性。这种有层次的音节切分和近年来形成的以音节为基础的音系学理论(syllable-based phonology)是一致的，后者认为，划分音节层次是必要的(Bell, A. and J. Hooper, 1978)。麦耘(1998.2)曾对广州话音节层次做过比较细致的分析。可以说，中国语言学对汉语音节有层次的切分不仅对汉语是合理的，而且对普通音系学理论也有方法论的意义。

当然，音节层次的处理方法有所不同。比如现代汉语普通话，至少有两种处理音节的方式：把介音归入韵母，或把介音归入声母。前者是中国传统音韵学的模式，在20世纪50年代制定《汉语拼音方案》的时候，也采用这种模式。第二种做法在Karlgren的早期理论中已经有端倪。20世纪80年代初，董昭辉(1983)开始把声母和介音归并成一个复杂音节首音，随后包智明(1990)、端木三(1990)等也采用过类似方法，端木三甚至认为介音与声母应该合成一个音段。王志洁(1999)继承介音归入声母的方法，提出了汉语普通话声韵系统的一套描写方式。

2.2.3 调位论

由于汉语是一种声调语言，调位的概念必然要在汉语中产生。一般认为最早提出调位(toneme)概念的是美国学者Beach(1923),实际上中国传统音韵学早已经把声调提取出来了,即平上去入,并且按照声调给韵书分卷。注音字母(1918)也是把声调作为独立的单位对待的,即在字的拼写的左下方、左上方、右上方、右下方标调,分别表示阳平、上声、去声和入声,不标调的表示阴平。

可能是受到西方音位理论的影响,赵元任的国语罗马字和瞿秋白等的拉丁化新文字在对待声调的问题上反不如注音字母做得好。赵元任把声调看成是韵母的一个附带特征,瞿秋白等的拉丁化新文字干脆不标声调。这里显露出早期制定拼音文字的学者在音位问题上的印欧眼光。印欧语言由于是非声调语言,因此印欧语学者常常把声调看成是附带的特征,认为声调必须附着在音质音位上,因此声调没有自主地位,至少声调的自主地位没有音质音位强。形成这种观点还有一个背景。美国结构语言学的对象语言之一是英语,而英语的重音实际上音位负担很低,也就是说,英语中以重音位置不同而区别意义的词比例相当低(厉为民,1981.1)。这可能是Bloomfield把重音这样一些韵律特征或超音段特征构成的音位称之为"次音位"的原因。而汉语声调又被划在韵律特征或超音段特征中,自然容易形成声调是辅助音位的概念。

刘复《四声实验录》(1924)通过十几个方言点的声调实验和比较,区分了调类和调值。赵元任在后来的《汉语的字调和语调》(1933)一文中,也改变了早期的看法,确认了声调的自主地位。比较明确地阐释了调位的概念。尽管赵元任没有用调位这个术语,但赵元任主张用"平、上、去、入、阴、阳"等术语给调类命名,而给声调的实际读音另外安排一套名称,这正是调位观念的实质,因为这已经明确把音高的读音和音高区别意义这两个概念对立起来了。后来Swadesh(1934)又正式把调位作为三种基本音位的一种。徐世荣(1957.6;1958)明确区分了北京话的"声调音位"和"音素音位"。

把声调看成是次音位或音质音位的附带特征是没有根据的,但早期研究很少做出论证。王士元(1967)开始展开了这方面的讨论:

  在同一语音序列中发生的共时声调变化和音段特征之间是相互独立的。从语音学角度讲,声调的范围是覆盖音节中全部声带部分的。考虑到这些情况,最好是把声调特征和音段特征区别开来,并且作为整个音节的特征来对待。

游汝杰等(1980.5,10)进一步指出:

西方一些语言学家把音段音位以外具有某些辨义功能的语音要素，如重音、语调、音长等归结为"次音位"。就印欧语系的绝大多数语言来说，这种归纳是有道理的，因为在这些语言中，超音段的语音要素虽然有某种辨义功能，但这种功能在一定条件下才能实施；而且，它们本身的形式也不很稳定，其重要性远远不能跟音素音位相提并论。英语的语调在一定条件下有辨义作用，但这种作用不能类推，因此很难作为音位归纳的基础。可是汉语的声调则显然大不一样。声调的辨义功能带有普遍性，声调音高变化的形式也相当稳定，即使有变化，也有规律可循，它具有音位的全部性质和特征，不宜称为"次音位"。因此，我们建议把声调音位称为调位，它是超音段音位，但是它是与声位、韵位同等重要的音位。

我们还可以从声调发音的初始性、声调的音位负担、声调的稳定性三方面进一步来说明声调的自主性。

说声调必须附着在音质音位上，暗示如果没有音质音位，声调是发不出来的（尹仲贤，1957.6），这是预先把音质音位看成是初始单位。如果我们从汉语出发，同样可以说音质必须附着在声调上，因为没有声调的音质音位也是发不出来的，关于这一点包智明（Bao，1990）有过系统讨论。

至于声调的音位负担问题，王理嘉（1991，P146）谈到过这一点：

就汉语来说，把声调看作地位低于元音和辅音音位的次音位，那是不妥当的。因为声调以调值的不同而区分意义，其功能与元音和辅音是相等的。例如，"笔"[pi^{214}]和"米"[mi^{214}]是通过辅音的不同区别意义的。"米"[mi^{214}]和"马"[ma^{214}]是通过元音的不同区别意义的，而"麻"[ma^{35}]和"马"[ma^{214}]则是通过声调的不同区别意义的。而且从音位负担来说，声调的负担远比元音和辅音重要。一方面，声调的数目比音段音位要少得多；另一方面，汉语是单音节语，基本音节只有400多个，每个音节（语素）都必须依靠不同的音高来区别意义，所以声调的音位负担是非常重的。我们不仅应该把声调看作音位系统的组成部分，而且完全有理由把声调看作与元音音位、辅音音位同等重要的音位。

就稳定程度来看，声调也不弱于元音音位和辅音音位。在我们后面会提到的一种叠置式音变中，我们发现白读音受文读音的影响容易在元音和辅音上发生，而在声调上却很难。比如：

	街	解	介	鞋	鞋
老四川话	kai^{55}	kai^{51}	kai^{213}	xai^{31}	xai^{31}
受普通话叠置后	tɕiai^{55}	tɕiai^{51}	tɕiai^{213}	ɕiai^{31}	ɕiai^{31}

这些字的声母和韵母都有文白异读的差异,声调却没有。这种现象在汉语方言的叠置过程中很普遍。

从变调情况看,声调的连续变调是以前后声调为条件的(有时也以语法为条件),和元音辅音没有直接关系。拿上声变调来说,如果我们以 X 代表前一个音节,Y 代表后一个音节,普通话两字组上声的变调模式可以概括如下:

$$X^{214}Y^{214} \rightarrow X^{35}Y^{214}$$

这里的 X 可以取任何声母和韵母,Y 也可以取任何声母和韵母。也就是说上声的变调是独立于元音和辅音的。所有的变调都具有这种性质,这一点尤其能说明声调的初始性或自主性。

正是因为声调的这些性质,我们可以说声调和元音音位、辅音音位一样是语音系统的初始单位。从 20 世纪 30 年代以来,除了少数学者把声调看成是元音的组成部分(如傅懋勣,1955.9),大部分学者基本上都把声调作为独立的音位对待。

从赵元任的《国语罗马字》(1928)到赵元任的《汉语的字调和语调》(1933),有一个从声调非自主性到声调自主性的观念变化,这反映了汉语研究者摆脱了西方音位理论对声调的观念,这实际上也是方法论的转变。不仅汉语,所有语言的声调,都有必要看成是自主音位,否则音位的理论就是矛盾的。而最新的研究表明,声调是自成一个平面的(Goldsmith, J., 1976)。

2.2.4 音系和语法的关系

西方结构语言学认为音系和语法是两个独立的层面,音系层面的最小单位是音位,音位是区别意义的单位;语法层面的最小单位是语素,语素是表达意义的单位,这两种单位的性质不一样,完全可以独立地加以研究。中国学者在研究汉语时发现这两个层面是有联系的。林焘《现代汉语补足语里的轻音现象所反映出来的语法和语义问题》(1957.2)、《现代汉语轻音和句法结构的关系》(1962.7)率先展开了语音和语法相互关系的研究,通过具体材料的分析,论证了轻音和语法结构之间的相关性,林焘(1957.2)认为:

动词和非轻音补足语在意义上的不同决定于语法作用的不同。非轻音补足语和轻音补足语在意义上的不同决定于声音的不同。这种现象最足以说明语音和语法以及语义之间的密切的关系，也正可以提醒我们绝对不能把语言的这三方面割裂开来孤立地进行研究。

曹广衢的《温岭话入声变调同语法的关系》(1958)、王福堂《绍兴话记音》(1959)、胡明扬《海盐通园方言中变调群的语法意义》(1959.8)观察到了变调和语法的相关性，即有些变调条件是由语法意义决定的。林焘、王福堂、胡明扬所发现的事实都是结构语言学经典理论没有涉及的。从20世纪70年代末开始，这方面的研究更为深入系统，有代表性的有叶祥苓《苏州方言的连读变调》(1979.1)、张盛裕《潮阳方言的连读变调》(1979.2)、张惠英《崇明方言的连读变调》(1979.4)、侯精一《平遥方言的连读变调》(1980.1)、张惠英《三字组广用式的连读变调》(1980.1)、张盛裕《潮阳方言的连读变调》(二)(1980.2)、吕叔湘《丹阳方言的声调系统》(1980.2)、许宝华等《新派上海方言的连续变调》(1981.2)、沈同《老派上海方言的连读变调》(1981.2)、谢自立《苏州方言两字组的连读变调》(1982.4)、熊正辉《怎样求出两字组的连读变调规律》(1984.2)。结构语言学经典理论把音长、音强（轻音和重音）、音高（声调）等区别意义的单位称为非音质音位，通常只是在音系中讨论它们的性质，这可能是因为印欧语言中这些单位主要是区别意义，而不是表达意义。汉语中轻音和变调所表现出来的行为说明非音质音位不仅有区别意义的性质，也有表达意义的性质。

汉语的儿化为分析音系和语法的关系提供了更好的材料。怎样分析汉语儿化韵，是对各种分析方法的考验。儿化韵是汉语中有代表性的语音语法现象，方言中的Z变韵、D变韵（贺巍，1984）也属于同样的问题，本质上都是两个语素组合后融合为一个音节，并产生变韵。贺巍《获嘉方言韵母变化的功用举例》(1965.4)描写了变韵和语法条件的关系。很多学者比较早地认识到了儿化韵在汉语中是一种相当复杂的现象。有些学者（史存直，1957.2；游汝杰等，1980.5；钱乃荣，1988.1）不主张在音位层面描写儿化韵。比如游汝杰等(1980.5)认为：

儿化韵在某些情况下也有区别词汇意义（有时牵连到词类）的作用，如信儿（消息）——信（信件）；盖（动词）——盖儿（名词）；尖（形容词）——尖儿（名词）。但是不能因此就把儿化韵看成是音位。因为辨义功能仅是音位的一个特征而已，况且并非所有儿化韵都有上述作用，更多的儿化韵"小巷儿"、"树根儿"、"金鱼儿"等儿化与否没有意义差别。儿化韵内部的构造也是灵活多变的。并且有些词是否儿化，即使在北京人口中也并不是完全一致的。因此要把儿化韵像其他韵位一样类型化是极为困难的。

游汝杰等观察到了儿化韵和其他韵的一些区别，在音类认识上有进步，但以此避开对儿化韵的音系分析，理由还不充分。王洪君(1994a)针对游汝杰等(1980.5)的理由，陈述了在音系层面描写儿化韵的必要性：

儿化词与词根词相比尽管意义大变的不多，但只要有一例对立，就应该算音位性的区别。再有，后期自立音位学已经明确指出，音位的功用严格说来是区分词形，而不是直接区别词义。比如，"日头"跟"太阳"虽然意义相同，但说话人认为不同音，它们的音位形式就不能相同。反之，"之"跟"知"虽然意义不同，但说话人认为同音，其音位形式就应该相同。因而，音位的功能是区别词形的同与不同，而不是直接区分词义的同与不同。"刀"、"刀儿"、"刀子"，且不说只是意义区别不大，即使是意义完全相同，只要北京人认为它们各不同音，它们的音位形式就要有所区别。儿化韵具有区分词形的功能，这是不容否定的。

王洪君在这里提到的自立音位学，指的是美国描写学派的音位学理论。自立音位学在音系描写中有三条基本原则：

  1.音系是独立于语法层面的自立的系统。
  2.音系的基本单位是具有区分词形功能的最小音段。
  3.确定音位的依据是音素(或音子)的语音分布。

前面提到，结构语言学把语言的基本单位分成两个层面，区别意义的单位和表达意义的单位。最小的区别意义的单位(或区别词形的单位)称为音位，最小的表达意义的单位称为语素。按照这样一种区分，音位的提取只能根据区别意义而不能根据表达意义，或者说只能根据意义的差异性而不能根据意义的同一性。这就决定了提取音位的操作程序：根据意义的对立把不同的音子区分成不同的音位，再根据互补原则把不同的分布条件下的音子按照语音相似原则归并到其他的音位中。正是因为提取音位时没有考虑表达意义或意义的同一性问题，也即没有依赖语素层面或语法层面的概念帮助，美国结构语言学的音位学可以称为自立音位学。

根据自立音位学的原则,美国学者 Hartman(1944)、Hockett(1947)最早对北京话音系进行了全面描写。儿化韵在两人的系统中都得到了描写,并包含在韵母表中。比如 Hartman 认为北京话有 93 个韵母,包括 7 个儿化韵(38 个儿化韵母);Hockett 认为普通话有 67 个韵母,包括 8 个儿化韵,4 个 - m 尾韵。这种路子的特点是描写的完备性,即对北京话中出现的所有对立的音都尽可能地加以描写。在方法论上的特点是纯共时性、纯分布性,不考虑任何可能的历时变化和共时变化,也就是说不区分本音和变音,因而描写出来的韵母系统比较复杂。

儿化过程本质上就是从本音到变音的过程。李荣(1978.2)从温岭话的变音入手,深入讨论了本音和变音的区别。温岭话中有些变调和语法意义无关,另有些变调和语法意义有关,跟普通话的儿化很相似。李荣认为:

> 变音和本音的调类(包括本调和变调)有重要的差别。本音的调类能区别意义,但是本身并无意义。变音不单能区别意义,本身也有意义。比方阴上的"吐"[thu^{31}]字,和阴去的"吐"[thu^{55}]字意思不同,阴上的"倒"[tɔ^{42}]字和阴去的"倒"[tɔ^{55}]字意思也不同。这就是本音的调类能区别意义。可是无论阴上(42)、阴去(55),都无意义可言,这就是调类本身并无意义。又比方"乌"[ʔu^{33}]字,"黄"[ɦuɔ^{31}]字,"白"[bã^{11}]字,这三个字读本音都是指颜色的形容词,读变音都成了名词;"乌"[ʔu^{15}]指黑色染料,"黄"[ɦuɔ^{15}]指鸡蛋黄等,"白"[bã^{51}]指鸡蛋白等。这三个字读变音和读本音意思不同,可见变音能区别意义。这三个字读变音都成了名词,"名词化"就是温岭话变音的语法意义。这就是说,本音的调类是语音单位;变音不但是语音单位,也是语义单位(morpheme)。因此,本音和变调之间是语音变化的关系;本音和变音之间是语法变化的关系。(李荣,1978,P55)

变音的语法意义有可能磨损掉,但两者的分布仍然会有差异。贺巍(1979.2)、侯精一(1980.1)分别论证了河南获嘉和山西平遥方言变调(包括李荣所说的变音)的分布不仅和语音条件有关系,而且和语法条件有关系。谢自力(1982.4)讨论了苏州话变调和语法条件的关系。熊正辉(1984.2)认为变调条件有今音的语音环境、古音来历、语法结构三个方面。叶国全、唐志东(1982.1)描写了广东信宜方言变音和语法的关系。贺巍(1982.1;1983)、侯精一(1985.2)分别论证了河南获嘉方言和山西平遥方言变韵和语法条件的关系。沈慧云(1983.4)发现普通话子尾的语法语义在晋城方言中可以用变调方式表示。徐通锵(1985.3)通过本音和变音的分析证明了宁波话曾经有过儿化现象,并进一步认为:

> 本音和变音在使用范围上有一个重要的区别,就是本音在使用上没有什么限制,单用或在复合词中作前字、后字都可以,而变音一般只能单用或作复合词的后字。

这意思是说本音的分布在语法层面上不受限制,而变音的分布在语法层面上要受限制。

薛凤生(1986,P76—77)指出了儿化韵分布的复杂性,因此主张对本韵和儿化韵做区分:

> 虽然儿化与否完全是字汇的问题,但是新的儿化词儿是会不断出现的,而任何一种读音的字也都有儿化的可能,儿化了以后,音读上又都起了变化。大家都觉得这些变化似乎是遵循着一定的规律,但是这些规律是什么呢?认真研究音韵的人是有义务回答这个问题的。有许多西方学者,大概由于不了解儿化韵的历史渊源,在处理上把/r/这个特殊的韵尾与其他韵尾一视同仁,因此也就把儿化音节与其他音节视为无殊。我认为这是不妥的。这样处理,一则甚不经济,把汉语的基本音节几乎增加了一倍,再则也因此忽略了汉语音韵在这一方面的特性。儿化韵既是连音变化的结果,那么在理论分析上,我们就得把这些连音变化的孳生音节(derived syllables),与一般的基本音节(basic syllables)分开,并进而把这种连音变化的规律发掘出来。

我们认为,本音和变音最根本的区别在于分布规则上的差异。如果我们将辅音韵尾韵的聚合关系排列出来,普通话的辅音韵尾韵就显得很不整齐(陈保亚,1988):

	a-	ə-	i-	u-	o-	ɛ-	ɤ-	ou-	au-	ã-	ɔ̃-	ū-
-n	an	ən	in	□	□	□	□	□	□	□	□	□
-ŋ	aŋ	əŋ	iŋ	uŋ	□	□	□	□	□	□	□	□
-r	ar	ər	□	ur	or	ɛr	ɤr	our	aur	ãr	ɔ̃r	ūr

作为辅音韵尾,这里的-n和-ŋ的分布是高度对称协合的。-r的分布却不对称协合。儿化韵分布的复杂性就在于-r不是纯音位,它的分布规则和纯音位-n、-ŋ不一样。如果不考虑介音,-n和-ŋ只出现在 a、ə、i 后,但作为语素的-r不受这一音位规则限制,而是受语素层面的规则限制。-r在语素层面和"子、头"构成体词性

词尾聚合群,因此,-r 和它的聚合要素"子、头"一样,可以分布在所有音节形式的语素后构成名词(有例外,陈保亚,1988),这就使儿化后的语音形式不仅有 ar、ər,还有 or、ɛr、ɤr、our、aur、ãr、ɚ̃r、ũr 等韵。结果在语音层面,ar 有与之聚合的 an 和 aŋ,ər 有与之聚合的 ən 和 əŋ,其他儿化韵没有与之聚合的-n 尾韵和-ŋ 尾韵。

说儿化韵的分布很复杂是从自立音位学或自主音位学的角度观察问题,没有考虑-r 在性质上和-n、-ŋ 的区别,因而没有区分本音-n、-ŋ 和变音-r,把两种性质不同的单位放在同一个层面上。本音是只能区别意义(或区别语素的语音形式)的单位,其分布是以语音为条件,是纯语音层面的单位;变音的分布以语素为条件,变音既区别意义,又表达意义,因此变音本质上是语素层面的单位。本音的分布在语音层面通常是对称的、规则的,而变音的分布在语音层面通常是不规则的。本音是按照音变规律变化的,而变音则涉及音变规律以外的条件。

现在看来,结构语言学对于语言符号两层性的论述并不充分。前面谈到,结构语言学认为语言符号具有两层性,一个是由区别意义的单位(即音位)构成的层面,一个是由表达意义的单位(即语素)构成的层面。其实任何表达意义的单位也能区别意义,比如"鸡"和"支"两个语素不仅都有意义,都表达意义,并且两者的不同是靠它们的语音形式区别开的。在这一点上结构语言学没有解释,于是引出了很多问题。严格地说,音位只能区别意义(或区别音形),而语素不仅表达意义,而且也能区别意义。由于语素的语音形式通常不小于音节,语素像音位一样也能区别意义的性质没有凸现出来,语言单位跨层次的现象也没有凸现出来。当一个语素的语音形式在长度上正好和一个音位相等,比如汉语的-r,英语的复数形式-s,单位跨层次的性质必然要凸现出来。从语素层面看,-r、-s 都是有意义的单位,即语素。从音位层面看,它们也是区别意义的单位,即音位。正是因为它们是跨层次的单位,它们的分布规则和纯语音层面的音位不同,它们本质上是按照语素分布的规则来分布的。

也许正是儿化韵和其他韵的这些潜在的区别,在汉语研究中有些学者比较早地对本音和变音做了分别的处理。王辅世(1963.2)首次比较清楚地描写了儿化韵变音规则(如下图),只是本音和变音的分布规则没有从理论上得到说明。

韵尾 \ 类别 \ 四呼		开口呼	齐齿呼	合口呼	撮口呼	变卷舌韵的规则
开尾	乙	日 ɿ	衣 i	乌 u	迂 y	i 变 ər, i, y 后加 ər, u 后加 r。
	甲	啊 a	呀 ia	蛙 ua		后加 r。
	乙	鹅 ɤ	耶 iɤ	窝 uɤ	约 yɤ	
u 尾	甲	熬 au	腰 iau			
	乙	欧 ɤu	优 iɤu			
i 尾	甲	哀 ai		歪 uai		去 i, n 尾后加 r。
	乙	欸 əi		威 uəi		
n 尾	甲	安 an	烟 ian	弯 uan	冤 yan	
	乙	恩 ən	因 iən	绾 uən	晕 yən	
ŋ 尾	甲	昂 aŋ	央 iaŋ	汪 uaŋ		去 ŋ 尾，主要元音鼻音化，后加 r。
	乙	僧 ɤŋ	英 iɤŋ	翁 uɤŋ	雍 yɤŋ	

我国学者在方言调查中，本音和变音基本上也是分开描写的。在《现代汉语词典》（1979）中，儿化韵也是作为变音来处理。《现代汉语词典》一开始就给出了儿化韵母表，既列出了儿化韵母的实际读音，又列出了儿化韵母和本韵母的对应关系。

按照儿化韵母和本韵母的关系，可做如下排列：

儿化韵母	本韵母					
	本韵母1		本韵母2		本韵母3	
ar	a	马	ai	盖	an	盘
iar	ia	匣	ian	点		
uar	ua	花	uai	块	uan	玩
yar			yan	远		
aur	au	包				
iaur	iau	条				
ɤr	ɤ	歌				
iɛr	iɛ	碟				
yɛr	yɛ	月				
əur	əu	头				

续表

iəur	ieu	球				
or	o	婆				
uor	uo	窝				
ãr	aŋ	缸				
iãr	iaŋ	秧				
uãr	uaŋ	黄				
ər	i	字	iẽ	辈	nə	根
iər	i	皮	in	心		
uər	uei	味	uən	纹		
yər	y	鱼	yn	裙		
ə̃r	əŋ	灯				
iə̃r	iŋ	影				
uə̃r	uəŋ	瓮				
ur	u	肚				
ũr	uŋ	工				
iũr	iuŋ	熊				

列出儿化韵和本韵的对应表后,不仅本韵的聚合排列很整齐,儿化韵也可以得到有规则的控制。如果不区分本音和变音,不仅在语音层面会使描写复杂化,在语素层面也会使问题复杂化。在后面的有关章节中,我们会谈到儿化在语素层面的问题。

王洪君(1994)对本音和变音的性质做了进一步的理论分析后认为:

> 汉语方言研究中采用的本音·变音(派生音)模式在语音层面区分了基本的、派生的两类单位,从而分离出相互制约的音系单位。又把基本韵母与派生韵母的对应规则集中放在语音部分说明,并要指明其语法条件,从而确认了这些规则的性质。在这两点上,该模式的理论明显高于自立音位学及形态音位学,而与美国目前的主流派——生成音系学的基本理论相符。

汉语学者之所以能在这个问题上取得方法上的进展,跟儿化韵这种独特的现象是有关系的。郑锦全(Cheng,1973)根据生成音系学的理论对汉语的音系做了全面描写,在处理儿化韵时所用的方法和我们前面提到的《现代汉语词典》所用的方法有很多一致之处,不同在于《现代汉语词典》是在本音和变音的方法下进行描写的,以列举的方式说明本音和变音的关系,而郑锦全是在生成语法的框架下进行的,使用了七条规则,以生成的方式反映了儿化韵的生成过程。考虑到生成音系学的标准理论是1968年形成的(Chomsky, N. and Halle, M., 1968),而王辅世(1963.2)对儿化韵的本音和变音描写方式已经相当系统,再考虑到林焘(1957.3;1962.7)对轻音和语法相关性的分析,可以说中国学者在处理语法单位和语音单位的关系上已经比较领先。当然,Chomsky and Halle (1956)已经发表了他们关于语音和语法相关性的思路,其开创性是不可否认的。

2.3 中国结构语言学的地位和去向

结构语言学对20世纪的语言研究有重要贡献,其最重要的贡献在于认识到了语言单位的两种根本关系:对立关系、聚合和组合关系;提出了处理这两种关系以便提取单位、给单位分类、说明单位组合方式的基本田野方法:对比和分布①。这使结构语言学成为其他新的重要学派进行语言研究时的重要参照系。提取有限的单位和说明这些单位的有限组合规则,是语言研究的根本目标。近几十年来,尽管不同的学派从不同的角度对结构语言学提出了批评,但在提取单位和给单位分类方面,还没有哪个学派提出了比结构语言学更强的田野考察方法,而这正是结构语言学发现程序所要达到的主要目标之一。转换生成语言学的古典理论(Chomsky,1957)从结构语言学那儿继承了基本单位和单位的分类结果。系统功能语法的理论表述是建立在结构语言学所提出的"语素、词、词类"等基本单位上的(Halliday,M.,1985)。当代的语义研究、语用研究、变异理论、社会语言学、文化语言学、配价语法都是围绕着结构语言学所提出的基本单位展开的。因此,结构语言学对21世纪的语言研究仍然是至关重要的。

人们通常把结构语言学的思想渊源追溯到Saussure,这主要是因为Saussure在他的《普通语言学教程》(1916)中系统地表述了结构语言学的思想。但在世界各地语言的田野调查研究中,人们往往接受的是美国结构语言学的操作方法。在中国,由于汉语的特殊地位,人们广泛接受了美国结构语言学的操作方法,同时也发展了结构语言学。这一点在汉语和中国少数民族语言调查中尤其

---

① 替换可以看成是分布的一种特殊情况,即对立项在相同条件下的分布。

明显,比如根据对立和互补原则提取音位,根据有意义单位的最小同一性对比提取语素,根据最小的自由形式提取词,根据词的分布确定词类,根据词类或词组类的替换切分直接成分,等等。

中国结构语言学最显著的特点在于它的实证性,体现在操作上就是对比和分布,因为这两个操作都是可观察的,可实证的。这和美国结构语言学是一致的,但不一定都是接受美国结构语言学或欧洲结构语言学的结果,因为陈承泽(1922)首先比较系统地提出了分布的概念。中国 20 世纪上半叶的语言研究为什么会走向结构语言学的道路,这里既有内在的原因,也有国际结构语言学思潮的原因。为说明这一点,我们先来分析美国结构语言学和 Saussure 结构语言学的关系。

当追问美国结构语言学的操作方法及其理论背景和思想渊源时,我们发现美国学派受 Saussure 的影响并不是很直接的。从美国结构语言学创始人 Boas《美洲印第安语言手册》(Handbook of American Indian Languages,1911)的出版年代看,该书比 Saussure 的《普通语言学教程》(1916)早 5 年,因此 Boas 应该没有受到 Saussure 的影响。20 世纪 20 年代,Bloomfield 曾在一篇文章中提到 Saussure 的《普通语言学教程》是"语言研究新趋势的理论基础"(Bloomfield,L.,1922)。20 世纪 40 年代,Wells 讨论过 Saussure 的语言系统思想(Wells,R. S.,1947)。但美国学派在具体研究中,很少提到 Saussure 的语言和言语、内部和外部、共时和历时、聚合关系和组合关系、能指和所指这样一些基本范畴,也很少谈到 Saussure 有关语言是一种符号系统的思想。美国结构语言学更多受到 Boas 的描写与实证方法的影响。因此我们现在所谓的西方结构语言学有两个源头:Saussure 的同质语言观和 Boas 的实证方法论。Saussure 和 Boas 的观点分别体现在《普通语言学教程》和《美洲印第安语言手册》中。这两个源头形成了西方结构语言学的两个传统。这两个传统以不同的方式展开了语言研究,并且在不同的领域中以不同方式产生了广泛的影响,形成了以瑞士、布拉格、哥本哈根为中心的欧洲学派和以美国为中心的美国描写学派。但在最重要的观念上可以统一起来,形成一种同质化运动。同质化运动构成了 20 世纪上半叶语言理论的核心。

Saussure 对语言理论最重要的贡献在于他认为语言任何层面的要素都存在两种根本关系:对立关系、组合与聚合关系。而引导 Saussure 确立这两种根本关系的前提是对语言与言语、内部与外部、共时与历时这几对范畴的划分。

Saussure 是从"语言是社会现象"这一出发点入手展开他的语言理论的。Saussure 语言观的核心是：语言是有规则、有系统的社会现象（social facts）。Saussure 所谓的"社会现象"，不是指语言和社会有联系，也不是指语言所表达的是社会文化内涵，而是从社会学意义上说的一种"集体意识"。理解了 Saussure"集体意识"的含义，就比较容把握 Saussure 语言观念展开的线索。Saussure 已经看到，言语活动涉及诸多领域，和物理、生理、心理、个人习惯等都有关系，要把言语活动作为研究对象是难以得到什么规律的。"我们没法把它归入任何一个人文事实的范畴，因为不知道怎样去理出它的统一体"（索绪尔，1916，P30）。这一观察是有深度的，可以以汉语合口呼零声母 w 为例。汉语声母 w 的发音、传播，涉及生理和物理，因此言语活动首先是生理和物理过程。w 还可以有不同的读音，有的人读[w]，有的人读[v]，读哪一种音，涉及个人习惯。从接受者的角度看，听成[w]还是[v]，涉及个人的心理因素，因此言语活动又是充满个人变异的过程。所以 Saussure 说："言语活动是异质的"（索绪尔，1916，P36）。所谓异质就是存在变异。

但是，尽管 w 声母的发音涉及各种复杂的因素，难以把握，但合口呼零声母必须发成[w]或[v]，不能发成[p]、[ph]或[m]，这是群体必须遵守的规则，这一事实是社会的，不能用其他非社会事实来解释，必须用存在于群体言语活动中的规则解释。这正是语言最重要的性质，所以 Saussure（索绪尔，1916，P30）认为：

> 语言本身就是一个整体，一个分类的原则。我们一旦在言语活动的事实中给以首要的地位，就在一个不容许作其他任何分类的整体中引入一种自然的秩序。

正是在这种意义上，语言这种社会现象是独立于其他非社会现象的，可以作为独立的认识对象。所以 Saussure 说："语言是同质的"（索绪尔，1916，P36）。在我们看来，Saussure 要研究的就是集体观念中的这种规则，它是一种集体意识。而言语活动中和这种集体意识或与规则无关的东西，都是异质因素。

由于 Saussure 把语言定义成同质系统，就不得不对这种同质系统做出规定和划界，以便界定语言中同质的、或者说存在于集体意识中的语言规则到底是什么。

为了获得言语活动中的集体规则，必须抛开和言语活动有千丝万缕联系的物理、生理、个人习惯等异质因素,否则人们根本没有办法认识存在于群体意识中的语言规则,于是 Saussure 开始了他的同质化活动,即不断从研究对象中划掉异质因素,从复杂的言语活动中划掉言语而得到语言[①],再从语言中划掉外部语言现象而得到内部语言现象,最后从内部语言现象中划掉历时而得到一个由对立关系、聚合关系和组合关系构成的同质共时语言系统。

在这种同质化运动中,语言和言语的划分最关键。语言是每个人大脑中共同的东西。如果用"1"来表示这种共同性,每个人的言语活动中都包含了"1",结果就构成了这样一种关系:

$$1+1+1+\cdots\cdots=1$$

语言并不是言语的相加,因为言语是异质的,每个人的言语都不同,每个人的言语所构成的集合是没有办法认识的。如果以"1"带上不同的附加符号表示不同人的言语,整个群体的言语相加以后不会有明确的结果。这时,Saussure 在等式的右边打上了问号:

$$1'+1''+1'''+\cdots\cdots=?$$

在言语活动的研究中,Saussure 认为更重要的是语言而不是言语,因为语言才包含了群体共同遵守的言谈规则。

仅仅从言语中提出同质的语言现象还不够,语言还有内部要素和外部要素的区别。内部要素和系统有关,外部要素和系统没有关系。民族、种族、地理、政治等外部现象的规则并不等于语言自己的规则,这些现象和语言的关系只构成外部关系,因此它们只能是外部要素。Saussure(索绪尔,1916,P46)用象棋的例子来说明外部和内部问题:

> 我们把木头的棋子换成象牙的棋子,这种改变对于系统是无关紧要的;但是假如我减少或增加了棋子的数目,那么,这种改变就会深深影响到"棋法"。

我们仍然可以从汉语的例子来理解 Saussure 的观点。一个人把汉语普通话的 w 读成[w]还是[v],只是一种外部要素,因为并不影响系统的改变。合口呼零声母从[w]到[v]的演变也只是一种外部要素的改变。但南方人说普通话平卷不分,可以导致系统内部的改变,使很多对立的词不再对立,如"丝"和"师",这种

---

① 在索绪尔的《普通语言学教程》中,"言语活动""言语""语言"是三个不同的概念,言语活动包括语言和言语。

变化是内部因素的改变。

把语言限制在内部语言还不算已经完成了言语活动中集体意识或规则的划界范围。Saussure 进一步展开了共时和历时的区分,这是为了说明集体意识或规则存在于共时系统中,而不在历时平面中,因为语言的历史是和千丝万缕的文化现象联系在一起的,从文化社会的角度看,这些变化是有规则的,但并不能代表语言系统本身的规则。比如古汉语有很多表示不同的马的词,这种现象可以从古代社会马在生活中的地位得到解释,这是一种社会规律,但这种规律并不等于语言的集体意识或规则。

Saussure 从言语活动中排除言语,得到语言,又从语言中排除外部语言要素,得到内部语言要素,再从内部语言要素中排除历时语言事实,得到共时语言系统。整个过程是一个同质化运动过程,是把语言系统提纯的过程,是向同质化系统步步逼近的过程。这一过程可以概括为:

言语活动——→语言——→内部语言现象——→共时语言系统
  ↓   ↓   ↓
 言语 外部语言现象 历时语言事实

而共时系统则是由两种根本关系构成:一种是对立关系,一种是聚合关系和组合关系。

Saussure 的同质语言观抓住了言语活动的稳定部分和要素的关系部分,排除了和意义、文化有关的部分;其目的是要获得同质的语言系统。

如果我们再次回到 Saussure 语言观的出发点,可以看出一个很重要的思路(尽管 Saussure 没有明确提出这一点):把语言理解成社会现象就是为了展开同质化运动,同质化运动的目标是要把存在于集体意识中的语言规则的范围限定在同质范围内。换个角度看,把语言理解成同质系统的目的就是要把语言研究的对象限制在言语社团每个成员共同遵守的规则之中。

和 Saussure 不同,Boas 几乎不正面讨论语言理论问题,他的方法论轮廓主要是在《美洲印第安语言手册》的《导论》中体现出来的,更多的细节是在《美洲印第安语言手册》中通过对印第安语的具体描写体现出来的。

Boas 从另一个角度来看语言。Boas 早年在德国学习物理学和地理学,这使他有一种观察事实的习惯。当他移居美国开始转向人类学和语言学研究时,他所面临的语言是崭新的印第安语言。印第安语和印欧语有很大的差异,Boas

认为研究印欧语的方法不完全适合印第安语,因此,Boas 强调语言的相对性,认为不同民族的语言有不同的规则。那么怎样才能发现这种不同的规则?这自然要引出方法论的基本原则:描写。Boas 认为我们不应当受印欧语言学观念的影响,而应该客观地描写,结论应该是建立在可观察事实的基础上的。

把语言研究限制在描写的范围,实际上是一种典型的实证主义方法。我们可以把理论以及材料对理论的实证程度分成三个层面:

理论层面	理论陈述的逻辑形式	材料对理论的实证程度	实例
描写	单称判断	最容易	英语有主语
解释	特称判断	较难	很多语言都有主语
假说	全称判断	最难	所有的语言都有主语

在理论和材料相关的三个层面上,描写是最容易得到实证的。Wittgenstein 和 Karnap 等著名的逻辑实证主义者都承认描写或单称判断的内容是最容易实证的(Wittgenstein,1922;Karnap,1934)。

说描写容易实证,是针对解释和假设来说的。同样都是描写,还存在实证程度的问题。意义的描写就比较困难。Boas 在《导论》中首先避开了意义问题,直接通过句子的对比提取单位,提出了语言单位的性质及单位之间发生关系的两种根本方式:单位之间的相互位置和单位内部的语音变化(单位的共时变化而不是历时变化)①。Boas 提出的这两个方式都是从形式出发的,位置是一种形式,共时音变也是一种形式。从实证主义的角度看,它们都是最容易观察到的,因而也是最容易实证的。

从理论背景上看,Boas 可能受到他那个时代实证精神的影响。Boas 是在欧洲完成学业的,并且最初学的是自然科学。19 世纪,从 Comte 开始,欧洲出现了实证主义思潮。Comte 从 1830 年开始出版《实证哲学教程》,Mach 于 1886 年出版了《感觉的分析》,这两本书是早期实证主义的代表作,影响很大,都主张科学研究只能描写而不能解释,科学知识应该是可实证的。

Boas 的方法论是描写,精神是实证,这也正是美国结构语言学的精神。美国结构语言学的描写态度和描写方法由 Boas 开创,而这种方法由于适应了美国结构语言学的思潮,在语言研究中取得了主流地位。Boas 的描写态度和描写理

---

① 参看 Boas(1911)Introduction 中的 Grammatical Processes。

论对后来美国的两个重要的语言学家 Sapir 和 Bloomfield 有很深的影响。Sapir 发展了语言相对论的观点和 IP 理论模型。Bloomfield 则充分展开了实证的方法,发展了 IA 理论模型。

Bloomfield 的方法论对美国结构语言学的影响最为直接,因为他的方法更贴近 Boas 的描写方法和实证精神,更多地顺应了出现在美国的实证主义思潮。Bloomfield 认为语言的意义必须通过行为活动来解释,因为行为活动是可观察的,可实证的,而通常意义上的"意义"是不可观察的,不可实证的,这就构成著名的"物理主义",其目的是排斥对意义的主观解释。基本模式是:

S>r……s>R

S 的刺激产生了话语 r(我想吃苹果),话语 r 和话语 s 相互作用,产生了 R(摘苹果)。这就是语言的意义。由于这种模式是通过可观察的行为来解释意义,使意义的解释进入了实证的范围。所以人们也把这种解释模式称为行为主义解释模式。

Bloomfield 的行为主义意义理论实际上是 Boas 开创的分布理论的延伸,Boas 认为单位的性质由它的位置规定,Bloomfield 把句子的意义归结为在语境中的位置。

这种行为主义的语言观实际上是要对意义做实证的解释,反对做任意性的解释。它在方法论上的意义很深远。它是在 Boas 方法论的基础上,进一步强调了语言研究中必须坚持形式原则而不是意义原则,进一步强调了语言研究必须要有可观察性。后来美国结构语言学在提取"音位""语素""词"以及归纳"词类"时,所使用的对比、替换和分布方法,实际上都是根据可观察性。比如词的定义,不说"词"是有完整意义的最小单位,而说成是自由的有意义的最小单位。因为前一个定义涉及对"完整意义"这一概念的解释,什么叫"完整意义"是不可观察的,而后一个定义涉及对"自由""有意义"两个概念的解释,这是可以观察的,"自由"可以通过分布来观察,"有意义"可以通过行为的反应观察到。

尽管 Saussure 传统和 Boas 传统是相对独立地发展起来的,而且有许多区别,但两者有重要的共同之处。这两个源流必然导致同质化运动,不过 Saussure 的同质化运动是显而易见的,目标明确的,而 Boas 的传统是隐蔽的。

在 Boas 传统中,要描写、实证,必然要把言语中的变异、语言中的外部因素、和文化相关的历时因素排除在外,因为这些因素都是不易实证的。其中最典型的就是对待意义的态度。实际上从 Boas、Bloomfield 到 Harris,没有哪个美国结构语言学家真正否定过意义。他们都承认和意义无关的发音或音响只是物理意义上的声音,只有和意义相关的声音才是语言学层次上的语音。音位的定义就包含了"区别意义"的因素,语素、词的定义包含了"有意义"的因素,这些基本的单位的定义都离不开"意义"这个初始概念。Harris 的分布理论似乎不涉及意义,但名词不能分布在副词后面,是因为副词和名词的组合没有意义,这仍然要涉及有无意义的问题。

当然,美国结构语言学在对待意义问题上本身有含糊不清的地方。从实证的层面看,意义可以分成几个层面:

a. 有无意义。
b. 意义是否相同。
c. 意义是什么。

要证明"有无意义"和"意义是否相同"比较容易,因为不同的人对某个单位"有无意义",通常有一致的答案;对两个单位"意义是否相同"的回答要困难一些,但大多数条件下回答是一致的。正是有关意义的这两个方面容易得到一致回答,音位理论和语素理论才首先建立起来。在音位研究中要辨别两个音是否区别意义,这是意义是否相同的问题。在语素理论中要回答一个语音形式是否有意义,该形式的意义和其他形式的意义是否相同,这里涉及"有无意义"和"意义是否相同"的问题。

要证明一个形式或一句话的意义是什么,就很困难,同样是"想吃苹果",不同的人可以做出很多种不同的解释,一般的人说饿了、渴了,好久没有吃过苹果了,生理学家可能用大脑皮层分泌一种物质引起唾沫来加以解释,等等。这些解释涉及很多个人因素、语言外部因素,不容易达成研究者的共识,所以 Bloomfield 才提出了行为主义的意义解释模式。

意义问题带有很多异质因素。Bloomfield 的行为主义解释理论,或者说"意义即用法"的观点,就是要抛弃带有异质因素的意义,达成对"想吃苹果"的统一解释。从问题的本质上看,这就是一种同质化运动,这是把和外部因素、个人因素、历时因素相关的意义问题抛弃,剩下和集体意识相关的、可以达成共识的意义问题。后来 Harris 又广泛深入地发展了用分布解释意义的理论,一个词的语法意义是什么,就是看这个词是怎么分布的。这样处理意义更容易达成对语法意义进行评判的共识标准。从 Bloomfield 的行为主义到 Harris 的分布主义，和外部文化世界相关的意义部分被进一步拒斥了，语言系统更进一步同质化了，Harris 所谓的意义实际上仅仅是语法意义。Bloomfield 和 Harris 也承认语言研究解决不了和心理、文化相关的意义问题，这些异质因素必须去掉，而行为主义、分布主义方法就是他们去掉和意义相关的异质因素的根本方法。

美国结构语言学尽最大努力把复杂的问题化成"可观察""可实证"的问题。可观察、可实证的实质是要在观察者之间建立起共识标准。比如"战斗"和"战争"，哪个是名词，哪个是动词，如果凭借意义标准，不同的观察者会有不同的解释；如果根据形式标准（分布、功能），观察者之间就容易建立起共同的标准，"战斗"可以受"不"修饰，是动词，"战争"不能受"不"的修饰，是名词。所以可观察性、可实证性和研究者之间的共识标准都是等价的，而共识标准的建立又依赖于承认集体意识中的共同规则，因为没有存在于集体意识中的共同规则，共识标准就建立不起来。所以从 Boas 到 Bloomfield、Harris 的描写、实证理论最终要导致同质化的语言观。

从 Saussure 的同质语言观看，抛弃言语、外部语言、历时因素以后，留下的是同质的语言系统，这样的系统才包含着集体意识中的语言规则，研究这样的规则，才可能在研究者之间达成共识标准。有了共识的标准，也就有了实证的条件。

所以 Saussure 和 Boas 开创的两种传统最终要导致下面一种相互蕴涵的关系：

同质语言观⟺集体意识中的规则⟺共识标准⟺实证方法。

实际上 Saussure 语言观的形成背景就蕴涵了实证主义方法论。一般认为，Saussure 有关语言是一种社会现象的观念深受法国学者 Durkheim 社会学理论的影响。Saussure（1916）经常提到的社会现象和集体意识的概念，也是由 Durkheim（1895）首先提出的。Saussure 认为语言存在于言语之上，和 Durkheim 认为集体意识存在于个人观念之上也有相似之处。而 Durkheim 就是 19 世纪实证主义的重要代表之一，所以 Saussure 和 Durkheim 的相似之处不是偶然的。

从 Saussure 的同质语言观出发，必然要经过集体意识中的规则、共识标准而达到实证方法。从 Boas 的实证方法出发，必然要经过共识标准、集体意识中的规则,走向同质语言观。所以 Saussure 语言观和 Boas 方法论最终要走向统一,这种统一就是同质化语言观和实证方法的统一。这正是同质化运动的核心内容。

回到中国结构语言学的问题上来。20 世纪中国语言学和西方语言学也同样面临同质化的问题,而且更具体。汉语尽管有传统的小学,但不属于严格意义上的语言学,所以在汉语中,单位、单位的范畴、结构关系等也不是既定的,必须从头做起。而汉语又是和印欧语不同类型的语言,最重要的差别就是没有形态标记,因此在提取单位和给单位归类上都不能充分利用印欧语和印第安语言研究的已有成果,更不能像美国结构语言学那样或明或暗地利用印欧语言中的条件:形态。于是一种描写的、实证的、抛开直觉和偏见的态度必然要提到日程上来,而且在对这种态度的要求上,中国语言学家比世界上其他任何学派都显得更迫切。所以,最先涉足分布理论的不是西方学者而是中国的陈承泽(1922)。这是中国结构语言学产生的内在的原因。由于美国以及欧洲结构语言学的迅速发展,而中国正在兴起的描写、实证精神正好和国际思潮吻合,于是中国结构语言学接受了美国结构语言学的实证精神,接受了美国结构语言学的操作方法,同时也将中国已经产生的一些结构语言学方法纳入了整个世界的结构语言学模式中,丰富了结构语言学理论。其中最重要的就是鉴定字、同形替代、扩展法、区别性分布、同一性的判定、结构关系的论证、音位归纳的相对性、音节的层次性、调位的独立性、本音和变音的区分等等。如果把结构语言学操作程序的核心归结为对比和分布(替换可以理解成对比的特殊情况),那么中国结构语言学对整个结构语言学理论的贡献主要体现在分布上,因为鉴定字、同形替代、扩展法、区别性分布、同一性的判定、结构关系的论证、音位归纳的相对性、音节的层次性、调位的独立性、本音和变音的区分等都直接或间接地和分布问题相关。

中国结构语言学既然采取了结构语言学态度,同时也就必然要坚持一种同质的语言观。这样中国结构语言学在方法论上就汇入了整个世界结构语言学的潮流中。它的得失也就是整个结构语言学的得失。它对待意义的态度和西方结构语言学也是相似的。这一点可以通过赵元任(1959,P50)对待意义的态度得到说明:

不过一用意义当语言里头分析的因子啊,就发生许多困难。因为你讲到意义,就是全宇宙所有的事物都在内了。你要是不把所有的科学、哲学、所有的人生的各种问题、语言所及所用得上的,都有了一定的系统啊,那么往往起头讨论语言的问题,不知不觉的就会引起了一大堆非语言的问题,常常会走到逻辑、哲学的问题,而不是语言问题的本身了。所以利用意义啊,在语言上,至少一直到现在,在语言学家工作的经验上,只有在很有限的条件之下可以用。其中比较最有办法的用意义的法子,就是只管意义的异同,不管什么意义。他们有一个名词叫"differential meaning"。你看这个词素跟那个词素是不是相同?如果不是同一个词素,就是意义有差别,所以词素的同不同,可以问这个意义的同与不同。可是一问到什么样的意义,怎么样的分类,那就是事物的分类,不是语言的分类了。

我们说同质语言观必然要导致描写和实证,描写和实证必然要导致同质语言观,两者殊途同归。正是这种同质化运动使结构语言学在半个多世纪中取得了重要进展,这种进展的根本原因就在于同质化运动使语言研究有了客观的、可实证的基础,使研究者在研究中把眼光放在存在于集体意识的语言规则上,研究者可以达成共识,可以有共同的参照标准。Chomsky 的转换生成语法在一定程度上也得益于这种同质化运动。Chomsky(1957)的古典理论之所以比较成功,并导致计算机科学中形式语言理论的产生,和 Chomsky 把古典理论的研究范围限制在纯形式范围内有一定的关系,因为形式部分比较容易同质化,比较容易实证。很多人文科学之所以被看成是前科学学科,很大程度上就是没有经历过同质化运动,研究者之间没有共同参照的评价标准,没有达成共识的途径,只好始终围绕着起点旋转。

同质化运动使结构语言学取得了一些比较硬的成果,很多相关的人文学科向结构语言学靠拢,在一定程度上是在模仿结构语言学的同质化运动。从这种角度看,这种同质化运动是结构语言学的优点,这一优点也正是后来其他很多学派所指责的缺点。在语言中,语音和语义都带有异质因素,尤其以语义的异质性最突出。语义的背后系联着整个文化,研究语义就涉及语言和文化的关系的研究,这一研究范围比传统语文学所预想的要大得多。Bloomfield 也看到了这一点,所以他认为语义研究不是语言学家的任务(Bloomfield,1933)。基于这种思想,结构语言学尽量把语义问题限制在"有没有意义""意义是否相同"的范围内,而不追问一个词的意义是什么。至于语用层面的问题,更不在语言研究的范围内。

不正面回答意义问题,是结构语言学同质化运动的核心。牺牲意义换来了可实证性,换来了研究的严密性,但却缩小了语言研究的范围。当代语言研究的一个重要趋势是语义的转向,因为词与词的组合不仅受语法关系的限制,也受语义关系的限制。配价语法、格语法、生成语义学、语义特征分析、语义指向分析、认知语法研究,都旨在描写单位间的语义关系及其规则。这些研究的重要意义在于,人们已经认识到很多语义关系是存在于集体意识中的语言规则,不应该把这些语义现象都说成是言语、外部现象。

语义关系的研究扩大了语言研究的范围,但同时也犯了结构语言学研究的大忌:缺乏可实证性。由于语义问题确实横跨了很多领域,语义范畴和语义关系的描写确实存在很多困难。在语义关系的研究中,一个动词有几价,有几个语义格,有多少语义特征,往往带有较大的任意性,不同的研究者分歧较大,很难达成共识。语用研究标准的随意性就更大。当然,并非结构语言学在操作上没有分歧,没有随意性,但结构语言学在研究中体现出的实证性毕竟比当代语义研究要强得多,比起语用研究来,实证性更强。转换生成语法的古典理论由于不考虑意义,那时内部统一程度很高,大家都集中精力研究形式语法理论,研究改写规则和转换规则的完备性问题和技术性问题,取得了很大进展。转换生成语法后来的标准理论和古典理论不同的根本点在于引入了意义。这也是生成语法内部后来发生分裂的根本原因。因为意义是异质的,涉及整个经验世界,经验有共同的,也有个人的,所以每个人的解释都可能不完全相同,这就面临着一个语言研究去向的选择问题:是坚持同质语言观,牺牲语义以换取实证性?还是转向异质语言观,牺牲可实证性以换取意义研究的广度和深度?

没有可实证性的科学是很难取得学术进展的。坚持实证性的真正目的是在研究者之间取得共同的评价标准。根据词的语法功能而不是词的意义来划分词类,就是因为词的语法功能(严格地说是分布)更在研究者之间达成共同的评价标准。从意义出发,"战争"是动词还是名词在不同的研究者之间会有很大的分歧;从语法功能出发,不同的学者都承认"战争"不能受"不"修饰。尽管经过几代分析哲学家和科学哲学家的努力,特别是经过 Quine、Popper、Kuhn 等的努力,已经证明绝对可实证性是不可能的。科学研究和学术研究在一定程度上必须依靠假说,但一般的实证标准和可检验标准是需要坚持的,否则研究者根本不可能达成共识,不可能形成共同遵守的评判标准。正是在这一意义上,Quine 也承认通过假设推导出的结果应该是可检验的。Chomsky 后期的理论由于缺少材料的可实证性,已经受到广泛的批评。

正是在遵守起码的可实证性这一意义上,结构语言学的同质化运动和实证运动并没有失去它的价值。其根本价值就在于找到存在于集体意识中的语言规则。我们可以把这种规则称为语言的秩。语言是一种有秩系统,但是这种秩的范围不应该像 Saussure 确定同质范围那样通过语言和言语、内部和外部、共时和历时的划分预先规定,而应该通过研究获得。在获得秩的研究过程中,Saussure 预先规定的对立范畴应该淡化,才有可能最大限度地获得语言的秩,这就意味着我们需要把语义等异质因素纳入视野,不过我们每往语义域中深入一步,都应该以可实证性为条件,而不是放宽可实证性。因此,在选择可实证性和语义研究时,满意的答案应该是不牺牲任何一方,这样的语义研究才能取得扎实的成果。这正是结构语言学同质化运动在今后的研究中最有价值的地方,也正是在后来的语言研究中结构语言学应当占有一席之地的重要理由。

前面我们说中国结构语言学对结构语言学理论认识最深的是分布。可能正是对分布理论的充分认识,在 20 世纪 50 年代末 60 年代初的语言理论大转向中,中国和美国开始分道扬镳,美国开始走向转换生成语言学的道路,中国则仍然在结构语言学框架中工作。美国的转换生成语法 60 年代末开始深入语义组合关系,中国在"文化大革命"后也开始讨论语义组合关系,同时暗中引入了一些转换生成语法或其他学派的概念,但仍然是在结构语言学框架中工作,并且把分布扩展到了对语义组合的分析。于是在 20 世纪后 20 年中,就研究印欧语和汉藏语这两个超级语系的学术群体看,共时语言研究形成了两大阵营,即以印欧语为中心的转换生成语法研究和以汉藏语为中心的结构语言学研究,其他学派,无论从语种的重要性和研究队伍的数量看,都不能和这两大学术群体相比。可以说,中国结构语言学走上了独立的道路。我们将在后面的"异质语言研究"中讨论这以后的方法论进展情况。

3. 基于语文学的汉语历时研究

中国的历史语言研究有悠久的传统，并且大多是在语文学的范围内展开的，即侧重依据文献资料来研究语言文字，通常被称之为"小学"。到 20 世纪初，传统小学已经达到了很高的水平，尤其是以历史音系研究为对象的音韵学成就最大，在方法论上最为系统。

传统音韵学完成了音类的分类工作，但是这些音类的音值怎样，仅仅靠音类的研究得不出结论。没有音值的构拟，就不能充分认识音类的聚合关系和组合关系，就不能把古代音类和现代汉语诸方言的演变联系起来，说明不了语音的实际变化机制。在汉语音韵学高度发展的背景下，构拟古音已经有了条件和动力。段玉裁晚年已经流露出这种愿望，他在给江有诰的一封信中说：

> （足下）能确知所以支、脂、之分为三之本源乎？……仆老耄，倘得闻而死，岂非大幸也？（《答江晋三论韵》）

20 世纪的中国历史语言研究从古音构拟的角度看正是紧接着段玉裁的这种愿望开始的。

20 世纪初中国历史语言学最重要的方法论转变就是历史比较语言学在中国的兴起。但是中国的历史比较语言学一开始就和印欧历史比较研究有所不同。印欧历史比较语言学通常分三步：

1. 首先比较不同的语言，根据词或形态的语音对应确定同源词和同源关系。
2. 根据语音演变的规律确定音类历史年代。
3. 在同源词的基础上构拟原始语言。

第一步是很重要的一步，需要确定语义相关的词在语音上的关系，确定语法意义相关的形态在语音上的关系。但是什么叫语义相关？在操作的时候并不是很容易把握的。不过在汉语方言之间，确定语素的同源关系这一步却并不太困难，因为汉语是语素音节文字（裘锡圭，1988，P18），利用汉字就能基本解决语义相关的问题，不同方言中相同的汉字通常就是同源字。所以尽管汉语方言之间的差异有时大于印欧语系语言之间的差异,但方言之间的同源字却比较容易断定。

至于第二步,由于汉语有丰富的韵书,这些韵书成书的年代往往就显示了音类的年代,音类年代先后的问题也就没有提到日程上来。所以当西方19世纪印欧历史比较语言学的方法论引入中国时,前两个步骤被超越了,直接进入了第三个步骤,即古音的构拟。后面我们会看到,当问题研究到一定深度时,还要追问前两个步骤。

Karlgren从《切韵》的反切出发,通过系联法来确定中古汉语音类,这也是中国传统小学的方法,Karlgren从方法论角度给反切系联方法以很高的地位。他随后根据境内方言和域外方言(日译汉音、日译吴音、高丽译音、安南译音)的音值来构拟中古音,这是历史比较法的思路。因此,Karlgren重建汉语中古音的方法是一种语文学和历史比较法相结合的方法。这种结合是方法论上的一个进步。不过这种结合是有偏向的,语文学是中心。Karlgren的《中国音韵学研究》用"音韵学"(phonologie)一词而不用"比较语言学"(comparativism)一词,可能不是巧合。

语文学方法是在传统音韵学的名义下完善和发展起来的,它的音韵研究是通过文献来考订古代音系。考订古音的另一条思路是从现代方言或亲属语言往上推,这是正宗的历史比较法。自从历史比较法进入中国以来,构拟受到了高度重视。人们往往以为语文学的方法不重视构拟,实际上语文学的方法和历史比较语言学的区别不仅仅体现在是否重视构拟,更重要的区别在于从什么语言材料出发来考订或重建古代语音系统。语文学方法主要通过文献来考订古代音系,不太关心现代方言或亲属语言的面貌,认为在文献中对立的音类就一定是对立的音类,至于文献中不对立而某方言中对立的音类,一般都不作为重要现象考虑。历史比较法正好相反,主要通过现代方言或亲属语言来考订和重建古代音系,认为现代方言或亲属语言中对立的音类在古代也一定对立,现代音值一定要在所构拟的古代语言中体现出来。而古代文献中所体现出的对立面貌,只处于被解释的地位。根据这种方法,构拟出来的音系必须考虑方言中存在的各种语音对立和音值。换个角度看,方言中存在的各种语音对立和音值都必须在构拟的音系中得到反映。Karlgren的中古音研究不是这样做的,因为他是通过《广韵》的反切来确定中古音类系统,而中国现代境内和境外的方言只被用来解释这些音类,用来给这些音类填补音值。正是考虑到这一点,我们说 Karlgren 考订古音的方法从根本上看是以语文学为中心的方法,历史比较法只作为补充。

在这样一种方法论的背景下,直到 20 世纪 70 年代,汉语历史比较语言学主要是沿着两个方向展开的:一是在 Karlgren 的基础上继续通过各种韵书中的反切考订音类在历史上的分合;一是对方言进行充分的描写,以便为古代音类确定最佳音值。

在方言描写方面,有代表性的有赵元任《现代吴语研究》(1928)、罗常培《厦门音系》(1930)、赵元任《钟祥方言记》(1939)、罗常培《临川音系》(1940)、赵元任和丁声树等《湖北方言调查报告》(1948)、袁家骅等《汉语方言概要》(1960)、杨时逢《云南方言调查报告》(1969)、杨时逢《四川方言调查报告》(1984)等,这些方言描写著作促进了描写语言学在中国广泛深入的展开,并成为现代方言描写的典范。

在考订古代音类方面,研究相当活跃。语文学中心论使得语文学的研究方法在汉语的历时研究中得到了深入发展,包括系联法、对音方法、谐声法和内部拟测法。

3.1 系联法

怎样确定《切韵》的音系是 Karlgren 要解决的第一个问题。这个问题的难点就在于汉字不是拼音文字,所以印欧传统中以字母为本的语文学方法不能解决这个问题。

传统等韵学在分析《切韵》的语言系统上做了很多工作,但等韵学主要注重对声母和韵母进行音值上的分析。至于这些声母和韵母是怎么来的,怎样获得《切韵》的音类,等韵学没有从方法论上解决问题。更一般地说,怎样获得一部韵书或字书的音类,等韵学没有提出一个操作方法。

清代音韵学家陈澧在《〈切韵〉考》中首先创立了反切系联法,解决了提取《切韵》音类的方法论问题。陈澧提出了两条原则:

1. 凡是反切用字同用、互用、递用的,必属同类。
2. 实际同类而不能直接系联,可以由别的字推求同类。

第一个原则是最根本的,具体地说有:

同用	冬,都宗切	当,都郎切	冬、当同声母
互用	当,都郎切	都,当孤切	都、当同声母
递用	冬,都宗切	都,当孤切	冬、都、当同声母

从现代研究水平看,系联法是系统考订古音音类的自足方法,但是直到Karlgren以前很长一段时间里,系联法在方法论上的价值没有得到充分的重视。尤其是西方的汉学家,广泛依靠等韵学中的"韵"和"母"的观念来确定字音,没有真正提取到《切韵》的音类和音系。1915 年,Karlgren 在他的博士学位论文中,系统运用历史比较法,全面展开了古汉语音韵系统的构拟。1926 年,Karlgren 在博士论文的基础上,积 10 年之功,完成了《中国音韵学研究》,在方法论上产生了重要影响。Karlgren 1915 年的工作已经包括《中国音韵学研究》的两个最重要的部分,即《中国音韵学研究》第一卷的《古代汉语》和第二卷的《现代方言的描写语音学》。Karlgren 先根据《广韵》中的反切和古代韵图确定汉字的音类,然后根据方言和对音来确定音值。Karlgren 看到了陈澧系联法的价值,从方法论上论证了反切对于提取音类、获得音系的重要价值。Karlgren(高本汉,1915)认为:

> 这两种材料——反切跟韵表——在外国人研究汉学的书里所有的研究已经够使大家都知道是怎么一回事了。但是我相信直到现在还有人犯着太把它们混而不分的错误。从方法上看,这两样东西中间有一个根本不同之处,必须细心分辨。反切的方法是关于各字音本身的方法,它只讲单个的字,就是把每个字所由成的音素整个的说出来。至于讲到"韵"跟"母"的系统的方法,那就刚刚相反了;它们是一种概括的,实用的,分类的方法。这种分类系统演变的结果就生出各种韵表来。"母"跟"韵"并不是声母韵母的意思,因为它们不能就把一个字的读音全部表示出来。必须看这个字在表里的地位,才可以看出它整个的"音"。

> 这一点很容易证明。在一部按"韵"跟"母"(见等)排列的字典里,如《五音集韵》,单凭这些"韵"跟"母",就没法子可以决定一个字的声母是否[j]化,韵母是开口还是合口(就是说:复合元音用不用 u 作第一个成素),或者有没有 i 介音(就是说复合元音用不用 i 作第一个成素)。诸如此类必得看字在韵表里的地位(在第几表,第几等)才能决定。但是由反切的方法就可

以无疑的解决这些问题。在反切里,比如纯粹的 k 就用古字切;j 化的 k 就用居字切(这两个字都属见母)。(P15—16)

但是最重要的,就是一直到现在还被赞成韵表的汉学家所忽略的反切,实际上却有语言学上的价值,可以跟他们那些人归给韵表的价值相等。我现在预备贡献出这些个新结果,大部分是根据反切来的。这个很好的材料到现在除去很少的例外(只有在 Edkins 跟在 Maspero 的 Phon Ann 的很少一部分)都是大家看不起的。(P17)

反切和反切系联法在方法论上的重要价值正是通过 Karlgren 的阐述而明确起来的。Karlgren 不仅通过反切提取音类和音系,而且将《广韵》的反切所反映出的韵部和《切韵》的 193 韵比较,论证了《广韵》和《切韵》同音系。后来曾运乾《〈切韵〉五声五十一纽考》(1927.1)、严学宭《大徐本说文反切的音系》(1936)、陆志韦《证广韵五十一声类》(1939a)、严学宭《小徐本说文反切之音系》(1943),都主要借助反切系联法展开音系研究。系联法后来被广泛用于考订不同时代韵书、字书的音系,成为语文学中提取音类和音系的经典方法。

3.2 对音与古音构拟

通过语文学的方法即系联法提取了《切韵》的音类和音系后,就需要给这些音类一个确定的音值,这就是《切韵》音系的构拟。在构拟古音的方式上,汉语和印欧语也有所不同。印欧语基本上是在现代语言的语音对应规律的基础上来构拟原始形式的。汉语不仅有丰富的方言材料,由于和周边国家的语言有广泛深入的接触,还有丰富的对音材料,如高丽、日本、安南的汉语译音材料和梵汉对音材料等。这使汉语古音的构拟一开始就在现代方言和借词两个向度上同时展开,借词在构拟古音上的价值从方法论上得到了充分的讨论。

构拟工作可以追溯到 19 世纪初。英国学者 Marshman(1808)讨论了宋人三十六字母和梵文字母、暹罗文字母、缅文字母、藏文字母的关系。英国牧师 Edkins,J.(1853;1857)根据上海方言断定中古音有送气清音、不送气清音和浊音的对立。意大利学者 Volpicelli,Z.(1896)则从两个向度上展开构拟工作,即同时参考广州、客家、温州、福州、宁波、北京、汉口、扬州、四川等方言和高丽、日本、安南译音材料及梵汉对音材料,考订中古三十六字母的音值。Schaank

(1900)则从中国古代的韵图入手构拟古音。

比较系统的构拟工作是由西方学者 Maspero(1912;1920)、Karlgren(1915)和中国学者汪荣宝(1923)分头展开的,最重要的是 Karlgren 所做的工作。Maspero 在《安南语音史研究》(Études sur la Phonetique Historique de la Langue Annamite, 1912)和《唐代长安方音》(Le Dialecte de Tch'ang-ngan sous les T'ang, 1920)中研究了越南语中的汉字读音,讨论了唐代的汉语读音和历史音变,除了利用越南语中的汉借词,还利用了藏汉对音和日译汉音。Maspero 在方法论上一个重要的原则是根据对音的对立来确定拟音的对立。比如:

古声母	拟音	汉越语	日语	藏语
娘母	*nj	n	d	n
日母	*n̠	n̠	z	n̠

Maspero 由此断定"娘"和"日"两母不同。Maspero 的构拟在方法论上符合对立原则。但直到 Maspero,构拟工作都不系统,往往是根据有限的材料零星地构拟一些声母或韵母,构拟整个古汉语音韵系统的工作并没有展开。而且在构拟过程中,多利用对音、借词的材料,没有充分利用汉语方言的材料。Karlgren《中国音韵学研究》(高本汉,1915—1926)全面展开了构拟工作。Karlgren 所利用的汉语方言数量大大超过了此前学者在拟测古音时所利用的方言数量,这些方言点包括:广州、客家、汕头、福州、温州、上海、北京、开封、怀庆、归化、大同、太原、兴县、太谷、凤台、文水、兰州、平凉、西安、三水、四川、南京。这些方言点基本覆盖了现代汉语的大部分重要方言。Karlgren 选材也比较谨慎,大部分方言点都经过自己的调查。

Karlgren 的构拟体系成了当时最重要的参照系,围绕这一参照系的讨论,深化了汉语历史比较语言学的方法。

Karlgren 理解的对音可以概括为 A、B 两类,A 类对音材料包括日译吴音、日译汉音、高丽译音和安南译音。Karlgren 把这些语言称为域外方言,因此 Karlgren 对中古汉语的构拟方法是有选择的。

Karlgren 的 B 类对音材料,包括外国语言里翻译中国字的对音跟中国语言里翻译外国字的对音(例如汉文献中对译梵文的字,尤其是中亚和西亚语言的

字)。Karlgren 对 B 类对音材料持有保留态度①,他认为(高本汉,1915,P15):

> 第一类材料(对音)自然在将来可以给很有趣的结果。不过我们对于这一类材料得要当心一点。因为各民族要迁就自己语言的读音习惯,对于外来的借字都有曲改读音的倾向,甚至改的认都认不出来了,所以有时简直连相近的音值都不一定找得到了。

对音到底能不能作为构拟古音的证据? 20 世纪 20 年代对这个问题进行了一场大的辩论。1923 年,《国学季刊》第 1 卷第 1 号上发表了俄国学者钢和泰(A. Stael-Holstein)的《音译梵书与中国古音》,肯定了对音在古音构拟中的重要价值,尤其强调梵文的密咒(Mantras)译音的价值。钢和泰认为梵文的密咒很重要,实际上就是因为密咒在翻译时更注重语音上的相似。同年,汪荣宝在钢和泰的基础上,在《国学季刊》第 1 卷第 2 号上发表了《歌戈鱼虞模古读考》,专门就对音材料讨论几个韵的构拟,问题集中,方法论倾向很明显。对音在古音构拟中的价值成为争论的焦点。汪荣宝认为汉语的 a 元音是汉语固有的,不是像传统所说的那样来自西域。他根据魏晋六朝的梵汉对音、日译汉音等材料,认为:

> 同一语音,而在宋齐以后用歌戈韵字译对者,在魏晋以上多用鱼虞模韵字为之;因恍然于汉魏时代之鱼虞模即唐宋以上之歌戈麻,亦皆收 a 而非收 u、ü 者也。

他根据对音材料得出的结论是:

> 唐宋以上,凡歌戈韵之字皆读 a 音,不读 o 音;魏晋以上,凡鱼虞模韵之字亦皆读 a 音,不读 u 音或 ü 音也。

根据对音材料构拟古音的方法论基础是借词在语音上的相似性。下面我们在现代语言学的基础上再对汪荣宝的分析方法做一些分析。根据汪荣宝的方法可以在梵汉对音中找到如下实例:

梵语	汉译	韵部	出处
agada	阿伽陀	阿、陀:歌韵开口	《华严经》
amita	阿弥陀	同上	《西域记》
karpūra	羯布罗	罗:歌韵开口	《西域记》
tāla	多罗	多、罗:歌韵开口	《西域记》

---

① Karlgren 所说的对音仅限于梵汉对音,后来的中国学者把 Karlgren 的日译汉音、日语吴音、高丽译音、安南译音等境外音译都作为对音。

panasa	婆那①裟	婆:戈韵合口;那:歌韵开口	《隋书·真腊传》
pāramita	波罗密多	波:戈韵合口;多、罗:歌韵开口	《隋书·真腊传》
śita	尸多,尸陀	多、陀:歌韵开口	《西域记》
Tukhāra	吐火罗,睹货逻	火:果韵合口,即戈韵上声;货:过韵合口,即戈韵去声;逻:歌韵开口	地名译音

这样的对音材料还可以找出很多。"歌"韵都是开口字,"戈"韵都是合口字(除了"茄")。如果不计声调,从等韵的角度看,以上要讨论的字都是果摄的字。汪荣宝实际上是在断言,果摄的字都读 ā 或 a。Karlgren 果摄字构拟成 ɑ,其实主要参考的也是对音材料,即他所谓的"域外方言",而不是汉语方言,因为从汉语方言看,果摄的字大都读 o、ə 或相当的韵,很少有读 ɑ 的韵。以"歌"两字为例:

北京	歌	kɤ¹
济南	歌	kɤ¹
西安	歌	kɤ¹
太原	歌	kɤ¹
武汉	歌	ko¹
成都	歌	ko¹
合肥	歌	ku¹
扬州	歌	kɤɯ¹
苏州	歌	kəu¹
温州	歌	ku¹
长沙	歌	ko¹
双峰	歌	ku¹
南昌	歌	kɔ¹
梅县	歌	kɔ¹
广州	歌	kɔ¹
阳江	歌	kɔ¹
厦门	歌	ko¹[文]
厦门	歌	kua¹[白]
潮州	歌	ko¹[文]
潮州	歌	kua¹[白]
福州	歌	kɔ¹
建瓯	歌	kɔ¹
温州	歌	ko¹[旧]

而高丽、汉音、吴音、安南音都是 a 韵,这不是偶然的,说明对音材料确实有值得参考的地方。

---

① "那",《广韵》有三个反切,这里指"诺何切"的"那"。

3. 基于语文学的汉语历时研究

但是对音也存在问题。最熟悉的例子是 buddha 被翻译成"佛陀、佛驮、浮图",分别用"陀、驮、图"对译 dha。陀:歌韵开口;驮:个韵开口;图:模韵合口。"陀、驮"属于果摄,而"图"属于遇摄,这是否意味着果摄和遇摄都读 a 韵。汪荣宝《歌戈鱼虞模古读考》就是这种观点。

如果梵语字母的 a 在梵汉对音时读的是[a],梵汉对音大约能说明汉语当时的"歌、戈"韵读[a]音。这一推断在日语的 a 段假名中可以进一步得到证实。日语在输入汉字以前是没有文字的,大约在公元 4—5 世纪开始输入汉字(经朝鲜半岛传入),后来日本人在汉字的基础上创造假名这种音节文字。造字的原则是把几十个汉语中简单而又常用的字简化改造成音节字母,这些汉字和日语相应的音节读音相当。根据草书改造的假名称为平假名,根据楷书偏旁改造的假名称为片假名。现在我们来分析 a 段假名的情况:

平假名	草书汉字	音韵地位	片假名	楷书汉字	造字方式	音韵地位
あ	安	影寒开一平山	ア	阿	左偏旁	影歌开一平果
か	加	见麻开二平假	カ	加	左偏旁	见麻开二平假
さ	左	精哿开一上果	サ	散	前三画	心旱开一上山;又心翰开一去山
た	太	透泰开一去蟹	タ	多	前三画	端歌开一平果
な	奈	泥泰开一去蟹	ナ	奈	前两画	泥泰开一去蟹
は	波	帮戈合一平果	ハ	八	"八"的草体	帮黠开二入山
ま	末	明末合一入山	マ	万	"万"的草体	明愿合三去山
や	也	余马开三上假	ヤ	也	"也"的略笔	余马开三上假
ら	良	来阳开三平宕	ラ	良	前两画	来阳开三平宕
わ	和	匣戈合一平果	ワ	和	左偏旁的近似	匣戈合一平果

日语中 a 段假名大多数都是用果摄字和假摄字改造来的,可以更进一步证明梵汉对音的结论。

当然,日汉对音也存在问题。比如上面 a 段假名也有用蟹摄、宕摄、山摄字改造来的,是否由此就得出结论说,汉语蟹、宕、山摄的字当时也是没有韵尾的 a 韵字。要证明这一点是很困难的。这说明 Karlgren 早期对对音材料的顾虑,尤其是对梵汉对音材料的顾虑,有一定道理(高本汉,1915,P15)。

和方言材料比较起来,对音材料有时确实不如方言材料严格。比如汪荣宝在《歌戈鱼虞模古读考》中没有讨论对音中长短音的区别问题,后来认为"歌戈鱼虞模"应该是长音。但从上面的梵汉对音例子看,对译短音的例子也是有的。正是这个原因,有人不仅反对梵汉对音,甚至对日译汉音、日译吴音、高丽译音、安南译音也持否定态度,也就是完全反对用对音材料来构拟古音。章太炎(1924)认为"内典译音,自隋唐以上,皆略取相似,不求谐切"。谈到汉译吴音、汉音,章氏认为"盖辗转侏离,尽失故读矣","或欲据此倒证中土唐音,甚谬。"徐震(1924)认为汉语有方言的差别,不同地方的人翻译佛经就会有区别。汪荣宝(1925)则认为:

> 自隋以上,繙经诸师……皆印度人也,以彼生长西土,研深梵夹,于己国语音,无容审之不确,及乎久居中国,通晓华言,又与此土诸僧,相共讲习,观其文词之美,可以悟其语学之优,译音细事,稍识文字者能之,何至兼精华梵若彼,不求谐切若此?太炎徒见旧译诸名,唐贤率訾为音讹而改之,遂谓"繙"译之事,前疏而后密,余则以为前后译音之歧,皆古今音异同,吾人正可据以考见历代声韵流变之迹,而绝不能以时世之古近判译事之长短也。

不过汪荣宝的回答还不能消解反对派的疑难。对音材料的弱点是从方言材料的比较中显露出来的。关键在于,方言读音是按照语音规律变化的,而对音材料却涉及几个问题:

1. 佛经翻译者所用的汉语是什么方言,经书原文所使用的语言是什么?
2. 翻译的准确年代如何确定?
3. 在翻译佛经时,梵语的字母 a 是否就一定读[a]?
4. 日语的あ段假名あ、か、さ、た、な、は、ま、や、ら、わ,现在都是 a 韵母,在造字的时候是否也是 a 韵母?
5. 翻译者本人有什么翻译习惯?

前两个问题主要是材料的准确性问题。汪荣宝曾在这个问题上受到批评,尤其是对原文所使用的语言出处没有完全弄清。根据季羡林(1956.1)的研究,隋唐以前,"汉文里的印度文借字都不是直接从梵文译过来的,而是经过中亚古代语言,特别是吐火罗语的媒介"。从对音材料的时间看,上述间接的梵文对音以及日译吴音都在魏晋南北朝时代,而日译汉音在隋唐,因此这些对音材料不能直接作为先秦两汉或上古汉语的构拟证据。由于存在这两个材料上的问题,汪荣宝(1923)关于"魏晋以上,凡鱼虞模韵之字亦皆读 ɑ 音,不读 u 音或 ü 音"的论证并不充分。而"歌、戈"读 a 的结论,就汪荣宝的材料看,只能上推到魏晋南北朝。至于上古也读 a,不是汪荣宝的材料本身能证明的。今天我们一般都承认"歌、戈"在上古读 a,是因为该韵正好从上古到魏晋六朝变化不大。

材料的问题可以通过严格控制材料而得到解决。上面列出的对音方法所碰到的五个问题中,后三个问题是方法论本身的问题。章太炎、徐震对汪荣宝的批评也是围绕方法论展开的,但涉及的是第五个问题,没有谈到原文字母本身在当时的读音问题,即没有涉及第三、第四个问题。其实这两个问题是对音方法遇到的最复杂的问题。如果说梵文的字母 a 是拼音文字,我们就断定当时读[a],这并没有解决问题的实质。拼音文字大体能反映读音,但也不是绝对的,就像英语字母 a,有[ə]、[ei]和[æ]等不同的读音。所谓的"拼音文字大体能反映读音"是一个相对概念。我们之所以能断定梵文的 a 读[a],主要因为梵文的 a 和其他印欧语的 a 对应,而其他印欧语的 a 大多读[a]或与[a]相近的音。至于日语造字时代的 a 假名,我们就不能断定其读音了。

当然,运用对音材料在方法上遇到的问题并不能否认对音材料在构拟古音上所具有的价值。从对对音材料的讨论看,当时人们对对音材料的可利用理由还不是很清楚。我们认为,只要遵守对音的音值共同性原则和对音的系统对立原则,对音构拟古音就比较可靠。对音的音值共同性原则在林语堂(1924)的研究中已经涉及,只是理论基础还不够明确:

> 倘是日译高译、梵译及安南音歌韵俱读 a,证据相符,我们总不能不承认 a 音为歌韵正读,非出于传讹的了。

音值共同性原则从根本上看依赖一个概率基础,如果很多对音材料都把汉语的某个韵对译成某个音,那么当时汉语该韵的读音很可能是这个音。拿"歌"韵字来说:

	歌	罗	多	左
梵汉对音①		la	tā	
高丽	ka	na	ta	tɕa
汉音	ka	ra	ta	sa
吴音	ka	ra	ta	sa
安南	ka	la	ɖa	ta

加上梵语"歌"韵字也读 a,这时我们断定"歌"韵读 a 的概率是很高的。当然,不排除"歌"韵字当时读的是另一个音,对音也按照这个音对译,后来所有的对音语言的译音都演变成 a 了。从概率上讲,这种可能性是很小的。所以,"歌戈"韵读

---

① 对译成"歌、左"的字此处暂缺。

ɑ在中古音的研究中已经基本成为定论。

汪荣宝关于"鱼虞模"也读 a 的结论之所以需要进一步讨论,除了我们前面讲的材料问题外,最主要的问题是因为不满足对音的音值共同性原则。比如:

	居(鱼)	愚(虞)	吾(模)
高丽译音	kə	u	o
日译汉音	kio	gu	ŋo
日译吴音	ko	go	gu
安南译音	kɯ	ŋu	ŋo

"鱼虞模"在四种对音的音值上并不相同,并且没有 a 的痕迹,这时仅仅根据梵汉对音确定"魏晋以上,凡鱼虞模韵之字亦皆读 ɑ 音,不读 u 或 ü 音",就缺乏足够的证据。

只要能够坚持对音的音值共同性原则,对音在构拟古音上就有重要的方法论价值。这不仅在于大量的共同音值材料可以给我们构拟古音提供重要的证据,而且在于对音材料中成系统的对立可以帮助我们分析和确定音类的对立。这里的理据就是对音系统对立原则,这一原则的理论基础可以得到语言接触机制的支持。在语言接触中,如果施借语言中不存在对立的音,受借语言中也不会有对立,除非借贷是在不同的时间或空间发生(陈保亚,1994)。根据对音系统对立原则,《切韵》中的好些对立可以得到确认。比如《切韵》中喻母是分成喻三和喻四两类的,现代汉语方言基本上已经没有这种对立了,以"于""逾"两字为例:

	于(喻三)	逾(喻四)
北京	y^2	y^5
济南	y^2	y^5
西安	y^2	y^5
太原	y^1	y^5
武汉	y^2	y^5
成都	y^2	y^5
合肥	y^2	y^5
扬州	y^2	y^5
苏州	jy^2	jy^6
温州	vu^2	vu^5
长沙	y^2	y^5
双峰	y^2	y^6
南昌	y^5	y^6
梅县	i^1	i^5

广州	jy¹	jy⁶
阳江	ji¹	ji⁶
福州	y¹	y⁶
建瓯	y³	y⁶
厦门	u²	lu⁶
潮州	i¹	zu⁴

除了最后厦门、潮州两个方言点，喻三和喻四的对立已经消失了。厦门、潮州之所以还保存这种对立，大概是因为这两个方言点的对立不是由《切韵》发展出来的。后面我们还会讨论这个问题。如果不考虑厦门和潮州，可以说，从《切韵》发展出来的现代方言中，喻三和喻四的对立都消失了。仅仅根据汉语方言我们不可能验证在《切韵》时代有喻三和喻四的对立。而高丽译音、日译汉音、日译吴音、安南译音能验证这种对立，安南译音中喻三和喻四的对立体现在声母上，高丽译音、日译汉音、日译吴音中喻三和喻四的对立体现在韵母上（高本汉，1915，P677）：

	于(喻三)	逾(喻四)
高丽译音	u	iu
日译汉音	u	iu
日译吴音	uo	iu
安南译音	vu	zu

根据朴庆松(1998)的研究以及我们对韩国学生所做的补充调查，在韩国汉字音里，喻三的字有 u 介音，喻四的字有 i 介音，规律非常严格，二者的对立是非常明确的。我们这里列出几个可以构成对立的例子：

	喻三	例字	喻四	例字
遇合三虞	u	于雨孟宇羽芋	iu	榆逾愉愈喻裕
流开三尤	u	尤邮友又右	iu	由油游犹酉柚

这些字在韩国汉字音中的对立正好和《切韵》音系的喻三和喻四对立一致，不太可能是接触的时空层次造成的。因此，从这些对音材料基本上可以肯定喻三和喻四在《切韵》音系中是对立的。

对音可以解决好些中古音系中的重要问题。陈澧在《〈切韵〉考》中用系联法考订《切韵》的声类和韵类时，发现三等韵中的"支、脂、祭、宵、真、谆、仙、侵、盐"等韵的字，在唇牙喉音声类的条件下有两套反切下字。韵图是把这些字分别排在三、四等中的，这就是重纽问题。重纽的存在是各家对《切韵》韵类数量产生分歧的主要原因之一。承认重纽的对立，分的韵类就多；无视重纽的对立，分的韵类就少。这个问题一直没有得到很好的解释。从对音材料看,重组在高丽译音、日译吴音中都有比较系统的对立,这不是偶然的,可进一步证实重组确实是音类的对立。董同龢(1948)就是利用高丽译音论证重组在主要元音上有差异。

对音对于认识三等韵和四等韵的对立也有重要价值。根据韵图的材料,祭和齐、仙和先、宵和萧、盐和添分别是三等和四等的区别。《广韵》中这些韵的反切下字也是各自分开的,但这些分别在现代主要方言中都看不出来了,而在高丽译音中,这两类韵的字有分别,比如先添韵(四等)的译音均有韵头 i,仙盐韵(三等)的译音有的有 i,有的没有。这就证明这两类韵在古代确实有对立。Karlgren(高本汉,1915)也正是根据这一点,并参考《切韵》中三等字的反切和一、二、四等字的反切的对立,把《切韵》三等韵的介音构拟成辅音性的ǐ,而把四等韵的介音构拟成元音性的i。尽管所构拟的具体音值有争议,但所构拟的对立是没有疑问的。当然这种对立以及前面谈到的重组的对立不一定在《切韵》时代还存在,可能是《切韵》以前存在的对立,《切韵》的反切保留了这种对立。

从这里我们可以看出对音研究在方法论上的又一个重要意义:系统而整齐的对音材料不仅可以构拟音值,对音材料中系统而整齐的对立还可以恢复原始语言中音类的对立。如果原始汉语中某种对立在文献和现代方言中都消失了,而在对音材料中还成系统地保留着,我们就可以根据这种对立恢复原始汉语中的该项对立。由此又可以引申出另一个方法论的结论:原始语言的对立项可以从三方面得到重建,一是现代方言或亲属语言中的对立项,二是文献中的对立项,三是对音材料中的对立项。

19世纪的历史比较语言学由于不具备大量对音材料的条件,因此对对音材料在方法论上的价值没有展开充分讨论。20世纪20年代中国关于对音价值的争论加深了我们对这方面的认识。

后来的学者也正是因为利用了对音材料,取得了一些重要成果。罗常培《知彻澄娘音值考》(1931b)参考梵汉对音订正了 Karlgren 对知彻澄娘的拟音。罗常培《唐五代西北方音》(1933)利用汉藏对音材料系统地考证了我国唐五代西北方音。陆志韦《古音说略》(1947)、李荣《〈切韵〉音系》(1956)根据梵汉对音证明了《切韵》的浊声母不送气。俞敏《后汉三国梵汉对音谱》(1984)根据梵汉对音考证出后汉三国声韵系统。李荣《〈切韵〉音系》(1956)、尉迟治平《周、隋长安方音初探》(1982)、施向东(1983)论证《切韵》四等没有 i 介音,都利用了梵汉对音材料。王静如《西夏文汉藏译音释略》(1930)和《西夏研究》(3辑,1932—1933)也从对音入手,对西夏语的语音系统做了深入的描写。张清常《古音无轻唇舌上八纽再证》(1980.1)通过朝鲜、日本、越南语中的古汉字读音以及汉语方言中保留的古代读音,补证了钱大昕古无轻唇音、古无舌上音之说。

3.3 谐声原则

以 Karlgren 为代表的汉语历史语言学是一种以语文学为中心的历史语言学,不仅表现在通过反切、韵图等语文材料来考订《切韵》的音类,分析音系,还表现在构拟上古音时,仍然以文献材料为中心。

先来看 Karlgren 怎样确定上古的音类。正宗的历史比较法是通过方言或亲属语言的比较来重建古音或史前原始母语,Karlgren 没有走这条路,而是在他所构拟的《切韵》音系的基础上,继续用语文学的方法往上推。Karlgren 考订上古音系的根本原则是谐声原则,这是 Karlgren 再次向传统小学寻找方法。

谐声原则最早由清代学者段玉裁提出。在段玉裁以前,从陈第直到戴震,传统古音学主要是通过《诗经》的押韵来确定上古的韵部,但对于不出现在韵脚中的字,其归属就无法断定。段玉裁系统地把谐声偏旁(声符)分类,发现同一偏旁的字在古韵里同属一部,即谐声字所表现出来的系统与《诗经》押韵的系统基本相符,个别有差异的地方,反映了谐声系统可能比押韵系统更古老一些,于是段玉裁提出了"同声必同部"的原则。这就解决了不在韵脚中出现的字的韵部归属问题。这是古音学方法论的重要转折。

但是段玉裁"同声必同部"的谐声原则只能提取韵部,至于韵母、声母这样一些音类,段玉裁的谐声原则还没有涉及。到 Karlgren 时代,上古声母研究主要有钱大昕的"古无轻唇音""古音舌头舌上不分",章太炎的"古音娘日二纽归泥说",黄侃的"照二归精"等学说,但由于在方法上依据的主要是谐声偏旁、声训、读若、异文、异切等零散证据,不够系统,没有建立一条类似段玉裁提取古韵部那样的原则,所以不能提取所有的声母。

Karlgren 在《中日汉字分析词典》(1923)中把段玉裁归纳韵部的谐声原则扩展到了声母。Karlgren 注意到了谐声字之间在声母上的联系,并把它们分成 A、B、C、D 四类。可以把 Karlgren 的思路归纳如下:

类别	主谐字		被谐字		解释
A	古	k	苦	kh	发音部位相同
	仓	tshâŋ	枪	tshiaŋ	主要元音相近
	占	-m	贴	-p	阴阳入对转
B	甬	?-<d-	通	th-	"甬"丢失声母
	勾	?-<g-	钩	k-	"勾"丢失声母
	羊	?-<z-	祥	z-	"羊"丢失声母
C	乍	-?<-g	昨	-k	"乍"浊音韵尾丢失
	敝	-i<-d	瞥	-t	"敝"浊音韵尾丢失
	内	-i<-b	纳	-p	"内"浊音韵尾丢失
D	各	k-	路	l-	复辅音声母简化
	支	tɕ-	技	g-	其他关系

Karlgren 的结论是，主谐字和被谐字之间总有相近的声母、主要元音和辅音韵尾。

Karlgren 在分析谐声字的时候用了 12000 个字，主要取自《康熙字典》，这就免不了把一些汉代以后的字当作上古的字分析，因此有不少错误。但 Karlgren 把谐声原则扩展到声类范围，为提取上古音声类奠定了方法论基础，在理论上有重要价值。后来谐声字分析都是在这种思路下展开的。董同龢在《上古音韵表稿》(1944) 中以《说文解字》9000 多字为基础，详细分析了谐声现象；陆志韦在《说文广韵中间声类转变的大势》(1940)、《古音说略》(1947) 中又对《说文解字》的形声字做了穷尽调查和数理统计，深化了谐声原则和上古音类的研究。李方桂在《上古音研究》(1968) 中对谐声原则做了进一步讨论，概括出两个原则：

1. 上古发音部位相同的塞音可以互谐。
2. 上古的舌尖塞擦音或擦音互谐，不跟舌尖塞音互谐。

李方桂的这两个原则是对 Karlgren 以来谐声字研究和谐声原则研究的总结。谐声原则丰富了语文学的方法，对上古音声母研究有重要价值。可以说，根据押韵和谐声原则，再加上《切韵》作为中介，上古音的音类和音系基本上有了一个框架。当然，考订上古音的本体方法仍然还存在很多问题，后面我们再加以讨论。

3.4 空格论与内部构拟法

谐声原则得到的是音类。怎样构拟上古音的音值是 Karlgren 在上古音研究中面临的另一个问题。仍然是由于语文学中心论的观念，Karlgren 没有利用现代方言材料构拟上古音。另一方面，由于 Karlgren 把《切韵》看成是现代各大方言的原始母语，这些方言也就只能解释《切韵》所代表的中古音系，而不能作为上古音系的证据，这就迫使 Karlgren 在语文学的框架中寻找构拟上古音的有效方法。

除了根据音类分合和音理把《切韵》音值往上推以外，Karlgren 在《上古中国音当中的几个问题》(高本汉，1928)中运用了"空档"方法。所谓"空档"就是"空格"。比如《切韵》山摄和咸摄的开合口分布情况为：

	山摄	咸摄
开口	-n	-m
合口	-n	□

山摄和咸摄主要元音相同，为什么山摄在开口、合口后面都有分布，而咸摄除了三等凡韵以外，没有合口，这是一种不对称的现象。Karlgren 假定，在上古汉语中，咸摄也有合口，由于合口-u-或-w-都是唇音，咸摄的韵尾-m 被异化成-n，和山摄合口的字合并，结果在《切韵》中出现了空档，出现了不对称分布。从拟测上古音的角度看，需要给咸摄合口的字拟测一个-m 韵尾，以填补音系中的空格。

Karlgren 很重视《切韵》音系的空格，认为填补《切韵》音系的空格是研究上古音的基本方法之一。根据"空格"理论，Karlgren 给上古音系填补了很多"空格"，有些空格的填补可以在方言中得到证实。比如在上面的咸摄字中，Karlgren 在现代汕头方言中找到了一些收-m 尾的"唤""患"等山摄字作为旁证。

填补空格的方法论基础就是内部拟测法(Internal reconstruction)。最早使用内部拟测法的是 Saussure。Saussure(1878)在原始印欧语中发现了这样的现象：

印欧语	英语	汉语解释
bher	bear	承担
gwem	come	来
sed	sit	坐
……	……	……
ag	lead	领导
dhe	place	地方
es	be	是

印欧语以 e 为元音的词根多数是 CeC 模式，即"辅音+e+辅音"模式，前面三个词根代表这种情况。但后面三个词根缺少一个辅音，Saussure 认为这些词根早

期也是 CeC 模式,只是其中的一个 C 后来丢失了。这一结论后来在一种新发现的古老的印欧语言赫梯语(Hittite)中得到证实。当时 Saussure(1878)没有用内部拟测法这个词。这个词是 20 世纪 30 年代才提出来的,并且从理论上得到了表述(Pisani,V.,1938;Hoenisgswald,H.,1944;Bonfonte,G.,1945)。Karlgren(1928)也没有用内部拟测法这个词。Karlgren 是否受到 Saussure 的影响,这个问题现在还不清楚,至少可以说 Karlgren 首先在汉语史的研究中使用了这种方法,并取得了一定的效果。

填补空格本质上是结构语言学方法在历时研究中的扩展,即通过考察要素的共时分布关系来确定要素的历时价值。填补空格是以这样一个假设为前提的:越是古老的语言,语音的分布越整齐、对称。这种假设至今还没有人论证过。内部拟测法的有效性也有赖于对这一假设的论证。所以内部拟测法是高度推测性的。尽管如此,如果把内部拟测法和谐声原则、押韵原则等配合起来,仍然有方法论上的意义,所以 Karlgren 在这方面取得了一定的成果(徐通锵、叶蜚声,1981.1)。比如,《切韵》系统中的喻母字有这样的谐声现象:

	主谐字	被谐字		
甲	余 ïwo	除 dïwo	叙 zïwo	途 dhuo
		涂 dhuo	荼 dhuo	稌 thuo
乙	为 jwiĕ	妫 kjwiĕ	伪 ŋjwiĕ	扬 xjwiĕ

这里主谐字没有辅音声母,而被谐字有辅音声母,这就在谐声系列中产生了空格:

	例字	声母	韵母
甲	余	□	ïwo
	除	ḍ	ïwo
	叙	z	ïwo
	途	dh	uo
	涂	dh	uo
	荼	dh	uo
	稌	th	uo
乙	为	□	jwiĕ
	妫	k	jwiĕ
	伪	ŋ	jwiĕ
	扬	x	jwiĕ

Karlgren 认为这两个空格都是声符丢失造成的,由于甲组被谐字都是齿音(舌

尖音），因此谐声字的声符也应该是齿音；由于乙组被谐字都是舌根音，因此谐声字的声符也应该是舌根音。Karlgren又根据甲乙两组的被谐字都是阳调字，而断定声符也是阳调字，而中古的阳调字都是浊音，因此声符也是浊音。Karlgren又根据塞擦音、擦音ts、tsh、dzh、s、z一般不和塞音t、th、dh互谐，断定甲组声符丢失的不是塞擦音或擦音，而是塞音，于是甲组主谐字的声母被构拟成浊塞舌尖音d。根据同样的原则，乙组中主谐字的声母被构拟成g，和"群"母读音相近①。

后来证明，d的构拟基本上是正确的，而g的构拟可以讨论。原因在于Karlgren认为"群"母只出现在三等韵前，"匣"母只出现在一、二、四等韵前，两者互补。后来经过曾运乾《喻母古读考》(1927.2)、罗常培《经典释文和原本玉篇反切中的匣于两纽》(1939)、葛毅卿 On the Consonantal Value of 喻 ——Class Words(1932)和《喻三入匣再证》(1939)分头研究，证明了"匣"和"群"母无关，而和喻三的关系密切，呈互补分布。李荣《从现代方言论群母有一、二、四等》(1965.5)进一步证明了"群"母也有一、二、四等，否定了Karlgren的结论。通过这些深入的研究，加深了对内部拟测法的认识。内部拟测法本身作为一种方法是有价值的，就"匣"母最初的研究情况看，它可能和"群"母互补，也可能和"喻三"互补，至于最终应该选择哪一种分布做内部拟测，需要其他材料的旁证。

近年来，梅祖麟在《内部拟测汉语三例》(1988.3)中，把语法和语音结合起来，根据内部拟测法确定匣母的上古音是*g。梅祖麟根据他自己对清浊别义的研究(梅祖麟，1980)，发现上古汉语因声别义的他动字和自动字都有相同的发音部位，构成一般模式。我们可以把梅祖麟的内部拟测思路归纳如下：

他动字	自动字
*p-败（补败切）	*b-败（薄迈切）
*t-断（都管切）	*d-断（徒管切）
*k-检（居奄切）	*g-俭（巨险切）
*k-降（古巷切）	□-降（户江切）

根据一般模式，"□"应构拟成浊音*g。郭锡良在《殷商时代音系初探》(1988.6)中根据内部拟测法的思路，把甲骨文字摆进周秦音系的框架中，分析其分布格局，后来又在《西周金文音系初探》(1994)中进一步使用了类似的方法，得出了一些值得注意的结论，也反映了内部拟测法的方法论价值。蒋绍愚在《内部拟测法

---

① 乙组的声符的构拟更复杂一些，请参考 Karlgren(1928)。

在近代汉语语法研究中的运用》(1995.3)中,又把内部拟测法扩展到汉语语法史的研究。蒋绍愚抓住现代汉语述补结构的格局"不系统"的特点,根据近代汉语资料述补结构的分布,解释了现代汉语述补结构"不系统"的原因。

3.5 右文说

系联法、对音、谐声原则、空格论等讨论的都是语音系统。右文说则是研究音义关系,试图通过形声字中声旁的语音联系来建立字族或同族字。所谓"右文",就是指形声字的声符,因为形声字的声符通常都在形声字的右边而得名。许慎《说文解字》认为形符和意义有关系,但古代也有很多学者不同程度地认识到具有同一个声符的字在意义上也有联系。比如:

《易·象传》:咸,感也;夬,决也;兑,说也。

《论语·颜渊》:政者,正也。

类似的材料不少。这些用同声符的字做语义训释的材料,暗示了相同声符的字有相同的意义。许慎《说文解字》本身尽管从形符释义,但也包含了不少声符相同而意义也相同的材料。比如:

帝,谛也;古,故也;门,闻也;帐,张也。

这些材料都可以说是右文说的滥觞。但是这些材料都是零散的,没有正面论述声符为什么和意义有必然联系。

到唐代,右文说的思想开始系统化。《艺文类聚·人部》引晋人杨泉《物理论》说:

在金曰坚,在草木曰紧,在人曰贤。

这样说是因为"坚、紧、贤"三个字有共同的声符"双"。

右文说正式产生于宋代。宋人沈括(1029—1093)在《梦溪笔谈》卷十四中说:

王圣美治字学,演其义以为"右文"。古之字书,皆从"左文"。凡字,其类在左,其义在右。如木类,其左皆从木。所谓"右文"者,如"戋",小也。水之小者曰"浅",金之小者曰"钱",歹而小者曰"残",贝之小者曰"贱"。如此之类,皆以"戋"为义也。

从沈括的介绍看,王圣美的右文说从声符入手,把声符相同而形符不同的字做系统的比较,归纳出共同的意义,并用声符的意义来统领。王圣美的研究已经比较深入系统,但其研究成果未传于世。据《宣和书谱·正书》记载:"方王安石以字书(指王安石的《字说》)行于天下,而子韶(指王圣美)亦作《字解》二十卷,大抵与王安石之书相违背,故其《解》藏于家而不传。"正因为《字解》未传于世,该书更深入的方法论原则也不得而知,因而对右文说历来褒贬不一。近代小学家段玉裁、王念孙、焦循、阮元、黄承吉、刘师培、章太炎等都赞同右文说,并不同程度地发展了右文说,提出了"因声求义"的方法,但对右文说的方法论原则未做充分讨论。

由于对方法论原则的讨论不够深入,很多学者在通过声符求义时,有时不免牵强附会,把同声符的字一概都认为有共同的意义,而不论具体条件。比如前面王圣美列举的从"戋"得声的字都有"小"义,是否所有从"戋"得声的字都有"小"义？更一般地说,具有共同声符的字在意义上是否必然有联系？这是右文说必须回答的第一个方法论问题。另外,右文说的根本思想是因声求义,这一思路和语言符号的任意性原则是否矛盾？这是右文说必须要回答的另一个根本问题。不解决这两个问题,右文说的地位就得不到承认。从前面我们列举的材料看,右文说确实对系统诠释意义很有效力,其在训诂学研究中的地位犹如反切系联法在音韵学研究中的地位一样,都是传统小学中蕴涵的重要的语言学方法,有必要从方法论上进行深入阐释。

和右文说密切相关的一门学问叫声训。声训用音同或音近的词来解释其他词的词义,并且试图从声音方面来推求词义的来源。声训不要求声符一定相同,即不要求字形上一定要有联系,只要音同音近就行。如《易经》"乾,健也","坤,顺也"。如果越过文字上的异同问题,可以看出声训和右文说的方法论基础是一样的,本质上都是通过语音相关和语义相关来说明词源关系。因此,右文说在方法论上面临的问题也是声训在方法论上面临的问题。

刘赜《古声同纽之字义多相近说》(1932)、沈兼士《右文说在训诂学上之沿革及其推阐》(1933)和《声训论》(1941)全面深入地展开了右文说和声训的方法论讨论。沈兼士在总结了前人有关右文说研究的基础上,首先区分了两种声符,一类是和意义有关的,一类是和意义无关的(沈兼士,1933,P122):

> 训诂家利用右文以求语言之分化,训诂之系统,固为必要。然形声字不尽属右文(指和意义相关的声符),其理至明,其事至显。而自来倾信右文之说者,每喜抹杀声母无义之形声字,一切以右文说之,过犹不及,此章氏之所

以发"六书残而为五"之叹也。
即使在声符和意义有关的形声字中,具有相同声符的形声字也不一定是同族字(沈兼士,1933,P120):

> 夫右文之字,变衍多途,有同声之字而所衍之义颇歧别者,如"非"声字多有"分背"义,而"菲"、"翡"、"痱"等字又有"赤"义;"吾"声字多有"明"义,而"齬"、"语"(论难)、"敔"、"圄"、"悟"等字又有"逆止"义。其故盖由于单音之语,一音素孕含之义不一而足,诸家于此辄谓"凡从某声,皆有某义",不加分析,率尔牵合,执其一而忽其余矣。

另一方面,具有不同声符的形声字,不一定不是同族字(沈兼士,1933,P121):

> 复有同一义象之语,而所用之声母颇歧别者。盖文字孳乳,多由音衍,形体异同,未可执著。故音素同而音符虽异亦得相通,如"舆"、"余"、"予"之右文均有宽缓义,"今"、"禁"之右文均有含蕴义。

在沈兼士看来,声符(即音符)和意义的关系是相当复杂的,过去研究右文说的人没有充分估计到这一点。为了在复杂的音义关系中理出头绪而又不至于牵强附会,沈兼士提出了右文说研究的两条基本原则:

1. 于音符字须先审明其音素,不应拘泥于字形。
2. 于音素须先分析其含义,不当牵合于一说。

更概括地说,沈兼士的两个基本原则要求有词源关系的字,必须是在音素和语义上都有关联的形声字。

沈兼士所谓的"右文"只包括声符兼义的形声字。在此基础上,沈兼士认为形声字可以分出两大类,也就是把右文的情况分成两大类。一类是形声字中的声符和形声字有共同的意义,比如从"斯"得声的很多字有"分"的意思,如:"撕、澌、嘶、誓"都带有"分"的意思,"斯"本身也有"分"的意思,这就是沈兼士所说的"本义分化式",即从"斯"得声的这些字的意义都是由"斯"分化出来的,声符"斯"即本义。另一类是形声字之间有共同的意义,但形声字中的声符和形声字没有共同的意义。如"醲、浓、襛、秾、脓"有"浓厚"的意义,但"农"本身没有"浓厚"的意义,作为声符,"农"是假借而来的,这些形声字也就是通过借音分化出来的。这就是沈兼士所谓的"借音分化式"。

"本义分化式"和"借音分化式"是两种最基本的分化式。在此基础上还可以有"引申义分化式""本义与借音混合义分化式""复式音符分化式""相反义分化式"等。通过音义的这种相关分析,本义、借音、共同的语义等复杂关系得到了说明,使右文说有了一个较为可靠的方法论基础,同时也就回答了上面提到的右文说所面临的第一个问题,即右文是有条件的。当然,如何区分本义分化式和借音分化式,目前还没有严格的方法。

现在考虑右文说面临的第二个问题,即右文说和语言符号任意性原则的关系。这是右文说是否成立的关键问题。早期的右文说认为凡同声符的形声字在词源上都有联系,清代"因声求义"的声训理论也是这种思路,这实际上暗示:相同的语音必然有相同的语义。因此,早期的右文说实际上是以音义之间的理据性为前提的。正是在这个意义上,很多坚持任意性原则的学者是反对右文说的。王力(1981,P51)认为:

> 声训作为一个学术体系,是必须批判的,因为声音和意义的自然联系事实上是不存在的。

任意性原则和理据性原则的争论远在中国先秦和古希腊哲学家中就已经存在,至今还在争论。在西方,20世纪初 Saussure 认为任意性原则是人类语言最根本的属性之一,后来西方绝大多数学者都采纳了 Saussure 的观点。但 Saussure 并没有提出比古希腊哲学家更强的论据,而只是高度强调了任意性原则的重要性。汉语文献中由于有丰富的声训材料,容易让人想到音义之间存在一种必然联系,所以很多中国学者仍然相信理据性原则在汉语中的地位。

坚持理据性原则的学者所持的材料除了象声词,最重要的就是声训材料(包括右文材料)。象声词由于在任何语言中都是有限的,所以目前已经不是理据性原则的主要证据,声训材料才是理据性原则的主要证据。

坚持任意性原则的学者通常所持的材料包括:

1. 同一个概念在不同的语言中声音不一样。
2. 语言中有大量的虚词、抽象词无法象声。

其实这两点还没有完全表达出承认任意性原则的根本理由。任意性原则的根本理由可以从语言编码的机制得到比较充分的论证。自然语言中没有拟声词可以,没有任意性原则语言就无法运转,因为人类的文化活动要求语言对任何层次的概念进行编码,包括抽象概念、语法范畴、语义范畴、语法结构关系、语义结构关系、层次、语义指向等,这些高层次的概念编码活动不可能通过象声过程完成。从这个意义上看,任意性原则必须看成是人类语言最为根本的原则之一。更准确地说,任意性原则是自然语言的必要条件(当然不是充分条件)。当某些原则看上去和任意性原则有矛盾时,应该首先弄清这些矛盾是否可以从其他角度得到解释。

前面谈到,沈兼士的右文说从根本上说可以分成两类,一类是本义分化式,一类是借音分化式。沈兼士同时认为相同的音符可以有不同的意义,不同的音符可以有相同的意义,这种观念本身已经默认了任意性原则。因为如果不承认任意性原则,所有同音符的字都应该有共同的意义。仅从这一点看,沈兼士的右文说和传统右文说在观念上已经有很大区别。传统右文说是建立在理据性原则基础上的,沈兼士的右文说是建立在任意性原则基础上的。

其实理据性原则所依赖的声训材料,和任意性原则并不矛盾。沈兼士后来在《声训论》(1941,P259)中比较合理地解释了声训材料和任意性原则的关系:

> 凡义之寓于音,其始也约定俗成,率由自然。继而声义相依,展转孳乳,先天后天,交错参互,殊未可一概而论。

在沈兼士看来,约定俗成是就符号最初形成而言的,音义的理据性是就符号的发展变化来说的。我们认为历史上关于符号的任意性和理据性之争就是因为没有弄清两者的这种关系。符号产生时,音义遵循任意性原则,但符号一旦产生,在使用符号的过程中就有了强制性,交际群体必须遵守已经约定的规则,指称活动在这个时候通常是通过原有符号的引申展开的,比如用"心脏"的"心"去指称"灯心"的"心"和"花心"的"心",后来又把引申义的"心"写成"芯",于是形成了音义相关的同族字。正是考虑到这一点,王力(1981,P51—52)在批评声训论的同时,从方法上肯定了声训论的价值:

> 但是,声训的具体内容则不能完全加以否定。事物得名之始,固然是任意的;但到了一个词演变为几个词的时候,就不再是任意的,而是在语音上发生关系的了。

沈兼士在详细论证了右文说的方法论基础后,指出了右文说的重要价值:

1.可以分训诂之系统。
2.可以查古音之变迁。
3.可以穷语根之起源。
4.可以溯语词之分化。

现在看来,右文说还为历史比较语言学中的词族比较法(§4.4)提供了重要的基础,因为只有首先建立了词族,才可能展开不同语言之间的词族比较。

沈兼士的右文说理论把右文说引上了科学化的道路。由于声训的思路本质上和右文说的思路是相同的,因此声训也因此有了方法论基础。后来的很多学者都不同程度地接受和发展了沈兼士的右文说理论。经沈兼士(1933;1941;1945)、Karlgren(1933)、杨树达(1954)、王力(1982)、刘又辛(1982;1984;1989)等的研究,同族词或同族字应该满足音义皆近,音近义同,或义近音同的条件,而右文说和声训是获得同族词或同族字的基本方法。当然,有些字即使满足音义皆近,音近义同,或义近音同的条件,也可能并不同源。怎样区别有同源关系的音义相关现象和没有同源关系的音义相关现象,是同族词研究中面临的又一个方法论问题。这个问题不解决,同族词研究仍然有牵强附会的危险。刘又辛(1984;1989)提出了先建立字族,后建立词族的原则:

> 我们这里所说的字族,是指那些声符相同而又确属同源的形声字所构成的一组词,如斯、厮、嘶、撕、澌等字属于同一字族。霞、鰕、蝦、瑕、騢等也属于同一字族。而假、遐就与这一字族无关。词族则字形上不一定有联系。词族包括字族。在词族研究中,应先以字族为基础(这一类材料可靠性大),然后扩大到与之同族的词。(刘又辛、李茂康,1989,P195)

这一方法首先要把词族建立在同右文的基础上。由于同右文的形声字在意义相关的前提下同源的可能性很大,在此基础上先建立同族字,再通过同族字的比较建立同族词,同族词的研究就有了一个比较可靠的基础,不至于漫无边际地把声音相同或相近的词都看成是同族词。这种思路暗示,尽管右文说和声训的方法论基础是一致的,但通过右文说原则建立同族关系比通过声训原则建立同族关系更可靠,因为右文说所依赖的同声符这一条件排除了很多主观认为的音同音近情况。当然,如何区分字与词,也是一个需要解决的问题,我们将在字本位中分析这个问题。

4. 汉藏语言发生学

Karlgren(高本汉,1915,P3)认为中国语言学主要有三个问题：
1. 考证中国语言的祖先跟来源。
2. 考清楚这个语言的历史。
3. 考明白中国语言的各方面。

第一个问题属于汉藏语系的比较问题。Karlgren 认为第一个问题先得放在一边,等后两个问题的研究取得进展以后,才能讨论第一个问题。事实上,不仅汉藏语系的比较有赖于汉语史的研究,汉语史的研究也有赖于汉藏语系的比较研究。文献只能把汉语的历史上推到甲骨文时代。现代方言的比较可以为我们构拟出原始汉语的面貌,但是,现代汉语方言都不同程度地丢失了一些原始汉语的信息。如果某些信息在各方言中都丢失了,在原始汉语中就难以复原。原始汉语的宾语是在动词前还是动词后,原始汉语有没有声调,原始汉语有没有复辅音,原始汉语也一定是孤立语吗,等等,仅仅靠汉语方言的比较和文献研究还很难回答这些问题。因此,汉藏语系的研究需要和汉语史的研究同时展开,这两个方面是互证的。

20世纪中国境内汉藏语系谱系研究的理论进展可以分成四个阶段。80年代初以前,我国确定汉藏语系的方法主要是同构标准,可以称为同构标准时期。80年代初以后,随着调查研究的深入展开,人们发现语言发展的普遍趋势和语言间的接触也可以产生同构,同构标准逐渐被放弃,更多的人把精力转向寻找同源词和语音对应规律,对汉藏语系应包括哪些语言提出了不同的看法。这一时期可以称为对应标准时期。由于不同语言的长期接触,区分有音义关系的词是古借词还是同源词很困难,因此早在20世纪70年代末,已经有人开始寻找确定同源词的新方法,到了80年代中期,探索新方法的意识更明确,出现了同源标准的探索时期。用同族词对应和深层对应来区分同源词和古借词的方法主要就是在这一时期提出的。由于汉藏区域的语言接触太深,区分同源词和古借词的困难仍未能彻底解决,一些学者从 20 世纪 80 年代初已经开始研究语言的接触,从 80 年代末开始,越来越多的人转向对汉藏语言接触的研究,出现了探索接触规律的时期。这一阶段人们发现了一些新的接触现象,提出了解释方言接触的叠置式音变理论和解释语言接触的无界有阶理论。20 世纪中国学者对汉藏语系的谱系研究已经丰富和发展了历史比较语言学的理论。我们将在异质语言研究中讨论方言和语言的接触问题,本章主要讨论同质语言研究中汉藏语系方法论的进展。

4.1 汉藏语言谱系划分分歧的产生

在亚洲是否存在一个汉藏语系?如果存在,包括哪些语言?怎样安排这些语言的谱系关系?怎样构拟它们的原始母语?这些问题构成汉藏语言历史比较研究的核心理论问题。其他理论问题从根本上说都是围绕这些核心问题展开的。

汉藏语系的概念最早是由外国学者提出来的。19 世纪末 Grube(1881)、Lacouperie(1887)开始讨论汉藏区域的语言。20 世纪初 Davies(1909)、Maspero(1911)、Schmidt(1914)、Conrady(1916;1922)、Trombetti(1923)、Przyluski(1924)、Wulff(1934)都在同源的意义上提到了汉藏语的概念,当时称为印支语(Sinitic Languages),初步形成了这样一种观念:汉语和泰语构成汉藏语系的东支,藏语和缅语构成西支。但是这些研究都是粗略的,确定同源的标准很不明确,既有词汇的相似,也有结构类型的相似,更大程度上是一种语言的地域划分。

汉藏语系较为系统的研究是从 20 世纪 20 年代末开始的。1929 年,Simon 在《藏汉同源词初探》一文中,比较了 338 个藏汉之间有语音对应的词。稍后,中国学者王静如(1931)通过数目字和人称代词的关系来论证汉台藏缅之间的同源关系。从 1930 年到 1942 年,李方桂对中国境内和东南亚近 20 种侗台语言做了详细的田野调查,并对藏语也做了研究,于 1937 年在《中国的语言和方言》(Li, Fangkuei, 1937)一文中正式提出了汉藏语系的假说,认为汉藏语下分藏缅语族、壮侗语族、苗瑶语族和汉语族。李方桂所依据的标准是这些语言在单音节和声调上的一致性。支持该观点的材料都体现在李氏 30 年代到 40 年代发表的一系列重要论著中。40 年代末,张琨(1947)证实了苗瑶语 A、B、C、D 四大调类和汉语平、上、去、入可以对应起来,即声调对应的一致性。如果承认声调一致性是同源的标准,苗瑶语和汉语就应该同源。后来邢公畹(1948;1949)、俞敏(1949)又进一步从语法的角度论证汉语和藏语同源。三四十年代中国学者关于汉藏语的研究对后来中国境内汉藏语系的研究有很大的影响,其中李方桂所提出的单音节和声调一致性的标准被很多人看成是确定汉藏语系的主要标准。由于李方桂所说的汉藏诸语言单音节和声调的一致性属于结构类型的相同,我们把它们简称为同构标准。

就在中国学者展开汉藏语言研究的同时,从1935年开始,美国在著名人类学家Kroeber的主持下,展开了汉藏语比较研究的计划,参加研究的主要代表人物有Shafer和Benedict。Benedict在他的《台语、加岱语和印度尼西亚语——东南亚的一个新联盟》(1942)中主张把侗台语和苗瑶语从汉藏语系中划出去,而和印度尼西亚语、加岱语、孟高棉语、越南语等组成一个南方语系。Benedict所用的标准既有词汇相似,也有类型相似,此外还有考古学、民族学等方面的标准。Benedict的主张得到了Egerod、Forrest、Haudricourt、Bodman、Matisoff等大多数西方学者的支持。

中国学者和美国学者三四十年代对汉藏语系的研究是在相对独立的环境下展开的,由于所使用的标准不同,对汉藏语系做出了不同的解释,这是20世纪下半叶汉藏语系谱系问题大争论的主要原因。

4.2 同构标准的采用

从20世纪50年代到70年代中期,中国学者又增加了"量词、虚词、缺少形态变化、语序"等同构标准(罗常培,1951.3;罗常培、傅懋勣,1954.3;马学良、罗季光,1962.5;邢公畹,1962.1),进一步断定侗台语、苗瑶语、藏缅语和汉语有同源关系。加上20世纪50年代以前的研究,我国汉藏语言历史比较研究中一个最显著的特点是广泛依赖语言类型的同构标准来确定同源关系,并且在这一标准的基础上,集中精力进行语言调查,进行语言和方言的识别与划分,很少专门讨论汉藏语言历史比较研究的理论问题。

20世纪70年代中期以后,开始了对汉藏语系历史比较研究的理论探讨。汉藏语系的发生问题立刻成为探讨的焦点。这有两方面的原因,首先是因为国内早期有关汉藏语系的假说尚未得到严格的证实,其次是因为国外越来越多的学者认为苗瑶语和侗台语不属于汉藏语系,甚至有人认为藏缅语和汉语的同源关系也没有得到证实。国外学者 Matisoff(1973a;1973b)、Benedict(1976)等批评中国学者在确定汉藏语言的系属关系时没有严格区分发生学标准和类型学标准(即同构标准),认为中国学者把侗台语、苗瑶语归入汉藏语系所依赖的标准主要是声调、单音节、量词、语序等类型学标准。他们认为类型学标准不足以证明同源关系。侗台语、苗瑶语和汉语在类型上的相似是借用的结果,这些语言应该归入东南亚的南岛语或南亚语。我国大多数学者的态度是,语言结构的稳定性很强,少数借用是可能的,各层面广泛的相似不该简单看成是借用,而应该作为同源的重要证据。邢公畹(1979.4)、俞敏(1982.8)、赵衍荪(1982)、王敬骝和陈相木(1983,4)、罗美珍(1983.2)、俞敏(1984)、李如龙(1984.1)、毛宗武和蒙朝吉(1984.2)、张济民(1984)、王辅世(1986.1)等都把类型上的同构作为重要的标准。

汉藏语系系属分析的同构标准首先是由李方桂奠定的。李方桂当初为什么坚持用同构的标准来确定同源关系?国内很多著名学者为什么也都遵循这个标准?其实这里面既有印欧历史比较语言学理论方面的深厚背景,也有汉藏语言材料的背景。

从理论背景看,汉藏语系的概念是类比印欧语系的概念而产生的。在印欧语系的研究中,同构和语音对应是确定语言同源的两个根本标准,现有的其他标准都可以转化成这两个标准中的一个。这里的同构既指语音系统的同构,也指语法系统的同构。这两个标准是随着历史比较语言学的产生而产生的。Jones(1786)首次提出印欧诸语言同源时,使用的就是词根和语法相似的标准,即同构标准。Rask 的《古代北方语或冰岛语起源研究》(1818)不仅从塞音的语音对应,而且从词的形态变化的同构来证明拉丁语、古希腊语和冰岛语的同源关系。后来 Bopp(1816)和 Grimm(1819)分别从语法同构和语音对应进行比较研究。Bopp 从梵语、希腊语、拉丁语、波斯语、日耳曼语动词结构的同构(变位的相似)证明了古代欧洲语言和梵语同出一源,Grimm 则从辅音的语音对应证实了这一点。随着 Schleicher(1862)"谱系树"模式的建立,同构标准和语音对应标准便成了确定同源关系的两个经典标准。Meillet(1925)对同构标准提出过异议,认为"我们却不大可能利用这些共同的类型来证明一种'语言的亲属关系',因为类型常常有以不等的程度逐渐趋于完全消失的趋势"(梅耶,1925,P68);"我们比较同族语言所注意的并不是形式上的相似,而是对应的规律"(梅耶,1925,P26)。但是 Meillet 对同构标准的认识前后并不是一致的。Meillet(梅耶,1925,P68)认为远东的语言(如越南语和汉语)形态变化少,很难确定它们的亲属关系。这说明 Meillet 把形态变化也看作确定亲属语言的重要标准,只是远东语言的形态变化少,不能利用而已。实际上 Meillet 所说的形态变化的相符(梅耶,1925,P23)是指两种语言的形态既在语法形式上相符,也在语法意义上相符,这既可能是对应现象,也可能是同构现象。如果语法形式上的相符可以找到更多的对应实例,形态变化的相符就是形态对应,是语音对应的一种特殊情况。如果形态相符找不到对应实例的支持,形态变化的相符就只是形态同构,不过这是同时在形式和意义上的同构,而不是纯形式的同构。Meillet 和许多印欧历史比较语言学家所举的形态相符的例子有不少属于形态同构。可以说直到 Meillet 时代,同构标准仍然是欧洲大陆印欧语学者确定同源关系的重要标准。20 世纪初研究汉藏语系发生关系的印欧学者都广泛采用了同构标准。

在美国,随着田野调查的深入展开,印第安语言间相互接触的复杂性日益显露出来,Boas(1911)认为,在接触达到一定深度时,不可能把同源和借用区别开来。Boas 认为美洲语言的演变模式与印欧语言谱系树模式不同,是多种不同语言的聚敛而不是一种母语的分化。不过 Boas 并没有深入讨论这个问题,没有给出支持他想法的证据。在考虑语言接触的前提下讨论亲属关系的理论问题是由 Sapir(萨丕尔,1921,P173—187)展开的。Sapir 在调查研究美洲印第安语的基础上,从语言内部结构出发提出了一种重要观点:接触只会影响到表面的结构和一般的词汇,不会动摇内在结构和基本词汇。这暗示接触是有界限的。Bloomfield(布龙菲尔德,1933,18.1)也认为尽管我们不能处处分辨同源和借用,但"在大多数情形下,这两种程序是迥然不同的"。Jakobson(1938)、Weinreich(1953)等对语言接触有一定研究的学者,也基本上持一种有界接触观。

可以说直到 20 世纪 50 年代,西方历史比较语言学并没有否认同构标准(尤其是深层同构)在确定同源关系中的重要地位。中国汉藏语系假说的奠基者李方桂是 Sapir 和 Bloomfield 的学生,李氏从这两位著名的语言学家那儿接受了印欧历史比较语言学的方法,尤其在 Sapir 的直接指导下实地调查了多种印第安语言,学习了无文字语言的调查方法,这可能就是李氏接受 Sapir 深层同构标准并将其用于汉藏语系发生学研究的理论背景。

从材料方面看,尽管 Meillet 以后的欧洲学者和 Boas 以后的美国学者开始对语言的接触展开了研究,并发现语言间的很多相似点都可以用接触而不是同源加以解释。但就我们所掌握的材料看,这些语言间的相似点远远不像汉藏语系语言之间那样深。比如,汉藏诸语言不仅大多以单音节为主,而且音节结构的辅音韵尾一般都是-m、-n、-ŋ、-p、-t、-k、-ʔ,很少有复辅音韵尾,声母的复辅音种类也很有限。更让人惊奇的是,许多汉藏语言,尤其是汉语和侗台语,不仅有声调,而且都可以分成四个大类,还可以再根据阴阳(声母的清浊)分成八个小类。直到 20 世纪五六十年代,印欧谱系树理论中还没有可靠的方法能证实这种深度的同构是接触引起的。Benedict(1942)认为汉藏语系中的同构现象是由于汉语影响的结果,但对上述深层同构是否由接触引起却没有拿出足够的证据。怎样影响?机制是什么?在缺乏有关接触过程的田野追踪研究以前,人们也可以说这种同构现象是从汉藏语系的原始结构原型中延伸出来的。就像 Sapir 所说的接触不能动摇语言的内在结构和基本词汇。正是在这个意义上,李方桂提出同构标准作为汉藏语系同源假说的依据不是没有分量的。另外,像李方桂这样训练有素的语言学家并非不知道词汇的语音对应对确定同源关系的重要性,但在 1976 年以前,李氏除了在各语族内部使用词汇的语音对应确定同源关系以外,很少用词汇的语音对应来确定各语族之间的同源关系,这也不是偶然的。汉藏地区语言接触密切,不少民族语言中有大量借词与汉语有整齐的语音对应,借词数量之多,对应规律之整齐,构成汉藏区域语言的又一大特点。李方桂《台语中的古汉语借词》(Li, Fangkuei, 1945)一文已经指出汉语和台语之间的许多共同词汇是借词。从某种意义上说,李氏可能最早意识到,在汉藏语系几大语族之间用词汇的语音对应确定同源关系会遇到困难。因此李氏提出并坚持用同构标准确定汉藏诸语言的同源关系。而我国许多学者把同构尤其是深层的同构作为确定同源的重要标准并且不断寻求新的同构标准也是出于相同的原因。也许正是因为这个原因,《中国语言学报》(Journal of Chinese Linguistics,1973.1)重新刊登了李方桂 1937 年奠定汉藏语系假说的论文《中国的语言和方言》,并且加了这样的编者按:

> 虽然经过过去三十年的研究,使我们对一些个别的方言得到更精确的了解,李氏的论述在本质上仍然是正确的和有用的。

在国内外汉藏语系比较研究的学者中,李方桂是训练最有素的学者之一,加上他直接受教于 Sapir 和 Bloomfield,所以他提出的同构标准影响很大。李氏的方法论实际上是 19 世纪历史比较语言学在汉藏语研究中的延续与发展,其发展在于更加突出了同构(特别是深层同构)的标准。这里蕴涵了这样一个问题:在汉藏语系的历史比较研究中,是否只能依靠同构来确定同源关系?

4.3 对应标准的转向

对应标准时期是从对同构标准的否定开始的。随着调查研究的深入展开,人们发现语言之间的相互接触和语言发展的普遍规律也可能产生深层同构。中国学者从以下几个方面逐渐认识到了这个问题。

单音节方面,孙宏开(1981.1;1982;1983.3)、瞿霭堂(1990.4—5)的调查研究说明羌语和嘉戎语也不全是单音节的。罗美珍(1985)认为侗台语是从多音节变为单音节的,作为一种补偿现象,产生了长短元音。

量词方面,张公瑾(1978.4)、游汝杰(1982.2)、梁敏(1983.3)、张元生等(1985)、徐悉艰(1987.5)、孙宏开(1988.4)、徐悉艰(1993.4)等分别利用不同的民族语言材料证明了量词是较晚发展起来的,侗台语和藏缅语有些语言的量词还没有完全虚化,量词在侗台语、藏缅语和汉语之间并不同源,三者之间有少数相同的量词都是借用的结果。

形态方面,金鹏《藏语动词曲折形态在现代拉萨话里衍变的情况》(1956.1)和陈士林等《凉山彝语的使动范畴》(1962.8—9)已经谈到了藏缅语的形态问题,当时没有引起足够的重视。20 世纪 80 年代,瞿霭堂(1980.4;1983.4;1985.1;1988.4)、孙宏开(1981.1;1983.2;1984.1;1984.4)、黄布凡(1981.3)、戴庆厦(1981.4;1990)、谢广华(1982.4)、格桑居冕(1982.5)、金鹏(1983.1)、胡坦(1984)、徐悉艰(1984.1)、谭克让(1988.6)、杜若明(1990)等的调查已经说明藏缅语并不像过去人们假设的那样只有虚词而没有形态。

语序方面,韦庆稳(1985)、梁敏(1986.5)经过比较后认为,早期壮侗语的语序较一致,除了数词外,各种修饰成分基本上都在中心词之后,后来受汉语的影响,词序产生了不同的变化,以名词、代词和各种词组充当前置修饰成分的现象不断增多。梁敏的研究说明语序也会因为接触的影响变得相似。

声调方面,这也是讨论得最多的问题,因为李方桂曾把声调类型的一致作为确定同源关系最重要的标准,把声调的一致看作是最深层的同构。国内外一些重要的学者在讨论同构能否作为同源标准时,焦点几乎都集中在声调上。20 世纪 50 年代,法国语言学家 Haudricourt(1954)通过研究越南语发现,越南语原来没有声调,但有韵尾辅音-s 和喉塞音-ʔ,后来-s 变成了-h。再往后,由于喉音-h 和-ʔ 的消失而产生降调和升调,即-h 尾的消失趋向于降低音调,而喉塞尾-ʔ 的消失趋向于提高音调,这有一般的语音学的根据;再往后,由于声母的浊音清化,每一个调又分化为高低两个,从而形成越南语的声调系统。对藏缅语所做的新的调查研究证明声调类型的相同确实不等于声调的同源。比如戴庆厦(1958)、瞿霭堂(1962.7)、戴庆厦和胡坦(1964.1)、戴庆厦(1979.1;1980)、胡坦(1980.1)、瞿霭堂(1981.1)、张济川(1981.3)、王尧(1981.4)、汪大年(1983.2)、孙宏开(1983.3)、黄布凡(1983.3)、冯蒸(1984.2)、陈其光(1984.3)、戴庆厦和岳相昆(1985.3)、瞿霭堂(1985.6)、孙宏开(1987)、戴庆厦(1989.1)、陈康(1988.1;1991.3;1993.1)、李永燧(1992.6;1995)、瞿霭堂(1993.6;1994.1)、黄布凡(1994.3)、陈其光(1994.6)等对藏缅语声调的研究都证明藏缅语的声调是独立于汉语的声调系统而从自身内部发生发展起来的,发生发展的条件和声母的清浊、辅音韵尾的脱落、前缀语素的脱落、长短元音对立的消失等有密切关系。其中胡坦(1980.1)的研究以详实的材料证明了藏语拉萨话的声调是韵尾的简化和前缀的脱落引起的。由于藏语是藏缅语中最有代表性的语言之一,这一结论对声调标准的冲击很大。至于侗台语的声调,罗美珍(1986.3)发现,黎语虽然属于侗台语族,但是声调和侗台语族其他语言有所不同,黎语从侗台语族分化出来时,侗台语并未发展出现在的 6 个舒声调和 4 个促声调,去声和阴阳调的分化都是后来产生的。黎语声调和同语族语言的声调不同,所有的声调不是在一个层次上产生的。黎语的声调和汉语的声调也不对应。罗美珍(1988.3)又进一步讨论了声调的发生问题,认为侗台语声调的产生常常是语音结构简化的补偿,由其他音素的伴随物变成独立的音位。这说明原始侗台语的声调结构类型和原始汉语的声调结构类型没有发生学关系。倪大白(1991.4)也断定原始侗台语的声调和汉语声调没有发生学关系,认为侗台语的声调是在多音节演变为单音节的过程中作为补偿手段而出现的,由于词重音的作用首先分为两个调类,以后受韵尾辅音的影响二分为四,再由声母的喉音特征四分为八。

尽管上面提到的研究结果有些还可以进一步讨论,但随着汉藏语言声调、量词、形态、语序等变化发展的研究不断深入,越来越多的材料说明这些类型特征的相似可以是语言发展的普遍特征或语言接触引起的,因此,不能用这些特征的相似来确定同源关系。我国学者逐渐认识到了这一点,开始把注意力转向同源词和语音对应规律。其实早在 1985 年以前,已有不少学者在寻找汉藏语系的同源词。张琨(1969;1971)主张确定同源关系要有一定数量的同源词,同源词必须有严格的语音对应,并且在所比较的语言中都有广泛的分布。李方桂在《汉语和台语》(Li, 1976)一文中,找出了 100 多个汉语和泰语之间有语音对应的关系词,倾向于认为它们是汉台同源词。这是李氏由同构标准转向对应标准的开始。国内学者也做了不少工作,比如严学宭(1979)、马学良(1980.1)、郑贻青(1980)、孙宏开(1981.1)、陈其光和李永燧(1981.2)、郑张尚芳(1981)、李钊祥(1982.4)、孙宏开(1982)、贺嘉善(1982.5)、邢公畹(1983.1;1983.4)、张公瑾(1983.4)、罗美珍(1983.2)、李永燧(1985)、毛宗武和蒙朝吉(1984.2)、俞敏(1984)、孙宏开(1985.6)等所做的研究。但是这一时期的多数文章在寻找同源词的同时都或明或暗地依赖了类型学的标准,因此很少对汉藏语系由四大语族构成的假说提出疑问。

这种暗中用同构做补充的方法会遇到困难。由于语言的接触会产生同构,必然会引出本来同源的诸语言因为其中一支和别的语言接触而出现异构,因此结构和语源关系之间存在四种情况(陈保亚,1999,4.3):
1. 同源同构　　2. 异源同构
3. 同源异构　　4. 异源异构

同构只反映语言间的密切关系,这种密切关系既可能是同源带来的,也可能是接触带来的,因此在用同源词确定亲属关系的同时又补充同构的标准,并不能为同源增加证据,反而会使两个标准相互冲突,产生矛盾。为了弄清汉藏语系的发生关系,必须使标准严格起来,必须彻底摈弃靠同构标准或补充同构标准来确定同源关系的方法。

从 1985 年以后发表的有影响的文章中可以看出,我国学者逐渐认识到必须把对应标准和同构标准分开,集中研究以对应规律为基础的同源词,于是开始对汉藏语系四族说的假说提出了不同的看法。同时由于不怎么依赖类型学上的同构标准,比较的范围也开始扩大,一些和汉藏语言相邻但在类型上不相同的语言,如南岛语和南亚语也纳入了比较的范围。这就形成了对应标准的转向。

从20世纪下半叶开始,张琨(1969;1971)、周法高(1972)、Benedict(1972)、潘悟云(1983)、Coblin(1986)、俞敏(1989.1;1989.2)、Bodman(1995)、宋金兰(1994.1)、龚煌城(1995)、施向东(1996)、全广镇(1996)、Handel(1998)、薛才德(2001)、吴安琪(2002)等陆续在汉语和藏语、缅语之间找出了一批语音对应比较严格的对应词,其中龚煌城的对应标准更为严格。藏缅语和汉语有同源关系,国内外学者争议比较少。汉藏语言系属问题上分歧最大的是侗台语的系属问题,随着对应标准的转向,形成了几种不同的观点,促进了对汉藏语言发生学理论的研究。这些观点都以语音对应为标准:

1. 邢公畹(1986.4;1989.1;1990.2;1992.6)、罗美珍(1983.2;1992;1994.6)、曾晓渝(1994)认为侗台语属于汉藏语系。

2. 邢公畹(1991.3;1991.4;1991.5)、郑张尚芳(1995)、潘悟云(1995)、吴安其(1995.4)进一步认为南岛语和侗台语都和汉藏语有同源关系。

3. 倪大白(1988.2;1988.3;1990;1994.3)认为侗台语和南岛语有同源关系,但由于受汉语的强烈影响,发生了类型上的转换。

4. 王敬骝、陈相木(1982.3;1985.4;1988.2)认为侗台语和南亚语有亲属关系,对侗台语和汉语的关系没有下结论。

至于苗瑶语,王辅世(1986.1)、陈其光(1990)主要从同源词的角度讨论了苗瑶语和汉语有同源关系,国内还没有人提出异议。

无论同源问题结论的可靠性如何,从依赖同构标准确定汉藏语言的同源关系转到通过寻找同源词和语音对应规律确定汉藏语言的同源关系,是我国历史比较语言学从实际材料出发而在理论上取得的重要进展。这种进展对历史比较语言学有重要意义,因为以汉藏语言为中心的东亚和东南亚语言由于长期相互接触,在类型上很相似,在很多层面上产生了同构,很容易让人从这些同构中得出同源的结论。这种进展是在通过和国外学者的争论,然后带着问题再进行调查研究取得的。我们前面已经看到,Meillet、Sapir、Bloomfield、Jakobson、Weinreich等并没有取消同构标准,同构标准一直或明或暗地被作为同源的重要标准,那是因为世界上其他地区大语言集团的接触不如东亚和东南亚地区语言的接触这样深广。从操母语的人数看,说汉藏语言的人数量很大,在语言材料上很有分量,在很大程度上能够否定同源关系的同构标准。可以说,历史比较语言学在确定同源关系上否定同构标准的做法主要是从汉藏语系的研究而不是从印欧语系的研究开始的。当然在这方面取得的进展不能否认国外学者做出的贡献。Benedict(1942)、Haudricourt(1954;1961)、Matisoff(1970;1973a;1973b)等在研究汉藏语言和东南亚语言时都明确提出了同构不能作为确定同源关系的标准的问题。应该说国外学者首先讨论了同构和同源不相关这个命题,而我国学者所做的大量调查研究进一步证实了这一命题。无论是国外学者还是国内学者所做的工作,都说明汉藏语系及其与之有密切联系的东亚、东南亚语言在历史比较语言学理论研究中的重要地位,忽略这样一个大语言集团的任何理论都很难说是全面的。

4.4 同源标准的探索

尽管我国学者在汉语和侗台语、苗瑶语之间找到了一些同源词,但国外以Benedict、Matisoff为代表的许多学者认为这些词不是同源词而是借词。这又引起了一场理论和方法的争论:怎样区别同源词和借词?"可比较对词"(comparabilia,Matisoff,1976)或"关系词"(邢公畹,1989.1)的概念就是随着这场争论出现的,这一术语给有语音对应的词一个临时名称,表示这些词是借词还是同源词尚未最后确定。关系词的概念出现在汉藏语系而不是印欧语系的研究中,反映了汉藏语系语源关系的复杂性,也说明19世纪以来历史比较法确定同源词的标准已经遇到困难。

或许这正是李方桂20世纪70年代以前采用同构标准而不采用对应标准确定汉藏语系时就考虑到的问题。

到此为止我们看到李方桂在20世纪30年代提出同构的标准是有一定背景和理由的。李氏并非不知道对应标准的重要性而使用同构标准,而是早已经觉察出对应标准在汉藏语言谱系研究中可能遇到的困难。这种困难果然在中西方之间导致了关系词是同源词还是借词的大争论。Benedict等认为汉语和侗台语、苗瑶语之间的关系词是借词,侗台语和汉语没有同源关系而和南岛语有同源关系,提出汉语、藏—克伦语的汉藏语系二族说(Benedict,1942;1972;1975)。但是Benedict并没有提出区分同源词和借词的严格标准,Benedict的论证在很大程度上还依靠了考古学和民族学的标准。不过从方法论上看要用考古学和民族学来证明语言的发生还有很多困难,比如在南洋群岛发现了和中国南方相似的有肩石斧和有段石锛,但很难证明这些石器是当地土著接受了大陆文化因子还是大陆民族的一支迁移到南洋群岛并取代了当地的土著。更重要的是,即便最终找到了用考古学和民族学证明语言发生的方法,也并不能说历史比较语言学本身在理论和方法论上取得了进展,因为语言学理论主要还是应该从语言材料的内部研究中得到发展。从这个意义上说 Benedict 在历史比较语言学的方法论上并不能说已经超过了李方桂。而李方桂(1976)、邢公畹、严学宭、罗美珍、郑张尚芳等坚持汉语侗台语同源,王辅世、陈其光等认为汉语和苗瑶语同源,邢公畹(1991)进一步认为汉语、侗台语、南岛语都同源,在方法论上也不比 Benedict 弱,因为这些学者都是根据语音对应寻找同源词,然后确定同源关系。值得注意的是这些同源词中不乏最常用的生活词汇。正是有这样一些词汇的支持,王均(1984)主编的《壮侗语族语言简志》、马学良等(1991)主编的《汉藏语概论》仍然坚持汉藏语系四族说的模式。

中西方学者都基本承认,语音变化是有规律的,尽管有例外,那只是少数情况,而且好些是可以得到解释的。因此原始母语经过千百年的分化后,总会在语族之间、语支之间、语言之间留下有语音对应的同源词。至于借词,由于它们都是零星借入的,尽管其语音和原词相似甚至对应,但规律并不像同源词那样严格。因此,基本上可以通过严格的语音对应来区别同源词和借词。

但是,如果语言分化的时间相当长,同源词就会保留得很少,严格的语音对应规律就很难建立起来,因而就很难和语音上相似或对应规律不严格的借词区分开来。而东亚和东南亚语言之间长期广泛深入的接触使这种区分更加困难。这正是国内外学者争论不休的根本原因。因此在汉藏语言中,区分同源词和借词不仅对我国学者是崭新的课题,对 Benedict、Matisoff 等国外汉藏语言专家来说也是新问题。19世纪的历史比较语言学也没有碰到如此复杂的问题,因为印欧语言是在相对独立的环境中从原始印欧母语发生发展起来的,并没有受到其他大语系的强烈影响。印欧语系内部诸语言的接触很少影响这些语言之间的语音对应规律,基本词汇的对应规律线索比较清楚,而词汇的相互借用又主要集中在文化词层面,借词的相似和基本词汇的对应规律并不一致,因此可以通过语音对应这个标准把属于印欧语系的语言划进来而把不属于印欧语系的语言划出去。同源词和借词的区分问题在印欧语系中并非没有碰到过,但并不是那么严重。东亚和东南亚的语源关系却不是这样简单,学者们开始发现在印欧历史比较语言学中讲得很清楚的用语音对应确定同源词的方法在汉藏语系的研究中并不总是得心应手。原来以为抛开同构专攻语音对应和同源词就可以解决汉藏语系的系属问题,事实上并不是那么简单。张琨(1969;1971)已经注意到这个问题,所以他找出"针、铁"在汉、藏缅、侗台、苗瑶中的对应规律时,并没有绝对肯定它们是四个语族间的同源词。

尽管寻找对应规律和同源词遇到了困难,但也不能再回到李方桂的同构标准上去,因为否定同构标准的材料越来越多。有必要在坚持语音对应的基础上探索新的标准。

近十几年来,我国学者逐渐把谱系分类的同构标准转到对应标准,同时也开始对确定同源词的方法做了一些新探索。严学宭《论汉语同族词内部屈折的变换模式》(1979),郑张尚芳《汉语上古音系表解》(1981),董为光、曹广衢、严学宭《汉语和侗台语的亲缘关系》(1984),提出了同族词比较的方法。这种方法先分别找出侗台语和汉语的同族词,再找同族词的语音对应规律,符合语音对应规律的就是侗台语和汉语的同源词。比如:

	壮语(龙州)	傣语	黎语	侗语	水语
黑	dam^1	kam^5;dam^1;lam^6	dom^3	nam^1	$?nam^1$
阴	$kham^1$	$ka:m^3$(德宏)	kom^3	tam^1	$ta:m^5$
夜	kam^6	$kham^6$		$ȵem^5$	$?ȵam^5$

这些和"黑、暗"有关系的词在侗台语中构成了同族词,这些同族词正好跟汉语中和"黑、暗"有关的一组同族词在音义上相关:

汉字	反切	中古音韵地位	《说文》释义
黔	巨淹切	群盐开三平咸	"黎也,秦谓民为黔首,谓黑色"
黯	乙咸切	影咸开二平咸	"黯,深黑也"
黕	都感切	端感开一上咸	"黕,滓垢也"
黮	徒感切	定感开一上咸	"黮,桑葚之黑也"
黭	乌感切	影感开一上咸	"黭,果实黭黯黑也"

这些和"黑、暗"有关的汉字都是咸摄字,都是收-m韵尾的。这种方法的理论基础是:同族词是同一语言中一组音义相关而又有语源关系的词,很难在同一时间和地点被另一语言成系统地借用,因此两个语言中的同族词对应可以用来证明两个语言之间的同源关系。宋金兰《汉语和藏缅语住所词的同源关系》(1994.1)用词族比较法对汉语和藏缅语的住所词进行整体比较,将住所词归纳成若干个

词族系统,发现汉语和藏缅语的住所词都源于洞穴和土地词。

后来,邢公畹《汉台语比较研究中的深层对应》(1993.5)又提出了深层对应的方法。我们认为这种方法的实质就是同音词对应。比如:

广州　ɔ:n＜ʔan　"鞍"　:　泰　ʔa:n＜*ʔ-　"马鞍"
广州　ɔ:n＜ʔan　"侒"　:　泰　ʔa:n＜*ʔ-　"吃"

现代泰语"马鞍"与"吃"是同音词,广州话"鞍"与"侒(吃)"也是同音词。邢公畹先生认为这样的对应不是巧合,可以证明汉泰两个语言之间有发生学关系。

同族词对应和深层对应是我国学者对历史比较语言学理论的新探索,补充了历史比较语言学的理论和方法。19世纪的历史比较法有一个重要的理论基础,就是任意性原则。如果没有任意性原则,或者说如果人类语音的形式和语义的关系有必然联系,那么早期不同源的语言中意义相当的词,语音也一样,根据语音演变的规律性,经过几百年的变化,这些词会保持对应,那么产生对应时就可以用最初不同民族的语言的语音都相同来解释,不限于用同源来解释,用对应来确定同源关系就没有价值了。有了任意性原则,当对应的词很多时,从概率上讲,对应就只能解释成同源。

更一般地说,设甲语言和乙语言是远古两个不同源的语言。如果音义之间有必然性,两个语言的词之间就有相同的读音,经过几千年以后,两个语言内部都有了分化,形成自己的谱系树,根据语音演变的规律性,无论变化有多大,甲1和甲2有对应关系,乙1和乙2也有对应关系。不难看出,甲1、甲2、乙1和乙2也有对应关系:

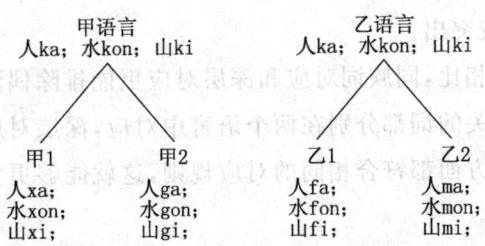

既然同源问题以语言符号的任意性原则为前提,那么在确定一个词是否是有对应的词时,就必然要追问到对应的概率问题,即一个词到底是偶然对应还是必然对应。当两个语言可用来比较的词比较少的时候,区分偶然对应和必然对应就成了语源研究中至关重要的问题,这也正是历史比较语言学在理论上没有

完全解决的重要问题。

尤其是在语言分化年代久远的语言之间,由于严格的语音对应规律不容易建立,偶然相似的词有时难免被当作同源词,目前有不少学者仅根据少量声母或韵母的对应就断定同源词,这在语言比较上是不够充分的。这个问题在19世纪的历史比较语言学中不是没有遇到过。实际上印欧诸语言的同源关系主要是通过辅音对应确定下来的,元音的对应一直没有得到很好的解释。Grimm定律是围绕三组辅音的对应和变化展开的,而后来的Lottner、Grassmann、Verner三人分别解释Grimm定律的三组例外时,也是围绕辅音展开的。如果只依靠辅音对应来确定同源关系,容易把偶然相似当作对应,也容易把不同时间层面的关系词混在同一个时间层面。比如在傣语和英语中,我们可以找出这样的材料:

	马	有	手	半	他	热
傣语	ma^4	mi^2	mɯ^2	ma:ŋ^3	man^2	mai^3
英语	horse	have	hand	half	he	hot

傣语的m-和英语的h-似乎有对应关系。能否根据这些词就断定英汉之间有同源词,从而断定傣语和英语有同源关系?实际上根据概率计算(陈保亚,1994),我们有充分的理由否定这些词是傣语和英语同源的证据。根据元音的比较结果,难以建立对应,也可以否定这些词是英语和傣语同源的证据。因此,仅仅靠词形中某个成分对应来确定同源词是不充分的。这个问题在19世纪的历史比较法中并没有明确提出并加以讨论。

由于印欧语言各语族都有较早的文献材料做参考,加上印欧诸语言之间的同源词比较多,对应规律比较明显,偶然对应的现象并不突出。但在汉藏语系中,这个问题就比较突出。

和一般的对应相比,同族词对应和深层对应更能排除偶然对应。同族词对应要求一组语义相关的词都分别在两个语言中对应,深层对应要求两个语言的同源词在声韵调三方面都符合相同的对应规则,这就能够更大限度地排除偶然对应。

实际上同族词对应和深层对应分别是从语义和语音两个角度来排除偶然对应。同族词主要是由于词义的引申而形成的一系列在语音上有联系的词。比如宋人沈括在《梦溪笔谈》卷十四中提到:"水之小者曰浅,金之小者曰钱,歺①而小

---

① "歺",《字汇》中才开始出现。

者曰残,贝之小者曰贱。如此类推,皆以戋为义也。"这些带"戋"的一组词都可以看成是同族词。像"长、张、涨、帐、胀"也是典型的同族词。但是同族词也会遇到一个问题,如果两个语言中碰巧有两个词在音义上相似,那么由这两个所联系的同族词也会形成所谓同族词对应。在这种情况下,怎样区分偶然的同族词对应和必然的同族词对应,最终还是要追问到语音对应的问题上来。

深层对应就是想从语音上解决问题。为了说明这个问题,我们先引入"完全对应"的概念。而为了说明完全对应,还要先说明对应实例和对应规则。对应实例指支持对应规则的实例,对应规则指对应实例所体现的规则。完全对应是指,支持对应规则的实例在语音形式的各个成分上都应该对应。比如汉字"一"在声调、声母、韵母上都可以和台语(壮傣语)的"一"建立对应:

[声调(汉语阴入≡[1]台语7调)]

语义	汉字	等韵				中古音	原始台语
一	一	入	影	质	开	三	ʔĕt	ʔet^7
掉	沰	入	透	铎	开	一	thɑk	tok^7
插	插	入	初	洽	开	二	tʃhɐp	tshap^7

[声母(汉语 ʔ≡台语 ʔ)]

语义	汉字	等韵				中古音	原始台语
一	一	入	影	质	开	三	ʔĕt	ʔet^7
鞍	鞍	平	影	寒	开	一	ʔɑn	ʔan^1
拿	要	平	影	宵	开	三	ʔɛu	ʔəu^1
燕	燕	去	影	霰	开	四	ʔien	ʔɛn^5

[韵母(汉语 ĭĕt≡台语 et)]

语义	汉字	等韵				中古音	原始台语
一	一	入	影	质	开	三	ʔĕt	ʔet^7
七	七	入	清	质	开	三	tshĭĕt	tset^7

不难看出,深层对应是满足完全对应的,是完全对应的一种特殊情况,即用于证明声韵调有对应的实例都是同一组实例,一般的完全对应没有这个要求。更通俗地说,深层对应就是同音词对应。同音词产生偶然对应的情况是相当低的。

同族词和深层对应并不背离用语音对应确定同源词再确定同源关系的基本

---

[1] 符号≡表示语音对应。

原则,而是在这一原则上的一套特殊对应。先不论这两种对应在判定同源关系上是否可行,它们在排除偶然对应方面是很有价值的。因此,同族词理论和深层对应理论可以说是我国学者对历史比较语言学理论所做的贡献。

当然,同音词对应不能完全排除偶然对应,比如下面的对应属于偶然对应:

汉字	汉语	英语	语义
燕	ian^{51}	swallow	燕子
咽	ian^{51}	swallow	吞咽

因为这里的完全对应是汉语语音变化后偶然形成的,"燕"上古属于元部字,"咽"上古属于真部字,两者并不是同音字。

5. 异质语言研究的兴起:语义关系研究

5.1 异质语言观的转向

此前所讨论的方法论都是在同质语言观的背景下展开的。马建忠《马氏文通》(1898)是同质描写的典范。同质语言观是由 Saussure 系统加以论述的。前面我们看到,为了避免异质因素对研究对象的干扰,Saussure 首先展开了他的同质语言观,但是同质语言观只能解释语言的有限部分。对于 Saussure 来说,这是当时学术环境下必要的一步,因为共时语言系统的研究是语言研究的基础和出发点,而 Saussure 以前的语言研究对共时和历时的关系并不清楚。随着对共时语言系统研究的深入展开,人们看到 Saussure 的同质语言观可以解释言语活动的很多方面,而且是很重要的方面,但还有很多方面不能解释。

Saussure 把语言从异质因素中独立出来加以研究,但由于语言事实上不可能独立于异质因素,研究者总会遇到异质和同质的矛盾,所以尽管 Saussure 以后的结构语言学派都把研究中心放在内部语言结构的形式研究上,但语言异质分析的潜流正在悄然兴起。作为结构语言学分支的布拉格学派已经开始关注语言的功能和文化方面,认为语言既然是在一定的社会中产生、存在和发展,研究语言系统就应该考虑它和文化社会的联系。在语言的功能分析中,布拉格学派主要的成绩表现在提出了主题和述题的概念(Mathesius,1911),主题是叙述的出发点,述题是叙述主题的核心。这种区分是根据话语在交际中的目的,是语言的功能分析范例之一。英国伦敦学派的开创者 Malinowski、Firth 主张研究语言需要研究整个语言行为,即把语言和说话者的社会特征、行为事件的性质、行为产生的效果联系起来。后来 Tesnière(1934)的"从属关系"语法,荷兰语言学家 Groot(1949)的"配价"语法,Katz 的语义研究,Chomsky(1965)的标准理论,Fillmore(1968)的"格"语法,Lakoff(1970;1971)的生成语义学等把语言研究的意义范围不断扩大,这也是潜在的异质转向,因为意义是异质的,背后连接着整个文化世界。

不过这些研究还没有涉及异质语言研究的一般原则,而只是在研究语言问题时,涉足了异质因素。一般原则是 Weinreich, Labov 在 20 世纪 60 年代提出的。Weinreich 等在《语言演变理论的经验基础》(1968)中提出了著名的变异公式：

(1) $A \rightarrow g[B]/X\,[\underline{\qquad}/Z]\,Y$

(2) $g[B] = f(C, D, E\ldots)$

(1)中的 B 是 A 的一个或几个特征,这是语言内部规则的描写。(2)中 C、D、E 是语言的或语言外的变元。根据上面的公式,纽约市-r 的发音变异可表示为:

(3) $/r/ \rightarrow g[r]/\underline{\qquad}\begin{Bmatrix} K \\ \# \end{Bmatrix}$

(4) $g[r] = f(风格、阶层、年龄\ldots\ldots)$

规则(3)是说,范畴/r/在位于词末或辅音前时要改写为变项 r,(4)是说话人的风格、阶级、年龄层次的函数。经过研究的好些语言变项揭示出一个复杂的社会语言结构,在这个结构中,变项的值取决于若干社会因素和语言因素。从语言演变来解释资料,要依据整个社会语言结构,而不是仅仅依据表面的或实际的时间上的分布。纽约市的语言变项-r 的情况就说明了分析正在进行的语言变化相当复杂。-r 的出现频率与年龄、阶级、说话时的注意程度等多种因素有关,但不是漫无规律的。该模式有相当的解释力,比如,北京话中合口呼 w 的读音是[v]还是[w],就受社会条件的限制,后面再做具体分析。

由于自然语言需要组织各个层面的经验活动和文化活动,或者说各层面的经验活动和文化活动最终都会直接或间接地由语言来组织,因此语言的性质和语言组织文化经验活动有密切关系。Saussure 把语言从异质因素中独立出来进行研究是不够的。

如果我们承认语言的主要功能之一是组织文化经验,我们就得承认语言的异质性。语言的异质性是语言的根本属性,当然这种异质性是有序的,否则人类不可能把握语言的规则。考虑到语言的异质性,我们就需要重新考虑语言和言语的关系、内部语言要素和外部语言要素的关系、共时语言系统和历时语言事实的关系。我们需要有解释力更强的理论和方法来处理这些关系。

这就引出了一个值得认真考虑的问题:同质系统的确切含义和范围是什么? Saussure 把同质理解成集体意识,同质现象是言语活动中社团成员共同遵守的规则。按照这种理解,同质的范围就应该是言语活动中有规则的部分。不过规则应该是在对语言进行研究后提出的,在研究之前,我们不知道哪些是有规则的东西,不知道哪些是集体意识,因此我们不能预先明确分清语言和言语的界限、内部和外部的界限、共时和历时的界限,而 Saussure 却预先规定了语言和言语、内部和外部、共时和历时的界限,预先规定了同质的范围,因此,Saussure 的同质语言观实际上限于当时条件下的可实证范围。

同质化运动最关键的弱点在于把同质和存在于集体意识中的语言规则等量齐观,似乎只有同质语言现象中才存在集体意识的语言规则。实际上集体意识中的语言规则不仅存在于同质现象中,也存在于异质现象中;不仅存在于 Saussure 所说的语言内部,也存在于 Saussure 所说的语言外部。要理解异质性中的规则,就必须充分考虑语义,考虑变异。我们在本书引言中提到的朱德熙(1959.9)对"差点儿没"的分析,可以算是对异质规则的经典分析。尽管朱德熙本人当时没有提到异质这个问题,这一分析有力地证明了异质现象中也有规则。

所谓异质研究,就是将语言和言语、内部和外部、历时和共时结合起来研究。从 20 世纪 60 年代开始,出现了异质研究的转向。在音系研究中有代表性的是 Weinreich、Labov 等人提出的有序异质模型,在语法研究中有代表性的是深层结构、配价语法、格语法、生成语义学、语义特征分析,在语用研究中有代表性的是系统功能语法。值得注意的是,Chomsky(1965)在其转换生成语法的标准理论中特别强调同质语言研究的重要性,因此受到 Weinreich、Labov 等人批评,但 Chomsky 的标准理论又在谈语义,这实际是语言研究中的异质问题。转换生成语法标准理论引入了语义分析和深层结构概念,Chomsky、Halle 等的生成音系模型也引入了深层音系等概念,这些都涉及语言的异质性。从这里可以看出,Weinreich、Labov 只在语音变异层面谈异质,这是不充分的,我们后面所说的异质性,范围更广,包括语义研究。

中国语言学由于受"文化大革命"的影响,从 20 世纪 70 年代末才开始异质语言研究的转向。尽管中国异质语言研究的转向较晚,但由于中国境内的语言和方言关系复杂,变异丰富,这必然促使研究中国语言的学者在变异问题上展开深入的研究。另一方面,汉语的形态变化少,组合关系广泛依赖语义关系,这又促使研究中国语言的学者在语义问题上展开深入的研究。这两个向度的研究在方法论上都取得了一些重要进展。

5.2 语义研究的必要性

"文化大革命"以后,中国语言学最显著的特征就是在研究组合关系时引入了语义。这有两个原因:一是对组合关系要做更深入的解释,必须要追问意义;二是西方语言研究中意义问题也提到日程上来了。我们先来看一下语义研究的背景。

中国传统小学有深远的语义研究传统,形成了有悠久历史的训诂学。传统训诂学是研究古汉语的基础,但很少从方法论上得到说明。"文化大革命"后,开始了对训诂学方法论的思考,陆宗达和王宁《训诂方法论》(1983)、王宁《试论训诂学在当代的发展及其旧质的终结》(1988.2)、许嘉璐《关于训诂学方法的思考》(1988.3)、刘又辛和李茂康《训诂学新论》(1989)、李运富《古汉语词汇学与训诂学关系谈》(1989)、王宁《训诂学理论建设在语言学中的普遍意义》(1993.6)等从不同的角度分析了传统训诂学的价值和存在的问题。

通过这些讨论我们可以看出,训诂学的语义研究多限于个别词义及其演变的研究,很少讨论词义之间的关系。《尔雅》曾经系统地分析过同义词的聚合关系,但在后来的研究中很少有人展开这一思路。词义之间关系的研究后来转移到西方。Saussure 通过比较英语的 sheep(羊)和法语的 mouton(羊),首先从对立的角度讨论了语义的价值(索绪尔,1916,P161)。后来德国学者 Trier(1931)比较了 18 世纪德语 braun 的含义和 20 世纪德语 braun 的含义,同样通过当时德语 braun 和 violet 的对立说明了 braun 的价值。可以对 Trier 的思想做以下概括:

18 世纪	braun	
20 世纪	braun 棕色	violet 紫色

Trier 认为词汇是一个系统,这个系统在不断变化中。意义相近的词构成一个词汇场(Wortfield),如果一个词消失了,词汇场中其他词的意义就会扩大;如果词汇场中增加一个词,其他词的意义就会缩小。这种观点后来发展成了语义

场(Semantic field)理论,在分析颜色词和亲属词中取得了一定的效果。我国学者在这方面做了一些工作。从语义场理论出发,又形成了以 Ullman(1957)为代表的结构语义学。结构语义学主要研究词和词之间的同义关系(synonymy)、下位关系(hyponymy)、反义关系(antonymy)。随着 Jakobson、Halle 区别性特征的提出,沿着结构语言学的思路又发展出了语义特征分析法。60 年代,Zadeh(1965)又展开了模糊语义学研究。

  在西方语义学的影响下,中国语言学在语义场理论、结构语义学、语义特征分析、模糊语义分析诸方面也开展了一些工作,有代表性的有高名凯《语言论》(1963),伍铁平《模糊语言初探》(1979.4)、《模糊语言再探》(1980.5),张志毅《简明同义词典》(1981),黄棣华《反义词例释》(1983),刘叔新《词汇学和词典学问题研究》(1984),贾彦德《语义学导论》(1986),刘叔新《现代汉语同义词词典》(1987),石安石《模糊语义及其模糊度》(1988.1),蒋绍愚《古汉语词汇纲要》(1989),陈保亚《论语言符号的模糊与指称》(1989.4),刘叔新《汉语描写词汇学》(1990),周荐《同义词语的研究》(1991),贾彦德《汉语语义学》(1992),苏新春《汉语词义学》(1992),刘叔新、周荐《同义词语和反义词语》(1992),石安石《语义论》(1993)、《语义研究》(1994),周荐《汉语词汇研究史纲》(1995),符淮青《词义的分析和描写》(1996)等。伍铁平(1979.4;1980.5)的一系列文章和石安石(1988.1)、陈保亚(1989.4)的两篇文章通过对一些具体问题的研究,在模糊语义学方法论上有一定的进展。伍铁平比较深入地讨论了模糊和有标记、无标记的关系,模糊和精确相互转化的机制。石安石在 Zadeh 隶属度的基础上,提出了模糊度的概念,并给出了确定模糊度的定量分析方法。陈保亚在 Zadeh(1965)、伍铁平(1979.4;1980.5)、石安石(1988.1)的研究基础上,提出语义模糊性的产生根本上在于符号的指称功能,并讨论了隶属度、模糊度与符号指称功能的关系,提出了模糊指称功能量的计算公式。

  西方 20 世纪 60 年代以前的语义场理论、结构语义学、语义特征分析、模糊语义分析等所研究的问题实际上是词义的聚合问题,同一个语义场的词都有相同的聚合特征。由于这种研究没有和句法研究结合起来,或者说没有和词与词的组合关系联系起来,没有得到深入的发展。人们可以从很多方面来考虑词义的聚合关系,语义场可以有很多种,数量惊人,但并非都是语言系统的属性,因此也并非都是语言学家的迫切任务,有些甚至不是语言学家的任务。语言学家最关心的还是能够反映组合关系的语义场、语义结构、语义特征、模糊语义分析。拿语义场来说,语义场从根本上说就是语义分类。语义分类的目的是什么?这和追问词的分类的目的是什么一样。词的分类是要说明词与词的语法结构关系,这就决定了词的分类必须根据分布。对于语言学来说,词的语义分类是为了说明词与词的语义结构关系,这决定了词的语义分类必须根据词的语义搭配,语义搭配本质上也是一种分布,不过是以语义特征为框架的分布。对语义搭配规则研究的迫切要求只有在句法研究,尤其是形式语法的研究达到一定程度才能提出来。这就是为什么语义特征分析或语义成分分析只有到了结构语言学后期或转换生成语法阶段才能得到迅速发展。

在同质语言研究中我们看到,结构语言学是不讲语义的,早期的转换生成语法也不讲语义,认为只从形式上就可以把语法规则说清楚。Katz 等(1963)认为语法研究不包括意义,并提出一个公式:

语言描写 – 语法学 = 语义学

意思是语法和语义是没有关系的。但实际上语法规则很难和语义规则分开,纯形式化的转换—生成规则虽然能够生成语言中为人们所接受和理解的句子,但是也能够生成形式上虽然合乎语法规则但在语义上却根本说不通、在实际语言中根本不可能出现的句了。例如:

Tomorrow the sleeping table married its jumping lake.
(明天那睡着的桌子嫁了它那跳跃着的湖。)

因此,要生成合式的(well-formed)句子,必须考虑意义。于是 Katz 等(1964)改变看法,提出语法学中应包括语义部分,Chomsky(1965)采纳了这一思想,从 Chomsky 的标准理论开始有了语义部分,这就是句法、音系、语义三分的标准理论。此后,Fillmore 的格语法,Postal、Lakoff、McCawley、Ross 等的生成语义学,都把语法重心转向了语义描写。

生成语法从 20 世纪 60 年代起开始容纳语义研究,结构语言学也不例外。在结构语言学框架下,Lamb(1969)明确地提出词位句法和义位句法的概念,认为语法学应该进行词位句法(lexemic syntax)和义位句法(sememic syntax)的研究:在词位句法中人们碰到的范畴是名词、动词、介词、形容词等,而在义位句法中这些范畴并不出现,人们碰到的是语义上的组合:

义位句法规定哪些义位的结合是允许的,哪些是不允许的。例如动作义位的等级和事物义位的等级就有联系,联系的方式是规定只有某些类事物能施行某些动作,又只有某些类的事物能作为某些动作的对象。只有有生之物能够实行死的动作;只有食物可以吃;只有歌儿可以唱。

Lamb 认为,符合词位句法规则的句子不一定符合义位句法,只有句子的词位句法同时符合义位句法的规则才能成为现实语言的真实句子;这两种句法模式是各自独立存在的,应该分别加以独立地研究。这种分层的语法理论一般称为层次语法(stratificational grammar)。

义位句法的提出有重要的理论价值,徐通锵后来把义位句法层面的内容加以扩充,称为语义句法,并相应地把 Lamb 的词位句法叫作语形句法(徐通锵,1994.2—3)。以语义为基础的句法结构,它的最重要的特征是独特的语义范畴、语序以及与此相关的一系列语义特征。

把语法结构和语义结构两个层面分开,在方法论上是一次重要的进展。传统语法往往把主语、宾语和施事、受事这两类不同层次的概念纠缠在一起,遇到了很多困难。而格语法、生成语义学、层次语法等把两个层面分开,已经显出很多优点。

5.3 语义结构关系

语法结构关系和语义结构关系是语法单位组合的两个最重要的初始层面。

前面我们曾说马建忠(1898)初步区分了语义结构关系和语法结构关系(§1),提出了两套句子成分,即代表语义结构成分的"词"和代表语法结构成分的"次"。但马建忠并没有详细讨论语义结构和语法结构的相互关系。吕叔湘(1942)在《中国文法要略》中第一次全面深入地展开了语义结构的研究,有用语义结构取代语法结构的倾向(§2.1.3.3)。但是,在组合关系中只研究语义结构关系是不够的,因为像"涮羊肉"这样的组合,语义结构关系只有一种,语法结构关系却有偏正和述宾两种,这说明语义结构关系不能完全控制语法结构关系。

吕叔湘《从主语、宾语的分别谈国语句子的分析》(1946)、赵元任《北京口语语法》(1948)系统讨论了汉语中主语和谓语在语义上的复杂关系。稍后,丁声树等在《现代汉语语法讲话》(1952.7)中一方面承认主谓、补充、动宾、偏正、并列等结构关系,另一方面又提出了"受事、施事、处所、类别、结果"等概念,认为句子成分和"受事、施事、处所、类别、结果"等语义结构成分的概念是不对当的，并且开始展开了语义结构关系和语法结构关系的对当规律研究，提出受事主语句有两个特点：

第一，主语往往是确定的或周遍性的。

第二，谓语往往不是一个单独的动词，动词前后常有别的成分。

尽管当时没有明确提出语法结构关系和语义结构关系两个概念，但已经在具体分析中自觉地区分了这两个层面。这是一次重要的进展。这不仅在于同时承认语法结构关系和语义结构关系，更重要的是通过语法结构关系来认识语义结构关系，指出不同的语法结构关系和语义结构关系是怎样对应的，这种分析方法在当时是比较领先的，我们从当时转换生成语法的进展程度就可以发现这一点。

Chomsky 的《语言理论的逻辑结构》(*The Logical Structure of Linguistic Theory*, 1955)、《语言描写的三种模式》(*Three models for the description of language*, 1956)、《句法结构》(*Syntactic Structures*, 1957)等著作基本上奠定了形式语法分析的基础，或者说解决了形式组合的问题。数学中的形式语法理论也是在这一基础上展开的。Chomsky 的论证确实很成功，但在自然语言中，单位的组合不仅受形式规则的限制，而且受语义规则的限制。语义规则是形式语法规则还不能完全解决的问题。比如转换规则比短语结构规则的生成能力强，它能生成短语结构规则难以生成的更多的语符列，这是从形式语法的角度说的，也是从形式语法的角度证明的。但从语义组合关系看，更需要的是一种限制，需要的是既符合语法（形式的限制）、又符合语义搭配（语义规则限制）的句子。生成能力强不见得是自然语言语法研究的目的，自然语言语法研究的目的是要既能生成所有可能的句子，又要防止生成不合法的句子。Chomsky《句法理论的若干问题》(1965)最显著的特点就是引入了语义解释部分，并且在短语结构规则和转换规则层面都涉及了语义问题，实际上 Chomsky 次范畴和选择性规则的工作就是在考虑组合关系中的语义限制。比如：如果不考虑语义结构关系，仅仅根据短语结构规则。可以生成不合法的句子：

* John frightened sincerity（约翰吓唬真诚）

如果对 frighten 后面的名词进行次范畴化，只有表示人或动物的名词出现在 frighten 的后面，句子才可以接受。

在转换生成语法标准理论（Chomsky, 1965）中，Chomsky 说意义是解释性的,怎么解释,Chomsky没有定义。其实Chomsky把意义分成了两部分,一部分是可以控制的,即通过次范畴化和选择性规则来控制;另一部分是难以控制的,Chomsky没有回答,只说是解释性的。后一部分实际上属于和百科知识相关的认知活动。

　　Chomsky在可控制的语义部分,采取的方法是对短语结构规则进行次范畴化,对短语结构规则做选择性规则的限制,并不直接用语义概念,这是一种句法中心论,其深层结构是句法深层结构。NP、VP等都是深层结构中的根本范畴。在句法深层结构中,并没有更多地考虑语义组合关系,即没有考虑"施事、受事、与事、目的、工具"等语义功能概念。从根本上说,没有承认组合关系的两大部分:语法组合关系和语义组合关系。当然,从另一个角度说,标准理论已经涉及了语义组合关系,不过是在语法组合关系中通过次范畴化和选择性规则展开的。可以说,标准理论尽管引入了语义分析,但仍然是句法中心论,即想用句法关系来控制语义结构关系。语义结构关系的初始性并没有得到承认。

　　考虑到Chomsky(1965)没有正面承认语义结构关系,可以说是吕叔湘(1946)、赵元任(1948)、丁声树等(1952)较早明确区分了语义结构关系和语法结构关系。遗憾的是这种区分当时没有从理论上进行严格表述。

　　由于自然语言在组合上的复杂关系,同时认识到语法结构关系和语义结构关系的初始性并不是一件很容易的事。这一点从后来美国转换生成语法在观念上的变化就可以看出来。后来转换生成语法的生成语义学(Lakoff, G. and J. R. Ross,1967)抛弃了句法中心论,用谓词演算描写语义关系,等于是在认识到并承认语义结构关系的同时又否定了语法结构关系。这暗示两个层面难以分开。后面我们会提到,生成语义学最致命的弱点就是在处理语义时随意性太大,不容易达成共识标准。Fillmore的格语法比较好地中和了标准理论和生成语义学的长处。格语法承认深层结构,但把语义组合关系推得更深,推到了我们现在所谓的语义结构关系,即施事、受事等。语义格和语义结构关系是等价的,因为语义格是在语义结构关系中确定的,承认语义结构关系必然要承认语义格,这种道理就像句子成分和句法关系是等价的一样。

　　动词和语义格的关系后来得到广泛研究,形成一套题元理论(θ-theory)。动词和语义格的关系又被称为题元关系(Thematic relation)或论元关系(Argument relation)。题元关系也被称为题元结构(theta structure),论元关系也被称为论元结构(argument structure)。动词语义格的具体功能项目也被称为题元角色(thematic role,又被称为 theta-role, θ-role)。论元(argument)最早是逻辑学中的术语(Carnap,1933),指谓词(predicate)的参与者,也翻译成变元或主目。从文献材料看,论元(变元、主目)、语义格、题元角色在后来的工作中逐渐形成了细微分工。比如,从 Chomsky(1981,P36)给出的题元准则(θ-criterion)可以看出论元和题元角色的区别:

> Each argument(论元) bears one and only one θ-role, and each θ-role is assigned to one and only one argument.

从具体用法看,论元多指深层结构或线性结构中有一定位置的语义格及其数量,和 Tesnière 的"价"的概念更接近,题元角色多指取得特定语义功能(如施事、受事)的语义格。通过对下面实例的解释可以有更具体的理解:

[房子^{客事}]垮了

垮:一价动词,论元结构一价,一元谓词

[家长^{施事}]拜访[老师^{受事}]

拜访:二价动词,论元结构二价,二元谓词

[老师^{施事}]给[家长^{与事}][一封信^{受事}]

给:三价动词,论元结构三价,三元谓词

以上方括号中的成分都是语义格或论元或题元,右括号左上方则是具体的角色。

比较全面论述语义结构关系、自觉区分语义结构关系和语法结构关系的理论是 Fillmore 的格语法理论。当然,Fillmore 的格语法吸收了 Chomsky 上下文制约关系的次范畴思想和语义分解的选择规则。格语法讲语义关系,是从上下文制约关系的次范畴思想发展来的,讲"有生命、客体",是从语义分解的选择规则发展来的。

从上面的分析可以看出,Fillmore 的"格"指的是语义格,是在和动词的语义关系中确定的,因此,"格"的理论就是语义结构关系的理论。但是我们注意到,Chomsky 的标准理论是 1965 年提出的,Fillmore 的格语法是 1968 年提出的,都比丁声树等(1952)提出的语义结构的概念要晚。前面我们看到,在结构语言学框架下,Lamb(1969)的层次语法明确地提出了义位句法的概念,认为语法学应该进行词位句法(lexemic syntax)和义位句法(sememic syntax)的研究。层次语法在时间上也比丁声树等的《现代汉语语法讲话》(1952)要晚。当然,Fillmore 在格语法理论的框架中对"施事、受事、与事、工具"等深层语义格的研究,Lamb对词位句法和义位句法的研究,比丁声树等的《现代汉语语法讲话》更深入全面,更自觉,这一方面可能是因为印欧语形态变化丰富,很多语义格的性质或语义结构关系可以通过语法标记确定,比如被动式通常都表明主语是受事或工具。另一方面,20世纪60年代由于"文化大革命"的出现,中国的学术活动有一个中断时期,刚刚开始的有关语义结构关系和语法结构关系的研究工作被中断了。

"文化大革命"后,朱德熙在《汉语句法中的歧义现象》(1979)中从方法论的角度提出了两种结构关系:显性语法关系(overt grammatical relations)和隐性语法关系(covert grammatical relations)两个概念。"述语—宾语"关系属于显性语法关系,"动作—受事"关系属于隐性语法关系。陆俭明在《汉语口语句法里的易位现象》(1980.1,7.2)更明确地区分了这两种关系,正式提出了语法结构关系和语义结构关系两个概念,认为主谓、述宾、述补、偏正、联合等结构关系属于语法结构关系,而动作和动作者、动作和受事、动作和工具、动作和处所、事物和性质、事物和质料以及事物之间的领属关系属于语义结构关系。吕叔湘(1982)也认为"语法结构是语法结构,语义结构是语义结构,二者既有联系,又有分别"。

我们认为组合关系包括语法结构关系和语义结构关系,这是两个独立的层面,可以通过初始性来说明。首先,语义结构关系不能代替语法结构关系,即已知语义结构关系相同的情况下,语法结构关系可以不同。"鸡吃米"可以有以下变换:

  吃米的鸡
  鸡吃的米

两个片段的语义结构关系并没有变,语法结构关系变了,语法意义也不一样了。这两个片段的语法功能也不一样。

  语法结构关系也不能代替语义结构关系。语义结构关系是包含了人的认知过程。在纸上画出一只鸡、几粒米,很多人都会得出"鸡吃米"而不是"米吃鸡"的结论,这里并没有涉及语法结构关系,语法结构关系尚未给出。从"看望的是父亲"这样的例子中也可以看出,在相同的语法结构关系和层次关系中,由于语义结构关系不同,会有不同的意义。

  Chomsky(1965)为什么不直接提语义结构关系?不直接讨论施事、受事等概念?从语言材料上看,可能和印欧语有丰富的形式标记有关系,通过这些标记可以较多地控制组合关系。从语言观念上看，可能和 Chomsky 对语义的态度有关系，语义结构关系太复杂，有些动词和名词之间是什么语义结构关系，现在还说不清楚。汉语中也存在类似问题，比如"出太阳"中的"太阳"是受事还是施事就比较难以定性。所以，Chomsky 才比较谨慎地用次范畴化和选择规则来控制语义关系，类似结构语言学用分布和词类来控制语义关系，从而不考虑语义格或语义角色。但是仅仅根据"及物"和"不及物"等次范畴化分析（Chomsky，1965，2.3.4），如果不考虑语义格是说不清楚的，对汉语来说尤其难以说清楚。比如 V＋NP，可以是"吃饭"，也可以是"住上海"，NP 既可以是受事，也可以是处所。又比如，选择规则能排除"米吃鸡"这样的句子，但不能说明"写字""写钢笔"的差异，前者可以转换成"把字写完了"，后者不能转换成"把钢笔写完了"。这两者必须要有"结果、工具"这样的语义格才能说清楚。

在汉语中，很多语义格直接就可以上升为句子成分。在印欧语中，从格到句子成分，往往要有很多操作过程。比如"吃"的语义格框架是：

吃[施事，受事]

在汉语中，如果受事是"米"，那么"米"在句首，再加上时态，就可以成句：

米吃了

在英语中，要考虑"数、态"等语法范畴，即要确定单数、被动态。从这种差别也可以看出语言间的根本差异。这可以解释为什么马建忠早在 19 世纪末就初步区分了语义结构关系和语法结构关系，20 世纪丁声树等（1952）又首先在结构语言学框架下区分了这两个层面。

5.4 变换分析与转换层面

金兆梓《国文法之研究》（1921，P64—76）几处谈到句子的变式、变形问题，吕叔湘《中国文法要略》（1942）在传统的语法框架中讨论了句子和词组相互转换的问题，但没有在理论和方法上展开讨论。20 世纪 50 年代，Harris（1952；1957）和 Chomsky（1955；1956；1957）分别在结构语言学和转换生成语法的框架下展开了转换的研究，使人们有可能更深入地观察和认识自然语言的性质。尤其是 Chomsky 的转换生成语法研究工作，促成了形式语言理论的问世，大大推动了计算机编译原理的研究。

在我国,转换或变换是在结构语言学的框架中展开的,基本思路和 Harris 的思路一致。其实变换分析和转换分析一样,都可以看成是从 IP 模式中引申出来的,都试图解决线性分析不能解决的问题。不过变换分析是在结构语言学模式下展开的,而转换分析是在生成语法模式下展开的。变换是结构语言学参照系中的概念,转换是生成语法参照系中的概念。从方法论上看,在结构语言学参照系中,继 Harris 以后,朱德熙在变换分析上做的工作最多。在《说"的"》(1961.12)、《论句法结构》(1962.8—9)、《"在黑板上写字"及相关句式》(1978.3)、《与动词"给"相关的句法问题》(1979.2)、《汉语句法中的歧义现象》(1979)、《变换分析中的平行性原则》(1986.2)等一系列文章中,朱德熙多次使用和讨论了变换分析的方法。叶蜚声、徐通锵《语言学纲要》(1981,P152—130)比较全面地总结了变换的目的、原则和程序。之后,方经民《变换理论研究》(1987)、傅雨贤《现代汉语语法学》(1988)、袁毓林《论变换分析方法》(1989.1)、陆俭明《变换分析在汉语语法研究中的运用》(1990.3)、陈保亚《上下文约束变换与语义限制》(1991.2)、沈阳《现代汉语空语类研究》(1994)从不同的角度使用和讨论了变换分析。

但不少学者也认识到转换规则的生成能力太强,可能生成自然语言中不合法的句子,因此试图通过削弱转换来控制转换生成语法过强的生成能力。20 世纪 70 年代末以来,在生成语法学派的圈子中,有人甚至认为自然语言的描写可以不要转换规则,只需要对短语结构规则加以扩充就够了,如广义短语结构语法(Generalized Phrase Structure Grammar)、接口语法(Interface Grammar)、词汇—功能语法(Lexical-Functional Grammar)、关系语法(Relational Grammar)、弧对语法(Arc Pair Grammar)、构式语法(Construction Grammar)等。

语言行为包括从已知单位和规则生成新句子的过程或活动,所以提取有限的单位是语言研究中最重要的工作之一。没有有限单位的概念,就不能说明句子生成过程。结构语言学完成了提取单位和给单位分类的基本操作方法,这是最重要的功绩。转换生成语法继承了结构语言学的成果。

但是仅仅靠提取单位和给单位分类,还不能说明语言的生成过程,甚至不能说明一些简单的生成过程。换句话说,单位的分类能够说明一部分组合规则,比如说汉语中副词加动词是偏正关系等等,但单位的分类不能说明全部规则。汉语的儿化描写尤其说明了这一点。转换生成语法的重要功绩就在于提出了对规则的描写。这些规则不仅仅是主语、谓语、宾语、定语、状语或主谓关系、述宾关系、偏正关系这样一些线性关系,还包括移位、变化等一些非线性操作规则。如果不用非线性规则,不仅描写很麻烦(如儿化),而且有些描写是不充分的。这就涉及一个问题,变换分析或转换规则到底有没有必要?下面我们先来论证转换的必要性。需要特别提出的是,转换是针对线性分析而提出的,而取消转换的各种理论模型已经改变了提问的方式。

5.4.1 变换分析的必要性

Chomsky(1957)对转换规则必要性的论证是从两方面展开的。一是从形式语法入手证明转换的必要性,然后把自然语言和形式语言类比,证明自然语言中转换规则的必要性;一是通过转换规则对自然语言描写的简单性以及对歧义的解释能力论证转换规则的必要性。由于形式语法方面的论证是高度形式化和数学化的,不容易直观地看出转换的必要性。形式语言和自然语言是否可以类比,也是一个问题。至于转换规则在描写自然语言时体现出的简单性和解释力,就Chomsky的论证看,是一个语法评价的问题,未必构成转换规则的必要条件。所以Chomsky对转换规则必要性的证明不够充分,这可能是有人否定转换规则的最重要的原因之一。

其实转换规则的必要性不仅可以通过形式语法的类比来认识,还可以通过自然语言本身来理解。下面我们先从自然语言出发,然后再深入到形式语言,讨论转换规则的必要性。我们的讨论除了围绕生成语法展开,也涉及结构语言学理论中和转换有关的问题。为了使问题比较直观,我们尽量淡化形式化的表述方式。

在汉语中,主动句和带"被"字的被动句可以描写为:

(1) S ⟶ NP_1 VP
(2) VP ⟶ V NP_2
(3) NP_1 V NP_2 ⟶ NP_2 被 NP_1 V[①]

这是带有转换规则的描写。这三条规则可以生成语义相关的主动句和被动句。(1)和(2)是短语结构规则,可以生成主动句式。(3)是在(1)和(2)的基础上引入

---

① 为便于阅读,在变换式中我们不用数字标码,直接将符号排列起来。另外,V前后都得有一些修饰成分。由于我们只比较句型的描写,所以不考虑终端符号的改写规则。

的转换规则,可以生成被动句式。转换规则和短语结构规则最大的区别是箭头左边的语类符号不止一个。

再比较不用转换规则而只用纯短语结构规则对语义相关的主动句和被动句的描写:

$S_1 \longrightarrow NP_1 \ VP_1$

$S_2 \longrightarrow NP_2 \ VP_2$

$VP_1 \longrightarrow V \ NP_2$

$VP_2 \longrightarrow 被 \ NP_1 \ V$

由于这里只依靠短语结构规则,VP 必须有两个,即 VP_1 和 VP_2,而且 VP_1 和 VP_2 必须分别用两条短语结构规则描写。因此整个描写必须用四条规则。和前面带有转换语法的规则相比,多了一条规则,这是纯粹用短语结构规则描写主动句和被动句的第一个弱点。当然,一种好的语法不能仅仅根据局部描写使用了较少的规则为依据,还得看整个语法是否简单经济。不过现在还没有人能够从语法的整体上证明不用转换的语法比用转换的语法强,所以这里只能就具体实例进行分析。

短语结构语法第二个弱点是不能反映主动句和被动句的关系,即不能反映 S_1 和 S_2 之间的关系,或者说不能反映 S_1 和 S_2 之间共同的语义角色信息,这在语义解释上是很不经济的。换个角度看,纯粹用短语结构规则的描写必须分别对主动句和被动句语义结构关系做出解释,即要分别说明主动句中的主语是施事,宾语是受事,被动句中的主语是受事,"被"字后面的名词短语是施事;同时要说明主动句和被动句在语义和语用上的细微区别。而带转换的描写,除了说明主动句和被动句在语义和语用上的细微区别,只需要解释主动句中的施事、受事等语义关系,被动句中的施事、受事等语义关系便可以通过转换对应起来。

我们在这儿仅仅描写了语义相关的主动句和被动句,已经看出纯短语结构规则所带来的复杂性,如果考虑到与此相关的其他句式和结构,情况还要复杂。比如:

他砸了杯子/杯子被[1]他砸了/他把杯子砸了/是他砸了杯子/是他把杯子砸了的/杯子是他砸了的/杯子是被他砸了的/砸了杯子的是他/砸了杯子的他[2]/他砸了的杯子/砸

---

[1] 在口语中,"被"可以由"让、给、叫"等替换,实例就更多。

[2] 这个句子的出现是有条件的。

了杯子的/他砸了的/砸了的

在纯短语结构规则的语法中描写和解释这些言语片段是比较复杂的。从转换的角度看,尽管这些言语片段不同,但它们的题元关系或语义格关系是一致的,即"他"是施事,"杯子"是受事。只要对第一句做了题元关系的解释,其他句式可以通过转换联系起来,不必单独做题元关系的解释①。这些具有共同的题元关系的句子构成了一个可转换的集合,为叙述方便,可以把它们称作转换集。转换不仅要遵循平行原则(朱德熙,1986.2),还必须有共同的题元关系或语义结构关系。比如不能说"我找他"和"他找我"有转换关系,因为两句的题元关系是不同的。共同的题元关系是构成转换集的必要条件。

以上只是考虑到短语结构语法在描写上和解释上的复杂性。如果转换语法和短语结构语法的区别只是简单和复杂的区别,还不能说转换规则是必要的,而只能说转换语法从评价程序看比短语结构语法更好。问题恰恰在于转换规则的作用不仅仅使描写和解释简单。有些句式或结构是无法用短语结构规则生成的。我们知道,短语结构规则是建立在线性基础上的,其实质就是连续直接成分的形式化,但是像下面的例子一开始就不能进行连续直接成分分析:

将老李的军/道一个歉/理了一个发/说我坏话/找我茬儿

根据连续直接成分的理论,划分出来的直接成分是前后相继的,有意义的语素、词或词的组合,这些例子不能满足这个条件。比如"将"和"老李的军"满足前后相继的条件,但"老李的军"没有意义。由于短语结构规则本质上就是对直接成分理论的形式化,所以直接成分理论在这些实例中遇到的困难也是短语结构规则面临的困难。这些实例说明,启用转换不仅仅是一个使描写和语义解释更为简单的问题,而是一个必不可少的造句层面。在结构语言学框架中,Pike(1943)、Harris(1944)、Wells(1947)等曾用不连续直接成分来处理类似的问题。比如在"道一个歉"中,我们可以把"道歉"和"一个"看成是直接成分,"一个"后来又移动到"道歉"中间,使"道"和"歉"变成了不连续直接成分。问题是,"不连续"的概念要涉及"插入""移动"等概念,这已经带有转换性质。"不连续直接成分"只不过是在结构语言学参照系下开始涉及转换问题,这正好说明转换规则对描写自然语言有必要性。

---

① 当然最后三个例子还涉及空语类(empty category)的概念。

在印欧语中,有丰富的形态变化,不连续直接成分的现象比较突出,用直接成分理论或线性分析说明组合关系更加困难。比如像下面的句子:

  Has he known you?

按照直接成分的理论,切分出来的直接成分应该是语言中有意义的单位或词组,但是对这类句子切分会出现问题。考虑两种可能的切分:

  Has / he known you
  Has he / known you

这两种切分都出现了不合法的片段:

  he known you
  known you

英语还不是典型的屈折语,直接成分理论尚且不能应付,其他印欧语就更不用说了。如果从原型和变式出发,问题比较容易解决。这时可以把陈述句看成是原型,疑问句看成是变式。

  前面讨论的不连续直接成分体现的还只是语法层面的不连续组合,如果考虑到语义组合关系,不连续组合的现象更加突出。在前面列举的以"他砸了杯子"为核心的转换集中,很多句子中的动词和受事的组合都是不连续的(动词和施事的关系也是这样)。比如在"杯子是他砸了的"这个句子中,"杯子"和"砸"有直接的语义组合关系,但在线性关系上很遥远,更不能构成直接成分。在自然语言中,语法单位组合的连续性和语义单位组合的不连续性的矛盾相当突出。结构语言学由于不考虑语义组合关系,这个问题没有提出来。但是研究语义组合的规则是共时语言研究的主要目的之一,否则语法研究就是不充分的。像下面的例子(吕叔湘,1986.1):

  这稿子请让我看一次校样。
  工作队,咱那河沿村也不止来过一回两回。

仅仅分析出这些句子中"这稿子、工作队"的直接成分地位是远远不够的,更重要的是要确定它们的题元关系,说明这些题元在不同位置上的分布有什么意义,才能对句子的信息有全面的理解。传统语法从语义组合关系出发,用倒装等概念来暗示"杯子、这稿子、工作队"和动词的直接组合关系在线性连接上有了变化,实际上暗示了语法研究一旦涉及语义组合,不连续组合的问题更是无法回避的。

  转换生成语法的转换规则,后期的移位-α,结构语言学的变换分析,本质上就是在讨论语义组合不连续的问题。根据我们对 Chomsky、Harris 所使用的材料的分析，Chomsky 的深层结构、Harris 的核心句①，不仅在语法组合关系上是以连续直接成分为基础，在语义组合关系上也以连续组合为基础，比如主动句格式"NP_1（V NP_2）"一般被当作深层结构或核心句，因为满足直接成分的连续组合（圆括号已经反映出直接成分的关系）。至于语义组合，施事 NP_1 和谓语相邻，受事 NP_2 和动词相邻，均为连续直接组合。Chomsky 的短语结构规则描写的正是这样一些在语法、语义上连续的组合。而被动句、疑问句、被动疑问句、受事主题句、与主动句相关的名词性结构，尽管在语法组合关系上有些仍然保持连续直接成分的关系，但由于施事、受事等题元经过移位，和与之发生语义组合的谓语或动词不再相邻，都被看成经过转换或变换生成的。在支约论的移位-α中，这种关系更加突出。

　　语义组合关系是有层面的，我们大体可以分出 3 个层面。上面谈到的题元关系可以看成语义 1 层面。传统语法中的施事受事，转换生成语法中以谓词演算为核心的逻辑结构，语义格关系，本质上都是题元问题，属于语义 1 层面。有很多语义问题，语义 1 层面是控制不住的，比如支约论（GB）中讨论的约束问题，汉语语法学界讨论的有定和无定问题，"借、租、上课"这类动词或动词短语的施事是动作的接受者还是动作的发出者，等等。这个层面的语义问题可以称为语义 2 层面。语言所表达的百科知识可以看成是语义 3 层面。语义 1 层面和语义 2 层面是目前能在语言学范围内讨论的语义层面。语义 3 层面是否是语言学家的任务还不清楚。当题元移位时，语义 2 层面会发生有规则的变化，或要求有特定的条件限制，比如汉语受事宾语转换成被动句的主语或"把"字的宾语，都是以受事的有定和动词的有定②为条件的。Chomsky（1972）扩展标准理论中谈到的在表层结构解释的部分语义，朱德熙（1986.2）谈到的高层次的语义关系，都和语义 2 层面有关。转换规则的另一个目是要通过语义限制解释语义 2 层面这种有规则的变换。这部分语义内容，结构语言学也很少考虑。不解释这部分内容，语法研究仍然是不充分的。

　　如果不用转换规则，如何在结构语言学的框架中描写转换集合中题元有规则的移位？考虑下面三个句子：

---

① Chomsky 在《句法结构》中也使用核心句的概念。
② 动词的有定指动词总要有一些特定的修饰成分（徐通锵，1997.1）。

A:他砸了一个杯子　　　B:他把杯子砸了　　　C:杯子被他砸了

我们可以说三个句子的主语都是有定的,B句"把"字后面的宾语也是有定的,A句和B句的主语是施事,C句的主语是受事,A句的宾语是受事,B句"把"后的宾语是受事,C句"被"后的"他"是施事。这样描写的第一个困难是,我们必须对"施事、受事、与事、工具"等题元有严格的定义。前面已经提到,下面还会看到,题元的性质并不是处处都容易确定的。另一方面,我们不能否认三个句子中的"他、杯子"具有相同的题元关系。如果承认这一点,就是承认同一题元关系可以分布在不同的位置上,不同的位置在题元上有对应关系,这本身就蕴涵了转换的性质,只是换了一种说法,因为同一题元关系在不同位置上分布的规律就是转换要处理的问题之一。这里又涉及对转换规则的实质的理解。转换根本上就是题元移位(题元的省略可以看成移位的特殊情况),这在 GB 理论中已经非常突出,至于删除、添加等转换手段都是围绕题元移位展开的,是题元移位的形式条件。而题元移位的认识论基础就是题元和句子成分一对多的关系。这正是结构语言学的直接成分理论或短语结构规则没有讨论并且无法讨论的问题,因为短语结构规则的方法论基础是语法层面词类或词组类的连续分布,不涉及语义层面的题元关系,也不涉及题元关系的同一性问题和题元与句子成分的对应问题。但题元和句子成分一对多的规则又是语言学家必须解释的问题,否则语言学家不能说明句子的理解和生成过程。当然转换也可以看成是分布理论的扩展,那就是观察词语在不同句式条件下的分布,但是这种分布是相同题元关系的一组词在不同句式下有条件的分布(包括语义条件和形式条件),仅从这种意义上说,这种对分布的扩展和结构语言学的分布就有根本的区别。

　　正是这种区别的存在,短语结构规则不能解释"看望的是父亲"的歧义,因为直接成分的组合在这里只有一种方式。说汉语的人都知道歧义就在于"父亲"可以是施事,也可以是受事,但是当我们进一步追问为什么"父亲"在这里既可以是施事,又可以是受事,就要追问到题元的移动问题:不仅相同的题元可以移动到不同的位置,不同的题元也可以移动到相同的位置。

　　从方法论的角度看,转换规则,或者题元有规则的移动,比题元本身的性质更为初始。有些题元性质很难判断,比如:

　　下雨了　　　雨下起来了　　　下的是雨
　　下雪了　　　雪下起来了　　　下的是雪

下冰雹了	冰雹下起来了	下的是冰雹
出太阳了	太阳出来了	出的是太阳
出月亮了	月亮出来了	出的是月亮
出云彩了	云彩出来了	出的是云彩

这里的名词是施事还是受事，要涉及对世界的认识，不容易达成共识，但它们有规则的转换却是很明确的。题元的转换规则比题元的性质更初始，这个事实在汉语的配价语法、格语法研究中越来越明显。一个动词有多少价？能带什么性质的语义格？某个格是工具还是施事？是目的还是结果？这类问题并不是处处分得很清楚的，但是转换规则却是比较明确的。这不仅说明转换规则的必要性，而且说明很多题元关系的确定需要用转换作为形式标准。我国学者根据变换式来确定语义结构关系（题元关系），给动词分小类，就是以转换做形式标准。

转换的初始性也许解释了为什么 Chomsky 从标准理论开始一直到 GB 理论，都坚持一个以句法为中心的深层结构层面（GB 中称为 D 结构）。生成语义学曾试图取消深层结构，直接通过语义表达式或以谓词演算为基础的逻辑式生成表层结构。逻辑式就是以谓词加变元（论元）构成的命题，逻辑式的性质是由谓词和变元决定的。"天下雨"可以看成二元谓词的命题，"天亮了"可以看成一元谓词的命题。变元就相当于语言学中的题元。上面我们已经看到，题元的转换比题元的性质更初始，如果没有转换、移位等概念，题元性质并不总是明确的，因此逻辑式也并不总是明确的。深层结构实际上给转换提供了一个参照位置。深层结构和抽象的语义表达式或逻辑式不同，它实际上是通过短语结构规则（在 GB 中是 X 阶理论）生成的有线性秩序的题元关系，其他转换式都是从深层结构这个参照位置转换出来的。由于题元的性质不总是很明确的，深层结构就是必不可少的，更严格地说是参照位置必不可少。沈阳（1994）在结构语言学的框架中提出汉语"句位"的概念，也就是要在汉语中找出一个可以说明题元移位的参照位置。参照位置和转换、移位都是相关的概念，参照位置的必要性又证实了转换或移位的必要性。

不同句式有相同的题元关系，同时又有更高层次上的语义区别和对应，这些关系正是通过题元有规则的移位或有规则的分布联系起来的，这首先是一个事实问题，这些问题需要在转换规则中解决。这是转换规则在语义和语法相关层面上的必要性。所以转换规则是必要的，无法用短语结构规则取代，取消转换规则的几种理论模型其实都暗中引入转换的思想或默认转换所讨论的事实。

那么在形式语法中,是否可以扩展短语结构规则来取代转换规则呢?当代很多非转换的生成语法理论都是和形式语法的讨论紧密联系在一起的,因此我们有必要在形式语法的讨论中进一步说明转换的必要性。从形式语法上论证转换规则的必要性还可以使有些问题更清楚。因为用短语结构规则代替转换规则,其作用往往表面上是等价的,实质上并不等价。由于自然语言是一个高度复杂的系统,一个规则生成能力的强弱往往要涉及很多其他规则,并且往往和语义因素牵连在一起,因此,不容易识别这种表面上等价而实质上不等价的现象。对形式语言进行分析就比较容易看出这种差别。下面我们以 Bach(1974)提到的一个形式语言做实例,比较转换规则和短语结构规则的生成能力,提出转换规则必要性的理由。由于转换生成语法的古典理论对形式语言的描写是高度形式化和数学化的,不容易让人直观地领会到转换规则的必要性,这里我们仍将用一种比较贴近自然语言的表述方式来论证形式语言中转换规则的必要性。观察下面的形式语言:

ab, ba, aabb, abab, baab, bbaa, abba…

这些字母串的特点是,b 和 a 一样多。这些形式语言中的小写字母构成终端符号串,相当于自然语言中的词,每个小写字母串相当于自然语言中的句子。从理论上说这些小写字母串可以无限长。所有这些小写字母串构成这个语言的句子集合。下面改写规则中用到的大写字母都是一些抽象的范畴,是可以出现在改写规则左边的符号,因此是可以改写的符号。要生成上面语言中的全部句子,只依靠基本形式为 Z ——→XY 这样一些短语结构规则是很困难的(下面的分析还会显示这一点)。如果用短语结构规则和转换规则构成的转换语法,下面三套规则都可以生成上面的所有句子[①]:

S ——→AB   S ——→AB   S ——→AB
S ——→ASB   S ——→ABS   S ——→SAB
AB ——→BA   AB ——→BA   AB ——→BA
A ——→a   A ——→a   A ——→a

[①] Bach(1974)只用了 S ——→ab; S ——→aSb; ab ——→ba 三条规则,也能生成该语言的全部句子。Bach 是在终端符号串上运用变换。我们这里用了较多的规则,并且在非终端符号上引入变换,这是为了和下面要讨论的短语结构规则及 0 型文法做比较。这些方面 Bach 都没有涉及。

    B⟶b   B⟶b   B⟶b

这三套规则生成的句子是一样的,即三套规则是等价的。这里最关键的问题就是 AB⟶BA 这一条转换规则。以第一套规则为例,如果要生成 bbaa,使用规则的顺序和推导过程如下:

使用规则的顺序		推导过程
S⟶ASB	状态 1	ASB
S⟶AB	状态 2	AABB
对状态 2 的第 2、3 项使用 AB⟶BA	状态 3	ABAB
对状态 3 的第 1、2 项使用 AB⟶BA	状态 4	BAAB
对状态 4 的第 3、4 项使用 AB⟶BA	状态 5	BABA
对状态 5 的第 2、3 项使用 AB⟶BA	状态 6	BBAA
A⟶a	状态 7	BBaa
B⟶b	状态 8	bbaa

从表面上看,AB⟶BA 这条转换规则似乎可以由下面两条短语结构规则代替,或者说下面两条规则和 AB⟶BA 规则是等价的:

    S⟶AB,S⟶BA

即前面使用的一套生成形式语言的规则可以用下面一套纯短语结构规则代替:

    S⟶AB,S⟶ASB,S⟶BA,A⟶a,B⟶b

不难看出,ab、ba、aabb、abab 等都可以通过这样的短语结构规则生成出来。比如生成 abab 这样的句子的规则顺序和推导过程为:

S⟶ASB	ASB
S⟶BA	ABAB
A⟶a	aBaB
B⟶b	abab

但是短语结构规则和变换规则的等价现象只是表面的,因为上面的纯短语结构规则不能生成下面的句子:

    baab,bbaa

    S⟶BA 对于 S⟶AB 来说,表面上是在换位,但这种换位方式和转换的移位有根本的区别。对于 ASB 这样的符号串来说,可以通过 S⟶AB 生成 AABB,也可以通过 S⟶BA 生成 ABAB,这相当于把 AABB 中的第 2、3 项换位。但正是由于这种换位是通过短语结构规则进行的,这种换位只能在 AABB 的前一个状态 ASB 中通过改写 S 来进行,即前一个状态必须含有 S,这种换位不能在 AABB 本身进行。换个角度说,ABAB 并不是从 AABB 变来的,而是通过在状态 ASB 中运用 S⟶BA 变来的。这是短语结构规则换位的实质,整个过程是建立在直接成分理论上的,因为 BA 是 S 的两个直接成分。正因为如此,在 ABAB 状态上,要使第 1、2 项换位得到 BAAB,不可能再用 S⟶BA 的规则,因为这时符号串中已经没有 S,只能用 AB⟶BA 变换规则。这一点可以从下面的对比中更清楚地反映出来:

	短语结构语法	推导过程	转换语法	推导过程
状态1	S⟶ASB	ASB	S⟶ASB	ASB
状态2	S⟶BA	ABAB	S⟶AB	AABB
状态3			AB⟶BA	ABAB
状态4			AB⟶BA(状态3的1、2项换位)	BAAB
状态5			AB⟶BA(状态4的3、4项换位)	BABA
状态6			AB⟶BA(状态5的2、3项换位)	BBAA

短语结构语法(纯短语结构规则)的换位操作到了状态 2 必须终止,因为这时符号串中已经没有 S 符号,不能再用 S⟶BA。而转换规则 AB⟶BA 一直可以进行到状态 6。这正是转换规则和短语结构规则最根本的区别。AB⟶BA 这一转换规则意味着在符号串的任何状态、任何部位,只要遇到 AB,都可以换成 BA,这暗示符号在符号串中可以移动。移位是转换的本质,也是转换规则生成功能极强的表现。

当然,我们也可以在不用转换规则的条件下,在上面短语结构规则的基础上,再增加一些短语结构规则,生成那些需要转换规则才能生成的符号串。比如:

所用规则	符号串
S⟶BSA;S⟶AB	BABA
S⟶XY;X⟶BA;Y⟶AB	BAAB
S⟶BSA;S⟶BA	BBAA

这里的实质是,为了完成由 a、b 构成的四个终端符号的换位,必须在原来的 S⟶ASB,S⟶AB,A⟶a,B⟶b 四个规则上增加下面五个短语结构规则来完成换位操作:

S⟶BSA,S⟶XY,X⟶BA,Y⟶AB,S⟶BA

如果符号串的符号数目增加,比如大于 4,完成换位操作的短语结构规则也会跟着增加,从根本上说,用于完成换位的短语结构规则会随着终端符号串数目的增加而剧增。如果符号串的数目是无限的,规则也就是无限的。这就不满足生成语法的基本条件：规则必须是有限的。

从前面的形式语言分析可以看出，短语结构规则的换位操作必须以符号串中含有非终端符号为条件，因为短语结构规则都以 X ⟶ YZ 为基本形式，即箭头左边的符号必须是非终端符号（箭头右边不一定），才可以改写。对于转换规则来说，没有这个要求。比如我们前面给出的转换语法，可以写成下面的形式：

S ⟶ ab，S ⟶ aSb，ab ⟶ ba

第三条规则是对终端符号串进行操作的转换规则，箭头左边不是非终端符号。这三条规则仍然能生成我们前面提到的形式语言中的所有句子。比如：

使用规则的顺序	推导过程	
S ⟶ aSb	状态 1	aSb
S ⟶ ab	状态 2	aabb
对状态 2 的 2 号位 a 和 3 号位 b 使用 ab ⟶ ba	状态 3	abab
对状态 3 的 1 号位 a 和 2 号位 b 使用 ab ⟶ ba	状态 4	baab
对状态 4 的 3 号位 a 和 4 号位 b 使用 ab ⟶ ba	状态 5	baba
对状态 5 的 2 号位 a 和 3 号位 b 使用 ab ⟶ ba	状态 6	bbaa

前面说过，小写字母都是终端符号串。由此我们又得到另一个短语结构规则和转换规则的根本区别：转换规则可以使终端符号串换位，短语结构规则却不能。这再次说明了转换语法的生成能力比短语结构语法强。

结论已经很明显了，仅仅靠短语结构语法，不只是规则的简单与复杂的问题，更重要的是，有很多转换规则能生成的句子，短语结构规则是无法生成的。几个短语结构规则的作用有时候看起来和一个转换规则的作用等价，实际上并不等价。一个转换规则 AB ⟶ BA 比两个短语结构规则 S ⟶ AB、S ⟶ BA 的生成能力要强大得多。这说明，在形式语言中，要完成移位这种过程，仅仅增加短语结构规则是不行的，改写式左右端的符号必须有移位。可见，转换规则在形式语言中也是必要的。

另一方面，有些表面上看上去是不等价的规则，实际上是等价的。广义短语结构语法等尽管取消了转换规则，它所包含的复杂的短语结构规则在某些方面是否本质上仍然和转换规则是等价的呢？换个角度说，广义短语结构语法可能并没有真正取消掉转换规则，而只是换了一种对句子形式化的方式，这种方式中仍然蕴涵了转换规则。比如在描写下面两个相关句子时：

Nixon admires himself（尼克松钦佩他自己）
Himself，Nixon admires（尼克松钦佩他自己）

Gazdar 和 Pullum(1982)用了两个短语结构规则：

S⟶NP　VP

S⟶NP　S/NP

后一个规则中的"S/NP"即所谓斜线范畴(slash category)，表示句子中缺一个名词短语，是为了扩展短语结构规则而引入的。这样一来原来由转换规则处理的现象就由短语结构规则处理了。问题是，在带有斜线范畴的规则中，或类似斜线范畴的规则中，是否已经暗含了转换规则的性质？斜线后的名词短语很像 Chomsky 后来引入的空范畴(empty category)。Chomsky 的空范畴是和移位-α(Move-α)密切相关的概念，而移位-α 就是对转换规则的高度概括。这暗示所有的转换规则根本上就是在解释成分的移位以及移位后所留下的痕迹(trace)。上述包含斜线范畴的规则与移位-α 有相似之处，这可能暗示广义短语结构语法中的有些规则并没有真正越出转换规则的实质。当然这个结论还需要进一步研究和证实。在这个难点上，再回头分析一下形式语法可以给我们一些启示。在形式语法中，有些表面上不同的规则实际上是等价的，只是我们不容易看出来，这些等价关系要经过详细的证明才能说清楚。比如 Chomsky 把形式语法分成 0 型、1 型、2 型、3 型四种(Chomsky,1959)。其中 0 型文法的规则是：

$\phi A \psi \longrightarrow \phi \omega \psi$　　ω 可以是空串 λ[①]，φ 和 ψ 表示上下文。

由于该文法的生成式中 ω 可以是空串 λ，即在 φ—ψ 这样的上下文中，非终端符号 A 可以被改写成一个空串 ω，所以 0 型文法有缩减规则。从这一条规则的表面形式看，很像一条短语结构规则。短语结构规则的特点是左边只有一个需要改写的非终端符号，0 型文法规则的左边就只含有一个 A。

从另一个角度看，0 型文法中减缩规则的右边可以是空串，即允许符号串越改写越短，这是短语结构语法不允许的。所以 0 型文法规则表面上类似短语结构规则，但实际上包含了转换规则。减缩本身就属于转换规则的范畴。正是因为有了减缩规则，在其他短语结构规则的配合下，该公式也蕴涵了移位。比如对于任何 AB 符号串，只要给出下面两个公式：

　　A⟶λ(减缩规则，λ 为空串)，　　B⟶BA(短语结构规则)

就可以把 AB 移位成 BA。过程如下：

[①]　λ 表示空串，下同。

规则运用顺序	推导过程
S ⟶ AB	AB
A ⟶ λ	B
B ⟶ BA	BA

可以看出,转换规则 AB ⟶ BA 的作用等价于减缩规则 A ⟶ λ 和短语结构规则 B ⟶ BA 的作用。所以形式语法中的 0 型文法表面上是短语结构规则的形式,但实际上带有转换语法的性质。

广义短语结构语法是否也像这里讨论的情况一样,在形式化描写的背后暗藏了和转换规则等价的一些规则,这是需要进一步研究的。这种暗中相似的现象还可以从自然语言理解的发展历史中得到启示。比如,过去有不少人工智能专家认为 Woods 的扩充转移网络(Augmented Transition Network)仅用上下文无关文法(2 型文法)就能达到图灵机的生成能力。这是缺乏对图灵机和形式文法关系的认识。图灵机是一种功能很强大的机器可计算理论模型,由 Turing(1936)提出。随着 Chomsky 形式文法的问世,20 世纪 60 年代已经证明,图灵机和 0 型文法是等价的(Hopcroft, J. E. and J. D. Ullman, 1969),这已经是形式语言理论中的经典结论,而 0 型文法中的减缩规则已经蕴涵了转换规则,所以 Woods 的扩充转移网络实际上仍然是在转换语法的框架内。

本节开始处我们提到,否定转换规则的理由是转换的生成能力太强。从前面的分析看,这个理由和转换规则的必要性并没有必然联系。用短语结构规则代替转换规则的愿望是可以理解的,因为转换具有强大的生成能力,甚至强大到生成不合法的句子:

他砸了杯子 ⟶ 杯子被他砸了
他挨了骂 ⟶ *骂被他挨了

后面这个句子是不能转换的,所以转换需要加以限制。但是,转换规则生成能力过强,在很多情况下并不是转换规则本身的问题,而是语义组合关系的问题。比如上面不能转换的例子就属于这种情况。"砸"和"杯子"的语义组合关系跟"挨"和"骂"的语义组合关系是不同的。

如果考虑语义组合关系,不仅转换规则需要限制,短语结构规则也需要限制,因为如果语义搭配不当,短语结构规则也可以生成不合法的句子。比如前面举过的例子:

*John frightened sincerity(约翰吓唬真诚)

上述不合格的形式不是短语结构规则的问题，也不是转换规则的问题，而是语义组合规则的问题。frighten 的受事必须是有生命的，上述实例不满足这个语义条件。语法组合规则和语义组合规则是两个不同的层面，这两个层面尽管有联系，不能处处分得很清楚，但不可否认它们是两个初始的层面，即语义组合关系不可能通过语法组合关系推导出来，语法组合关系也不可能通过语义组合关系推导出来。从可实证的角度说，给定由两个实词构成的组合，其中一种关系确定以后，并不意味着另一种关系也就确定了。比如"烤白薯"的语义组合关系是确定的，是动作和受事的关系，但语法关系并没有确定，可以是偏正，也可以是述宾。"探望的人"的语法组合关系是确定的，但语义组合关系没有确定，可以是施事和动作的关系，也可以是受事和动作的关系。这种不可推导性在歧义研究中已经被广泛注意到了，它们分别和语义结构歧义和语法结构歧义相联系，但人们很少从概念的初始性这个角度去理解这个问题。

短语结构规则和转换规则处理的是语法层面的问题，但生成的句子要有可接受性，还要考虑特定词的语义关系，正是在这个意义上，短语结构规则和转换规则在生成合格的句子时都需要语义限制，否则两者的功能都过于强大，会生成不合格的句子。因此20世纪70年代以后，Chomsky等对语法生成能力的限制不仅指向转换规则，也指向短语结构规则。这就是对基础部分的限制和对转换部分的限制，其中很多问题都和语义有关系，但所有这些限制并不能构成取消转换规则的充分理由。

Newmeyer(1980)曾经谈到 Peters 和 Ritchie 1969年到1971年所做的工作，认为他们证明了如下问题：转换语法生成的句子集合是递归可枚举集(recursively enumerable set)。在这样的集合中，如果我们遇到一个错误的句子，将无法断定它是否是转换语法生成的。

很多人以此来否定转换规则。实际上这个问题相当复杂，涉及要回答什么问题，这些问题在形式语法中属于可解性与不可解性问题，包括很多方面。这类问题在稍早的时候已经由 Greibach(1967)、Hartmanis(1967)以及 Hopcroft 和 Ullman(1969)做了详细的讨论，并且证明了，不仅无限制文法(即0型文法，蕴涵了转换规则)存在不可解的问题，上下文有关文法(1型文法)、上下文无关文法(2型文法)都存在不可解的问题，差别在于，对于一个形式语言是否为空、是否有穷、是否无穷这几个问题来说，上下文无关文法是可解的，而0型文法和上下文有关文法是不可解的(Hopcroft, J. E. and J. D. Ullman, 1969, 14)。因此,也不能以是否可解来作为取消转换规则的理由。

无论是短语结构规则,还是转换规则,从纯形式的角度看,都包含过强的生成能力,它们不仅能生成在语义上合格的句子,也能生成在语义上不合格的句子,只不过前一类句子既符合语法规则,也符合语义规则,后一类句子只符合语法规则而不符合语义规则。因此,要恰如其分地描写一个语言的组词造句的规则,必须同时考虑语法组合规则和语义组合规则。取消转换规则的人批评转换生成语法只能生成各种各样的形式句子,并不能断定什么是人类语言的句子,什么不是。这个批评本身是对的,因为在没有考虑语义规则的情况下,确实不能断定哪些是人类语言的句子。但这并不是取消转换规则的理由。

实际上Chomsky所创立的形式语法在计算机科学中取得的成功,就在于计算机编译程序基础理论中用的形式语言本身并不考虑自然语言中所说的那种意义,只考虑符号和符号的形式规则。而Chomsky的转换生成语法在自然语言中遇到了一定的困难,就在于自然语言要考虑意义。这一事实本身说明了转换规则是一个语法规则,但它的使用要以语义为条件。

从前面我们对自然语言的讨论看,转换在描写和语义解释上具有简单性,并且能够描写语法组合和语义组合中的非连续直接成分。从形式语法看,只有转换规则才能保证用有限的规则完成移位操作。所以转换规则是必要的。

形式语法中引出的结论尤其值得注意。现在有不少人认为形式语法理论中的结论和自然语言语法的结论是两码事。其实如果能够尽可能把语义层面和语法层面分开,形式语法理论中引出的结论向我们暗示了自然语言纯语法层面的各种可能。自然语言纯语法层面的所有规则不过是各种形式语言的一个子集。形式语言各种奇特的属性反映了人类语言能力的潜在可能性。人类既然能够对各种形式语言进行刻画并且能够掌握这些形式语言,说明这种潜在能力是可以实现的。所以形式语言中转换规则的必要性和自然语言中转换规则的必要性是同一个问题的两个方面。

转换规则的必要性说明了人类语言的基本单位在组合上的复杂性。Saussure(1916)提出了能指的线条性和符号的线条性,并认为线条性是语言中的一个重要原则。能指就是语音形式,在时间轴上前后相继肯定是没有问题的,问题是符号的线条性的含义是什么。在"他很不高兴"中,"他"和"很"从能指看是线性连接的,但却没有符号组合上的关系。直接成分理论证明了符号组合是有层次的,由此才真正弄清了线条性的含义,即线条性是指直接成分按照线条性组合。但这种线条性仍然只说明了人类语言组合的部分性质,因为它规定了语法上 AB 两个直接成分必须在线性方向上连续,所以结构语言学家后来提出不连续成分来补充连续线性组合的不足。至于所指或语义组合的线条性,Harris 以前的结构语言学是没有考虑的。其实传统语法学的中心词分析法倒是接触到了语义组合的不连续性,经常用倒装、省略等概念来处理题元关系的连接。转换规则对不连续直接成分等复杂现象的描写说明人类语言的单位在发生组合关系的条件下具有可移位性质。转换的本质就是有条件的移位,人们可以从不同角度理解这种移位的性质。传统语法用倒装,后期结构语言学用变换,转换生成语法的古典理论和标准理论用转换,支约论用移位-α,广义短语结构语法用斜线范畴,中国的一些语言学家用语义指向、句位等概念,都证明了组合关系无论从语法上看还是从语义上看都有可移位性。不用一定的规则处理这种移位性质,就不能全面反映语言结构的本质。转换不宜简单地从字面上去理解,转换也不仅仅是一种分析方法,转换规则是自然语言的一种根本属性。就像直接成分是人类语言的一个初始概念一样,有条件的转换或移位也可能是人类语言的一个初始概念,它说明人类有一种能力,能够在单位有条件的移动中保持对同一题元关系(语义格关系)的理解。转换规则或移位规则就是处理这种能力的规则。

  语言习得过程往往能反映语言生成和语言理解的内在机制。在对外汉语教学的调查中,我们发现,单独把语义相关的汉语主动句、"把"字句和被动句教给学生,按照和短语结构规则等价的直接成分对这些句子进行分析,学生感到比较困难。而我们按照下面的方式排列句子:

  他打破了杯子
  他把杯子打破了
  杯子被他打破了
  杯子给他打破了
  杯子给打破了
  杯子打破了

先教第一个主动句子,并按照直接成分进行分析,再说明其他句子和第一个句子的转换关系,学生学习效果要好得多。当然我们还必须从语义的角度告诉学生哪些词构成的主动句不能用转换规则形成相应的被动句和"把"字句。

从以上分析可以看出变换分析的必要性。尽管在生成语法的参照系中有很多学者开始否认转换的价值，而我国学者继续肯定其作用，继续在结构语言学参照系下研究变换分析，这种选择本身就意味着方法论上的进展。

5.4.2 变换分析的平行性原则

中国学者在运用变换的过程中，扩展了变换分析的范围。比如歧义的分析、同构的比较等。但也在变换分析中遇到了很多问题，这些问题很多是 Harris 当初没有讨论过的，这就迫使中国学者从方法论上发展变换理论。

变换应该是在语义结构关系相同的条件下，句式之间形式上有规则的变化，并保持语义之间有规则的对应。语义结构关系相同是必要条件，否则变换就成了一般的造句过程。所谓形式上有规则的变化，是指通过移位、添加、删除等方式进行变换，并且可以抽象成公式。比如主动句和被动句：

主动	被动
$NP_1 + VP + NP_2$	$NP_2 + 被 + NP_1 + VP$
猫吃了老鼠	老鼠被猫吃了
他打破了杯子	杯子被他打破了

基本公式是：

$$NP_1 + VP + NP_2 (主动) \Leftrightarrow NP_2 + 被 + NP_1 + VP(被动)$$

变换以后一定要说明语义之间的对应关系。所谓对应是从变换实例的矩阵关系考虑的，并且有变换参照点。下面以例句1为参照来观察平行与周遍的情况：

在 + PP + V + NP	NP + V + 在 + PP	
1. 在黑板上写字	字写在黑板上	平行变换
2. 在墙上画画儿	画儿画在墙上	平行变换
3. 在火车上写字	字写在火车上	平行变换
4. 在水里捉鱼	*鱼捉在水里(不能变换)	不可变换
5. 在台上拉提琴	*提琴拉在台上(不能变换)	不可变换
6. 在操场上扔皮球	皮球扔在操场上(和1相比，语义不对应)	不平行变换
7. 在马背上打枪	枪打在马背上(和1相比，语义不对应)	不平行变换
8. 在墙上钉钉子	钉子钉在墙上	平行变换

变换式之间的语义对应就是语义平行，比如上面的第6、7例，就不满足语义对应。这里所说的平行是指以1为参照点。而第4、5例不能变换。不能变换和变换后语义不对应是不一样的。

另外，有些句子变换前后语义是相同的，这可以看成是平行变换的特殊情

况,可以称为同义变换。主动变被动基本上可以看成是同义变换。下面的变换不是同义变换:

陈述	指称
$NP_1 + VP + NP_2$	$VP + NP_2 + 的 + NP_1$
猫吃了老鼠	吃了老鼠的猫
小朋友打破了杯子	打破了杯子的小朋友

这样的变换算不算变换?如果算变换,有什么价值?总之,同义是相对的,关键是平行。

变换分析所面临的这些问题,Harris(1952;1957;1965)都没有详细讨论过。其实变换所遇到的这些问题,在以生成语法为参照系的转换理论中也遇到了。自从 Harris(1952;1957)、Chomsky(1957)提出变换或转换的概念以来,句式之间的关系是 20 世纪 50 年代以来句法研究的一个焦点问题。转换生成语法中核心句到非核心句的转换,深层结构到表层结构的转换,也是在讨论类似的问题。由于转换生成语法近几十年发展很快,这个问题也得到较多的讨论。1964 年,Katz 和 Postal 提出了转换不改变意义的假说。比如:

(1) The boy will teach the girl.
(2) Will the boy teach the girl?
(3) The boy will not teach the girl.
(4) The girl will be taught by the boy.

这些句子都可以是相同的深层结构通过转换而得到的表层结构。Katz-Postal 假说所说的转换不改变意义,并没有考虑陈述、被动、否定、疑问之间的区别,他们把这些区别都看成是语体层面的内容。但是有些主动句根本就不可能转换成被动句,所以把上面句式之间的差异看成是语体差异会遇到困难。

变换分析是一种较强的分析方法,但不易控制。所以变换分析遵循什么原则一直是变换分析中的难题。转换生成语法因为这个问题产生过激烈的争论,取消转换也就是源于这个原因。朱德熙在《变换分析中的平行性原则》(1986.2)一文中,比较全面地展开了对变换分析原则的讨论。变换分析面临的第一个难题是变换前后的句式在意义上有没有变化。其实任何不同的句式在语义上都不可能完全一样,从它们的分布不可能完全相同就能证明这一点。Harris(1965)提出变换前后的句子都要有可接受性(acceptability),并没有要求变换前后句子意义相同。但这样一来引出了一个问题,比较:

猎人追老虎 ←——→ 老虎追猎人

变换前后的两个句子都是可接受的,要说这样也算变换,那么变换和造句过程就没有实质性的区别。

　　变换前后的同一性也不可能在句法层面回答,因为变换前后词的序列不一样,句法关系通常也不一样。

　　那么变换前后的同一性到底在哪里?朱德熙认为是在语义关系上,即我们现在所说的语义结构关系上。比较下面的句子:

我借给你一支笔使　　——→　　我借一支笔给你使
我送给你一瓶酒喝　　——→　　我送一瓶酒给你喝
我递给他一张报纸看　——→　　我递一张报纸给他看
他租给我一间房住　　——→　　他租一间房给我住

拿第一个句子来说,"我"在变换前后都是施事,"你"在变换前后都是与事,"笔"在变换前后都是受事。正是语义结构关系的同一性控制住了变换前后的同一性,这是 Harris 没有解决的问题,因为 Harris 从根本上说并不想过多涉及语义结构关系的问题,仅仅想通过形式就控制住变换。Harris(1957)提出了核心结构的概念,并用变换来解释核心以外的结构。简单地说,简单句是核心句,复杂句是非核心句;主动句是核心句,被动句是非核心句。核心结构概念的引入表明 Harris 有"生成"的思想,这是因为 Harris 要讨论全部句子的关系。中国结构语言学没有讨论核心句或核心结构问题,因为所关注的目标是讨论特定句式的关系。Harris 从不同的角度描述了核心句,诸如核心句的定义和核心句之间的关系(Harris,1957,5.4),核心句是有限的(5.6,P338)。以核心句为中心组成了变换集,这里的关键问题是,连接变换式的条件是什么?根据我们对 Harris 的用例所做的分析,就是后来 Chomsky 等谈到的题元关系。而题元关系根本上就是施事、受事等关系。朱德熙用语义结构的同一性来控制变换关系,触及到了可变换性的本质。

　　朱德熙还进一步区分了低层次语义关系和高层次语义关系。上面所说的语义结构关系是低层次语义关系,高层次语义关系是低层次以外的语义关系。比如:

Np+V+着+N　　　　　N+V+在+Np
床上躺着病人　——→　病人躺在床上
台上坐着主席团　——→　主席团坐在台上

墙上挂着月份牌	→	月份牌挂在墙上
身上盖着毯子	→	毯子盖在身上
袖口上钉着纽扣	→	纽扣钉在袖口上
门上安着电铃	→	电铃安在门上
山上架着炮	→	炮架在山上
屋里摆着酒席	→	酒席摆在屋里

左边表示 N 的"存在方式",右边表示 N 的"存在处所",这是高层次的语义差异。

可以看出,前两个句子的 N 是施事,后六个句子的 N 是受事。但是这种差别在变换前后没有变。于是朱德熙提出了变换分析的平行原则:

1. 变换以前,竖行的句子在形式上和高层次语义关系上一致。
2. 变换以后,竖行的句子在形式上和高层次语义关系上一致。
3. 所有横行左右两侧的句子在高层次语义关系上的差别一致。
4. 每一横行左右两侧的句子在低层次的语义关系上一致。

平行性原则的提出使变换分析有了一个严格的方法论基础,同时揭示了语义的层次性,即在动词和施事、动词和受事等等这样一个语义结构关系之上,还存在一个更高的语义关系,仅仅靠动词和施事、动词和受事等等语义结构关系来说明语义的组合是不够的。这是方法论上的一个重要进展。实际上这已经涉及了后来构式语法的根本问题:构式义。更具体地说,这种进展表现为两个方面。和 Harris 的变换相比,平行性原则说明,尽管变换是一个语法层面的概念,但变换能否实现,必须考虑语义关系,因此变换不只是语法结构关系层面的问题。Harris 的变换分析之所以影响不如他的分布分析大,很可能是因为分布分析确实可以尽量少地考虑意义,比较好地处理语法结构关系,而移位问题本质上和语义有关,在用变换分析移位问题时,不考虑意义就无法解释变换之间的平行关系。和 Chomsky 的转换规则以及后来的支配约束理论(GB)相比,平行性原则严格地区分了高层次的语义关系和低层次的语义关系,这两个语义层次关系的区分在生成语法中不是很清楚。叶向阳(1997)后来进一步论证了高层次语义关系和低层次语义关系,认为动词的及物关系是一种低层次语义关系,致使关系是一种高层次语义关系。及物关系是谓词的永久根本属性,任何时候都不会丧失,可以借助词库或配价整合公式得到,而致使关系则是一种临时组建的关系,无法预测。

正是因为朱德熙等对变换所做的方法论上的阐述,中国学者对变换分析的语义认识已经超过了 Harris。20 世纪末的现代汉语的研究中,提取语义成分、区别句式的意义、划分词的小类,几乎都离不开变换。唐钰明(1988.3;1991.5;1992.2;1993.8;1995.3)、李佐丰(1994.4)、董治国(1994.4)等又进一步把变换分析扩展到古汉语研究,唐钰明提出了同一性原则和提取性原则,揭示了变换分析法在现代语法和古代语法研究中的异同。

5.4.3 空语类和深层结构

中国结构语言学的变换理论也有它的弱点,这就是"生成"的概念不明确,变换仅仅被当作分析句子的方法。中国的变换理论是在结构语言学的参照系下发展起来的,一般认为和 Harris 的转换理论有共同的地方,而和 Chomsky 的转换有所不同,理由是 Harris 的 Transformation 是句子分析法,Chomsky 的 Transformation 是生成句子的规则。实际上中国的变换理论不仅和 Chomsky 的转换理论有重要区别,和 Harris 的转换理论也有重要区别。Harris(1957;1965)在讲转换时使用了核心句的概念,认为转换反映了核心句和非核心句的关系,通过核心句的描写,再加上转换,就可以生成语言中的全部句子。更具体地说,Harris 的思路是,通过语素有层次的线性组合,生成核心句,核心句再通过转换,生成非核心句,由此生成一个语言中全部的句子。所以 Harris 的转换理论仍然有生成的思想,转换仍然可以理解成生成句子的规则。中国结构语言学的变换与此不同。

Harris 的转换和 Chomsky 的转换不同之处在于把转换用在什么地方。在生成语法的标准理论中(Chomsky,1965),转换是指从深层结构到表层结构的转换。从 Harris(1957)和 Chomsky(1957)的讨论看,两人的观点有很多一致的地方。当时 Chomsky 也没有提出深层结构的概念,转换也是从核心句到非核心句的转换。Chomsky(1965)提出了深层结构的概念,废弃了核心句的概念。所以,Harris 的转换和 Chomsky 的转换的根本区别不是有没有生成的观念,而在于核心句和深层结构的区别。和 Chomsky 的深层结构相比,Harris 的核心句是可观察的,是可以说出来的具体的句子,而深层结构是为了对语义进行解释而建立的一种抽象结构。这是结构语言学和生成语法的重要区别,结构语言学注重实证性和可观察性,生成语法重视有解释力的假说和原则。Chomsky(1965)提出深层结构就是为了使描写简单化,并且能够通过句法解释语义,他的语义解释就是在深层结构上进行的。从对大量实例的描写结果看,承认深层结构是必

要的,因为仅仅靠可观察性不能说明下面实例的转换过程:

　　将老李的军
　　跑得快
　　叫他来

很难解释这些片段是由什么可观察的核心句转换来的。如果要把这些片段本身看成是核心句,在理论上会碰到很多困难,因为根据 Harris(1957)和 Chomsky(1957)的用例,核心句都应该是可以接受直接成分分析的,但"将老李的军"这样的句子不能进行直接成分分析,除非引入"不连续直接成分"的概念。而不连续直接成分已经暗示了一个连续直接成分的深层结构,所以还得有深层结构做解释。汉语儿化词也属于这种情况。前面我们提到的英语句子:

　　Has he known you?

也必须用深层结构才能说明其转换过程。

　　为了说明内在的语义关系,后期生成语法中和转换紧密相连的概念是"空语类","空语类是从语迹的概念发展而来。至今已经研究了三种空语类:

　　PRO 空语类:PRO to like John is difficult
　　NP－语迹:$John_i$ is liked t_i
　　wh－语迹:who_i John likes t_i

NP－语迹、wh－语迹形成的空语类是由转换形成的结构,PRO 空语类不是由转换形成的,因此也不存在还原的问题或语迹的问题。怎样统一处理和解释这些不同的空语类,生成语法后来形成了一种控制理论(Control theory),研究 PRO 这种特殊的空语类,这些空语类不是移位 α 产生的。下面用 e 表示:

　　e to learn English is difficult　　　　　e 不受控制
　　John tried e to learn English　　　　　 e 受 John 控制
　　John promised Mary e to learn English　 e 受 John 控制
　　John persuaded Mary e to learn English　e 受 Mary 控制

这里所谓 e 受 X 的控制就是指 e 和 X 有相同的指称,这些 e 显然不是移位 α 产生的,因为它们不像移位 α 那样可以找出还原式。其实控制理论所处理的问题,也是不可还原性的问题。汉语中的兼语式也有类似的情况:

　　请朋友 e 喝酒(e 是喝的施事)
　　找一瓶酒喝 e(e 是喝的受事)
　　替他 e 喝酒(e 是喝的施事)
　　买个坛子 e 装酒(e 是装的工具)

坐在沙发上 e 喝酒（e 是喝的施事）

这里的 e 都是隐蔽的施事、受事或工具，但都不能补出来，也就是说不可还原。前面讨论的"将老李的军"这样的句子，根本问题就是不能还原的问题，即在汉语中没有"将军/老李"这样一个可观察的、可直接说出来的句子。很多学者都承认汉语句子有很多变式，并且暗中假定了各种变式都是建立在一个基本句式基础上的。事实上这个基本句式在现实句子中往往是找不到的。这就是不可还原性。

　　上述问题从另一角度看就是空语类的问题。为了对成分的移动做更充分的解释，从 20 世纪 80 年代开始，一些学者也展开了对汉语"空语类"或和空语类相关问题的研究，并提出了一些对生成语法空语类的修正意见，主要有汤廷池《国语变形语法研究——第一集：移位变形》(1982)、黄正德《汉语生成语法》(1983)、徐烈炯《管辖与约束理论》(1984.2)、徐烈炯《移位、空语类与领属条件》(1984)、Xu and Langenden *Topic structures in Chinese* (1985)、王维贤《说"省略"》(1985.6)、徐烈炯 *Free empty categories* (Xu, 1986)、赵世开《语言结构中的虚范畴》(1986.1)、黄正德 *Remarks on empty categories in Chinese* (Huang, 1987)、徐烈炯《生成语法理论》(1988.11)、荣晶《汉语省略、隐含和空语类的区分》(1988)、邢欣《论"递系式"》(1990)、汤廷池《"原则与参数语法"与英华对比分析》(1990)、冯胜利 *Subject in Chinese and the theory of case-assignmen* (Feng, 1990)、黄衍《汉语的空范畴》(1992.5)、李亚非 *What makes long distance reflexives possible* (Li, Y., 1993)、张国宪《谈隐含》(1993.2)、沈阳《现代汉语空语类研究》(1994)、《动词的句位和句位变体结构中的空语类》(1994.2)、徐烈炯《与空语类有关的一些汉语语法现象》(1994.5)、冯胜利《"管约"理论与汉语的被动句》(1997)。徐烈炯(1985)在转换生成语法的参照系下讨论了汉语主题结构，论证了至少汉语有某些主题不是通过移位生成的。徐烈炯(1994.5)在进一步比较了英语和汉语的空语类后认为：

　　1. 汉语中空语类的分布较广，限制较少。英语宾语位置上出现空语类必定是移位所致，其先行语必然能在句中找到。汉语没有这一语法限制。

　　2. 英语主语位置上出现非移位造成的空语类，必定在不定式从句中。汉语没有定式与不定式区别，也不会有这种语法限制。

　　3. 英语和其他印欧语中的空语类分三、四种，每种空语类出现在一定的结构位置上。句法结构限制空语类的性质和所指的可能性。而在汉语中没有这种限制。如果把汉语中的空语类也作相应的划分,那么在各个位置上都有可能出现不同的空语类。只要语义和语用条件允许,空语类可以自由地与句中其他成分共指或不共指。

这些论述从汉语的角度丰富了空语类的概念。

对空语类的研究必然要涉及对还原问题的研究,对还原问题的进一步研究说明汉语生成语法中对空语类、省略、隐含等概念没有做严格的区分。荣晶(1988)研究了省略、隐含和空语类的关系,得出了以下几个值得注意的结论:

  1.省略是语用平面言语链的变通形式,隐含是语义平面思维链呈现的"空位",空语类是句法平面语符链中固有的空句法成分。

  2.隐含、空语类在基础部分就存在的,而省略则在表层结构才产生,因此省略的成分可以在表层结构中共现,而空语类绝对不允许共现于表层结构,隐含一般不共现,如果共现则改变原有结构关系。

  3.省略、隐含和空语类虽然都以"空位"形式出现在语言结构中,可它们与一切有形词一样,具有词汇上的指称意义和句法上的结构意义。所不同的是,省略在这些方面的表现是显性的,而隐含和空语类则是隐性的。

"空"和"实"是相对的,没有一个预先存在的参照结构,"空语类"的"空"就没有价值。中国结构语言学在讨论转换的时候,不仅不设立深层结构,甚至连核心句的概念都没有。这在分析中会遇到很多困难。像"将老李的军/叫他来/吃得完"这类言语片段,讨论变换分析的学者都避开了。在具体进行变换分析的时候,往往是拿几个容易变换的句子进行分析。一种分析方法只解释一些句式而不解释另一些句式,这种方法是不完备的。如果引入生成语法的空语类来研究汉语,就必须假设深层结构。

沈阳(1994)从结构语言学参照系出发,在《现代汉语空语类研究》中提出了"句位(abstract structure)"的概念,给出了变换分析的参照结构。句位是指动词和由动词支配的一定数量、固定位置的名词成分所构成的抽象的句法结构形式。沈阳提出的这种抽象的句法结构形式在本质上和深层结构的思想是一致的,不过是在结构语法的框架中展开的。可以说这是在中国结构语言学框架中第一次明确系统地引入了深层结构的观念。

从前面的讨论可以看出，不可还原性在汉语中是很普遍的。让我们来看沈阳解决这个问题的方式。先看实例：

a　　　［他洗了那几件衣服］
b　　　［那几件衣服他洗］得干干净净
c　　　［洗衣服］是你应该做的事情

沈阳（1994，P3）认为：

假定 a 句是 b、c 句中相同结构的起点和终点，b 句的倒装成分和 c 句的未出现成分就都不能还原。这时当然也就很难再说它们是倒装式或省略式了。可见按实际出现句子的倚变关系来讨论句式的结构变化有时会遇到困难。

这样就引出了句位的概念。句位的性质体现在几个方面（沈阳，1994，P3）：

第一，根据划分动词的类所依据的分布原则，建立由动词（V）和该动词分布性质所要求的必有数量、固定位置的名词性成分（NP）构成的基本结构。这种基本结构是抽象的，同时在句法上又是可判定的。本文称之为"句位"（abstract structure）。第二，句位在填入词语 V 和 NP 进入使用状态的各种结构，都是具体实现的结构，本文称为"句位变体结构"（variant structure）。第三，句位变体结构与句位的联系是具体结构与抽象结构的联系。变体结构的形式是多种多样的，但一方面不能突破句位的结构制约，另一方面也要"映射"（mapping）句位，即当句位规定的 NP 位置上未出现有形词语时，看作在这个位置存在一个无音无形的句法成分。本文把这个成分或者这个空位置称为"空语类"（empty category）。最后，第四，考察在什么情况下句位变体结构中出现空语类，并通过空语类来描写结构的变化和说明变化的条件。

此前，陆俭明的《汉语口语句法里的易位现象》（1980.1）、赵世开的《语言结构中的虚范畴》（1986.1）、吕叔湘的《汉语句法的灵活性》（1986.1）等论文从不同的角度讨论汉语的易位现象，由于当时类似句位这样的深层结构概念在汉语中没有建立起来，不可还原的易位现象没有深入展开，类似空语类的问题也不可能深入展开。正是句位的建立，使变换或移位的分析有了一个参照点，"空语类"的概念也才能得到展开。

句位的实质就是引入一个深层结构层面。在此以前，我国当代语法学基本上采取两个结构关系层面(就通常的语法研究范围来说的)。后来又增加了语用关系层面,那已经不是语法层面的问题),即语法结构关系和语义结构关系层面。这和 Lakoff、Fillmore 的思路相近。当然,在语义关系和语法关系层面之间再引入一个深层结构,从结构语言学的参照系看,这个深层结构就是符合直接成分理论的部分。不过,我国很多学者认为深层结构有任意性,因为把多少句式放在短语结构语法中来处理有相对性,比如我们曾谈到的被动句,也可以放在短语结构语法中来处理,当然这会使语法描写更复杂一些。

但是,对深层结构的怀疑并不能改变认识论上的关键问题。引入深层结构,可以使描写简单化,即有些句式用短语结构描写,有些句式在转换规则上处理,这样可以看出句式之间的关系。更重要的是,前面我们已经看到,有些言语片段,不引入深层结构是无法解释的。因此,深层结构很可能是一个初始概念,在语法描写中是必不可少的。

从生成语法的变迁看,早期的好多概念都被取消了,但深层的概念一直没有取消,这本身也说明作为一种普遍现象,深层结构是必要的。深层结构在生成语法中和语迹(trace)这一概念紧密相连。语迹(trace)这一概念源于 Chomsky (1977)的"修正标准理论(REST)"。在早期的"扩展标准理论(EST,Chomsky, 1972)"中,由于要在深层和表层两个层面解释语义,理论上不简练。如果在表层上全部解释语义,表层上怎么能看出深层结构中的信息?引出语迹,就解决了在表层结构上全部解释语义的问题。所谓语迹,是指一个词语从 X 位置移动到 Y 位置后在原来的 X 位置上留下的痕迹,通常用 trace 的第一个字母 t 来表示。比如:

我打破了杯子(假定为深层结构)
杯子被我打破了 t
我把杯子打破了 t

有了语迹的概念,包含在深层结构中的信息(深层结构的宾语)就可以在表层结构中体现出来,这样就可以在表层结构上解释深层结构中所包含的信息,而不必在深层结构和表层结构两部分分别解释各自的语义信息。

语迹的提出是 Chomsky 转换生成语法的重要转折。在支配约束(GB)理论中,像 X 阶理论统一短语结构规则一样,各种转换规则也被 α 移位规则统一了。统一的结果也就是要在 S 结构中留下语迹以便解释 D 结构中的语义关系。就 α

移位规则本身来说，由于没有任何限制，反而生成能力更强了，必须要在原则系统中进行限制。

可以看出，GB理论在规则系统的范畴部分和转换部分所做的修改都迫使GB必须在原则系统中定出详细的细节。语迹的概念是从生成的角度提出的，所以当规定了深层结构以后，在从深层结构向表层结构的转换中，可以通过语迹保留深层结构的信息。但从理解的角度看，表层结构往往并不存在语迹的形式标记，如何找到深层结构的信息或者说如何获得题元的信息，这时必须描写表层结构与深层结构的对应关系。在这种研究中，题元就显得非常重要。

Chomsky后来提出的原则系统的核心是围绕着题元展开的，题元概念就是语义格的发展，是基础，没有题元，就不知道深层结构中有多少个必要的名词，但题元还不能决定名词的深层位置。没有名词的深层位置，就没有空语类或虚范畴可言。所谓"虚"就是针对"实"，"实"是深层结构中名词所处的位置。是所有位移的参照位置。标准是什么，Chomsky没有明确申述，实际上就是由短语结构规则发展出来的X阶理论。基本模式是：

$$X_n \to X_{n-1} \text{ Comp}$$

如何描写确定补足语（Comp）的位置，是理解空语类的第一个问题。沈阳在《现代汉语空语类研究》（1994）中从汉语出发，给出了汉语"句位"的概念，并以"句位"作为空语类的参照位置。尽管沈阳是在结构语言学参照系下讨论问题，但并不影响问题的实质。

可以看出，为了从表层上得到语义结构的解释，参照位置非常重要。不同的语言可能有不同的参照位置。所谓虚范畴或空语类就是在讨论参照位置和变异位置，因此，虚范畴或空语类是支配约束理论的核心。

在汉语中建立深层结构，或者说句位的概念，更进一步证实了深层结构作为一种初始概念的必要性。当然，很可能不同的学者提出的深层结构不一样，沈阳的句位也可能是多种句位系统中的一种。深层结构是相对的，就像音位是相对的一样。重要的不是采取什么样的深层结构，而是承认不承认深层结构。这是一个认识论问题。

5.4.4 汉语的支配与约束

Reinhart(1976)讨论了照应成分(anaphors)受c-command的限制的条件，

涉及了指称的约束和自由问题。约束和自由本来是数理逻辑谓词演算中和量词有关的概念,自然语言约束与自由的表现方式要复杂得多。支配约束理论中所说的约束是指,某个成分和先于它的某个名词短语指称相同。我们认为研究这个问题具有相当重要的意义,因为尽管前面已经给出了很多关于语义格的分析理论,但面对一个表层句子,一个成分和哪个语义格同指,是一个需要判定的重要问题。Chomsky(1981,3.1)详细讨论了约束问题,给出了大量实例分析。在英语中,有下面的句子:

John$_i$ saw him$_j$
John$_i$ saw himself$_i$
John$_i$ saw John$_j$

以上有相同右下标的词表示同指(指称相同),右下标不同表示不同指。him 不是指 John,himself 是指 John,最后一句的两个 John 不是指同一个人。以上差别的一般规律是什么?Chomsky(1981,3.2.3,P188)通过支配范畴给出了约束理论(binding theory)来解释这里的规律。约束理论的核心是约束三原则,都跟支配概念有关系:

  (A) An anaphor is bound in its governing category
  (B) A pronominal is free in its governing category
  (C) An R-expression is free

翻译成汉语就是:

  (1)约束原则 A(Binding Principle A):照应词在支配范畴①内受约束(bound)。
  (2)约束原则 B(Binding Principle B):代名词在支配范畴内是自由的(free)。
  (3)约束原则 C(Binding Principle C):指称词总是自由的。

汉语中的约束现象是否也需要支配概念,从而也需要结构关系的概念?在上述 Chomsky 的约束三原则中,B 原则(代词原则)基本适用于汉语:

  张三$_i$认识他$_j$
  张三$_i$说[李四$_j$认识他$_{i,k}$]

在约束三原则中,C 原则(指称词原则)也基本适用于汉语:

  张三$_i$认识张三$_j$
  张三$_i$说[李四$_j$认识张三$_k$]

  在约束三原则中,A 原则(照应词原则)是针对照应词和反身代词说的,由

---

① 所谓支配范畴或支配域是指最低层的 S,或者说最小的 S 或 S 的变式。

于汉语没有反身代词，就无法检验这个原则。汉语中的"自己"接近照应词，使用情况比较复杂。我们以下面的一个支配范畴例子为基础来考察支配范畴在研究中的意义，进一步认识结构关系的意义。这个支配范畴例子为：

NP$_i$ V 自己

我们最后将提出一个传递性原则来说明汉语"自己"的活动规律，并证明支配范畴对于解释"自己"的活动规律仍然是一种重要的概念。考虑具体例子：

张三$_i$认识自己$_i$

我$_i$认识自己$_i$

他$_i$认识自己$_i$

你$_i$认识自己$_i$吗？

但在多层嵌套支配范畴中，汉语的"自己"不受照应原则限制。也就是说，"自己"还可以在支配范畴之外受到约束：

张三$_i$说[李四$_j$了解自己$_{i,j}$]

张三$_i$说[李四$_j$喜欢自己$_{i,j}$]

张三$_i$说[李四$_j$原谅了自己$_{i,j}$]

张三$_i$说[李四$_j$批评了自己$_{i,j}$]

张三$_i$不喜欢[李四$_j$批评自己$_{i,j}$]

张三$_i$不喜欢[李四$_j$对自己$_{i,j}$的批评]

黄正德(1982)已经注意到这类现象。Chomsky(1986b)提到"长距离约束"(long-distance binding)的概念，也谈到了英语中的长距离约束问题。黄运骅(1984)、Tang, C.-C. J.(1989)等提出了"阻断效应"①，认为汉语"自己"受根句(matrix clause, 即主句)主语约束的条件之一是和该句所有主语在人称特征(包括数量、性别)上保持一致，否则只在小句中受约束。程工(1994;1999)、胡建华(1998.3)对相关问题做了评论分析。我们认为阻断效应有比较强的解释力，但还会遇到一些问题，下面我们来解释一些反例，并给出更一般的规则。

问题的本质是"自己"的先行词从内层支配范畴向外层支配范畴传递的问题。宋作艳(2001)发现，先行词的指称向后的传递并不受性别限制，或者说"自己"受前面先行词约束时并不受先行词的性别限制：

他$_i$知道[她$_j$会批评自己$_{i/j}$]

这是由于汉语口语中没有性别的区分，性别的限制在口语中不存在。至于数量

---

① 《生成语法对汉语"自己"一词的研究》。

限制,宋作艳(2001)还发现,由于"自己"是指单数,要求先行词也是单数;如果是复数,往往都有"都"等单位把复数分解成单数:

张三$_i$知道[他们$_j$都会批评自己$_{i/j}$]
他们$_i$都知道[李四$_j$会批评自己$_{i/j}$]

这里的"他们"由于受"都"的限制,表示"他们"中的每一个人。由此可以看出,先行词从内层支配范畴向外层支配范畴的传递和人称的数、性并没有直接关系,只和人称有关系。宋作艳(2001)认为"长距离约束"只与第三人称有关,它要求所有主语必须都是第三人称(包括第三人称代词和指人的指称语)。我们同意这种看法。下面我们的分析将扩展到第一、第二人称的例子,并认为三种人称可以从理论上统一起来。

就我们下面的材料看,从根本上说,长距离约束只和单数人称的一致性有关系。即只要人称不一致,就不可以传递:

我$_i$知道[她$_j$会批评自己$_j$]
我$_i$知道[他$_j$会批评自己$_j$]
我$_i$知道[你$_j$会批评自己$_j$]
你$_i$知道[她$_j$会批评自己$_j$]
你$_i$知道[他$_j$会批评自己$_j$]
你$_i$知道[我$_j$会批评自己$_j$]
他$_i$知道[你$_j$会批评自己$_j$]
他$_i$知道[我$_j$会批评自己$_j$]
她$_i$知道[你$_j$会批评自己$_j$]
她$_i$知道[我$_j$会批评自己$_j$]

如果人称一致,先行词就可以传递,不限于第三人称:

我$_i$知道[我$_j$会批评自己$_{i/j}$]
你$_i$知道[你$_j$会批评自己$_{i/j}$]
张三$_i$知道[李四$_j$会批评自己$_{i/j}$]
张三$_i$知道[他$_j$会批评自己$_{i/j}$]
张三$_i$知道[她$_j$会批评自己$_{i/j}$]
他$_i$知道[李四$_j$会批评自己$_{i/j}$]
她$_i$知道[李四$_j$会批评自己$_{i/j}$]
她$_i$知道[她$_j$会批评自己$_{i/j}$]
她$_i$知道[他$_j$会批评自己$_{i/j}$]
他$_i$知道[她$_j$会批评自己$_{i/j}$]

由于第一人称、第二人称情况简单,后面重点讨论第三人称的情况。

徐烈炯(1993)讨论了"自己"的长距离约束,提出了一个例子来反对阻断效应①:

总统$_i$请我$_j$坐在自己$_i$的旁边

其实类似的例子我们还可以举出很多:

张三$_i$让我$_j$站在自己$_i$的后面
张三$_i$让我$_j$站在自己$_{i/j}$的门口
张三$_i$把我$_j$放在自己$_{i/j}$的床上
张三$_i$被我$_j$拦在自己$_{i/j}$的门前
张三$_i$要我$_j$选举自己$_{i/j}$
张三$_i$请我$_j$选举自己$_{i/j}$

这些都是人称不同,但先行词可以长距离约束的。阻断效应在这里确实遇到了问题。从汉语的情况看,在多个支配范畴内,"自己"前面的名词只要是指称人的题元,都可能约束"自己"。至于这种约束到底能否实现,要取决于词义、认知或语境意义等条件。比如上面的第一例,"我"不可能站在自己的后面,所以"我"不能约束"自己","自己"就只能被"张三"约束,这是认知条件决定的。如果把"后面"换成"门口","自己"就可以既被"张三"约束,也被"我"约束,这就是第二句的情况。其他几句都是有歧义的。徐烈炯的例子也属于认知的情况,因为"我"不可能坐在自己的旁边,所以"自己"只能受"总统"约束。

现在来概括汉语的约束规则。对于那些真正的多层支配范畴,先行词的传递可以一直进行下去,只要不出现记忆上的障碍。下面是三个支配范畴的嵌套:

〈小王$_k$说〈张三$_j$知道[李四$_i$会批评自己$_{i/j/k}$]〉〉
〈小王$_k$说〈张三$_j$知道[李四$_i$会选举自己$_{i/j/k}$]〉〉

有些满足上述条件而不参与约束的先行词,也是因为词义、认知、语境等条件的限制:

小王$_k$说[张三$_j$知道[李四会看望自己$_{j/k}$]]
小王$_k$说[张三$_j$知道[李四会拜访自己$_{j/k}$]]
小王$_k$说[张三$_j$知道[李四会送自己$_{j/k}$一本书]]

"看望、拜访、送"这样的外向动词,从认知上说一般不会把动作指向自己,所以内层支配中的主语"李四"不会约束"自己"。

---

① 徐还有一个例子:"他怕我超过自己。"这个例子不太符合汉语习惯。

一般地说,在内层支配范畴内,"自己"前面的指称人的题元,无论是宾语或主语,都可能充当先行词。如果是跃出内层支配范畴,就只有主语能充当先行词:

小王$_i$告诉张三$_j$说[李四$_k$会批评自己$_k$]

小张$_i$告诉小王$_j$说[张三$_k$知道[李四$_l$会选举自己$_l$]]

小张$_i$告诉小王$_j$说[张三$_k$知道[李四$_l$给自己$_l$留了一个位置]]

黄正德(1982)已经注意到"自己"有选择主语做先行词的倾向,比如:

老王$_i$告诉小李$_j$说自己$_i$要来

老王$_i$送给小李$_j$一本自己$_i$的书

老王$_i$不愿意同小李$_j$谈自己$_i$

徐烈炯(Xu,1993)举出两个反例:

他$_i$一直被我们$_j$当作自己$_i$的榜样

小张$_i$把小李$_j$关在了自己$_i$/$_j$的屋里

根据我们对支配范畴的修正定义,以上的例子都是可以解释的。"自己"前面的指人的题元从原则上看都可能参与约束"自己"。前一个例子的"他"之所以没有约束"自己",是因为"他"不能拿"自己"做榜样,这是认知条件决定的。徐烈炯的第二个例子,实际上"自己"可以受"小张"和"小李"约束。黄正德的第一个实例中,"小李"是外层支配范畴中的一个宾语,所以不约束"自己"。黄正德的第二个实例是单纯支配范畴,"自己"前面的"小李""老王"都有资格约束"自己",但从认知上看如果书是小李自己的,并不需要送书,所以只能是"老王"约束"自己"。黄正德的第三个实例也是单纯支配范畴,但"同小李谈自己"这个片段本身就决定了不是小李谈自己,所以只能是"老王"约束"自己"。

根据以上分析,正如我们前面提到的,内层支配范畴以内并不区别主语和宾语,只要在"自己"前,都可能约束"自己"。在外层支配范畴中,先行词只在主语之间传递。

黄正德(1982)关于主语倾向性的观点,还暗含了一个结论,即"自己"可能越过内层支配到外层支配中寻找先行词,而根据我们以上的分析,"自己"首先要在内层支配范畴中获得先行词,如果内层支配范畴中位于"自己"前面的题元词不能做先行词,总是有词义、认知、语境的条件。

以上分析可以概括成先行词传递原则:

对于[S$_2$[S$_1$[S$_0$]]]这样一种支配范畴的嵌套关系:

1. 在内层支配范畴 S_0 内,"自己"首先受前面指称人的题元词约束(支配范畴的核心可以是谓语复杂形式)。

2. 如果内层支配范畴中的先于"自己"的题元词和外层支配范畴的主语在人称上一致,则"自己"的约束关系可以向外层支配范畴的主语传递,但不向宾语传递。

3. 在可能的先行词中,"自己"最后被哪一个约束,取决于具体的词义、认知意义和语境。

从以上讨论可以看出,汉语中"自己"的受约束方式和英语的 anaphor(回指词)不完全相同,但都需要通过支配范畴或通过对支配范畴的扩展来进行规则描述,而那些和规则有出入的例外,都可以通过语义、认知和语境等得到解释。更概括地说,汉语的名词、代词、指称词和"自己"等的约束规则基本上都需要通过支配范畴来描述,这就进一步证明了支配范畴的必要性。至于描述出来的规则是否和英语相同,显然有语言系统或语言参数的差异。前面我们讨论过支配要涉及核心和补足语两个概念,所以支配关系本质上是句法结构关系,现在我们可以说句法结构关系是约束关系的必要概念。正是因为结构关系是根本性的,即使汉语中的长距离约束能够越出支配的几个层次,这种约束仍然要受到主语和宾语概念的限制。而主语和宾语的概念正是以动词为核心形成的句法关系概念。

以上分析说明我们不应该纠缠约束原则是否在汉语中有效,因为每个语言都有每个语言的规则,而应该通过具体语言的规则来认识人类语言的初始概念和普遍原则。这涉及 Chosmky(1981)所说的原则与参数问题(principles and parameters)。普遍原则(universal principles)对世界上所有的儿童来说是普遍的,但不同的语言有不同的语法结构,儿童需要学习这些特别的结构,这就是参数(parameters)。下面这些描写都可以看成参数:

1. 汉语的一般疑问句并不需要把助动词挪动到前面。
2. 汉语的疑问代词不需要移动。
3. 汉语的定语在动词前面。

参数反映了不同语言的差异,但是参数是有限制的,体现了一定的规则。比如:

What would you like?
What are you going to do?
Where are you going?

Wh-类词总是转换到句首,不可能是有的转换到句首,有的不转换。从原则的参数的角度看,我们更应该观察支配范畴这一初始概念(或者更进一步说是结构关系这一初始概念)是否对汉语研究有价值。这个问题本质上又是句法结构关系和语义结构关系的相互制约问题。

5.5 语义结构关系的扩展

前面提到的丁声树等的《现代汉语语法讲话》(1952),主要是在动词中心论的前提下讨论语义结构关系。转换生成语法讨论语法结构关系和语义结构关系时也是这样。仅仅围绕动作和施事、动作和受事、动作和工具、动作和处所、事物和性质、事物和质料等语义关系来认识汉语的全部语义关系是不够的。在汉语中尤其不够,赵元任(1948)提出的主语和谓语的复杂关系,不仅仅是动词谓语中心论所能概括的。即便是以动词为中心的语义结构关系,也有一个判定问题。这暗示了语义结构关系必须要有进一步的扩展。

5.5.1 格语法和配价语法的研究

变换分析离不开语义,相同语义结构的一组句子或短语才有变换的可能,这就决定了描写语义结构关系的迫切性。这是格语法、配价语法产生的第一个背景。另一方面,很多言语片段相互之间有语法上的同构关系,但是仍然有歧义。比如:

A　　来的是学生
B　　看的是学生

两个片段是严式同构,即层次都一样,而且每一个层次上的结构关系、直接成分的功能、结构的功能都一样。A 没有歧义而 B 有歧义,从语义结构的角度看是因为"看"可以带施事和受事,而"来"只能带施事,不能带受事。这种差别是动词所带的"价"或语义格的差别引起的。B 的歧义必须通过语义结构关系才能说明。最后,具有相同语义结构的动词往往具有相同的句法性质,因此,描写动词的格框架也是一个迫切任务。

朱德熙《"的"字结构和判断句》(1978.1—2)研究了汉语的动词和名词的语义关系,提出了"向"的概念,比较好地解释了"的"字结构的歧义指数问题,并提出了判定"向"的原则。

朱德熙认为,只能跟一个名词性成分发生联系的动词叫单向动词,能跟两个名词性成分发生联系的动词叫双向动词。能跟三个名词性成分发生联系的动词叫三向动词。比如：

单向动词	双向动词	三向动词
父亲病了	父亲看望儿子	他送朋友一个孩子
他醉了	我写字	我送他一本书
孩子病了	我姓王	他借我一辆车

所谓动词和名词发生联系的实质是什么？"昨天父亲病了"有两个名词和动词发生关系，"病"为什么不算双向动词？这个问题是一个非常复杂的理论问题。这里涉及这样一个事实：在动词和名词的关系中，有些名词和动词的关系更紧密。如何判定这种紧密性，这种紧密的实质又是什么？在朱德熙以前，还没有人能解决这个问题。让我们先来看当时在印欧语范围内这个问题的进展程度。

在朱德熙以前，讨论和"向"有关的问题的西方学者主要有两家，一是 Tesnière(1934;1959)的从属关系语法，一是 Fillmore(1968)的格语法。朱德熙的"向"和这两种理论有关系，但也有发展。

前面说过，从属关系语法最基本的概念是关联(connexion)和转位(translation)(§2.1.3)。和关联、转位相联系的一个重要概念就是"价"的概念。与动词直接发生关系的有名词或名词词组构成的"行动元"(actants)和由副词或副词词组形成的"状态元"(circonstants)。行动元的数目不得超过三个，即：主语、宾语1、宾语2。行动元的数目决定了动词的价(valence)。比如：

零价动词(verbes avalents)：
il pleut(下雨)
一价动词 (verbes monovalents)：
il dort(他睡觉)
二价动词(verbes bivalents)：
il mange une pomme(他吃苹果)
三价动词(verbes trivalents)：
il donne son livre à Charles(他把他的书给 Charles)

状态元从理论上说是无限的。

Tesnière 并没有给出判定价的原则。另外，仅仅说明一个动词有几价是不够的，还应该说明动词和名词的语义结构关系。生成语法的标准理论(Chomsky,1965)展开了语义的研究，进一步从次范畴化的角度增加了名词和动词的位置信息，即基于名词位置的动词框架。Fillmore(1968)在《"格"辨》(*The case for case*)一文中系统地展开了动词和名词语义关系的分析。Fillmore 把和动发生直接语义结构关系的名词称为格,并定义了一些最基本的格。如:施事格(Agentive)、工具格(Instrumental)、与格(Dative)、使成格(Factitive)、处所格(Locative)、客体格(Objective)等。

语义格能够解释很多过去不能解释的现象。比如 Fillmore(1968)建立了这样一条原则:

> 如果有 A(施事),A 为主语;如果无 A 而有 I(工具),I 为主语;如果无 A 和 I,O(受事)为主语。

这条规则不完全有效,但至少比较清楚地说明了施事比工具更容易上升为主语。

"价、格、向"和次范畴化等概念本质上都在讨论语义结构关系。"向"和"价"是一个观察角度,关心的是必须和动词搭配的名词的数量。基于次范畴化的动词框架不仅关心名词的数量,还关心名词的位置。"语义格"又是一个观察角度,关心的是必须和动词搭配的名词的功能或语义角色。动词的价是由动词的名词框架或动词的格框架决定的,动词框架和语义格框架是更基本的、更初始的概念。通常情况下,决定了动词框架和语义格框架就决定了价。比如,如果两个动词都必须带施事、受事和与事,这两个动词的价通常是相同的。但决定了价不一定就决定了动词框架或语义格框架。如"一价"的动词可以是"人来了"的"来",也可以是"天亮了"的"亮","来"和"亮"的价是相同的,但"来"和"亮"的动词框架或语义格框架的性质未必相同。

从上面分析可以看出,如果不考虑名词的位置,弄清了语义格就弄清了价。可见关键问题是,语义格怎么确定?一个动词到底有多少语义格?哪些语义格和动词的关系是最直接的?Fillmore 的格语法理论没有解决这个问题。现在看来,这是一个根本问题。Fillmore 后来对格语法的扩充理论也没有解决这个根本问题。

德国学者 Helbig(1971)给出了一个判定价的原则,即根据句子的必要成分来确定价,所谓必要成分就是不可删除的成分,如果删除了,句子就不完整。不过判定句子的完整和不完整往往有很多困难,尤其是在汉语中,省略现象太突出,判定句子的完整和不完整带有很大的任意性。

再看国内的情况。前面我们说过,马建忠的《马氏文通》(1898)最早区分了语法结构成分和语义结构成分,对"起词、止词"等语义结构成分做了分析。吕叔湘《中国文法要略》(1942)比较充分地讨论了动词和施事、动词和受事的语义结构关系,但语义结构关系和语法结构关系的区分是不自觉的,并且语义结构关系和语法结构关系有什么联系,没有解释清楚。赵元任的《北京口语语法》(1948)和丁声树等的《现代汉语语法讲话》(1952.7)比较清楚地说明了语义结构关系和语法结构关系的区别,并且说明了受事主语通常是有定的,施事宾语通常是无定的。但都没有说明确定语义结构成分的标准是什么。

怎样区别有多少格,现在还没有找到一种普遍的适用于各种语言的格的方法。这可能因为"格"并不是一种严格的普遍现象。各种语言中的语义格并不是完全一致的,这可以从不同语言动词和动词之间没有一一对应关系看出这一点。如英语 please:

> The children's performance pleased the audience.

这样的英语动词是不能用汉语单个动词对译的。

语义格也不可能通过名词的语义特征来确定,因为语义格反映的是语义结构关系,必须在词与词的关系中才能确定,而且必须以谓词为参照点。比较 Fillmore 的例子:

> I am warm.
> This jacket is warm.
> Summer is warm.
> The room is warm.
> John was sad.
> The movie was sad.

可以看出,warm 可以把时间(Summer)、处所(the room)提升到主语,有些汉语的"的"字结构也可以用"时间、处所"做转指成分。不同的动词有不同的格框架,同样的名词因为谓词的关系语义格的角色可以不同。

既然确定语义格没有严格的标准,是否可以通过人工语言的方式来说明句子的语义结构?和 Fillmore 的格语法同时产生的生成语义学就是这种思路。生成语义学处理语义比格语法更深。格语法有词汇的限制,动词和格都是词典中的单位,是千百年来在文化活动和经验活动中形成的词。生成语义学没有词汇限制,而是用一些非常抽象的、和自然语言的经验划分无关的元语言因子来说明语义关系。这些抽象的元语言成分就是谓词演算中的内容。生成语义学取消了 Chomsky 标准理论中的深层结构,那么它的转换从哪里开始?标准理论是从由短语结构规则生成的深层结构开始的。生成语义学的语义核心是谓词演算的命题,这就有必要追问谓词演算的实质。

谓词演算是形式逻辑和数理逻辑最核心的部分,只要谓词演算说清楚了,形式逻辑也就说清楚了。谓词演算把命题分析成谓词、个体(变元)、量词,研究由这些成分构成的命题的逻辑性质和规律,并且在逻辑联结词的基础上研究命题之间的逻辑关系。第一个完整的谓词逻辑体系是 G. Frege 于 1897 年建立的,后来 K. Gödel 等研究了谓词逻辑的元逻辑等问题,证明了一些重要的定理。

谓词演算中,命题函数的表达方式如下:

P(x, y)

这是一个有两个变元的命题函数。一般用大写字母代表谓词,小写字母代表客体名称。当代入特定个体,就形成命题,比如:

张三比李四高
男生比女生高

一般地,我们可以有 n 元谓词:

$A(a_1, a_2, \cdots\cdots, a_n)$

为了准确地刻画个体域,或和谓词相关的个体的范围,还必须引入量词,量词有全称量词(用 ∀ 表示)和存在量词(用 ∃ 表示)。为了准确描述命题和命题的关系,还必须引入逻辑联结词。通用的逻辑联结词有:

¬ :表示命题的否定。
∧ :表示合取,相当于自然语言中的"和"。
∨ :表示析取,相当于自然语言中的"或",但自然语言中的"或"有时不包括"和"。
→ :表示蕴涵(或⊃)。
⇔ :表示等值(或≡、↔)。

下面通过实例来刻画谓词演算对自然语言的语义描述:

[谓词演算对自然语言的语义描述]

自然语言	简单命题的谓词描述	简单命题的谓词描述	复合命题的谓词描述
所有的人都要呼吸	M(x):x 是人	H(x):x 要呼吸	(∀x)(M(x)→H(x))
每个学生都要参加考试	P(x):x 是学生	Q(x):x 要参加考试	(∀x)(P(x)→Q(x))
有些人很聪明	M(x):x 是人	R(x):x 很聪明	(∃x)(M(x)∧R(x))
有些人懂法语	M(x):x 是人	E(x):x 懂法语	(∃x)(V(x)∧E(x))

上面是一元谓词、一元量词和联结词的情况。根据同样的道理,我们有 n 元谓词、n 元量词和联结词的情况。设 A(x,y)表示 x 和 y 同姓,论域 x 是甲班的人,

y 是乙班的人,则:

自然语言句子	命题的谓词描述
甲班的人和乙班的人都同姓	$(\forall x)(\forall y)A(x,y)$
乙班的人和甲班的人都同姓	$(\forall y)(\forall x)A(x,y)$
甲班和乙班有人同姓	$(\exists x)(\exists y)A(x,y)$
乙班和甲班有人同姓	$(\exists y)(\exists x)A(x,y)$
对于甲班所有人,乙班都有人和他同姓	$(\forall x)(\exists y)A(x,y)$
存在一个乙班的人,甲班的人都和他同姓	$(\exists y)(\forall x)A(x,y)$
对于乙班所有人,甲班都有人和他同姓	$(\forall y)(\exists x)A(x,y)$
存在一个甲班的人,乙班的人都和他同姓	$(\exists x)(\forall y)A(x,y)$

通过谓词演算可以很快地推理,根据就是类似下面这些可以加以证明的蕴涵关系:

$(\forall x)(\forall y)A(x,y) \rightarrow (\forall y)(\forall x)A(x,y)$　　量词换位
$(\exists x)(\exists y)A(x,y) \rightarrow (\exists y)(\exists x)A(x,y)$　　量词换位
$(\forall x)(\forall y)A(x,y) \rightarrow (\exists y)(\forall x)A(x,y)$　　量词蕴涵
$(\forall x)(\forall y)A(x,y) \rightarrow (\exists y)(\forall y)A(x,y)$　　量词蕴涵
$(\exists y)(\forall x)A(x,y) \rightarrow (\forall x)(\exists y)A(x,y)$　　量词换位
$(\exists x)(\forall y)A(x,y) \rightarrow (\forall y)(\exists x)A(x,y)$　　量词换位
$(\forall x)(\exists y)A(x,y) \rightarrow (\exists y)(\exists x)A(x,y)$　　量词换位和量词蕴涵
$(\forall y)(\exists x)A(x,y) \rightarrow (\exists x)(\exists y)A(x,y)$　　量词换位和量词蕴涵

比如根据第一个蕴涵关系,我们有:

甲班的人和乙班的人都同姓 ⟶ 乙班的人和甲班的人都同姓

　　生成语义学本质上是按照人工语言学派的方式研究语义问题。这需要建立很多元语言成分。这些元语言成分是怎么来的？又是从自然语言定义的,因为自然语言是最初始的元语言。

　　由于各层面的文化经验活动都要由语言来组织,我们说自然语言是最初始的元语言。最初始的元语言意味着不仅各层面的文化经验活动要由语言来组织,而且所有人工语言最终都要由自然语言定义。反过来,人工语言就很难定义自然语言。有时候为了研究的方便我们需要一些形式化的语言来解释自然语言的一些重要概念、使自然语言的一些概念更明晰或加快思维的速度,比如符号逻辑∪、∩可以对自然语言的"或、且"做更严密的解释,微积分符号系统可以使运算更快、更精密,但这些人工语言必须事先经过自然语言的定义。

　　目前主要是在计算机中运用生成语义学的方法,但还没有见到突破性的成

果,主要是不能解决元语言的问题。因为计算机是在目标语言和元语言之间建立对应关系。比如我们可以给出一个对象语言和元语言的匹配数据库:

对象语言	元语言因子1	元语言因子2	……	元语言因子n
人	动物	会语言	……	……
树	非动物	生物	……	……
狗	动物	不会语言	……	……

从理论上说,我们可以给每个对象语言中的词一个完美的元语言定义,一个词不过是一束元语言因子的集合,但是这里的实质是容易看出来的,计算机只不过在对象语言和元语言之间建立了一套对应关系。"动物、会语言"这些元语言成分,计算机是不能理解的,如果我们再以其他元语言来定义"动物、会语言",我们最终会进入循环论证。人类语言很可能是通过基本词汇或核心词定义其他的词,而核心词意义的形成是通过经验获得的,就像 Wittgenstein(1953)所说的"意义即用法"。这些核心词是不可定义的,正是因为这个原因,字典中的定义总会找到直接循环和间接循环。

由于自然语言是最初始的元语言,给词下定义是一个循环过程。词典的解释从根本上说也是循环过程。比如《现代汉语词典》对下面的词所做的解释:

高:从下向上距离大。
上:位置在高处的。
不:用在动词、形容词和其他副词前面表示否定。
否:表示不同意。
是:对,正确。
对:相合,正确,正常。
正确:符合事实。
符合:相合。

自然语言的初始性决定了自然语言不可能用抽象的人工语言来描写。因此,语义结构关系的描写必须回到自然语言本身上来。

前面说配价语法和格语法都没有提出确定价的严格方法。在汉语中,确定语义格尤其困难,这也是因为汉语没有形态标记。在印欧语言中,通常我们可以通过动词的主动形式确定主语是施事或工具,通过动词的被动形式确定主语是受事。汉语的有些语法标记对于确定格有价值,如受事 X 通常可以出现在"X 被""把 X"的环境中,施事 X 可以出现在"让 X"等环境中,但是这些标记的普遍性不高,因为很多动词不能出现在这样的环境中。

回到朱德熙的《"的"字结构和判断句》(1978.1—2)所提出的问题上来。朱德熙1978年的文章暗示了确定"价"的一个重要方法:一个动词在转换成"的"字结构以后,它的歧义指数决定了它的"价"。换个角度看,"V 的是 X"中,X 能指称多少语义格或语义结构成分,V 就是几价动词。比如:

V 的是 X	语义解释1	语义解释2	语义解释3
来的是老师	老师来		
拜访的是老师	老师拜访	拜访老师	
给的是孩子	孩子给东西	给孩子东西	给某人孩子

由此可以断定"来"是一价动词,"拜访"是二价动词,"给"是三价动词。

前面说过,确定"格"和确定"价"是两个不同的目标。确定"格"的方法比确定"价"的方法更强,也就是说,确定了格就确定了价,但确定了价不一定就确定了格。朱德熙有关"V 的"的研究尽管没有提出一个确定"格"的方法,但提出了一个确定"价"的原则,这在语义结构关系的研究上是一个进步。在目前的汉语动词的配价研究中,确定"价"的原则最终都要追问到朱德熙的这一原则上来。由于汉语形态不丰富,而这一原则的一个重要特点就是绕开了形态,所以在方法论上也有重要意义。

继朱德熙之后,很多学者讨论了汉语配价的方法论问题。这方面的研究相当活跃。有代表性的有:更生《评朱德熙先生〈"的"字结构和判断句〉》(1978.3)、陆丙甫《读〈"的"字结构和判断句〉》(1979.4)、陆俭明《汉语口语句法里的易位现象》(1980.2)、欧阳寿荪《关于动词的向和的字结构》(1981.4)、文炼(张斌)《词语之间的搭配关系》(1982.1)、吴为章《单向动词及其句型》(1982.5)、马庆株《现代汉语的双宾语构造》(1983)、朱德熙《自指和转指:汉语名词化标记"的、者、所、之"的语法功能和语义功能》(1983.1)、李临定《宾语使用情况考察》(1983.2)、廖秋忠《现代汉语中动词的支配成分的省略》(1984.4)、朱昌《动词的框架与句型的关系》(1985)、张烈材《特斯尼埃的〈结构句法基础〉简介》(1985.2)、范晓《交接动词及其构成的句式》(1986.3)、范晓《有关动词研究的几个问题》(1986.5)、孟琮等《动词用法词典》(1987)、吴为章《"X 得"及其句型——兼谈动词的"向"》(1987.3)、刘丹青《形名同现及形容词的向》(1987.3)、陈平《汉语零形回指的话语分析》(1987.5)、鲁川和林杏光《现代汉语语法的格关系》(1989.5)、汤志真 *Chinese Reflexives*(Tang,1989)、杨凯荣《日本語と中国語の使役表現に関する対照研究》(1989)、范晓《动词的"价"分类》(1991)、韩万衡《德语配价句法》

(1992)、袁毓林《现代汉语名词的配价研究》(1992.3)、张国宪《现代汉语形容词的选择性研究》(1993)、张国宪《谈隐含》(1993.2)、吴为章《动词的"向"札记》(1993.3)、袁毓林《准双向动词研究》(1993b)、沈阳《现代汉语空语类研究》(1994)、林杏光等《现代汉语动词大词典》(1994)、沈阳《动词的句位和句位变体结构中的空语类》(1994.2)、沈阳和郑定欧《现代汉语配价语法研究》(1995)、王玲玲《动词的必用论元与动词的"向"》(1995)、张国宪《论双价形容词》(1995)、周国光《确定配价的原则与方法》(1995)、袁毓林《现代汉语二价名词研究》(1995)、王红旗《动结式述补结构配价研究》(1995)、郭锐《述结式的配价结构与成分的整合》(1995)、邢欣《致使动词的配价》(1995)、邵敬敏《双音节 V+N 结构的配价分析》(1995)、沈阳《名词短语部分成分移位造成的非价成分》(1995)、王静和王洪君《动词的配价与被字句》(1995)、陈立民《论汉语动词配价分类的原则》(1995)、叶向阳《"把"字句的致使性解释》(1997)、周国光《工具格在汉语句法结构中的地位》(1997.3)。通过这些研究,基本上肯定了确定价必须以语义分析为基础,同时需要找出形式上的可操作性。这方面最引人关注的进展是区分了和动词相联系的强制性成分和非强制性成分(文炼,1982.1;吴为章,1982.5)。不过强制和非强制的标准还在讨论之中。区分强制性和非强制性是否比根据歧义指数(朱德熙,1978.1—2)确定"向"更容易,还需要进行大量验证。

汉语有个显著的特点,就是动词和动词不需要形式标记就可以直接连接,如连谓词组和动结词组。怎样确定这些动词组合的价就成为汉语中引人关注的问题。郭锐(1995)、王红旗(1995)进一步讨论了汉语动结式的配价,提出了一些具体的原则和方法。郭锐(1995,P168)通过合价和消价两个概念说明了动结式的配价机制:

> 合价作用指述语和补语的论元按照一定规则提升为整个述结式的论元,提升规则包括论元的合并和论元角色的转化两方面的规则。消价作用指如果谓词的论元在同一小句中出现,则整个组合体的配价消去一价。

郭锐(1995,P188)还根据这种机制归纳出了动结式配价的整合公式,并进一步认为:

> 有价成分在组合中会发生整合,整合包括合价作用和消价作用。汉语述结式就是整合现象的典型表现。述结式的配价结构与述语谓词和补语谓词本身的配价结构有密切关系。……整合现象不仅在述结式中存在,在其

他一些结构中也存在,其具体规则与述结式的整合规则基本一致,差异仅在于论元角色转化规则稍有不同,由此可见成分的整合是汉语中较普遍的现象。

整合原则的提出加深了对配价机制的认识。

前面说过,"价"的确定有赖于对语义格的认识,但 Fillmore(1968)的格语法主要是从语义出发来确定语义格,并没有提出一个判定原则。因此,到底有多少语义格,一直是格语法和配价语法分析中的难点。郭锐(1995,P170)提出了一个确定谓词配价结构的方法:

> 从纯语义的角度看,论元角色(即语义格)可以分为施事、当事、领事、与事、受事、客事、结果、同事、系事、处所等很多种,如果按这种论元角色的分类来给谓词配价结构分类,势必把配价结构弄得烦琐而失去价值。我们发现,语义角色虽然可以分出很多来,但其中不少语义角色在主宾语位置上并不共现,比如施事和当事不共现,受事、客事、结果、同事、系事也不共现。这实际表明,这些不共现的角色实际上是句法上同一种东西的语义变体,它们占据的是句法上的相同位置。因此,我们可以根据在表层句法中的主宾语位置上是否共现来确定论元角色。如果不同语义角色可以在同一小句的主宾语位置上共现,则属于不同论元角色;如果总是不在同一小句的主宾语位置上共现,则可合并为同一论元角色。

根据这一思路,郭锐分出了主论元、宾论元和辅论元。这种方法本质上是把确定语义格的原则跟句子成分联系起来,通过句子成分给确定语义格建立一种可判定的标准。其方法论价值在于坚持在语义格分类中找到形式手段或共识标准,这也正是目前语义研究中最为迫切的任务。

5.5.2 形容词和名词的配价

语义结构关系有很多种。有很多句子的语义关系发生在动词和动词之间,名词和名词之间,动词和形容词之间,名词和形容词之间,等等。因此,在这些情况下,怎样分析语义结构关系,成为汉语中值得注意的问题。李临定在《宾语使用情况考察》(1983.2)中对汉语的语义格进行了比较全面的考察,发现"格"可以由动词性词语充当。范晓(1986.5)认为:

> 说"向"只是动词所必须联系的"名词性成分"可能也还有问题,因为有

些动词必须联系的不只是名词性成分,还有谓词性成分(如"遭受""加以""企图""派"等等)。

在汉语配价研究中值得注意的是对形容词和名词的配价研究。前面的配价分析都是以动词为参照框架。无论是 Tesnière 的"价"理论还是 Fillmore 的格语法理论,都是以动词或动词的派生形式为中心,朱德熙的"向"也是以动词为中心的,即假定动词是一个句子的中心,名词是围绕这个动词旋转的。所以过去有关配价语法或格语法的讨论限于名词和动词的语义结构关系,这只是语义结构关系的一部分。我们在前面很多地方都谈到,汉语的句子并不总是以动词为中心,不总是名词围绕动词旋转。如果只研究动词和名词的配价或格的关系,就好比在语法结构层面只研究主语、宾语和动词的语法结构关系,这是远远不够的。汉语中还存在非动词句,这是不能用动词中心说解释的。

刘丹青《形名同现及形容词的向》(1987.3)通过形容词和名词的关联入手,提出并分析了形容词的"向"。由于形容词"向"的不同,有的形容词前绝对不能加由"对"构成的介词结构,而有的形容词前必须加这样的介词结构。袁毓林在《现代汉语名词的配价研究》(1992.3)、《现代汉语二价名词研究》(1995)等文章中,进一步把配价的概念扩展到名词,并从方法论上进行了系统的阐述。袁毓林发现名词也有配价的要求。比如在下面两组句子中:

A	B
对这件事的意见	对李刚的成见
对祖国的感情	对咱们的恩情
对这起事故的责任	对白人的戒心
对漫画的兴趣	对中国人的印象

左边的句子没有歧义,而右边的句子有歧义。比如"对李刚的成见",可以有两种层次:

　　对/李刚的成见　　对李刚的/成见

为什么会产生这种歧义?层次分析只说明了歧义的存在,不能回答歧义产生的原因。袁毓林认为这里歧义的产生和名词的配价有关。上述句子的构造是:

　　对 + X + 的 + NP

这里的 NP 名词都可以给出如下语义表达式:

　　$NP(NP_1(+某人)$　对　$NP_2(某事/某人))$

比如"意见"的语义表达式是:

意见(某人　对　某事/某人)

像"意见、感情、责任、兴趣、成见、恩情、戒心、印象"等都是二价名词,即需要和两个名词共现才能体现完整的语义。而在介词"对"后面出现的X,既可以是NP_1,也可以是NP_2,因此会出现歧义的可能。A类句子之所以没有歧义,是因为NP_1只能是指人的名词,而实际上X位置出现的是事物名词,因此只能判定为NP_2。B类句子X位置出现的是指人的名词,NP_1和NP_2都能够以指人的名词出现,所以有歧义。

刘丹青、袁毓林等的研究实际上对"动词中心论"的观点提出了质疑,要全面描写语义结构关系,仅仅靠动词中心论是不够的。这类问题Chomsky(1970)也有讨论,主要涉及由动词派生出来的名词。由于英语很多名词由动词派生而来,因此只要动词的论元弄清楚了,相应的名词所携带的论元也就可以推导出来。比如:

He reconstructed Proto-Chinese　　His reconstruction of Proto-Chinese
He revised the book　　　　　　　　His revision of the book

汉语由于动词和名词的派生关系并不明显,像"意见、感情、责任、兴趣、成见、恩情、戒心、印象"等名词并不是由动词派生的,所以名词的论元需要专门加以研究。汉语形容词的论元也需要专门研究。

5.5.3　论元的判定

其实论元判定的困难不仅仅出现在汉语中。20世纪学者们关于语义结构的研究最终要追问到单个语符所带的语义格或论元的判定问题。Jackkendoff(1972,P35)已经提到,由于每个动词的论元角色是不可预测的论元角色,必须包括在动词词条中。这一思路是合理的,但如何判定一个动词有哪些论元,并不是一个已经解决的问题。20世纪以后的研究证明论元判定是一个相当复杂的问题,至今还没有统一的可行性标准。

一个动词V或语符V往往可以和很多名词发生语义结构关系:
　　昨天在食堂他送了我一本书
　　昨天在食堂他丢了一本书
　　昨天在食堂他哭了两个小时
可以考虑把上面三个语符V的论元标注如下:
　　送［时间、处所、施事、与事、受事］

丢 [时间、处所、施事、受事]
哭 [时间、处所、施事、时量]

这些语符 N 构成了语符 V 的论元,但不是所有的语符 N 都要作为语符库中的语义格,因为对于任何表示行为动作的语符 V 来说,只要表达需要,都可以和时间、地点、时量发生语义结构关系,这一点对所有的语符 V 来说基本是平行周遍的,因此行为语符 V 和时间、处所产生语义结构关系可以作为语法手册中的一条原则,于是上面的标注可以简化为:

送 [施事、与事、受事]
丢 [施事、受事]
哭 [施事]

这三个语符 V 所带有的论元有差异,这种差异是个别事实,不可以通过规则或其他参数预测,语言习得需要记住这些特殊事实,因此语符库中需要标注这些论元。

通过知识结构可以断定的论元,不需要标注,问题是界限在什么地方。我们认为以上确定论元的基本方法需要依赖平行周遍条件,即凡是通过平行周遍条件可以解释的论元,都不作为语符库中的论元标注。为了和 Fillmore 的语义格相区别,我们把语符库中语符 V 必须标注的论元称为固有论元。

在没有语境的条件下,固有论元一般情况下不能省略,非固有论元可以省略:

例句	省略部分
昨天在食堂外边傅林送了子鹤一本书	
在食堂外边傅林送了子鹤一本书	时间
昨天傅林送了子鹤一本书	处所
傅林送了子鹤一本书	时间、处所
? 傅林送子鹤一本书①	
*昨天在食堂外边傅林送了一本书	与事
*昨天在食堂外边傅林送了子鹤	受事

不过,是否省略只是一个参考,不能作为确定固有论元的标准。考虑下面实例:

他睡了
他睡大床

"床"在这里可以省略,但从平行周遍原则看,我们目前还不能概括语符 V 在什

---

① 句子前有符号 ? 表示该句子的可接受性有问题。

么语义特征条件下后面可以带一个处所语义格,很多和"睡"在语义上很相似的语符 V,后面不可以带处所语义格:

  他在大床上睡着 他睡大床
  他在大床上跳着 *他跳大床
  他在大床上躺着 *他躺大床
  他在大床上趴着 *他趴大床

"睡"后面带"床"仍然是一特殊事实,所以处所论元需要作为"睡"的固有论元,而"趴"不能把处所作为论元。比较:

  *他爬草地
  *他爬床
  *他爬沙发

"爬"作为爬行义使用,上面实例都成立,但作为俯卧义使用,则不成立。

  按照平行周遍条件标注论元,基本上能够解释论元取值范围,即按照平行周遍条件有几个论元,在论元空缺或缺价的情况下,就有几个取值的可能。比如:

  睡的(二价,两个取值)
    睡的是胖子(胖子:施事)
    睡的是双人床(双人床:处所)
    *睡的是昨天(昨天:时间)
  拜访的(二价,两个取值)
    拜访的是家长(家长:施事或受事)
    ！拜访的是昨天(昨天:时间)(！表示合法性不确定)
    *拜访的学校(学校:处所)
  给的(三价,三个取值)
    给的是老人(老人:施事、与事或受事)
    *给的是昨天(昨天:时间)
    *给的是养老院(养老院:处所)

  固有论元并不能直接通过名词的属性来确定。通常认为处所名词是自由论元,但下面的处所名词是固有论元:

  熊猫走钢丝
  车走直线

  总之,如何判定一个语符带几个论元,还有很多问题需要深入研究。

5.6 语义特征研究

  我们前面看到,在不考虑层次的情况下,或只考虑两个直接成分的情况下,语法结构层面有两个初始概念,即结构关系和词类,这两个初始概念是相互独立的,不能相互代替。其实语义结构层面也有两种初始概念。动词和名词在施事、受事上的关系是语义结构关系,这种关系在语义结构层面的地位相当于语法结构关系在语法结构层面的地位。但是在语义结构层面,还有一种关系是语义结构关系代替不了的。比如"吓唬人"可以说,但"吓唬真诚"不可以说,这就是次范畴关系,这种关系是指词和词在语义上搭配的限制,和"格""价"没有直接的联系。这种关系在语义结构层面的地位相当于词类分布在语法层面的地位。再来看我们前面提到的实例:

A 来的是学生
B 看的是学生
C 做的是学生

三个片段是严式同构。A 没有歧义而 B 有歧义,从语义结构的角度看是因为"看"可以带施事和受事,而"来"只能带施事,不能带受事。这种差别是动词"价"的差别引起的。C 中的"做"也是既带施事也带受事的动词,但没有歧义,原因就在于"看"的施事和受事都可以是"有生命"的,而"做"只有施事是有生命的,受事不是。因此,不仅语义结构成分或语义"格"是一个初始层面,语义次范畴或语义特征也是一个初始层面。

于是,从初始概念的角度看,语法结构层面和语义结构层面有这样一种平行关系:

	语法结构	语义结构
初始概念1	语法结构关系 (句子成分,结构关系)	语义结构关系 (价、格、施受关系等)
初始概念2	词类	次范畴,小类

最早在组合关系层面展开语义成分分析是在汉语研究中展开的。赵元任(1948)在给动词分类时,已经深入到动词的语义分类。赵元任根据动词的分布把动词分成若干次类:

动词次类		例词
不及物动词	动作	来
不及物动词	性质	大
不及物动词	状态	病
及物动词	动作	看(戏)
及物动词	性质	爱(财)

及物动词	类别	是
及物动词	辅助	会(飞)

这不仅是功能的分类,也是语义的分类。我们可以从中提取出"动作、性质、状态、类别、辅助"等语义特征,不过赵元任没有正面提出这一点。朱德熙在《论句法结构》(1962)中讨论变换时,同时也指出了变换和语义特征的关系。比如:

A	B
主席团坐在台上	台上坐着主席团
苹果结在树上	树上结着苹果
画儿挂在墙上	墙上挂着画儿
孩子掉在井里	*井里掉着孩子
飞机落在海里	*海里落着飞机
头碰在墙上	*墙上碰着头

A类句式前三句可以变换成B类,后三句不能。朱德熙认为前三句是表示事物的位置,是静态的;后三句是表示动作的趋向,是动态的。这是最早在语法层面有意识展开语义特征分析的范例。稍后,美国学者Katz(1963;1964)在生成语法的参照系中系统地展开了语义特征分析。王士元(1964)则在结构语言学框架中展开了动词的分类。Chomsky(1965)接受了Katz的思想,展开了动词次范畴(subcategory)的研究。Katz的语义特征分析是建立在人工语言基础上的,即用抽象的语义特征把词分解,然后说明词和词搭配时在语义特征上的限制。"吃苹果"可以说,但"吃石头"不可以说,原因就在于"吃"的组合对象的语义特征应该有[＋食物]一项,"苹果"的语义特征有[＋食物],所以可以组合。但"石头"的语义特征没有[＋食物]这一项,或者说有[－食物]一项,所以"吃石头"不可以组合①。Chomsky采取的是词类次范畴化的办法来解释组合条件,以便能生成可以接受的句子,本质和Katz相似。自Katz的分解语义学和Chomsky的标准理论以来,根据语义特征解释组合条件的研究进展很快。海外汉语研究中,这方面有代表性的研究有邓守信《汉语及物性关系的语义研究》(*A Semantic Study of Transitivity Relations in Chinese*,1975)、汤廷池《动词的语法属性》(1977)。国内系统展开这方面的研究是从朱德熙《与动词"给"相关的句法问题》(1979)一文开始的。之后的研究相当活跃,有代表性的有:朱德熙《汉语句法中的歧义现象》

---

① 我们认为,当时Katz并没有分清语言学意义上的可组合和经验意义上的可组合。拿这里的例子来说,"吃石头"在语言学意义上仍然是可以组合的。

(1979)、马庆株《时量宾语和动词的类》(1981.2)、崔永华《与褒贬义形容词相关的句法和词义问题》(1982)、范继淹《论介词短语"在+处所"》(1982.1)、黄国营《"的"字的句法、语义功能》(1982.1)、符淮青《表动作行为的词的意义分析》(1982.3)、刘月华等《实用现代汉语语法》(1983)、小川郁夫《中国语の"主语"をめぐる問題》(1984)、邢福义《说"NP"了句式》(1984.3)、刘宁生《动词的语义范畴:"动作"与"状态"》(1985.1)、李临定《动词的动态功能和静态功能》(1985.1)、陈秀珠《句法中的语义结构》(1985.5)、王洪轩《动词语义分类举要》(1987.2)、陈平《释汉语中与名词性成分相关的四组概念》(1987.2)、刘月华《几组意义相关的趋向补语语义分析》(1988.1)、马庆株《自主动词和非自主动词》(1988)、刘勋宁《现代汉语词尾"了"的语法意义》(1988.5)、陈平《论现代汉语时间系统的三元结构》(1988.6)、沈家煊《"判定词语"的语义强度》(1989.1)、马庆株《数词、量词的语义成分和数量结构的语法功能》(1990.3)、李临定《动词分类研究说略》(1990.4)、陆俭明《语义特征分析在汉语语法研究中的运用》(1991.1)、胡明扬《句法语义范畴的若干理论问题》(1991.2)、徐通锵《语义句法刍议》(1991.3)、石毓智《肯定和否定的对称与不对称》(1992)、丁崇明《大理方言中与动词"给"相关的句式》(1992.1)、石毓智《现代汉语的肯定性动词成分》(1992.2)、喻世长《怎样建立做为语言学一个分科的语义学》(1992.2)、费春元《说"着"》(1992.2)、吕叔湘《试论含有同一[-N]两次出现前后呼应的句子的语义类型》(1992.4)、石安石《语义论》(1993)、邵敬敏《量词的语义分析及其与名词的双向选择》(1993.3)、袁毓林《现代汉语祈使句研究》(1993a)、石安石《语义研究》(1994)、陈平《试论汉语中三种句子成分与语义成分的配位原则》(1994.3)、宋绍年《汉语结果补语的起源再探讨》(1994)、王静和王洪君《动词的配价与被字句》(1995)、叶文曦《汉语字组的语义结构》(1996)、符淮青《词义的分析和描写》(1996)、吴中伟《主谓谓语句 NP-(VP-AP)语义结构分析》(1996.1)、邵敬敏《动量词的语义分析及其与动词的选择关系》(1996.2)、刘大为《寓言自指——语义悖论和语义循环》(1996.3)、徐烈炯《汉语语义研究的空白地带》(1996.4)、李小凡《苏州方言中的持续貌》(1997)、王惠《从及物性系统看现代汉语的句式》(1997)、徐通锵《有定性范畴和语言的语法研究》(1997.1)、郭锐《过程和非过程——汉语谓词性成分的两种外在时间类型》(1997.3)、荣晶《汉语语序的语义基础》(1997)。

一般认为中国的语义特征分析受到西方的影响,实际上在方法论上是有区别的。Katz 根据什么来提取语义特征？换个角度看，Katz 根据什么说一组词有某个共同的语义特征？这个问题在 Katz 分解语义学中并没有得到解决。Chomsky 的标准理论也没有解决这个问题。实际上 Katz 的语义特征和 Chomsky 在次范畴化时所使用的语义特征都是把语义特征作为一套假设特征，他们的目的是要说明只要有了这一套语义特征，生成规则在语义上遇到的问题就可以得到解释，生成规则就可以得到限制，防止生成不可接受的句子。但是，正是怎样确定语义特征，应该有哪些语义特征，成了后来语义特征分析中最困难的问题，也是各家争论最多的问题。

和生成语法的语义特征分析不同，汉语的语义特征分析不是预先假定一组语义特征，而是以分布和变换为形式标准来提取语义特征，比如朱德熙在《"在黑板上写字"及相关句式》(1978.3)和《与动词"给"相关的句法问题》(1979.2)都是这种思路。变换本质上涉及语义特征的分类，比如：

在 PP 上 + VP + NP	把 + NP + VP + 在 PP 上	VP + NP + 的 + 在 PP 上
1. 在黑板上写字	把字写在黑板上	*写字的在黑板上
2. 在火车上写字	把字写在火车上	写字的在火车上
3. 在火车上写书	*把书写在火车上	写书的在火车上

和 1 相比，2 有歧义，条件在于名词"黑板、火车"的小类不同；和 3 相比，2 有歧义，条件在于"书、字"的语义小类不同。追问其根本原因，在于我们的经验背景。因为我们写字的时候，人都不在黑板上，而我们所写的书都不在火车上。

语义特征的提取需要通过分布和变换。对于上面满足"在 PP 上 + VP + NP"的三个实例，怎么知道"黑板、火车"的小类不同，"字、书"的小类不同，可以从语义上去解释，说"人类通常不在黑板上"，"书通常不写在火车上"，但这不是形式的标准。变换从形式上证明了这一点。在研究方法上，往往先进行变换，看哪些词的组合可以变换，哪些词的组合不可以变换，再确定动词的小类，这实际上是从形式出发研究语义。如果一开始就从语义出发来给动词分类，就会遇到很多困难。有时，即便找出了变换式，给动词分出了小类，也说不出语义特征的差别。这本身就说明从语义出发有很多困难。如果能通过分布和变换找出小类，就完成了语义分类的第一步；如果既能通过分布和变换找出小类，还能解释语义差别，就算完成了语义分类的第二步。而检验语义解释是否正确，往往也要通过分布和变换。下面的例子，如果只看左边一组，不能说明动词在义类上有什么区别：

VP + NP	NP + 的 + VP
研究英语	英语的研究
讨论问题	问题的讨论
分析句子	句子的分析
消灭敌人	＊敌人的消灭
打扫卫生	＊卫生的打扫

但通过变换，我们可以把"消灭、打扫"和"研究、讨论、分析"等区别开。

具有相同分布条件和相同变换式的词有相同的语义特征，这就使语义特征分析有了一个判定基础。当我们说某个词是否有某个语义特征时，主要是通过分布和变换来确定的。这体现了中国结构语言学思路的连贯性，同时暗示了：如果把变换看成一种广义的分布，即具有相同语义结构关系的一组词在不同句式中的分布，分布方法不仅可以用于提取语法结构层面的单位，并给单位分类，还可以提取语义结构层面的单位，并从语义上给单位分类。事实上要使提取出的语义特征有共识性，必须使用分布的标准。朱德熙在《与动词"给"相关的句法问题》中提取动词的"给予、取得"的语义特征时，根据的就是分布。

这种分布和根据鉴定字划分词类没有根本的区别。就像词的语法功能必须通过分布来确定一样，词的语义特征也必须通过分布来确定（包括广义的分布——变换），因为分布才能反映语法组合关系和语义组合关系。有时候从动词的分布来看动词的语义特征和从动词的语义特征来看动词的分布可以看成两个不同的角度，选择哪个角度取决于研究问题的方便。在语义特征比较好确定的时候，从这两个角度入手都可以。比如"有生命"这个语义特征是比较好确定的，可以从语义特征入手来观察具有这一特征的动词的分布。这里的前提是"有生命"能反映组合的规律。

词类是反映组合关系的，因此词类不仅有语法的类，也应该有语义的类。可以分别叫作语法词类和语义词类。所以分布有语法的分布和语义的分布，事实上配价语法、格语法都涉及语义的分布。

前面谈到的马庆株(1981.2)对动词加时量宾语的分析，可以提取出下面三种和时间有关系的语义特征，并且就此可以把动词分成四类：

按照语义特征划分出的动词小类	动作完成后经历的时间	动作持续的时间	动作造成的状态所持续的时间
死、伤、断、熄……	＋	－	－

等、盼、哭、玩……	−	+		
看、讲、学、教……	+	+		
挂、插、贴、穿……	+	+		

这四类动词带上时量宾语后意义不同：

    A. 死了三天了
    B. 等了三天了
    C. 看了三天了
    D. 挂了三天了

这种操作程序没有依靠鉴定字的分布环境，分布环境都是"动词＋了＋时间词＋了"这样的句式。这是因为这些语义特征容易判定。当语义特征不好确定的时候，两个角度中有一个是根本的，这个角度就是从词的分布来认识词的语义特征。陆俭明（1991.1，P9—10）在总结语义特征分析时认为：

    词的这种语义特征都是结合具体句式概括得到的，而不是离开具体句式作单纯的语义分析所概括得到的。这有两层含义：一是如果离开具体句式单纯从词汇角度去概括一些词的语义特征，那不一定有语法上的价值，甚至可以说离开具体句式我们根本无法确定某个大类里的哪些词该归为有语法价值的一小类。二是某些词是否具有某种语义特征从而可以归入某一小类也要结合具体句式才能确定。举例来说，动词"写"，如果离开它所出现的具体句式——"V＋NP（受）＋给＋NP（与）"和"V＋给＋NP（与）＋NP（受）"，例如：

    写一封信给小王──→写给小王一封信

    我们就很难想象它会具有［＋给予］的语义特征，从而把它跟"卖、送、递、让"等词归为一小类。

正是因为参考语义上的分布，或者说词和词结合时在语义上的限制，朱德熙（1984.6）对 Bloomfield 的向心结构做了更完整的定义。前面说过，向心结构指至少有一个直接成分的功能和结构的功能相当的结构，这是一个只涉及语法功能不涉及语义功能的定义。根据这个定义，联合结构的语法功能跟它的每一个直接成分的语法功能都相同，是一个多核心的向心结构，Bloomfield 称之为并列式向心结构（co-ordinative endocentric construction）。朱德熙认为向心结构的定义在"木头房子"这样的实例中遇到了困难。"木头房子"的功能和"木头"的功能相同，和"房子"的功能也相同，但实际上这种多核心向心结构在语义搭配上只有一个中心。比如"木头房子"的语义搭配只和"房子"有关,而和"木头"无关。

住木头房子	住房子	*住木头
木头房子盖好了	房子盖好了	*木头盖好了
一所木头房子	一所房子	*一所木头
*锯木头房子	*锯房子	锯木头
*木头房子的纹理	房子的纹理	木头的纹理
*一块木头房子	*一块房子	一块木头

考虑到语义上的限制,朱德熙(1984.6)对向心结构重新做了更完整的定义:

> 向心结构指的是至少有一个直接成分与整体在语法上功能相同、在语义上受到相同的语义选择限制的句法结构。向心结构中与整体功能相同并且受到相同的语义选择限制的直接成分是它的核心。

前面我们已经看到,语法结构的根本分析方法是同功能替换,而向心结构和离心结构两个概念是确定同功能替换性质的重要参照标准,因此,对向心结构的完整定义在方法论上有重要意义。

语义特征不仅限于具体的词,还可以上升到语用层面上,这可以看成是广义的语义特征,如赵元任(1948)提到的,汉语的主语通常是有定的,宾语通常是无定的。这种语义特征不是指具体的词而言的,而是指句位或句子成分而言的。随着语义特征分析的深入,句子成分的语义特征也开始得到讨论。如陈平(1987)讨论了与名词相关的"±有指""±定指""±实指""±通指"四组概念。

这些研究促进了学者们对语义特征的认识。有的学者开始提取汉语的基本语义特征,以便说明汉语语义组合关系的一些本质特征。石毓智(1992)提取了"离散/连续"这一对语义特征。石毓智用否定字"没"和"不"来鉴别结构单位的"离散/连续"的性质:凡是能用"没"否定的是离散性单位,能用"不"否定的是连续性单位,既能用"没"否定,又能用"不"否定,那它就兼有离散和连续的性质。通过鉴定字提取"离散/连续"这一对语义特征,同时也给动词分了类,这样就可以解释组合条件。连续性单位的量表现为模糊的、强弱不等、界限不明的程度,因而连续性单位不能自由地用数量字修饰、限制,而只能用"有点(儿)""一些""比较""很""最""特别"等来限制和修饰。石毓智在"离散/连续"的语义特征上又引出了"定量/不定量"的语义特征,然后解释"肯定/否定"和这些语义特征的条件。

随着语义特征研究的进一步深化,一些学者开始把语义特征上升到语义范畴,希望通过最根本的几条语义范畴来控制汉语的结构关系。徐通锵(1991.3)正式提出了语义句法的概念,认为印欧语偏重形式的组合关系,印欧语的语法可以称为语形语法或语形句法,而汉语偏重语义的组合关系,可以称为语义语法或语义句法。徐通锵(1997)认为在语形句法为主的印欧语中,语法范畴是很重要的概念,而在语义句法为主的汉语中,语义范畴是最重要的概念。我们在字本位(§7)一章中再来讨论相关内容。

5.7 语义指向分析

有些情况下,语法结构的层次和语义结构的层次是对应的,比如"他说话"从语法结构上看,"说"和"话"是述宾关系,这两个成分在线性方向上是连续的。从语义结构上看,"说"和"话"是动作和受事的关系,在线性方向上也是连续的。在更高一个层次上,从语法结构看,"他"和"说话"是主谓关系,这两个成分在线性方向上是连续的。从语义结构上看,"他"和"说话"是"施受"和"行为"的关系,在线性方向上也是连续的。

朱德熙在《汉语句法中的歧义现象》(1979)一文中认为,一般的语法分析方法只管直接成分之间的关系,不管间接成分(non-immediate constituents)之间的关系。朱德熙举了下面的例子:

我把他说的话忘了

从层次分析上看,"说"和"话"是间接成分的关系,但从语义上看,两者有直接的关系,是动作和受事的关系。这说明语法结构的层次和语义结构的层次有时候是不对应的。

这种不对应还体现在结构关系的连接上。通常情况下,结构成分连接关系都是很明确的。在语法结构关系层面,主语和谓语发生直接关系,宾语和述语发生直接关系,状语和述语发生直接关系,定语和中心语发生直接关系。在语义结构关系层面,施事和行为发生直接关系,受事和动词发生直接关系,状语的语义成分和述语的语义成分发生直接关系,定语的语义成分和中心语发生直接关系。于是,语法结构成分的连接和语义结构成分的连接形成一整套对应关系。

胡树鲜在《两组副词的语义特点及其多项作用点》(1982)一文中对两组副词作用点的分析表明,语法结构的直接成分关系和语义结构的直接成分关系是比较复杂的,不是一一对应的。刘月华在《状语的分类和多项状语的顺序》(1983)中再次讨论了状语的语义指向①。观察下面的例子:

　　老人哆哆嗦嗦地说出一部真正宋版的《庄子》。(宗璞)
　　祥子青筋蹦跳的坐下。(老舍)
　　崔珍……又沾沾自喜地教导齐大嫂。(宗璞)
　　四凤胆怯地望着大海。(曹禺)

刘月华认为这些状语在语义上直接与动作者存在着表述和被表述的关系。我们容易由此引出这样一个结论:这些状语在句法上是指向谓语的,但在语义上却指向主语。沈开木《表示"异中有同"的"也"字独用的探索》(1983.1)更系统更集中地展开了语义指向的分析,提出了解释"也"的语义指向的规则,并提出了"指向"这一术语。刘宁生《句首介词结构"在……"的语义指向》(1984.2)中认为"在……"既可以指向主语,也可以指向谓语,并提出了"语义指向"这一术语。此后,语义指向的研究相当活跃。比如,刘月华等《实用现代汉语语法》(1983)、马真《关于"都/全"所总括的对象的位置》(1983.1)、沈开木《"不"字的否定范围和否定中心的探索》(1984.6)、胡树鲜《试论某些副词的多项作用点》(1985.1)、马希文《跟副词"再"有关的几个句式》(1985.2)、徐杰《"都"类副词的总括对象及其隐现、位序》(1985.1)、邵敬敏《副词在句法结构中的语义指向初探》(1990)、陆俭明《"VA了"述补结构语义分析》(1990.1)、张力军《论"$NP_1 + A + VP + NP_2$"格式中 A 的语义指向》(1990.3)、邵敬敏《比字句替换规律刍议》(1990.6)、渡边丽岭《副词的修饰域与语义指向》(1991)、周小兵《表示限定的"只"和"就"》(1991)、李小荣《对述结式带宾语功能的考察》(1994.5)、陆俭明《关于语义指向分析》(1997)。

　　语义指向的存在说明语法的直接成分和语义的直接成分并不总是一一对应的,因此,就像语法结构有层次一样,语义结构也是有层次的,而且有自己独立的层次。一般情况下,语义结构成分的组合层次是连续的,但也有不连续的情况,因此就引出了语义指向的问题。

　　既然语义指向分析说明语义组合也是有层次的,而且这种层次不是语义结构关系和语义特征(或语义范畴)决定的,那么语义指向也是一种初始概念。因此,在考虑层次的情况下,语法结构和语义结构都至少有三个初始概念:

---

① 胡树鲜、刘月华当时没有用"语义指向"这个术语。

	类	结构关系	层次
语法组合层面	词类	语法结构关系（句子成分，结构关系）	直接成分
语义组合层面	次范畴，小类，语义范畴	语义结构关系（价，格，施受关系等）	语义指向

语义指向的提出和研究更进一步加深了我们对语义组合初始概念的认识。陆俭明(1997)对语义指向的性质和作用做了一个概括：

> 语义指向分析法是描写语法学传统里新近产生的一种分析方法，80年代开始出现于中国语法学界。所谓语义指向指的是句中某一成分在语义上跟哪一个成分相关。例如，在"动+形+了"格式的述补结构里，补语在语义上常常指向不同的成分，有的指向动词的受事（"砍光了"），有的指向施事（"砍累了"），有的指向工具（"砍钝了"），有的则指向动作本身（"砍快了"）。通过分析句中某一成分的语义指向来揭示、说明、解释某一语法现象，这种分析手段就叫语义指向分析法。对应句法成分的语义指向可以从多方面去考察，如考察某个成分是指向其前面的成分还是其后面的成分，是指向句内成分还是句外成分，所指向的成分是何种词性，其语义角色如何，等等。这种分析方法对语言现象有一定的解释能力，在语法研究中有它特殊的作用。如它可以为分化歧义式提供一种新的方法，可以帮助解释某种句法结构是否具有某种语法意义的原因，可以用来说明某种语言单位是否具备某种语法功能的规律，等等。语义指向分析的产生进一步扩大了我们的研究视野，推进了汉语语法研究，使语法研究更好地实现形式和意义的结合。

其实生成语法的语迹概念已经涉及语义指向的问题。前面我们在讨论转换时谈到，生成语法提出了语迹的概念，比如下面的实例：

wh-语迹： who$_i$ John likes t$_i$

who$_i$的语迹是 t$_i$，这里已经暗示，likes 在语义上指向 who$_i$，两者在线性上是不连续的，t$_i$ 这个语迹就是用来说明 likes 和 who$_i$ 在语义上发生直接关系。不过生成语法的语义指向观念限于动词跟名词、代词之间的语义连接。

Fillmore(1972)和 Gruber(1976)关于副词和论元角色的共现研究也跟语义指向有关系。比如：

Personally，I（= Experiencer）don't like roses

Personally, your proposal doesn't interest me (= Experiencer)

＊Personally, I (= Agent) hit you

＊Personally, you hit me (-Theme)

这里的副词 personally 和 Experiencer 共现而不和 Agent、Theme 共现,从语义指向的角度看,personally 指向 Experiencer 而不是指向 Agent、Theme。

我们认为语义指向从根本上看是语义结构关系如何在组合中得到实现。比如:

昨天汪锋在书店用美元买了一本书

"买了"是谓语中心,"昨天、汪锋、在书店、用美元、一本书"是"买"的直接语义成分。问题是我们现在寻找到这种直接语义成分关系的方法还停留在经验阶段。

在语义结构层面,语义结构成分"格"或"价"已经初步有了一些方法论原则,即我们前面谈到的歧义指数法、分布判定法、介词判定法。语义特征或语义次范畴也有了分布的原则。但语义指向的分析还没有找到分析的原则,所进行的分析都是从经验出发的。语义指向分析需要给出方法论原则来回答这些直接语义搭配的项目是如何确定的。

5.8 语法研究的三个层面

赵元任(1948)认为汉语的主语没有形式标记,各种成分都可以上升到句首而被陈述,因而认为汉语的主谓关系很像主题(话题)和述题(说明)的关系。这一观点暗示,在语法研究中,除了语法结构和语义结构两个层面,还必须考虑语用层面。具体地说,如果我们把一个句子切分成 X 和 Y 两部分,这两部分的关系至少可以在三个平面上讨论:

X	Y
主语	谓语
施事	行为[①]
主题	述题

陆丙甫《读〈"的"字结构和判断句〉》(1979.4)在汉语研究中首次提出了要区别三个层面。陆丙甫认为:

---

① 不限于施事-行为。

语法研究中,语义关系和语法关系的纠缠一直是一个麻烦问题。虽然历来有人主张要严加区分,但一直没能明确区分开。实际上有三个平面的关系,而不是两个:

表义关系(施、受、工具等客观关系)	语义关系 (逻辑关系)
表达关系(主辞(主题)、宾辞(陈述)等主观关系)	
结构关系(位置等形式关系)	语法关系

通常的两分法:语义关系和语法关系,实际上都包含了表达关系在内,因此就界限不清。换句话说,存在着"表达关系"这一中间地带,它当然是一种意义关系,但不同于表示施受等客观运动关系的意义关系。它所说的意义,多少就是语法意义。语法同逻辑之间的关系,意义和结构之间的关系,之所以很复杂,也都同这个交叉地带有关。

　　这三种关系,每一种关系本身都是够复杂的现象,它们互相之间的关系,更是一种复杂的现象,需要很好地研究。但不管如何,分别从三个平面去分析语言中的关系,会使我们对某些现象看得更清楚些。三者之中,表达关系同结构关系的纠缠较多,而意义关系同这两者的界限较清楚,它表示纯客观的运动关系,或者说最基本的最深层的关系。而表达关系是人们给语言单位加上去的主观色彩,结构关系则是最表层的最终的表现形式。

这些论述都是比较深入的。

　　胡裕树(1979)进一步讨论了三个平面的问题,并讨论了话题和主语的关系。胡裕树是从语序变化入手来认识这个问题的,其基本思路可以概括如下:

语法平面的关系	客人来了	来客人了
语义平面的关系	你看我。	我看你。
语用平面的关系	你哥哥来了吗?	来了吗,你哥哥?

这三种语序的变化涉及三个不同的平面。

　　朱德熙(1982,7.1.3,P96)则认为:

　　　　从表达上说,说话的人有选择主语的自由。同样的意思,可以选择施事作主语,也可以选择受事或与事作主语。比较:

　　　　(1a)我们昨天开了一个会　　　　　　　(施事主语)

　　　　(1b)昨天我们开了一个会　　　　　　　(时间主语)

(2a) 他把电视机弄坏了　　　　　　　　　（施事主语）

(2b) 电视机让他弄坏了　　　　　　　　　（受事主语）

(3a) 我用这支笔写小楷　　　　　　　　　（施事主语）

(3b) 这支笔我用来写小楷　　　　　　　　（工具主语）

(4a) 我给小王写了一封信　　　　　　　　（施事主语）

(4b) 小王我也给他写了一封信　　　　　　（与事主语）

这四组句子里相对应的(a)和(b)基本意思相同，只是所选择的主语不一样。说话的人选来作主语的是他最感兴趣的话题，谓语则是对于选定了的话题的陈述。通常说主语是话题，就是从表达的角度说的，至于说主语是施事、受事或与事，那是从语义的角度说的，二者不能混同。

文炼(张斌)和胡附(胡裕树)《汉语语序研究中的几个问题》(1984.3)、胡裕树和范晓《试论语法研究的三个平面》(1985.2)等文章从方法论上对三个平面做了进一步的阐述。

激发三个平面理论产生的背景首先是一些学者对语用的研究。最早对语用层面展开研究的是朱德熙。朱德熙在《说"差一点"》(1959.9)和《汉语句法中的歧义现象》(1979)中对"差点儿没"的研究是语用分析的典范。"差点儿没"有两种相反的意思：

肯定意义	否定意义
差点儿没买着。（买着了）	差点儿没摔死。（没摔死）
差点儿没考上大学。（考上了）	差点儿没掉进水里。（没掉进水里）
差点儿没修好。（修好了）	差点儿没输了。（没输）
差点儿没赶上车。（赶上了）	差点儿没错过机会。（没错过机会）
差点儿没见着面。（见着面了）	差点儿没落榜。（没落榜）

仅仅说明"差点儿没"有两种相反的意思是不够的，需要给出理论上的解释。在很长一段时间，人们对"差点儿没"都没有合理的解释。外国人学习汉语、机器理解汉语都会在这一点上遇到困难。朱德熙用说话者是否企望发生的规则解释了这个问题。在上面的例子中，凡是说话者企望发生的，"差点儿没"都表示肯定，凡是说话者不企望发生的，都表示否定。这种关系可以概括如下：

企望发生	差点儿没考上	肯定,考上了
不企望发生	差点儿没打碎	否定,没打碎

在语用环境中，如果说话者的企望信息还不确定，那么上述所有例子都有歧义。

尽管朱德熙当时没有提语用学这个层面,但所讨论的语义值都是语用条件决定的。下面的句子是不合法的:

*扑通一声差点儿没掉进臭水沟里

这是一件不企望发生的事情,"差点儿没"表示否定,但"扑通"表示事情已经发生,有矛盾。

从当时国际上语用分析的背景看,朱德熙的分析是相当领先的,而且分析结果极具实证性。最早从理论上区分语义、语法、语用三个平面的是哲学家莫里斯(Morris,1925;1937;1964),他认为语言符号有三种根本关系,我们可以把他的思想列表如下:

符号与其他因素的关系	所属层面
符号和所指对象的关系	语义学
符号和符号的关系	语法学
符号和使用符号者的关系	语用学

显然,这里提到的三个平面和陆丙甫、胡裕树等提到的三个平面还不一样。陆丙甫、胡裕树等提出的三个平面是指语言单位在组合上的三个平面。这种差别我们后面还要谈到。

后来,Wittgenstein(1953)、Austin(1962)、Serle(1969)、Grice(1975)、Putnam(1981)都做过这方面的研究,不过这些研究主要是从哲学的角度展开的,对具体语言的语用规则描写不多,对自然语言单位的组合关系所形成的三个平面讨论也不多。

就整个语言学领域看,朱德熙(1959.9)分析"差点儿没"的方法严密而有实证性,当时能这样严格地分析出语用规则的也不多见,而这正是过去的语用学研究最缺少的东西。从这种意义上说,朱德熙对"差点儿没"的描写在普通语言学中有方法论的价值。而胡裕树等则从理论上把这种方法明确化、系统化了。

激发三个平面理论产生的另一个背景是对主题和述题的研究。

Mathesius(1911)最早从交际和信息的角度提出了"主题"和"述题"(Theme and Rheme)这一对概念。但Mathesius并没有把主语—宾语、施事—行为、主题—述题对立起来。中国学者陈承泽(1922)曾多次提到"标语"和"说明语",相当于主题和话题。赵元任(1948,P196)曾经认为:"主语可以从字面解释成主题,谓语不过是跟主题有关的话。"美国学者Hockett从汉语入手,对主题和述题做了比较充分的论述。Hockett(1958)认为:

主谓结构的最一般的特点可以从它的直接成分的名称"话题"和"说明"两个术语来认识:说话人先宣布一个话题,然后就它作出说明。例如:John | ran away(约翰跑开了); That new book by Thomas Guernsey | I haven't read yet(托马斯写的新书,我还没有读过)。在英语和大家熟悉的欧洲语言里,通常话题也是主语,说明也是谓语,在 John | ran away 中就是这样。(霍凯特,1958,23.2,P251)

　　汉语的常句式跟英语不同。如果我们把英语简单句 We | visit them often(我们常常拜访他们)或 I | found a nickel(我发现了一枚镍币)的主语去掉,那么剩下的谓语就不能作常句式的句子了,只能作无主句(Visit them often!──命令句;Found a nickel──补充片断)。如果我把汉语简单句的话题去掉,说明部分仍能站住,而且在多数情况下,还是常句式的句子。(霍凯特,1958,23.2,P252—253)

　　此外,汉语的说明部分有许多本身又由话题和说明两部分构成,所以汉语的句子可以像中国的套盒那样在主谓式里面包含主谓式。例如"我今天城里有事","我"是话题,其余部分是说明。"今天城里有事","今天"是话题,其余部分是说明。"城里有事","城里"是话题,"有事"是说明。甚至不包含话题的"有事"也能作为一个完整的句子轻易地站住。汉语中话题和说明间的联系在我们看来是异常松的。如果只跟英语中主语和谓语的通常联系比较,特别有这种感觉。这可以用"我|是三毛钱"这个句子来说明,它的意思是"我该付的钱,或者我口袋里的钱……是三毛"。(霍凯特,1958,23.2,P253)

到赵元任的《汉语口语语法》(1968,P45),汉语中"话题"和"说明"的概念已经得到高度重视:

　　主语和谓语的关系可以是动作者和动作的关系。但在汉语里,这种句子(即使把被动的动作也算进去,把"是"也算进去)的比例是不大的,也许比50%大不了多少。因此,在汉语里,把主语、谓语当作话题和说明来看待,比较合适。主语不一定是动作的作为者;在"是"字句里不一定等于"是"字后边的东西;在形容词谓语前头不一定具有那个形容词所表示的性质。它可以是这种种,但不是必得是这种种。

　　这件事早发表了。　　　　　这瓜吃着很甜。

有时候,词语的省略使主语和谓语关系松散到了如果放在别的语言里将成为不合法的程度。

　　他是个日本女人。(意思是:他的佣人是个日本女人。)

　　他是一个美国丈夫。

　　你(的鞋)也破了。　　我(的铅笔)比你(的)尖。

　　你(的小松树)要死了找我。

　　有时候,说不出省略了的是哪几个确定的字。

　　人家是丰年。

　　陈承泽、Hockett、赵元任等都看到了汉语的词与词连接的这种特殊背景。正是在这种特殊的背景下,出现了系统讨论三个平面的理论。

　　随着语义描写的深入,语用问题也越来越突出。尤其是像汉语这种形态变化少,充分依赖语境进行语义理解的语言,语用问题更为突出。20世纪末,很多学者展开了这方面的研究。有代表性的有:Li and Thompson《主语与主题》(1976)、邢福义《论"不"字独说》(1982.3)、胡裕树《试论汉语句首的名词性成分》(1982.4)、邢福义《"但"类词和"无论p,都q"句式》(1984.4)、胡裕树和范晓《试论语法研究的三个平面》(1985.2)、金定元《意义、信息和文化背景》(1985.2)、陆俭明《关于"去+VP"和"VP+去"句式》(1985.4)、范开泰《语用分析说略》(1985.6)、石安石《句义的预设》(1986.2)、陆俭明《周遍性主语句及其他》(1986.3)、刘月华《对话中"说""想""看"的一种特殊用法》(1986.3)、邹韶华《名词在特定环境中的语义偏移现象》(1986.4)、廖秋忠《现代汉语篇章中的连接成分》(1986.6)、沈家煊 Subject function and double subject construction、(Shen, J., 1983)、邢福义《现代汉语的"要么P,要么Q"句式》(1987.2)、方经民《现代汉语方位参照聚合类型》(1987.2)、方经民《汉语"左""右"方位参照中的主视和客视》(1987.3)、廖秋忠《篇章中的管界问题》(1987.4)、王维贤《现代汉语的句法结构、语义结构和语用结构》(1987.7—8)、廖秋忠《空间方位词和方位参考点》(1989.1)、杨琳《也谈人称代词"其"》(1990.1)、范开泰《省略、隐含、暗示》(1990.2)、徐赳赳《叙述文中"他"的话语分析》(1990.5)、木村英树《汉语第三人称代词敬语制约现象的考察》(1990.5)、王菊泉《从英语译文看汉语主语的省略现象》(1991.2)、韩源《语言的"合作原则"》(1991.2)、王维贤《句法分析的三个平面与深层结构》(1991.4)、何伟渔《有关语法研究的三个平面学说》(1991.4)、何自然《言语交际中的语用移情》(1991.4)、施关淦《关于语法研究的三个平面》(1991.6)、沈开木《语法、语义、语用的联系》(1992)、周小兵《句义蕴涵与句义等同》(1992.2)、崔希亮《语言交际能力与话语的会话含义》(1992.2)、廖秋忠《现代汉语并列名词性成分的顺序》(1992.3)、邵敬敏《关于语法研究中三个平面的理论思考》(1992.4)、沈开木《话题、述题和已知信息、未知信息》(1992.4)、常理和王跃滨《语法的三个平面献疑》(1992.4)、杨成凯《句法、语义、语用三平面说的方法论分析》(1993.1)、徐杰和李英哲《焦点和两个非线性语法范畴:"否定""疑问"》(1993.2)、刘松江《反问句的交际作用》(1993.2)、张亚非《语篇及其符号解释过程》(1993.5)、崔希亮《汉语"连"字句的语用分析》(1993.2)、索振羽《"得体"的语用研究》(1993.3)、高更生《谓语及其部分的蒙后省略》(1993.3)、沈家煊《"语用否定"考察》(1993.5)、徐思益《再谈意义和形式相结合的语法研究原则——兼论语法研究的三个平面》(1994.2)、张伯江和方梅《汉语口语的主位结构》(1994.2)、方经民《汉语句子信息结构分析》(1994.2)、袁毓林《一价名词的认知研究》(1994.4)、张伯江《词类活用的功能解释》(1994.5)、周换琴《"不但……而且……"的语用分析》(1995.1)、张伯江和方梅《北京口语易位现象的话语分析》(1995)、刘丹青《语义优先还是语用优先——汉语语法学体系建设断想》(1995.2)、林书武《反意正说——中西方"反话"研究的主要取向》(1995.3)、刘颂浩《预设与阅读理解》(1995.3)、王维贤《语言的三个平面与句法的三个平面》(1995)、孔庆成《话语中的元语否定》(1995.4)、袁毓林《谓词隐含及其句法后果——"的"字结构的称代规则和"的"的语法、语义功能》(1995.4)、方梅《汉语对比焦点的表现方式》(1995.4)、张伯江和方梅《汉语功能语法研究》(1996)、徐赳赳《叙述文中直接引语分析》(1996.1)、张谊生《副词的篇章连接功能》(1996.1)、索玉柱《连接推理与世界知识——英汉语篇的词汇衔接实验研究》(1996.2)、徐赳赳《篇章中的段落分析》(1996.2)、武力宏《关于语言学中的蕴涵关系》(1996.3)、邵龙青《说"结构"》(1996.4)、徐烈炯和刘丹青《话题的结构与功能》(1998)。21世纪初这方面的研究更多。

由于语用问题本身涉及很大的语境,目前对语用层面所做的研究远不如对语法结构和语义结构所做的研究那样成熟。像朱德熙(1959.9)那样严格控制住"差点儿没"的语用条件的分析还不多。语用结构是什么,怎样控制,还需要做更多的工作。在理论上面临的问题就更多。就三个平面的核心问题来说,可能会引出不同的思路。朱德熙对"差点儿没"分析时所涉及的平面和 Morris 的语用平面是一致的。而汉语中三个层面的区分最初是由主语—谓语、施事—行为、话题—说明三项对立引起的。从赵元任(1948)、Hockett(1958)对话题和说明的讨论中,还可以引出另一种思路,即用"话题—说明"取代"主语—谓语",当然这并不意味着取消 Morris 所定义的语用层面,而只是对"主语—谓语""施事—行为""话题—说明"三个层面的简化,即把三个层面简化为两个层面,使描写更为简单。这正是我们在"语义语法"(§7.5)中要谈到的徐通锵(1997)的主张。这种主张也有其道理。我们知道,汉语的主谓关系并没有形态标记,目前唯一能够找到的比较强的形式标记是推导式(朱德熙,1962.8—9),但是用这种推导式确定下来的主语标记也可以理解成话题的标记。从前面朱德熙等对话题和主语的解释看,话题和主语都是同一个成分。胡裕树(1982.4)提出区分"话题"和"主语"的三条形式标准,认为汉语的主语有三个重要的特点:

  第一,不带介词,一般是不能加介词,只有少数是例外。
  第二,位置固定,一般不能后移。
  第三,与 VP 的语义关系较为密切(就 VP 前的 NP 而言)。

但是这些都是语义结构成分的性质,还不能说明"话题"和"主语"的区别。陆俭明(1986.3)进一步从形式上提出了区分主语和话题的标准。比如下面两组句子:

  小王开汽车。
  皮儿软了。
  他不想参加。
  小王开汽车的时间不短了。
  皮儿软了的好吃。
  这就是他不想参加的原因。

前三例的句首名词可以说是话题,后三例的主谓结构处于被包含的状态,相应的名词只能看成主语。同时陆俭明还提出了话题的形式标记,其中最值得注意的一点就是朱德熙(1962.8—9;1982)作为确定主语的推导式,陆俭明都作为话题的标记。如朱德熙认为主语和谓语之间可以加"是不是",陆俭明认为是话题的标记。

  之所以产生这种分歧,就在于汉语的主语和话题不好区分,没有严格的形式标记。在英语中,或其他印欧语言中,话题和主语形式标记可以是不同的。拿前面 Hockett 所举的例子来说：

That new book by Thomas Guernsey | I haven't read yet

That new book by Thomas Guernsey 是话题，I 才是主语，因为 I 和谓语有一致关系，所以英语或印欧语区别主语和话题比较容易。汉语中既然主语和主题指称形式相同，所以有人认为可以用一套术语。

目前这些问题正在讨论之中。

5.9 IA 与 IP：汉语与中国结构语言学

前面我们说中国语言学的实证要求使中国语言学接受了结构语言学。进入语义研究领域后，中国语言学在多数情况下仍然在结构语言学框架下工作。可以说中国结构语言学的历史几乎延续了一个世纪。中国学者主要选择了结构语言学的理论框架而不是转换生成语法的理论框架，这反映了中国学者在理论上采取了一种更接近实证主义或经验主义的态度。其实结构语言学和转换生成语法都有很多值得借鉴的地方，但由于转换生成语法不追问方法论的实证基础，因此该理论经常引起很大的争论。中国学者对转换生成语法的借鉴主要限于一些重要的范畴，而这些部分都是转换生成语法内部比较容易达成共识的部分。

中国学者选择结构语言学的理论框架还有更深的背景，这就是汉语本身的独特性。为了认识这一点，我们先来分析一下美国转换生成语法取代结构语言学统治地位的方法论背景。

Hockett 在《语法描写的两种模式》(1954)一文中归纳出了美国结构语言学的两种描写模式，IA(Item and Arrangment，项目与配列) 和 IP(Item and Process，项目与变化)，分析了两者的异同和描写能力的高低[①]。

Hockett 认为 Boas 建立了 IP 模式。实际上从 Boas 对材料的分析看，Boas 重点强调了单位的位置和内部变化两个方面[②]，所以 IA 和 IP 这两种模式的原型在 Boas 的分析中都存在，后来 Sapir(1921) 和 Bloomfield(1933) 分别发展了 IP 和 IA 模式，Harris 把 IA 的模式发展到比较极端的形式。

[①] Hockett 还提到第三种模式。其实他的第三中模式的内容可以规约到 IA 或 IP 中，所以我们这里不展开分析。

[②] 请参看 Boas(1911) Introduction 中的 Grammatical Processes。

IA 和 IP 的根本区别在于:IA 的基本方法是分布,arrangment 的实质就是分布,即通过单位的分布来控制规则;IP 的基本方法是变化(process),更准确地说是在确定单位关系的基础上,再通过单位变化和移位来控制规则。这里的变化主要指共时操作变化。在 IA 模式看来,分布是客观的、描写的、绝对可观察的,而变化操作在认定关系、变化和移位时经常是不可观察的、非描写的、带有主观解释性的。因此,纯正的 IA 是不讲结构关系的,因为结构关系带有解释的意味,这是 IA 的描写观念所不允许的。正是因为 IP 带有解释的意味,在断定汉语的"今天来"这样的结构到底是偏正还是主谓时,就有主观性,而 IA 模式只断定"今天"分布在"来"的前面。

IA 是按照严格的纯共时对比原则发展下来的,其理论前提是线条性。要满足 IA 的观念,必然要发展出纯共时的对比原则,即形式和语义在线性方向上对应的原则。由于完全不考虑共时系统中的历时因素,把泛时系统中的现象压缩成同一个时间层面的东西,IA 在处理和历时有关的现象时会遇到困难。这首先表现在词法平面。比如法语的例子(Sampson,1980,P74):

阳性	阴性	词义
ver	vert	绿色
blã	blãʃ	白色
gri	griz	灰色
blø	blø	蓝色

根据 IA 模式,就必然要对阴性形式进行共时线性切分,分析结果是:

阳性	阴性	词义
ver	ver + t	绿色
blã	blã + ʃ	白色
gri	gri + z	灰色
blø	blø + ø	蓝色

这会分析出多个读音不一样的阴性后缀。根据 IP 模式,可以把阴性看成基本形式,那么只需要进行一种操作,即将基本形式的最后一个辅音去掉就构成了阳性名词。显然,在这个问题上,IP 的分析比 IA 的分析简单。

IA 模式在构词层面和句法层面都会遇到一些困难,这些困难也存在于汉语中。汉语构词层面遇到的最大困难是儿化词的分析;句法层面遇到的最大困难是兼语式、"跳得过"、"将老李的军"等形式的分析。以儿化分析为例,IA 纯共时对比分析只对有些儿化词的分析有效。比如我们要分析 thəur[35](头儿),我们可

5. 异质语言研究的兴起:语义关系研究

以进行以下对比:

thəur^{35}(头儿)	thəur^{35}(头儿)
thəu^{35} nau^{214}(头脑)	xuor^{35}(活儿)
thəu^{35} fa(头发)	tsuor^{51}(座儿)

在左栏可以分离出 thəu^{35} 这个语素,在右栏可以分离出-r 这个语素。这里的实质是 thəu^{35} 和-r 都可以找到与之对比的语言片段。但是对比原则在儿化词的分析中并没有普适性,像儿化词 kar^{51}(盖儿)的对比分析就会遇到困难:

kar^{51}(盖儿)	kar^{51}(盖儿)
?	kuar^{51}(罐儿)
?	par^{51}(半儿)

这里的 kar^{51} 中的-r 可以得到对比,剩下的 ka-就得不到对比。如果采取 IP 模式分析,可以说有一个基本形式 kai^{51},kai^{51} 加 ər 就变成了 kar^{51}。IP 由于考虑了历时,对于历时并合的单位分析起来比较方便。

从下面的分析中可以进一步理解共时系统中的时间深度:

时间 A	时间 B	
xua^{55} ər^{35} 花儿	xuar^{55} 花儿	融合
xua^{55} tshau^{214} 花草	xua^{55} tshau^{214} 花草	未融合
xua^{55} miau^{35} 花苗	xua^{55} miau^{35} 花苗	未融合

没有时间的变化,就没有时间 B 一栏形成的儿化状态。

IA 模式试图在纯共时的层面通过发现程序完成描写,排斥主观的解释。但是这样做遇到了困难,很多困难都是由历时原因引起的,即语音链条和语义链条的时间差引起的,比如汉语中的儿化词,本来是两个语素两个音节的儿尾形式,后来变成两个语素一个音节的儿化形式。这说明共时系统中确实有历时因素,需要用 IP 模式来处理。但是,由于 IP 中需要先确定基本形式,而基本形式的确定有一定的任意性,这意味着在描写的背后就有不确定性。对基本形式的解释成了后来语法研究的核心问题。IP 模式没有给出确定基本形式的标准,在前面对法语实例的分析中,为什么要把阴性作为基本形式,显然是为了描写的简单。而 IA 的任何形式地位都相同,都是通过对比得到的。既然都是通过对比得到的,当然就不会有哪个是基本单位哪个是派生单位的问题。

我们说 IA 模式和 IP 模式的根本区别在于一个以分布为方法论基础,一个以变化为方法论基础。在这一重要区别上,两个描写模式又可以引出以下几个区别:

(a) IA 共时性更强，IP 带有历时因素。由于传统的词平面和词以下的平面涉及历时因素比较多，所以更适合用 IP 分析。

(b) IA 更容易取得共识标准，IP 带有一定的主观因素。

(c) IA 更适合分析型的语言，或孤立语，因为处理这样的语言不会带来大量的变体。IP 更适合描写屈折变化较多的语言。英语尽管屈折变化少，我们也可以从一些屈折变化的形式中看出 IA 的难处。比如动词第三人称单数词尾和名词复数词尾，拿 IA 描写，要单独描写两个不同的-s 的变体，如果用 IP 描写，只需要说明-s 的语音变化的条件。

(d) IA 把所有的项目看成是平等的，而 IP 把一些项目看成是独立的，核心的，再附带一些标记或操作手段。

值得注意的是，IA 和 IP 都不限于构词平面和语音平面，还包括句法平面。后来 Chomsky 吸收了两个模式的优点。从 IA 发展出短语结构规则，从 IP 发展出转换规则。而中国结构语言学走的主要是 IA 模式，也吸取一些 IP 模式的方式，所以中国结构语言学既讲分布，又讲结构关系，实际上也是沿着 IA 模式和 IP 模式两条腿走路，不过更重视 IA。

很多人可能认为转换生成语法代替了结构语言学。问题并不是这样简单。事实是，转换生成语言学在接受了结构语言学的直接成分理论以后，开始从结构语言学理论中独立出来。可以说从 20 世纪 50 年代以后，就方法论的严谨程度而言，在世界范围的语言共时研究中形成了两条主要的研究道路。一条是转换生成的研究道路，对象主要是英语，也涉及其他印欧语或非印欧语，主要是在美国展开的；一条是后结构主义的道路，对象集中在汉语，主要是在中国展开的。英语和汉语是世界上两个使用人口最多的语言，两种研究方式提出的问题也因此具有代表性。概括地说，中国的结构语言学主要是沿着 IA 模式展开的，而美国的转换生成语言学是沿着 IA 和 IP 模式展开。目前很难说哪一种方法更好。很可能是这样一种情况，分析语更适合于 IA 模式，屈折语更适合于 IP 模式。在印欧语中，有大量的形态变化和非连续直接成分，引入转换分析比较有效。汉语更主要是一种分析语，所以比较适合用 IA 模式，这样就可以减少很多假设的深层结构或核心结构。不同的语言可能适合用不同的方法来描写。汉语研究沿着结构语言学的道路，已经做了很多工作，并且在结构语言学的模式下深入语义研究，也取得了很多进展。

正是因为中国学者在理论上以结构语言学模式为主，势必在态度上偏向实证，偏向描写，采取一种比较稳健的态度，不轻易提出新理论，而是在大量的材料分析中验证和修正某一种方法和理论,这种做法本身对理论的发展起了重要的作用。有人往往习惯把提出一种观点或方法跟理论等同起来,实际上理论研究包括两个缺一不可的部分,即假设和检验。检验包括实证方法和证伪方法。中国结构语言学高度重视形式判定标准,就是为了使各种可能的假说和方案具有可检验性。朱德熙生前说过一句话(陆俭明,1997):

> 语法研究发展到今天,如果光注意形式而不注意意义,那只能是废话;如果光注意意义而不注意形式,那只能是胡扯。

这一段话不仅说明了中国结构语言学对待形式和意义的态度,更重要的是暗示了任何有关语义的研究都必须有形式上的判定标准。比如"冰凉"不受程度副词修饰,所以和一般的形容词不同。从意义出发,有人可以说因为"冰凉"已经有了量的语义特征,所以不受程度副词修饰。但怎么知道一个片段有量的语义特征呢?只能通过分布这种形式方法来鉴定,即"冰凉"不受"很"这样的程度副词修饰。

前面我们多处谈到,分布才是可观察、可实证的,这正是 IA 模式的核心思路。建立在 IP 模式上的深层结构、转换等概念的实证性相对要差一些。中国结构语言学后来尽管吸收了转换理论的一些成果,但这种转换并不是作为生成句子的必要规则,而是用来联系不同句式,给动词分小类,提取语义特征。尽管如此,从认识论上看,任何一种语言完全用 IA 模式来描写是不充分的,有些语言事实的描写必须要用 IP 模式。

6.非线性音系研究

非线性音系研究就是 IP 模式的研究思路。

汉藏语由于广泛存在声调,引发了很多重要的非线性音系研究,建立在线性原则基础上的同质语言观进一步受到质疑。

中国 20 世纪 90 年代以前的音系研究在方法和观念上跟西方结构语言学比较一致,概括起来说就是坚持音位学理论,音位和音位变体的分析一直是音系调查和分析的主要内容,音位的线性分析也是主要的分析思路,即音位和音位的组合具体体现为音位变体和音位变体的线性排列。1968 年,随着 Chomsky 和 Halle 的 *The Sound Pattern of English* 问世,生成音系学在美国开始兴起,生成音系学的核心思路认为语音序列是基本语音单位有规则的组合和变化形成的。无论是结构语言学还是生成音系学,都认为语音序列是音位或音段的排列或组合,结构语言学的单位是音位,生成音系学的单位是音段。不过生成音系学已经不能用线性分析来概括,因为生成音系学并不认为语音表现是单位的线性排列,只认为底层音段是单位的线性排列,表层语音序列是底层单位经过规则处理后形成的。生成音系学的这些语音规则实际上具有转换的性质。生成音系学中的单位也不只是线性的,还有区别特征。从 20 世纪 70 年代开始,又出现很多新的音系描写模型,如自主音段音系学(Autosegmental Phonology)、节律音系学(Metrical Phonology)、短语音系学和句子音系学(Phrase Phonology and Sentence Phonology)、词汇音系学(Lexical Phonology)、特征几何论(Feature Geometry)、优选论(Optimality Theory)等。西方学者逐渐意识到语音序列是多层面的,包括重音、声调等层面,这些不同的层面都有自己的独立性,相互之间又有联系。单位也不是简单的线性排列,而是有层阶的组合,除了音段和音段组合,莫拉(mora)、音节、音步(foot)等概念在音链组合中也有重要地位。通常把 70 年代以后建立在这种认识基础上的音系研究称为非线性音系学。其实"非线性"不是一个很好的概括术语,上面提到生成音系学就有非线性的观念,即不认为表层语音形式是单位的线性排列,而是底层形式经过语音规则派生出来的。"多线性(multilinear)"这个术语也不能准确概括70年代以后音系理论的本质,因为这些理论证明每个层面的音链不总是线性的。总之,我们认为70年代以后所谓的"非线性音系学"对语音的性质的认识包括了两个方面:即音链的多层面性以及每个层面上单位及单位组合的非线性特征。下面所谈到的非线性音系学都应该包括这两个方面。70年代以后所谓的"非线性音系学"可以称为多层面非线性音系学。

前面分析音位理论时已经提到,在变调的研究以及本音和变音关系的研究中,中国学者比较早地有了生成音系学的某些观念。卢甲文(1979.2)谈到普通话三个上声变调和层次有关系,就有转换循环(transformation cycle)的思路。从20世纪90年代末到21世纪初,随着美国生成音系学、后生成音系学以及其他非线性音系学模型的发展,中国的一些学者也不同程度地接受了非线性分析的一些思路,出现了一些新的音系研究方法和方案,但并没有放弃音位学的基本理论,根据对立原则和互补原则确定音位仍然是音系分析的核心内容。新的认识和分析方法主要体现在下面几个方面:

基本形式和派生形式的区别
多字组连读变调的讨论
节律以及节律和语法相关分析

6.1 对非线性的认识:基本形式和派生形式

前面曾提到的语音区别特征分析实际上已经是非线性分析,即构成一个音位或音段的若干区别特征并不是按照线性方式组合的。但是这种非线性分析并不对语音的线性观点构成威胁,因为语音的线性观点本质上是说音链是音位或音段按照线性方式排列构成,尽管音位或音段都是由区别特征构成,但也都是最短的线性单位。

郑锦全(Cheng,1973)首先用生成音系学模式描写过汉语音系,只是没有从线性和非线性的角度讨论结构语言学线性分析所存在的根本问题,但接受生成音系模式必然要承认表层音链是非线性的,因为表层音链并不是音段的线性排列,而是底层音段经过有规则的变化处理得到的。汉语的变韵现象最容易看出音链中非线性现象的存在。王理嘉和王海丹(1991.2)、林焘和沈炯(1995.3)已经观察到儿化韵中儿化贯穿于整个韵母,而不是作为一个线性音段处在末尾。陈保亚(1992,5.1)分析了汉语儿化词的线性切分所遇到的困难,讨论了纯共时的线性切分单位所存在的弊病,初步论证了用基本形式和规则而不是用变体描写儿化的必要性。王洪君(1994a)关于本音和变音的讨论,也证明用线性观点分析儿化的困难。鲁允中(1995)提到"儿"后缀有三种状态:成音节的儿尾、不成音节的韵尾和儿化特征,第三种状态是一种非线性状态。这些研究从两个方面证实了非线性的两个特点:一、表层音链并不是语素的语音形式的线性排列;二、语音特征并不只是在音段格中起作用。第一个特点在汉语的变音和变调中广泛存在,第二个特点除了儿化特征有体现,很多过去被当作音段看待的,都有特征跨越音段的情况,比如 ang 韵,实际上韵尾的鼻音特征从 a 元音就开始了。

王洪君《汉语非线性音系学》(1999)全面介绍和展开了非线性分析,是汉语非线性分析的代表作。该书梳理了西方非线性音系学的理论背景和发展脉络,将非线性音系的一些理论模型应用到汉语音系分析中,并结合结构语言学音位理论的合理部分,以汉语"一音节一义"的关联作为主线,对汉语音系中的一些繁复现象做了描写及解释。作者从一音节一义的关联中抽象出了句法韵律的最小自由单位,即字音。作者认为多音节语和单音节语这一语言类型区别是根本性的,由此就决定了语音、语法、构词、造句等多层面的诸多不同特点。在多音节轻重音语言中,音系词或韵律词是一级枢纽性的单位,而单音节声调型的汉语,韵律层阶中的枢纽单位则是音系字。作者还强调基本音和派生音的区别,基本音有自己内在的格局,这一思路和生成音系学的基本思路大体是一致的,而和结构语言学的线性分析有所不同,比如,王洪君(1999,8.4)用几何特征理论分析儿化的过程,认为儿化的舌前特征会迁移到韵尾和韵腹,这时候与之矛盾的特征就会删除,比如-ŋ尾韵儿化后,ŋ之所以会被删除的一个主要理由,就是因为ŋ的舌根特征和儿化的舌尖特征矛盾。这里提到前移、删除等,都是典型的非线性分析,必须先假定有基本形式,然后才是对基本形式的转换操作形成派生形式。我们认为,区分核心语音单位和非核心语音单位是有必要的,非核心音段是通过派生规则形成的,不是线性排列的结果。核心语音单位是只能区别语素音形并且不能通过规则推导出来的语音单位,是音系分析的基础。语素音形在汉语乃至汉藏语言的音系研究中具有极其重要的地位,从比语素更长的词或言语片段直接提取核心语音单位会遇到困难,要提取核心语音单位必须先提取语素音形。汉语中一般情况下语素音形体现为单字音。

6.2 声调的调域和音高

结构语言学和早期的生成音系学都是把声调作为元音音段的一个特征。早在 20 世纪中叶 Pike(1948)就区分了两种声调语言,一种是音域声调语言(register tone language 或 level-pitch language),一种是曲拱声调语言(contour tone language)。在音域声调语言中,语言声调的特征是有区别作用的相对音高,音高特征一般有 2 到 3 个,即高、低或高、中、低,不会多于 4 个,音高不是绝对的,而是在相邻音节的高低中体现出来的。比如高音是对比相邻音节的低音或中音体现出来的。曲拱声调语言中,音高特征是音高的曲拱变化。Pike 当时已经注意到了音域声调语言的一些基本现象,但有一个根本问题还不是很明确。这个根本问题就是:音域声调语言的音节内部没有高低变化,高低变化是在音节之间形成的,而曲拱声调语言的音高变化是在音节内。日语应该属于 Pike 所说的音域声调语言,汉语应该属于 Pike 所说的曲拱声调语言。但是在此后的很长一段时间里,人们对汉语声调的认识一直没有什么进展。20 世纪 60 年代,王士元(1967;1968)开始注意到声调变化和音段特征是相互独立的,并提出描写人类语言声调系统的类型观点。王士元还注意到一个更关键的问题,印第安语言、非洲语言的声调实际上和汉藏语言的声调是不一样的,汉藏语的声调是词汇性的,不是语法或形态性的。王士元观察到汉藏语的声调在单音节内部就有多种,这实际上已经认识到汉语声调的本质特征,即音高变化在音节内部发生。由于非洲语言、日语的音高变化是在音节之间发生的,有时候为了区分的方便,非洲语言、日语的声调可以称之为跨音节声调,汉语的声调是在音节内部发生的,和非洲语言、日语的音高变化不完全相同,可以称之为单音节声调。认识汉语声调或单音节声调的性质及其活动规律是汉语音系研究的重要问题,对整个普通音系理论也有很高的价值。

王士元(1967)已经开始用特征描写声调,他给出的特征有曲、高、央、中、升、降、凸 7 个,并尝试用这些特征对 13 种声调进行区分。尤其值得注意的是,王士元不是把"曲、升、降、凸"作为"高、央、中"的组合,而是作为独立特征,这和后来的自主音段音系理论处理声调特征的方法不同：

	1	2	3	4	5	6	7	8	9	10	11	12	13
	˥	˩	˧	˦	˨	˦˥	˧˥	˨˥	˦˩	˧˩	˨˩	˥˧˥	˩˧˩
CONTOUR	−	−	−	−	−	+	+	+	+	+	+	+	+
HIGH	+	−	−	+	−	+	+	−	+	−	−	+	−
CENTRAL	−	−	+	+	+	−	−	−	−	−	−	−	−
MID	−	−	+	−	−	−	−	−	−	−	−	−	−
RISINU						+	+	+	−	−	−	+	+
FALLING						−	−	−	+	+	+	+	+
CONVEX	−	−	−	−	−	−	−	−	−	−	−	+	+

王士元的研究在声调认识论上引发了一场争议，焦点之一是汉语这样一种曲拱声调语言和非洲这样的音域声调语言是否需要用两种模式来独立分析？McClawley(1968)在研究日语音高变化的基础上，把音高变化类型做了以下归类(σ 表示音节，σ 两端的括号表示域)：

  声调(tone)语言 (σ)(σ)(σ)(σ) (比如汉语)
  音高(accent)语言 (σσσσ) (比如日语)
  重音(stress)语言 (σσ)(σσ) (比如英语)

即声调语言的音高变化模式是在音节中展开的，音高语言的音高变化模式是在大于音节的一个域中展开的，每个域有一个高音，重音语言的重音变化模式是在双音节或音步中展开的。

  Woo(1972)在王士元(1967)的基础上，从汉语的角度出发提出了一个不同的特征方案，把音高特征分成 5 个静态的平调，这样王士元所说的 7 个特征中的"曲、升、降、凸"都是由静态特征通过动态组合得到的。Woo 的做法是要用音域声调语言的描写方法来统一曲拱声调语言。这一静态平调特征表示方法为后来的学者所广泛采用。其实这种方法和赵元任(1930)5 度标调法的做法是一致的，赵元任当时给出 5 个相对音高，其他调型都由这 5 个音高来描写。区别在于赵元任只是把 5 度表达作为标调的方法，没有独立作为音高特征。

  Goldsmith(1976)研究了非洲语言的声调和音质音段的关系，提出了自主音段音系学(Autosegmental Phonology)理论。该理论认为声调的音高变化有独立于音质音段序列的线性结构，声调是由更小的线性单位音高通过组合形成的调型。他的音高等级的划分比 Woo(1972)少，最多可以分成高、中、低三级，这三个特征按照线性组合可以有高高、高中、高低、中高、中中、中低、低高、低中、低低等调型,调型中的音高和音段序列中的元音或莫拉(mora)有一定的连接规律。在音链中,从左到右一个声调特征对应于一个元音或莫拉。如果声调特征匹配莫拉时有剩余,调型中还可以有浮游调(floating tone),在组合中常常被删除或移动到另一个元音或莫拉上。Yip(1980)把自主音段音系学的理论应用于汉语的声调和连读变调分析,讨论了声调的自主性、浮游调等重要问题,认为自主音段理论也适用于汉语,同时提出了自己的声调特征系统,包括调域特征和调高特征两个方面。调域特征把音高范围分成两个部分,调高特征进一步把两个调域部分各分为二。瞿霭堂(1985)提出了调素的概念,和自主音段音系中的toneme(调位)相当,比如汉语 53 调被看成是由两个调素组成的。语言描写需要多少调素,调素在声调行为中的作用是什么,瞿霭堂当时没有展开研究。徐云扬(1988.5)结合自主音段理论讨论了上海声调变读。端木三(1994)论证说汉语声调都可以用平调来描写,曲拱调不过是平调的组合,并论证说汉语所有方言中曲拱调总是落在长音节上,因此,每个韵的音段只能承负一个声调特征,或者是 H,或者是 L。陈保亚(1994)在研究汉语和傣语接触时开始用音高特征(区别性超音段特征)来描述西南官话和傣语的声调,西南官话的声调被描述为只有高低两个音高特征,升调和降调是这两个高低特征的线性组合,傣语则至少需要三个音高:

[汉语声调的特征矩阵]

	升	降	平
高		53	55
低	213	31	

[傣语声调的特征矩阵]

	升	降	平
高	35	53	55
中		43	
低	213	31	

通过这种描述,陈保亚讨论了傣语声调和汉语声调在接触中的互协机制。

汉语的一个音节到底连接几个音高特征?汉语中有没有浮游调?汉语声调是否是一个自主平面?这几个问题是相互联系在一起的。早在 20 世纪 60 年代,林焘(1962)已经提到声调可以超出一个音节而把后面的音节包括进去,这暗

示音质音链和音高音链是可以分离的。陆致极(1986)讨论过汉语普通话的两种变调规则,比如"小姐"的变调规则和顺序是:

上声 + 上声 → 阳平 + 上声 → 阳平 + Ø → 阳平 + 轻声

而"姐姐"的变调规则是:

上声 + Ø → 半上 + 轻声

陆致极认为轻声在词库中无调,是在组合中获得声调的,并认为声调不仅和音节不在同一个层面,而且是可以分离的。陆致极还认为广州话中存在浮游调。比如:

亚陈 a^{33} ts'an^{21} → a^{33} ts'an^{35}

陆致极认为存在一个浮游调5,进入第2个音节后,1被删除,过程是:

$$\underset{\$}{3\;3} \quad \underset{\$}{2\;1} — 5 \quad \rightarrow \quad \underset{\$}{3\;3} \quad \underset{\$}{2\;\underset{\cdot}{1}\;5}$$

汉语的音高特征和调素是在自主音段理论的影响下提出的,而自主音段理论又主要是在研究非洲语言声调的基础上提出的。这就必然要追问汉语声调承载单位或载调单位(TBU, tone bearing unit)的问题。自主音段理论的基本思想是,声调是和莫拉组合相配的,莫拉是载调单位。每个莫拉所载的是声调特征或音高,几个不同音高的莫拉在一起就形成了高低起伏的声调。Yip(1989)提出,和汉语声调相配的是音节而不是莫拉,声调的曲折是在音节内部发生的。与Yip不同,石基琳(Shih, Chi-lin,1991)、端木三(1994)论证了汉语的载调单位是莫拉音段,一个音节连接两个音高特征,汉语声调的最小单位也可以是音高特征,其作用类似音质层面音段的作用,音高的线性组合是调型。端木三认为除了轻声,汉语的每个音节都是两个莫拉,cv也是两个莫拉,即类似pa这样的cv音节其实是一个长音节,应该理解成paa,声调特征和莫拉在线性方向上是一一对应,符合普遍连接规约(Universal Association Convention)的,两者通常和音节又是二对一的关系:

声调特征1	声调特征2	声调特征3	声调特征4	……
莫拉1	莫拉2	莫拉3	莫拉4	……
音节1		音节2		……

林华(1998.1)认为调素是既表示音高又表示音长的单位,并提出高(H)、中(M)、低(L)三个调素,每个音节由三个调素按照线性排列构成:

阴平 = HHH   阳平 = MHH   上声 = LLM   去声 = HML

林华还提出"调素脱落论",用"边缘调素"脱落来解释普通话的连读变调。

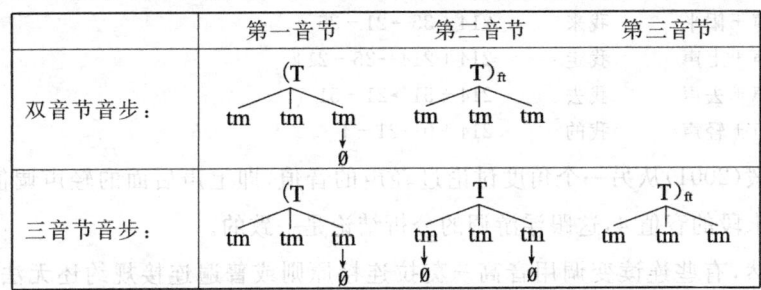

tm=任意一调素　　∅意为"无有";"消失"

这个模型的结果是双音节音步中前一个音节的声调会弱化,三音节音步中中间的音节声调弱化最明显。这是一种很有启发性的分析方法,至于为什么一个音节必须是三个调素,可展开进一步分析论证。张旭(2000.1)在基本支持林华的前提下,通过对天津话、保定话、深州话和吴江话变调现象的考察,提出了一些不同的看法:(1)连读中异化变调的范围不限于低调,也可以发生在中调上;(2)异化可以是由低调变为高调,也可由高调变为低调,调型一般不变;(3)异化虽可发生,但不是必然发生。

调素脱落论这种解释还遇到很多反例,主要原因在于如何理解重音,比如汉语双音节的轻重至少有两种模型,每一种再组成三音节后又有两种模型,以汉语双音节重轻型为例:

X+重轻→中重轻:黑芝麻、古汉语
重轻+X→中轻重:芝麻糊、文字史

如何解释"中重轻"模型,涉及我们怎样确定音步以及如何理解重音。

王洪君(2008)后来的研究支持了石基琳、端木三的观点。王洪君(2008)主张汉语的一个音节有两个莫拉,和非洲语言、日语不同的是,汉语的调型是在一个音节内部实现的,而不是在音节之间实现的,这是汉语和其他语言的一个重要区别。调型的几个声调特征(即音高)按照线性顺序一对一地连接到语素音形或词音形的音质音段序列的莫拉上,如果有剩余,就成为浮游调。浮游调在单念或多音词的末位音节通常会体现出来,在前字音节时通常被删除,在后面有空位时漂流到后面的空位上。上声214中的4是浮游调,单念时得到体现,在其他调前4被删除,在轻声前由于轻声没有自己的声调,是空位,所以4漂流到轻声空位上:

上声+阴平	我说	214+55→21-55
上声+阳平	我来	214+35→21-35
上声+上声	我走	214+214→35-214
上声+去声	我去	214+51→21-51
上声+轻声	我的	214+0→21-4

许毅(2001)从另一个角度讨论过轻声的音值,即上声后面的轻声调值是该上声的末段的音值4,这跟浮游调的分析结论是一致的。

当然,有些连读变调用音高—莫拉连接原则或普遍连接规约还无法解释。变调不仅受语音普遍规则制约,还受语音系统规则制约,不同的语言语音系统并不一样。比较北京话和成都话:

	本调	变调	实例
北京:上声+上声	214+214	35-214	买马
成都:去声+去声	214+214	214-214	卖肉

两种调型相当的连读,并没有相同的变化,显然说明变调还受语音系统规则制约。如果能够弄清楚普遍规则和系统规则的权重,弄清在什么条件下系统规则起作用,可以进一步认识语音普遍规则的性质。

王洪君(2008)的声调部分在介绍西方自主音段音系学理论的基础上,还论证了赵元任的五度标调和自主音段音系三级标调的异同。自主音段音系学的三级标调是 H(高)、M(中)、L(低),这种方法并不严格追问一个语音声调的实际高低,而主要是看有多少相对音高级别,然后通过这些相对音高级别来描写调型。王洪君认为三级标调法是一种功能标调法或宽式标调法,有利于说明音高的系统价值,也就是音系的价值,而五度标调法是一种严式标调法,有利于认识音高的值,但不直接表现系统的功能和价值。认识到这一点在当前的音系研究中很有意义。随着实验语音学的发展,对语音细节的观察越来越充分,有人开始否定或轻视音系的价值。实际上语音的功能即音系价值具有极其重要的地位,比如德宏傣语有三个降调,但根据我们汇集的调查数据,这三个降调的实际音质对不同的调查者来说并不完全一样,根据五度标调有差别:

	田	姨母	脸
调查者1	la^{51}	la^{41}	la^{31}
调查者2	la^{53}	la^{42}	la^{32}
调查者3	la^{54}	la^{43}	la^{31}

还有更复杂的记音,而且上面的几种记音也还有不同的组合。造成这里的区别

其实有两方面的原因：一是不同的发音者存在变异，甚至同一个人的发音也有弥散域；二是记录者可能在记录上也有差异。但是这些不同的细节在功能上并不是重要的，重要的是三个高低不同的降调。

以上研究还涉及一个根本性的问题：三级功能标调是否是充足的？自主音段音系学认为没有发现有大于三级以上的平调存在。但有些关于汉藏语的调查报告提到多于三个平调的语言或汉语方言，比如广州话，袁家骅等《汉语方言概要》标调为：

阴平	阳平	阴上	阳上	阴去	阳去	上阴入	下阴入	阳入
55,53	21,11	35	13	33	22	5	33	2,22
诗	时	使	市	试	事	识	泄	食

有些人把阳平记录为11，这样就出现了4个平调，三级功能标调就不充足。当然也可以考虑这样一种方案，把11看成ML（中低）调，并不会产生声调对立的混同，但这样一来功能标调就和调值脱节，成了一种类似X、Y、Z的抽象区别符号，其音系表达价值在哪里，需要进一步研究。

美国学者Yip(1980)在研究汉语声调的过程中提出了调域(register)的概念，认为调域是不同于音高(pitch)的概念，并区分出了阴阳域。调域的生理物理属性现在还没有完全弄清楚，但对解释声调活动规则是有意义的。端木三(Duanmu,1990)、包智明(Bao,1990)认为调域分清浊，声调分高低。朱晓农(1996)讨论了两者的关系，把调域分成阴、中、阳三域，认为调域和音高分别相当于平面几何上的横坐标和纵坐标，阴域的音高总是比阳域的音高要高。朱晓农(2008)又进一步认为调域与声带的发生状态有关。王洪君(2008,第十章)通过调域和调高来解释绍兴方言的变调规则，证明调域在声调研究中确实有价值。我们认为调域和古代声母的阴阳或清浊相关，而阴阳或清浊又与嗓音发声的机制相关，因此认识到调域在声调中的作用可能对进一步认识声调有重要意义，但学者们至今没有对调域做出明确的定义。

汉语中不是每个音节都读得一样重，也有轻重的区别。当一个音节轻读时，声调的性质是什么，是需要深究的问题。林茂灿等(1980)、林焘(1985)已经发现轻声的声学性质——音长缩短，音强减弱，音色含混，没有固定的音高。端木三(1990)、王洪君(1999;2008)认为轻声的根本特点在音段序列上是单莫拉(single mora)，在调型上是无调。这样就能比较好地解释为什么上声214后面的轻声的音高为4,因为单莫拉的轻声由于没有调,留下一个声调载体空格,214后面浮游调正好可以漂移到空格上,所以上声加轻声仍然是214。

6.3 连读变调的复杂条件

三个或三个以上的上声字连读变调有什么规律,一直没有得到最终解决。卢甲文(1979.2)已经提到,普通话三个上声字连读变调除了语音层面的条件,还和语法层次有关系,他提到了三种类型,其中的两种是很重要的(数字表示调类):

3+3+3→(2-2)-3　(展览)馆
3+3+3→3-(2-3)　纸(雨伞)

卢甲文提到的第三种是"甲、乙、丙",事实上属于第一种类型,所以本质上只有两种,这两种的区别就是因为层次不同。这是对多字组变调的一个重要认识。这种分析方法相当于生成音系学(Chomsky and Halle,1968)中转换的内部循环规则。子月(1984.4)进一步考虑了结构关系的因素。胡炳忠(1985.1)展开了实验调查,认为三字组变调和结构关系、层次都有联系,但这些句法因素还不能完全控制变调,还需要考虑变调和逻辑重音的联系。比如:

跑百米:3+(3+3)→3-2-3
你写稿:3+(3+3)→3-2-3/2-2-3
我也有:3+(3+3)→2-2-3

"跑百米"是述宾关系,只有一种变调方式。"你写稿"是主谓宾关系,有两种变调方式。"我也有"也是主谓关系,但逻辑重音决定了只能有一种变调方式。沈炯(1994)也提到了层次,同时提出"顺向变调"的概念,即"纸雨伞"可以有下面两种变调结果:

3+3+3→3-2-3　内部循环变调
3+3+3→2-2-3　顺向变调

内部循环变调就是按照内部层次来变调,顺向变调则是左线性的变调,变调从最左边一个接一个进行,只要后面有变调条件,左边的音节就变调。鉴于顺向变调的存在,沈炯认为变调还要考虑节奏或音节的松紧关系。这是对多字组变调的另一个认识。

音节松紧的一个重要参数就是音步(foot),音步和结构的层次不是完全一

致的:
    他也只懂现代英语
        句法层次: ［他［也［只［懂［现代］［英语］］］］］
        音步: 他也/只懂/现代/英语/

陈渊泉(Chen, M., 2000)提出几个基本条件来解释变调规则,这些条件按其权重先后有:音步不要跨越句法成分,音步是两个音节,节律单位在形态或句法上关系密切,音步从左到右切分。尽管这些条件还不能完全控制变调规则,但可以看出这些条件在变调规则中起了相当大的作用。到此为止,有一点已经认识清楚,多字组变调规则不仅和句法有关系,而且和节律有关系。

    多数学者对变调规则的条件的认识多集中在节律、层次、结构关系三个方面。变调背后的规律有时候是相当隐蔽的,至今还有很多规则没有被发现。如何找出这些规则的背后条件,而不仅仅是对已经发现的规则做不同的表述,是一个相当重要的工作。一些学者引入了一些新的理论模型来解释变调。钟荣富(Zhong, R., 1989)开始从统制(c-command)条件来观察客家话阳平连读变调规则,即客家话阳平变调规则需要在统制条件中发生。张洪明(Zhang, H., 1992)认为空语类和非空语类的区分对变调有影响,同时还认为统制条件决定了丹阳话变调中的声调延伸范围。比如:

    大［眼睛］
    ［霸王］弓

由于"大"统制"眼、睛"两个字,所以变调延伸到这两个字,但"霸"只统制"王",不统治"弓",所以变调不延伸到"弓"。宋作艳(2005.1)用统制条件比较好地解释了汉语"一"的变调规则。汉语"一"的变调很早已经被注意到,开始大家以为只是"一"后面的字调在起作用。20世纪70年代末,许德楠(1979.1)从语法上详细描写了数词"一"各种声调的分布环境,并从意义上区分出了系列性的"一"和指称性的"一",前者不变调,后者变调。比如:

    一比零   "一"不变
    一碗油   "一"可变去声

发现变调的这类语义条件是对变调条件的一个新的认识。金有景(1979.5)进一步指出"一"的变调是"结构变调",受语言结构的制约,并找出了跟变调与否相关的六个因素:音节、词义、位置、结构、层次、声调组合。宋作艳在此基础上结合对大量语料的考察发现了隐藏在背后的真正条件从根本上看实际上只有两个,一个是语义的，一个是结构的：

    a. "一"是否表序数

    b. "一"是否统制(c-command)后字 x

就第一个条件看，如果表示序数，不变调，否则可以变调。下面的 A 组表示序数，不变调，B 组不受这个条件限制，可以变调。

    A 组：一^1 班、一^1 声(阴平调)、一^1 层、一^1 所

          一^1 段(围棋)、一^1 把手、一^1 手货(偏正字组)

    B 组：一^4 班(人马/飞机)、一^4 声、一^4 层、一^4 所

          一^2 段(路)、一^4 把锁、有一^4 手(数量字组)

"一"右上方的数字表示变调后的调类。宋作艳发现，在不表序数的情况下，"一"和后面的音节必须有统制的关系才变调。为了更好地说明这个条件，我们考虑下面满足非序数的实例，其中都是"一"和"桌"连接：

    一桌好菜[一桌][好菜]

    同一桌子[同一][桌子]

    一桌子酒＜([一][桌子])酒＞

按照一般的理解，"一"和后面的音节有直接成分的关系才变调，上面的三个实例证明这种理解不充分。"一张桌子"中的"一"和"张"是直接成分关系，"一"变调没问题。"同一桌子"中的"一"和"桌"不是直接成分关系，"一"不变调。但"一桌子酒"中的"一"和"桌"不是直接成分的关系，"一"仍然会变调。用宋作艳提到的 c-command 方法，就能解决这个问题。

    c-command 是生成语法中提出的一个重要概念。一般地说，如果有下面的层次关系：

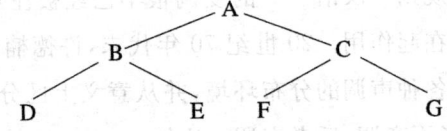

c-command 的关系就有：

    B c-command C、F、G

    C c-command B、D、E

    D c-command E

    E c-command D

    F c-command G

    G c-command F

c-command 既可以是从左到右的，如 B c-command C、F、G,也可以是从右到左的，如 C c-command B、D、E。显然，"一"变调是从左到右的，所以宋作艳的方法可以再限制为非序数的"一"在顺向 c-command 的音节前可以变调。更简单的表述还可以是，非序数"一"在后续姊妹成分的第一个音节前变调。

6.4 字调与词调

对汉语变调规律的另一个重要认识是音高特征向后面音节延展的情况。早在 20 世纪 50 年代，王福堂(1959)已经发现绍兴话的后字变调现象。张惠英(1979.4)在研究崇明方言时观察到这样一种现象：

前字变调阴阳不混，后字阳调都变阴调，或变轻声。

吕叔湘(1980)发现，丹阳话三字、四字组连调各有六种调式，是两字组调式的延长，应用的选择主要取决于首字的字类。许宝华等(1983.3)进一步发现，汉语中有一种变调方式是第一个字决定后面几个字的调型，跟后字的声调没有关系：

清水大闸蟹　tɕʻin ˥˥　s̩ ˧˧　du ˧˧　zaʔ ˧˧　ha ˧˩
省个一百省　sã ˧˧　gəʔ ˧˧　iʔ ˧˧　paʔ ˧˧　sã ˧˩
老实勿客气　filɔ ˧˧　zəʔ ˧˧　vəʔ ˧˧　kʻaʔ ˧˧　tɕʻi ˧˩
一对搭落苏　ʔiʔ ˧˧　tɛ ˧˧　taʔ ˧˧　loʔ ˧˧　su ˧˩
推板一眼眼　tʻɛ ˥˥　pɛ ˧˧　iʔ ˧˧　ŋɛ ˧˧　ŋɛ ˧˩
酱油西瓜子　tɕiã ˥˥　iɣ ˧˧　ɕi ˧˧　ko ˧˧　ts̩ ˧˩
象煞有介事　ziã ˥˥　saʔ ˧˧　iɣ ˧˧　ka ˧˧　z̩ ˧˩
拆空老寿星　tsʻaʔ ˧˧　kʻoŋ ˧˧　lɔ ˧˧　zɣ ˧˧　ɕin ˧˩

陆致极(1986)用自主音段来描写这种变调规律，以首字阴平为例子：

两字组：　〔55　31〕　　　　　伤风
三字组：　〔55　33　31〕　　　乖心肝
四字组：　〔55　33　33　31〕　痴头怪脑
五字组：　〔55　33　33　33　31〕　"推板一眼眼"

按照高(H)、低(L)声调特征可以描写为：

单字：　　H⟨M⟩L
两字组：　H—ML
三字组：　H—M—ML

四字组：　　H—M—M—ML
　　五字组：　　H—M—M—M—ML

多字组依次类推。石基琳(Shih,1986)从类型学的角度在汉语方言中分出以词为单位的词调(M-tone)和以字或音节为单位的字调(Z-tone),前者以上海话为代表,后者以北京话为代表,并认为字调语言有向词调语言发展的趋势。

　　张正生(Zhang,Z.,1988)提出一种观点,丹阳话的声调表达单位是音步,上海话的声调表达单位是语音词。Yip(1989)在自己所区分的阴阳域的基础上,进一步分析了无锡方言声调特征向后延伸的变调现象。经过这些学者的研究,汉语部分方言声调特征向后延伸的现象是否可以和非洲语言的声调机制或词调机制统一起来?陆致极(1986)认为两者是有区别的,汉语声调延伸的特点在于和首字字调有关系。后来王洪君(2008)则进一步分析了绍兴话、丹阳话音高特征向后延伸的变调现象,王洪君认为尽管特征延伸式变调现象看起来像多音节词中的"词调"或非洲语言的声调,但和词调或非洲语言的声调有本质区别。延伸式变调仍然可以通过第一个音节的声调推导出来,而真正的词调不能做到这一点。王洪君在此基础上还讨论了汉语声调和非洲语言声调的异同。王洪君认为相同点在于(王洪君,2008,P246—247):

　　1. 两者都有声调特征和调型两种单位。

　　2. 声调特征与莫拉相连接,有区别调型的作用;调型与某级语法单位(语素或词干或词)相连,有区别词形的作用。

　　3. 调型连读时可能发生声调的删除、延展、关联、浮游特征的漂移等传递变化。

关于不同的方面,王洪君认为汉语声调有以下特点(王洪君,2008,P247):

　　1. 调型一般与语素相连,语素一般是单音节的,因此调型一般与单音节的字相连。

　　2. 调型连读时既可以有以声调特征为单位的传递变化,也可以有以调型为单位的交替变化(比如上声变阳平),因此调型形成声调层级中的一级重要单位。

　　3. 调型节点既管辖音高的声调特征,也管辖阴阳调域特征。在以调型为单位的交替变化中,调域也常常有交替变化。

　　4. 汉语的单字调是汉语声调中至关重要的中枢单位,是不可预测的最小组合单位。单字调音高特征和调域属性必须在词典中注明。单字调以上的变调是可以推导的。

对这些认识还可以再展开讨论,但单字调的核心地位以及汉语变调的可推导性,是不可否认的。

经过以上不同学者的研究,汉语存在不同的变调类型已经得到认识,从音系行为的角度看,其中王洪君所归纳的三种类型,即传递变化、邻调交替、自身交替,应该是一个比较有效的区分。特别值得注意的是,包智明(2005)发现传递变化和邻调交替这两个特征不受接触影响,而其他类型特征会受接触影响。他考察了九种有代表性的方言变调:

九方言变调语法之比较

	官			吴			闽		
	北京	敦煌	镇江	上海	绍兴	永康	厦门	永福	福州
邻调引发	是	是	是	否	否	否	否	否	否
变调延伸	否	否	否	是	是	是	否	否	否
结构作用	有	阙	无	无	无	无	无	无	无
主导音节	右	右	右	左	左	右	右	右	右
外围规则	无	无	无	无	无	有	无	有	有

这里的邻调引发相当于邻调交替。这一观察对认识语言接触的机制有很重要的价值。

6.5 节律研究

英语中 Prosodic Phonology 和 Metrical Phonology 是有区别的。Prosodic Phonology 主要涉及语调、超音段现象、元音和谐等方面。Metrical Phonology 主要涉及节奏、停延、轻重音交替等问题,内容比 Prosodic Phonology 要窄。汉语中 Prosodic Phonology 通常被翻译成韵律音系学,Metrical Phonology 有时候翻译成韵律音系学,有时候翻译成节律音系学,因此节律也有人称为韵律。下面要讨论的节律主要指 Metrical Phonology 意义上的,是狭义的韵律学,指节奏、停延、轻重音交替等内容。有时候为了陈述某些研究成果,也按照原作者的习惯使用韵律这个名称,但实际上都是指节律音系学(Metrical Phonology)中的节律。

节律有哪些层阶单位,如何判定,这些单位是如何组合的,这些问题构成了节律研究的主要内容,是音系理论的主要内容之一,也是理论和应用中的难点问题。Wright(1983)研究了汉语方言福州话、上海话、潮州话和厦门话的变调现象,这几种方言是汉语变调现象最复杂的几种方言。Wright认为汉语方言有双音节重音音步和三音节重音音步,每个重音音步都有一个强音节。Wright还提出了汉语中的莫拉(mora)概念,强音节为两个莫拉。Wright的变调分析就是在这样一个认识基础上展开的。Selkirk(1984)提出节律层阶的各级单位是:音节、音步、韵律词、小韵律短语、大韵律短语、语调短语和话语。研究汉语音系学的学者从20世纪80年代末开始也不同程度地接受和参考了莫拉、音节、音步、韵律词、韵律短语、语调短语和话语这样一个韵律层阶体系,比如张洪明(Zhang,H.,1992)认为汉语的节律层阶模式是:

以响度为基础的层阶			以语素、句法为基础的层阶			以焦点为基础的层阶	
莫拉	音节	音步	语音词	附着组	音系短语	语调短语	话语

当然各家关于节律层阶单位的严格的定义并不一致。比较公认的层阶结构有音节、音步、韵律词、韵律短语、语调短语和句子。通常又把这些层阶结构叫节律单位,这是一种不准确的说法,因为这些所谓的单位有些是可派生的,并不是词库意义上的单位。有时候为了陈述各家理论,节律单位这一术语也会使用到,不过应该注意这些节律单位不过是根据停延大小确定下来的节律段。怎样确定这些节律段层阶是节律研究中的主要问题之一。

6.5.1 莫拉、音节和音步

莫拉尽管是比音节短的节律段,但关于莫拉的研究起步要晚得多,是在研究声调特征和音段的关系时才提出的。前面讨论声调时已经涉及了莫拉问题。端木三(Duanmu,1990;1999.4)提出了汉语音节的一种分析方法,认为音节分声、韵、调,介音属于声母,每个音节都有一个强制声母,包括零声母,并且都是辅音内容的。每个音节有三个时间空位或时间格,声母一个时间格,韵腹一个时间格,韵尾一个时间格。每个普通音节都是双莫拉,轻音节是单莫拉。莫拉是载调单位(tone bearing unit,简称 TBU),承载 H、M、L 这样的声调特征,两个不同的声调特征不能和同一个莫拉连接,只有末尾的载调单位可以延长成两个载调单位。端木三(1999.4)认为莫拉也可以从轻重节奏来认识,普通音节是双莫拉,是两拍,因此也有重音。轻音节是一个莫拉,是一拍,没有重音。和音节音步类比,端木三提出了莫拉音步。

　　莫拉是音节内部和时长有关系的节律段,音步则是以音节为节律成分的节律段。音步在节律中是一个重要的层阶,前面谈到的变调条件,和音步有很大的关系。在汉语中人们对音步的音系学认识起步也比较晚。陈渊泉(Chen, M., 1979)认为汉语中也存在音步,一般是双音节一音步,三音节为超音步,其中两个音节组成音步,另一个音节附在音步上。陈渊泉的学生石基琳(Shih, 1986)提出了音步生成规则(Foot Formation Rule),她的这种思路实际上并不把音步看成单位,而是派生的结果。其音步生成规则可概括为:

　　　　a.在一列字组中,有直接成分关系的两字组或两音节组首先连接成双音节成分音步;

　　　　b.然后从左到右把其他两两相邻音节连接成双音节的双拍音步,但相邻音节不能是句法分支相反或直接成分相反的成分;

　　　　c.剩下的音节按照句法分支方向和成分音步或双拍音步连接成超音步。

这套生成规则有一定的概括力。前面讨论的用层次不能解释的有些变调现象,可以用这套规则来解释。让我们来分析下面普通话的变调例子,方括号表示直接成分构成的音步,即成分音步,圆括号表示没有成分关系的双拍音步,尖括号表示超音步:

<买[米酒]>
　<214 + [214 + 214]>
　→214 - [35 - 214]→21 - 35 - 214
(也买)[米酒]
　(214 + 214) + [214 + 214]
　→(35 - 214) + [35 - 214]→35 - 21 - 35 - 214
(我也) <买[米酒]>
　(214 + 214) + <214 + [214 + 214]>
　→(35 - 214) + <214 + [35 - 214]>→(35 - 35 - 21 - 35 - 214)
<[小沈]也><买[米酒]>("也"不做焦点)
　→<[214 + 214] + 214><214 + [214 + 214]>
　→<[35 - 214] + 214><214 + [35 - 214]>
　→<35 - 35 + 214><21 - 35 - 214>

→35 - 35 - 35 - 21 - 35 - 214

音步生成规则从一个侧面证明了仅仅依靠语法层次条件无法说明变调规律。比如"也买雨衣",按照纯层次条件,变调过程应该是:

也[买[雨衣]]
214 + [214 + [214 + 55]]
→214 + [214 + [21 - 55]]
→214 + [35 - 21 - 55]
→21 - 35 - 21 - 55

但更多的变调情况应该是在音步生成规则的条件下进行的:

(也买)[雨衣]
(214 + 214) + [214 + 55]
→(35 - 214) + [21 - 55]
→35 - 35 - 21 - 55

音步生成规则也遇到很多反例,比如上面的"小沈也买米酒"可能变调方式就不只是上面那一种。不过说音步是通过成分关系和音节条件生成出来的,而不是初始单位,是对音步的重要认识。石基琳的从左到右的连接原则,后来也证明是确定音步的一个重要条件。

自从音步的概念进入音系理论以来,学者们都认为音步一般是两音节,三音节是超音步,一个普通音节加一个轻音节是残音步,一个音节的音步是蜕化音步。这一直是一个假设,没有人提供足够的语言学经验证据,主要理论依据是西方语言理论关于非汉语的音步研究成果。冯胜利《论汉语的"自然音步"》(1998.1)提出了一个自然音步及其判定标准,并给出了一些经验依据。该文把讨论对象限制在汉语中不受句法、语义影响的纯韵律的"自然音步",比如"布尔什/维克"这样的音节组合。与此不同,"纸张/粉碎/机"这样的音节组合,由于受到语法结构的影响,属于"非自然音步"。冯胜利认为汉语中的"自然音步"具有自己不同于非自然音步的本质属性,同时由自然音步组成的形式跟由非自然音步组成的形式表现出不同的语法性质,作者论证了下面几个命题:

一个音步两个音节
单音节不构成音步
奇数字串不可能出现大于三个音节的音步
奇数字串不可能出现两个或两个以上的三音节音步
音步从左向右计算(右向音步)

"右向音步"观点和石基琳(1986)从左到右把单音节连接成双音节而形成双拍音步的思路是一致的。石基琳是在同时考虑语法条件和音节条件的情况下提出从左到右的连接两个音节的双音步生成规则,冯胜利则是在理想的纯语音条件下考虑自然音步,也不否认语法语义条件的作用。如果从纯韵律的角度出发,石基琳的方法和冯胜利的方法有同样的结果。两人的工作为判定字串中音步的生成提供了一个比较有操作性的程序。从两人的判定程序可以看出,识别音步需要音节和句法语义条件,音步和句法层次不一定是吻合的,比如"我也有酒":

句法层次:[我][也有酒]
音步界限:我也/有酒

石基琳、冯胜利的认识实际上和西方关于音步的认识已经有了区别。比如在英语中,音步是指一种轻重交替的节奏,所以也叫双拍步(binary foot),音步是和重音有关系的。英语的音步重音是在步首。

汉语中到底有没有重音,一直是一个有争议的问题。上面石基琳、冯胜利等的分析方式促使我们考虑这样一个问题:汉语在只考虑音节数和语法语义而不考虑重音的情况下,是否也可以生成音步。陆丙甫(1989.3)、端木三(Duanmu,1990;1999.4;2004.4)、陆丙甫和端木三(Lu and Duanmu,1991)提出汉语也有重音,汉语音步都是左重的,因此确定音步还需要考虑重音。端木三(1999.4)特别指出,重音和音步是共存的,有重音就有音步,有音步就有重音。比如(端木三,2004.4):

/^皮鞋/　　　　(符合左重步)
/养^鱼/　　　　(不符合左重步)
养/^鱼 X/　　　(符合左重步)

左上方符号^表示重音。端木三认为"皮鞋"是左重,所以是一个音步,"养鱼"由于是右重,因此不符合音步左重的条件,不是一个音步,必须在"鱼"后面加一个空位 X,组成音步。根据端木三的这种观点,同样是两个音节,"皮鞋"是一个音步,"养鱼"就不得不看成超音步,或者"养"为自由音节,不入音步。端木三(1999.4)提出音步也可以是单音节的,比如:

X　　　　X　　　　X　　　　X
(人之)　(初),　(性本)　(善)

单音节"初""善"后面的停顿可以看成是一个空拍,单拍步加上空拍构成双拍,因此上面一共有四个音步:

X	X	X	X
(人之)	(初 0),	(性本)	(善 0)

端木三的这种分析是以重音判定为前提的,其可行性涉及汉语是否有重音以及如何判定重音。这方面一直是有分歧的,比如赵元任(1968)认为汉语是后重。林茂灿等(1984)曾通过对汉语两字组的声学实验和听辨实验研究认为两字组没有轻重的差异(不包括含轻声的两字组和逻辑重音)。王晶、王理嘉(1993.2)的研究发现句子中两字组的组合是重音在前。端木三(1999.4)认为单独的两字组实验之所以后字略重,是后面有停顿的原因。这就涉及判定重音要考虑停顿因素。端木三(1995)提出过一个声调－重音原则:重读的音节伴随有深层的调型,非重读的音节不伴随深层的调型。根据这一原则,只有有声调的音节才可以重读。这个原则可以在一定程度上支持端木三的汉语有重音的理论。后来刘现强(2003)通过调查已有的研究成果,发现关于重音的判定各家是有矛盾的,因此认为汉语实际上没有重音,至少没有区别意义的重音。刘现强通过实验发现汉语音步中前一音节的时长和音高比后一音节的时长和音高稍微要大一些,因此认为汉语音步前音节稍微要比后音节重一些。当然,端木三、刘现强所说的重音,已经不是音系学意义上的具有区别语法或意义的功能重音。

通常所说的音步都是以音节来计算节拍的,音步是最小的音节轻重交替片段。端木三(1999.4)从重音出发区分了两种音步,即以音节计算节拍的音节音步和以莫拉计算节拍的莫拉音步,比如:

```
a."重重"结构          b."重轻"结构
x                    x
(x      x)          (x      x)         音节拍和音节步
taa     maa          maa    ma
(xx)    (xx)        (xx)    x          莫拉拍和莫拉步
x                    x
大      妈           妈     妈
```

端木三认为莫拉拍能够解释为什么普通音节比轻音节重,因为普通音节是两个莫拉,莫拉步也是一重一轻,而轻音节只有一个莫拉,不入莫拉步,没有重音。

从以上研究基本上可以看出,汉语的音步大多数是两音节的(标准音步),一部分是三音节的(超音步),少数是单音节的(需延长韵母)。王洪君(2001)把这种构成成分的音节数目限制概括为"二常规、三可容、一四受限"。这里的"四"的情况主要指"峨眉山路"等2+1+1类型,节律上似可以与2+2有所不同,但快读时也可以与2+2式混同。这种思路承认有"音步外"的成分。

西方语言学的音步主要是围绕音节组合的轻重交替确定下来的,很多学者研究汉语音步也不同程度地考虑了重音交替。刘现强(2003)提出判定音步的另一种方案,音步被定义为自然话语中两个相邻的可能停延之间的音段。更准确地说,刘现强把音步理解成两端可以有停延但内部没有停延的音段组合。音段由两个或三个音节组成,有时由一个音节组成。刘现强还做出了一个更一般的概括,认为汉语节奏的支点和英语不同,不是重音,而是停延,即某个片段最后一个音节的停顿或延时。根据停延的长短,刘现强认为汉语的节奏层阶可以分为音步、停延段和语调短语。比如:

%[(中国)(人民)][(决心)(继承)][(邓小平)(同志的)(遗志)]%

整个片段是一个语调短语,有比较大的停延,而且有完整的语调。圆括号中的片段是音步,音步之间有可能停延。方括号中是停延段,有明显的停延。停延在汉语节奏中的重要作用,已经得到了大量实验研究的支持。刘现强的节奏层阶不包括音素、音节,他认为音素、音节只是语音基本单位,音节和音步是实现关系,并不是单位和组合的关系,这是很有意义的认识。刘现强也不设立韵律词和韵律短语,这样可以避免名词术语的争论,把研究重点放在节律段大小上。

目前在汉语音步的处理上有一个难点,主要涉及轻声音节的问题。比如"丢在展览馆里了",可以有两种不同的分析方法:

两音步:　　　　　　　[丢在][展览馆里了]
两音步加音步外成分:　[丢在][展览馆]<里了>

如果从时间上看,"里了"仍然是占有时间的,相当于两个莫拉,时长相当于一个长音节。说"展览馆里了"是一个音步,就等于承认了四个音节一个音步。端木三(1999.4;2000.4)、王洪君(2001.10)主张的是第二种处理方法,"里了"是音步外成分。但音步外音节仍然是有时长的,在节律中处于什么地位,还需要进一步研究。

6.5.2　韵律词和韵律短语

韵律词(prosodic word)这个概念也是从西方引进来的。在 McCarthy

(1993)的理论中,韵律词是音步的上一层韵律单位,因此韵律词最少要有一个音步。节律研究是近十几年来音系研究中最活跃的一个部分,韵律词又是节律研究中比较引人关注的部分,但由于韵律词并没有严格的定义,因此在引入汉语中也遇到了很多问题。冯胜利(1996.1)提出了汉语"韵律词"的概念,汉语韵律词指至少由一个音步构成的最小自由单位。冯胜利提出汉语韵律词一般情况下是一个音步,但没有说为什么不可以是多个音步。冯胜利主要是用音步来定义韵律词,韵律词和音步是对应的,一个音步是一个韵律词,一个超音步是一个超韵律词。

王洪君(1996;2000;2008)认为韵律词是只能顺向连调的稳定单音步或凝固复二步,而韵律短语则可能逆向连调,是多音步或可选多音步。王洪君还把韵律短语分为类词短语和自由短语,类词短语"左重",内部停延总是小于外部停延,自由短语则"等重"或"右重",内部停延可大于外部停延。王洪君提出了区分韵律词、类词韵律词(韵律类词或类词短语)、自由韵律短语(韵律短语)的几个标准,其中最主要的依据就是变调的线性方向和停延。变调线性方向的本质是考虑了语法的层次。王洪君首先用典型的单纯词的变调方式确定了韵律词的标准,然后根据内部停延的大小区分韵律类词(类词短语或类韵律词)和韵律短语。比如:

	层次	变调方向	停延	性质
雨伞厂	[[雨]](2+1)	顺向	35-35-214	没有	韵律词
小雨伞	[小[雨]](1+2)	逆向	21/35-35-214	内部小于外部	韵律类词
买雨伞	[买雨]](1+2)	逆向	21-35-214	内部可大于外部	韵律短语

"雨伞厂"的变调方式和典型的单纯词"索马里"变调方式一致,即从左边第一个字开始先变,也即左线性变调。

前述冯胜利关于韵律词的定义必然引出韵律词和音步对应的结论,如果这是对应的,设立韵律词是否是多余的?西方韵律研究中一直没有解释这个问题。王洪君(2001)给出了一个解释,认为汉语的"音步"和"韵律词"的所指是不同的。韵律词指任何上下文中都是一个单音步的语言成分,其单音步的属性可以在词典中标注,它们在语法上也通常是凝固的,如"雨伞、雨伞厂"。那些在某些上下文中是一个音步、在另一些上下文中不是一个音步的语言成分,单音步并不是它们的固定属性,王洪君处理为"韵律短语",包括韵律类词。如"小雨伞""不高兴""买雨伞"。它们在语法上也是不太凝固或完全自由的。总之,"韵律词"是音系语法界面的单位,是从语法单位推导节律的中介,而"音步"则是不考虑语法属性的纯节律单位。

6.5.3 节律层阶的表现形式

英语中的节律层阶主要是根据重音建立起来的,其中也涉及停延的时间,但主要是重音,因此英语的节律也可以称为以重音主导标准的节律。概括地说,重音主导思想的实质是:没有轻重交替就没有节奏,没有节奏就没有节律。根据重音主导标准建立起来的节律层阶有音节、音步、韵律词、韵律短语等。判定一个句子有多少音节、音步比较容易,判定韵律词、韵律短语就比较困难。这需要对节律的表现形式做调查研究。曹剑芬(1998)对汉语语音节奏表现形式展开了研究,分出了基本节奏单元、节奏群和句子。其基本节奏单元一般都是双音节或三音节的,这为汉语中也存在音步提供了基础。

节律层阶的表现形式从根本上说就是节律手段或声学表现,如果某一级节律单元没有特定的声学表现,设立这一级节律单元就有问题。节律手段或节律声学表现从根本上说都是音强、音高、音长、停顿的变化,或者说是振幅、频率、时间的变化。音强就是重音问题。汉语中重音到底有没有音系学的价值,现在还不清楚,当然这还涉及如何定义音系学的范围。赵元任(1922b)已经注意到汉语的句重音是和音高区域有关系的,读重音的时候,音高的上下两极会放大,特别轻的时候会缩小,就像橡皮筋上画上音高曲线,横拉橡皮筋音高曲线的上下范围会扩大,竖拉会缩小。比如去声通常情况下只在几个音阶程度上下滑动,重读时就会在十几个音阶程度上下滑动。沈炯(1985)北京话声调的音域与语调的研究,是在赵元任(1922b)的基础上通过实验进一步肯定橡皮筋假说,同时也注意到句子重音的高音线会大幅度上升但低音线上升幅度不大。吴宗济(1993)在赵元任(1922b)、沈炯(1985)的基础上,通过实验研究进一步肯定了汉语的句子重音和强调重音体现为连调域中音高的上移,重读程度越强,音高上升幅度越大。当然吴宗济和沈炯的模型并不一样,下面会谈到。

沈炯(1985)已经注意到句子的节奏不是由重音表达的,而是由音高表达的,即音域下限在节奏停顿处比较低,音域下限的下倾(declination)和节奏有关系,这已经涉及 Pijper and Sanderman(1994)讨论的下倾曲线的重置问题。重置概念简单地说是把节律段开始的音高重新置于一个高度,以免多个节律段音高不断下倾使音高太低,重置也起到节律分界的功能。许毅(1999)认为沈炯所提到的这种下倾是以前面有低音成分为条件的,属于降阶(downstep),他认为汉语只有降阶而没有下倾。王安红(2003)认为没有低音条件也可以下倾,可以分成两种不同的情况,跟重音位置有关。许毅和王安红的研究是在声学上进一步找下倾条件,其研究仍然说明下倾和节奏有关系。王蓓等(2001)通过心理实验对一中等规模语料库进行韵律层阶(即节律层阶)标注,较全面地分析了汉语韵律层阶边界结构的声学相关物,包括低音点、时长和无声段长度。研究主要得到以下结果:1.低音线较好地反映了韵律层阶结构,不出现韵律边界的情况下,低音线渐降;2.韵律词边界的声学线索是低音线的不连续性和边界前音节的延长,没有无声段;3.韵律短语和语调短语的边界处,低音线出现重置,语调短语边界处的低音线重置程度显著地大于韵律短语边界处的低音线重置程度,语调短语边界处的无声段也显著长于韵律短语边界处的无声段,两种边界前音节的时长没有显著差异;4.无声段随韵律等级的增加呈对数增长,边界等级越高无声段的增长越快。王蓓等的研究显示韵律声学表现的存在:

与韵律边界有关的声学特征的有无的组合

声学特征	1	2	3	4	5	6
边界前音节延长	−	+	+	+	+	+
音高不连续	−	−	+	+	+	+
音高重置	−	−	−	+	−	+
无声段	−	−	−	−	+	+

目前关于韵律层阶单元的定义和标准各家并不一致,王蓓等的研究说明这些声学特征的有无可以为节律段的区分提供依据。后来刘现强(2003)把停延提高到一个节律支点的高度,认为英语节律的主要手段或支点是重音,而汉语节律的支点是停延。刘现强的这一看法不仅仅有汉语音系学的认识意义,还有普通音系学的认识意义,因为 Streeter(1978)也发现时长作用对判定短语边界起主要作用,而不是重音。

6.5.4 节律和句法研究

在节律和句法之间可以找出很多关系,陶红印(1996)曾对相关问题做过概括和分析。是否可能完全独立于语法语义找出节律层阶规律呢？这也是一种思路。冯胜利提到的自然音步属于这种思路。王洪君(2001)主张把韵律和节律两个术语分开,"韵律单位"一律指兼顾音系语法两层面的界面单位,"节律单位"则指不考虑语法条件的纯音系层面的单位。不过很多人在研究中并没有严格区分这两个概念,原因可能在于并不存在纯语音的节律。除了莫拉和音节,没有任何句子的节律单位可以通过纯语音条件获得。然而在表示节律规律时,最好把节律看作纯音系层面的参数,然后再来观察句法对节律的制约。下面仍然考虑狭义的节律和句法的关系,其中有的学者提到的韵律也都是指节律。节律和句法密切相关,人们可以从节律的角度研究句法,也可以从句法的角度研究节律,后者是音系学研究的内容,下面我们重点讨论这个方面。前面讨论音步、韵律词和韵律短语时已经涉及节奏和句法层次,比如石基琳的研究。沈小喜(1998)、华武(1998)通过实验分析认为节奏和词、结构关系、音节数量都有相关性。沈小喜的材料和数据比较丰富,她进行了标记实验、听取实验和声学实验。标记实验是指由发音人在读例句后标出自己认为有停顿的地方,听取实验是另外再请人根据听的结果标出自己认为有停顿的地方。曹剑芬(2001)注意到停顿是韵律切分线索,把停顿分成四级,分析了停顿和各种句法结构、层次、词性的关系,并用实验的方法研究了韵律词和韵律短语的切分标准。

以上研究基本认为节律层次和句法层次是相关的,其实这只是一般趋势,这种相关性到底有多大现在还不清楚,因为不同的学者得出的相关分析不完全相同。音步界限和层次界限不一致的情况不少,比如：

音步界限:(小魏)(也很)(高兴)

层次界限:[小魏][也[很高兴]]

因此,节律层阶和句法层阶的关系并不是简单的相关关系,更不是两个层阶单元的一一对应关系,可能会有更复杂的机制。从现有的很多实验结果看,节律是相对独立的一个层面,节律界限是通过一定的句法规则、语音规则生成的。

有的学者已经认识到音步和音节数、重音、语法语义都有关系。这里的语法语义一般是指层次。端木三(1990;1999.4)提出辅重理论,认为在大于词的结构中，辅助成分比核心成分重，并在此基础上力图阐明音步和结构关系相互联系的方式。比如偏正关系的两字组"炒菜"中"炒"是辅助成分或修饰成分，"炒"比"菜"重，这也正好符合他所说的音步左重原则，因此偏正结构的"炒菜"是一个音步。而述宾关系的"炒菜"，由于辅助成分"菜"在后，又由于"菜"比"炒"重，这样一来就和左重原则不一致，这时"菜"必须加一个空拍成为双拍，构成音步，这时"炒"就不入音步。同样是有直接成分关系的双音节，由于结构关系不同，轻重关系也不同，音步分析是不一样的。端木三的分析是否成立，涉及两个问题，一个是词和结构或词组的区分，这是一个没有解决的问题。另一个问题是：两字组定中结构和述宾结构到底有没有重音的差别。英语中重音之所以具有音系学上的价值，因为重音位置能够造成对立，比如：

  'record（名词：记录） re'cord（动词：做记录）
  'blackboard（名词：黑板） black 'board（词组：黑的板子）

这里的符号'表示后面音节是重音位置，由于重音位置不同，形成语法和语义的区别。一般认为汉语并没有这样的语法语义层面的重音对立，只有逻辑重音对立。不过端木三的重音主张值得深思。上面的"炒菜"和下面的汉语双字组都有定中和述宾的区别：

  炖肉、烤肉、烧肉、煮肉、蒸肉、炒肉……

这些双字组到底有没有重音对立，是论证汉语有没有重音的关键。根据我们的调查，四川德阳话中是有对立的。比如"盐肉"作为偏正结构，后字轻，后字还有变调。端木三的解释至少在很多四川方言中是成立的。其他方言有没有这样的对立，今后应该进一步展开实验研究。

  端木三（1999.4）还讨论了音步和重音、词长的关系，提出了辅重必双的理论，认为重音需要落在双音节成分上，在多个词组成的结构里，辅助词（指修饰成分、宾语、补语等）比中心词重，所以辅助词往往需要双音节，而中心词不必用双音节。根据端木三的理论，"煤商店"是不好的韵律结构，因为辅助成分"煤"是单音节，不吸引重音。"种植蒜"也是不好的韵律结构，因为辅助成分（即宾语）"蒜"是单音节，不吸引重音。

  王洪君（2001.4）对端木三（1997；2000）的"辅重必双"说提出不同看法：（1）"辅单"（辅助成分为单音节）的"大房间"在语法上有正常定中结构，并不是不好的格式，在连调和停延方面与三音单纯词完全不同。（2）形—名定中与名—名定中的单双音节搭配常规不同,而与述宾接近。(3)音节搭配常规是汉语史上双音化历程中名词、动词与形容词的发展差异和单双音节的语法功能分化造成的,与重音无关。(4)VON("碎纸机")与OOVVN("纸张粉碎机")的次序调整与重音制约、单双音节的不同语法功能等多种因素有关,重音的体现是声调音域的展敛而不是音节的单双。

大多数学者在讨论节律和语法语义关系时,都比较注重句法层次和节律的关系,所面临的根本问题是如何处理节律界限和语法界限(语法层次)的跨界问题。王洪君(2001.10;2005)在区分韵律词和韵律短语(王洪君,2000)的基础上,提出了从句法模块来认识节律的思路,谓语动词是句法模块,和谓语成分发生直接成分关系的体词性成分也是句法模块。王洪君将语法结构分为黏合、组合、等立三大类,它们在节律上的表现分别为紧(无内边界、节律界与语法结构界一致)、松(可有内边界、某些条件下左边的成分可跨界)、特松(总有内边界,节律界与语法成分界一致)。也就是说,跨界现象其实只限于组合类。另外,在黏合类和组合类间还有一个过渡的小的次类。王洪君认为跨界在节律上有音步、停延段两个层次,如下所示(圆括号表音步界,‖和∣分别表强弱不同的停延段界。♯、+、=三个符号分别表示句块界、块内属支配关系的成分界、块内属修饰关系的成分界):

①跨音步界。主要涉及2音节、3音节字组,特别是1+2字组的前字。如:
　　语法边界:想♯买+雨伞　　　　买♯点=水果
　　节律边界:(想买)(雨伞)　　　　(买点)(水果)

②跨停延段界。主要涉及4、5、6音节或更多音节的字组(以下统称多音节)。如:
　　语法边界:　我♯养了♯一只=卷毛=狮狗
　　节律边界:　(我养了)(一只)‖(卷毛)(狮狗)

可跨界成分是否实现为节律跨界,句块或句块内成分是否归并为一个节律单元,则主要取决于节律模式。在去除衬字、衬头、赘尾等节律外成分后,普通话的节律模式在音步和停延段两个层阶上都体现为音节数量"二常规、三可容、一四受限"。以音步为例,两个音节的音步是常规,三个音节的音步可以接受,四个音节的音步受到限制。此外,语用方面的强调和话题化也对节律产生影响。董秀芳(2003)在王洪君的基础上进一步对音步和句法的关系做了概括,认为如果A是B的直接成分,当短语A和短语B的句法范畴不同时,短语A中的成分在韵律上就不能被分开,比如:

结构层次:[买[小雨伞]]
音步划分:买/小雨伞

这里"小雨伞"表示短语 A,整个片段"买小雨伞"表示短语 B。当短语 A 和短语 B 的句法范畴相同,短语 A 中的成分在韵律上就可以分开,比如:

结构层次:[想[买雨伞]]
音步划分:想买/雨伞

后来初敏、王韫佳、包明真(2003)通过分析比较 1000 个句子的多遍发音的节律结构,发现语句的节律组织在没有特殊语义表达需要的情况下仍然存在一定的自由度,这种自由度随着节律单元的增大而增大。进一步的研究发现,节律组织中比较稳定的音步和基本节律单元的组织主要受局部语法关系和长度关系的约束,与语句的全局结构关系不大。基于这个观察,初敏等提出一种局部语法关系的线性描述方法,将局部的套合语法关系简化成描述相邻两个成分之间的四类局部语法关系。初敏等还提出节律单元的组织过程可以转化成为比较相邻局部语法关系的松紧度的过程,松紧度处于局部最大值的两个成分将优先组合在同一个节律单元之中。某类语法关系的松紧度还受两个相关成分长度的影响,并且这种长度约束在音步组织和基本节律单元组织中有所不同。音步的组织基本遵循王洪君提出的"二常规、三可容、一四受限"的规则,但基本节律单元的组织则遵循"一二常规、三可容、四受限"的规则。

汉语节律的规律还在讨论中,现在比较清楚的是,节律和构词、句法有着复杂的关系,节律是一个独立的层面,和语法结构似乎并不完全对应,其中音节、音步、词、短语、层次、重音位置等概念是弄清节律规则的重要参数。但汉语节律研究还有很多问题需要解决,尤其是在理论上需要加强严密性。我们认为汉语节律研究的根本问题是要弄清楚在给定音节和句法语义信息的条件下,如何生成或标注停延的层次,不同停延层次的音高、音强及其走向是什么。现有的节律研究过多地去纠缠节律层阶的单位及其定义和判定标准,这样的思路是否有价值需要认真考虑。目前节律层阶单元越分越细,是否有意义?在语法研究中,一个句子的层次是多层嵌套的,当句子非常长的时候,嵌套更复杂,我们并不需要给每一层的直接成分一个名称,或者说列出若干层次单位,因为这些直接成分和层次是可以通过词、语法语义推导出来的。同样地,所谓的音步、韵律词、韵律短语、语调短语等也是可以通过音节和语法语义信息推导出来的。拿音步来说,前

面提到的实例:

他也／只懂／现代／英语

这里有4个音步,"他也"和"只懂"是按照双音节音步原则的临时组合,不属于词库信息。"现代"和"英语"是词库信息没有问题,但"现代"和"英语"作为两个音步不是词库信息,可以由规则推导出来,即非轻音双音节词都是1个音步。由于音步不是词库信息,由音步定义的韵律词也不是词库信息。节律研究的目标更应该是怎样在音节、语义语法信息的基础上确定一个语言片段的停延段及其语音表现和功能。

节律研究中亟待解决的另一个问题是如何找出实证标准,比如"大房间",不同的学者划分出来的音步界限存在几种情况(括号表示音步):

（大）（房间）

（大房）（间）

（大房间）

音步作为节律中比较基本的节律段在观察事实上尚且有分歧,更高层面的韵律词、韵律短语、语调短语等情况更突出。

6.6 语调研究

前面提到沈炯(1985)在赵元任(1922b;1933)的代数和理论以及叠加理论的基础上,提出了声调音域的概念,用音域上限和音域下限把语调描写成高音线和低音线的双线模型,音域下限或低音线的走向反映的是节奏,节奏单元越大,音域下限越低。音域上限或高音线反映的是语义焦点。吴宗济(1997)在赵元任的基础上提出了另一种修正,认为赵元任所谈的声调和语调的代数和不应该是声调调型和语调调型的代数和,而是声调平均音高和语调平均音高的代数和。曹剑芬(2002.3)通过实验分析发展了吴宗济(1997)的思路,认为语调是语句音高运动的模式,主要体现为音阶的总体走势及其波动形式,声调是音节或词(组)的音高运动模式,包括调形和相对的音阶特征。在语流中,二者的关系是音阶叠加的"代数和",而不是调形叠加的"代数和"。

沈炯(1985)还借鉴 Palmer(1936)的语调结构模型提出了汉语语调结构模型,把语调结构分成调冠、调头、调核和调尾,其中提到调核是承载焦点信息,调尾承载语气信息。石锋(1999)认为语调格局包括三个因素:语调曲线的起伏格式,句中各调群调域本身的宽窄,各调群调域相互之间的位置关系。文中还分析了语速对于时长以及元音音质的影响。王安红(2003)的研究和王韫佳(2007)的研究对沈炯的语调结构模式做了进一步论证。吴宗济(1997)和沈炯在声调和语调如何叠加的问题上有分歧,但两人都认为语调是在句末若干个音节链上发生的,可以统一为语调结构模型。前面提到,胡明扬(1987)提出了句末语调模型,与语调结构模型不同,句末语调模型认为普通话的最后一个非轻声音节是承载语气的,也只有最后一个非轻声音节有音域变化。前面还提到,瞿霭堂、劲松(1992)也认为语调的承载体是句末节奏单位中的重读音节,和句末语调模型的观点比较一致,当然在一些细节上有区别。林茂灿(2004;2005)所做的实验显示句末语气引起的音域变化只涉及最后一个非轻声音节。语调结构模型和句末语调模型在实验上的差异说明实验条件、方法和样本有待改善。

6.7 优选论与汉语音系学

20世纪90年代初,Alan Prince和Paul Smolensky(1991)鉴于音系研究中规则及其使用顺序太复杂,提出了优选论,该理论之后得到迅速发展。优选论在音系认识论上比以前的模型有比较大的转变。优选论的基本思路是,深层结构通过生成装置(Generater)生成一系列可供选择的候选结构,然后通过评估装置(Evaluator)中的制约条件的筛选将候选结构中的某一种结构实现为表层结构。基本框架可以概括为:

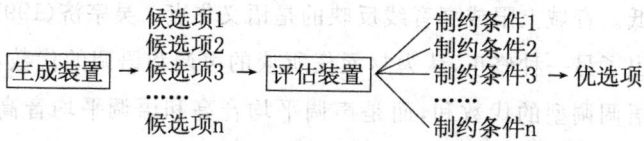

Yip(1993a;1993b)开始用优选论研究汉语广东话。王嘉龄(1995.1)比较系统地介绍了优选论的基本方法。钟荣富(1995.3)在介绍了优选论的分析思路后,首先用优选论分析了普通话二合元音和闽南话中的一些音系现象。此后有一批学者展开了音系的优选论分析,或涉及优选论分析,如:蒋平(1999)分析了汉语声调分布;周晋英(1999)分析了北京话儿化韵;陈渊泉(Chen,2000)分析了汉语方言连读变调模式;李兵(2002.2)分析了鄂伦春语的元音和谐现象;王嘉龄(2002.4)分析了天津话的变调;马秋武(2001;2003;2003.2;2004.1)分析了汉语舌尖元音、儿化、二合元音等现象;王茂林(2007.1)分析了广州话与北京话鼻音分布;王茂林、宫奇(2007.3)分析了汉语浊音清化现象。这些研究都找出了一些制约条件。下面以普通话二合元音为例来分析优选论思路。考虑普通话单元音和双元音的情况：

普通话的元音　　　　　　　普通话的二合元音

　　　前　央　后　　　　　ie　叶　pei　背
　高　i　ü　　u　　　　　uo　窝　ou　欧--
　中　　e　　　o　　　　　ia　鸭　ai　哀
　低　　　　a　　　　　　 ua　蛙　au　凹
　　　　　　　　　　　　　üe　约

这里是以6个普通话单元音为前提,根据优选论,原则上不需要对底层表达进行限制,于是在没有任何制约条件或规则的限制下,二合元音应该是6个元音的任意组合,即6的平方36。这36个可能的二合元音就是候选项,评估装置中的制约条件必须要筛选出其中的合法部分或优选项。钟荣富提出以下两个制约条件：

　　韵母内的音段不能同时为高元音。
　　韵母内的音段不能一个为后元音,另一个为非后元音。

于是最终的二合元音就只能有9个：

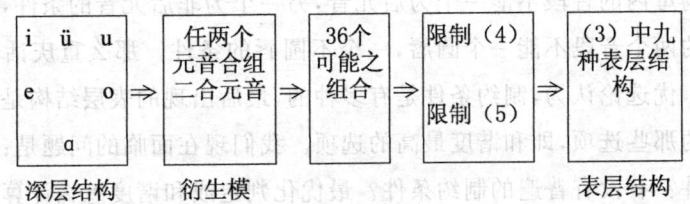

深层结构　　　衍生模　　　　　　　　　　　表层结构

以上用优选论分析普通话二合元音的思路确实可以让我们看到形成二合元音的限制条件。

　　优选论把目标放在寻找制约条件及其关系上,这是音系认识的一个进展。按照过去生成音系的生成规则,a在二合元音中的生成模式是：
　　a→a/__u, u__
　　a→a/__i
　　a→A/i__

显然这里的描写只是把结构语言学的变体描写变成公式描写,把原来的音位变成底层或深层音段,把原来的变体变成表层形式。至于为什么普通话有这样的二合元音,为什么没有 ae 这样的二合元音,生成音系学及其相关理论并不过问。优选论实际上是在追问这样一些更普遍的原则或条件。

当然,优选论现在还面临很多需要解决的问题。比如,钟荣富上面的解决方案是以深层结构或底层形式中只有 e、o 两个中元音为前提的。马秋武(2004.1)认为,在底层形式中钟荣富的两个中元音已经假设了某些前提,如果中元音像郑锦全(1974)所描写的那样是四个,即 e、o、ɤ、ə,那么钟荣富的上述两条规则就不能排除 uɤ、ɤu 这样的组合。优选论的基本思想是不对底层形式或深层结构做限制,尽可能通过评估装置(即一系列限制条件)来得出最优化的表层结构。面对钟荣富分析中存在的问题,马秋武提出了圆唇性制约条件,即二合元音的两个音段不能一个圆唇,一个不圆唇。这样就排除了 uɤ、ɤu 这样的组合。但问题又来了,普通话的 yɛ 正好是一个圆唇,一个不圆唇,却是合法的。马秋武认为圆唇性条件在优选顺序上是靠后的,只要不违反前面钟荣富所提到的两个制约条件,就是合法的,尽管违背了圆唇性限制条件。这里体现了优选的等级或顺序,优选论允许违背等级靠后的限制条件。以上二合元音的分析,体现了优选论中有很多新的音系认识观念。

当然,以上分析的限制条件在重庆话中不适用,重庆话中有二合元音 iu、io,既违背了韵母内的音段不能一个为后元音,另一个为非后元音的条件,也违背了二合元音的两个音段不能一个圆唇,一个不圆唇的条件。那么重庆话的制约条件有哪些?优选论认为,制约条件是有多种的,最后出现的表层结构是违背制约条件最少的那些选项,即和谐度最高的选项。我们现在面临的问题是:到底有哪些制约条件?有没有普遍的制约条件?最优化判定或和谐度怎么计算?这些都需要进行深入的探索。如果考虑更多的汉语方言,情况更复杂。优选论在汉语研究中的前景如何,还需要展开更多的研究。我们认为目前最为关键的问题是,优选论到底在哪些方面超越了基于生成规则的模型,目前关于这方面的论证实际上是相当不充分的。比如汉语的"儿"后缀基本上可以分成儿尾和儿化两种类型,从优选论分析看,儿尾的类型中,输出音节和输入音节相同这一忠实性制约条件占据主导地位;儿化类型中,忠实性条件不占主导地位。如果优选论只停留在这样的认识上,并没有提供更多的音系认识论价值,而只是给已经存在的儿化类型差异提供一种不同的说法。汉语音系的优选论分析应该更多地找出一些结构语言学、生成音系学无法解释的制约原则及其关系。

　　从方法论上看,优选论和结构音系学、生成音系学以及非线性音系学并没有根本的矛盾,优选论更关心的是一个系统为什么会有如此这般的语音形式,更关心的是对人类语言音系背后原因机制的追问,而结构音系学、生成音系学以及非线性音系学更关心的是对音系单位、音系规则的描写。自从生成音系学问世以后,音系规则及其使用顺序在音系研究中有了重要地位。和优选论比较起来,我们认为规则论的研究在方法论上更为明确。从汉语变调中我们能够观察到规则及其使用顺序的存在。比如普通话动词上声重叠"等等、写写"等的变调:

　　　214 + 214
　　→35 + 214　　（连上变调规则）
　　→35 - 3　　　（轻声变调规则）

先用连上规则,再用轻声变调规则。而普通话亲属称谓重叠式"姐姐、奶奶"以及名词重叠式"狗狗"又采取了不同的变调程序,没有经过连上规则,直接用轻声变调规则:

　　　214 + 214
　　→21 - 4　　　（轻声变调规则）

当变调类型增多,音链中的字组增加,规则和顺序更加复杂,但这些规则和顺序通常都是明确的。优选论希望处理这些复杂过程,但不同的研究者面对相同的材料得到的优选处理方案差别很大,这是优选论面临的另一个问题。

7. 字本位论

中国结构语言学无论在语法组合层面还是语义组合层面,都以词为基本组合单位,以主谓、述宾、述补、偏正、联合、连谓等词组类型为基本组合模式,词通过这些基本组合模式有层次地反复使用,形成复杂的句子或句式。因此,词和词组中的主、谓、宾、定、状、补等成分在中国结构语言学方法论中占有重要地位。前面谈到的词组本位(§2.1.5)的说法,反映了词组中心论的观念。由于词组的构造单位是词,因此词组本位还蕴涵了另一个本位观念:词本位。

因此,词和词组是中国结构语言学的两个重要平面。在讨论中国结构语言学的语法理论时我们已经看到,由于汉语缺少形态变化,在提取词和确定词组间的语法结构关系时都遇到了困难,于是中国结构语言学提出了区分词和词组的扩展法(陆志韦,1957),提出了确定词组间结构关系的推导式(朱德熙,1962.8—9;石安石,1978.4)。但是用扩展法提取词还会遇到一些困难。"很好、第五、老张、鸭肉、本校"都不能扩展,但都是有规则的组合,说这些片段是词就得承认有很多词是规则组合。至于拿推导式做语法结构关系的判定标准,理论基础是什么?当时没有回答。陆俭明后来(1986.3)认为推导式是"话题—说明"的鉴定标准。可见问题还很复杂。

字本位论最初出现的主要动机之一就是为了解决上述问题。

字本位是20世纪90年代初由徐通锵首先提出的一种语言研究模型。徐通锵在《语义句法刍议》(1991.3)、《在"结合"的道路上摸索前进》(1992)、《"字"和汉语的句法结构》(1994.2)、《"字"和汉语研究的方法论》(1994.3)、《有定范畴和语言的语法研究》(1997.1)等文章中反复论证了汉语的"字"在汉语研究中的核心地位。徐通锵(1997,P126)对字的地位做了更进一步的概括:

> 任何语言的结构基础或结构常数都是一个"1",它的基本结构格式都是"1=1×1",区别只在于这个"1"在哪个层次上以及它如何关联、控制相关的结构层次。印欧系语言的"1"是句子的句法结构规则,由主语和谓语之间的

一致关系控制着语言的基本结构网络。这已见于前面的分析,这里不赘。粘着语的结构基础"1"处于"词"(姑且用这个概念来指称)的平面,可在一个词根的基础上加上若干个"语素"组合成一个"词",在句子中充当一个结构成分,其结构格式相当于"1＝1×1×1……"(后面可以"×"几个"1"在理论上是无限的),由元音和谐律使等号后的各个"1"内聚为一个整体——"词"。这种"词"与印欧系语言的词不一样,它是临时性的,在另一个句子里又会以另一种方式组合,由元音和谐律支配;元音和谐律从不超出一个词的范围。汉语的结构基础或结构常数"1"是字,它的基本精神是"1个字·1个音节·1个概念"的一一对应关系。它对汉语结构的关联方式与印欧语不一样。印欧语由一致关系所控制的主谓结构对各个层次的关联是单向的、阶梯式的,即句法的主谓结构和名、动词的结构关联决定了词的结构方式,主谓结构的"1"一方面通过词的重音关联语音结构,另一方面又通过某一环节(现在还说不清楚)关联词的语义结构。这种关联的特点是:语言表层的线性结构掩盖了非线性的结构特点,使语义的研究成为印欧语研究的一大难题。汉语与此不同,字在结构关联中的地位是多向的、立体性的,处于核心的位置,是语音、语义、语法、语汇的交汇点,一切研究都得以它为基础。它对各个层次的关联方式都是以"1"为基础的"1＝1×1"的层级体系,形成"1个字·1个音节·1个概念"的一一对应的基本结构格局。

最初展开字本位相关问题研究的还有汪平《字本位语法》(1992)、王洪君《从字和字组看词和短语》(1994.2)、叶文曦《汉语字组的语义结构》(1996)、潘文国《汉英语对比纲要》(1997)、胡敕瑞《对汉字汉语性质的几点认识》(1999.1)等。

字本位理论的核心思想是,字是语法结构的基本关联单位,字总体上是"1个字·1个音节·1个概念"的一一对应关系。字本位论还以字为纽带对汉语其他层面的现象有不同于过去的解释。目前字本位理论正在讨论之中。我们在前面不同的章节中对字本位有关的问题已经做过一些论述。本章我们主要讨论"字"作为语法研究的基本单位在方法论上的价值。

最早提出"字"这个语法单位的是马建忠,但是马氏对字的含义并没有做明确解释,因此马氏的字有时候相当于词本位中的"词",有时候相当于字本位中的"字"。

Bloomfield(布龙菲尔德,1933,11.7,P223)对汉语的字做过这样的论述:

在汉语里，我们就有结构式的标词手段的极端情况；每个词是由一个音节再加两三个主音位组成的：一个不成音节的单纯音位或复合音位作为起首音（即"声母"），一个成音节的单纯音位或复合音位作为收尾音（即"韵母"）；再加一个调型；不成音节的起首音可以没有；这个语言没有黏附形式。

Bloomfield 的讨论涉及两个问题：

1. 汉语的字相当于印欧语的词。
2. 字有形式标记。

但 Bloomfield 没有展开进一步的讨论。

字本位中所谓形音义的一一对应关系是指线性长度上的一一对应，而不是指聚合上的一一对应。吕叔湘在《汉语语法分析问题》中曾经认为形音义"多数是一对一的关系，但是也有别种情况"。吕叔湘所说的一对一的关系是指聚合上的关系，不是线性方向上的关系：

（音）	（义）	（形）	（例子）	（语素数目）	（字）
同	同	同	圆	1	1
同	同	异	园、圆	1	1（异体字）
同	异	同	会（合），会（做）	2	1（多义字）
异	同	同	妨 faŋ^{55}～faŋ^{35}	1	1（多音字）①
异	异	同	行 ɕiŋ^{35}～xaŋ^{35}	2	1（多音多义字）
异	同	异	行、走	2	2（同义字）
同	异	异	圆、园	2	2（同音字）
异	异	异	圆、方	2	2

对字本位的误解有一部分原因在于把字的一一关联理解成聚合上的一一关联。下面我们分析字本位中的字，都是指线性方向上的字。因此，在字本位体系中，字不能简单地理解成汉字，而是有意义的、有确定语音的一个完整的最小单位。

汉语的字是否是能够控制住汉语的结构，目前还在讨论之中。不过字本位讨论揭示了很多语言研究的方法论问题，下面我们重点从字、语素、词的比较展开分析。

---

① 1985 年公布的《普通话异读词审音表》规定"妨"统一读 fang^{35}，不再作为多音字。

7.1 语素与字

语素的定义是:最小的、有意义的语言单位。

关于字,字本位理论没有给出严格的定义,因此不同的学者常常有误解。我们需要严格区分文字的字和语言研究中的字,或者说需要严格区分书写字和语法字,然后再来考察字本位的得失。我们把语言研究中的字或语法字定义为:一个音节一个语素所构成的单位。语法字是汉语中最小的有意义的单位的一种范式。而书写体系中的字,则是对语法字的记录,通常一个书写字记录一个语法字。当汉语中语素不符合语法字范式时,书写字和语法字的一一对应就会不一致。比如,儿化词"盖儿"是两个语素一个音节,不符合语法字一个音节一个语素的范式,书写字用了两个;"葡萄"是一个语素两个音节,也不符合语法字范式,书写字用了两个。

语素是通过对比提取的,比如对于"人民"这个言语片段,通过同一性对比:

人民　　　人民
人体　　　农民
人头　　　村民
人脑　　　难民

这样我们就可以确定"人民"是由两个语素构成。其实这一操作过程背后涉及的方法论问题相当复杂,只是由于我们暗中利用了"字"的概念,同一性对比的问题没有凸现出来。

Boas(1912)和Saussure(索绪尔,1916)各自独立地提出了对比的方法。美国结构语言学家由于面临的语言不是语素文字记录的语言(印欧语),或面临的是无文字的语言,所以提取语素就成了很重要的工作,由此发展出了一套提取语素的方法。

在结构语言学操作过程中,先在音位平面通过对比和分布确定不同的单位。在语素平面,也要通过对比和分布确定不同的单位。但是,由于语素是有意义的单位,语义和语音关系复杂,在通过分布确定语义的同一性上会出现很多困难。这可以从组合关系和聚合关系上观察到。

语素理论主要考虑语素的提取。如果承认语言的生成性,都必然面临有限单位的提取问题。语素理论涉及两个问题:语素的切分和语素的归并。具体步骤是先做语素的切分，然后是做语素的归并①。下面我们会看到，语素的切分和归并还会遇到很多困难，即使扩展提取语素的对比原则，有些困难也不好处理。如果借助"字"，就可以比较好地处理问题。

7.1.1 对比原则的必要性

结构语言学提出了用对比提取单位的方法，但对对比程序的必要性没论证。下面先来论证对比程序对提取单位的必要性。面对需要调查的陌生语言，单独根据言语片段的读音，是无法知道该言语片段是由哪些单位组成的。举一个德宏傣语的例子：

su^{35} tɕin^{55} xau^{31} sɔi^{51} 你们吃饵丝

即使考虑汉语译文，也不能断定每一个音节代表什么意义。如果我们把这个句子放在一个对比系统中，我们就能断定单位是在什么地方断开的：

1	su^{35} tɕin^{55} xau^{31} sɔi^{51}	你们吃饵丝
2	su^{35} tɕin^{55} xau^{31} hong^{35}	你们吃粥
3	tu^{55} tɕin^{55} xau^{31} hong^{35}	我们吃粥
4	tu^{55} sɯ^{51} xau^{31} hong^{35}	我们买粥
5	tu^{55} tɕin^{55} xau^{31} lo^{214}	我们吃糯米饭

这些言语片段在语音和语义上部分相似。仅仅比较第1、2两句，我们无法断定 su^{35} 表示"你们"还是 su^{35} tɕin^{55} 表示"你们"。通过3、4句的比较，可以断定 tɕin^{55} 表示"吃"，sɯ^{51} 表示买。这时再回到2、3句，可以断定 su^{35} 表示"你们"，tu^{55} 表示"我们"。再比较5个句子，可以断定 sɔi^{51} 是跟饵丝有关的语素，而 lo^{214} 是跟糯米有关的语素，hong^{35} 是跟粥有关的语素。反复使用局部音义同一性对比，最终可以得到最小的、有意义的、有特定读音的语法单位。这种单位可以称为语子（morph）。任何一个言语片段，只要能够进行音义局部同一性对比，都是大于语子的片段。

语子可以定义为最小的、有意义的、有具体读音的言语片段。要获得一个语言中的全部语子，必须经过对比分析。

在有些情况下，调查者可以根据自己母语中的最小单位来询问被调查者。

---

① 严格地说，在提取语素时需要区分语子（morph）、语素（morpheme）和语素变体（allomorph）三种单位。为便于理解，这里只区分后面两种单位。

比如，说汉语的人调查英语的时候，可以通过下面一些基本语子来调查英语中相应的语子：

水	water
石	stone
手	hand
……	…

有时候也可以通过图片来获得发音人的信息，比如用画有水、石头、手的图片，让发音人回答自己母语中相应的语子。

这两种调查方法对提取语子来说都不具有充分性，因为语子在不同的语言中具有相对性。比如汉语的"姐"是一个语子，在英语中是两个语子"elder sister"。傣语和汉语兄弟姊妹的情况也有差别，傣语都是两个语子，并且每个语子都可以单说：

pi^{55} sau^{35}	姐
pi^{55} tsai^{51}	哥
long^{42} sau^{35}	妹
long^{42} tsai^{51}	弟

另一方面，由于有很多语子本身是不单说的，也不可能用这些语子来提问。至于用图片提问，也会遇到语言相对性问题。画有葡萄的图片，汉语的 phu^{35} thau 是一个语子，傣语的 mak^{214} jet^{11} 是两个语子。有时候尽管调查图片上画的只是葡萄，但被调查人可能会用一个完整的句子去回答问题："这是串葡萄。"抛开对比原则直接调查语子是很困难的，有效的程序应该是先获得一些有意义的言语片段，再根据局部音义同一性对比切分语子。有意义的言语片段获取得越充分，对语子的提取就越充分。从这种意义上说，调查者学会所调查的语言，有利于充分提取该语言的语子。

可以单说的最小形式是语子，但是单说的最小形式也不是确定语子的有效方法，因为"最小形式"就已经经过了对比。对于一个可以单说的言语片段来说，没有经过对比是无法确定最小形式的。可见对比是切分语子必须使用的程序。

对比不能建立在翻译的基础上，必须是原文的对比。比如：

傣语原文	汉语翻译
xau^{31} sɔ^{51}	饵丝
xau^{31} hong^{35}	粥
xau^{31} lo^{214}	糯米饭

傣语中的"饵丝、粥、糯米饭",从汉语的翻译角度看,没有什么相似的成分,因此也无法进行同一性对比,但傣语有局部音义同一性,从傣语的这三个言语片段中切分出语子 xau^{31}(饭、米)。

严格地说,语素的切分都是指语子的切分,语素是语子的归并。汉语中,一个语子通常也是一个语素,所以很多论著不区分语子和语素。下面的讨论也只讲语素,需要的时候再对语子和语素加以区分。

7.1.2 字与语素的切分

语素的切分所采用的方法是最小同一性对比。

在音位分析时,由于我们是按照音素来记音的,提取音位时线性切分问题比较少,因为一个个的音素或音子已经按照线条性记录下来了。因此在提取音位时,音位在什么地方切断的问题不是很突出,音位归并的问题则显得异常突出。结构语言学通过对比和互补相似两条原则提取音位。音位分析的对比原则是指在相同的语音条件下,比较不同的音子,能够区别意义或音形的是不同的音位,不区别意义或音形的是同一音位的自由变体(自由交替)。互补相似原则是指,处于互补条件下的音子,如果在音值上相似,就是相同音位的条件变体,否则是不相同的音位。

这一套手续又被用来提取语素。但语素分析首先要碰到在什么地方切断的问题。由于我们经常面临母语,加上我们的母语用汉字书写,困难没有凸显出来。比如:

老李　　　　老虎　　　　老板
老张　　　　老鹰　　　　老手
老刘　　　　老鼠　　　　老实

通过音义同一性对比可以提取以下语素:

老、李、张、刘、虎、鹰、鼠、板、手、实

以上的同一性对比依赖了汉字条件。由于汉字的传统作用,我们切分语素没有什么困难,因此也就没有追问切分语素的方法。汉语研究中讨论词和词组的区分很多,讨论语素的提取比较少。但在调查方言或民族语言中,语素对比的方法是必不可少的。

和对比语子一样,在不依赖文字的情况下,对比是提取语素的基本方法。比

7. 字本位论

如我们可以不借助文字提取傣语平辈亲属称谓中的语素：

傣语亲属称谓	称谓解释	傣语亲属称谓语素	傣语亲属称谓含义
pi⁶ tsa:i²	哥哥	tsa:i²	兄弟
lɔŋ⁴ tsa:i²	弟弟		
pi⁶ sa:u¹	姐姐	sa:u¹	姐妹
lɔŋ⁴ sa:u¹	妹妹		
pi⁶ tsa:i²	哥哥	pi²	年长者
pi⁶ sa:u¹	姐姐		
lɔŋ⁴ sa:u¹	妹妹	lɔŋ⁴	年幼者
lɔŋ⁴ tsa:i²	弟弟		

实际上在什么地方切断的问题是一个相当复杂的问题。尽管结构语言学在提取单位方面提出了一套程序，但结构语言学的共时对比并没有完全解决单位的切分。Saussure 认为符号是按照线性原则展开的，而且语音和语义是对应的：

  能指：a b c d e f g

  所指：a' b' c' d' e' f' g'

根据这种对应的理念，我们可以概括地说，结构语言学的对比原则本质上是同一性对比。同一性对比实际上是比较一个言语片段的两个部分，每个部分都可以找到可对比的有意义片段。比如汉语 $i^{35} | kɤ^{51}$（一个）：

  $i^{35} | kɤ^{51}$ 一个 $i^{35} | kɤ^{51}$ 一个

  i^{35} tuəi⁵¹ 一对 liaŋ²¹⁴ kɤ⁵¹ 两个

  i^{35} tɕian⁵¹ 一件 san⁵⁵ kɤ⁵¹ 三个

这就是说，i^{55} 和 $kɤ^{51}$ 都可以分布在不同的环境中，并且始终保持音义上的同一性。同一性对比得到的是有意义的片段。最小的同一性对比就是不断对话语材料做部分相同的比较，直到这种对比无法进行下去为止。不能再比的片段就是语素，所以语素可以定义为最小的、有意义的言语片段。

但由于共时系统中有历时因素，能指和所指的对应并不总是存在的，最小同一性对比也不能贯彻到底。这种方法遇到的第一个问题就是剩余语素的问题。像"苹果树苗"这样一个言语片段，可以进行以下对比[①]：

---

  ① 当然我们也可以用替换来说明这个对比过程。这两个方法是等价的，限于篇幅，本书不讨论这个问题。

苹果树苗	苹果树苗
苹果皮儿	芒果树苗
苹果核	李子树苗
……	……

"苹果"和"树苗"这两部分都可以找到对比的材料,它们是有意义的成分,但还不是最小的。"树苗"还可以对比:

树苗	树苗
树枝	秧苗
树干	菜苗
……	……

"树"和"苗"这两个部分不能再往下对比,它们是语素。"苹果"也可以再对比,但情况比较复杂:

苹果	苹果
?	芒果
?	水果
……	……

只有"果"能够找到对比的材料,"苹"找不到对比的材料。人们通常把"苹"看成独特语素或剩余语素,也可称为单用语素,它的语素地位是通过"剩余法"确定的。所谓剩余法,是指把一个言语片段可对比的部分提取出来以后,把剩下的不可对比的部分作为剩余语素处理。在"苹果"一词中,"果"是可比的,提取出来以后,剩下的"苹"尽管找不到可比的材料,仍然可以看成剩余语素。

所谓可以对比,其实质是找到在语音和语义上相同的材料,或者说找到在音义上都有聚合关系的成分,比如"苹果、芒果、水果"在语音上以"kuo^{214}"为聚合,在语义上以"果子"为聚合,所以"果"是可比的。但在具体操作中经常面临这样的实例:

mei^{51}妹	mei^{51}妹
mu^{214}姆	?
ma^{55} 妈	?

有人也可以说"妹、姆、妈"在语音上以 m-为聚合,在语义上以"女性"为聚合。如果没有找出充分的证据来否认这种音义上的聚合关系,是否可以说"mei^{51}妹"中的 m-是表示"女性"的语素,而把-ei^{51}看成是表示"年少"的剩余语素?很多人不会同意这种结论,实际上这里隐藏了字本位的背景,因为汉语的字在语音形式上

通常不小于音节,也不大于音节。我们认为徐通锵提到的"1个字·1个音节·1个概念",可以拿这个例子做一个证据。从对比的方法上看,"妹"的剩余对比和"苹果"的剩余对比是相同的,区别只在于"苹果"是从两个音节对比出两个语素,而"妹"是从一个音节对比出两个语素。但这不是"妹"和"苹果"差别的实质[①],因为儿化词也可以从一个音节对比出两个语素。比如:

xua^{55}r 花儿[②]	xua^{55}r 花儿
xua^{55}tuo^{214} 花朵	kua^{55}r 瓜儿
xua^{55}pan^{51} 花瓣	xua^{51}r 画儿
……	……

通过对比,我们可以从"xua^{55}r 花儿"中对比出"xua^{55}"(花)和"-r"(儿)两个语素。

像"妹"这样的剩余对比在汉语中还可以找到好些。比如:

pa^{51} 爸	pa^{51} 爸
po^{35} 伯	?

是否可以说 p- 是表示"男性长辈"的语素,而 -a^{51} 是表示"父亲"的剩余语素?又比如:

fu^{51} 父	fu^{51} 父
?	fu^{55} 夫
?	mu^{214} 母
?	su^{55} 叔
?	ku^{55} 姑

是否可以说 -u 是表示"亲戚"的语素,f-^{51} 是表示"父亲"的单用剩余语素?

在世界上其他语言中也有类似"妹"这样的现象。比如英语:

father 父亲	father 父亲
?	sister 姐姐
?	mother 母亲
?	daughter 女儿
?	brother 兄弟

是否可以说 -er 是一个表示"亲属"的语素,而 fath 是表示"父亲"的剩余语素?
更典型的例子是:

---

① 当然"果"的可对比实例要多一些,"m-"的可对比实例要少一些,我们下面会看到,这也不是问题的实质。

② 声调是超音段音位,因此"花儿"的语音形式也可以写成 xuar^{55},我们写成 xua^{55}r 是为了更容易看出对比的项目。

who	who
where	?
what	?
whom	?
why	?
which	?
when	?

是否可以说 wh-是表示特殊疑问的语素,而-o、-ere、at、-om、-y、-ich、en 是剩余语素?

对这些复杂关系,结构语言学都没有给以充分的解释。前面说过,用最小对比法提取语素是 Boas(1912)和 Saussure(索绪尔,1916)独立提出来的。Bloomfield(布龙菲尔德,1933,P195)进一步发展了这种方法,给出了更为严格的定义:"跟别的任何一个形式在语音—语义上没有任何部分相似的语言形式是一个简单形式(simple form)或者叫作语素(morpheme)。"这已经包含了最小对比的思想。不过 Bloomfield 并没有用"最小对比"这个名称。用剩余对比法提取剩余语素也是 Bloomfield 提出的,他认为 cranberry(一种酸梅)可以做以下对比:

cranberry	cranberry(一种酸梅)
?	blackberry(黑梅)

Bloomfield 认为 cran 作为对比后的剩余部分也是语素,不过 Bloomfield 没有用"剩余对比法"和"剩余语素"这个名称,他把 cran-这样的成分称为独一无二的成分或独特成分(unique constituent)。Bloomfield 在提出和解释独一无二的成分时都没有解释我们在处理"妹"时遇到的现象。而这种现象在印欧语中也广泛存在,上举英语中的"father"就是一例。Hockett 后来把对比法和剩余对比法程序化了(Hockett,1958,P145,P150),但也没有解释这类问题。

从对比原则上看,对比"苹果"和对比"妹"使用的剩余对比法没有根本的区别,要承认"苹果"中的"苹"和"果"是语素,没有多大问题,但要承认"妹"中的 m-和-ei[51] 是语素,不太符合汉语母语者的语感。这是同一性对比遇到的第一个问题,也是语素作为一个单位所面临的第一个问题。因此,剩余对比法有必要加以限制,以便把"妹"和"苹果"这两类情况区别开。

为了区分这两种情况,我们先引入双项对比与单项对比两个概念(陈保亚,1997.3)。双项对比指一个言语片段的两部分都可以得到对比,前面的"树苗"就

7. 字本位论

属于双项对比,即"树"和"苗"都可以找到对比的材料。单项对比指一个言语片段只有一部分可以得到对比,"苹果"属于单项对比,因为只有"果"可以找到对比的材料。

再举一个双项对比和单项对比的材料:

人民	人民
人体	农民
人头	村民
人脑	难民

在这里,话语的两部分都可以对比,可以称为双项对比。下面的情况只能算单项对比:

鲤鱼	鲤鱼
?	鲢鱼
?	鲫鱼
?	鳜鱼

现在来看"妹"和"苹果"在剩余对比上的区别。对"苹果"中的"果"来说,我们总可以找到有"果"出现的其他言语片段,并且这个言语片段是可以进行双项对比的。比如:

鲜果	鲜果
鲜肉	酸果
鲜鱼	水果
鲜菜	糖果

对于"妹"中的 m-(女性)来说,我们没有找到它可以出现在双项对比中的实例。"爸"中的 p-、"父"中的-u 也找不到出现在双项对比中的实例。英语 father 中的-er 也找不到出现在双项对比中的实例。

根据这种区别,我们给剩余语素一个操作方法上的限制:与剩余语素相结合的另一个成分必须有资格出现在其他可以进行双项对比的言语片段中。

这个限制实际上也就是从方法上对剩余对比法做限制,即在进行剩余对比时,需要将所对比出的非剩余语素部分进行再对比,如果这个非剩余语素部分可以出现在其他可做双项对比的言语片段中,该剩余对比法就是成功的,否则就不成功。

根据这种限制,下面这些下加横线的都可以看成是剩余语素:<u>苹</u>果、<u>鲤</u>鱼、<u>鲢</u>鱼、<u>鳜</u>鱼、<u>鲫</u>鱼、<u>沙丁</u>鱼、<u>菠</u>菜、<u>荞</u>麦、<u>豆</u>豉、<u>彗</u>星、<u>牦</u>牛、<u>渤</u>海。当然,并不排除这些剩余语素在特定场合下可以变成非剩余语素。

根据对剩余法的限制,"颠儿(走了)"中的"颠"、"葛儿(死了)"中的"葛"也应该是剩余语素,因为"儿"在这两个言语片段中已经是可比的了,并且"儿"在其他语料中可做双项对比:

玩儿　　　玩儿
玩耍　　　火儿
玩笑　　　嗤儿

我们所谓的单用语素必须符合这样的条件:与单用语素结合的另一个语素必须是可以出现在双项对比中的语素。比如"鲤鱼"中的鱼可以出现在双项对比中:

金鱼　　　金鱼
金子　　　咸鱼
金纸　　　海鱼
金表　　　小鱼

而前面提到的-u 或-er 不能出现在双项对比中。

单用语素的名称暗示只能和一个语法形式组合。一个语素如果能和 n 个语法形式组合,我们就说它的组合指数是 n。单用语素的组合指数是 1。自由语素的组合指数是无限的。

Harris(1957,P303)把英语的 wh-看成是语素,不符合我们提出的双项对比的原则,但 wh-的提取是有价值的,因为它提示了一组有疑问信息的单位。也许我们需要引入准语素的概念,比如把 wh-这样的语素称为准语素,这样才能反映音义同一性问题的各种关系,否则像 wh-这样的问题就得不到解释。

从上面的分析可以看出,语素的提取实际上是相当复杂的过程。但有一点比较明确,以"字"为汉语语法结构的基本单位可以绕开这些复杂手续。绝大多数情况下,一个字就是一个语素。字本位强调了汉语语素在语音上的重要特点。

如果不利用字的概念,在语素的提取中还会遇到更复杂的问题。因为即便我们区分了双项对比和单项对比两个概念,对剩余语素做了限制,最小同一性对比原则还会遇到问题。观察下面的汉语实例:

kar^{51}(盖儿)　　kar^{51}　(盖儿)
?　　　　　　　　$kuar^{51}$　(罐儿)
?　　　　　　　　par^{51}　(半儿)

在右列中-r 可以找到与之进行对比的言语片段,在左列中 ka-^{51} 就找不到合适的对比形式。前面我们已经证明-r 肯定是一个语素,并且可以出现在双项对比中,那么 ka-^{51} 是一个剩余语素吗？没有人会同意这种说法的。这是语素或语素线性切分时遇到的最困难的问题。汉语中有大量儿化音节的词，都会面临线性切分的困难：

儿化韵母	儿化词例	切分出的前一个片段	切分出的后一个片段
ɤr	kɤr^{55} 歌儿	kɤ-^{55} 歌	-r 儿
ier	tier^{35} 碟儿	tie-^{35} 碟	-r 儿
yɛr	yɛr^{51} 月儿	ye-^{51} 月	-r 儿
ɑ̃r	kɑ̃r^{55} 缸儿	kɑ̃-^{55} 缸	-r 儿
iɑ̃r	iɑ̃r^{55} 秧儿	iɑ̃-^{55} 秧	-r 儿
uɑ̃r	xuɑ̃r^{35} 黄儿	xuɑ̃-^{35} 黄	-r 儿
ər	tsər^{51} 字儿	tsə-^{51} 字	-r 儿
ər	pər^{51} 辈儿	pə-^{51} 辈	-r 儿
ər	kər^{55} 根儿	kə-^{55} 根	-r 儿
iər	phiər^{51} 皮儿	phiə-^{51} 皮	-r 儿
iər	ɕiər^{55} 心儿	ɕiə-^{55} 心	-r 儿
uər	uər^{51} 味儿	uə-^{51} 味	-r 儿
uər	uər^{35} 纹儿	uə-^{35} 纹	-r 儿
yər	yər^{35} 鱼儿	yə-^{35} 鱼	-r 儿
yər	tɕʰyər^{35} 裙儿	tɕʰyə-^{35} 裙	-r 儿
õr	tõr^{55} 灯儿	tõ-^{55} 灯	-r 儿
iõr	iõr^{214} 影儿	iõ-^{214} 影	-r 儿
uõr	uõr^{51} 瓮儿	uõ-^{51} 瓮	-r 儿
õr	kõr^{55} 工儿	kõ-^{55} 工	-r 儿
iõr	ɕiõr^{35} 熊儿	ɕiõ-^{35} 熊	-r 儿

要承认切分出的前一个片段是汉语中的语素是很困难的。这种困难不仅仅是上面这些词所面临的，上面仅仅给每一个儿化韵母举了可能切分的例子。每个儿化韵母实际上管辖了大量的儿化词。

分析儿化词所遇到的困难可以从方法论上找原因。结构语言学所采取的对比是一种纯共时的对比。但实际上任何一个语言系统都是历时的延续，都存在历时的因素。汉语儿化词就隐藏了历时因素。汉语的 D 变韵、Z 变韵的词也属于这种情况。前面我们已经看到，对比分析对有些儿化词的分析有效。比如要分析 thour^{35}（头儿），我们可以进行以下对比：

thour^{35}（头儿）	thour^{35}（头儿）
thou^{35} nao^{214}（头脑）	xuor^{35}（活儿）
thou^{35} fa^{51}（头发）	tsuor^{51}（座儿）

左栏可以分离出 thou³⁵ 这个语素,在右栏可以分离出-r 这个语素。这里的实质仍然是 thou³⁵ 和-r 都可以找到与之对比的言语片段。但是对比原则在儿化词分析中并没有普适性,像儿化词 kar⁵¹,由于-r 和前面的语素已经完全融合成一个音节,并且完全改变了前面语素的本音,因此-r 前面的片段从共时的角度看就找不到音义相似的对比材料,几乎没有人承认 ka⁵¹ 和 kan⁵¹ 在语音上相似。

纯共时的对比思路可以追溯到 Saussure(索绪尔,1916)。这种思想到了 Bloomfield 那里就是"语素由音位组成"(Bloomfield,1933,10.1,10.3)。语素的对比分析就是以此为前提的,它要求对比出来的语素要有确定的语音形式和确定的意义,这对于大部分语素的切分是成功的,特别是对于附加构词或附加构形的言语片段是成功的,因而为结构语言学的分析方法奠定了较为坚实的基础。但也有一些言语片段不好用对比法来分析,比如类似英语的 take 与 took 的关系一直未能得到很好的处理。根据对比,took 在线性方向上似乎应该有两个语素:

现在时	过去时
look	looked
work	worked
take	took

于是按照这种线性切分的观念,美国结构语言学对 took 展开了线性切分,提出了各种可能的方案:

现在时	过去时
/teik/	/tuk/
/t···k/ + /ei/	/t···k/ + /u/
/teik/	/teik/ + /u←ei/
/teik/	/tuk/ + /ø/(加零形式)
/teik/	/t···k/ + /u/

但是,没有一种切分是大家都同意的。英语中不规则动词的数量不少,因此,线性切分在英语中也遇到了困难。现在看来,这些不好用共时对比原则处理的情况都涉及一些异质因素,或者和语言的历史变化有关,或者和语言间的相互接触有关,它们不太适合于纯共时的对比分析。Chomsky 比较清楚地认识到了"语素由音位组成"的局限,他认为很难有什么好办法能把 took 的任何一部分跟代表过去时的语素联系起来,所以他用了这样一条规则(Chomsky,1957,P56):

$$\text{take} + \text{past} \longrightarrow /\text{tuk}/$$

来处理这一问题,这实际上否定了"音响链条和概念链条的区分要相符"的概念。不过 Chomsky 并没有打算讨论这种现象的机制,因为生成语法的语言观从本质上说是纯共时的语言观。

考虑到历时因素,儿化的描写就可以更简单。我们通过对比在分离 kar^{51}(盖儿)、kuar^{51}(罐儿)、par^{51}(半儿)中的两个语素时,实际上不知不觉地参考了历时因素,因为在共时系统中,有原形"盖、罐、半"等存在。分离过程并不是按照"音响链条的区分和概念链条的区分相符合"的原则,而是经过了一个还原过程:

$$\text{kar}^{51}(盖儿) \longrightarrow \text{kai}^{51}(盖) + \text{ər}$$
$$\text{kuar}^{51}(罐儿) \longrightarrow \text{kuan}^{51}(罐) + \text{ər}$$
$$\text{par}^{51}(半儿) \longrightarrow \text{pan}^{51}(半) + \text{ər}$$

原形 kai^{51}、kuan^{51}、pan^{51} 等作为一种历史积淀和儿化词处于一个系统中,还原才有可能。加上儿化词和原形有相似的汉字做依据,还原过程比较容易。如果儿化结构化得很深,历史来源不清楚,原形不存在了,我们很可能还原不出本字。比如:

儿化形式	通常的写法	还原后的前项	还原后的后项
xuor^{214}	火儿	火	儿
niar^{55}	蔫儿	蔫	儿
tiar^{55}	颠儿	?	儿

当然这些儿化词不排除是从方言借入北京话的,但在原方言中仍然存在还原的问题。

参考历时因素分离儿化词,儿化词的描写就可以大大简化,我们只需要列出儿化韵历时形成过程中的几条语音规则[①]:

$$\text{-an(-ai)} + \text{r} \longrightarrow \text{-ar} \qquad \text{-ən(-əi)} + \text{r} \longrightarrow \text{-ər}$$
$$\text{-in(-i)} + \text{r} \longrightarrow \text{-iər} \qquad \text{-au} + \text{r} \longrightarrow \text{-aur}$$
$$\text{-oŋ} + \text{r} \longrightarrow \text{-õr} \qquad \text{-ou} + \text{r} \longrightarrow \text{-our}$$
$$\text{-iŋ} + \text{r} \longrightarrow \text{-iə̃r} \qquad \text{-ɿ(-ʅ)} + \text{r} \longrightarrow \text{-ər}$$
$$\text{-X} + \text{r} \longrightarrow \text{-Xr} \quad (\text{-X 不属于上述几种韵})$$

儿化词在语音层面就可以得到很好的描写。而在语素层面,通过汉字可以还原

[①] 由于儿化规则只和韵有关,所以不列韵头。

出儿化词的原型,从而避免了共时对比原则所带来的大量语素变体。比如:

儿化音节	儿化词	还原形式1	还原形式2
tar^{51}	担儿	tan^{51} 担	ər/r(体词小称后缀)
tar^{51}	带儿	tai^{51} 带	ər/r(体词小称后缀)

现在回到字本位的问题上来。儿化是由两个音节经过历时融合造成的,我们怎么知道儿化词的原型?根本凭借是汉语中的字。字的存在使切分语素几乎没有遇到什么问题,无论是纯共时的切分还是带有还原型的切分,都是如此。一个语素通常是一个字,或者更准确地说,一个字在线性长度上通常是一个语素(在聚合关系上不一定是一个语素,通常代表几个语素)。由于语素文字的条件,我们切分语素没有什么困难,字在语素的切分上给我们带来了很多方便。汉语中的字是一种包含有历时因素的最小的有意义的单位。实际上承认汉字作为一种基本单位不仅仅是提取单位方便与否的问题。由于共时系统中存在历时因素,字在切分最小的有意义的单位时就是必要的。除了少数联绵字和借贷的情况,汉语的字靠自身的特点就可以完成语素的线性切分。

汉语的字在单位的线性切分中最根本的价值就在于反映了单位的原型。§5.9中我们说 IA 模式和 IP 模式都有其适应范围,IP 需要考虑原型。在一种语言中,有些单位是基本的,称为原型,有些单位是通过变化而得到,称为变式,汉语的儿化和原型最能说明这种关系,儿化前的两个语素是原型,儿化后形成的儿化形式是变式。IP 模式适应原型和变式的分析。但是,IP 模式在确定原型时会遇到一个根本的问题:拿什么做原型?沿着 IP 模式发展出来的转换生成模式提出核心句和非核心句的概念,或深层结构和表层结构的概念,都遇到了同样的问题:选择哪些句式作为核心句式?选择哪些抽象结构作为深层结构?这里带有一定的任意性,不容易达成共识标准,有不少争论是从这一根本问题上引申出来的。汉语的字作为单位的原型提供了一个有共识标准的参照点。

所以把字作为线性方向上的最小单位能够超越语素切分中遇到的各种困难,并且很容易达成共识标准。

7.1.3 字与语素的归并

提取语素不仅在语素的切分时会遇到问题,归并语素时还会遇到问题。

一般地说,从话语中切分下来的最小的有意义的片段只是一个语子(morph),

一般情况下,一个语子也就是一个语素。但有些不同的语子声音或意义是相似的,需要归并成一个语素,因此语素的归并也要依据互补相似原则。可以从声音和意义两方面考虑互补相似原则的运用。从声音方面考虑,意义相同的语子,如果语音相似,并且互补,归并成一个语素。比较"一"的语音分布:

阴平前	阳平前	上声前	去声前	单用、其他语子后
i^{51} tṣaŋ^{55}—张	i^{51} phiŋ^{35}—瓶	i^{51} liaŋ^{214}—两	i^{35} kə^{51}—个	ʂʅ^{35} i^{55} 十一
i^{51} tui^{55}—堆	i^{51} tɕhun^{35}—群	i^{51} pa^{214}—把	i^{35} tui^{51}—对	i^{55}—

我们可以说"一"有三个条件变体,单说或做后一个直接成分读阴平,在去声前为阳平,在其他声调前为去声①。但是语素的归纳在儿化词中会遇到很大的困难。前面我们已经可以看出,儿化词的语素切分遇到了困难,即便我们承认了上面那种切分,也很难把它们归纳成同一语素的条件变体。要是从分布的角度把 ka-^{51} 看成是 kai^{51}(盖)在语素-r 语境条件下的语素变体,那么汉语中许多能儿化的语素都要增加一个出现在-r 前的变体,描写方法很复杂,而且变体和基本形式并不见得相似。语言理论的好坏取决于能否恰如其分地描写语言直觉,也取决于描写方法是否简单。纯共时的对比、分布描写汉语儿化有困难,但是这个困难由于汉字的存在而被克服了。在"kar^{51}(盖儿)"这样一个儿化词中,"盖"这个字本身不仅把 kai^{51} 切分出来了,而且自然地把这个"盖"和"盖瓶子"中的"盖"归并成了一个语素,即一个字。

从语义方面看,意义相近的语素(语子)可以归并成同一个语素。比如"白纸"的"白"和"白卷"的"白",可以归并成一个语素。但是语义的相似也是一个相对概念,有时候不好把握。关键问题是"相似"是一个程度问题,是模糊语言学要研究的问题。但模糊语言学目前还没有在这方面提出一个有效的解释。这是结构语言学面临的最大难题之一。比如"背面"的"背"和"脊背"的"背"是两个语素还是一个语素?在这方面,汉字仍然起了很重要的作用。吕叔湘(1962.11,2.2)曾经谈到过这一点:

> 如何根据分布来决定语素的异同似乎也是描写语言学未能解决的问题之一,因为两个同音的语素的分布固然不会相同,一个语素的不同意义的分布也不会相同。汉字的写法对我们的想法有很大的影响。比如"棵"和"颗","枝"和"支",可不可以合并呢?我们不把它们合并,不仅是因为它们

---

① 考虑到语法条件还更复杂,参看§6.1相关讨论。

分布不同，也因为一直写成不同的汉字。可以跟"把"比较。"一把刀"的"把"和"一把米"的"把"分布也不同，可是我们觉得好像可以不分。

正是在这一点上，字本位的提出就有了方法论的意义。衡量语言研究方法论优劣的一项重要标准就是看该方法有没有共识性。由于提取语素时采用了互补相似原则，必然要在研究者之间形成分歧，分析方法上的这种分歧会引出各种语法研究体系的出现，字的存在减少了这种分歧，给出了一个公认的参照标准。同时字还可以沟通历时。

当然，汉字经常把两个语义相似程度低的语素写成一个，如"锁$_1$（动）"和"锁$_2$（名）"，而把两个语义相似程度高的语素写成两个，如"弯"和"湾"。另一方面，汉字还可能遇到下面一些复杂问题，有时候一个汉字代表几个不同的语素：

音乐·　　　　快乐·
开会·　　　　不会·
盘子·　　　　盘货·
副手·　　　　副食·

有时同一个语素用不同的汉字来表示：

吧　　　　　　罢

有时候字是没有意义的，如："葡、萄、橄、榄、蜻、蜓、垃、圾、玻、璃、菠、萝、萝、卜"等。但是这些毕竟是少数情况，可以通过例外来解释，这样的处理比不参照"字"而仅仅根据互补相似来处理要好得多，可以减少很多混乱。在大多数情况下，我们有必要承认字的特殊地位。实际上《现代汉语词典》广泛参照了字的这种作用，尤其是在难以断定相似和不相似的时候。这给我们带来了很多方便，容易达成共识标准，因为根据相似标准而在共识上遇到的麻烦比接受汉字所遇到的麻烦要多。很可能汉语中既定的字反映了大部分说话人的直觉，承认既定的字也就是承认了大部分说话的语感。

不仅语言文字需要协议，人工语言符号、科学术语体系、公理系统、网络识别都需要协议，而共识标准是建立协议的基础。汉字对语素的自然归并体现了汉语发展的一个重要的共识标准。

7.2 字化现象

汉语中的字化现象也许能进一步说明字在汉语中的突出地位。字总体上是"1个字·1个音节·1个概念"的一一对应关系(徐通锵,1991.3;1997)。前面已经提到,这里的一一对应是指线性长度上的一一对应,而不是指聚合上的一一对应。从另一角度看,除了模态拟声词和借词,汉语语素的语音形式在线性长度上通常不大于音节,也不小于音节(陈保亚,1988,P462),如"人、心、男、女、高、矮"。黏着语素,非自由语素,通常又叫虚词,如"着、了、过、的、地、得",虽然是轻音,但其长度仍不失为一个音节。印欧语就不一样,印欧语中相当于字的单位是语素,但是语素的语音形式可以大于音节,如 father(父亲)、sister(姐姐)、mother(母亲)、daughter(女儿)、brother(兄弟)、supper(晚饭)、money(钱)等,都大于音节。印欧语语素的语音形式也可以小于音节,如复数形式 s,数词词缀-th,表示过去时态的 ed 在一定的条件下也可以只读为一个音段(如 looked)。

所谓字化现象,是指不满足上述对应关系的字,有向这种关系靠拢的趋势。可以分成分析型字化和综合型字化,下面分别讨论。

7.2.1 分析型字化

分析型字化指一个语素被分析成两个语素,或者剩余语素被分析成典型语素。观察下面的实例:

巴:中巴、小巴、巴士
的:面的、的士、打的、的哥、的姐
啤:啤酒、扎啤
密:密斯(Ms)、小密

"巴士、的士",最初都不能进行局部音义同一性对比。随着汉化程度的增加,这些片段中的某个音节已经可以进行双项音义同一性对比了,比如"巴士"中的"巴",可以出现在双项音义同一性对比的实例中:

中巴	中巴
中学	小巴
中间	大巴
中等	冷气巴

"的士"中的"的"还可以出现在不定位双项音义同一性对比实例中:

双项对比实例("的"为右项)		双项对比实例("的"为左项)	
面的①	面的	的哥	的哥
面包	打的	的姐	大哥
面团	小的	的妹	二哥
面粉	摩的	的爷	表哥
面条	残的	的票	堂哥
面汤	货的		三哥

如果严格按照前面讨论的切分提取语素的原则,我们也可以说"巴""的"变成了语素,而"巴士"中的"士"和"的士"中的"士"也可以看成是剩余语素。

字化的另一类推后果是使一些剩余语素变成了非剩余语素或典型语素。比如"啤酒"本来只能进行单项音义同一性对比:

  啤酒   啤酒
        红酒
        烧酒
        白酒
        药酒

因此"啤"应该看成剩余语素。近些年来,"啤"也可以出现在双项对比的片段中了:

  鲜啤   鲜啤
  鲜奶   扎啤
  鲜肉   散啤
  鲜汤   生啤
  鲜面   干啤

实例还可以更多。"啤"从语素组合指数为一的剩余语素变成了语素组合指数为 n 的一般语素,可见字化的另一个作用是增加语素的组合指数。

"酒吧"中的"吧"最早也只是一个剩余语素,现在"吧"已经可以出现在不定位双项对比的实例中②:

---

① 当然"面的"中"面"和"的"的组合关系不同于"面包"中"面"和"包"的组合关系。
② 更多实例见宋作艳(2004)。

双项对比实例("吧"为右项)		双项对比实例("吧"为左项)	
酒吧	酒吧	吧女	吧女
酒瓶	网吧	吧台	舞女
酒罐	迪吧	吧娘	歌女
酒厂	氧吧	吧蝇	幼女
酒壶	茶吧		长女
酒鬼	书吧		侍女

字化语素现象在汉语中比较普遍，字化过程也比较快，上面所列举的例子都是近几十年发生的。"巴、的"不是"中巴、面的"的省略或缩略，因为"中巴、小巴"中的"巴"通常不能补成完全形式"巴士"，说成"中巴士""小巴士"。"面的"中的"的"也不能补充成"的士"，说成"面的士"。这说明字化现象确实存在，是省略或缩略不能解释的。

在汉语中，由于一个字通常是一个语素这样一种范式的存在，使前面所讨论的无意义的音节字"巴、的"容易获得语素的地位，剩余语素"啤"也容易获得典型语素或普通语素的地位。

字化可以定义为：字化是指没有语义的音节获得了意义或剩余语素变成了非剩余语素。包括两种情况：一种是获得了意义，一种是组合指数增加。

汉语中的减缩也和字化有一定的关系。同样是减缩，在汉语中是取"字"进行减缩，而英语是取字母进行减缩：

北京大学──▶北大

Massachusetts Institute of Technology ──▶ MIT

英语减缩形式中的字母要获得语素的地位相对来说要困难得多。E-mail (electronic mail)中的 E 可以说获得了语素地位，因为 mail 是典型语素。英文还有 motel(motor hotel 汽车旅馆)，这是取音节进行减缩。但英语中这类现象并不普遍。所以汉语中语素音节文字所具有的一个语素一个音节的特点确实对字化起到了很大的作用。

以上字化包括两个内容，一是无意义的音节通过字化成为语素，一是剩余语素经过字化成为普通语素。这两个方面可以在语素组合指数上统一起来。"苹果"中的"苹"是一个单用语素或剩余语素，它只能和"果"组合，也就是只能和一个语素组合。我们说"苹"的组合指数是 1。一个语素如果能和 n 个语素组合，我们就说它的组合指数是 n。在"葡萄"这样的片段中，与"葡"组合的"萄"只是音节不是语素,与"萄"组合的"葡"也只是音节不是语素,所以"葡"和"萄"都不和语素组合,我们说"葡"和"萄"的语素组合指数都是0。

在语素组合指数的基础上,字化过程可以做更简单的表述:字化的本质就是增加语素组合指数。"巴士"的"巴"语素组合指数是从0开始增加,增加到1时变成剩余语素,增加到n(n>1)时变成一般语素。而"啤酒"的"啤"语素组合指数是从1开始增加,"啤"从剩余语素变成了一般语素。

7.2.2 综合型字化

汉语中还有一种现象,当一个音节中包含两个字的时候,这两个字会朝一个语素变化。汉语儿化词的语义变化就是一个最有代表性的现象。汉语的D变韵、Z变韵也属于这种情况。以儿化为例,儿化片段是汉语中两个字挤在一个音节中的现象。一般地说,儿化片段是一个名词性成分,并且带有"小称"和"喜爱"的意思。不过儿化字也有很多是非名词性的,比如:

刺儿[ts'ər^{51}](动词,易激怒)/ 腿儿[t'uər^{214}](动词,走)/ 蔫儿[niar^{55}](形容词,枯萎)/ 玩儿(动词)/ 颠儿(动词)/ 倍儿(副词)/ 翻儿(动词,闹翻)/ 呲儿(动词,斥责)/ 份儿(形容词,神气;娴熟)/ 锛儿(形容词,前额突出)/ 嗙儿[pər^{55}](象声词)/ 嘿儿[xər^{55}](动词,呵斥)/ 劲儿[tɕiər^{51}](形容词,傲慢)/ 膈儿[kər^{214}](动词,死)/ 概儿[kər^{51}](副词,一概)/ 哗儿[xuər^{55}](象声词,唤猫声)/ 嘚儿[tər^{55}](象声词,呵马声)/ 火儿(动词)。

在有些方言中,这种非名字化的儿化片段更多。比如云南玉溪,玉溪儿化化得如此之深,以至于一般人已不知道儿化词的本字是什么。-r基本上以音位面貌出现,其音位特点如下:

  a. -r尾不可以随便增减;
  b. 没有小称功能;
  c. 可以重叠:边儿边儿 / 罐儿罐儿 / 盖儿盖儿 / 尾儿尾儿 / 奶儿奶儿;
   在名词可重叠的西南官话中,只有单纯语素可以重叠。玉溪儿化音节可重叠,证明该儿化音节代表一个单纯语素而不是两个语素。
  d. 儿化音节有时以无意义的音节形式出现:清晃儿晃儿[tɕ'ī1^{44} xuər^{41} xuər^{41}](清澈)/炮荷儿荷儿[p'A^{44} xər^{44} xər^{44}](烂)①。
  c、d都证明-r没有成词功能。
  e. 词性区别不明显,除了体词性儿化,还有大量非体词性儿化:

---

① 《四川方言词典》收有"炮和"。"炮和"指把食物煮软了。在四川话里"炮和"还有一个意思,指人软弱容易被人欺负。

p'iər¹¹(形,没本事;动,横抖索子)/ t'ər¹¹(动,脱落)/ tʃ'ər¹¹(形,歪斜)/ tʃuər⁴⁴ tʃuər⁴⁴(形,专心的)/ p'ər⁴⁴(形,臭)/ tʃ'ər¹¹(动,错开)/ pər⁴⁴(形,害羞)/ pər⁴¹ pər³¹(形,香)/ piər³¹(动,粘连)/ piər¹¹(动,绕在一起;形,固执)/ p'ər⁴⁴(象声词,撞击声)/ pān¹¹ p'ər³¹(形,不正经)/ piər⁴⁴(动,用鞭子打)/ p'iər⁴¹ t'ər⁴¹ p'iər⁴¹ t'iər⁴¹(象声词,拖鞋声)/ p'iər¹¹(形,风流;说话颠三倒四)/ tər⁴⁴ tər⁴¹(副,稳稳当当)/ mər⁴¹ tər⁴¹ tər⁴¹(形,不懂事)/ mər¹¹(形,傻)/ tA⁴¹ t'iər⁴¹(动,聚在一起)/ lər³¹ lər⁴¹(形,女人不正经)/ lər³¹(形,说话无定准)/ lər⁴¹(形,歪斜;脏)/ lər¹¹(动,锯)/ liər⁴⁴(动,女人喜欢上男人)/ luər³¹(形,傻)/ vər¹¹(动,拿)/ ʔ'ər¹¹(动,不听话;割)/ ʔ'uər³¹(形,女性风流)/ ʔ'ər⁴⁴(动,难喘气)/ ʔ'uər³¹ lər³¹ lər³¹(象声词,水响声)/ tʃ'ər⁴¹(副,猛然)/ tʃ'ər⁴¹(动,扯布)/ lA⁴⁴ lA⁴⁴ lər⁴¹ lər³¹(动,拉拉扯扯)/ tʃ'uər⁴⁴(副,一会儿)/ tsər⁴⁴(象声词)/ ʃuər⁴⁴ ʃuər⁴⁴(象声词,流动声)/ ʃuər¹¹(动词,两只鞋买成一样)/ xər⁴⁴(形,傻)/ xuər⁴¹(象声词,流水声)/ ɕiər⁴⁴(形,不结实)/ ɕiər⁴¹(象声词,吸水声)。

以上-r 这些特点,都是音位才具备的。玉溪的儿化-r 基本上是音位了。既然-r 只是一个音位,它就不是一个表达意义的字,-r 化音节就只是一个字而不是两个字。

昆明话的儿化似乎比玉溪话的儿化更接近音位。先看玉溪话的辅音韵尾矩阵:

ān	ōn	
	ər	
		oŋ

虽然辅音韵尾韵矩阵不太协合,但以辅音韵尾特点和-r 同聚合关系的-n、-ŋ 犹在,所以-r 有存在的结构基础。昆明话不同,辅音韵尾韵除 oŋ 中的-ŋ 外,其他全部丢失,早期昆明话的 *ɹə 也在辅音韵尾消失的潮流中变为 ə。由 *ɹə 到 ə,和辅音矩阵中-n、-ŋ 的消失,特别是-n 的消失,有很大关系,因为-n、-r 在生理物理上的聚合关系最密切,都是舌尖辅音。1958 年,云南省进行了一次方言普查,共 126 个点,根据我们的统计,-r 和-n 的共现情况如下:

	ər	ə(ɤ、ɯ、o)
音系中有-n	24	36
音系中无-n	13	53

直观地看,音系中无-n 时,多数无-r 尾。卡方分布概率为 0.015,按 0.05 显著水平,有无-r 尾和音系中有无-n 尾相关,没有-n 时,大多无-r。昆明话是众多情况中的一例。看来,昆明话儿化词-r 尾的丢失,得符合两个条件:

a. 儿化"化"得很深,-r 基本上变成音位;

b. 音系中有辅音韵尾韵丢失的趋势。

昆明话-r 的彻底丢失,时间似乎不长。昆明地区呈贡、安宁还保留-r。晋宁-r 已丢失,但"儿""尔""而"等字和"格""德""给"等字不同韵。"儿"类字为 ə 韵,"格"类字为 ɤ 韵。20 世纪 50 年代昆明话这两类字也不同韵。但据我们调查,有一部分老昆明人这两类字有同韵的现象,比如:

kə^{53}(埂儿) = kə^{53}(给)

t'ə^{44}(摊儿) = t'ə^{44}(他)

ɤ 韵在老年人中一般是和 ə 分开的,但也可以见到一些变异:

德 tə^{31} / tɤ^{31}　　给 kə^{41} / kɤ^{41}

黑 xə^{31} / xɤ^{31}　　舍 ʃə^{41} / ʃɤ^{41}

由 ɤ 变 ə,ɤ 和历史上的儿化韵彻底合流了,这种合流完全是纯语音层面的事实,早期的儿化韵 ə 在合流过程中以音位的面貌出现。这种合流抹去了昆明儿化的痕迹。从共时角度看,已无法判定它是儿化韵还是本韵了。

还有两个理由说明这种字化过程是因为两个字挤在一个音节中造成的。第一个理由是:加"子、头"尾的字由于"子、头"本身占一个音节,并没有出现非名词化的现象。比较:

	名字	动字	形容字	副字	象声字
-头	+	-	-	-	-
-子	+	-	-	-	-
-儿	+	+	+	+	+

第二个理由是:在有些方言中,不仅有儿化,还有儿尾,凡是"儿"只以"儿尾"的方式附着在字的后面而没有化入前一个音节的,也没有发现非体词化的现象。

无论是一个语素两个音节还是两个语素一个音节,都不符合汉语字的特点,所以都要产生字化,逐渐走向一个字(语素)一个音节的方式。字化过程进一步说明了字在语法层面的显著地位。当然,儿化的独特现象还有音系层面不协合的原因(§10),后面再分析。

概括地看分析型字化和综合型字化,无非都是语素音节化或音节语素化,因此,字化可统一地定义为:言语片段向一个字一个音节一个语素的变化。

从类型学的角度看,字化现象是汉语的一种重要参数。目前关于语法化和词汇化的研究已经广泛展开,但这两个向度的变化都是在表达意义层面进行的,在人类语言中都普遍存在。至于区别意义的单位和表达意义的单位的相互转化,多在汉语中发生,印欧语相对较少,其他语言情况如何,值得深入研究。

7.3 字与词

词是印欧语言中语法的核心单位。通常把词定义为最小的、能够自由运用的有意义的单位。一般认为,词才是造句单位。可以把以词为基本造句单位的语法系统称为词本位系统。

其实以字为单位也能说明组合过程,但需要区分"字、字结、字组"几个概念。字结是不能从字和组合关系中类推出意义的言语片段,徐通锵(1997)称为"辞"。字组是能够从字和组合关系中推导意义的字丛。于是字本位的单位和词本位的单位的对应关系如下:

字本位	词本位	实例
字	语素或词	人
字结	语素组	中华
字结	词	人民
字结	固定词组	中华人民共和国
字结	离合词	理发
字组	词	虎骨
字组	离合词	看见
字组	词组	买书

在字本位系统中,只需要"字、字结、字组"三个范畴来说明句法问题。在词本位系统中,需要"语素、词、词组、固定词组、离合词"等概念来说明语法问题。下面我们会看到,词本位和字本位相比缺乏简单性。其实字本位系统中的字结概括了词本位中的部分语素组、词、固定词组和离合词,这些片段的意义都是不能通过直接成分和结构关系推导出来的。词本位系统由于要坚守"自由运用"的概念,势必把这些性质相同的单位分得过细,结果不得不用"语素、词、词组、固定词组、离合词"等很多概念来控制这些关系。最终导致这样一个矛盾:一方面词是最小的能够自由运用的语法单位,词组是词和词相加的结果,另一方面又必须承认词和词相加可以不是词组,其功能只相当于一个词。字本位就没有这些矛盾。字本位系统由于从组合能力着眼(下面还要谈到字的组合能力的问题),只需要"字、字结、字组"就够了。一部为了说明组合关系的字典,只需要收集字和字结,不必收集字组。

当然，有些字是无意义的。我们可以把字分成有意义的字和无意义的字，无意义的字需要用特殊规则来处理。无意义的字组成的字丛在性质上和有意义的字组成的固定字组是相同的，性质上相当于字结，即字与字之间都没有组合规则。

7.3.1 自由标准与词的提取

我们再来看区分词和词组时在汉语中遇到的困难。§2.1.2 中已经说过，Bloomfield(1933)的单说论不能解决很多词的提取问题，目前提取词的根本方法是陆志韦(1957)的扩展法。但是扩展法也会遇到很多问题。像"理发、洗澡、散步、跳舞、上当、吃亏"这样的片段，其中包含有黏着语素，但可以扩展。比如：

理一次发
洗一次澡
散一会儿步
跳秧歌舞
上了两回当
吃了很多亏

既然可以扩展，为什么不算词组？这在理论上是一个矛盾。赵元任（1948，P196)最早注意到了这个问题，提出了"游离字"的概念：

> 有些动宾结构是黏附字造成的，动词要宾语在靠近的上下文才能自由，宾语要动词在靠近的上下文才能自由。比方说"理发"的"理"字跟"发"字都不是自由字。可是咱们可以问，"你今儿去理发不理？"回答可以说"理"。拿它跟"我现在理(leu)我的头发"这句话对比，"理"(leu)跟"头发"是什么地方都可以用的词。还有别的黏附字拆开说的例子，"费神：我费了您许多神"，"费神"的"神"在别的地方不是"自由字"，咱们管这些字叫游离字。

陆志韦在《汉语的构词法》(1957, P22)又提出了"离合词"的概念来解释这些"游离字"，即没有扩展前是词，扩展后是词组。这就反映出一个问题，扩展前和扩展后并不是同构的。既然扩展前和扩展后不同构，用扩展法提取词的依据是什么？

有很多无限组合的格式，其直接成分是否能扩展并不清楚，如数词组合，但数词组合却是无限的：

八十七
一百八十七
三千一百八十七
两万三千一百八十七
一亿两万三千一百八十七
……

如果我们把这些言语片段当成词,词典是容纳不下的。

甚至连"很红"这样的片段都不能扩展。如果把"很红"也作为词,词典中的词项也会大量增加。不难看出,能够用扩展法确定的结构只是结构中的一个次类,当然是很主要的一个次类。能够扩展的片段基本上都是可以无限替换的片段。

在词本位层面,"初-、第-、老-"等都只是前缀,因为它们都是不自由的,不能扩展,这意味着"初一、第一、老二、老王"等单位都是词,由于这些形式后面出现的语素是周遍的或无限的,把"初一、第一、老二、老王"等看成是词,词典中的单位又会大量增加,甚至会无限制增加。在字本位层面,可以把"初一、第一、老二、老王"这样的形式都看成字组,因为它们是可推导的。这样就使描写得到简化。

很多在类型上平行的字组,有些可以扩展,有些不可以扩展。比如:

原型	扩展型
羊肉	羊的肉
牛肉	牛的肉
鸡肉	鸡的肉
猪肉	猪的肉
狗肉	狗的肉
鱼肉	鱼的肉
熊肉	熊的肉
蛇肉	蛇的肉
鸭肉	?
虎肉	?
兔肉	?
驼肉	?
豹肉	?

"鸭肉、虎肉、兔肉、驼肉、豹肉"等之所以不能扩展,是因为"鸭、虎、兔、驼、豹"等是不自由语素,或黏着语素,所以不能出现在"的"的前面。"的"的前面通

常要求自由片段。如果把"鸭肉、虎肉、兔肉、驼肉、豹肉"等都算作词,那么词项也会大量增加。仅就"虎"字来说,"虎皮、虎胆、虎心、虎头、虎骨……"等都必须看成词。实际上《现代汉语词典》并没有把"鸭肉、虎肉、兔肉、驼肉、豹肉、虎皮、虎胆、虎心、虎头、虎骨……"等列为词,这说明研究者在编词典时,还暗藏了一个标准。这也说明汉语中有大量语素是不自由的,但组合能力很强,并且组合方式是有规则的。

7.3.2 平行周遍对比与规则字的提取

词和词组的区分是词本位中的根本问题之一。如何区分规则字组和不规则字组,也是字本位中的根本问题之一。词本位中已经有了最小的自由形式这样一个比较可行的方法区别词和词组,字本位由于放弃了自由这个标准,就必须找出其他有效标准来区分规则字组和不规则字组,否则字本位就难以成立。下面来考虑平行周遍原则,先考察"鸭肉"的对比情况:

鸭肉　　　　鸭肉
虎肉　　　　鸭脚
兔肉　　　　鸭翅
驼肉　　　　鸭嘴
豹肉　　　　鸭头
……　　　　……

这正是我们前面讨论字和语素的切分时提到的双项对比(§7.1.2),即两个成分可以找到对比的材料。但这儿的对比和语素对比有两个根本的区别:

  1.参加对比的言语片段在构造上是平行的,并且它们的意义都是成分的意义加组合关系的意义。

  2.对比的言语片段是周遍的,即所有同类的字都可以参加对比。

比如在左栏中,不仅"虎肉、兔肉、驼肉、豹肉"可以参加对比,其他任何动物,只要语义上允许,都可以参加对比。在右栏中,不仅"鸭脚、鸭翅、鸭嘴、鸭头"可以参加对比,只要语义上允许,任何动物身体的部位都可以参加对比。这就是周遍性对比的含义。

我们可以把满足上面两点的对比称为平行性周遍对比。由于上面的实例是双项对比,可以称为双项平行性周遍对比。凡是满足双项平行性周遍对比的片段都是字组(指规则字组,下同)。上面的"鸭肉"就是一个字组。根据同样的理由,只要 X 是表示动物的字,"X 肉"都是字组。所以上面的"羊肉、牛肉、鸡肉、猪肉、狗肉、鱼肉、熊肉、蛇肉、鸭肉、虎肉、兔肉、驼肉、豹肉"都是字组。

当然,细分起来,"鸭、虎、兔、驼、豹"和"羊、牛、鸡、猪、狗、鱼、熊、蛇"的语法性质并不一样,"羊"类字可以做主语和宾语,可以单说,可以和无限的言语片段组合,"鸭"类字不能,但是这种差别就像"铜、铁、锡"和"金、银"的差别一样,是分布功能上的差别,需要在字类层面来处理,并不构成否定"鸭肉"这一类组合是字组的理由。用平行周遍对比确定"鸭肉"为字组的根本理由在于这种方法揭示了"鸭肉"的性质可以通过成分和结构关系预测,不需要纳入单位库。

再看另一种平行周遍对比的情况:

第一	第一
?	第二
?	第三
?	第四
?	第五
……	……

只有右栏满足平行周遍对比,即所有的数字或数字组合都可以进入对比。但左边却不能进行平行周遍对比。可以把这种情况称为单项平行周遍对比。显然,满足单项平行周遍对比的言语片段"第一"也必须看成字组,否则语言的单位就会无限增加,因为数字的组合 X 从理论上说是无限的,"第 X"也就是无限的。根据同样理由,下面这些字所构成的组合是字组而不是字结:

例子		是否做周遍平行对比	是否可扩展
老-	老王	+	-
初-	初三	+	-
第-	第一	+	-
小-	小王	+	-
阿-	阿三	+	-
-性	科学性	+	-
-化	科学化	+	-
-们	学生们	+	-
-者〔文〕	研究者	+	-
-的	慢慢儿的	+	-

但在词本位系统中,上述字的组合都是词,那么它们就应该是最小单位这个集合中的成员,就应该纳入单位库。但是单位库把这些组合都容纳进去是没有必要

的。实际上,除了"第一",《现代汉语词典》并没有把这些组合作为词包括进去。这也说明《现代汉语词典》的作者并没有严格按照"单说"或"扩展"的标准收词,而是另有一套标准。

下面左栏的对比尽管是平行的,但不满足周遍性:

盖儿	盖儿
吃儿	?
画儿	?
滚儿	?
……	……

并不是所有的动字都可以进行这种平行对比。所以"盖儿"只能是字结。"－儿、－子、－头"等构成的指称性组合都只是字结。

在词本位平面我们曾看到,"很红"是不可扩展的,根据扩展原则应该是词,但同类的组合很多,算作词就会使词项大量增加。在字本位系统中,"很红"满足双项平行周遍对比:

很红	很红
特别红	很绿
非常红	很黄
相当红	很白
极红	很蓝
……	……

如果语义上允许,左栏可以周遍所有的程度副字,右栏可以周遍所有的颜色字。因此"很红"是字组。

前面我们看到,在词本位系统中,"二十一"这样的组合是否可扩展并不清楚。我们来看它的对比情况:

二十一	二十一
三十一	二十二
四十一	二十三
五十一	二十四
六十一	二十五
……	……

这里也满足双项平行周遍对比。所以"二十一"是字组。

再来看"理发、洗澡、散步、跳舞、上当、吃亏"等言语片段。这些形式显然不能做周遍平行替换。洗澡好像是例外。"洗澡"的某一部分似乎也可以进行周遍平行替换：

洗澡	洗澡
?	洗头
?	洗手
?	洗脚
?	洗衣服
?	洗眼睛
?	洗脖子
	……

但右栏并不是严格的平行对比，因为"澡"和"头、手、脚、衣服、眼睛、脖子"等在构造上并不平行。当然我们也可以在字典中注明"澡"有"身体"的义项，这时候"洗澡"就可以看成字组了。

凡是不能进行周遍平行对比的项目，意味着不具有类推性，因此，尽管它们可以进行扩展，也必须列入字典。它们是字结而不是字组。至于它们的可扩展性质，可以从另一个角度去理解，即有些言语片段是以不连续直接成分的方式组合的。如果我们承认深层结构的概念，它们的描写方式就非常简单：

深层结构①	表层结构
理发＋一次	理一次发
散步＋一会儿	散一会儿步
跳舞＋一阵儿	跳一阵儿舞
上当＋一次	上一次当
……	……

即表层结构中"一次"这样的成分被移动了。从这里我们可以看出，用扩展法区分词和词组时，暗中隐藏了一个很深的原则，即直接成分的组合都是从左到右的线性原则。这一原则在印欧语和非印欧语中都没有普适性。

现在我们可以给周遍平行对比一个明确的定义：

> 如果一个言语片段至少有一个直接成分可以进行无限或穷尽平行对比，这个片段就满足周遍平行对比。

满足周遍平行对比的言语片段就是字组，否则就不是字组。

这里所说的无限平行对比，包括单项无限平行对比。例如：

---

① Chomsky 的深层结构有比较严格的含义。这里只借用了这种思想。

买的	买的
昨天买|的	?
写|的	?
昨天写|的	?
他的哥哥买|的	?
他的哥哥写|的	?
……	……

尽管这是单项平行对比,但左栏的对比从理论上说是无限的。能够进行无限平行对比的,当然也是字组。可以看成所周遍平行对比的一种特殊情况。

像"X 的"这样的字组用扩展法也能确定为字组。但前面列举的"老 X"这样的字组用扩展法就不能确定其性质。这就是说,凡是扩展法能确定的字组,周遍平行对比也能确定,但反过来就不成立。这说明扩展法只揭示了字组的部分性质。

我们根据什么说 n 个言语片段在构造上是平行的?前面虽然给出了周遍平行对比的定义和操作方法,但实际运用中可能会碰到难点。比如:

白菜	白菜
甜菜	白毛
绿菜	白发
熟菜	白马
……	……

我们怎么知道"白菜"和其他言语片段在构造上不平行?"白菜"好像也是"形容字"加"名字",也有偏正关系。这就涉及意义的问题,即我们心里知道"白菜"的意义并不是直接成分按照偏正关系组合而形成的意义,或者"白菜"和与之相比的格式在语义上不平行。

实际上扩展法也要涉及意义。我们之所以说"白菜"不能扩展成"白的菜",是因为"白菜"和"白的菜"意义不同,"白的菜"的意义是通过直接成分的意义和结构关系的语法意义来确定的,"白菜"不是。有时候这种异同也是不好确定的,比如"羊肉"和"羊的肉",在判定意义是否相同上是有争议的。

根据我们的初步调查,被调查者更容易判定"羊肉"和"牛肉"是否平行,而在判定"羊肉"和"羊的肉"是否意义相同时,困难要大一些。这说明作为一种判定标准,周遍平行对比更有效。换句话说,更多的人容易在周遍平行对比原则上达成共识。语言分析的任何标准都应该尽可能达成共识。

在词本位系统中遇到的很多困难,在字本位系统中都能够得到解决。词本位之所以在提取单位时出现各种困难,就在于词这个概念本身并不是非常明确的概念。Bloomfield(1933,11.5,P218)把词定义成最小的自由形式。"自由"是不清楚的概念。因为自由语素有时是不自由的。"词"必须相对特定词组来说才有意义。正因为如此,对自由形式的理解就不明确。在 Bloomfield 的理解中,词是指能成句的最小的单位。但很多虚词得不到解释。我国学者为了解决词的提取想出了各种办法,最有效的是陆志韦提出的扩展法,词实际上就被定义成不可扩展的有意义的最小单位。不可以扩展成了词的充分必要条件。但仍然不能解决"第一、二十一、鸭肉"这样的片段。从根本上说是因为词在汉语中是不明确的概念,而不是分析方法不当。

其实印欧语中词的确定最终并没有完全按照"最小的自由形式"和"单说"的标准,而是暗中使用了形式标记,尤其是单说原则失效的情况下。印欧语中词都有形式标记,比如形态变化、重音等,只有形态、虚词和少数实词不带这些标记,因此词比较容易确定。

提取任何一个语言的基本单位和规则,根本目的是要达到两个:一是有限的单位和有限的规则,二是单位和规则要尽可能少而简单。通过单位和规则的建立,就可以说明各种组合片段。也就是说,组合片段可以通过单位和规则来预测,这是说明语言生成性的基本要求。有些组合片段是不可以通过单位和规则来预测的,像成语、固定用法都有这种性质。"木头、盖儿、桌子"等也有这种性质。因此,划分可预测的组合片段和不可预测的组合片段是提取有限单位的根本工作。因为只有把不可预测的言语片段提取出来了,可预测的组合片段才能确定下来(王洪君,1994.2)。换个角度说,除了不可预测的组合片段,剩下的组合片段都可以通过规则控制和预测。一部字典或词典就是为了解决有限单位的问题,所以一部字典或词典一定要列出不可预测的言语片段,并且这些不可预测的言语片段应该是有限的,而且越少越好。另一方面,一部词典或字典应该不包括可预测的言语片段,即能用规则说明的都用规则说明。到目前为止,词本位系统未能解释可预测性。比如,按照词本位系统,"老"加姓氏组成的"老 X",是不可扩展的,应该被归入词,但"老 X"的意义是可以通过成分和组合规则预测的,不应该归入词典中。《现代汉语词典》中所列出的词似乎是有限的,但是这些词实际上不是依据"最小的自由形式"的原则提取出来的,即既不是通过"单说"提取出来的,也不是通过"扩展法"提取出来的,更不是其他建立在"自由"标准上的方法提取出来的,而和我们讨论的平行周遍对比的原则所提取的字和字结基本一致,这说明字和字结的概念在说汉语者的心中是有地位的。

如果我们仔细观察《现代汉语词典》,还会发现更多的类似现象。比如,与"左、右、上、下、前、后"组合的很多片段都是不能扩展的:

左手/左臂/左脚/左腿/左眼/左耳……

按照词本位系统,这些双字组似乎应该看成词,但是《现代汉语词典》未收。显然《现代汉语词典》是把这些双字组作为结构或临时组合看待的。这和周遍平行对比的结果一致。又如:

皮鞋/布鞋/棉鞋/纸鞋/玻璃鞋/水晶鞋/金鞋/银鞋……

按照词本位系统,有些也是不可扩展的,似乎应该是词,但是《现代汉语词典》也未收,把它们作为词组看待了。这和周遍平行对比的结果也是一致的。"凉鞋、拖鞋"却被收为词,和周遍平行对比的结果一致,这两个片段都是不能进行周遍对比的。类似的例子还可以举出很多。《现代汉语词典》的收词标准几乎都和周遍平行对比原则鉴定字结的结果一致。《现代汉语词典》的作者在编写词典的时候并没有提出和运用周遍对比原则,但所鉴定出来的词几乎和依照平行周遍原则得到的字和字结一致。当然,《现代汉语词典》不一定就完全正确,这只能说明,字在很多研究者心目中有很重要的地位。汉语中的字,无论自由与否,都有极强的组合能力。

在词本位系统中,词是最小的自由形式。无论以"单说"的标准还是"扩展"的标准理解"自由"的含义,都离不开不可分离性原则。有什么更深的理由要把世界上所有语言的最小语法单位规定为不可分离的单位呢?黏着语、综合语的最小的语法单位可能就很难用不可分离性来规定。汉语的最小语法单位也很难这样规定。这可能正是词本位系统遇到的最大困难。过去我们区分词和词组的目的不是很明确的。因为印欧语的研究要分词和词组,所以我们也跟着区分词和词组,因此我们划分词和词组是从印欧语参照系出发的,不得不坚持"自由运用"这个不明确的概念,而坚持"自由运用"最终又要引出可分离性。

切分句法单位的根本目的是要从已知控制未知,是要说明语言的生成过程。字本位系统并不以可分离性为单位的充分必要条件,即并不认为可分离的就一定是结构(如"散步"),也不认为不可分离的就一定是最小的语法单位(如"老李"),而把生成能力或可预测性看成是最小语法单位的根本属性。周遍性平行对比反映的就是这种生成能力或可预测性,我们可以从字的组合指数上更明确地看出这一点。

组合关系和聚合关系是20世纪语言研究中最重要、最稳妥的一对概念。由于组合关系和聚合关系互为因果,人们经常从组合关系来讨论语法的性质。但目前讨论语法的组合关系主要从"质"的角度入手,即考察一个单位可能和哪些其他单位组合。在语法关系层面,考虑语法形式的组合性质就是考虑语法形式的分布,由此形成了词类、字类的概念。在语义关系层面,考虑语法形式的组合性质就是考虑语法形式的配价关系,由此形成了"格""价"等理论。

组合和聚合是从单位到话语的根本关系,既然是组合,就有必要考虑组合指数。组合指数是从量的角度来分析组合关系。组合指数的概念还考虑到历时。如果我们单独说某个字是自由的,并不能说明问题的实质,因为该字在有些情况下是不自由的。说某个字的组合指数是无限的,既暗示了这个字在特定的格式中是自由的,也暗示了该字在一定条件下是不自由的。至于在什么条件下是自由的,什么条件下是不自由的,需要在字组中考察。

字的组合指数是指一个字能和多少字组合。如果某个语法形式只能和某一个语法形式组合,该语法形式的组合指数就是1。我们前面所说的单用字(单用语素)就只能和一个语法形式组合。所以单用字的组合指数是1。一个语法形式如果能和n个语法形式组合,我们就说它的组合指数是n。n可以是有限的,也可以是无限的。汉语的"-子、-儿、-头"等字的组合指数都是有限的,我们可以在词典中列举完,从而确定n的值。有的字的组合指数是无限的。"-的"的组合指数是无限的,因为它前面的直接成分可以是无限的。有一类字,尽管它的组合指数是有限的,即它可以和同一类语法形式的所有成员组合,比如加在姓氏前的"老-",它可以冠在每一个单音节姓氏前面,由于姓氏是有限的,这个"老-"的组合指数也就是有限的。我们可以说"老-"的组合指数是有限的,但却是周遍的。

现在把平行周遍对比和字的组合指数联系起来。显然,满足平行周遍对比的二字组片段,必然至少有一个字的组合指数是周遍的。"鸭肉"满足双项周遍平行对比,"鸭"和"肉"的组合指数都是周遍的;"第一"满足单项周遍平行对比,"第"的组合指数是周遍的,"一"不是。从字的组合指数看字结和字组的区分,字组是指在语法构造平行的条件下,至少有一个成分的组合指数是周遍的。而字结是指在构造平行的条件下,没有一个成分的组合指数是周遍的。

语法描写包括两个方面:一部单位库,一套语法规则。在字本位平面,单位库中要列出所有的字和字结。人脑对字的语法性质的理解是有序的,对任何组合片段,先判定哪些是字结,剩下的都是字组。减去字结的组合都是字组。这意味着如果我们排除了字结,其他所有的字组都可以按照特定的语法来处理其单位间的关系。在词本位平面,我们就不可能得出这样一条简单的操作程序,因为至今还没有一个有效的方法提取词。当然,我们也可以用周遍平行原则来提取词,坚持词本位,但这个时候词的含义已经改变,已经不是"最小的、能够自由运用的、有意义的语法单位"了。

7.3.3 单层单位说的不充分性

上面所说的字本位都是指以规则字为单位的字本位,这意味着还存在不规则的字。字本位如果要能描写语言活动的规则,应该区别这两种字,承认双层单位说。不区分规则字和不规则字,把所有的字都作为语法单位,这是一种单层单位说。单层单位说本质上就是以语素为语法单位。

单层单位说不成立,最主要理由在于可推导性和不可推导性得不到区分。这首先表现在语类推导问题上。如果把语法单位全部建立在语素的基础上,也就是把语类推导建立在语素这一级单位上,语类推导的规律就无法显示出来。以下面的语素组为例:

	左项语素的分布性质	右项语素的分布性质	语素组的分布性质
远视	A	V'	N
近视	A	V'	N/A
斜视	A	V'	N/V
重视	A	V'	V
轻视	A	V'	V
弱视	A	V'	N

以上前项语素都有 A 的分布性质,后项语素都是"视",分布性质可标注成 V',但语素组的分布并不一致:"远视、弱视"有 N 的性质;"重视、轻视"有 V 的性质;"近视"既有 N 的性质,也有 A 的性质;"斜视"有 N 的性质,也有 V 的性质。可见,如果只有语素这一层单位,分布推导结果就不平行,如果分布推导没有平行

性,生成话语的规则就很难确定,直接成分理论或短语结构规则就失去了基础。当然,不主张区分词性、词类的学者可以不讲分布的性质,但"铁柜"可从成分推出整体意义,"铁路"不能从成分推出整体意义,可见可推导性的区别无论是否承认词性和词类分布理论,都是存在的。

和"视"语义相当的语素"看",却有不同的表现:

	左项语素的分布性质	右项语素的分布性质	语素组的分布性质
远看	A	V	V
近看	A	V	V
细看	A	V	V
斜看	A	V	V

这里的分布推导很一致。可见"视"和"看"是两种不同性质的单位,包含"视"的组合不能满足推导规则,包含"看"的组合满足推导规则。

通常认为"视"是黏着语素,不是词,而"看"是自由语素,是词。不过,即使两个语素组都是自由语素,仍然存在两层单位的问题。观察下面带"铁"的两种语素组:

铁门、铁窗、铁锁、铁船、铁墙、铁丝……
铁路、铁饼

第一行的"铁 X"都是有规则的组合,表示 X 都是铁做的。但第二行的实例不能按照这种规则来理解,因为出现了转义。第二行的铁路只能作为一个单位,而"铁路"又是由两个语素构成,每个语素也是一个单位,可见,语法研究必须要有两种单位。只有语素这层单位不能充分解释规则和不规则的区别。换一个角度看,如果不把"铁路、铁饼"作为一种单位,则以上所有的语素组都难以得到很好的描写。如果把"铁路、铁饼"这类转义的语素组作为一种单位,上面第一行的语素组就可以作为规则来处理。通常区分语素和词,就是要区分规则组合和不规则组合。

如果一种语言的所有语素组都是规则组合,则只需要语素这一层单位就够了。但这样的自然语言目前还没有观察到。考虑到人类语言存在词汇化现象,即"白菜"这样一些早期规则组合变为后来的不规则组合的现象,任何自然语言的语法单位都不可能是单层的。人工语言的语法单位可以是单层的,比如数学中的符号、编程语言中的符号。过去人们通常认为一个意义对应于一个符号是人工语言的特点,其实人工语言的另一个特点是语法单位的单层性。自然语言和人工语言在单位的性质上有所不同,自然语言具有自组织性,因此有词汇化现象,存在规则组合向不规则组合转化的现象。Sapir(1921,P114)提到汉语是一种分析语,类型特点是一个语素一个词,只是一种相对的说法。其实语言类型的分类也都只是相对的,Greenberg(1954)已经注意到语言类型分类只是一个程度问题。现在已经有大量关于词汇化现象的研究。Givon(1971)在词汇化问题上提出一个著名的论断,即今日的词法即昨日的句法,一方面说明了句法到词法的转化广泛存在,也说明了存在规则单位和不规则单位的区分。后来董秀芳(2004)的研究发现汉语中词汇化现象相当多,这些都说明汉语中不可能只存在语素的规则组合。词汇化的本质是组合片段从规则组合转化为不规则组合,语法单位从规则单位转化为不规则单位。我们认为,任何自然语言的语法单位都是双层单位,即语素和语符,这里的语符是指有规则的语法单位,不一定是词。如果不区分这两种单位,语法描写将无法进行。通常所说的词,基本上都属于语符。至于语符以上是否还需要设立语法单位,则要根据研究的目的来确定。字本位中的字相当于语符,为了和不规则字区分开,应该叫作字符。字本位受到攻击的主要原因之一是没有明确区分规则字和不规则字。

7.3.4 语法单位的类型差异

尽管语法单位必须是双层的,但语言中确实存在大量规则组合和不规则组合难以区分的实例,这是单层单位说的主要依据,也是认知语法(Langacker,1987)反对生成语法或反对规则中心说的一些依据。我们认为认知语法对连续事实的观察是有道理的,但这些连续事实并不足以否认大量规则的存在,也不足以否认双层语法单位的存在事实。认知语法关于连续性的观察倒是可以让我们看到语法单位的类型差异。

其实对双层语法单位更有挑战性的理由来自于当前字本位理论所观察到的很多事实,当然这一理论在体系表述上还很不严密。在区分语素和词的语法理论中,词是通过能够自由活动的标准提取出来的,词的活动被认为很有规则的,而语素活动的规则和词不太一样,规则的类推性也不如词。不过在不同的语言中,规则语素组的比例并不一样。汉语中不自由的语素或黏着语素所构成的语素组很多都是规则的,并且和词组的规则是一致的。比如:

金鞋、银鞋、铜鞋、铁鞋、布鞋、草鞋("金、银"不自由)

鸭肉、虎肉、兔肉、牛肉、马肉、鸡肉("鸭、虎、兔"不自由)

黏着语素"金、银"和自由语素"铜、铁"等在这里表现出相同的组合规则,黏着语素"鸭、虎、兔"等和"牛、马、鸡、鱼"等在这里也表现出相同的组合规则。现代汉语中区分出来的区别词,都是不自由语素(比如"男、女")或语素组(比如"大型、小型"),严格地说不符合词的定义。词的严格定义指"最小的自由形式"。我们认为字本位理论产生的一个重要原因,就是注意到了不少黏着语素有规律活动的现象。汉语中一个字通常是对应一个语素,黏着语素有规律的活动意味着字有规律的活动,因此,字本位论中有一部分学者认为只需要字这一级单位就可以描写汉语①。

很多学者认为汉语的构词法和句法相似。这里我们有必要区分两种相似。一种是构造相似,一种是类推相似。赵元任(1948)已经观察到汉语词法和句法相似,都有主谓、述宾、偏正、述补、联合五种方式。赵元任所说的相似主要是构造方式上相似,比如"铁门、铁路",两者的构造方式都是偏正式。不过这两个实例仍然可以从转义与否上加以区别,一个是规则组合,一个是转义的不规则组合。赵元任和后来的很多语法学家都观察到了汉语词法和句法的相似,但都区别词法和句法。沈家煊(2006)对比了英汉词法和句法后也认为,汉语是词法和句法关联比较强的语言,这种关联主要也是构造相似。

与构造相似不同,类推相似主要指类似"铁窗、铁柜"这样的组合,这两个实例都没有转义,都可以从成分推导出整体的意义。这些组合由于包含有"窗、柜"这样的不自由语素,按照自由的标准被看成词。于是,所谓词法和句法构造相似实际上包含两种情况。比如:

词组	词1 构造相似、类推相似	词2 构造相似、类推不相似
铁门、铁锁	铁窗、铁柜	铁路、铁饼
黑鞋、白鞋、铁鞋、铜鞋	石鞋、木鞋	小鞋(转义)、破鞋(转义)

词1被看成词主要因为包含有黏着语素,但和第一栏的词组在构造和类推上都相似。词2因为转义,和第一栏的词组只在构造上相似。

细说起来,所谓构造关系相似包含了很复杂的情况,大致可分出下面几种

---

① 字本位论者认为字和语素并不相同。在讨论语法单位的双层性问题上,只用语素做语法单位和只用字做语法单位,都属于单层单位论。

情况：

1　黑鞋、白鞋、铁鞋、钢鞋、布鞋、大鞋、小鞋(不转义)
2　金鞋、银鞋、男鞋、女鞋
3　木鞋、胶鞋、石鞋
4　小鞋(转义)、破鞋(转义)
5　跑鞋、冰鞋、拖鞋

从偏正关系看，上面的组合都是构造相似，但从类推的角度看，则有一定的区别。第一行类推性很强，组合中的两个语素也都是自由的，通常都作为句法组合或词组来看待。第二行的类推性也很强，但修饰成分并不自由，一般把第二行也叫作是句法组合，因为"金、银、男、女"已经被列入了区别词。第三行也可语义类推，但"木、胶、石"更不自由，不像"金、银、男、女"可以后接"的"。第四行明显有转义，不能类推。第五行也有转义，不能类推，并且语义关系和前四行都不一样，修饰成分是方式或工具。第四、第五行尽管和第一行构造相似，但通常都是作为词法的对象来研究的，关键是发生了转义。第二、第三行则说明有一大批语素组，不仅和句法在构造上相似，而且在类推上相似。

前面提到，在字本位理论的发展中，也有学者把语法的单位都建立在字上(潘文国，1997)。这种观点和 Harris 的观点及认知语法有相似处，即只承认一种语法单位，或者不区分不同层次的语法单位。这是对词本位最有挑战的学说，理由就在于上面讨论的，汉语中有大量包含黏着语素的规则语素组。不过基于我们前面的分析，我们仍然认为双层语法单位是描写规则的必要条件，汉语也是一样。所不同的是，汉语中有大量黏着语素是规则活动的，在词法和句法上不仅表现在构造上相似，而且表现在类推上相似。这可能是汉语在类型上的一个重要特点。王洪君(1994；2008)认为汉语黏着的实字几乎都可以自由运用，这里所说的自由当然不是指单说，而是指有规则的活动。董秀芳(2005)认为汉语中存在很多半自由语素。这些观察事实都显示汉语中的规则语素比例比英语中的规则语素比例更高。英语中存在大量不规则语素，也就是存在大量不规则语素组。一个不规则语素组常常有一个且只有一个主重音，形成一个音系词(phonological word)。这个主重音必须先确定以后，词才能得以确定，不太可能直接通过语素来确定。与此不同，汉语中语素组的语音形式，很大一部分都是可以通过语素的语音形式确定下来，比如变调、变韵等。

7.4 平行周遍原则

如果双层单位是必要的,如何区分规则单位和不规则单位?我们前面提出了平行周遍原则来判定规则组合和不规则组合,下面更进一步来讨论平行周遍的方法论基础。

导致单层单位论出现的一个重要原因就是由于词的判定遇到了困难。困难的关键在于词的判定方法"自由运用"难以贯彻到底。平行周遍原则提出的一个主要目的是希望判定方法不受自由运用的限制,直接通过语素组的类比区别规则组合和不规则组合。比如,"鸭肉、兔肉、虎肉"尽管包含有黏着语素,但其组合规则和"鸡肉、兔肉、虎肉"是平行的,并且这种平行性质可以周遍下去,因此"鸭肉、兔肉、虎肉"仍然是规则组合。自由和平行周遍并不完全对应。

Langacker(1987)等的认知语法,一般不用自由这样一些可行性手段,但经常用到类推这一重要概念,只是没有严格定义类推的性质,因此不同的人对类推有不同的理解。我们提出平行周遍原则的另一个目的就是要明确规则类推的性质。其实规则单位的判定本质上就是规则语素组和不规则语素组的判定。以"鸭肉"为例,如果认为是规则语素组,则"鸭"和"肉"都是规则单位,如果认为是不规则语素组,则"鸭肉"是一个规则单位。这都会涉及类推的理解。

在§2.1.2节中,我们曾对单位的提取做过分析。现在我们将从自由、黏着、类推等角度展开进一步分析。我们认为,基于自由观念的单说、扩展、转换等概念对句法分析无疑是很重要的,但在区别规则单位和不规则单位,或在区别规则语素组和不规则语素组方面,则不一定有充分性。类推不必受自由概念的限制,但不同的学者对类推理解不同,规则和不规则的划界出现了分歧。下面我们结合这两个概念来讨论规则单位的判定问题。

7.4.1 自由与平行周遍条件

通常所说的词是不是一种规则单位?词被定义为最小的有意义的自由形式,因此这个问题的进一步追问就是最小的自由形式是否是规则形式。这又涉及对自由这一概念的理解。

前面提到,最早提出自由这个概念来定义词的是 Bloomfield(1926;1933),

他所理解的自由是单说。王力(1953)把汉语的词定义为"语言的最小的独立运用的单位",和 Bloomfield 的观点是一致的。单说论解释了语素的一种重要性质,即有的语素可以单说,有的语素不可以单说。但是用单说论来判定语素组是否有规则却没有充分性。比如"铁""门""路"这样一些语素可以单说,这样的语素单说的时候是词,也是规则形式。但可以单说的语素,作组合成分时不一定是有规则的,其是否可以单说也没有判定方式。比如上面三个语素可以组成"铁门、铁路",这里的"铁路"肯定是没有规则的组合,这是我们通常所说的转义的组合。两个可以单说的语素,组合后是规则的还是不规则的,单说论没有办法判定。

另一方面,正如前面已经多次提到的,黏着语素的组合却可以是规则组合。可以分出两种情况。第一种情况是其中一个语素黏着:

鸭肉、兔肉、虎肉、男人、女人、公鸡、母鸡、老张、老李、第一、第二……

第二种情况是其中两个语素黏着:

该校、该系、该所、该室、该厂……
鸭翅、鸭舌、鸭掌、鸭胗、鸭肠……

在很多语法书中,尽管人们接受了最小自由语素的概念,但实际操作中都有所让步。在汉语研究中,虚词都不能单说,仍然被认为是词,比如:

助词:的、了、着、过、吗、吧、呢……
副词:非常、很、刚、才、就、又、也、连、忽然……
介词:从、把、被、朝……
连词:不但、而且、因为、所以、如果、那么……

这里实例毕竟较少,而且都冠以"虚"字加以说明,说这些形式是虚词,所以还勉强能够应付逻辑上的矛盾。介词在英语中也被称作词,和单说标准也是有矛盾的。

值得注意的是,汉语中还有一大批语素或语素组:

金、银、男、女、童、公、母、正、副、荤、素、雌、雄、单、双
西式、中式、急性、慢性、男式、女式、有限、无限、亲生、野生、初级、中级……

单音节的一般不单说,双音节单说的情况也很少,得有一定的条件,但是这些语素是高度有规则的,以"金"和"铜"为例,前者不单说,后者单说,但在下面的组合中是平行周遍的:

A类:金碗、金刀、金丝、金条、金块、金锁、金皮、金匾、金环、金器……

B类:铜碗、铜刀、铜丝、铜条、铜块、铜锁、铜皮、铜匾、铜环、铜器……

通常把"金、急性"这类语素或语素组称为非谓形容词(吕叔湘)或区别词(朱德熙),也承认了这些形式是词。但从单说论的定义看,上面的实例是单说标准在逻辑上遇到的最大矛盾。

汉语的区别词、虚词等都不单说,因此都不自由。英语和很多语言的介词也都不单说,因此也不自由。汉语语法界通常都把区别词、虚词称为词,一个潜在的原因,也是主要原因,在于以区别词、虚词组合成的片段基本上是规则组合。还有一点值得注意,有不少带有黏着语素的组合不仅有规则,而且这样的规则片段是无限的:

第一、第二、第三……第一亿零一……
从前面、从后面、从北京大学的后面、从北京的南边、从上海的南边……

概括地说,如果想把自由(单说)和规则对应起来,至少会遇到下面三种矛盾:

	实例	矛盾类型
1	铁路、破鞋、白菜、冰鞋、跳刀……	两个语素自由,但已经发生转义,组合没有规则
2	虎头、虎皮、虎背、鸭头、鸭皮、鸭背、兔头、兔皮、兔背、公鸡、母鸡、男人、女人……	一个语素自由,另一个语素不自由,但组合有规则
3	母狮、母猴、母鸭、公狮、公猴、公鸭、该系、该所、该厂……	两个语素不自由,但组合有规则

前面提到,Bloomfield(布龙菲尔德,1933)也考虑过剩余法,以便解决黏着语素的规则问题。剩余法是指:在言语片段 XY 中,如果 X 可以单说,是词,剩下的 Y 尽管不能单说,Y 也可以看成是词。如果 Y 可以单说而 X 不能单说,情况相同。拿汉语来说,"盖的"中的"盖"可以单说,是词,"的"也应该是词。陆志韦(1937)在单说论的基础上补充剩余法来提取"再、老、常"这类不自由形式。即只要"来"可以单说,剩下的也是词。剩余法从根本上说是循环论证。比较:

盖的:盖子

"盖子"的"盖"也可以单说,我们并不把"盖子"作为词组,因此也不把"盖子"中的"子"作为词,显然我们心目中预先假定了"盖子"是词而"盖的"不是词,或者是我们预先假定了"盖的"中的"的"是词而"盖子"中的"子"不是词。

前面提到,为了区分语素组是词还是词组,弥补单说论的不充分性,陆志韦

(1957)进一步提出了扩展法。后来又有人提出了转换法。这类办法概括地说都是变形法。变形法不再把自由运用的概念限制在单说上,而是扩大到扩展和移动上,但变形法本质上仍然是自由的思路,是一种宽式的自由思想。扩展法是从语素的结合紧密程度来理解自由,转换法是从是否移位来理解自由,两者和单说都有一定的关系。一般情况下,能单说的语素或语素组才可能在句子中移位或被更长的片段替换(离合词中后一个语素除外)。扩展法对分析句法中的替换、转换都是有价值的,但仍然不是区分规则与不规则的标准。

扩展法的实质是看一个片段的直接成分是否可以被更长的同形片段替换,如果能,就是词组。但是扩展法也不完全反映规则组合,下面的 A 式满足平行周遍条件,B 式不满足平行周遍条件,但 A 式和 B 式都可以扩展:

A	A式的扩展	B	B式的扩展
买书	买[一本书]	理发	理[一个发]
做饭	[做两次]饭	洗澡	[洗两次]澡
学英语	[学两年]英语	学习	[学一次]习

B 式通常称为离合词,这个名称本身已经暗示有的词可以扩展。前面提到汉语广泛存在构词和句法的构造相似。这里的离合词和述宾结构在构造上相似,所以可以扩展。离合词的可扩展性也是汉语存在词法和句法构造相似的证明。前面我们还提到,构造相似并不等于类推相似,而区别规则组合和不规则组合关键在于类推的平行和周遍两个性质。

另一方面,不能扩展的片段有不少满足平行周遍条件:

鸭肉、虎肉、兔肉……
老王、老李、老张……
小王、小李、小张……
初一、初二、初三……
该校、该系、该所……
某系、某校、某所……
藏式、汉式、傣式……
藏化、汉化、傣化……

规则组合要能够扩展,通常要求两个直接成分都是自由形式,这里的实例都不满足这个条件。又比如下面的组合,"推广、推迟"有平行周遍替换实例,是规则组合,但由于"广、迟"是黏着的,因此不可以扩展,而其他由两个自由形式组成的实例可以扩展:

推广	*推得广	*推不广
推迟	*推得迟	*推不迟
推开	推得开	推不开
推倒	推得倒	推不倒
推垮	推得垮	推不垮
推平	推得平	推不平
推完	推得完	推不完
推开	推得开	推不开
推翻	推得翻	推不翻
推动	推得动	推不动
推进①	推得进	推不进
推走	推得走	推不走
推动	推得动	推不动
推烂	推得烂	推不烂
推断	推得断	推不断
推掉	推得掉	推不掉

概括地说,有些不满足平行周遍的片段,可以扩展(离合词),有些满足平行周遍条件的片段,不可以扩展,所以扩展法不完全反映平行周遍性。扩展法反映的仍然是语素活动的自由程度,更准确地说是语素组结合的密切程度,但密切程度和规则性并不等价。

扩展法背后还有一个方法论前提,即认为(AC)B 的规则性可以决定 AB 的规则性,比如"铁的门"的规则性可以决定"铁门"的规则性,这样一种认识论至今未得到研究。

和扩展标准相似的还有转换标准。这里所说的转换是指移位(move)和变化等方法。转换法认为,如果 AB 中的 A 或 B 可以移动到其他位置,或者 AB 可以有某些规则变化,AB 就是词组或结构。不过转换也不完全反映规则组合,下面的"买书"满足平行周遍类比,"理发、研究"不满足平行周遍替换,但都可以有不同程度的转换:

原式	第一转换式	第二转换式
买书	买不买书	书已经买了

---

① 这里的"推进"有两种意思,一种是把一种具体的实物推入某个地方,满足上面的语义平行条件。一种是指发展某种方法或理论,这是转义的用法,不能扩展。"推断"也有两种情况,其转义的含义是得出结论,这种用法不能扩展。

| 理发 | 理不理发 | 发已经理了 |
| 研究 | 研不研究 | |

而"老张、第三"等满足平行周遍替换的片段,反而没有转换式。

最近 Haspelmath(2011)提到了多种提取词的方法都不具有充分性,其实这些方法的主要精神都可以规约到上面提到的单说论、扩展法和转换法这三种方法上来(陈保亚,1999)。这三种方法仍然是目前区别词和词组的主要语言学方法,也是具有可操作性的方法,但这三种方法不能充分区分不规则语素组和规则语素组,不能充分反映平行周遍条件。当然区别词和词组跟区别不规则语素组和规则语素组可以是两个不同的问题,目的也不一样,"自由、可单说、可扩展、可转换"也都是很有价值的概念,朱德熙(1982)关于黏着式偏正结构和组合式偏正结构的区分,就是建立在可扩展基础上的,这种区分可以解释很多语序条件,最近王洪君(2013)也有讨论。这是规则语素组内部的不同类型,这里不展开。

7.4.2 自由与规则的关系

对基于自由观念的单说论、扩展法、转换法的分析说明,自由和规则并不是对应的。当然,自由是一种非常重要的分布属性。很多有规则的黏着语素,通常需要和自由语素组合。比如:

	自由语素	黏着语素
在:	在家、在北京、在球场、在房间	*在室、*在所
了:	走了、看了、读了	*行了、*视了、*阅了
的:①	拿的、看的、读的	*持的、*视的、*阅的
常:	常拿、常看、常读、	*常持、*常视、*常阅
很:	很大、很红、很远	*很巨、*很紫、*很遐
从:	从学校、从去年	*从室、*从昔
……	……	……

一般所说的虚词,通常也要求另一个直接成分是自由形式。句子成分或论元在句中的移动,一般也要求自由形式(离合词的受事等论元除外)。

尽管自由和黏着的区分在语法研究中很重要,但自由与黏着不完全对应于

---

① 区别词尽管不单说,但能出现在"的"的前面,比如"男的、女的、公的、母的",这也许是把"男、女、公、母"这类语素作为词的一个依据,因为"的"前面的语素除了区别词,通常都是能单说的。

规则和不规则。一般地说,两个自由语素的组合属于规则组合的比较多,而带有黏着语素的组合属于不规则的组合比较多,但是这之间并没有严格的对应关系。可以说,自由与否与规则与否并不是完全相同的概念。汉语中包含黏着语素的组合有很多都是有规则的,比如"鸭肉、老王、该校",如果坚持用自由来做提取语法单位的标准,这些规则组合都会被笼统列入词这样的语法单位,体现不出组合的规则性。

汉语中很多黏着语素其实活动能力都很强,王洪君(1994;2008)、董秀芳(2004)后来给出了不少这类例子。王洪君曾经提到"为民做主、摆桌咨询、送鸭上门、彩蝶飞舞、生女也一样、花钱择校是否值得"等很多实例,其中的黏着语素"民、桌、鸭、蝶、女"等都是规则组合成分。要靠自由来提取规则单位是有困难的。

单说、扩展和转换等和自由相关的性质都不是规则的必要参数,而是一种反映句法属性的分布现象。比较下面实例:

该校、该系、该所、该室、该厂……

"该校"中两个语素都不自由,但都是有规则的活动,我们可以有规则:

该+"表示处所单位的语素"

当然这个规则的概括还不够严格,但其规则的存在是没有问题的。

有些黏着语素,能够和数量短语组合,规则性是非常明显的,比如"系":

文学院有[三个系]

传播学院有[五个系]

全校有[四十个系]

其实从单说论到扩展论、转换论,再到承认"男、女、公、母"等是词,不断放宽对自由的理解,已经反映了一个很根本的问题:自由是一个相对概念或连续概念。认知语法所谓词和句法的连续性观念,都可以归结到自由的连续性或相对性上来。比如,区别词的特点是可以修饰名词和后面带"的",但不能单说:

男人、女人、公鸡、母鸡

男的、女的、公的、母的

区别词的提出实际上已经放宽了自由的概念。这时的自由不是指单说,而是指有一定规则的自由活动。其实"鸭、虎、兔"等语素也是规则单位,与区别词不同的是,这些单位通常只能修饰名词,不能带"的"。如果把自由从单说放宽到自由活动,那么自由的分布范围是有程度的。以"铁、铜、金、银、鸭、兔"为例:

自由等级	铁、铜	金、银	鸭、虎、兔
可单说	铁、铜	—	—
可出现在"的"前	铁的、铜的	金的、银的	—
可做修饰语	铁刀、铜刀	金刀、银刀	鸭肉、兔肉

这一事实本身说明自由和黏着是一个连续过程,而规则和不规则是相对明确的。一个语素是否自由取决于对自由的定义,而一个语素是否是规则单位需要有严格的条件。因此,要从自由的概念来区分规则和不规则是不太可能的。

7.4.3 平行周遍条件与类比

类比是人类学习语言的基本能力。我们提出平行周遍原则的一个主要目的就是要避开自由与否的标准,直接从语素组的类比中来区分规则语素组和不规则语素组。类比的一个重要性质就是类推。一般认为规则就是可类推,但不同的学者对类推的理解不一样。下面第 1 列和第 2 列的例子公认为是可类推的,第 6 列公认为已经转义,是不可类推的,但第 3、4、5 列是否可以类推,却有不同的理解:

1	2	3	4	5	6
写书	写了	老李	桌子	跑鞋	铁路
白车	写过	第三	石头	跳鞋	公路
染发	染的	金屋	老虎	小路	马路
老写	写着	铜条	花儿	大路	死路
……	……	……	……	……	……

平行周遍原则希望把这种类推的实质描写清楚,同时给规则一个严格标准。平行周遍原则把类比分成三种:

不平行

平行不周遍

平行周遍

举例来说,"铁路、白菜"都已经转义,不平行,被作为没有推导规则的实例,这些实例都需要直接记忆。"桌子、椅子、凳子、窗子"等有平行关系。从理解的角度看,"X 子"可以类推,有规则,但从生成的角度看,由于平行实例不周遍,不能任意类推,类推就会出现"门子"这样的错误。"X 子"从生成的角度看没有规则。"第一、第二、第三"等实例不仅平行,而且可以周遍到所有的数字,因此这里的实例是通过规则来理解和生成的。通过平行周遍两个条件限制,规则、类推等概念就有了一个标准。

认知语法、词汇化理论都观察到了连续性问题,但这并不等于说规则与不规则完全没有界限。比较:

  平行周遍模式:白纸、白墙、白鞋、白毛、白车……#白菜、#白金、#白铁……$白煤……

  平行不周遍模式:腕儿、腿儿、桌儿、门儿、本儿、嘴儿、肝儿、肠儿、#心儿、#眼儿……*笔儿、*墨儿、*脚儿、*手儿、*掌儿、*指儿、*鼻儿、*牙儿、*胃儿、*肾儿……

平行周遍模式中遇到的反例通常是可解释的。一种是转义,比如上面标记有符号#的"白菜、白金、白铁"。另一种情况是经验知识中还不存在的组合,比如上面标有符号$的"白煤"。

与此不同,平行不周遍模式遇到的反例除了"心儿、眼儿"这样的转义,还有一种根本的反例,并没有转义,也不是经验不允许,但语言中仍然不说,比如上面带有符号*的"笔儿、脚儿、墨儿、手儿"等。

周上之(2013)、金朝炜(2013)最近就平行周遍原则的语义关系以及平行周遍格式遇到反例的情况做了比较深入的分析,为潘秋平(2014)所提到的连续问题提供了实例。我们认为这些反例和平行周遍原则并不冲突,反而可以让我们深入认识到平行周遍和平行不周遍的根本区别。先观察实例:

老来	老李	步鞋	白鞋	第一	走了
老去	老张	皮鞋	新鞋	第几	跑了
老睡	老刘	金鞋	男鞋	第二十	来了
*老检	*老欧阳	*革鞋	*肥鞋	*第多少	*属了

我们认为这些反例都是可以解释的。第一列"老X"的格式中要求X表达不断发生的行为,并且要求X是自由语素。"检"不符合自由语素的条件。前面提到,汉语中有不少黏着的规则语素要求和自由语素组配,"老X"中的"老"也属于这种语素。第二列中的"欧阳"不是单音节。金朝炜特别提到为什么要用单音节来限制。我们认为,平行条件是跨语音、语法、语义的,单音节是该平行条件的要求。第三列中,"革"不是一个常用的语素,被更常用的语素"皮"阻断了。金朝炜也注意到了这一点。"肥鞋"并不是绝对不可以说,说的时候表示分类。因为这里的"X鞋"都具有分类的作用,一般不从"肥"的角度给鞋分类,但也不是绝对不可以,因为这是一个经验知识问题。据我们初步调查,网络语言中逐渐出现了"肥鞋"的例子。也就是说,只要具备了从"肥"的角度给鞋分类的语义环境,

"肥鞋"就可以说。我们一般也不说"胖鞋",也是同样的道理。其实"肥鞋、胖鞋、革鞋"这样一些所谓反例,都是符合规则的实例,因为人的经验认识有差异,所以接受程度不一样。"第 X"是表达序数的,"第几"也是问序数,"第多少"中的多少通常不表示序数,所以"第多少"一般不说。如果要把"第多少"理解成问序数,也可以接受。"V 了"要求 V 是表示过程一类的语素,并且要求 X 是自由语素,"属"两点都不符合。所以"属了"不成立。

总之,平行周遍格式中的反例,都可以通过上述各种理由得到解释。至于平行不周遍格式,其反例是不能通过上述各种理由加以解释的。再多观察"X 子"的例子:

帽子、袖子、裤子、鞋子、袜子、裙子、垫子、领子、扣子、*衣子、柜子、窗子、梯子、椅子、桌子、房子、凳子、筷子、盘子、盆子、锅子、盖子、架子、碟子、筷子、勺子、刀子、被子、毯子、帐子、本子、磨子、推子、*灶子、*床子、*碗子、*门子、*笔子、*砚子、*墨子①

这些带*号的反例,"衣子、灶子、床子、碗子、门子、笔子"等,即使在特殊的上下文中具备了名词小称或相关条件,无论经验条件是否成熟,都不可能出现。这说明平行不周遍格式和平行周遍格式存在根本的区别。这也是理解规则和生成规则的根本区别。当然,平行周遍原则的目的是区分规则组合和不规则组合,进而提取规则单位,至于这些组合中成分的自由活动情况如何,需要做更多的研究,平行周遍原则并不能代替这方面的研究。

再回到连续统问题上来。金朝玮(2013)曾给出过连续的实例,实际上也跟语用或经验有关系。

[颜色]+纸	[液体]+杯	[颜色]+天	[鸟]+冠
白纸	水杯	蓝天	鸡冠
红纸	酒杯	青天	*雉冠
黑纸	饮料杯	*黑天	*鸟冠
蓝纸	咖啡杯	*白天②	*火鸡冠
绿纸	*盐水杯	*红天	
*乌纸	*果汁杯	*黄天	

"乌"不是常用语素,所以一般用"黑"。而且这种格式可能要求颜色语素是自由

---

① 这里不是指思想家墨子。
② 这里不是指和夜晚相对的"白天"。

语素,所以一般不说"乌纸、青纸、紫纸"。"盐水杯"在医院里经常说。"果汁杯"也可以说,在网络语言中已经大量出现。"黑天、白天、红天、黄天"不说,受经验限制。"雉"不常用,所以一般说"鸡冠"。"鸟冠、火鸡冠"在网络语言中都有一定的数量。所以金朝炜(2013)列举的例子仍然跟经验知识有关系。不过,正如金朝炜所说,不同的平行周遍模式数量差异确实是存在的。王洪君(1994)比较早地观察到了这种差异。

概括地说,周遍格式的实例从数量上看可分成三类:

周遍实例较少的:初一、初二、初三……(周遍到"十")

周遍实例较多但有限:老张、老李、老王……

周遍实例多到无限:第一、第二……第 n+1

周遍实例较少的情况,确实可以用记忆来处理,这是学习策略的问题,但并不足以否认规则和不规则的区别。从科学认识上说,语言学家应该充分描写不平行(转义)、平行不周遍、平行周遍三种情况,这样的语言研究才是充分的。至于学习策略、计算语言学的可行性策略,则和数量有一定的关系,也和学习、应用的目的以及学习者的知识背景有一定的关系。

学习和规则之间可以有几种情况。对于不平行语素组,理解过程和生成过程都需要记忆,这些语素组属于不可解释语符。"白菜、眼红、打手(名)、老板"等属于这种情况。

对于平行不周遍语素组,理解过程分两种情况:

1. 平行实例多,只能按照规则理解。比如:裤子、袖子、帽子、袜子、桌子、椅子……
2. 平行实例少,可按照规则理解,也可按照记忆学习。比如:老虎、老鹰、老鼠、洗澡、搓澡、泡澡

在生成过程中,由于没有周遍性,上面的两组实例都需要记忆。

对于平行周遍格式,无论在理解和生成上,这些实例都是规则组合。理解和生成过程可分为两种情况:

1. 平行周遍实例很少,可按照规则来理解和生成,也可通过记忆处理。比如:初一、初二、初三、初四……初十
2. 平行周遍实例很多,是有限的,一般按照规则来理解和生成。比如:老张、老李、老杜……
3. 平行周遍实例无限,不可能记忆,必须按照规则处理。比如:第一、第二……第 n+1

以上的关系可以概括如下:

	不规则语素组（转义）	解释性规则语素组	生成性规则语素组
理解过程	记忆	规则,数量少可记忆	规则,数量少可记忆
生成过程	记忆	记忆	规则,数量少可记忆
平行周遍情况	不平行	平行不周遍	平行周遍
分类	不可解释语符	可解释语符	语符组合
语素组实例	老板、铁路、白菜、破鞋	桌子、椅子、帽子老虎、老鼠、老鹰	老李、老张、老王老二、老三、老四鸡肉、鸭肉、兔肉该校、该系、该所第一、第二、第三

潘秋平(2014)提到的认知语法确实观察到了很多连续实例的情况,并认为这些实例很难用规则和不规则的标准截然分开。潘秋平提到 Langacker(1987,P28—29)用英语的 stapler(订书钉)来说明规则和记忆难以截然区分。如果我们从平行周遍的格式看,stapler 的性质比较明确。英语的 V + er 格式只满足平行条件,不满足周遍条件,属于理解规则层面的组合:

转指施事类型:

write ⟶ writer(作家)

work ⟶ worker(工人)

swim ⟶ swimmer(游泳者)

look ⟶ looker(检查员)

watch ⟶ watcher(看守人)

转指施事、工具类型:

staple ⟶ stapler(订书机;装订工)

read ⟶ reader(读者;阅读器)

light ⟶ lighter(打火机;点火者)

转指工具类型:

cook ⟶ cooker(灶具)

slip ⟶ slipper(拖鞋)

不周遍情况举例:

see ⟶ *seeer

smell ⟶ *smeller

email ⟶ *emailer
hug ⟶ *hugger
meet ⟶ *meeter
ask ⟶ *asker

我们知道,语法化和词汇化都是连续变化的过程,因此变化的连续性确实是存在的,但这并不能作为否定人类语言生成句子的两个基本程序:规则和记忆。平行周遍格式的实例在词汇化过程中会不断出现转义的情况,比如"白墙、白鞋、白纸"这一平行周遍格式中会出现"白菜、白领"等转义实例,但这一格式除去这些转义实例后仍然是平行周遍格式,这和平行不周遍格式有根本区别。至于"白菜、白领"作为转义的实例是如何发生的,需要做专门的调查研究。"白菜、白领"的词汇化一般都有一个高频分布阶段,在高频阶段就可以作为单位来处理,并不影响"白X"的平行周遍类推。基于这一性质,可以得到提取汉语规则语法单位的一般还原程序:只要把不符合平行周遍的字组提取出来,剩下的字都是规则活动的单位,这些规则字加上不规则字组,就构成了汉语的全部规则单位语符。如果一个语言的语素容易提取出来,也可以通过这样的还原程序提取规则单位。

7.4.4　汉语词法和句法的对齐

由于双层语法单位是必要的,研究两种单位的活动规律也是必要的。通常所说的词法和句法的区分,大致也是把两种单位的研究分开,词法研究语素成词的活动规律,句法研究词入句的活动规律。问题在于如何确定词。生成语法主张把不规则的个别事实都放入词库,但并没有给出一个严格的标准来区分哪些是规则单位,哪些是不规则单位,因此语素、词在词库中并未严格分开。正因为如此,20世纪60年代Chomsky等学者的生成语法论著,基本都只有一级语法单位,即formative。把formative作为语法单位,和Harris把morpheme作为语法单位的思路基本一致。我们认为单位库中应该有两种单位,作为规则单位的语符和用于构成规则单位的语素。后来的生成语法著作有的是把语素和词分开的,但都没有形成统一的标准,有的继续根据结构语言学自由的标准,有的启用韵律的标准。

现在可以进一步讨论的问题是,词法和句法的界限应该放在哪里?这个界限可能因为研究的目的和角度不同会有不同。下面我们重点从规则组合和不规则组合的角度看问题。一般所说的形态学(morphology),包括了构形和构词两部分：

句法	词法				
词组	词				
句法	形态(构形)	附加构词1	附加构词2	复合构词1（平行）	复合构词2（不平行）
写书	写了	老李	桌子	跑鞋	铁路
白车	写过	第三	石头	跳鞋	公路
染发	染的	初三	老虎	小路	马路
老写	写着	阿明	花儿	大路	死路

构形通常涉及规则变化或规则语素组(除去有限的不规则形式),考虑到虚词的规则活动,这里暂时把虚词一栏的组合列为构形。构词有一部分是规则组合,比如"第X",有一部分是不规则组合,如"X儿"。从规则和不规则的角度看,把这几种情况都放在一起会打乱规则和不规则的界限。形态学并不是按照规则和不规则的条件限定范围。在很多情况下,形态学是按照语音条件限定范围。比如"第X"中,"第"是轻声,所以被列入构词。这种形态学在印欧语言中比较常见,一个重要的原因是印欧语言比较容易确定词的界限。比如英语中词重音的规律容易把词界确定下来。

汉语形态不丰富,上面带虚词的组合是否该看成形态变化的组合也存在争议。汉语中词的确定从句法上看现在也存在问题。从语音上是否可以确定词仍然在研究之中。不过我们仍然可以考虑对齐原则,即让词法研究不规则的语素组,句法研究规则语素组。这样的对齐便于说明语言学习的两种模式,规则和记忆。考虑对齐结果：

句法	词法				
词组	词				
句法	形态(构形)	派生或附加构词	附加构词2	复合构词1	复合构词2
写书	写了	老李	桌子	跑鞋	铁路
白车	写过	第三	石头	跳鞋	公路

续表

染发	染的	金屋	老虎	小路	马路
老写	写着	铜条	花儿	大路	死路
生成式规则语素组			理解式规则语素组		不规则语素组（转义）
平行周遍			平行不周遍		不平行不周遍
语符组			语符		
对齐后的句法			对齐后的词法		

汉语普通话单音节形容词的重叠，一般作为构词来处理，实际上这种重叠也是平行周遍的：

绿	绿绿的
红	红红的
细	细细的
臭	臭臭的
脏	脏脏的
胖	胖胖的
甜	甜甜的
辣	辣辣的
酸	酸酸的
苦	苦苦的
咸	咸咸的
小	小小的
短	短短的
强	*强强的
对	*对对的
酷	*酷酷的
恶	*恶恶的
假	*假假的
错	*错错的
横	*横横的
竖	*竖竖的
紫	*紫紫的
温	*温温的

在这种"XX的"（或"XX儿的"）格式中，通常 X 具有以下性质就可以周遍：

1. X 是可以受"很"修饰的单音节形容词；

2. X 可以用于表达小称、亲近。

"真、错、横、竖、紫、温、假、强、酷、对、恶"或者不受"很"修饰，或者不表示小称，不能进入"XX的"格式。除此以外，"XX的"是周遍的，是规则组合。

当然，在不同的方言中，重叠格式并不总是平行周遍的。在四川很多方言中，有下面的重叠格式（后一个音节可以儿化），重叠后的形式都是名词性的，有小称意义。但这种重叠并不周遍，以四川德阳话为例：

  可重叠黏着语素：本本、罐罐、柜柜、雀雀、索索、台台、凳凳、眼眼……
  可重叠自由语素：圈圈、洞洞、圆圆、米米、顶顶、皮皮、缝缝、壳壳、棍棍、孔孔、尖尖、须
    须、抽抽、脚脚、毛毛、盖盖……
  不可重叠黏着语素：*鼻鼻、*耳耳、*衣衣……
  不可重叠自由语素：*门门、*床床、*笔笔、*墙墙、*纸纸……

在分布和语义类型上都相似的语素，有的能重叠表示小称，有的不能。不能单说的语素，重叠后有成词功能，比如"本本、柜柜"。"圈、圆、洞、孔"等都是可以单说的，重叠主要起小称作用。这样的实例还可以列举出很多，但由于不周遍，能够重叠的都应该在语符库中标注，或者收入语符库。以上普通话和四川话的差异说明规则组合和不规则组合跟重叠并没有普遍对应关系。一般地说，规则组合和不规则组合跟是否有规则音变也没有普遍对应关系。

上面既然用到词法，再考虑到词这样一个通用的术语和自由概念在句法中的重要性，也可以继续考虑使用词这一术语，其含义就是语符。基于对齐原则，可以给语符一个明确的定义：

  语符是最小的规则语法单位。

正是由于汉语中大量规则语素组都可以拿黏着语素做直接成分，因此我们可以先不考虑自由与否，直接根据类推的平行周遍条件先提取语符，再根据语符活动是否自由来确定语符的性质。语符基本上可以分成两种，黏着语符和自由语符。语符组中的语符自由情况比较复杂：

实例	词组情况	语符组情况	可扩展和可单说
追狗	词组	语符组	可双项扩展，两个语符可单说
大狗	词组	语符组	可单项扩展，两个语符可单说
和狗、常去	词组	语符组	可单项扩展，可扩展语符可单说
第五	词	语符组	可单项扩展，可扩展语符可单说
圆圈、红墙	词组	语符组	不可扩展，两个语符可单说
鸭脚、很重	词组	语符组	不可扩展，一个语符可单说
公的	词组	语符组	不可扩展，两个语符不可单说
公鸭、鸭翅	词	语符组	不可扩展，两个语符不可单说

从可扩展到不可扩展,从单说到不可单说,有一个过渡。若以语符组为基础,只要可扩展,无论单项或双项扩展,一般都是作为词组的,只有"第五"是例外。要在原则上一致,"第五"似乎也应该算入词组。这样我们就可以说,凡是可扩展的语符组,都是词本位意义上的词组。由于语符组就是满足平行周遍条件的语素组,所以也可以说,满足平行周遍且能够进行扩展的语素组是词本位意义上的词组。至于不可扩展的情况,由于对自由的理解不同,存在着不同的处理方法。一个可行的办法是把词组分成自由词组和黏着词组,凡是可扩展的语符组合是自由词组,不可扩展的语符组合是黏着词组,这样词也可以分成自由词和黏着词,自由语符组合中可扩展的语符是自由词,不可扩展的语符是黏着词,黏着语符组合中的词都是黏着词。于是词和语符基本上可以统一起来。可以给这样的词下一个定义:

词是最小的有规则活动的语法单位。

这一定义基本上把语符和词等同起来。汉语这样的语言,黏着词组比较多,字本位的提出应该是有这方面的原因。学者们注意到汉语的句法和词法规则相似,也有这方面的原因。我们可以根据句法单位的这种属性把语言分为语符型语言和词符型语言。语符型语言黏着语符组比较多,即大量语素组的组合都是有规则的,可直接实现为语符组,因此句法和词法无论从构造规则和类推规则上看一致性都比较强。汉语属于语符型语言。由于汉语的语符通常又是一个音节,用一个字就可以记录,所以汉语也可以称为字符型语言。与此相对,词符型语言词的特征比较明确,尤其是词重音的存在成为词的一个重要标记,像英语以及印欧语系的很多语言可以算是词符型语言。

自由的概念是相当重要的,这一概念对于认识单位在组合中的各种复杂行为有重要价值,比如单说、可扩展、转换都是以自由为基础的。但自由和规则组合并不对应。长期以来,我们习惯于用自由与否来判定规则和不规则,这其实是把自由和规则混同起来了。

平行周遍原则直接从语素组的类比展开分析,避免了自由概念遇到的问题,面临的是如何充分描述类推的问题,如何严格定义平行,如何给平行周遍原则更形式化的描写,这方面还需要做很多研究。

7.5 语义语法

字本位体系在确定字为基本语法单位后,马上面临一个关键问题:怎样说明字和字的组合机制。在这方面,字本位最重要的观念是语义句法,或语义语法。即直接从语义入手控制语法。徐通锵(1991.3)在提出字本位的同时,正式提出了语义语法的概念,认为印欧语偏重形式的组合关系,印欧语的语法可以称为语形语法或语形句法,而汉语偏重语义的组合关系,可以称为语义语法或语义句法。

通过前面的分析(§5)可以看出,在词本位的语法语义理论中,单位组合关系的研究主要还是一种语法中心论,即语义组合的各种概念是从语法概念中引申出来的,比如语义结构关系是参照语法结构关系提出来的。这就是为什么我们把沿着这种思路所做的语义研究称为语法语义研究。这种思路的本质特征是从表层形式或表层的语法标记入手来展开组合关系的分析,形成以词类和语法结构关系(或句子成分)为核心的语法系统。词的分类主要就是为了说明词能做什么样的句子成分,句子的分析主要是为了说明由主语、谓语、宾语、定语、状语、补语等句子成分构成的句子格局。但由于汉语的形态不丰富,要从表层形式入手分析组合关系会遇到很大困难。中国结构语言学家已经提出了一些值得注意的方法来克服这些困难,朱德熙(1985)将词组和句子的描写合二为一的词组本位论,就是值得注意的方法之一。但有些问题仍然没有解决。

先看语法结构关系的判定标准。汉语中的主谓结构关系、述宾关系和连谓关系都没有形式标记,朱德熙(1962)用推导式(包括扩充式和变换式)做结构关系的标准。根据推导式,我们可以断定"今天有课"这样的言语片段是主谓关系而不是偏正关系,因为"今天有课"的推导式和"我们有课"这样一些典型的主谓结构关系的推导式一致,而和"马上有课"这样一些典型的偏正结构的推导式不一致(§2.1.3.3)。但是,有什么充分的理由一定要把推导式作为结构关系的根本标准?现在还没有人论证过这一点。陆俭明(1986.3)认为推导式标准是确定话题的标准,从另一侧面反映了区分主谓结构关系和状中结构关系的标准在汉语中还没有找到。从语义解释上看,无论我们把"今天有课"看成是主谓结构关系还是偏正结构关系,该言语片段的意思都一样。这是否暗示语法结构关系在汉语中确实不重要?我们认为这是语义语法出现的一个重要背景。

再看词类和句子成分的关系。我们前面分析过(§2.1.1),印欧语划分词类可以根据形态,但汉语没有形态或缺少形态,只能根据分布。而在汉语的分布分析中,确定词的分布的起点是鉴定字而不是句子成分,这样才能避免循环论证,但事实上很多学者在划分词类的时候都不同程度地依赖句子成分。吕叔湘(1954)、朱德熙(1961.4;1961.12;1985)等在根据分布划分词类时,都不同程度地依赖了句子成分的概念。因此,词的分布不同程度地被理解为在句子成分中的分布,词的分类在很大程度上是依赖句子成分而建立起来的类。这种思路暗含了这样一种观点:词的分类是为了说明句子成分或说明语法结构关系,因此词的分类应该以句子成分为出发点。根据这种词类划分思想,在词类和句子成分的关系上出现了复杂的对应:

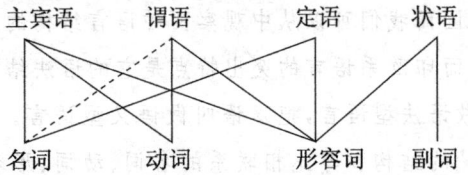

朱德熙(1961.4;1985)已经比较明确地指出了这种复杂的对应关系。问题是既然认识到了这种复杂的对应关系,说明这种描写已经不符合简单性原则,为什么还要根据句子成分的分布来确定词类?为什么还要用词类来解释句子成分?传统的印欧语法之所以用词类来说明句子成分,是因为句子成分和词类的一一对应关系比较明确。既然汉语的词类跟句子成分无一一对应关系,用词类来说明结构关系或句子成分的价值也许不大。

从语义结构和语法结构的关系看,情况更复杂。前面我们已经看到,如果承认汉语有主语,那么汉语中的主语可以是施事、受事、工具等复杂的语义结构成分。和宾语对应的语义结构成分也相当复杂。因此语法结构关系通常并不提供语义结构关系的信息。在印欧语中,尽管主语也可以是施事、受事、工具等复杂的语义结构成分,但印欧语的形态可以提供语义结构的信息,比如主语是施事时,谓语是主动态,主语是受事或工具时,谓语是被动态。汉语的语法结构关系既然不能提供语义结构关系的信息,说明汉语语法结构关系对解释语义结构关系的作用不是很大。吕叔湘(1946)、赵元任(1948)曾提到主语通常是有定的,这可以看成是承认主语的一个理由。但有定的信息也可以通过句首的位置来得到说明,不一定非要借助主语的概念。可能正是考虑到这一点,赵元任也承认汉语中的主语可以作为主题来理解。

以上种种困难的产生可以归结到语法结构或句子成分中心论,即词类的划分要参照词在句子成分中的分布,语义结构关系的分析要参照语法结构关系的分析。徐通锵语义语法的提出就是设法摆脱这种困难。徐通锵(1997,1.1.4.1)认为:

> 语言是现实的编码体系。汉语的理据性编码机制和印欧系语言的约定性编码机制自然不能不给语言的结构带来重大的影响。理据性的编码直接构成语言的规则,突出语义;而约定性的编码在构成语言规则的时候要多走一道手续,因为只有把约定性的符号组合起来才能表现出符号的理据和规则,因此突出的是语法,即构词法和造句法。汉语和印欧系语言是这两种编码机制的代表,因而我们可以从中观察两种语言结构的原则差异:汉语的突出特点是语义,而印欧系语言的突出特点是它的语法结构,因此我们可以把印欧系语言叫做语法型语言,把汉语叫做语义型语言。语法型语言重点研究"主语—谓语"的结构和与此相联系的名词、动词、形容词的划分,而语义型语言的研究重点是有理据性的字,突出语义、语音及其相互关系的研究,而不讲主、谓、宾和名、动、形之类的语法。两种不同类型语言的研究各有自己的侧重。

语义句法或语义语法和以前语法语义的研究正好相反,前者是语义中心论,即直接从语义描写入手来控制组合关系,而后者是语法中心论,是从语法描写来控制语义。徐通锵(1997)认为在语形语法为主的印欧语中,表层形式构成的语法范畴是很重要的概念,而在语义语法为主的汉语中,语义范畴是最重要的概念。可以在字的基础上,直接描写字的语义范畴,而不必把主要精力集中在词类、句子成分等表层形式上。这样就可以通过语义范畴直接进行以"话题—说明"为结构框架的语义语法研究。

当然,汉语中不是没有形式标记,但汉语中的形式标记和印欧语中的形式标记有很重要的区别。在同质语言研究中我们多次看到,汉语和印欧语最大的差别就是缺少反映组合关系的形态变化。拿主动态和被动态来说,尽管汉语可以用词汇、词组的方式来表达英语的被动态,但和英语的表达方式是有区别的。为了说明这一点,我们先区别两个关键的概念:严式范畴和宽式范畴。下面两组言语片段反映了严式范畴和宽式范畴的主要差异：

英语	汉语
The cup has been broken	杯子给砸破了（被动标记：给）
?	杯子被砸破了（被动标记：被）
?	杯子砸破了（不用被动标记）

在这两组句子中，"杯子"都是"砸"的受事。在英语中，做主语的受事必须和表示被动语态的谓语共现。换一种方式看，表示被动意义的动词必须具备被动语态的形态标记，即 to be broken。在汉语中表示被动意义的动词可以用"给、被"等被动标记来表示，但在可以借助上下文理解语义关系的情况下，可以不用表示被动的标记。我们把这种不用形式标记而用语境来理解的过程叫作语境相关认知过程。这是汉语被动语态和英语被动语态的重要差别，因为英语即便在有语境提供帮助的条件下，表示被动意义的动词也必须要有表示被动的形态标记。被动语态标记的选择在英语中是强制性的，在汉语中是非强制性的。

我们说英语的被动范畴是严式语法范畴，而汉语的被动范畴是宽式语法范畴。区分严式和宽式的标准在于标记选择的强制性和非强制性。

在印欧语言中，有很多严式语法范畴，如"性、数、格、时、体、态、式、人称、语气"等，而汉语中严式语法范畴很少，大多是宽式语法范畴。如果一种语言的严式范畴很多，可以把这种语言称作严式语言，如果一种语言的宽式范畴很多，可以称为宽式语言。相比之下，印欧语言是严式语言，而汉语是宽式语言。

我们曾对汉语为母语的学生的英文作文做了抽样调查，这些作文出现错误率最高的正是英语中的严式范畴，汉语为母语的学生把大量严式范畴的形态遗漏了，比如把 The plan has been proposed 这样的句子写成 The plan has proposed（计划已经提出来了），漏掉了被动语态的标记。这些作文让另一组学过英语的汉族学生阅读，几乎都能读懂，这说明他们广泛依赖上下文的语义关系来理解句子。汉族学生经常漏掉严式语法范畴，也说明汉语为母语的学生由于习惯了上下文语义理解模式，对上下文很敏感，但对句子内部的严式范畴形态不敏感。相反，让不懂汉语的英语为母语的学生阅读这些作文时，大部分学生在读到遗漏了严式范畴形态的句子时，出现了理解的障碍，或者读不懂，或者理解缓慢。如果将这些遗漏的严式范畴形态补上，这些英语为母语的学生就能顺利地阅读这些作文。这就显示了认知过程的差异，英语为母语的学生由于习惯了印欧语严式语法范畴，总要不同程度地依赖严式语法范畴来阅读理解，这使他们对上下文语义不敏感。

因此,在英语母语者和汉语母语者之间出现了两种不同的理解模式或范式,语法结构理解模式和语义结构理解模式,而形成这两种模式的直接原因是严式范畴和宽式范畴造成的。

汉族人说话时有大量语句成分的省略现象,印欧民族说话时很少省略句子中的成分。这已经成了中西方语言比较研究的焦点,引起了很多学者的关注。很多人用"喜欢省略"和"不喜欢省略"等心理因素来解释中西方语言的这种差异,但是如果我们进一步追问"喜欢省略"和"不喜欢省略"的心理因素是什么引起的,就会走入循环论证。在我们看来,能否省略有深厚的语言本体论基础。能省略的总是宽式语言范畴,不能省略的总是严式语言范畴。

正是严式范畴和宽式范畴的对立决定了可不可以"省略"形式标记,决定了语法结构理解模式和语义结构理解模式的差异。所谓语义理解模式并不是否定语法组合关系层面的存在,而是说在语言的理解过程中,汉语更偏重语义组合关系。前面我们经常分析这样的例子:

  a.看望的是父亲
  b.吃的是鸡
  c.吃的是肉

在这里除了表层的结构关系外,还有深层的语义组合关系。这种深层的语义组合关系在汉语中不可能通过结构关系和层次分析得到解释。对语义特征和语义组合关系进行解释,就可以说明歧义。a 有歧义,原因是"看望"可以带施事和受事两个语义格,并且这两个语义格都可以是人。b 有歧义,原因是"吃"也可以带施事和受事两个格,并且这两个格都可以是有生命的动物。c 没有歧义,意味着"吃"的施事不可能是没有生命的东西。上述实例翻译成印欧语就不存在歧义,因为在印欧语中,动词的"态"或变位方式能够提供相关名词是施事还是受事的信息,因此语义问题常常转化成了语法问题。汉语由于显性标记少,组合关系必然要偏向语义,必须充分利用语义和语用信息。这就形成了语义语法转向的内在背景。其实 20 世纪 40 年代吕叔湘、王力已经不同程度地认识到了汉语语义的特殊重要性,所以吕叔湘(1942)主要通过施事、受事等语义结构成分来控制句子的格局,而王力(1943)则不拘泥于语法结构关系,从语义的角度归纳出了汉语中的"能愿式、使成式、递系式、处置式、被动式、紧缩式"等特殊句式。

如果汉语语法研究以语义语法或语义句法为中心,取消语法结构关系(或句子成分)和词类,那么怎样实现可操作性?这是语义语法首先面临的课题。让我们先考察取消语法结构关系的情况。前面已经讨论过(§2.1.4),语法结构关系是有层次的,比如主谓关系是对句子说的,述宾关系是对谓语说的。主谓关系是理解句子的关键。语义语法取消语法结构关系后,主谓关系也就被取消了。代之而起的是"话题—说明"框架。也就是说,我们曾讨论过的句子的语用层面(话题—说明)和语法层面(主语—谓语)在语义语法系统中被简化成一个层面。这种简化一方面使描写更加简单,一方面强调了语言类型差异。徐通锵认为:

> 造句的过程,印欧系语言是词的线性排列,汉语是"字"的线性排列,相互之间好像没有区别,为什么非得采用不同的结构框架去分析?这需要深入进行句子的内在结构分析。线性排列是一种表面现象,而在其背后却隐蔽着原则的差异。如果用我国文学创作中的两种不同文体来比拟,那么印欧系语言造句时的"词"的线性排列犹如填词,而汉语造句时的"字"的线性排列犹如写散文。填词要遵守一定的结构格式,填入的"字"的声韵平仄都要符合这种格式的要求。印欧系语言的句法规则可以和此相比拟,因为它由一致关系控制,造句时所用的词和词的变化都需要接受这种一致关系的支配。写散文比较自由,没有固定格式的限制,只要不离主题,写作的时候就有相当的自由度。汉语的造句与此类似,"话题"确定以后就可以在语境许可的范围之内自由地进行比喻例证,把它说清楚,不受一致关系之类的形式规则的支配。正由于此,汉语"说明"与"话题"的关系和印欧系语言的"谓语"与"主语"的关系就有原则的差异:"谓语"和"主语"受一致关系控制,相互之间的联系非常紧密,彼此依存,不可或缺;而"说明"和"话题"的关系显得很松散,因为语境和说—听双方的交际意图可以弥补因这种"松散"而带来的"缺陷"。(徐通锵,1997,4.1.2.5)

前面我们还提到过(§5.6),陆俭明(1986.3)从形式上提出了区分主语和话题的标准。比如下面实例中的"小王开汽车"不能作为"话题—说明"理解:

小王开汽车的时间不短了。

因为话题是对句子说的,这里的"小王开汽车"并不是句子的直接成分。这是截至目前坚持主谓关系的最重要的理由。不过,从另一角度看,我们可以把"小王开汽车"理解成"名·动·名"的组合序列,而不提主谓结构关系,这样的理解所提供的信息并不比理解成主谓结构关系所提供的信息少。

胡裕树(1982.4)认为主语前面不能加介词。因此下面两个片段中的句首名词性质不一样：

上海是中国最大的城市　　上海我有熟人

左例中的"上海"前面不可以加介词"在"，右例中的"上海"前面可以加介词"在"，因此左例中的"上海"必须看成是主语。但这种观点从本质上看是从语义入手的，因为左例中的"上海"和"中国最大的城市"在语义上有同一性，所以前面不能加"在"，而右例中的"上海"是事件存在的处所，所以可以加"在"。因此这两个片段的区别也不是承认主谓关系的充分理由。

在语义语法中，从字到"话题—说明"，中间还有"辞、块、读"，"读"和传统训诂学中的"读"是一致的，而"辞、块"的含义是：

> 我们在汉语的研究中排除了印欧系语言的 word(词)，但行文中需要经常提到和字的功能相似的字组，因而设立"辞"，专门用来指字组，特别是那些凝固性很强的固定字组。(徐通锵,1997,4.1.3.2)

> 汉语中大于辞的结构单位我们称为字块。块在一般的情况下都是字组，与辞的区别是：辞是固定性字组，而字块则是根据交际的需要而临时组织起来的字组。(徐通锵,1997,4.1.3.4)

汉语中能够充当"话题"的语义成分和能够充当"说明"的语义成分都非常多，徐通锵认为这两者之间在形式上的联系相当松散，主要是通过语义来联系的。由"字"到"辞、块、读"的组合条件也是通过语义实现的。因此，在语义语法中，除了抛弃语法结构关系或句子成分的概念，另一个重要的特点就是抛弃词类，即建立在句子成分分布基础上的词类。语义描写在语义语法中至关重要，但是这种语义描写并不是漫无边际的语义描写，而是着眼于组合关系的语义描写。

徐通锵(1997,4.2.1.1)认为：

> 语法型语言有语法范畴，这是人们熟知的事实，我们也进行过必要的讨论。语义型语言有没有相应的语义范畴？回答是肯定的，因为"范畴"是一种分类，是人们根据对现实现象的本质的认识而进行的一种概括，如对语义加以概括和分类就可以形成特定的语义范畴。

> 语法范畴是和特定的形式标志相联系的语法意义的概括和分类，不同的范畴都各有自己的形式标志。印欧系语言的语法范畴，无论是名词的性、

数、格,还是动词的时、体、态,都有自己的形式标志,这就是日常所说的形态变化;我们正是凭借这种形态变化的引导去认识一种语言的语法范畴。英语的形态变化已经衰退,但统率形态变化的一致关系还顽强地坚持着它的阵地,动词以"时"为核心的形态变化体系也还相当完整地保存着,因而我们仍旧可以凭借相应的形态变化去把握英语的语法范畴。语法范畴的核心问题是词类的划分、性、数、格和时、体、态,虽然每一个范畴都有自己的形式标志,但都需要归入相关的词类,以便服务于语法结构的分析。汉语是一种语义型语言,没有印欧系语言那样的形态变化,我们还有没有可能进行语义范畴的研究?回答自然是肯定的。范畴必须有形式的标志,但这种标志不一定是形态变化;汉语语义范畴的形式标志就是特定的虚字。我们后面都是根据虚字的指引去认识相关的语义范畴的。

语法范畴的核心问题是词类的划分,以便进行以"主语—谓语"为结构框架的语法研究;语义范畴的核心问题也与结构单位的语义分类相联系,目的是进行以"话题—说明"为结构框架的语义句法的研究。

徐通锵在吕叔湘(1944)、陈平(1987)和石毓智(1992)等人的研究基础上,进行了一些必要的提炼和总结,讨论了和组合有关的语义范畴。当然,语义范畴不能随意提取,应该有可控制的标准。徐通锵(1997,4.1.1.3)强调了语义分类的形式标准,不过这些形式标准不是形态和句子成分:

汉语结构单位的语义分类需要适合自己的有定性范畴的要求,不能套用印欧语的语法理论。根据这样的考虑,我们给结构单位的语义分类原则定下三条要求:

1. 语义的,不是语法的,应该排除"词类是词的语法分类"之类的概念的束缚;

2. 形式的,即语义的分类有形式的依据,不能随研究者的主观需要而进行随意的分类;

3. 分出来的类能服务于语法结构规则的分析,能有效地说明它与"话题—说明"框架的结构关联。

如果能满足这三方面的要求,它就可能是一种合适的语义分类,否则,它与语义句法的研究无关。例如,《尔雅》的释官、释亲等虽是一种字的语义分类,但它没有一种形式的控制标准,不能服务于"话题—说明"的结构分析;我们前面分析过的"声"和辞中的核心字,其所反映的也是一种义类,但也与"话题—说明"的结构框架挂不上钩,因而这些分类的办法都不能成为语义句法的结构单位的分类依据。

语义范畴的提出对认识汉语的组合关系有重要的方法论价值。这种观念可以追溯到 Whorf,Whorf 20 世纪 40 年代在描写印第安语时提出了"隐性范畴"的概念,即某些语法意义不是通过形态表现出来的,而是通过语义成分表现出来的,而且暗中控制着词和词的组合条件。由于这种范畴没有类似印欧语那样的形式标记,所以是"隐性范畴"。Whorf 认为(1945):

隐性范畴是这样一种范畴,当一个属于该范畴的词或成分出现在句子中时,它们不一定总是有标记的,它们只在句子的某些类型中是有标记的。当然,它们既可以用形态也可以用句型来作标记。这些词或成分属于哪个范畴并不明显,句子的特殊类型中用到它或提到它时才看得出来,于是我们发现这些词或成分属于要求有某种区别性环境的范畴,我们把这种区别性环境叫作范畴的效应(reactance)。在英语中,所有的不及物动词构成了一个隐性范畴,标记是缺乏被动分词、缺乏被动态和使成态;我们不能把不及物动词(如 go(走)、lie(躺)、sit(坐)、rise(起来)、gleam(闪烁)、sleep(睡)、arrive(到)、appear(出现)、rejoice(高兴))用在下面这样一些句子中:It was cooked,It was being cooked,I had it cooked to order。这种从形式上定义的不及物动词与传统英语语法中的"哑巴式的"不及物动词全然不同;这是一种真正的由这样那样一些恒定的语法特征来标志的语法类,比如名词或代词不在动词后出现;人们不说 I gleamed it(我闪烁它)、I appeared the table(我出现这张桌子)。当然,涉及到这样一些词汇的复合形式可以是及物的,如:sleep (it) off(以睡眠消除疲劳)、go (him) one better(胜过某人)。在美国英语的俚语形式中有 go haywire(疯了)、go South Sea Islander(南洋群岛人)等,动词后面的词或短语其实是隐性形容词,比较:go completely haywire(完全疯了),haywire(字面意义是:捆草的金属丝)是受副词 completely 修饰的。

另一种隐性范畴的例子是英语的性。每个普通名词和每个人的教名都属于某个性的类别,但是,只有在单数的情况下才有机会用人称代词指称名词——或者在中性的情况下用疑问代词和关系代词 what、which 标志名词,性特征的显性标记才表现出来。在拉丁语那样的语言中,有一个显性的性系统,大多数名词都有它们的性标记,不过英语中有关性的语法规则的严格性并不亚于显性的性系统。毫无疑问,对许多英语普通名词来说,了解实际的性、了解物体的生物学和物理学分类有助于外国人换一种方式去理解语法本身对性的分类,不过这种知识的运用毕竟是有限的,因为阳性类和阴性类中较大的一部分是由数以千计的人名构成的,而一个外国人如果对西方欧洲教名的文化背景一无所知,他必须完全弄清,也就是认识到,Jane 这个姓属于 she(她)这组;John 这个姓属于 he(他)这一组。有许多姓表面上相似但实属不同的性别,例如,Alice:Ellis, Alison:Addison, Audrey:Aubrey, Winifred:Wilfred, Myra:Ira, Esther:Lester。对任何"中性"属性的知识也不能告诉我们的观察者为什么指称生物种属的名字(如:动物、鸟、鱼,等等)用代词 it(它);小动物通常用 it;较大的动物经常用 he;狗、鹰、火鸡一般用 he;猫、鸫一般用 she;身体器官和整个植物界用 it;拟人化的国家和地州(但不是作为地区)用 she;拟人化的城市、社会、团体用 it;人的身体用 it;鬼用 it;自然界用 it;带有帆或动力系统的船以及有名字的小船用 she;划艇、独木舟、木排用 it 等等。学英语的人,包括那些自己的语言没有性范畴的人,在英语性范畴上所犯的错误本身就表明我们在这方面有隐性语法范畴,而且不是自然差别和非文化差别在言语中的反映。

所谓"隐性范畴"是相对有形态的"显性范畴"来说的,其实就是语义范畴。Whorf 没有进一步展开"隐性范畴"的研究,可能是因为 Whorf 过早去世,也可能是因为美国语言学家当时没有考虑到汉语这样的大语种,他们所研究的语言是印欧语或印第安语。印欧语尽管是大语种,但丰富的形态变化使研究者不容易注意到隐性范畴,所以 Whorf 的隐性范畴没有得到很多西方学者的响应。而印第安语相对来说是小语种,从中发现的问题不容易引起广泛的注意。最后,美国结构语言学拒绝回答"意义是什么"的态度也阻碍了对隐性范畴的研究。中国学者在对汉语语义特征做系统分析的基础上提出语义范畴的概念,这是对汉语组合关系的规律所做的深层次概括,这不仅对汉语这种缺少形态标记的语言有重要的方法论意义,而且对进一步认识世界上其他孤立语的组合关系也有方法论上的价值。

一种语言中到底能够提取多少语义范畴,哪些语义范畴是最初始的,解决这个问题在方法论上有很重要的价值。这个问题目前刚刚开始。徐通锵(1987；1998)总结了大量语义特征后，概括出了"±离散""±定量""±肯定""±有定"几对语义范畴，最后又提出用"±有定"来统一所有的语义范畴。沈家煊(1995.5)提出"有界""无界"两对语义范畴，这些都是引人深思的研究。

语义范畴的形式标准就是有意义的虚字(徐通锵，1997，4.2.1.1)。语义语法的核心问题不是不讲形式，而是要摆脱建立在形态基础上的语法结构关系这样一些在汉语中不是很确定的概念，直接从语义组合关系入手，淡化语形语法的描写，使组合关系的描写更简单。

虚字是语义范畴分类的根本标准。虚字实际上就是鉴定字。前面曾说过鉴定字是语法单位分类的根本标准(§2.1.1)，但由于过去使用鉴定字常常参考句子成分的标准，甚至只是把鉴定字作为句子成分标准的补偿，因此所分的类往往是围绕句子成分的类，不可能深入到语义范畴。前面反复讨论过，在汉语中，把分类的目的限制在说明句子成分上是不够的。汉语和印欧语不同，句子成分没有形态标记，没有很强硬的鉴别方法，提供的组合信息也不够多。比如在"今天有课"中，区分"今天"是状语还是主语，价值不大，不会影响到语义组合的解释。这种情况在汉语中很多。因此在汉语中，寻找单位的语义组合条件是更为迫切的任务，这就需要从虚字或鉴定字入手提取汉语中的语义范畴，说明字和字的组合条件。比如，通过"没/不"这两个鉴定字，可以提取"离散/连续"这样一对语义范畴(徐通锵，1997，4.2.2.3)：

一、能受"没"否定而不能受"不"否定的字只有离散的性质：

耙、班、杯、笔、菜、草、茶、车、船、床、刀、灯、风、肝、缸、糕、弓、锅、海、火、鸡、家、江、脚、井、酒、梨、铃、路、马、奶、牛、炮、枪、墙、人、神、手、书、我、瓦、戏、血、盐、羊、针、纸、字、猪、嘴、一、二、三……

二、既能受"没"否定，又能受"不"否定的字兼有离散和连续的性质。例如：

A：拔、搬、办、变、唱、吵、吃、吹、到、丢、翻、飞、改、割、干、耕、化、拣、救、看、哭、炼、买、喷、铺、敲、杀、生、逃、偷……

B：暗、多、白、大、方、肥、贵、黑、恨、横、红、黄、紧、净、渴、冷、凉、乱、绿、忙、密、粘、浓、胖、偏、飘、青、瘸、软、甜、歪、稳、好、坏……

三、只能受"不"否定而不能受"没"否定、只能受"很"等表程度的字限制、修饰而不能或很少能用数量字来限制、修饰的字只有连续的性质：矮、薄、苯、差、长、稠、丑、粗、淡、低、短、乖、急、近、宽、猛、难、嫩、浅、巧、轻、傻、深、疼、温、痒、远、早、窄……通过虚字"没/不"不仅可以提取语义范畴，而且也达到了给实字分类的目的。

有人可能对语义语法有误解，认为语义语法抛弃词类，从而也就抛弃了给单位分类，难以说明组合关系。其实语义语法尽管抛弃了词类，但并不抛弃给单位分类的思路。语义语法始终认为组合关系和聚合关系互为因果，要充分描写组合关系，就需要充分描写聚合关系。不过这种聚合关系不是建立在语法范畴或句子成分基础上的聚合关系，而是建立在语义范畴基础上的聚合关系。这就是字类的划分。由于字类的划分是从虚字或鉴定字入手的，划分出来的类更能反映组合关系的实质，而不拘泥于这些类和句子成分的关系。这些类很容易跟名词、动词和形容词的划分联系起来，可以认为上面第一组是名词，第二组 A 类多是动词，第二组 B 类和第三组多是形容词。徐通锵认为，相似的原因不是汉语的字的语义分类有点像印欧系语言的名词、动词和形容词，而是名词、动词和形容词的划分有其客观的语义基础，是现实中的名物、行为和性状三类现象在语言中的投射，由于经过形态变化的折射，才名之以名词、动词和形容词。在语义语法的研究中，可以只考虑字的语义分类，不必受句子成分的干扰。也就是说，不参考句子成分，也可以给字分类。由于这种分类是从具体的虚字出发的，因此能反映语义之间的深层组合关系。结合§2.1.1的分析可以看出，通过鉴定字提取语义范畴、给实字分类，反映了通过鉴定字进行分布分析不仅可以在语法层面展开，而且可以在语义层面展开。用鉴定字不仅可以在语法层面分类，而且可以在语义层面分类。而这种分布分析之所以在汉语中可以从语法贯彻到语义，可能再次反映了汉语本身是以语义语法为本的，句子成分的地位并不是很重要。

其实正是因为从鉴定字的角度观察汉语基本语法单位的分布，我们得出了汉语核心词的分布比英语核心词的分布更确定的结论（§2.1.1.6）。过去之所以认为汉语的词分布不确定，是因为很多学者都不同程度地以句子成分的分布为标准。由于汉语的句子成分不确定，和英语的句子成分没有多大的可比性。只有在"不、很"这样一些带有语义性质的鉴定字中，英汉的词才有可比性。我们曾经为了找到英汉基本语法单位在分布上的可比性标准，做了很多可比性分析，那是因为我们是在词本位参照系下讨论问题。如果在字本位参照系下讨论问题,拿汉语的字和英语的自由语素比,操作过程会更简单。

到此我们可以看出,无论语义语法的提出者是否同意分布原则,语义语法实质上对分布原则做了更为充分的展开,尤其是在语义层面上。马建忠(1898)所讲的分布是指词(字)在个别句子成分中的分布。陈承泽(1922)的分布是指词在句子成分中的总体分布,方光焘(1939.1)的分布是指词在鉴定字中的分布,但当时对总体分布的认识还不成熟。赵元任(1948)、吕叔湘(1954)、朱德熙(1961.4;1961.12;1985)的分布是总体分布,包括对鉴定字的高度重视,但这种总体分布都不同程度地依赖句法成分。语义语法由于彻底抛弃语法结构关系或句子成分这样一些不太明确的语法概念,完全根据实字在虚字或鉴定字中的分布确定字类,这样就使分布的原则更为彻底。由于分布原则在20世纪语言学中有至关重要的地位,而语义语法又把分布原则推进到语义描写层面,这就会引导人们对分布的实质做更深刻的认识,这正是语义语法在方法论上的重要价值。

通过字的分布和语义范畴的提取,徐通锵认为汉语中的很多组合规则可以得到简化。比较下面两组材料:

一、1.但到后来,大驴子还是被小老虎吃掉了。
    2.我被风刮得晕头转向。
    3.他被大会授予一枚金质奖章。
二、4.提案被否决了。
    5.箱子被王老二翻得乱七八糟。
    6.天井被雪片装饰得那么漂亮,令人心旷神怡。

如果用"有生/无生"这一对语义范畴来描写这两组句子的省略现象,就比较简单。徐通锵(1997,4.3.4.4)认为:

> 第一组例子的受事都是有生性名物,而第二组是无生性名物。受事有无生命对"被"字句的结构有深刻的影响。第一组的"被"字不能省略,不然施事失去了它的特定的标记,无法与有生的受事相区别。第二组例子的情况正好相反,受事成分是表述的对象,不能省略,而"被"所标记的施事成分的省略却不会给句子的结构带来什么影响(如例4);不仅如此,即使"被"字本身在一定条件下也可以省略,这"一定条件"就是"被"字后的施事必须是有生的事物,例4省略"被",句子照样成立。需要解释的是例6的"雪片",它不是有生的,但却是运动飘移的,因而能装饰天井,与一般只能受有生的事物摆布、控制的无生物不一样。这或许可以看成为语义规律的例外。

我们曾经讨论过语义组合层面可以分出三个层次,即语义结构关系(语义格)、语义特征和语义指向。语义范畴实际上是对语义特征的概括,就像通过语法语义可以概括出语法范畴,通过语义特征可以概括出语义范畴。在解决语义结构关系上,语义语法在赵元任(1968)、石毓智(1995.1)等对介词研究的基础上,仍然从虚字入手,把虚字中的介字看成是字块的标记:

> 一个典型的行为动作的特征大致包括施事、受事、与事、工具、处所、时间、范围、目的、方式、原因等,介字的作用就在于为动作引进这些语义特征而成为一种块首的标记。这主要有:
>
> 1.引出施事:被、叫、让、由
>
> 2.引出受事:把、将、拿
>
> 3.引出与事:跟、给、对、为、比
>
> 4.引出工具:用、以、拿、通过
>
> 5.引出处所:在、于、从、自、打、由、朝、向、沿
>
> 6.引出时间:从、自、打、在、当、于
>
> 7.引出原因或目的:为、因为、以、借以
>
> 8.引出方式:以、经过、通过、凭
>
> 9.引出论题:关于、至于、对于、论
>
> 这些都是一些最重要的块首的介字标记,除9外,它们从各个方面衬托动字的语义。(徐通锵,1997,4.3.1.4,P485)

在这里,语义语法也没有启用语法结构关系的概念,仍然可以描写语义结构关系。至于语义指向的问题,语义语法还没有展开。但从我们前面的分析看(§5.5),语义指向的分析似乎也可以不用语法结构关系的概念。

当然,字本位和在字本位基础上形成的语义语法,还有很多方面需要讨论。由于字本位取消了词、词类(语法的)、句子成分几个层面,直接通过字、字类(语义的)和语义范畴控制组合关系,引起了很多争论。很多人认为核心问题是可操作性问题。从本章分析看,字本位的可操作性不比词本位的可操作性弱。我们认为最根本的问题是:语义语法主张直接从语义出发控制组合关系,是否意味着语形语法必须完全取消?从前面分析可以看出(§2.1.3),语法结构关系在汉语中也是必要条件,因为尽管"昨天下雨"中的"昨天"做主语还是状语并不重要,但"烤土豆"和"香蕉苹果"这样的片段,语义结构关系只有一种,语法结构关系却有

两种,不同的语法结构关系有不同的语法意义。徐通锵后来(1997)从语义角度引入"向心字块"和"离心字块"来解决相关的问题,但要回答"烤土豆"和"香蕉苹果"这类片段的歧义,"向心、离心"的概念还是要涉及语法结构关系。这是否意味着,汉语中有些语法结构关系可以取消,有些还不能取消?同时是否还意味着,语义语法在汉语基本单位的组合关系中有极其重要的地位,但并不完全排斥语形语法的存在?

8. 词汇扩散论

基于异质语言观,20世纪语言的历时研究也出现了几个不同的模型。无论是语文学的方法还是纯正的历史比较法,都暗含了一个基本原则,即文献或方言中对立的音类在原始语言中也必须是对立的。我们把这种原则称为差异原则。差异原则是历史比较法给方言材料排列时间顺序、构拟古音的根本原则。

差异原则是以音变的规律性为基础的。音变规律必然蕴涵这样一个原理:相同的语音在相同的条件下,不可能有不同的分化。或者说:相同的语音产生不同的变化必然有不同的条件。因此,凡是现代方言有对立而又找不到分化条件的,在时间顺序上肯定是较早的,并且是存在于原始语言中的。根据这一点,就必须把下面的厦门读音看成是最早的形式或接近最早的形式,才能充分反映原始语言中的对立:

	厦门	北京	四川	原始拟音
音	im	in	in	*im
因	in	in	in	*in
英	iŋ	iŋ	in	*iŋ

这种推论除了在古文献中可以得到证实,还可以在汉语与域外语言的对音材料中得到证实。比如韩语的汉借词:

	《切韵》音类	韩语
音	於金切,影侵开三平深	əm
因	於真切,影真开三平臻	in
英	於惊切,影庚开三平梗	ŋe

即中古音借入韩语的汉借词都是有对立的。这反映了差异原则确实是很有效的一种方法。这种有效性是否是绝对的?在文献或方言中对立的音类,原始语言中是否一定要构拟成对立的音,如果不是,那么条件是什么?这样的问题必然要引导我们去追问音变规律的含义到底是什么,因为这种原则的理论基础是音变的规律性。对音变规律性的进一步追问,形成了词汇扩散理论和叠置式音变

理论。

8.1 词汇扩散与音变方式

词汇扩散是一种重要的音变方式,是王士元于1969年提出的(Wang,S-Y.,1969)。19世纪的历史比较语言学暗含了一个前提,即默认语音的变化是连续的、渐变的,是在几代人的语言中不知不觉地进行和完成的。对于每一个词来说,这种变化是同时发生的,即所有包含变化音位的词都同时产生了相同的变化。这一观点构成了青年语法学派的音变假说。王士元(Wang,S-Y.,1969;1977;1979;1982)扣住共时系统中的变异,通过对大量汉语材料和英语材料的微观分析统计,认为语音的变化是离散的、突然的,这种变化在词汇中呈现出连续渐变的面貌。王士元把这两种理论的对立归结如下:

	词汇	语音
青年语法学派	突变	渐变
词汇扩散理论	渐变	突变

如果我们以 W 代表一个词,$\underline{W}$ 表示完成变化的词,扩散式音变可以概括如下:

未变	变化中	已变
w_1		$\underline{w_1}$
w_2	$w_2/\underline{w_2}$	
w_3	$w_3/\underline{w_3}$	
w_4	w_4	
……		

$\underline{w_1}$ 是已经完成变化的词,$w_2/\underline{w_2}$ 和 $w_3/\underline{w_3}$ 是正处在变化的过程中,呈现出变异的形式,即在一部分人中已经变化了,而在另一部分人中还没有变化。w_4 尚未发生变化。

王士元在词汇层面用"突变"和"渐变"两个词来形容青年语法学派的音变假说和词汇扩散理论的对立,有时候可能会引起误解。实际上两种音变理论根本的对立在于语音在词汇中的变化是同步的还是异步的。所谓青年语法学派的词汇"突变",应该指音变在每一个涉及音变的词中同步进行,而词汇扩散理论的"渐变",应该指一种音变并不是在每一个词中同步进行的。比如英语中的元音/u:/,已经开始向/o/变化(Ogura,M.,1987),这种变化是离散的,对于一个具体的词来说要么读/uː/，要么读/o/，要么两读，不存在既不像/uː/又不像/o/的中间状态。但是这种变化在所有含/uː/的词中并不是同步进行的，而是异步进行的，有的词变了，有的词没有变，有的词处在两读阶段。比如：

韵尾条件	u 未变	u/ʊ 两可	已变 ʊ
-s,-d,-l	whose		
	zoos		
	shoes		
	mooed		
	wooed		
	cooed		
	choose		
	lose		
	loose		
	goose		
	noose		
	tool		
	pool		
	spool		
	drool		
-m,-p,-f	boom		
	loom		
	gloom		
	groom		
	spoof		
		roof	
		room	
		broom	
		coop	
-t	boot		
	loot		
		soot	
		root	
			foot
-k			book
			took
			look

以-s、-d、-l 结尾的词还没有发生变化。以-m、-p、-f 结尾的词有一部分已经开始

出现了变化,有一部分词有两读的情况。以-t 结尾的词演变更深一步,有的已经完成了变化。以-k 结尾的词变化最快,已经完成了变化。

词汇扩散理论从微观变异入手,使我们能看到所谓音变规律的微观演变机制,这是 19 世纪比较语言学没有解决的问题。青年语法学派所谓词汇的同步变化和音位的连续变化,实际上只是一种假说。考虑到词汇扩散理论,同一系统内部音变方式至少包括离散和连续两种。从现有的微观调查材料看,词汇扩散理论所描述的音变方式应该是很常见的一种。词汇扩散理论在方法论上取得了重要进展。

既然语音的演变存在词汇扩散的方式,这就在语音演变的规律性中引入了一个值得深思的问题:如果词汇在扩散的过程中,音变突然中断了,那么同一个音就可能在相同的条件下获得不同的读音。比如上面以-t 结尾的词,如果这个时候音变中断了,oo 就会有两种读音,boot、loot 读/u:/,foot 读/o/。这就违背了语音演变的规律性,即相同的音在相同的条件下出现了不同的变化。

在青年语法学派所假定的连续式音变中,由于假定了音类的变化在词汇中是同步进行的,即便音变出现了中断,这种中断也是同步的,不会出现相同的音在相同的条件下获得不同读音的情况。换个角度看,在任何时候中断音变,由于音变是同步进行的,所有变化着的词在语音上都会呈现出相同的语音形式,不会出现相同的音在相同的条件下获得不同读音的情况。我们可以从原始印欧语浊音清化的过程来理解连续式音变。

Grimm 在《德语语法》中指出,从原始印欧语到原始日耳曼语,不送气浊音发生了一系列重要的语音变化:

原始印欧语	b	d	g
原始日耳曼语	p	t	k

我们可以拿 d 的变化来说明连续式音变方式和音变规律的关系。我们如果在浊音 d 的右下方用数字的差异来说明浊音清化的程度,数值越高,清化程度也越高,那么,根据青年语法学派连续式音变的假说,d 的浊音清化可以描写成下面的 n 个阶段:

词例	阶段 0	阶段 1	阶段 2	阶段 3	……	阶段 n-1	阶段 n
二	duo	$d_1$uo	$d_2$uo	$d_3$uo	……	d_{n-1}uo	two
牙齿	dens	$d_1$ens	$d_2$ens	$d_3$ens	……	d_{n-1}ens	tooth

| 吃 | edere | ed₁ere | ed₂ere | ed₃ere | …… | ed_{n-1}ere | eat |
| …… | …… | …… | …… | …… | …… | …… | …… |

由于是连续式音变,这里的 n 可以无限大。也就是说,从 d 到 t 的清化过程中,可以有无限个阶段。连续式音变的本质是,无论在哪个阶段出现音变的中断,d 在所有的词中读音都是一样的。比如在阶段 3 中断,所有的词的 d 都读成 d₃。因此,在连续式音变的条件下,不会出现违反语音规律的变化,即不会出现相同的音在相同的条件下产生不同变化的情况。

问题在于音变除了青年语法学派所描述的同步的连续式音变,我们还面临词汇扩散理论所描述的异步的离散式音变。在离散式音变中,由于中断会造成无条件的语音分化,当我们构拟原始语言时,就不能说,凡是现代对立的音,在原始语言中也对立。在前面的材料中,如果英语变化中断,loot、boot、foot 中的 oo 就会分化成不同的音,但变化前并没有对立。

8.2　词汇扩散与音变条件

词汇扩散理论不仅揭示了音变方式的机制,更重要的是加深了我们对音变规律的认识。但是,如果因为词汇扩散的存在而过分强调音变中断带来的不规则变化,把词汇扩散理论看成是跟青年语法学派的连续式音变相对立的理论,或者看成是不规则变化的理论基础,这是需要仔细考虑的。中断变化的核心思想是在音变中断时会出现音类无条件分化,但从上面英语 /uː/ 到 /ʊ/ 的变化过程看,扩散也是有条件的。由于变化在 -k 前面扩散最快,在 -s、-d、-l 前面扩散最慢,如果这时中断变化,/uː/ 就产生了分化。这时我们得到分化条件:

分化结果	分化条件
uː	-s,-d,-l
ʊ	-k

除此以外,/uː/ 在 -p、-f、-m 前呈变异状态,只在 -t 前形成无条件的分化和变异两种情况。这就是说,由于扩散的快慢是有条件的,尚未扩散、正在扩散、已经完成扩散的音变都是有条件的。在变化中断时,已经完成扩散和尚未完成扩散的音变会形成变化的条件,只有正在进行扩散的会呈现出无条件的分化状况,而且其中很多还处于变异状态。因此,变化中断带来的不规则变化毕竟是少数,大部分

是规则变化。从这个角度看,词汇扩散式音变和青年语法学派的条件式音变有共同的地方,即变化都是有条件的。区别在于,在变化中断的过程中,扩散式音变会带来少数不规则变化。

其实王士元(1969)已经很清楚地说明了词汇扩散是有一定条件的,语音变化的条件是由严到宽的过程。王士元给出了扩散式语音演变的基本范式表:

[扩散式语音演变的基本范式]

	t_1	t_2	t_3	t_4	t_5
C_1	A	B	B	B	B
C_2	A	A	B	B	B
C_3	A	A	A	B	B
C_4	A	A	A	A	B

王士元认为:

词汇扩散可以用表1(即[扩散式语音演变的基本范式表])程式化地表述。表1说明了语音演变的这种基本范例,在变化开始时的 t_1,音段A出现在四种不同的语境中,C_1、C_2、C_3、C_4。这些语境是用音位学或形态学的术语区别开的。到 t_2 时,A在语境 C_1 中已变为B,在这个语音系统中产生了一种替换形式。我们可以把 C_1 作为最初的语境,由于这是最有可能的一种情况,A经过由语境 C_1 所引起的同化过程变为B。

当然,所有语境为 C_1 且具有A的语素并不是同时变化的,它们有的可能拖延到 t_3 以后才变化,或者甚至更晚。确定这种拖延是否典型地出现,以及拖延到什么程度,这将是有意义的工作。从这个变化表中看出,到了 t_5,所有的A发音都变成B发音。这也就是:这种变化的条件逐渐放宽,直到最后成为无条件的变化。从形式上说,这可以看作是在历时规则中的一种延续简化的过程。不管最初引起替换的语境是什么样的,这都将最终产生消除限制的作用。像汉语这样的语言,由于很少有形态方面的屈折变化,在形态音位的表现方面的变化作用相应地更为直接。如果我们不能构拟这种扩散的历史,并且确定什么是最初的语境,那么,这种从A到B的变化在非最初的语境中将会好像缺乏语音学的起因,或者甚至与语音学相背离。

不过,词汇扩散到底有没有严格的条件,一直没有人展开研究。如果我们把音变条件或语境C限制得足够严,所谓不规则变化的情况可能更少。/u:/在-t

前之所以出现不规则的变化,那可能是因为我们对/uː/前面的音类没有加以控制。现在我们把/uː/后以-t结尾的音节所辖的英语常用词都挑选出来,观察它们的读音①,再对/uː/前面的音类进行分类:

前面的语音条件	后面的语音条件	uː	uː/ʊ	ʊ	词义
b-	-t	boot			靴子
b-	-t	boot			踢
l-		loot			掠夺
h-		hoot			猫头鹰叫声
sh-		shoot			射击
z-			zootomy		动物解剖
z-			zootechiny		畜牧学
s-				soot	煤烟
r-				root	根
f-				foot	脚
f-				foot	英尺

发音人 Gudaitis 25 岁,代表了年青一代人的口音。我们注意到,在 Ogura (1987)调查的材料中,soot、root 还处在变异阶段,而在 Gudaitis 1998 年的口音中,这两个词的扩散已经完成。可以看出,在-t 的条件下,对相同的人群或个体来说,扩散的快慢是以前面的辅音为条件的。如果前后的辅音都相同,扩散的速度是相同的。也就是说,在任何时候如果中断了变化,除了变异的情况,相同的音节仍然是相同的音节。这一点对认识扩散式音变的规律性很关键,因为音变规律性的实质最终要回到这样一个命题上来:如果音变是有规律的,同一个音节不会分化成两个不同的音节②。上面英语/uː/的扩散式音变实际上没有违背这个原则。因此,中断变化带来的主要是变异,而不是例外。从上面的材料还可以看出,扩散是以语音为条件的,跟语义没有关系。boot 所辖的两个词,都处在尚未扩散的阶段。foot 所辖的两个词,都已经完成了扩散。

因此,所谓规则和不规则往往取决于我们控制语音条件的宽严。许宝华、潘悟云(1985)对语音条件的宽严问题也做过比较深入的分析。许宝华、潘悟云分析了见组和精组字在中古东韵三等条件下的腭化情况。从整个变化看,好像没有规律,但如果把精组和见组字分开,就会发现只有见组的东韵三等字才可能腭

---

① 发音人为美国纽约州立大学的 Frances Gudaitis 女士。
② 这正是汉语方言调查首先要列出音节表的重要理论意义。

化。但在见组的东韵三等字中，并不是都腭化，进一步控制入声和舒声的条件，可以发现入声字都腭化了，而舒声字只有一部分腭化了。舒声字的腭化是否没有规则？这仍然取决于条件的宽严，如果再把舒声字分成送气和不送气的字，仍然可以看出规律：不送气的不腭化，送气音和擦音的都腭化。

音变条件有宽严之分，只要条件足够严格，音变通常都是有规律的。对于历史上的一些重要音变，在没有足够的证据之前，不宜轻易说它们是中断变化。可以拿中古"禅"母字的分化为例。禅母的分化也是例外的典型实例。禅母仄声字在现代汉语中读擦音 s，规律比较明显。禅母平声比较凌乱，有的读 ʂ，如"谁、匙、时、殊、韶"，有的读 tʂh 声母，如"垂、酬、陲、仇、蝉、禅、忱、谌、常、纯、醇、成、晨、承"。理出禅母分化规律的难点在于怎样解释禅母平声字的分化①。先让我们来观察"禅"母平声字的中古音情况（以常用字为例）：

现代音		《广韵》				
汉字	今音	上字	下字	开合	韵	摄
遄	tʂhuan²	市	缘	合	仙	山
篅	tʂhuan²	市	缘	合	仙	山
歂	tʂhuan²	市	缘	合	仙	山
輲	tʂhuan²	市	缘	合	仙	山
铢	tʂu¹	市	朱	合	虞	遇
洙	tʂu¹	市	朱	合	虞	遇
茱	tʂu¹	市	朱	合	虞	遇
殊	ʂu¹	市	朱	合	虞	遇
殳	ʂu¹	市	朱	合	虞	遇
枓	tʂu¹	市	朱	合	虞	遇
纯	tʂhun²	常	伦	合	谆	臻
醇	tʂhun²	常	伦	合	谆	臻
淳	tʂhun²	常	伦	合	谆	臻
鹑	tʂhun²	常	伦	合	谆	臻
蒓	tʂhun²	常	伦	合	谆	臻
陙	tʂhun²	常	伦	合	谆	臻
莼	tʂhun²	常	伦	合	谆	臻

---

① 有人认为禅母分化的复杂性和崇母的分化（床二）、船母（床三）有关。根据笔者的调查，这样的论断还为时过早。即使有关系，从语言演变的规律性看，如果禅母的分化是有规律的，也应该在现代禅母字中表现出来。限于问题的范围，这里不讨论和崇母、船母相关的问题。

垂	tʂhui²	是	为	合	支	止
陲	tʂhui²	是	为	合	支	止

谁	ʂui² ʂəi²	视	佳	合	脂	止
脽	ʂui²	视	佳	合	脂	止

成	tʂhəŋ²	是	征	开	清	梗
诚	tʂhəŋ²	是	征	开	清	梗
城	tʂhəŋ²	是	征	开	清	梗
盛	tʂhəŋ²	是	征	开	清	梗
郕	tʂhəŋ²	是	征	开	清	梗
宬	tʂhəŋ²	是	征	开	清	梗

佘	ʂɤ²	视	遮	开	麻	假

酬	tʂhou²	市	流	开	尤	流
雠	tʂhou²	市	流	开	尤	流
畴	tʂhou²	市	流	开	尤	流
稠	tʂhou²	市	流	开	尤	流
䶥	tʂhou²	市	流	开	尤	流

蝉	tʂhan²	市	连	开	仙	山
禅	tʂhan²①	市	连	开	仙	山
单	tʂhan²	市	连	开	仙	山
婵	tʂhan²	市	连	开	仙	山
澶	tʂhan²	市	连	开	仙	山

忱	tʂhən²	氏	任	开	侵	深
煁	tʂhən²	氏	任	开	侵	深
谌	tʂhən²	氏	任	开	侵	深

蟾	tʂhan²	视	占	开	盐	咸

韶	ʂau²	市	昭	开	宵	效
玿	ʂau²	市	昭	开	宵	效
佋	ʂau²	市	昭	开	宵	效

承	tʂhən²	署	陵	开	蒸	曾
丞	tʂhən²	署	陵	开	蒸	曾

臣	tʂhən²	植	邻	开	真	臻

---

① "禅让"的"禅"读 ʂan⁴,是去声不是平声。

辰	tʂən²	植	邻	开	真	臻
晨	tʂən²	植	邻	开	真	臻
宸	tʂən²	植	邻	开	真	臻
莀	tʂən²	植	邻	开	真	臻
鷐	tʂən²	植	邻	开	真	臻
麎	tʂən²	植	邻	开	真	臻
匙	tʂʅ² ʂʅ(轻音)	是	支	开	支	止
提	ʂʅ²	是	支	开	支	止
时	ʂʅ²	市	之	开	之	止
塒	ʂʅ²	市	之	开	之	止
鰣	ʂʅ²	市	之	开	之	止
旹	ʂʅ²	市	之	开	之	止
莳	ʂʅ²	市	之	开	之	止
鼭	ʂʅ²	市	之	开	之	止
常	tʂhaŋ²	市	羊	开	阳	宕
裳	tʂhaŋ² tʂaŋ	市	羊	开	阳	宕
尝	tʂhaŋ²	市	羊	开	阳	宕
偿	tʂhaŋ²	市	羊	开	阳	宕
鲿	tʂhaŋ²	市	羊	开	阳	宕
徜	tʂhaŋ²	市	羊	开	阳	宕

这里相同的反切都相同的读音,只有"市朱"切有两种读音:

ʂu¹:殳、殊　　　　tʂu¹:茱、铢、洙

这似乎违反了"同一音节不可分化成不同的音节"的原则。实际上这里的例外是可以解释的。在《中原音韵》中,"鱼模韵·平声阳"下"茱、铢、洙"和"殳"同小韵,而和澄母字"除、储、厨、蹰"不同小韵,证明"茱、铢、洙"当时和"殳"读音相同,这些字现在读不送气的 tʂ 声母,可能另有原因。

由于至今还没有找出禅母字不同读音的条件,有人也可能假定禅母字的变化产生过中断,即禅母一部分字完成了扩散,一部分字还没有。但是如果我们严格限制变化条件,相同的音节(反切相同)至今仍然有相同的读音,我们可以说禅母分化仍然是有规律的。这就是说,"有规律"和"什么样的规律"是两码事。我们后面还要讨论这个问题。

即使考虑中断式变化带来的不规则变化,我们仍然面临一个问题。前面说过,由于历史比较法依据对立来构拟原始音系,现代不同的音类在原始音系中也必然不同。这一原则有时候是不充分的,即现代不同的音,原始语言中不一定不同。也就是说,现代不同的音类,在什么条件下原始语言中相同,什么条件下原始语言中不相同,这个问题历史比较法还没有解决。词汇扩散理论尽管首先从音变机制中认识到了中断可能带来的不规则变化,但对于历史上曾发生过的音变,哪些受到过中断的影响,还没有鉴别的原则。正是因为鉴别的原则还没有找到,对历史上重要的音变现象,使用中断的假说要谨慎小心。

词汇扩散在方法论上的主要贡献在于揭示了语音演变的扩散机制,说明了音变的例外在没有其他非语音层面的影响下,也可以因为中断形成。这一理论是从汉语入手展开的,目前在国际上已经得到广泛承认,由此可以看出词汇扩散在方法论上的意义。这一理论提出以后,有很多学者投入研究,有代表性的有 Barrack, C.(1976)、Janson, T.(1977)、Krishnamurti, Bh.(1977;1978)、Lyovin, A.(1977)、Bauer, R.(1979)、Ogura, M.(1987)。仍有不少是以汉语为对象的,有代表性的有郑锦全和王士元(Cheng and Wang,1975)、沈钟伟(Shen,1990)。

9. 叠置式音变论

前面讨论的语音无条件分化现象，除了词汇扩散的原因，更多的原因在于方言间的接触。历史比较法并不考虑方言间的接触，但方言的接触在汉语中显得异常突出，结果形成了层次复杂的文白异读现象。

具体地说，在汉语中，由于方言的存在，方言接触在语言演变中成为不可忽视的重要现象。这种方言接触主要是通过双方言的方式展开的。在方言区存在大量的双方言人口，不同方言区的人对话时通常用通语（或雅语、普通话），同一方言区的人通话时通常用本地方言。通语对本地方言不断产生影响，结果在方言地区逐渐形成了两种不同的语音系统，即文白异读。例如：

	街	解	介	蟹	鞋
老派成都话	kai^{55}	kai^{51}	kai^{213}	xai^{31}	xai^{31}
受普通话影响后	tɕiai^{55}	tɕiai^{51}	tɕiai^{213}	ɕiai^{31}	ɕiai^{31}

文白异读在印欧语中远远不如在汉语中显著，因此历史比较法在印欧语中遇到的困难也远远不如在汉语中遇到的困难多。

文白异读的现象很早就被学者们注意到了，赵元任《现代吴语研究》（1928）、罗常培《厦门音系》（1930）、赵元任《钟祥方言记》（1939）、罗常培《临川音系》（1940）、赵元任和丁声树等《湖北方言调查报告》（1948）、董同龢《四个闽南方言》（1959）、袁家骅等《汉语方言概要》（1960）、北京大学中文系语言学教研室《汉语方音字汇》（1962）和《汉语方言词汇》（1963）、杨时逢《云南方言调查报告》（1969）、杨时逢《湖南方言调查报告》（1974）、杨时逢《四川方言调查报告》（1984）等都记载了丰富的文白异读现象。丁邦新在《儋州村话》（1986）中详细描写了文白异读的语源关系。这说明中国学者很早就注意到了共时系统中的时空层次，留下的问题是怎样从历史比较语言学的角度给出一个理论上的解释。

9.1 音系叠置与音变规律

20世纪80年代中期开始,徐通锵和王洪君(1986.1)、徐通锵(1991,P348—412)、王洪君(1987.1)提出了解释方言接触机制的叠置式音变理论模型。连金发(Lien,1987)、王士元和连金发(Wang and Lien,1993)也研究了方言之间词汇双向扩散的机制,其中有很多内容涉及和叠置式音变相关的问题。张光宇(1989;1992;1993;1996)则通过方言事实的描写解释了方言之间文白异读的很多现象。陈保亚(1994)尝试把语言接触的回归过程和叠置式音变统一起来。

叠置式音变理论的核心思想可以概括为:弱势方言可以在同一空间借助汉字或双方言者,通过对应规律接受强势方言的影响,形成音类的叠置(即文白异读),文读和白读的竞争以社会因素为条件,叠置方式以音系结构为条件,文读和白读的共存是方言接触在同一系统中的历时体现。比如:

汉字	成都话	普通话	上字	下字	声母	韵	开合	等	声调	摄
该	kai^1	kai^1	古	哀	见	咍	开	一	平	蟹
街	kai^1(白读)	tɕie^1	古	膎	见	佳	开	二	平	蟹
街	tɕiai^1(文读)	tɕie^1	古	膎	见	佳	开	二	平	蟹

在成都话中,"街"有文白异读而"该"没有,这与强势方言普通话有关。普通话这两个字有不同的读音。

文读形式通常都跟强势方言的形式相近,但不一定相同,因为本地方言或弱势方言受强势方言的叠置而在地方方言中产生文读形式时,这种文读形式通常都要符合地方方言的音系结构规则。叠置通常发生在声母或韵母上,声调受叠置的情况较少,因为声调的组合指数比声母或韵母的组合指数要高得多,即每个声调所管辖的音节数量比每个声母或韵母所管辖的音节数量要多得多。这说明叠置式音变在结构上也是有阶的。叠置式音变本质上属于语言接触的回归过程,在接触的有阶分析一节中我们再来讨论这个问题。

在文白异读产生的过程中,双方言者起了很大的作用。双方言者通常是以本地方言或弱势方言为母语的人,以强势方言为母语的双方言者很少,比如在成都,能说地方方言成都话和强势方言普通话的人大都是本地人。这些双方言者的存在沟通了权威方言和地方方言的关系,使文白异读和叠置式音变得以产生。可以说,有双方言的存在必然有文白异读,有文白异读必然有双方言的存在,因此，双方言的存在是产生文白异读的充分必要条件。正是这个条件,使文白异读或叠置式音变的范围不限于地方方言受普通话的影响。比如在汉族的移民过程中,一群新来的汉族所操的方言可能和本地汉族的方言不同,这两种汉族要相互交流,就会产生双方言者。不过,是新来的汉族成为双方言者还是本地汉族成为双方言者,往往和人口、文化背景有关。比如在成都附近,有不少村落的汉族是近代从江西、湖南等地迁入的,由于人口比成都本地人要少,他们往往处于弱势,成为双方言者。

权威方言的影响和移民活动都可能产生叠置式音变,为了把这两种情况统一起来,还可以引入上层方言和下层方言两个概念。上层方言指施加叠置的方言,下层方言指受叠置而产生文白异读的方言。上层方言和书面语的关系更密切。在叠置过程中,汉字和书面语起了很大的作用,因为叠置是同源语素的叠置,而汉字在确定同源语素时起了关键作用。所以上层方言也可以理解成和书面语更接近的方言,或由书面语代表的系统。上层方言和下层方言的概念也便于把文读和白读在空间上的两种关系统一起来。对强势方言所在地来说,地方音通常是文读音,是上层方言,外地音通常是白读音,是下层方言。而对于非强势方言区来说,外地音是文读音,是上层方言,本地音是白读音,是下层方言。李荣比较早地注意到了这种关系,李荣认为"北京的文白异读,文言音往往是本地的,白话音往往是从外地借来的。其他方言区的文白异读,白话音是本地的,文言音往往是外来的,并且比较接近北京音。"(李荣,1982,P115)这主要是因为北京音是上层音,是接近书面语的音,外地音被看成是下层音。于是文白异读和双方言的关系可以从几个角度观察:

文读   **白读**
上层方言   下层方言
强势方言(通语)   地方方言(弱势方言)
书面语   口语

双方言人口通常来自说下层方言的人口。从这一角度看,叠置式音变本质上是不同方言的同源字在音类上展开的竞争。同源与否汉字起了很大的作用。尽管成都方言的"街(白)"和"该"的读音都是 kai^1,由于汉字本身暗示了这两个字不同源,所以"该"没有受到叠置。考虑到同源字的条件,叠置式音变理论可以

简化为如下的公式(徐通锵,1990,P350①):

[成都方言的叠置模式]

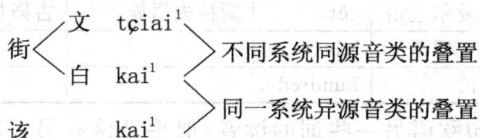

同源音类的叠置反映语言发展中两个方言之间的关系,同一系统中异源音类的叠置是原来不同的音类在演变中已经合流为相同的语音形式,这反映同一系统内不同音类之间的相互关系。两种不同性质的叠置决定了白读形式在演变中的不同去向,例如这里"街"的白读形式如何演变决定于同系统中它与之叠置的"该"类字的演变,而它在系统中能否存在则决定于它和上层系统文读形式的竞争,一般的情况都是文胜白败,白读形式最后只能残存于一些地名和人名的姓氏中,甚至可以在系统中消失得无影无踪,不留痕迹。所以,文白异读的竞争可以调节方言的发展速度,控制方言的发展方向,汉语的演变如果没有文白异读这样一种机制的调节,各地的方言就难以保持相对一致的发展趋势,有可能早就变成为不同的语言(徐通锵,1994.3)。

叠置式音变是方言接触的结果,是通过双方言展开的。叠置式音变理论模型所涉及的一些重要问题,19世纪的历史语言学都没有涉及。比较法在研究方言和亲属语言之间的关系时,主要以方言和亲属语言分化为前提,这是谱系树模式得以成立的前提。但是,历史音变中有些重要现象是谱系树模式的分化说无法解释的。在印欧语系中有一种很有影响的谱系划分方法,即 K 类语群和 S 类语群的划分,K 类语群包括西欧的主要印欧语言,如拉丁语族、日耳曼语族、希腊语族、凯尔特语族,这些语言中"一百"一词的开头辅音都保留了原始印欧语/K/的特点,S 类语群包括波罗的语族、斯拉夫语族、印度-伊朗语族等,这些语言中"一百"一词的开头辅音通常读/S/或接近/S/的音,比如:

K 类语群(西部语群)			S 类语群(东部)		
语族	代表语言	K 类音	语族	代表语言	S 类音
拉丁语族	拉丁语	kentum	印度-伊朗语族	梵语	śatam

---

① 原文用的山西闻喜方言材料。

续表

希腊语族	希腊语	he-katón	波罗的语族	立陶宛语	šimtas
凯尔特语族	古爱尔兰语	cêt	斯拉夫语族	古斯拉夫语	sǔto
吐火罗语族	吐火罗语	känt			
日耳曼语族	英语	hundred			

但是如果我们考虑印欧语另一些词的读音,似乎又该有另一种划分。下面的名词都是工具格或离格的复数形式,-m 语言的工具格或离格复数中都带有-m,-bh 类语言的工具格或离格复数中都带有-bh。

语族	代表语言	-m 类音	语族	代表语言	-bh 类音
波罗的语族	立陶宛语	nakti'mis（夜夜）	印度－伊朗语族	梵语	pad'bhih（脚）
斯拉夫语族	古保加利亚语	noʃtɪmi	拉丁语族	拉丁语	'pedibhus（脚,离格）
日耳曼语族	哥特语	'wulfam（狼群）			

根据工具格复数形式,日耳曼语族似乎应该和波罗的－斯拉夫语划入一群。这就和上面根据"一百"一词的首音所划分的结果不一致。根据"一百"一词的读音,日耳曼语族应该归入西部语群,梵语应该归入东部语群。而根据工具格或离格复数的读音,日耳曼语族应该归入东部语群,而梵语应该归入西部语群。

在历史比较语言学中,根据哪一项标准来划分方言或亲属语言,至今还没有得到解决,根本原因就在于各种标准是交叉的,根据一个标准可以把 A 语言归入 B 语群,根据另一个标准又可以把 A 语言归入 C 语群。如果同时根据多项标准,就带有研究者的任意性,划分出来的结果往往是共时类型学的划分,而不是历时的谱系划分。历时的谱系划分需要反映出语言的分化过程,多向而有交叉的标准不能达到这个要求。

鉴于历史比较法的谱系树模式在划分亲属语言或方言时所碰到的困难,19世纪末,Schmidt(1872)曾提出波浪说(Wave Theory),用方言的波浪扩散来解释方言间的复杂关系。该学说认为,原始印欧语在分化以前就存在方言分歧,各方言相互影响,各自的特点像石子投入池塘后形成的波浪一样向其他方言扩散,使后来不同的语族形成许多交叉的特点。

波浪说大大加深了人们对音变规律的认识。不过波浪说只解释了方言接触的一部分事实。从汉语的角度看,波浪说解释的甚至不是方言接触的主要事实。因为波浪说是以方言间的空间连续传播为依据的。这种扩散方式可以概括成下面的图形:

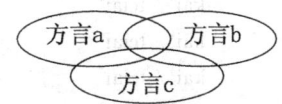

波浪说的连续扩散模式

连续扩散模式必然蕴涵两个结论:

    1. 各方言点中心所受到的影响最小,边缘地带所受影响最大,因此各方言相邻地带的读音最错综复杂。

    2. 这种接触不会有什么严格的规则。

这两个结论和后来产生的方言地理学有关系。在波浪说出现以后,Gilliéron 又提出"每个词都有它自己的历史"的口号,用方言地理学的材料来解释方言的接触。这两种理论模型都是针对谱系树理论提出的(Bloomfield,1933,19),都认为方言的接触没有规则,经常受偶然因素支配,只能带来方言间的相似而不能维持方言间的严格对应。

我们认为叠置式音变理论一开始和就波浪说有所不同。叠置式理论并不假定方言的接触在空间上一定是连续的,只认为方言间的接触是在同一空间展开的叠置关系。我们可以把这种叠置过程概括成以下图式:

[叠置式音变的方言叠置过程]

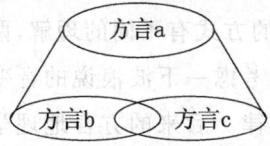

叠置式音变通常是通过双方言者展开的,是上层方言对下层方言产生影响的结果。由于操双方言的人往往集中在方言区的中心,所以叠置式音变往往首先是在受叠置方言的中心地带产生的。比如在汉语各方言中,受叠置的往往都在方言的中心地带,特别是在城市中心,叠置现象最突出,而边缘农村反而比较少见。下面是笔者 1996 年的一次调查情况("/"前的形式更常用):

	德阳旌阳	德阳孟家乡
街	tɕiai¹/kai¹	kai¹/tɕiai¹
皆①	tɕiai¹/kai¹	kai¹/tɕiai¹
阶	tɕiai¹/kai¹	kai¹/tɕiai¹
解	tɕiai³/kai³	kai³/tɕiai³
介	tɕiai⁴/kai⁴	kai⁴/tɕiai⁴
界	tɕiai⁴/kai⁴	kai⁴/tɕiai⁴
芥	tɕiai⁴/kai⁴	kai⁴/tɕiai⁴
疥	tɕiai⁴/kai⁴	kai⁴/tɕiai⁴
械	tɕiai⁴/kai⁴	kai⁴/tɕiai⁴
鞋	xai²/ɕiai²(罕)	xai²
蟹(螃蟹)	xai¹/ɕiai¹	xai¹

以上都是自然语流中的读音情况,而不是单字音。德阳旌阳区(城区)受普通话叠置要显著得多,孟家乡却要少得多。根据我们的抽样调查,这种对立在德阳市各个城区和乡村之间是广泛存在的。

因此,从方言接触的方式上看,叠置式音变和波浪扩散的根本区别就在于前者是同一空间的叠加而后者是相邻空间的扩散。就汉语的情况看,由于汉字和大量双方言人口的存在,方言接触的方式更多的是采取叠置式音变而不是波浪扩散。因此叠置式音变对于说明汉语方言的接触具有重要价值。由于汉语的方言分歧在世界大语言中有显著地位,因此叠置式音变在方法论上也有重要价值。其实,根据我们后来对汉语其他方言以及日本、中国香港、马来西亚、中国台湾等地做的一些方言接触调查,叠置式音变也是比波浪式音变更显著的一种接触形式。即使相邻方言,如果方言分歧比较大,都会采取用普通话或通语交流,形成叠置式音变的方言接触环境。

正是因为叠置式音变理论和波浪说对方言接触的方式有不同的理解,两者对方言接触的规律也就有不同的理解。让我们先来考虑一下波浪说的音变含义。波浪说暗示方言特点的扩散会破坏语音演变规律。后来的方言地理学家Gilliéron系统地表述了这一思想,提出了"每一个词都有它自己的历史"的口号。这意思是方言语音特征的扩散是以词为单位的,比如在A语言中,语音特征相同的一系列词,由于各种复杂的社会历史因素,每个词都按照自己的方式扩散,有的扩散到了B方言,有的没有,那么这种扩散就可能使B语言相应的词出

---

① "皆"在四川话中少用。

现不规则性,有的是从 A 方言扩散来的,有的不是,语音对应就被打乱了,这时青年语法学派"一种语音变化会以同一方式影响所有的词"的论点就不成立。比如英语的 house、mouse 等词中的复合元音/aw/,是从较古老的/u:/变来的,在英语变化中,这种变化是规则的。英语属于印欧语系日耳曼语族的西支,同为印欧语系日耳曼语族西支的荷兰语,变化就很复杂,不同的地方呈现出不同的面貌,形成 5 种方式:

分布区域	老鼠	房子
1	mu:s	hu:s
2	mu:s	hy:s
3	my:s	hy:s
4	my:s	hø:s
5	møys	høys

这 5 种方式正好代表了 5 种不同地区的读音。这确实反映了每个词都有自己的历史,"老鼠"一词中/u:/的读音分布在第 1、2 区域,而"房子"一词中/u:/的读音只分布在第 1 区域。其他读音的分布也都有差异。

但是波浪说或方言地理学的解释并不能否定音变规律。这可以从两个角度来说明:

第一,"老鼠"中的/u:/和房子中的/u:/有不同的语音条件,前者以 m-为条件,后者以 h-为条件,因此,从语音条件看,本来就允许两个词中的/u:/有不同的变化。方言地理学家认为这是音变不规则的证据,是因为他们把音变的条件放得比较宽。

第二,就我们现在能观察到的活材料看,在同一个人或同一群人中,音变总是有规则的。不同的变化常常是在传播过程中形成的。因此,音变的规律性和传播的词汇特点是理解语音变化的两个不可分割的方面。变化首先在较小的群体中发生,然后扩散开,不同的词因为各种原因在传播速度和距离上有所不同。

正是因为语音演变的规则性和变异的传播是理解语音演变的两个方面,所以规则性和不规则性的说法取决于我们从什么角度去考虑问题。规则性是从发音习惯说的,不规则性是从传播说的。也正是因为方言地理学是从传播的角度说的,所以方言的接触也可以产生"每个词都有它自己的历史"的现象,即词在连续扩散的过程中就可以导致差异的产生。因此,从本质上看,波浪说或方言地理学解释了连续空间的传播事实,同时也就解释了相邻空间连续接触的事实。不过它只解释了方言接触的一部分事实,即相邻空间接触的事实。因此它断定语言接触没有规则,也只是在相邻空间连续接触这一范围内有意义。即使在这一范围内,当波浪扩散时有没有双方言者的介入,波浪说和方言地理学都没有加以说明。

和波浪说不同,叠置式音变理论所理解的接触由于不是地域上的连续扩散,而是同一空间的叠置,是通过双方言者的介入实现的,因此在叠置过程中,同源字的语音对应规则起了很大作用。正因为叠置是通过有语音对应的同源字展开的,因此,从叠置式音变中可以认识到很多重要的现象,引出一些重要的方法和原则。

叠置式音变模型在语源研究中的另一个重要价值在于首次观察到了方言接触中的一些重要规律。由于方言间的接触包括同源语素和异源语素的相互渗透,叠置式音变可以使这两种语素符合同一种语音对应规律,因此方言间有语音对应的语素不总是同源语素,这意味着仅仅根据对应语素的多少来确定亲属关系远近的方法具有不充分性。叠置式音变还意味着仅仅依靠一项或一组语音特征来确定方言亲属关系远近的方法也缺乏充分性,因为叠置式音变是在保持对应的条件下使密切接触的方言(可能是地域相邻的方言,也可能是地域不相邻的方言)在语音特征上变得越来越相似。

9.2 音系叠置和差异原则的冲突

现在我们从叠置式音变的角度来考虑历史比较法的差异原则。

我们首先可以从叠置式音变中观察到一种无条件分化现象。由于受普通话的影响,四川德阳话 ai 韵母字在舌根后面有文白异读现象,下面是青年人的读音情况:

	文读	白读
街	tɕiai^1	kai^1
该		kai^1
皆	tɕiai^1	kai^1[白]
阶	tɕiai^1(常用)	kai^1[白](罕用)
改		kai^3
解	tɕiai^4	kai^4[白]

解	tɕai³	kai³[白]
盖		kai⁴
开		khai¹
楷		khai³
概		khai⁴
慨		khai⁴
介	tɕiai⁴	kai⁴
界	tɕiai⁴	kai⁴
芥	tɕiai⁴（罕用）	kai⁴
疥	tɕiai⁴	kai⁴
械	tɕiai⁴	kai⁴
害		xai¹
鞋	tɕiai²（罕）	xai²
孩		xai²
海		xai³
蟹	ɕiai¹/ɕiai²	xai¹[白]
害		xai⁴

这种叠置的结果使 ai 韵母分化成了 ai 和 iai 两个韵母,舌根声母分化成了舌根和舌面。这种分化从四川德阳话内部系统中是找不到条件的。即使我们把条件限制得很严,无条件的分化仍然是存在的,比如"街、该、皆、阶"这样的同音字,语音条件最严格,经过叠置以后分化成了不同音的字。"该"仍然读 kai¹,"街、皆"两种读法都有,"阶"基本上读 tɕiai¹。

通过叠置式音变引出的一个重要结论是,现代方言中存在的语音差异不完全是从原始语音中直接传承下来的。方言内部的语音差异有的是方言接触引起的。德阳话中 ai 韵母的字因叠置而产生的差异就是由普通话引起的。德阳话 ai 韵母的字,普通话分成两套,一套读 ai,一套读 ie。通过普通话对德阳话的叠置,使德阳话的 ai 也分化成了两套。这种现象在四川很多方言中都存在。

从历史上看,四川话读 ai 韵母的字包括了蟹摄的一、二等字,而北京话蟹摄一等和二等是分开的,除了"楷"字以外,都是一等读 ai 韵母,二等读 ie 韵母,而四川话的白读形式一律是 ai 韵母。

例字	文读	白读	上字	下字	声母	韵	开合	等	声调	摄
该		kai¹	古	哀	见	咍	开	一	平	蟹
改		kai³	古	亥	见	海	开	一	上	蟹
概		khai⁴	古	代	见	代	开	一	去	蟹

盖		kai⁴	古	太	见	泰	开	一 去	蟹
开		khai¹	苦	哀	溪	咍	开	一 平	蟹
楷		khai³	苦	骇	溪	骇	开	二 上	蟹
慨		khai⁴	苦	爱	溪	代	开	一 去	蟹
孩		xai²	户	来	匣	咍	开	一 平	蟹
海		xai³	呼	改	晓	海	开	一 上	蟹
害		xai⁴	胡	盖	匣	泰	开	一 去	蟹
害		xai¹	胡	盖	匣	泰	开	一 去	蟹
鞋	ɕiai²（罕用）	xai²	户	佳	匣	佳	开	二 平	蟹
蟹	ɕiai⁴/ɕiai¹	xai¹	胡	买	匣	蟹	开	二 上	蟹
解	tɕiai³	kai³	胡	买	匣	蟹	开	二 上	蟹
解	tɕai³	kai³	古	隘	见	卦	开	二 去	蟹
介	tɕiai⁴	kai⁴	古	拜	见	怪	开	二 去	蟹
界	tɕiai⁴	kai⁴	古	拜	见	怪	开	二 去	蟹
芥	tɕiai⁴	kai⁴	古	拜	见	怪	开	二 去	蟹
疥	tɕiai⁴	kai⁴	古	拜	见	怪	开	二 去	蟹
械	tɕiai⁴	kai⁴	胡	介	匣	怪	开	二 去	蟹
街	tɕiai¹	kai¹	古	膎	见	佳	开	二 平	蟹
皆（罕用）	tɕiai¹	kai¹	古	谐	见	皆	开	二 平	蟹
阶	tɕiai¹	kai¹	古	谐	见	皆	开	二 平	蟹
解	tɕiai³	kai³	佳	买	见	蟹	开	二 上	蟹

这正是四川德阳话 ai 无条件分化的历史原因。

前面我们说过，历史比较法构拟古音主要根据差异原则，即现代方言或亲属语言中有差异的音类，原始语言中一定要分开。但是，从叠置式音变的角度看，如果不考虑方言的接触所带来的叠置音变，无条件地使用差异原则，就可能出现一些过度对立构拟，即把后来因为接触形成的对立构拟到原始形式中去。比如，如果我们要构拟原始四川话，根据四川德阳话中"该"和"阶"两类字的对立，我们就得把原始四川话蟹摄一、二等的字分开，也就是说，我们必须假定蟹摄一、二等的喉牙音字在原始四川话中是分开的。这和实际情况相矛盾。其实远在原始西南官话时期，蟹摄一、二等字就合并了，四川话、贵州话、云南话都是这种面貌。

当然，根据历史比较法的差异原则，把原始汉语中的这些字也构拟成不同的韵，在理论上不会出现什么问题。因为叠置带来的分化本质上就是强势方言中还存在的分化，这种分化本来确实存在于原始语言中。按照语音规律而形成的方言中的所有对立最终都可以追溯到原始语言中的对立，从这种意义上说，叠置带来的差异不会大于原始语言中已经有的差异。

但是叠置式音变还有一种非常重要的性质值得分析。因为文白异读的分布不完全是按照语音条件，还受词汇条件的限制(徐通锵,1991,P354)。比如山西闻喜方言中，麻韵三等章组字的文白异读在青少年中的分布为：

例字	文读	白读	上字	下字	声母	韵	开合	等	声调	摄
社	ə		常	者	禅	马	开	三	上	假
车	ə	iɛ	尺	遮	昌	麻	开	三	平	假
扯	ə		昌	者	昌	马	开	三	上	假
射	ə		神	夜	船	祃	开	三	去	假
麝	ə		神	夜	船	祃	开	三	去	假
蛇	ə		食	遮	船	麻	开	三	平	假
奢	ə	iɛ	式	车	书	麻	开	三	平	假
赊	ə	iɛ	式	车	书	麻	开	三	平	假
佘	ə		视	遮	禅	麻	开	三	平	假
舍	ə		书	冶	书	马	开	三	上	假
捨	ə		书	冶	书	马	开	三	上	假
遮	ə		正	奢	章	麻	开	三	平	假
蔗	ə	iɛ	之	夜	章	祃	开	三	去	假

同是假摄开口三等的字，由于叠置变化，分成了两种读音。如果变化中断，就会形成无条件分化现象。当然，如果我们把语音条件控制得更严，这里的变异选择也是有语音条件的。比如，同反切的字总有相同的读音。

不过这只是闻喜方言假摄字的情况，如果我们观察更多的材料，确实能发现叠置式音变还受到词汇条件的限制(王洪君,1986)。从上面四川德阳话的文白异读材料也可以看出这一点。即使古代都是同反切的字，并且现代也都是同音字，也可能分化成不同的读音。下面是同反切的字在现代德阳青年人中的读音分布：

	白读	文白两读①	文读	上字	下字	声母	韵	开合	等	调	摄
介			tɕiai⁴	古	拜	见	怪	开	二	去	蟹
界		tɕiai⁴/kai⁴		古	拜	见	怪	开	二	去	蟹
芥	kai⁴			古	拜	见	怪	开	二	去	蟹
疥		kai⁴/tɕiai⁴		古	拜	见	怪	开	二	去	蟹
皆		tɕiai¹/kai¹		古	谐	见	皆	开	二	平	蟹
阶			tɕiai¹	古	谐	见	皆	开	二	平	蟹

① 斜线前的形式比斜线后的形式更常用。

这里列举了"古拜"和"古谐"两个反切的字,两个反切所辖的字在部分地区都形成了读音的差异。

甚至同一个字都可能产生不同的读音。观察下面的材料(徐通锵,1991,P355):

王法 uʌŋ²   王村 yɛ²   姓董 tuʌŋ³   董村 tuêi³
水瓮 uʌŋ⁵   瓮村 uêi⁵   中间 pfʌŋ¹   中庄 pfêi¹
姓冯 fʌŋ²   冯村 fêi²   土坑 khʌŋ¹   坑东 khə¹~ tɕiɛ¹

在这些材料中,同一个字形成了不同的读法。类似的材料还可以列出很多(徐通锵,1991,P355)。从这里我们可以看出叠置式音变的一个极其重要的性质,在一系列同音字中,受叠置的形式都是在上层方言和下层方言中具有相同词汇分布的形式。比如普通话和闻喜话的"冯"都有"姓冯"这样一种分布,但普通话却不见得总有"冯村"这样一种分布,"冯村"这样一种分布又可能不被叠置,因此有可能造成"冯"在读音上的对立。

再观察四川德阳话的"解"字读音:

德阳话	"解"的分布条件
kai⁵¹ / tɕiai⁵¹	解手、解开
tɕiai⁵¹ / kai⁵¹	解释、解决、解放、调解、分解、缓解、化解、讲解、解毒、解救、解聘、解剖、劝解、解放、解散、解释、解说、解职、了解、理解、谅解、曲解、溶解、融解、小解、肢解、支解、辩解
tɕiai⁵¹	误解、无解、解题、电解、费解、解雇、解禁、解渴、和解、见解、解答、解冻、解雇、解恨、解困、解码、解闷、解密、解气、解体、解围、解析、解忧、排解、水解、题解、瓦解、误解、详解、消解、注解

这是对初中和初中以上的德阳旌阳区人的调查结果,除了"解手、解开"是以 k 读音为主,其他都以 tɕ 为主,好多都只有 tɕ 一种读音。随着调查对象的增多,结果会有一些变化,但总的叠置趋势是存在的。

从更高的角度看,叠置式音变带来的语音对立可以概括成下面的模式:

	叠置前	叠置后	上字	下字	声母	韵	开合	等	声调	摄
盖	kai⁴	kai⁴	古	太	见	泰	开	一	去	蟹
介	kai⁴	tɕiai⁴	古	拜	见	怪	开	二	去	蟹
芥	kai⁴	kai⁴	古	拜	见	怪	开	二	去	蟹

通过叠置带来了两种性质的分化。"介"和"盖"的分化是有条件的,不过这种条件和一般的条件式音变不同,这种条件是潜在的,存在于古音系统中而不存在于

共时系统中,可以称为潜条件分化。"介"和"芥"的分化是没有条件的,无论从共时和历时都找不到条件。这是真正的无条件分化。

从音变的角度看,叠置式音变所带来的无条件分化跟语音演变的规律性有矛盾。无论是语文学的方法还是历史比较法,都不能解释这样的现象。依据差异原则,历史比较法甚至可能从这样的现象中得出荒唐的结论,因为历史比较法是以语音演变的规律性为基础的,所以比较法在构拟古音的时候,现代方言能对立的读音,在原始语言中也必须分开,这样才不会违背语音演变的规律性。于是上面的字在原始语言中都必须构拟成不同的读音。原始语言中本来相同的韵也被构拟成了不同的韵。

叠置式音变带来的这样一种后果对历史比较法的差异原则有直接的冲击,因为叠置式音变不仅可能造成已经合并的音类重新分化(如四川德阳话的蟹摄一、二等喉牙音字),而且可能造成古代相同音类的分化,比如 ai 分化成 ai 和 iai。也就是说,当我们面临方言中两种有差异的音类时,我们没有绝对把握断定这种音类的差异是原始语言中就有的还是方言叠置的结果。差异原则在解决这个问题上没有充分性。

语音演变的规律性假定相同的语音在相同的语音条件下只能有相同的变化,不能有不同的变化。这层意思还可以做这样的理解:相同的语音产生不同的变化必然有不同的语音条件。可是在叠置式音变的影响下,有些语言中同一音节的词或字,产生了不同的读音。这是语音演变的规律性无法解释的。在这种条件下,差异原则也就失去了有效性。

如果不考虑叠置式音变,完全按照比较法的差异原则构拟原始语言,现代方言有区别的语音在原始语言中也有区别,原始语言的构拟必然会相当复杂。因为汉语方言众多,变异层次也很多,如果不区分变异层次,把所有现代方言的对立都投射到原始语言中,原始语言中的对立就会多得惊人。根据我们对所建立的方言数据库的初步统计,如果不分变异层次,凡是方言中有对立的音在原始语言中都算作有对立,文白异读的对立也算是对立,那么原始汉语的音节(包括声调)可以多到两万以上,现有的任何语言都还没有发现有如此多的音节。这说明如果不充分考虑叠置式音变所带来的无条件分化,差异原则会遇到很多困难。前面我们谈到,Norman 绕开《切韵》,直接从现代闽方言构拟原始闽语,就是完全依照历史比较法的差异原则。由于没有考虑文白异读,Norman 根据文白异读构拟了第9调。现在更多的材料证明，Norman所构拟的第9调可能不存在。尽管现代方言中闽方言的第9调和第2调有差异，但实际上现代所谓第9调，跟第2调是文白异读的关系（平田昌司，1988.1；张琨，1988.6）。王福堂《闽北方言弱化声母和"第九调"之我见》（1994.6）一文在做了比较细致的分析后认为：

> 这使我们推测，闽北方言从吴语借入的这部分古浊平字，语音上并没有按对应规律进行折合，而是原样照搬：声母音值照搬吴语的，调值也照搬吴语的。有吴语进入的这部分借字的调型调值既然和闽北本有的古浊平字不同，又不能像其他调类的借字那样有机会按调值的近似情况进行归并（建瓯话"第九调"并入上声是《建州八音》以后的事），古浊平字就有了并存的两个不同的调类，其中按吴语调值借入的调类成了超出四声八调范围的"第九调"。

由于叠置过程中词汇使用条件的差异，同一音节或同一语素的音形构成了对立，这是叠置式音变中观察到的很有理论价值的现象，是从活生生的材料中观察到的现象。波浪说和方言地理学想通过词汇在地域上的扩散来说明语音变化的不规则性，但正如我们前面已经看到的，扩散仍然是有规则的，只是波浪说和方言地理学语音条件限制得不够严格。词汇扩散说曾经用词汇扩散过程的中断来说明语音变化的不规则性，当时也没有从活生生的语言变化机制中观察到中断。因此，同一音节或同一语素分化成不同的读音，在叠置式音变的研究中首先观察到了。后来连金发（Lien，1987）、沈钟伟（Shen，2.，1990）也从词汇在不同方言中的双向扩散角度观察到了同音语素无语音条件的分化。

叠置式音变的研究比较合理地解释了大部分汉语方言的接触机制。我们从叠置过程可以看出，叠置是按照语音对应规则展开的，后来由于字在不同环境的分布差异，产生了无条件语音变化。这是和波浪说在接触规则上的一个重要区别。这也解释了为什么汉语方言之间对应规则总是比较严格的。尽管历史上移民活动此起彼伏，汉语方言的接触异常复杂，但从方言研究的现状看，各方言间绝大部分的对应规律是可以建立起来的，如果说方言接触是没有规则的，难以解释大量的规则对应现象。

从叠置式音变理论中也可以看到 Gillieron 有关"每一个词都有它自己的历史"的思想的实质，所谓"有它自己的历史"，在方言接触过程中是有条件的，即只有在考虑词汇条件的时候，历史上相同的音类才可能出现无条件的分化。方言接触在语音层面都是有规则的，方言间的语音对应是接触中保持语音规则性的条件。波浪说和方言地理学把接触笼统看成是无规则现象,主要原因是没有区分语音条件和词汇条件,也没有认识到语言接触的主要模式乃是方言在同一空间的叠置,没有认识到接触过程中双方言、对应规则所起的重要作用。

Meillet、Bloomfield 曾经都谈到了和叠置式音变理论相关的一些理论问题。Meillet(梅耶,1925,P61)在谈到法语和法语方言的关系时指出:

> 既然法语和土语是同一语族的,所以它们固有的词汇之间有许多有规则的对应;使用地方土语的人按照这些对应,不难用一些法语的词造成一些土语化的词,或者把一些法语的句法搬到土语里去。

Meillet(梅耶,1925,P61)还注意到:

> 在每个区域里(欧洲),都有一组同系的地方土语,以及一种书面的语言,也就是一般通用的,全国性交际使用的,政府、学校、行政机关和报刊所采用的文化语言。在这样的情形之下,书面语言对各地方土语是有很强烈的影响的。

但是 Meillet、Bloomfield 都没有深入展开方言接触的理论研究,其中很大的原因可能是因为印欧语中的叠置现象远不如汉语方言的叠置现象那样突出,那样特殊,因此印欧语学者缺少一种语言背景来发展他们的理论。汉语和汉字的独特性决定了叠置式音变理论的产生。

借助叠置式音变理论,还可以对语言史展开一些有效的研究,这也是历史比较法没有涉及的。其中最重要的就是提供了构拟原始语言的手段。我们前面谈到,语文学的方法主要通过古代文献中的反切、韵文等来系联出古代音系,历史比较法主要通过方言差异来确定古代音系,构拟古音。叠置式音变理论则提供了一种从异质系统中构拟古音的方法。徐通锵、王洪君(1986.1),徐通锵(1991,P348—412),王洪君(1987.1)在这方面做了很多开创性的工作。

我们前面谈到,有文白异读和没有文白异读的音类的差异实际上反映了原始语言中存在的音类差异,比如成都话 ai 韵母的字之所以在普通话的叠置下分成有文白异读和没有文白异读两套,是因为这些 ai 韵字都是中古蟹摄一、二等的喉牙音字,这些字在北京话中按照一等和二等的条件分别读 ie 韵母和 ai 韵母,而北京话中的这种差异又是中古差异的保留。一般地说,如果不是因为原始语言中存在某种音类的差异,同一个现代方言的同一音类中是不会出现有文白异读和没有文白异读两套读音的。我们正可以从这种残存的文白异读中窥知原始语的结构状态。王洪君(1987)根据山西闻喜方言的底层白读音对宋西北方音做了拟测,徐通锵(1991)根据古浊塞音、浊塞擦音在现代山西方言白读中不同性质的读音推测古方言的差异,就是这方面的两个例证。叠置式音变的理论和方法对认识和解决汉语史研究中的一些疑难问题也有积极的意义。徐通锵(1996b)对传统的阴阳对转概念做出全新而有根据的解释,就是这方面的一个具体而有说服力的例证。

叠置式音变模型还有另一个方法论意义。从历时的角度看,谱系树模式认为语言的演化总是不断地分化,方言就是由语言的分化形成的。但从叠置式音变看,下层语言可以有规则地向上层语言靠拢,这种规则就体现在下层语言的音类系统不断地和上层语言的音类系统取得一致,因此方言的叠置会导致方言的统一。中国地域辽阔,有可能同时出现几个不同的上层方言,这就可能使众多的小方言向少数几个上层方言收敛,因此,不排除汉语几大方言在形成过程中采用过和正在采用方言区域趋同的模式:

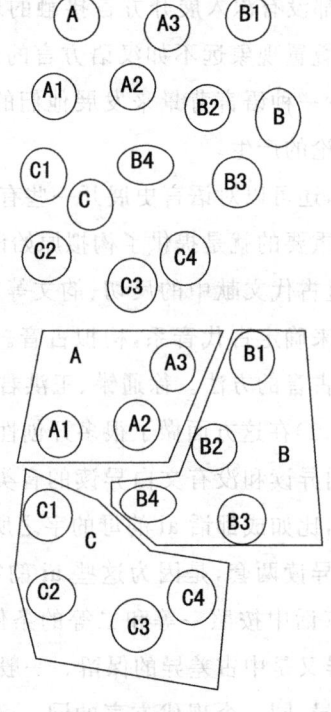

方言区域趋同模式

即原来的很多方言,最后分别在 A、B、C 三个上层方言的叠置下,形成了 A、B、C 三大方言。比如西南官话人口众多,内部一致性很强,要说这样多的人口所说的方言是在汉语不断分化的过程中形成的,证据还不足。其实方言的形成既有语言分化的因素,也有语言统一的因素,后一种因素就是叠置。汉语各大方言的形成很可能就是几个方言中心对周围方言叠置而形成的,叠置式音变理论可以比较合理地解释这种现象。

Saussure 的语言共时系统理论强调的是语言系统的同质性(homogeneity),排斥异质性(heterogeneity),系统只存在于共时态中,排斥任何历时的因素,共时中不存在历时。文白异读却是两个不同的方言系统共存于同一个方言系统之中,即文白并存,这说明系统含有异质的因素,共时中存在历时。如果不把共时和历时结合起来,就不可能对几个方言系统的收敛做出完备的解释。

正是因为叠置式音变从方言接触的词汇角度解释了语音无条件分化的现象,从方言接触的语音对应角度解释了方言的有规则收敛过程,使我们更加确信语音演变的规律性。如果我们一方面坚持语音演变的规律性,一方面又充分考虑到方言接触过程中叠置式音变所带来的语音无条件分化,一些重大的历史音变现象就可能得到解释。最突出的就是清入声字的演变问题。中古的浊入声字到现代的变化是比较有规律的,全浊归阳平,次浊归去声,但清入声字归入现代四个调类的都有。即便我们把语音条件限制到最严的标准,即同音字的标准,仍然找不到清入声字分化的条件。下面以梗摄字为例:

汉字	今读	上字	下字	声母	韵	开合	等	声调	摄
檗	po^4	博	厄	帮	麦	开	二	入	梗
薜	pi^4	博	厄	帮	麦	开	二	入	梗
擘	pai^1	博	厄	帮	麦	开	二	入	梗
伯	po^2	博	陌	帮	陌	开	二	入	梗
迫	pho^4	博	陌	帮	陌	开	二	入	梗
佰	pai^3	博	陌	帮	陌	开	二	入	梗
百	pai^3	博	陌	帮	陌	开	二	入	梗
柏	po^2	博	陌	帮	陌	开	二	入	梗
尺	tʂhi^3	昌	石	昌	昔	开	三	入	梗
斥	tʂhi^4	昌	石	昌	昔	开	三	入	梗

赤	tʂhi⁴	昌	石	昌	昔	开	三	入	梗
坼	tʂhe⁴	丑	格	彻	陌	开	二	入	梗
拆	tʂhai¹	丑	格	彻	陌	开	二	入	梗
栅	tʂa⁴	楚	革	初	麦	开	二	入	梗
策	tshe⁴	楚	革	初	麦	开	二	入	梗
册	tshe⁴	楚	革	初	麦	开	二	入	梗
滴	ti¹	都	历	端	锡	开	四	入	梗
的	ti²	都	历	端	锡	开	四	入	梗
嫡	ti²	都	历	端	锡	开	四	入	梗
镝	ti²	都	历	端	锡	开	四	入	梗
适	ti²	都	历	端	锡	开	四	入	梗
的	ti⁴	都	历	端	锡	开	四	入	梗
格	kɤ²	古	伯	见	陌	开	二	入	梗
骼	kɤ²	古	伯	见	陌	开	二	入	梗
虢	kuo²	古	伯	见	陌	开	二	入	梗
魄	pho⁴	普	伯	滂	陌	开	二	入	梗
拍	phai¹	普	伯	滂	陌	开	二	入	梗
惜	ɕi¹	思	积	心	昔	开	三	入	梗
昔	ɕi¹	思	积	心	昔	开	三	入	梗
腊	ɕi¹	思	积	心	昔	开	三	入	梗
舃	ɕi⁴	思	积	心	昔	开	三	入	梗
剔	thi¹	他	历	透	锡	开	四	入	梗
踢	thi¹	他	历	透	锡	开	四	入	梗
倜	thi⁴	他	历	透	锡	开	四	入	梗
惕	thi⁴	他	历	透	锡	开	四	入	梗
逖	thi⁴	他	历	透	锡	开	四	入	梗
只	tʂi¹	之	石	章	昔	开	三	入	梗
跖	tʂi²	之	石	章	昔	开	三	入	梗
摭	tʂi²	之	石	章	昔	开	三	入	梗
炙	tʂi⁴	之	石	章	昔	开	三	入	梗
积	tɕi¹	资	昔	精	昔	开	三	入	梗

迹	tɕi¹	资	昔	精	昔	开	三	入	梗
脊	tɕi³	资	昔	精	昔	开	三	入	梗
迹	tɕi⁴	资	昔	精	昔	开	三	入	梗
摘	tʂɤ²	陟	革	知	麦	开	二	入	梗
摘	tʂai¹	陟	革	知	麦	开	二	入	梗

这里每一组梗摄的字在《广韵》中的反切都相同，是同音字，现代分化成了不同音的字。如果坚持语音演变的规律性，即语音分化必须是有条件的，那么这些同音节的无条件分化就只能看成是由其他层面的原因引起的。根据郭力(1997)对《重订司马温公等韵图经》和《合并字学集韵》的研究，明代清入声字的读书音全部归去声。读书音最初总是来源于口语，这说明更早的时候清入声字归去声是规则读音。清入声字的这种不规则分化是比较晚的现象。在我们统计的800多个常用清入声字中，有200多个字涉及无条件分化，就现在观察到的无条件分化实例看，只有叠置式音变才可能引起大规模的无条件分化。其实郭力统计和分析的结果已经说明明代清入声字已经开始产生了文白异读，文读是去声，白读是平(阴平)、上、如(阳平)。郭力所统计的2738个古清入字均有去声读音。非常用字全部读去声。常用字也都有去声读音，其中只读去声一个调的368字，有其他声调异读的147字。也就是说，读平(阴平)、上、如(阳平)三声的字没有单独读一个调的，都有去声异读，去声一般都沿用古注，其他三声一般都用口语词汇注释，还常常标有"俗、俗呼、俗作"等，比如：

例字	音类	注释
揖	(1)止摄平声	作揖，俗
	(2)止摄去声	拜举手
鞫	(1)止摄如声	鞫问也。俗
	(2)止摄去声	穷治罪人也
铁	(1)拙摄上声	生铁，有铁器
	(2)拙摄去声	黑金也

因此，清入声字无条件地派入四声很可能是叠置式音变的结果。林焘(1987.3)通过大量文献记录考证，认为清入声字在北京话中的无规律分布可能是由于明代方言区向北京大量移民的结果。移民必然伴随叠置式音变。现代北京话清入声字中残留的文白异读现象为这一结论提供了更进一步的证据，而且还向我们暗示了一些白读的源头。

北京话清入声字的分派过程还没有完全结束，有不少字还保留着文白异读。

上面梗摄陌韵的清入声字，在唇音前还保留了一些文白异读的残迹，而白读的语音形式和洛阳、济南、西安相似：

汉字	北京	洛阳	济南	西安	上字	下字	声母	韵	开合	等	声调	摄
魄	pho^4		phei^1	phæ^3	普	伯	滂	陌	开	二	入	梗
伯	po^2/pai^1/pai^3		pei^1	pei^1	博	陌	帮	陌	开	二	入	梗
迫	pho^4/phai^3		pei^1	pei^3	博	陌	帮	陌	开	二	入	梗
柏	po^2/pai^3		pei^1	pei^1	博	陌	帮	陌	开	二	入	梗
佰	pai^3	pai^1	pei^1	pei^1	博	陌	帮	陌	开	二	入	梗
百	pai^3	pai^1	pei^1	pei^1	博	陌	帮	陌	开	二	入	梗
拍	phai^1		phei^1	phei^1	普	伯	滂	陌	开	二	入	梗

这里北京 o 韵母的字是文读（送气声母的读 4 调，不送气声母的读 2 调），ai 韵母的字是白读。"魄"还处在文读形式，"伯、迫、柏"还处在文白交替阶段，而"佰、百、拍"已经是白读代替了文读，不仅韵母变了，声调也成了 1、3 调。"佰、百、拍"的文读被白读取代的时间似乎不长。根据黎锦熙《京音入声字谱》(1924)，"百、拍"在 20 世纪 20 年代还保留着文白异读：

　　百　　(1)po^2（文）/(2)po^4；pai^3（白）
　　拍　　pho^3（文）/phai^1（白）

至于北京话的白读为什么会形成 3 调和 1 调的区别，需要进一步研究，因为北京话白读形式的来源不仅仅是洛阳、济南和西安。撇开这些细节不论，用叠置式音变来解释清入声字的不规则分派是比较合理的。

9.3　语法系统的叠置

　　叠置式音变是从音系入手来考虑系统的叠置，但叠置式音变在方法论上的意义远远不限于音系的叠置。语言各层面的系统都存在叠置的可能。语法层面也不例外。现在还没有人分析过语法叠置的规律，但一些具体的研究显示语法叠置是存在的，并且有一定的规律。朱德熙在《汉语方言里的两种反复问句》(1985.1)中分析了汉语中的两种反复问句。比如：

VP 不 VP（以北京话为例）	可 VP（以昆明话为例）①
去不去	可去
喝水不喝	可喝水

---

① 昆明话"可"的实际读音为 kɤ^{51}。

这两种句式的回答方式都是一样的,即在动词的肯定和否定之间选择一项。朱德熙当时考察了一定数量的方言材料,从同质的语言观出发,朱德熙认为:

> "可 VP"和"VP 不 VP"两种反复问句无论在历史上还是在现代始终互相排斥,不在同一种方言里共存。当然,这个结论是否真能站住,还有待于更多的方言调查资料的验证。

朱德熙的文章发表后,不少方言地区的学者提出了反例,比如扬州话、汕头话、苏州话、兴化话、获嘉话就有两种句式共存的现象。班吉庆在给朱德熙的信中说:

> 兴化话也有"VP 不 VP"组成疑问句的现象。据我观察,这与说话人的年龄、文化程度和说话的环境有关。中年以上,文化程度不高又没有出过门的人,一般很少用这种问句形式。本地人在一起说话也很少用这种句式。年纪较轻又受过一定教育的人,由于普通话的影响,大多"VP 不 VP"和"可 VP"两种句式并用。(朱德熙,1990,P2—3)

根据我们对昆明话和大理话的初步调查,两种句式共存的现象在昆明、大理也存在,性质和兴化话相当,不过"VP 不 VP"的频率不高。

反复问句不仅仅是"可 VP"和"VP 不 VP"的差异,根据赵元任《粤语入门》(Chao,1947)、赵元任和丁声树等《湖北方言调查报告》(1948)、袁家骅等《汉语方言概要》(1960),梅祖麟《现代汉语选择问句的来源》(1978)等的研究,即使在"VP 不 VP"这种句式下,还有不同的变异(neg 表示否定词):

VO-neg-V	V-neg-VO	VO-neg-VO
吃饭不吃	吃不吃饭	吃饭不吃饭
看戏不看	看不看戏	看戏不看戏

在同一个方言中,这三种句式的分布是异常复杂的。当具有相同语义的句式在同一个系统中共存时,往往是不同时间或空间的叠置,都有"文白异读"的问题。现在看来,这种句式叠置的变异现象和叠置式音变中的文白异读有相同的性质。重要的不是两种句式是否共存的问题,而是应该通过这种句式变异来揭示不同句式的时空层次,说明不同句式在不同文化集团中的分布差异。后来的学者在承认这种句法变异基础上,展开了深入的研究。有代表性的有王世华《扬州话里两种反复问句共存》(1985.6)、李小凡《也谈反复问句》(1990b)、张敏《汉语方言反复问句的类型学研究》(1990)、项梦冰《连城(新泉)话的反复问句》(1990.2)、

施其生《汕头方言的反复问句》(1990.3)、刘丹青《苏州方言的发问词与"可 VP"句式》(1991.1)、朱德熙《"V-neg-VO"与"VO-neg-V"两种反复问句在汉语方言里的分布》(1991.5)、贺巍《获嘉方言的疑问句——兼论反复问句两种句型的关系》(1991.5)、袁毓林《正反问句及相关的类型学参项》(1993.2)、刘子瑜《敦煌变文中的选择疑问句式》(1994.4)等。这些研究揭示了汉语方言间复杂的时空关系。经过这些学者的描写,尤其是张敏(1990)、朱德熙(1991.5)的充分描写,反复问句的空间层次大体可以概括成以下几种类型:

类型	K-VP	VP-neg-VP	VP-neg	分布空间
例	可吃饭	吃饭不吃	吃饭吗	
分布1	+	−	−	苏州、合肥、昆明
分布2	+	−	+	扬州、汕头、苏州、兴化
分布3	−	+	+	山东临邑、山西大同
分布4	−	+	−	北京、湖北

而在 VP-neg-VP 这种格式中,其分布又有差异:

类型	VO-neg-V	V-neg-VO	VO-neg-VO	分布空间
例	吃饭不吃	吃不吃饭	吃饭不吃饭	
分布1	+	−	+	北京、河南获嘉、洛阳
分布2	−	+	+	山东临邑、福建永安
分布3	−	+	−	湖北鄂城

考虑到汉语方言时空层次的复杂性,袁毓林(1993.2)建立了兼顾历时的泛时疑问句系统。

  语法叠置的研究是音系叠置的扩展,这意味着叠置式音变在方法论上的另一个重要意义就在于揭示了不同时间和空间的系统可以共存于一个共时系统中,也就是说共时系统中有历时因素。当然,语法叠置的研究在方法论上还不像音系叠置那样成熟,这可能是因为音系叠置有大量的文白异读描写做基础,而汉字和读书音又为区分文白异读和确定同源关系提供了条件,而在语法系统的叠置研究中,不同句式的叠置是接触引起的还是系统内部自发产生的,同一种句式在不同方言中的分布是发生学的结果还是类型学的结果,并不是很容易区分的。

10. 自组织论

叠置式音变理论主要考虑不同方言系统的接触导致的变化,说明了很多系统变异产生的原因和去向。不过,一个语言系统在没有外部系统的影响下,也可能产生变异,发生变化。怎样解释这种内部变化的原因和目的,是历时研究的又一个重要课题。

从20世纪80年代开始,叶蜚声、徐通锵(1981,P189)、徐通锵、王洪君(1986.1)、徐通锵(1989;1990;1991)、陈保亚(1988;1989.9)、洪波(1991.1)等开始从汉语变异入手,结合社会条件和结构条件,展开了音变原因和音变目的的研究,形成了自然语言的自组织理论模型。戴庆厦(1992.1)在民族语言的分析中也展开了类似的研究。自组织理论的基本思想是:自然语言是具有结构、无序变异、有序变异的自组织系统;自组织的目的是增加系统自身的平衡程度或协合程度;自组织的过程是:

旧结构→无序变异→有序变异→无序变异→新结构

为了分析自组织理论的方法论,让我们先回顾国外学者在这方面所做的工作。

研究语言演变的规律,解释语言演变的原因,是历史语言学的两个重要目标。但19世纪的历史比较语言学主要对语言演变的规律做了研究,对语言演变的原因却做得很不够。当时有不少语言学家对音变原因和目的做过一些解释,Saussure(索绪尔,1916)曾经归纳过几种不同的理论。人种说理论强调不同种族的发音器官具有特殊的生理结构,语言因此变化。土壤气候理论把语音变化看成是对土壤气候的适应。世代理论认为语音的演变起因于儿童模仿成人时发生的偏离。社会波动理论将语言演变归因于社会动乱。底层理论认为新移居到某地的居民,其语言将不断受当地土著语成分的影响,语言因此缓慢地变化。风尚理论认为语言变化是时代风尚的结果。也有人用省力说解释语音变化,认为每个人都用比较方便的发音来代替困难的发音。我们认为这些解释都是外部的,没有从语言的内部结构去观察语言演变的原因和目的,并且都是高度猜测性的。在以后的很长一段时间,这个问题都没有什么进展。但不解决这个问题,很多重要的语言理论问题就得不到解释。

20世纪20年代,Sapir首先意识到了音变原因可能和语音系统格局的调整有关,即和语言结构有关。他说:

> 语言的这些精神暗流(即演变的内在原因),不可否认是历史现实,但是极难从个人心理上去理解它。什么是叫语音格局动摇的基本原因,哪一股聚积起来的力量会选择这些或那些个人变异来负担重整格局的任务,我们几乎一无所知。许多语言学家犯了致命的错误,以为语音变化是一种半生理的现象,而不是严格的心理现象,或是炫耀一些口号来把问题搪塞过去。如"发音更加容易的趋势""错误认识所积成的结果"(比如说,小孩学话时犯的错误)。这样便当的解释顶不了事。"发音容易"可能是一个因素,然而它最多也不过是主观的概念。我认为是简单的声音或声音组合,印第安人会觉得难到无可奈何;一种语言会鼓励某种语音沿流,而这正是另一种语言所竭力抵拒的。"错误的认识"不能解释我上文坚决提出来的那种给人以深刻印象的语音沿流。最好还是承认我们现在还不了解语音的缓慢沿流的基本原因(一个或不止一个),虽然我们往往能指出一些起作用的因素。可能在没有研究语言的直觉基础以前,我们不会有多大进步。我们还没有想到要研究语音格局本身,以及这些格局里的各个成分(一个个的语音)的"比重"和精神关系,怎么能了解那种会磨灭和重建语音格局的沿流的本质呢?(萨丕尔,1921,P165)

由于当时语言系统的共时描写仅具雏形,Sapir未能提出一套从语音格局观察音变原因和音变目的的具体程序。20世纪40年代末,结构语言学在理论上、方法上、工作程序上已经走向成熟,语言系统内部共时成分的关系被揭示出来了,这就为从语言结构的内部运动观察语言演变的原因和目的提供了基础。丁声树(1952)已经开始讨论结构和音变的关系。丁声树认为,在浊音清化之前,不管是阴声韵还是阳声韵,都有平声,由于浊音清化,浊塞音和浊塞擦音依声调的平仄而分别归入相应的送气清音(平)和不送气清音(仄),因而在北方的很多方言中阳声韵的不送气塞音、塞擦音没有阳平字,留下了空格。后来入派三声才填补这个由浊音清化而留下来的空格。不过丁声树没有从方法论上展开,只是描写了一种变化的结果。第一个从系统本身的角度去解释音变原因并且提出一套具体解释程序的学者是 Martinet。20 世纪 50 年代初，Martinet 在《功能、结构和音变》(Functiona, Structure, and Sound Change, 1952)一文中提出了一个"整合(integration)"的理论模型，用以解释音变原因。他认为"整合"就是语音系统的整齐和对称趋势。不整齐不对称的音系容易变化，处在不对称位置上的音也最容易变化，变化的目的是达到更为整齐的状态。我们可以从汉语普通话的塞音和塞擦音声母的相互关系来说明整合的实质：

ts	tsh	s	
tṣ	tṣh	ṣ	ẓ
tɕ	tɕh	ɕ	

ẓ 就是处在不对称位置上的音[①]。从聚合关系的角度看，ẓ 实际上是很孤立的音，它只有横向的聚合关系，即只有发音位置上的聚合关系，而没有纵向的聚合关系，即没有发音方法上的聚合关系，于是在纵向聚合的位置上留下了两个空格（z 和 ʑ 没有出现）。ẓ 这样的音最容易变化，而包含 ẓ 这样的音位的矩阵，也是容易变化的矩阵。在上面的矩阵中，除了 ẓ 容易消失这样一种可能，还有一种可能是产生 z 和 ʑ 这样的音位，以填补发音方法上的空格。这两种变化方式可以使矩阵更加符合整合的原则。

Martinet 是第一个比较明确地从内部结构的角度解释音变原因和目的的学者，在解释上比 Sapir 更具体。这是音变原因理论的重要进展。但 Martinet 的理论模型有几个方面有待进一步研究。

首先，Martinet 的整合模式是高度猜测性的。在上面的实例中，要说明 ẓ 的变化原因确实和 ẓ 所处的结构地位有关系，需要调查很多语言，并且这些语言的声母都有类似的排列，然后结合语言变异分析这些语言中 ẓ 的变化情况，但这个工作 Martinet 还没有做。

其次，整合的严格标准是什么？音系是高度复杂的系统，每一个音都和其他的音产生多种向度的复杂关系。像汉语中 ẓ 这样的音，在上面所列出的材料中找不到聚合要素，但如果把它放在另一些声母关系中，比如唇音声母，我们就可以找到与之聚合的要素 v：

p	ph	m	f	v(w)[②]
tṣ	tṣh		ṣ	ẓ

[①] 严格地说，普通话 ẓ 的浊擦成分并不是很重，更像是一个 ɻ 音。
[②] 合口呼零声母 w 和 ẓ 在浊音上的聚合关系我们后面还有谈到。

v 和 z̦ 的聚合特征是浊擦成分比较轻的浊擦音。另外,任何一个音位除了处在聚合关系中,还处在组合关系中,z̦ 在聚合层面的聚合要素少,但它的组合功能是否很强？这时候整合的"度"怎么把握？这些都是 Martinet 没有涉及的。

最后,如果语音的演变目的都是朝着整合方向发展,最初的不整合现象是怎么来的？为什么现代语言中总存在很多不整合的现象？Martinet 用结构的对称和生理器官的不对称这一矛盾来解释这些问题,缺乏足够的实证材料。比如,Martinet(1952;1955)认为,从结构的角度看,如果一个语言的前元音是四分,后元音也应该四分,才符合对称,符合整合模式。但由于口腔后的空间比口腔前的空间窄,在生理上是不对称的,因此从生理的要求看,后元音应该小于四分,这就形成系统结构的对称性和生理器官的不对称性,这是结构不整合的主要根源。在 Martinet 的整合理论中,"对称、空格"是衡量整合的重要参数,但是这些"对称、空格"等概念带有很多先入为主的观点。为什么前后元音都是四分的对称模式才是合理的？既然前元音四分,后元音三分是发音器官的特点造成的,我们也可以说自然语言中出现这种前元音四分后元音三分的情况是最佳整合状态。这里的根本问题是我们怎样定义对称,怎样定义整合。Martinet 的"空格"概念也遇到了类似问题。比如汉语南昌方言的声母矩阵是:

[汉语南昌方言声母矩阵]

p	ph	m	f
t	th	l(n)	○
ts	tsh	○	s
tɕ	tɕh	ȵ	ɕ
k	kh	ŋ	x

这里存在两个空格"○",这些空格都是生理上不能发音的空格。我们当然不能预先规定说南昌话的声母矩阵不对称,并且预先规定这种不对称是生理器官的不对称带来的。

Martinet(1955)又用"经济原则"来解释整合模式,整合的目的就是为了符合经济原则。但是经济原则仍然没有解决整合所遇到的困难,因为 Martinet 没有给出什么情况下经济,什么情况下不经济的衡量标准。

由于 Martinet 用结构解释音变原因和目的时遇到了上面所说的困难,直到 20 世纪 80 年代,从结构讨论音变原因的思路没有引起足够的重视。从 Sapir 到 Martinet,走的是一条结构语言学的路子,这条路子显然没有交代社会因素在音变原因和目的中所起的作用。

在音变原因和目的问题上,有很多人认为社会因素最为关键。20世纪60年代,美国语言学家Weinreich、Labov等(1968)提出"有序异质(orderly heterogeneous)系统"的语言理论模型,把变异、系统、社会联系起来研究。他们认为,如果变异的某一成分在言语社团中被某一社会的人群所接受,并开始传播,那么语言变异的无序状态就进入有序状态,于是语言的演变就开始了。因此,语言变异和不同的言语社团发生相关关系是语音变化的原因。"有序异质系统"有重要的理论价值,它和词汇扩散理论在语言观念上有很多一致的地方,即否定了语言是同质系统的理想观点,把系统中的变异放在系统中考察,系统不再是一种僵硬的系统(rigid system),而是一种有弹性的系统,旧结构通过变异过渡到新结构,语言演变的过程不再是神秘的、不可观察的。Weinreich、Labov以前,许多经典语言学家都认为语言的变化过程是不可直接观察的,只有变化的结果才是可见的。Bloomfield曾说(1933,P432):

> 语言演变的过程是从来不能直接观察的;我们将会看到,纵使我们现在有了许多便利条件,这种观察还是难以想象的。

Weinreich、Labov的有序异质系统理论使人们可以通过不同的变异在不同的社团中的分布差异来观察语言演变的微观过程。但是,Weinreich、Labov过多强调了变异和社会的关系,忽略了结构的自组织性。为什么变异产生在系统的此时此处而不是彼时彼处?为什么这一社团要选择此种变异而不是彼种变异?这是Weinreich、Labov没有回答的关键问题。

10.1 结构协合与变异的序

基于中国语言研究的自组织理论正是在Martinet的整合理论和Weinreich、Labov的有序异质理论基础上,充分利用汉语和民族语言变异丰富的特点,通过结构和变异的相关研究而形成的。这一理论首先认为语言演变的原因在于语言内部结构的不平衡性(叶蜚声、徐通锵,1981)。在研究方法上的特点是把结构、时间、变异的有序和无序、社会等因素结合起来(徐通锵、王洪君,1986;徐通锵,1989,1990;陈保亚,1988,1989.9)。为了将不平衡性量化,避免Martinet"对称、空格"等概念的主观因素,陈保亚提出了基于协合度计算的协合模型和自组织概念。"协合度"用来量化结构的不平衡性或整合性,协合度不仅存在于聚合关系层面,也存在于组合关系层面,不仅存在于语音层面,也存在于语法层面。

协合度可以从北京话的声母矩阵中来理解(暂不考虑零声母):

[北京话声母矩阵 1]

p	p'	m	f	□	○	○
t	t'	n	○	○	□	l
ts	ts'	○	s	□	○	○
tʂ	tʂ'	□	ʂ	z̩	□	□
tɕ	tɕ'	□	ɕ	□	□	□
k	k'	□	x	□	□	□

"□"表示从生理上讲可以出现的声母,"○"表示从生理上讲不可能出现的声母。直观地看,北京话声母系统在利用区别特征方面不如前面提到的南昌话声母系统充分,因为北京话声母系统中有很多真空格"□"。我们用"协合"来量化区别特征被充分利用的程度。从矩阵看,北京话声母 $z̩$ 的不协合既反映了低层次单位发音部位和发音方法在组合上的不协合,也反映了高层次语音单位声母在聚合上的不协合。

区分结构上的空格"□"和生理上的空格"○"是认识结构的协合度的关键,这样我们就可以避免把一些看上去不对称的声母矩阵误认为是不协合的矩阵。比如南昌话有两个空格"○",看上去不对称,但这是假空格,貌似不对称,实际上是高度协合的。区分这两种空格就可以避免 Martinet 整合模式中简单根据对称与否或空格的多少来断定音系组织程度的问题。

通过区分结构上的空格和生理上的空格,就可以定义一系列协合度。协合度可以从聚合关系和组合关系两方面考察。从聚合关系看,可以引入三种协合度以衡量某一层次的组织性:矩阵协合度、矩阵中某一聚合群的协合度、矩阵中某一单位的协合度。

声母矩阵协合度可定义为:矩阵中实际出现的单位和可能出现的单位的比。比如北京话声母矩阵实际出现了 21 个声母(未计零声母),可能出现的声母应为 30(21 个声母加上 9 个"□"),协合度为:

$$I_{j\text{(北京声母系统)}} = 21/30 = 0.7$$

声母聚合群的协合度可定义为:某聚合群实际出现的单位和可能出现的单

位的比。北京话声母矩阵中鼻音聚合群实际出现的声母为 2,可能出现的数是 5,协合度为:

$I_{j(北京声母鼻音聚合群)} = 2/5 = 0.4$

某一单位的协合度定义为:矩阵中某单位所在聚合群实际出现的单位数和可能出现的单位数的比。北京声母 x 为双向聚合声母,既属清擦音聚合群,又属舌根音聚合群。这两个聚合群中共出现 k、k'、x、f、s、ʂ、ɕ 7 个声母。实际可出现 10 个声母,所以 x 的协合度为:

$I_{j(北京声母x)} = 7/10 = 0.7$

相应地,m 和 z_{l} 的协合度分别是:

$I_{j(北京声母m)} = 5/9 = 0.55$

$I_{j(北京声母z_{l})} = 4/10 = 0.4$

显然,南昌声母系统任何一种协合度均为 1。

衡量音系协合的标准,不宜简单采用"空格"或"对称"的概念。有些空格在生理物理上永远填不满,有些单位在生理物理上永远不会对称,比如零声母所在的行和列的空格永远填不满,零声母也永远不会和其他声母对称。

协合度是相对的,相对性取决于我们对聚合特征要求的宽严程度。比如声母矩阵也可以做下面这样一种排列,这种排列比前面的排列更符合发音部位和发音方法两个聚合标准,也是国际音标所用的排列:

[北京话声母矩阵 2]

p	ph	m	○	○	f	○	□
○	○	○	ts	tsh	s	○	□
t	th	n	○	○	○	l	○
□	□	□	tʂ	tʂh	ʂ	○	z_{l}
□	□	□	tɕ	tɕh	ɕ	○	□
k	kh	□	○	○	x	□	□

这里未考虑零声母。在这种排列中,前面提到的几种协合度分别是:

$I_{j(北京声母系统)} = 21/34 = 0.62$

$I_{j(北京话声母浊音聚合群)} = 1/5 = 0.2$

$I_{j(北京话声母x)} = 7/10 = 0.7$

$I_{j(北京话声母m)} = 5/9 = 0.55$

$I_{j(北京话声母z_{l})} = 4/12 = 0.33$

尽管声母矩阵有不同的排列,但北京话 x、m、z_{l} 的协合度相对大小仍然不变,即仍然是 x>m>z_{l},这说明协合度的可计算性是存在的。在后面的分析中,若无特别说明，都是指这种精确算法。

有了协合度的概念，衡量音系的组织化程度才可能有一个客观的标准。我们才可能在整个声母系统中考虑一个声母的协合程度。这是 Martinet 没有考虑到的问题。

下一个问题是怎样证实结构的协合度和音变原因、音变目的有关系。前面说过，Martinet 曾经想说明结构的整合和音变原因有关系，但是由于没有找出大量材料进行相关分析，因此他的结论是高度猜测性的。

我们对北京话一些变异的分析显示，语音系统在自组织过程中，往往在协合度低的语音单位、语音聚合群上发生变异，变异的走向往往是调整结构，提高协合度。北京话合口呼零声母变异是北京话最显著的变异之一。变异方式如下：

w:在 u/o 前，如：无、五、吴、物、乌、武、屋、握、我……
v/w:在非 u 前，如：挖、问、晚、望、为……

面对这样的变异，可以提出几个和音变原因、音变目的有关的问题：

  1.为什么变异发生在合口呼零声母前？其他声母为什么变异不显著？这是起变原因的问题。
  2.变异的去向是什么？即变异方向的目标是什么。这是变异的目的问题。

先考虑起变的原因。合口呼零声母为什么在非 u 前有变异产生，目前有各种解释，但实证性都不够强。现在我们从结构的协合度出发来考虑问题。先分析一下北京话的结构背景。明万历年间徐孝所作《重订司马温公等韵图经》，反映的是顺天话，相当于北京音。其声母矩阵如下（未包括零声母）：

p	ph	m	○	○	f	○	□
○	○	○	ts	tsh	s	○	□
t	th	n	○	○	l	○	○
□	□	□	tʂ	tʂh	ʂ	○	ʐ
k	kh	□	○	○	x	○	○

这是北京话在明末的声母情况，通过协合度的公式可以算出，所有声母中日母 ʐ 是协合度最低的声母，所有聚合群中日母 ʐ 所在的聚合群是协合度最低的聚合群。声母矩阵的协合度是：

$$I_{(等韵图经声母矩阵)} = 18/27 = 0.67$$

当时，在整个北方方言中，似乎都存在日母在声母系统中很不协合的现象。除《等韵图经》外，明万历年间河南蔡元人吕坤的《交泰韵》、清康熙年间河北隆尧人樊腾凤的《五方元音》、清嘉庆年间大兴人徐监的《音举》、清光绪年间天津人华长忠的《韵籁》，经我们的计算都显示日母在声母系统很不协合的事实。

从我们所做的相关分析结果看，大部分北方次方言区浊擦音声母聚合群的起变都和日母的不协合状态有关。比较下面表中各方言点的现代读音，v 都是新产生的，既有来自古微母的，也有来自影喻疑的。在 Karlgren 写《中国音韵学研究》时，成都、兰州、太原"未、物"一类字均为零声母。

	兰州	太原	成都	贵阳	重庆	西宁	昆明	北京	哈尔滨	郑州	南京	合肥	济南	汉口	沈阳	桂林	长春
人(日)	ẓ	z	z	z	z	z	ẓ	ẓ	ẓ	ẓ	ẓ	z	ẓ	n	ø	ø	ø
日(日)	ẓ	z	z	z	z	z	ẓ	ẓ	ẓ	ẓ	ẓ	z	ẓ	ø	ø	ø	ø
如(日)	v	z	z	z	z	z	ẓ	ẓ	ẓ	ẓ	ẓ	z	ẓ	l	ø	ø	ø
锐(日)	v	z	z	z	z	z	ẓ	ẓ	ẓ	ẓ	ẓ	z	ẓ	l	l	l	ø	l
危(疑)	v	v	ø	ø	ø	ø	ø	v/ø	ø	ø	ø	ø	ø	ø	ø	ø	ø
萎(影)	v	v	ø	ø	ø	ø	ø	v/ø	v	ø	ø	ø	ø	ø	ø	ø	ø
未(微)	v	v	ø	ø	ø	ø	ø	v/ø	v	ø	ø	ø	ø	ø	ø	ø	ø
维(喻四)	v	v	ø	ø	ø	ø	ø	v/ø	ø	ø	ø	ø	ø	ø	ø	ø	ø
为(喻三)	v	v	ø	ø	ø	ø	ø	v/ø	v	ø	ø	ø	ø	ø	ø	ø	ø
五(疑)	v	v	v	v	v	v	v/ø	v	v/ø	ø	ø	ø	ø	ø	ø	ø	ø
乌(影)	v	v	v	v	v	v	v/ø	v	v/ø	ø	ø	ø	ø	ø	ø	ø	ø
物(微)	v	v	v	v	v	v/ø	v	vø	ø	ø	ø	ø	ø	ø	ø	ø	ø

昆明话在袁家骅《汉语方言概要》中，这类字亦为零声母。成都、兰州、太原、昆明等方言点现在都不同程度地产生了 v。v 的产生使日母协合度增加，同时也使整个浊擦声母聚合群和整个声母系统协合度增加。

可以看出，合口呼零声母的变异和 ẓ 或 z 的存在是有一定关系的。有 ẓ 或 z 的方言中，才存在合口呼零声母的变异，没有 ẓ 或 z，合口呼零声母就没有变异发生，汉口、沈阳、桂林、长春就属于后一种情况。我们还调查了更多的方言点，基本上都属于上述两种情况之一。大量汉语方言中 ẓ 或 z 聚合群的起变都和结构发生关系，不会是偶然的巧合，应该承认合口呼零声母变异的产生和 ẓ 或 z 所在聚合群不协合有关。北京话 v 变异的产生也体现了这种关系。

也有人猜想 v 的产生和音节的整齐性有关，因为音节模式的一般格式是有声母的，但这种解释没有相关材料的证据，这种解释也未能说明为什么开口呼零声母前并没有产生声母。即使承认这是一种可能的解释，这种解释也是结构上的解释，因为这种解释涉及合口呼零声母和一般音节结构的协合问题。不过，目前的证据显示，v 的产生可能还是 z_i 或 z 的协合度低引起的，因为在没有 z_i 或 z 声母的方言中，零声母就没有变 v。v 的产生和结构的协合有关，还可以从聚合群的物理生理属性得到说明。兰州、太原、成都、贵阳、昆明因为 z_i（或 z）浊擦成分很重，所以 v 的浊擦成分也很重，北京、哈尔滨 z_i 浊擦成分较轻，所以 v 的浊擦成分也很轻。

当然，原因和结果涉及哲学的本体论讨论，什么样的相关关系才算因果关系，至今无定论。这里我们把因果关系限制在必要条件和充分条件两个概念中。如果无 A 则无 B，且 A、B 都是结构要素，A 就是 B 的必要条件。如果有 A 必有 B，且 A、B 都是结构要素，A 就是 B 的充分条件。显然，浊音聚合群不协合是产生 v 的必要条件，但不是充分条件，这说明结构不协合是产生 v 的必要基础。至于在这个基础上，什么时候产生 v，还有其他内外因素的刺激。

现在我们来看北京话 v 变异的演变去向。

我们首先从北京话 v/w 变异在年龄中的分布来观察变异的去向。根据北大中文系 1982 年至 1984 年三次北京话调查材料，以及我们的补充调查材料，我们做了详细统计，得到了北京话合口呼零声母 w 变异在不同年龄中的分布图。

[北京话合口呼零声母 w 变异在不同年龄中的分布]①

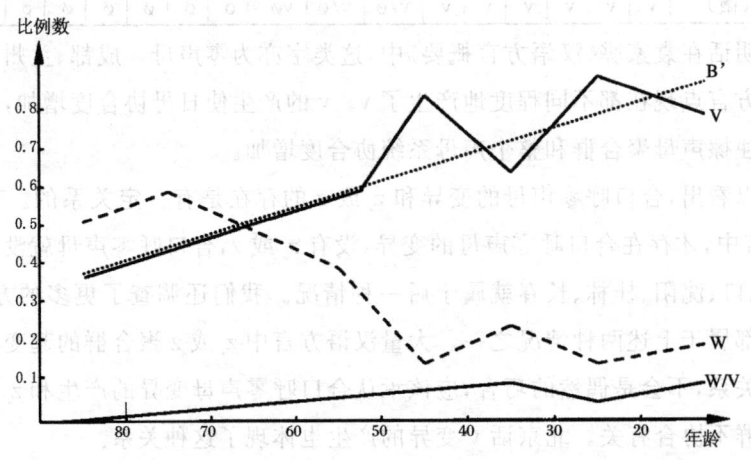

图一 北京城区 v、w 变异分布。B' 为模拟 v 分布的回归直线

---

① 调查的词例是：wa（袜子、青蛙）/wang（网兜、国王）/wan（晚上、茶碗）/wai（外围、国外）/wei（围巾、党委）/wen（蚊子、新闻）/wo（窝头、鸡窝）/wu（屋子、中午）。

不同的人对合口呼零声母有不同的读法,有的读 w,有的读 v,有的 w/v 自由变读,读 v 的浊擦成分因人而异。为了观察变异的去向,我们把年龄分成八个层次,(～20、21～30、31～40、41～50、51～60、61～70、71～80、81～),这些变异的比例在年龄中的分布如图一。由于变异受各种社会因素和其他随机因素影响,它们在年龄中的分布不可能是线性的,时有波动。为了进一步确定变异的趋势,我们用最小平方方法求出变异分布的回归直线 B'。B'反映出 v 明显增加。由于年龄总在时间中变化,变异在年龄中的分布近似地反映出了变异在时间中的去向。从年龄层中去观察变异的趋势,是以语言系统的异质说为背景的。同质说只研究个人方言,无法从年龄中观察变异的时间因素。只有考察大量个人方言,才能从年龄中观察到变异的时间因素,正像扔一个钱币无法准确估计其正反,而扔 100 个钱币就能估计有 50 来次正面出现一样。

从 w/v 在年龄中的分布图可以看出,随着年龄的递减,亦即随着时间的递增,v 在增加,w 在减少。v 的增加提高了 z_i 的协合度,从而也提高了浊音聚合群乃至整个声母系统的协合度。v 浊擦成分较轻,进一步说明了 v 在音理上是和浊擦成分较轻的 z_i 匹配,构成浊声母聚合群。v 由变异取代 w,似乎是指日可待的事,因为从 w/v 年龄分布图中可以看出 v 的递增趋势很明显。Karlgren《中国音韵学研究》中北京话还没有 v,体现的是 20 世纪初的情况,而 w/v 年龄分布图中反映的是 20 世纪 80 年代的情况。根据我们 21 世纪以来的调查,现在年轻人合口呼零声母除 uo、u 外已基本读 v 了。待 w 全部变为 v,声母矩阵变为:

[北京话声母矩阵 3(含 v)]

p	ph	m	○		f		v
○			ts	tsh	s		□
t	th	n	○		○	l	○
□	□	□	tʂ	tʂh	ʂ		z_i
□	□	□	tɕ	tɕh	ɕ		
k	kh	○			x		□

这时可以计算出北京话和 z_i 相关的三个协合度:

$I_{j(北京声母系统)} = 22/34 = 0.65$

$I_{j(北京话声母浊音聚合群)} = 2/5 = 0.4$

$I_{j(北京声母 z_i)} = 5/12 = 0.42$

下面把产生 v 前和产生 v 后的几种协合度做一个比较:

	z_i 的协合度	z_i 所在的浊音聚合群的协合度	整个声母矩阵的协合度
v 产生前	0.36	0.2	0.64
v 产生后	0.42	0.4	0.65

应该承认,北京话合口呼零声母的产生和声母矩阵的协合度有关。

前面各大方言中的 v 声母也都是新产生的。从历史来源看,既有来自古微母的,也有来自古影、疑、喻母的,但这些字的读音并不以古声母为条件,而是以现代读音为条件,即以 u(uo)韵母为一类,以非 u 韵母为另一类进行变化。在 Karlgren 写《中国音韵学研究》时,成都、兰州、太原等地"未、物"一类字均读为零声母(高本汉,1915—1926)。昆明话在袁家骅先生主编的《汉语方言概要》中,这类字亦为零声母。这些方言点现在都产生了 v 声母。v 的产生填补了 z_i 或 z 在浊音聚合上的空格,使日母协合度增加,同时也使整个浊擦声母聚合群和整个声母系统协合度增加。

另一种演变方式是通过自我调节吞噬掉日母,去掉浊声母聚合群。沈阳、汉口、长春、桂林都把日母吞噬掉了,济南在合口呼前也开始吞噬日母。

无论是增生 v 母,还是吞噬日母,都使声母系统协合度增加。郑州、南京、合肥既未产生新的 v 声母,也未吞噬掉日母,处在与《等韵图经》相似的阶段,但从结构上看,存在着上述两种变化的可能。值得注意的是,日母的存在是产生新 v 的必要条件(当然不是充分条件),亦即:没有日母的次方言,一般没有产生新的 v 声母,有日母的次方言,可能产生新的 v 声母。没有 z_i 或 z 的北方次方言很少,从沈阳、长春、桂林、武汉等方言点看,由于没有 z_i 或 z,均无 v。从声母矩阵看很明显,如果没有日母而再产生新 v,反而会给声母系统带来新的不协合[①]。

我们还对北方方言其他方言点做过类似的取样调查,z_i 或 z 的存在和 v 的产生总是有一种相关关系。这种相关性是有大量方言材料做支持的,这不是偶然的,说明 v 声母的产生和音系结构的协合有关。

不独北京话的 v 正在演变之中,属于北方方言的昆明话 v 也在演变之中。

[①] 有人认为哈尔滨无 z_i,据笔者 1987 年调查,除个别字(如"扔"读 ləŋ^{55},"软"读 yɛn^{214})外,日母绝大部分字读 z_i。地道的老哈尔滨人认为把 z_i 读成零声母是沈阳音。

比较下列字的声母读音①:

	老年	青年
污乌舞侮鹉	w	v
武务雾	w/v	v
五伍午吴误悟无巫	v	v

老年人还处于变异阶段,有些字读 w,有些字读 w、v 两可,有些字读 v。青年人已完成 v 的演变,一律读 v。昆明话和北京话具有相同的声母矩阵,昆明话 v 声母的产生也符合协合的发展方向,但速度更快,且只发生在 u 韵母前。虽然 v 的产生增加了浊擦音聚合群的协合度,但其协合度比起清擦音聚合群来仍然很低。从结构上看,浊擦音聚合群仍然是不完善的聚合群,因而仍然存在变化的可能。这种可能性在云南许多汉语方言中已经成为事实。比较下面四种状态:

	z_l	v	z
昆明	热	五(疑)屋(影)物(微)	
师宗	热		医(影)宜(疑)移(喻四)云(喻三)
路南	热	文(微)	医(影)宜(疑)移(喻四)云(喻三)
玉溪②	热	五(疑)屋(影)物(微)	医(影)宜(疑)移(喻四)云(喻三)

(括号中的字为例字所属的古声母)

这里各方言点的其他声母和北京话一致,且有严格的语音对应关系。昆明话在微母消失以后,产生了新的 v。师宗话浊擦声母聚合群协合过程不是合口呼零声母产生 v,而是齐齿呼的 i、in 韵母前产生 z(云南话没有撮口呼,北京话读 y、yn 的韵母云南话亦为 i、in)。为什么北京话产生 v 而云南师宗产生 z,我们目前还不能解释。不过无论是产生 v 还是 z,协合度都得到增加。路南只有微母读 v,其他古声母没有读 v 的,说明路南话的古微母 v 并未消失。路南话在 in 韵母前新产生了一个 z,进一步增加了浊擦音聚合群的协合度。玉溪话在微母消失的情况下,既产生了新的 v,又产生了 z。云南部分汉语方言先后产生 v、z,使这些方言点声母系统浊音聚合群协合程度高于其他北方方言。

---

① 昆明话材料来自昆明联盟公社莲花池一队梁春荣(男,60 岁)、梁桂英(女,30 岁),并参考许多昆明人的随意谈话录音(1987)。

② 玉溪话材料来自玉溪市李旗公社任井大队瞿井村瞿家贵(45 岁,男),其他云南话材料均为专题抽样调查(1987)。

以上大量变异和结构的相关关系显示了音系在自组织过程中,结构的协合和起变原因及演变走向有相关关系。

　　如果说语言演变的原因和走向跟系统的协合过程相关,那么社会因素在演变过程中又处于什么地位？Weinreich、Labov 等的有序异质理论认为,如果变异的某一成分在言语社团中被某一社会的人群所接受,并开始传播,那么语言变异的无序状态就进入有序状态,于是语言的演变就开始了。因此,语言变异和不同的言语社团发生相关关系是语音变化的原因。

　　所谓"异质"就是指变异和社会因素有关,"有序"说明这种关系是有规则的,这就是前面提到的 Weinreich、Labov 等在《语言演变理论的经验基础》(1968)一文中提出的著名变异规则：

$$g[r] = f(风格、阶层、年龄……)$$

这意思是说一个语言项目 r 的值可以因为社会条件的不同有不同的变异形式。比如北京话中合口呼 w 的读音就受风格、阶层、年龄等社会条件的限制。

　　不过 Weinreich、Labov 等没有回答为什么变异产生在系统的此时此处而不是彼时彼处。为什么这一社团要选择此种变异而不是彼种变异。而这正是在解释变化原因和变化目的时要回答的核心问题。实际上有序异质理论解释的是变异的有序化过程,并没有解释变异的原因和目的。这一理论比较合理地解释了变异和社会条件的相关规则,这是 Saussure 的同质语言理论没有涉及的。但有序异质理论只注意到了社会环境和系统有序产生的关系,忽略了内部结构基础。由于没有将变异和结构联系起来,无序、有序和结构在语言演变中的相互关系并没有得到统一的解释。

　　据我们对材料的分析,变异至少可以分为有序和无序两种状态。有序状态指变异的分布不是随机的,而是和其他因素有相关关系；无序状态指变异的分布是随机的,和其他因素没有相关关系。更严格地说,有序或相关关系必须从概率上加以量化才有意义,因为当我们把变异放在不同的社团中考察时,差异总是存在的,重要的是哪些是偶然的,哪些是必然的。这就需要严格遵循概率统计的原则来确定有序和无序。从概率论的角度看,当变异的分布在不同社团中有差异时,这种差异的概率可以计算出来。只有当这种差异大到一定程度时,我们才说差异的分布和社团之间有相关关系,即变异呈有序分布的状态。在概率论中,有两个显著标准可以衡量这种相关关系,当概率小于 0.05 时,称结果是显著的,当概率小于 0.01 时,称结果是极显著的。我们所谓的有序都是指概率等于或小于 0.05 的显著水平。

从概率论的角度看,如果变异的分布只有两种可能性,如合口呼零声母的 v 和 w 两种变异,用概率论中的正态分布或卜哇松等分布就能确定 v 和 w 分布的概率,从而可以确定哪一个变异是显著形式。但是,当把变异和社会因素结合起来时,情况就复杂了。比如在 30 岁到 50 岁这个年龄段中,合口呼零声母 v 和 w 的分布如下:

	v	w
女	0.88	0.12
男	0.62	0.38

这里有 4 种分布情况。在概率统计中,如果一个事件有两种以上的可能,要判定这些可能出现的事件是偶然的还是必然的,或者说有没有相关关系,可以用卡方分布来处理。下面对 v/w 变异的有序分析,将根据不同情况用不同的分布理论。

根据我们的统计分析,v/w 变异并不是处处呈有序分布,在 30 岁以下,70 岁以上,呈无序分布。在 30 岁到 70 岁之间呈有序分布。下面把有序分布分成 3 个年龄段(为保证足够的样本,30 岁到 50 岁为一个年龄段):

	30—50 岁		51—60 岁		61—70 岁	
	v	w	v	w	v	w
女	155(0.88)	22(0.12)	157(0.64)	87(0.36)	145(0.57)	109(0.43)
男	47(0.62)	29(0.38)	56(0.46)	65(0.54)	112(0.44)	145(0.56)

在有序阶段,总是女性的 v 比男性的 v 高。

为了更形象地观察变异的分布,我们给出不同年龄段 v、w 变异和性别的相关关系图,图中的曲线显示了不同年龄中北京话合口呼零声母变异和性别的关系[①]。

虚线 c 是显著水平。虚线 c 以上的卡方值表明变异和性别是相关的,因而变异在性别中有序。虚线 c 以下的卡方值表明变异和性别不相关,因而变异在性别中无序。

---

① 虚线 B 显示了 -ŋ+r 鼻化与否与性别的关系。详细讨论可参考陈保亚(1990)的具体分析。

[不同年龄中 v/w 变异和性别的相关关系（曲线 A）]

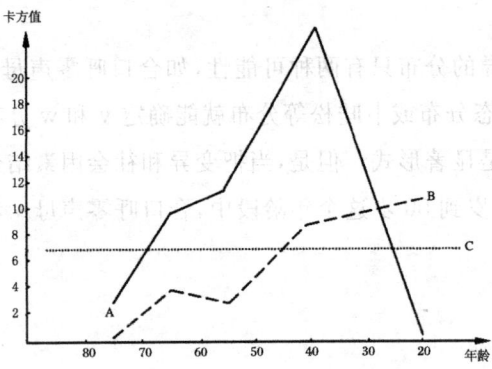

合口呼零声母变异在 30 岁到 70 岁之间呈有序状态，女性读 v 的多，男性读 w 的多。30 岁以下，70 岁以上呈无序状态。v、w 变异和性别的关系在年龄中的塔式分布说明变异在结构需要调整的初期，仍以无序状态开始，中途进入有序。通过无序状态进入结构。最后的无序状态并不等于新变异形式 v 的减少，相反，v 形式在青年人中仍保持相当高的比例。30 岁以下 v、w 变异在性别中呈无序状态，暗示变异在进入新结构之前，社会因素将退出演变，两性在 v、w 上的差异消失。v 在整个社团中，无论是男是女，最终将取代 w，达到结构的调整，提高协合度。由于 w＞v 的发展速度很快（w/v 年龄分布图），故能观察到 v、w 变异的三个阶段：

无序——→有序——→无序

变异进入有序阶段以后，有两种选择。或者像 v、w 变异，通过无序过渡到结构；或者像北京话的 tɕ 组音在部分女性中读成 ts 组音，在很长一段时间成为不同社团的语音象征。这两种有序过程都反映了变异和社会因素的相关关系。但是，两种现象有相关关系，并不等于必然有因果关系。根据我们对其他变异的分析，即使在无序状态，语言演变的沿流仍在进行，如 ɛr，据材料分析，处于无序状态，但演变方向仍是确定的，都在朝 ər 归并（陈保亚，1988）。这种现象离开了结构，社会因素就无法解释。

Labov 认为，语言系统中存在着变异，当这种变异和不同的社团发生相关关系时，语言才开始变化。于是语言变化就和社会集团有一种依存关系，这一结论必然导致承认语言发展的目的和社会集团的划分一致。事实上，语言变异并非无处不在，它通常存在于结构的不协合处。语言变异也不是进入有序阶段才开始形成演变的沿流，当它在无序状态时，就形成了一股有方向性的沿流，这股沿流的目的通常是走向协合。结构的协合才是制约语言变化原因和目的的内在条件。变异和社团发生相关关系，很可能是变异在不同社团中传播速度不一样所致。Bloomfield 曾用"交际密度"来形容这一点，是有道理的。他说：

> 我认为，在一个言语社团中，交际密度的差别不止是个人和个体的差别，而且一个社团还分成各式各样的小社团体系，小社团里的人彼此交谈的次数，大大地超过了跟小社团以外的人交谈的次数。如果把这些大批大批的箭头（即单位时间里的交谈次数）看成一个网式的体系，我们可以说，各小社团是由这个口头交际网中的稀疏线条隔开的。稀疏线条和由此产生的言语社团内部的语言差别，有地方性的——仅仅由于地理上的分隔——也有非地方性的，或者像我们通常所说，是社会性的（布龙菲尔德，1933，3.4，P51）。

变异的内在起因和走向最终是在语言结构中。自然语言是具有结构、无序变异、有序变异的自组织系统。自组织的目的是增加自身结构的协合度，自组织过程是：

旧结构──→无序变异──→有序变异──→无序变异──→新结构

第一阶段无序变异把旧结构和有序变异连接起来，系统不再是僵硬的，而是有弹性的。有序变异把语言和社会联系起来，并加快了自身变化速度。如果社会需要，有序变异会成为不同社团的语音象征。第二阶段无序变异把有序变异和新结构连接起来，完成语言系统两个时间状态的交替。

10.2　组合协合与聚合协合

如果语音系统运动的目的是由不协合走向协合，从《中原音韵》到《等韵图经》的声母变化似乎构成反例。前面我们已经给出了《等韵图经》的声母矩阵，其中没有 v 和 ŋ 两个声母，但比《等韵图经》更早的《中原音韵》，本来是有 v 和 ŋ 的：

[《中原音韵》声母矩阵]

p	ph	m	○	○	f	○	v
○	○	○	ts	tsh	s	○	□
t	th	n	○	○	l	○	

			□	□	□	tʃ	tʃh	ʃ	□		ʒ
			k	kh	ŋ	○	○	x	□		□

根据协合度的计算公式,《中原音韵》和《等韵图经》的协合度分别是:

$I_{(中原音韵声母矩阵)} = 20/27 = 0.74$

$I_{(等韵图经声母矩阵)} = 18/27 = 0.67$

从《中原音韵》到《等韵图经》,协合度反而降低了。Martinet 的整合模式正因为不能解释这样的反例,使很多人怀疑语言演变的原因是否真是结构因素引起的。

事实上,ŋ、v 除了在声母矩阵中和其他声母处于一定的聚合关系中,同时又和韵母相组合,处于一定的组合关系中。这是语言系统性的表现。语言单位总是处在高度复杂的聚合关系和组合关系中。前面从声母矩阵入手讨论协合度,只是为了讨论的方便,并不意味着就可以不管组合向度上的协合度。v 在声母矩阵中的存在增加了浊擦声母聚合群的协合度,但如从组合关系看,情况似乎并不如此简单。

《中原音韵》的 ŋ、v 既在聚合关系中,又在组合关系中;既有聚合协合度,又有组合协合度。组合协合度可以从两个角度衡量:聚合群的组合协合度和某一单位的组合协合度。聚合群的组合协合度指该聚合群实际组合数和可能组合数的比。某一单位的组合协合度指该单位实际组合数和可能组合数的比。这里的组合数是指组合成音节的数量。下面是《中原音韵》p, ph, m, f, v, k, kh, ŋ, x 的组合情况(不计声调):

[《中原音韵》p, ph, m, f, v, k, kh, ŋ, x 的组合指数]

		p	p'	m	f	v	k	k'	ŋ	x
东钟	uŋ	崩	烹	蒙	风		工	空		烘
	iuŋ							穹		凶
江阳	aŋ	邦	滂	莽	方	亡	刚	康	昂	杭
	iaŋ						江	腔	仰	香
	uaŋ						光	匡		荒
支思	ï									
齐微	i	逼	批	迷	非	维	肌	溪		希
	ei									黑
	uei	杯	披	梅			规	盔		灰
鱼模	u	捕	脯	模	扶	巫	孤	枯		呼
	iu						居	区		虚

续表

皆来	ai	白	排	埋		该	开		孩
	iai					皆	楷		鞋
	uai					拐	快		坏
真文	ən					根	肯		狠
	iən	彬	贫	民		巾	勤		欣
	uən	奔	喷	门	分	文	昆	坤	昏
	iuən						君	裙	薰
寒山	an	斑	攀	蛮	反	晚	赶	看	罕
	ian						间	悭	限
	uan						鳏		还
桓欢	on	半	判	瞒			官	宽	桓
先天	iɛn	边	篇	眠			肩	牵	掀
	iuɛn						鹃	圈	喧
萧豪	au	包	抛	毛	缶		高	考	傲	好
	iau						交	敲		哮
	iɛu	标	飘	苗			娇	橇	虐	鸮
歌戈	o	勃			佛		歌	轲	哦	呵
	io								虐	学
	uo	波	坡	磨			戈	科		禾
家麻	a	巴	爬	麻	乏	袜				
	ia						家	恰		瞎
	ua						瓜	夸		花
车遮	iɛ	别	瞥	灭			竭	怯		血
	iuɛ						决	缺		靴
庚青	əŋ						亘			恒
	iəŋ	冰	平	明			京	轻		兴
	uəŋ	崩	烹	盲			觥			轰
	iuəŋ						肩	顷		兄
尤侯	əu		剖	贸	否		勾	口		吼
	iəu	彪		眸			鸠	丘		休
侵寻	əm									
	iəm						金	钦		歆
监咸	am						甘	堪		酣
	iam						缄	嵌		咸
廉纤	iɛm						俭	欠		险

可以明显地看出,《中原音韵》唇音和舌根音两个聚合群中,v、ŋ 的组合指数最低。

如果不计算声调,根据组合协合度的定义,容易算出 v、ŋ 在《中原音韵》中的组合协合度都是 0.13。《中原音韵》中 v、ŋ 的组合协合度如此低,从《中原音韵》到《等韵图经》又恰恰是 v、ŋ 消失,这可能不是巧合,用结构的协合度来说明这种变化的原因和目的比较合理。

回到问题的要点上来。有些音变现象初看上去是和结构的协合度冲突的,但如果我们把它纳入整个复杂而庞大的音系中来观察,往往会发现问题的背后隐藏着更深、更复杂的结构原因,这些结构原因不容易被发现,而且分析起来很复杂,需要进行大量的排列分析。Martinet 正是没有展开这方面的分析,音变原因、音变目的中的结构因素没有被充分认识到,语言演变的自组织理论也不可能最终形成。

我们曾经扣住北京活生生的变异来观察音变原因、音变目的和结构的关系,其中包括合口呼零声母变异、ŋ 变异、儿化变异,结果是所有变异的起变、变异的去向都和结构的协合有关系。我们还把这些变异放在近代北方方言的演变过程中分析,也都可以在结构上给出解释。因此,说结构的不协合是变异的起因,结构的协合是演变的目的,可以得到相当多的材料支持。

从结构上解释古代音变原因和音变目的不是唯一的,有时候能够观察到例外,这有几方面的原因:

1.语音的聚合关系和组合关系的确定要依赖语音的发音特征,即要依赖语音的实质,现代语音变异的实质是可以观察的,而古代语音的实质根据的是构拟形式,因此构拟形式带有一定的相对性,不同的人构拟的形式不一定相同,在确定协合度时就有相对性。比如,如果根据王力早期对日母的拟音,日母和明、泥、疑等鼻音声母在一个聚合群,如果根据王力晚期对日母的拟音,日母属于闪音聚合群。在这两种拟音方式下,鼻音聚合群协合度是不一样的。这就是说,由于音值不得不依赖构拟材料而不是观察材料,研究历史上音变的原因和目的有相当的难度。所以我们在自组织分析中,尽量以可观察的材料来研究音变原因和目的。

2.语音演变的目的常常和有标记、无标记等语音的普遍现象有联系。在对立项中,分布较广的是无标记的,分布较窄的是有标记的,浊音相对于清音是有标记的,送气相对于不送气是有标记的,y 相对于 i 是有标记的。在语音合并时,常常是有标记的朝无标记的合并。比如浊音和清音归并时,通常是浊音归并到清音。y和i归并时,通常是y归并到i(如汉语云南方言)。这实际上是一种语音变化的普遍现象。当我们说音变原因和音变目的跟结构的协合有关系时,都是以语音变化的普遍现象为前提的,即需要解释的是同样都符合普遍现象的情况下,或者普遍现象无关的情况下,音变原因和目的是什么。当普遍现象的要求和结构协合的要求相矛盾的时候,怎样做出理论上的解释,还需要进一步研究。

3. 如果同时考虑聚合关系的协合度和组合关系的协合度,有以下的可能:

	组合协合度高	组合协合度低
聚合协合度高	协合度高	?
聚合协合度低	?	协合度低

当聚合协合度和组合协合度一致的时候,要判断整个协合度的高低是比较容易的,当聚合协合度和组合协合度不一致的时候(表中打问号的情况),要判断整个协合度的高低是比较困难的,因为一个音类的聚合协合度低时有一个变化的要求,而它的组合协合度高时又有一个不变化的要求,这就是一个矛盾。当聚合协合度高而组合协合度低时也会遇到这样的问题。通常我们可以看哪个协合度比较显著,但当两个协合度的显著情况都差不多的时候,判断起来仍然存在困难。这个问题现在还没有解决。

4. 前面我们说协合度是相对的,这种相对性主要体现在我们对互补语音形式的音值的认识。比如 tɕ、tɕh、ɕ 和 k、kh、x 互补,和 ts、tsh、s 互补,同时还和 tʂ、tʂh、ʂ 互补。于是我们有四种处理空格的方式:

[tɕ组和其他三组音都不相似]

	开	齐	合	撮
tɕ组	□	+	□	+
k组	+	□	+	□
tʂ组	+	□	+	□
ts组	+	□	+	□

[tɕ组和ts组相似]

	开	齐	合	撮
k组	+	□	+	□
tʂ组	+	□	+	□
ts(tɕ)组	+	+	+	+

[tɕ组和tʂ组相似]

	开	齐	合	撮
k 组	+	□	+	□
tʂ(tɕ)组	+	+	+	+
ts 组	+	□	+	□

[tɕ组和k组相似]

	开	齐	合	撮
k(tɕ)组	+	+	+	+
tʂ 组	+	□	+	□
ts 组	+	□	+	□

对音值的不同认识导致了空格的不同分布，导致了这几组声母组合协合度的差异，也导致了"开、齐、合、撮"组合协合度的差异。这个问题的产生根本上是由音位归纳的相对性（§2.2.1）引起的。怎么解决这些问题，需要深入研究。尽管存在上述问题，在可能控制上面参数的情况下，协合过程仍然被广泛观察到了。

10.3 多层次干扰

如果语言的演变总趋势是由结构上的不协合到结构上的协合，那么我们今天的语言现状应该在组织上达到很完善的程度。实际上情况不是这样简单。自然语言是很复杂的系统，同时受到很多因素的影响，系统中总存在不协合现象，也许《中原音韵》中在组合上不协合的声母 v、ŋ 的存在就不是纯语音层面能够解释的。自然语言是多层次系统，根本层次可以概括为音位层和语素层。各层次在结构上都有自组织性，都有从不协合到协合的一般趋势，但这种趋势往往并不是同步的。一个层面的协合可能导致另一个层面的不协合。汉语中的-r，从纯语音层面看是音位，因为-r 和非-r 是最小对立，比如 kai^{51}（盖）和 kar^{51}（盖儿），i 和 r 形成对立。从语素层面看是语素，因为-r 和体词性功能对应，能表达意义。因此，r 是跨层次现象：

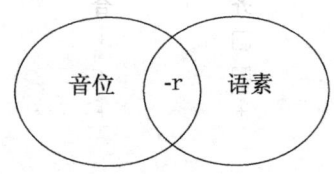

"儿化"作为跨层次现象,为观察各层次相互干扰提供了可能。

"儿"属止摄开口三等日母字。这类字在《中原音韵》中属支思韵,声母为ʒ,与ʒ聚合的只有v,所以v、ʒ在《中原音韵》声母系统中属不协合聚合群。v在稍后的时间里又很快消失了,ʒ显得更加孤立。支思韵的组合能力也很差,只和ts、tʃ两个聚合群的声母组合,因此,《中原音韵》原止摄开口三等日母字在声母和韵母上都不太协合,这可能是它们容易演变的结构基础。到《等韵图经》,这类字已列零声母下。"儿"读零声母,"儿尾"容易和前面音节融合,有了向"儿化"过渡的条件。据李思敬(1986)研究,易州人赵绍箕《拙庵韵悟》(1674)不但把"儿音"纳入韵母系统,而且明确地记下了当时的儿化音节。同时代的民间文学作品《霓裳续谱》中的《太平年儿》"孩、来"字和"年、圈"等字押韵,显然是儿化韵。这说明北京儿化在17世纪已开始产生。另一方面,儿化音节中的-r不是纯音位,它的分布规则和纯音位-n、-ŋ不一样。如果不考虑介音,-n只出现在ə、a后,-ŋ只出现在ə、a、o后[①]。换句话说,-n、-ŋ最多只能分布在ə、a、o后。如果-r也受这一音位结构规则限制,儿化韵就简单多了。但是,作为语素的-r不受这一音位规则限制,而受语素层面的规则限制。-r在语素层面和"子、头"分布相同,构成体词性词尾聚合群,因此,-r和它的聚合要素"子、头"一样,可以分布在所有音节形式的语素后构成名词,这就使儿化后的语音形式不仅有ar、ər、or韵,还有aur、ur、our、ɚr、ãr、õr、ɛr、ʏr等韵。结果在语音层面、音义关系层面造成了两种不协合现象:

    a. 在音义关系层,由于汉语的重要特点之一是语素的语音形式不小于音节,儿化的产生,破坏了这种结构,两个语素融于一个音节内,汉语一个音节一个语素的范式出现了不协合现象。

    b. 在语音层面,只有ər、ar有与之聚合的ən、əŋ、an、aŋ,而or只有oŋ与之聚合,其他儿化韵没有与之聚合的单位,这就造成了音系层面的不协合现象。

汉语的"儿化"形成以后,在音系中产生了不协合现象:

an	ən	☐	☐	☐	☐	☐	☐	☐	☐
aŋ	əŋ	oŋ	☐	☐	☐	☐	☐	☐	☐
ar	ər	or	ur	ɛr	ʏr	our	ur	ãr	õr

儿化的产生使辅音韵尾韵的矩阵出现了很多空格。但是这些空格并不是音系自

---

    ① 这样说是把in、iŋ看成是ən、əŋ的齐齿呼,把un看成ən的合口呼。不这样处理也可以,最后分析的结果相似,但分析起来更复杂。

身产生的,即不是音系层面的自组织运动产生了不协合,而是语素层面带来的。

为了观察这种不协合现象是否可能引起新的协合运动,我们把儿化后为 ər、ar 的韵称为 ər、ar 系,其他称为非 ər、ar 系。由于 ər、ar 系有与之聚合的 ən、əŋ、an、aŋ 匹配,协合度很高。非 ər、ar 系没有与之聚合的单位,协合度较低,有向 ər、ar 系靠拢的可能。事实上 i＋r、ʅ＋r、ʔ＋r、əi＋r、ən＋r 已变为 ər,ai＋r、an＋r 已变为 ar,-ŋ＋r、ɛ＋r、ɤ＋r 正在向 ar、ər 靠拢,其目的是使儿化韵和辅音韵尾更加协合起来,从而使-r 和 -n、-ŋ 更加协合起来。儿化韵和辅音韵尾韵的聚合关系由此加强,-r 和 -n、-ŋ 的聚合关系也由此加强,即-r 在语音层面的分布和-n、-ŋ 更接近。由于-n、-ŋ 是区别意义的单位,-r 是表达意义的单位,当-r 在语音层面和 -n、-ŋ 的聚合关系不断加深时,-r 的语素功能就可能受 -n、-ŋ 的影响而淡化。在音义关系层面,-r 是语音形式小于音节的特殊语素,系统可能排挤掉这种不协合现象,-r 的语素地位也不稳固,或者被推掉(详后),或者语素功能淡化,以一个纯音位的面貌出现。总之,这两个层面的协合运动都可能导致-r 语素功能的淡化。事实正是如此。"儿、子、头"宋元时期已大量存在,其语法功能都是体词性的。明代"儿"的体词性功能已开始淡化,标志是非体词性儿化的出现和体词性儿化功能的凝固化。这意味着"儿"不再严格地表达意义。非体词性儿化肇始于《红楼梦》。以下是《红楼梦》中所见到的全部非体词性儿化词:

宁可绕过远儿(8 回)/ 试一试玩儿(16 回)/ 给你带回去玩儿(25 回)/ 他就"忒儿"的一声飞了(29 回)/ 你要撕着玩儿(32 回)/ 吃了走儿,可别笑话(45 回)/ 可惜了儿的一个好胎子(66 回)/ 究竟又吃不多儿(36 回)/ 不过玩儿罢了(47 回)/ 插着玩儿(50 回)/ 你可少玩儿(59 回)/ 和我这叔叔的面貌身量差不多儿(64 回)/ 只会玩儿(89 回)/ 你提晴雯,可惜了儿的(101 回)/ 和这里的宝二爷差不多儿(106 回)/ 也可惜了儿的(113 回)

《儿女英雄传》中数量有增加:

这又不知在那里顽儿住了(3 回)/ 等他来了,叫他后赶儿吧(3 回)/ 不相干了儿(3 回)/ 卖水烟的把那水烟袋吹得"忒儿"喽喽的山响(4 回)/ 打量玩儿呢(4 回)/ 过了那山岗不远儿(5 回)/ 不相干的事(8 回)/ 这个东西可不是耍儿的(8 回)/ 都怪香的么(15 回)/ 怪香儿的(15 回)/ 有红似白儿的(15 回)/ 拔瞪儿拔瞪儿的在一旁听热闹(17 回)/ 憋出个什么痛儿痛儿的来,倒不好(20 回)/ 和他那学馆不远儿 16(22 回)/ 是玩儿话(22 回)/ 这一提起儿,又把她那斩钢截铁的心肠,赛雪欺霜的面孔给提回来(23 回)/ 多远儿呢,亲家太太还坐了车来了(27 回)/ 把一碗面忒儿喽、忒儿喽吃了个干净(28 回)/ 她便忒儿喽、忒儿喽的吃了些(29 回)/ 他喝了儿,可没把门儿人拉不住(30 回)/ 自己屋里说句玩儿话(30 回)/ 说玩儿话(32 回)/ 妹妹的是玩儿话(32 回)/ 半道儿会断儿顿了

(33回)/ 好齐整儿饼(34回)/ 怪俊儿的(34回)/ 好看儿(35回)/ 说的可不敢当儿(22回)/ 他们是干功名来了,是玩儿来了(34回)/ 吃着倒怪香儿的呢(37回)/ 她一瞧儿,见问她两个有喜信儿没有(38回)/ 瞧瞧人家是新儿的鞋子(38回)/ 就呜儿呜儿的放声大哭起来了(40回)/ 见面得跪倒爬起,说话得柘儿喳儿(40回)/ 他一只手,只管得儿楞楞,得儿楞楞的搓着那副铁球(15回)

这些非体词性的儿化词,在今天的北京话中,有些还留着,有些消失了,有些以变异的方式存在于口语中。今天的北京话中还产生了一些新的非体词性儿化词。总括起来,今天的北京话中必须儿化的非体词性儿化词有:

刺儿[ts'ər⁵¹](动词,易激怒)/ 腿儿[t'uər²¹⁴](动词,走)/ 蔫儿[niar⁵⁵](形容词,枯萎)/ 玩儿(动词)/ 颠儿(动词)/ 倍儿(副词)/ 翻儿(动词,闹翻)/ 呲儿(动词,斥责)/ 份儿(形容词,神气;娴熟)/ 锛儿(形容词,前额突出)/ 喯儿[pər⁵⁵](象声词)/ 嘿儿[xər⁵⁵](动词,呵斥)/ 劲儿[tɕiər⁵¹](形容词,傲慢)/ 膈儿[kər²¹⁴](动词,死)/ 概儿[kɑr⁵¹](副词,一概)/ 哗儿[xuɑr⁵⁵](象声词,唤猫声)/ 嘚儿[tər⁵⁵](象声词,呵马声)/ 火儿(动词)

这些非体词性儿化词的具体演变机制可能很复杂,而且多种多样,但有一点很明显,只有"儿"有这种现象,"子、头"没有。这里的一个重要区别是,"子、头"没有跨层次现象。

"儿"的这种现象有其结构基础。一个原因可能是汉语一个音节一个语素的范式引起的,前面已经有过讨论。另一原因可能是音系层面和语素层面的协合运动,所以-r语素功能开始淡化,表义的体词性功能开始受到冲击,出现非体词性儿化。这种相关关系还可以从非体词性儿化词的语音形式在音系中的分布加以证明。前面将儿化韵分成ər、ar系和非ər、ar系,ər、ar系在辅音韵尾矩阵中处于稳定地位,和ən、əŋ、an、aŋ有较严整的聚合关系,ər、ar系中的-r音位特性应该比非ər、ar系中的-r更浓,非体词性儿化词应该更多地产生在ər、ar系中,前面提到的18个非体词性儿化词语音形式分布如下:

ər、ar系	非ər、ar系
17	1

据我们初步统计,现代北京话中儿化后能生成ər、ar系儿化韵的音节(包括不同的声调)579个,它们是具有-a、-ai、an、əi、ən韵的音节,能生成非ər、ar系的儿化韵的音节608个。两者的比例为0.49∶0.51。如果没有任何原因制约,18个非体词儿化词中语音形式属ər、ar系儿化韵的应该是9个左右。偶然因素造成小偏差是允许的,但现在偏差太大,ər、ar系有17例。根据这里的数据条件,可以用Poisson计算概率,结果是这种偏差小于极显著水平。这种低概率分布不

是偶然的,反映了非体词性儿化的语音形式和 ər、ar 系有相关关系。可以提出这样的原则性问题:非体词性儿化是怎么形成的? 为什么"子、头"没有这种现象?

随着 -r 语素功能的淡化,体词性 -r 也开始凝固化,分布范围开始缩小。从《红楼梦》和《儿女英雄传》看,体词性"儿"分布比现在广,活动能力比现在自由:

a. 出现在代词后:
哭得跟什么儿似的。 红,39 回
人家还没拿进个什么儿的来,就说使不得。 红,60 回
啥儿? 儿,13 回
也是管作什么儿的呢? 儿,27 回
他两老也谦不出个甚么儿来。 儿,29 回
我可有啥儿说的。 儿,32 回
说咱儿好还带管说。 儿,36 回
咱们儿里头大家子的孩子,只怕也少少的。 儿,22 回

b. 出现在结构后,使结构体词化:
我给你老人家赔个不是儿罢。 红,40 回
打抱不平儿。 红,45 回
替你媳妇赔个不是儿。 红,44 回
去打个抱不平儿。 红,57 回
先和老的儿一说,没有不成功的。 红,60 回
我也听见我那老的儿说。 儿,22 回
打抱不平儿的。 儿,32 回
如今先把这个活的儿给你。 儿,32 回

c. 出现在动词重叠式后,可能是把后一个语素体词化:
在外头等等儿。 红,67 回
你歇歇儿吧。 红,81 回
怕老祖宗笑笑儿。 红,38 回
请我去坐坐儿。 儿,29 回
你们姐儿俩也歇歇儿去。 儿,29 回

"儿"的这种分布,今天的北京话已基本没有了,只有极个别老年人在"的"字结构后面加"儿":

三个小的儿是上大学。 (1107)①
大的儿叫铁锨,小的儿叫铲子。 (1104)

---

① 括弧中的数字为北京话调查资料编号,存北京大学中文系资料室。

跑堂的儿。　　　　　　　　(1103)

现代北京话"儿"作为语素分布范围的缩小，是语素功能淡化的又一证明。

-r 化和子尾在 ər、ar 系和非 ər、ar 系上的分布也不一样。我们曾经统计了北京城区老年、青年 140830 字次的谈话材料，儿化字次、带子尾字次分布如下：

	儿化字次	不儿化字次	带子尾字次	不带子尾字次
青年	814	3816	104	38816
老年	2399	9951	459	101451

统计结果表明，这种分布上的差异和年龄有相关关系，儿化字次、带子尾字次在青年人中的比例数显著降低。

再看-r 化和子尾在 ər、ar 系和非 ər、ar 系上的分布差异：

	老年	青年		老年	青年
ər、ar 系儿化字次	1541	560	ər、ar 系子尾字次	267	60
非 ər、ar 系儿化字次	858	254	非 ər、ar 系子尾字次	192	44

儿化的卡方分布概率为 0.0167，按 0.05 显著水平，这两个分类标准相关，换言之，老年人非 ər、ar 系儿化字次比例明显地要比青年人低一些，在概率上是显著的。这说明儿化在减少的过程中，ər、ar 系的比非 ər、ar 系的速度要慢，这个速度在概率上是显著的，说明-r 化的变化受到了音系的影响。上面子尾的卡方分布的概率接近 0.5，远远高于显著水平，统计证明这两个分类标准没有相关关系。子尾的变化并没有受到音系层面的影响。

以上字次的统计可能因为某些字出现频率高而受影响，为了避免这种影响，让我们再观察同样谈话材料中儿化词的分布情况（不重复计算字数）：

	老年	青年
ər、ar 系儿化词	119	75
非 ər、ar 系儿化词	161	61

卡方分布概率为 0.011，低于 0.05 显著水平，统计表明这两个分类标准仍是相关的。统计还证明子尾词不具备这一特点。

再比较《儿女英雄传》和北京话两个共时状态。《儿女英雄传》中带"儿"的词，今北京话不儿化，或被子尾词或其他词替代的词例，ər、ar 系占少数，非 ər、ar 系占多数（以下例在《传》中均为名词）：

ər、ar 系：

亲儿 / 裙儿 / 啥儿 / 失闪儿 / 差使儿 / 周岁儿 / 万儿 / 燕尾儿 / 东西儿 / 馨儿 / 序

儿／牙儿(牙齿)／哑儿谜／衣儿／椅儿／暗儿／针扎儿／(迷了)攒儿／番儿(量词)／年纪儿／财儿／双关儿／吭案儿／挤儿／髻儿／紧儿／矩儿

非 ər、ar 系：

反拨儿／前程儿／锄儿／窄荡儿／锭儿／气度儿／拱儿车／供儿／原故儿／打夯儿／门户儿／货儿／叫儿／精儿／银锞儿／粮儿／两儿／棍儿／绫儿／积伶儿／青柳儿／灯笼儿／方向儿／笑儿／吐罗儿／陀罗儿／洞落儿／没落儿／什么儿／梦儿／黄墨儿／白肚囊儿／品儿／枪儿／喜鹊儿／嚷儿／书儿／鼠儿／梁孺儿／酥儿／锁儿／藤儿／痛儿／土儿／人物儿／竹箱儿／乡儿／吉祥儿／血儿／太阳儿／靴掖儿／白耳腋儿／消夜儿／杖儿／执照儿／桩儿／妆儿

正态概率为 0.0009，远小于 0.05，这说明"儿"减少的速度和非 ər、ar 系有关，即《儿女英雄传》中带"儿"的词，今北京话中，非 ər、ar 系的比 ər、ar 系的明显减少。

再比较子尾词的情况。《儿女英雄传》中的子尾词到北京话不再是子尾词的实例分布如下：

ər、ar 系音节的子尾词：

千头百子／一半子(一半儿)／一边子(一边儿)／脸蛋子／一点子／番子（量词）／铁环子／这回子／年纪子／件子(件儿)／胸坎子／昝晃子／八旗子／士子／匙子／耍子／它子／腿子(腿儿)／弯子／小鱼子／贼子／壁子／这会子(这会儿)

非 ər、ar 系音节的子尾词：

包子(包儿)／补子／场子(量词)／一程子／抽子／山闽子／摄子(量词)／道子(道儿)／灯子／媳妇子／锅子(锅)／小河子／大家伙子／脚子／台阶子／杠子／甚么子／书子／俗子／锁子／些子(些儿)／大众子

正态分布的概率为 0.9，说明子尾的减少和非 ər、ar 系没有关系。

以上材料和统计结果表明，作为体词性附加语素，"儿、子"都在减少，但只有-r 的减少跟 ər、ar 系和非 ər、ar 系的区分是相关的。

总之，随着儿化在语音层面、语素层面的协合运动，"儿"的语素功能开始淡化，逐渐向音位转移，同时引起"儿"语素在分布上、出现频率上的一系列变化。最重要的是"儿"的变化引起了语素平面体词性词尾系统的不协合：

	名词	动词	形容词	副词	象声词
-头	+	□	□	□	□
-子	+	□	□	□	□
-儿	+	+	+	+	+

大量事实显示结构的协合在音变原因和音变目的中的重要作用。当然，说音变原因和音变目的跟结构协合有关，这仍然只是一种假说，这种假说就像音变

规律性的假说一样,需要不断验证并修正。在音变假说中,我们也遇到很多例外,但是这些例外一个个被另一个层面的事实解释了,音变规律假说的可信度越来越高。音变原因的结构假说的证明也与此相似。在我们后来的调查中,越来越多的材料得到了结构上的解释,例外不断得到另一个层面的解释(陈保亚,1994)。

音系协合不仅可以得到材料的确证,而且还可以从机制上加以解释。Martinet用经济原则解释,有一定道理,但还不够明确,关键是经济的标准是什么。我们在现代音系学的基础上,可以找到机制上的解释。自然语言最本质的属性之一是它的分层性:语音层、语法层和词汇层,每一个层面都有它的结构和结构的自组织性。以语音层为例,它由区别性特征、音位、音位结构三个子层面组成。区别性特征的组合构成音位,音位组合又构成音节。由于人类感知语音能力的局限,每种语言所选择的区别性特征是有限的,而且是非常有限的,这就决定了必须由它们组合来构成更多的区别性单位,即音位。同一种语言,音位数也是极少的,这也决定了必须由它们构成更多的单位——音节。用十几个区别性特征,通过有限的组合规则,构成几十个音位。音位又通过有限的组合规则,构成上百上千个音节,这种现象在人类自然语言里普遍存在。这也是人脑习得音节、贮存音节、运用音节的必然要求。所以,区别性特征、音位总处在一定的组合关系中。反过来,音节总可以按照它的构成成分音位分成不同的聚合群,音位总可以按照它的构成成分区别性特征分成不同的聚合群。自然语言不可能没有这种性质。如果每两个音位都无相同的区别性特征,人类要发出几十个音位会很困难。如果每两个音节内部构造元素都无共同的音位,人类要发出几百乃至上千个音节也是不可能的。所以,音位、音节总是处于一定的聚合关系中。

聚合关系和组合关系互为因果。假如我们有下面几个音位:k、k'、x、p、p'、f、tɕ、tɕ'、ɕ、a、i、ɔ、y,并且组合模式是:

ka	k'a	xa	kɔ	k'ɔ	xɔ
pa	p'a	fa	pɔ	p'ɔ	fɔ
tɕi	tɕ'i	ɕi	tɕy	tɕ'y	ɕy

那么组成这18个音节只需要两条规则:

    1.舌根音、唇音和a、ɔ相拼;

    2.舌面音和i、y相拼。

如果组合模式是:

ka	ki	xy	kɔ	k'y	xa
pi	pɔ	fy	pa	p'y	fa
tɕa	tɕ'ɔ	ɕy	tɕy	tɕ'y	ɕi

那么组成这 18 个音节的规则就要多得多,几乎每个音节的构成都得单独设立一条规则。我们无法概括出它们的一般原则,那就等于没有规则。这是人脑经济原则和有效性原则不允许的。因此,音位系统的组织性是自然语言的重要属性。相同的聚合群往往具有相同的组合性。而组织化程度的高低取决于处理同样单位时所使用的规则的多少。更具体地说,当高层面的单位已经确定时,可以从低层面的单位和规则使用情况比较明确地确定组织化程度的高低:

1. 当低层面的单位确定时,低层面的规则越少,组织化程度越高。
2. 当低层面的规则确定时,低层面的单位越少,组织化程度越高。

自组织理论就是对这种音系组织性的认识,当然,对自组织所面临多层面协合怎样相互协调的问题还需要做更多的研究。

10.4 结构与音变规律

自组织理论的核心思想就是把语言的变化和结构的协合联系起来。从这个视角入手,可以解释一些重要的历史音变问题。事实上不仅语言演变的原因、目的和内部结构有关,语言演变的规律性也和结构有关。不过早期的历史比较语言学没有清楚地认识到这个问题。语音演变的规律性最早是由 19 世纪的历史比较语言学家 Grimm 在实际工作中揭示出来的。Grimm 在《德语语法》(1819)中指出,从原始印欧语到原始日耳曼语发生了一系列重要的语音变化:

| 原始印欧语 | p | t | k | b | d | g | bh | dh | gh |
| 原始日耳曼语 | f | θ | h | p | t | k | b | d | g |

但是 Grimm 对规律的认识并不很明确,他认为这只是一般的趋势。因为按 Grimm 的表述,这种演变存在例外。以原始印欧语中的 t 为例,代表原始印欧语实例的拉丁语和代表原始日耳曼语实例的哥特语有时在 t 变 θ 的规律上显出不规则的现象:

	兄弟	父	母
拉丁语	frāter	pater	māter
哥特语	brōþar	fadar	mōdar

同样是拉丁语中的 t，哥特语中"兄弟"一词中为 þ，读 θ，但"父、母"两词中却是浊塞音 d。Verner(1875)发现，只有位于词首或紧跟在重读元音之后的原始印欧语 p、t、k 在日耳曼语中才变成了 f、θ、h，除此条件以外则变成浊塞音 b、d、g。拉丁语、哥特语的重音条件已看不出来了，联系到古老的梵语，问题豁然清晰：

	兄弟	父	母
梵语	'bhratar	pi'tar	ma'tar
拉丁语	frāter	pater	māter
哥特语	brōþar	fadar	modar

借助梵语可以确定重音位置。由于哥特语"兄弟"中的 t 是紧跟在重音后的，所以变成了 θ，而"父、母"中的 t 既不是在词首，也不紧跟在重读元音之后，结果变成了 d。Verner 的发现是在认识语音演变的规律中一次重要的转折。这以前人们对语音演变的规律性是否存在是徘徊不定的，Verner 的发现坚定了大多数语言学家对音变规律性的信心。从此，人们沿着这一条假说的路径去寻找语音演变的规律，越来越多的例外被解释了，越来越多的音变规律被发现了。19世纪末，新语法学派断言，没有一个例外是没有原因的，语音演变是绝对有规律的。但是，在各种语言的变化中，有些重要的语音变化仍然没有找到规律，这就给新语法学派"音变规律无例外"的假设投下了阴影，甚至给历史比较语言学的存在地位提出了疑问，因为历史比较语言学确定语言间的亲属关系和谱系树关系有赖于语音演变的规律性。中古汉语"禅"母的分化就是一个典型的实例。其他中古汉语声母到现代的发展规律都比较明显，而"禅"母的现代读音看上去却非常复杂。

前面我们已经看到，禅母平声字在相同的反切下在现代汉语中有相同读音(§8.2)，这说明禅母的分化是有规律的，只是我们还没有找到它遵循什么规律。在这里，"有规律"和"遵循什么规律"是两个不同的概念，现有的历史比较语言学理论还没有对这一对概念加以严格区分。新语法学派的音变理论也没有意识到这一点。反对音变规律的历史语言学家往往把还没有找到规律看成是没有规律。如果从结构协合的观点看，很多音变规律可以得到解释。

禅母的分化看上去比较凌乱，跟我们忽视语音演变的结构性有关系。19世纪的历史比较语言学家通常把音变规律看成是一种生理作用。比如 Thomsen(1878)首先认识到印度语的"腭音变化规律"，很为学者们所推崇。这种观念认为 k 类舌根音在前高元音前腭化成 c 类音是自然而然的生理过程。后来的很多学者都用生理条件来解释音变条件，比如在汉语语音演变中，舌根音、舌尖音容易受高元音的影响而变成舌面音;在平分阴阳时,受清音发音方法的影响,平声调值升高,形成阴平,受浊音发音方法的影响,平声调值降低,形成阳平。但这种解释只能说明一部分变化条件,实际工作中会遇到很多反例,并不具有普遍性。即便从平分阴阳看,也有阳平调高于阴平调的,如潮州方言。

从音系结构的角度看,变化是聚合关系的变化,变化条件是以某一聚合特征形成的变化条件,这样一来,不仅生理条件可以得到解释,非生理条件也可以得到解释。

19 世纪的许多历史比较语言学家并不对音变的具体机制做出解释,而只是说明规律或事实本身,但在一些重要的语音变化的描写中,已经有了结构思想的萌芽。Grimm 断言原始印欧语的 p、t、k 变成原始日耳曼语的 f、θ、h,原始印欧语的 b、d、g 变成原始日耳曼语的 p、t、k,原始印欧语的 bh、dh、gh 变成原始日耳曼语的 b、d、g。这里已经显出了一个很强的结构规律:聚合关系的变化。从聚合关系的变化看,变化的规律更简单明白:原始印欧语的清塞音变成原始日耳曼语的清擦音,浊塞音变成清塞音,送气浊塞音变成不送气浊塞音。但当时并没有自觉地把"聚合"这种结构因素和音变规律联系起来,而只是在变化要素之间聚合关系比较明显的时候提出这一点。Grimm 断言的辅音变化规律事实上是聚合关系的变化规律,不只是单个要素的变化规律。

Verner 定律的重要意义不仅在于从语音变化的条件解释了一组重要的例外,而且还让我们看到,音变和音变条件之间并没有一种发音上的必然制约关系。不过 Verner 并没有指出语音变化的条件是一种孤立的语音要素还是一种聚合关系。如果我们把音变的语音条件也看成是一种聚合关系,我们突然发现汉语中禅母平声字的分化很有规律。当禅母平声字有韵尾,并且韵尾是-u、-i、-ŋ、-n 时,禅母平声字的声母就读 tṣh,否则读 ṣ。例如:蝉、禅、婵、单、忱、谌、纯、醇、淳、鹑、晨、辰、臣等字,韵尾为-n,声母读塞擦音 tṣh;常、尝、偿、嫦、裳、倘、成、城、诚、盛、承、丞等字,韵尾为-ŋ,声母读 tṣh[①];垂、陲等字,韵尾为-i,声母读 tṣh;酬、仇等字,韵尾为-u,声母读 tṣh。不符合上述韵尾条件的声母均读 ṣ,例如:佘、匙、时、埘、莳、鲥、殊、受等字均读 ṣ 声母。

上述禅母分化的规律只有几个字有例外:"谁",韵尾为-i,声母反而读 ṣ;

---

① 值得注意的是,曹正义(1963)首次提到阳声韵的禅母平声字今读 tṣh。

"韶",韵尾为-u,声母反而读ʂ;"裳",韵尾为-ŋ,声母有 tʂh、ʂ 两种读音;"蜍"没有韵尾,但读 tʂh 声母;"茱、洙"没有韵尾,但读 tʂ 声母。这些例外我们将在后面做出解释。禅母平声字分化的条件并不是孤立要素堆集成的条件,而是与音系结构有关系的一组条件。从聚合关系看,-n、-ŋ、-i、-u 都具有发音部位"高"这一语音聚合特征。我们正好可以从这种"结构"关系中概括出一条规律,即禅母平声字在韵尾具有"高"这一聚合特征下读塞擦音声母 tʂh,否则读 ʂ。于是我们得到这样一个公式:

禅母 ⟶ tʂh 平声,具备"高"特征的韵尾
禅母 ⟶ ʂ 平声,无韵尾或韵尾不具备"高"的特征
禅母 ⟶ ʂ 仄声

中古"氏任切"一音的分化过程似乎进一步证实了禅母平声字的分化是以韵尾是否具有"高"这一区别性特征为条件的。中古"氏任切"所辖的同音字常见的有"忱、煁、谌",《广韵》属"侵"韵,即收-m 尾的。"氏任切"的字在《中原音韵》中只收了"忱、煁"两个,归在"侵寻"韵下,属同一小韵,仍是同音字。在《中原音韵》"侵寻"韵下,"忱、煁"和古澄母字"沉"是对立的,属不同小韵。中古澄母字在后来的各个时代都是读塞擦音的,《中原音韵》时代应该也不例外,"忱、煁"既然和澄母字对立,属不同小韵,说明当时"忱、煁"还保留了中古禅母浊擦音的读法。尽管《中原音韵》"侵寻"韵是收-m 尾的,但韵尾不具有"高"这一区别性特征,所以"忱、煁"没有分化成塞擦音。在《中原音韵》中,凡是收-n、-i、-ŋ、-u 韵尾的禅母平声字,由于满足韵尾具有"高"这一区别性特征[①],都和同韵的澄母平声字合并了,即都变成塞擦音了。比如"江阳韵·平声阳"下禅母字"常、裳、尝、偿"和澄母字"长、苌、肠、场"同小韵;"齐微韵·平声阳"下禅母字"垂、陲"和澄母字"锤"同小韵;"真文韵·平声阳"下禅母字"臣、辰、晨、宸"和澄母字"陈、尘"同小韵;"先天韵·平声阳"下禅母字"禅、蝉"和澄母字"缠"同小韵;"真文韵·平声阳"下禅母字"纯、淳、醇、鹑"和澄母字"唇"同小韵;"庚青韵·平声阳"下禅母字"成、城、诚、盛、承、丞"和澄母字"澄、呈、程、酲"同小韵;"尤侯韵·平声阳"下禅母字"雠、酬"和澄母字"稠、绸、筹、俦、踌、畴"同小韵。这些事实说明禅母平声字的分化确实是以韵尾有无"高"这一区别性特征为条件的。"忱、煁"在《中原音韵》中还保留了-m 尾,而-m 尾不具备高的特征,故"忱、煁"的声母尚未变塞擦音。"忱、煁"

[①] 汪高武(2005)从实验语音学的角度证明了-n、-i、-ŋ、-u 都具有"高"的特征。

读塞擦音已经是《中原音韵》以后的事,即-m变成-n以后的事。这或许说明禅母演变的过程很长。

现在来解释例外。"韶"按前面表述的禅母分化规律,它的声母应该读塞擦音 tʂh,因为"韶"的韵尾是-u,具备"高"这一区别性特征。事实上"韶"确实经过禅母平声字的正常分化规律,在《中原音韵》"萧豪韵·平声阳"下,它和澄母字"朝、潮"同小韵,应当读成塞擦音。"韶"在《中原音韵》中既然和"朝、潮"等字同音,后来又不同了,应当另有原因。中古以来,"韶"字一般不在北方方言口语中使用,考虑到南方方言区禅母多数读擦音,"韶"在北方方言中读擦音很可能是受南方音的影响。

"谁"具有带"高"这一区别性特征的韵尾-i,本该读 tʂh 声母,现在读成 ʂ 声母。《中原音韵》中"谁"在"齐微韵·平声阳"下和"锤、垂、陲"是对立的小韵。我们前面已论及"锤、垂、陲"在《中原音韵》中读塞擦音,"谁"就只能是擦音了。"谁"的音变规律和禅母平声字的分化规律似乎不合,但是,在比《中原音韵》稍早一些的、仍然是反映北方音系的《古今韵会举要》(1297)中,"支"韵下"垂、陲、谁"等同小韵,并注明"谁,视佳切,音与垂同"①。既然是同音字,"垂"后来读塞擦音,"谁"也应当相同。这样看来,"谁"后来读擦音可能另有原因。

在现代汉语方言中,湖南邵阳话禅母平声字的分化规律和现代北京话有比较严格的对应规律。虽然湖南邵阳话浊音尚未消失,但禅母平声字中韵尾具备"高"这一特征的声母都读塞擦音 dz,其他情况下读擦音 z,而"谁、韶"的声母正好读 dz②。这是值得注意的现象。这说明我们对禅母平声字音变条件的解释,可以从邵阳话中找到一些证据。

"裳"也经过塞擦音声母阶段,《中原音韵》"江阳韵·平声阳"下"裳"不仅和"常、尝、偿"同音,属同一小韵,而且和古澄母字"长、苌、肠、场"同小韵,说明"裳"当时确实读塞擦音,现代的擦音读法是《中原音韵》以后产生的,也另有原因。

"匙"在《中原音韵》中和"时、埘、鲥"等是同小韵的,"时、埘、鲥"现在都读擦音,"匙"在现代北京话中有擦音一读("钥匙"的"匙"),但还有塞擦音一读,应该

---

① [元]熊忠《古今韵会举要》四支。
② 邵阳话禅母字是向邵阳人李国华(现在云南民族学院工作)调查的。我在"纪念王力先生诞辰100周年语言学国际研讨会·古汉语音韵组"上发言时,北京大学唐作藩先生(邵阳人)也证实了"谁、韶"的声母读 dz。

是《中原音韵》以后产生的,另有原因。

"茱、铢、洙"没有韵尾,也谈不上韵尾具备"高"这一特征。按前面表述的禅母分化规律,这些字当读擦音。在《中原音韵》中,"鱼模韵·平声阳"下"茱、铢、洙"和"殊"同小韵,而和澄母字"除、储、厨、蹰"不同小韵,证明"茱、铢、洙"当时读擦音声母,符合前面描述的禅母平声字分化规律。这些字现在读不送气的 tṣ 声母,是《中原音韵》以后的事,也应当另有原因。

"茱、铢、洙"不仅不符合禅母的分化规律,甚至不符合从中古到现代的两条重要音变规律,即:

1. 浊塞声母的平声字必须是送气的。
2. 浊声母平声字读阳平声调。

"茱、铢、洙"的变化均不符合这两条规律,而恰恰和文字上的声旁"朱"读音一样。这可能不是偶合,也许是在字形上受文字类推,和属于古章母的"朱"字同音了。就现在积累的材料看,不常用的字很容易受到文字和语法类推的影响。不过这方面的证据还有待进一步调查。

最后只剩下一个"蜍"字没有得到解释。《说文》中没有"蜍"字,中古也不是常用字。"蜍"字只出现在"蟾"字后,"蟾"字的韵尾具有"高"这一区别性特征,这一特征会不会对"蜍"有影响值得深入研究。

回到问题的实质上来。从语音条件的聚合关系看,禅母平声字的分化规律是比较明确的。少数例外中好些都可以找到原因。历史上有些重大音变没有找到原因,可能和我们没有从结构的角度认识音变条件是有关系的。对这些问题做进一步的研究首先需要我们在语言系统中分清层次。新语法学派说音变是绝对有规律的,是就纯语音层面这个意义上说的。他们并不是没有看到例外,他们意识到了这一点,并提出"语法类推、偶然借用"来解释例外。Gilliéron 提出"每一个词都有自己的历史"应该是对新语法学派理论的补充而不是否认,因为"每一个词都有自己的历史"的变化单位是语法层面和语言接触层面上的,而这一点新语法学派已经谈到过。新语法学派的真正局限在于他们没有自觉地从结构上来解释音变规律和音变条件。在音变过程中,有时音变条件确实是孤立的,如"维尔纳定律"中的重音条件。而且维尔纳定律本身已经暗示了音变条件和结构有关系,因为这时重音并不是从生理、物理上构成音变条件,而是以一种类推的方式构成音变条件。因此,孤立的音变条件只是一种以聚合关系为条件的特殊

情况。更多的音变条件是一组聚合关系,更多的语音变化也是聚合关系的变化。Grimm 定律是三组聚合关系的变化:

塞＞擦(p、t、k＞f、θ、h)
浊＞清(b、d、g＞p、t、k)
送气＞不送气(bh、dh、gh＞b、d、g)

同样,从中古汉语到现代汉语声母的变化也是聚合关系的变化,如浊音清化律、平分阴阳律等。而且多数变化的分化条件也呈聚合关系,如平分阴阳律以"浊"这一聚合特征为条件。只是我们受新语法学派理论的影响,很少在工作中自觉思考音变规律中的结构因素,遇到"禅"母这样一些复杂的语音变化,很难找到演变的规律。当我们从韵尾的聚合关系着眼,"禅"母平声字的规律便显现出来。

从结构的聚合关系着眼,船、崇两母的规律也会显现出来。船母平声字的分化似乎没有音变条件,因为相同反切下的字可以有不同的读音:

字	今读	上字	下字	开合	韵	摄
船	tʂhuan²	食	川	合	仙	山
神	ʂən²	食	邻	开	真	臻
乘	tʂhəŋ²	食	陵	开	蒸	曾
塍	tʂhəŋ²	食	陵	开	蒸	曾
䌥	tʂhəŋ²	食	陵	开	蒸	曾
绳	ʂəŋ²	食	陵	开	蒸	曾
渑	ʂəŋ²	食	陵	开	蒸	曾
澠	ʂəŋ²	食	陵	开	蒸	曾
鼆	ʂəŋ²	食	陵	开	蒸	曾
唇	tʂhun²	食	伦	合	谆	臻
漘	tʂhun²	食	伦	合	谆	臻
蛇	ʂɤ²	食	遮	开	麻	假

由于船母只有三等字,这里省略了"等"的条件。表中的"食陵"切的字尤其值得注意,它们分成了两种不同的读音,有的读擦音声母,有的读塞擦音声母。这种现象在《中原音韵》中就已经存在,比如"乘"和澄母字"澄、呈"等同小韵,但"绳"单独成一个小韵,因此船母平声字的声母分化是没有音变条件的,或者说船母平声字的分化受到了非语音层面的影响。

崇母的情况有所不同。如果把音变条件限制在同一反切上,"崇"母仄声字的分化是有音变条件的:

10. 自组织论

汉字	今音	上字	下字	开合	韵	等	声调	摄
乍	tʂa⁴	锄	驾	开	祃	二	去	假
蜡	tʂa⁴	锄	驾	开	祃	二	去	假
褯	tʂa⁴	锄	驾	开	祃	二	去	假
状	tʂuaŋ⁴	锄	亮	开	漾	三	去	宕
齰	tsɤ²	锄	陌	开	陌	二	入	梗
鲊	tsɤ²	锄	陌	开	陌	二	入	梗
撰	tʂuan⁴	雏	皖	合	潸	二	上	山
僎	tʂuan⁴	雏	皖	合	潸	二	上	山
助	tʂu⁴	床	据	开	御	三	去	遇
俟	sɿ⁴	床	史	开	止	三	上	止
涘	sɿ⁴	床	史	开	止	三	上	止
竢	sɿ⁴	床	史	开	止	三	上	止
騃	sɿ⁴	床	史	开	止	三	上	止
佴	sɿ⁴	床	史	开	止	三	上	止
啧①	tsɤ²	士	革	开	麦	二	入	梗
赜	tsɤ²	士	革	开	麦	二	入	梗
镯	tʂuo²	士	角	开	觉	二	入	江
浞	tʂuo²	士	角	开	觉	二	入	江
鷟	tʂuo²	士	角	开	觉	二	入	江
籑	tʂuan⁴	士	恋	合	线	二	去	山
僎	tʂuan⁴	士	恋	合	线	二	去	山
馔	tʂuan⁴	士	恋	合	线	二	去	山
鐉	tʂuan⁴	士	恋	合	线	二	去	山
譔	tʂuan⁴	士	恋	合	线	二	去	山
膪	tʂa²	士	洽	开	洽	二	入	咸
栈	tʂan⁴	士	谏	开	谏	二	去	山
骤	tʂou⁴	鉏	祐	开	宥	三	去	流
士	ʂɿ⁴	鉏	里	开	止	三	上	止
仕	ʂɿ⁴	鉏	里	开	止	三	上	止
柿	ʂɿ⁴	鉏	里	开	止	三	上	止
事	ʂɿ⁴	鉏	吏	开	志	三	去	止

以上相同的反切所辖的字今读相同,崇母仄声字肯定有音变条件。

由于崇母仄声字分化有音变条件而船母平声字分化没有音变条件,我们只需要考虑崇母仄声字的音变规律,不必再去追问船母分化在语音层面的规律。

---

① 《广韵》又"侧伯切"。

崇母的音变条件仍然跟有无韵尾有关系:有韵尾的读塞擦音,没有韵尾的读擦音。由于入声韵都是有韵尾的,所以入声韵的崇母仄声字也读塞擦音。根据韵尾有无的条件,只有锄驾切、床据切的字是例外。床据切的"助"字,《广韵》为去声御韵,没有韵尾,但今读塞擦音。"锄驾"切的"乍、蜡、褡"几个字,《广韵》为去声祸韵,没有韵尾,但今读塞擦声母。这里有一个问题值得考虑:锄驾切的字在上古都是收-k 尾的,这些字是中古才变成去声的,会不会是锄驾切的字的-k 韵尾在中古仍然存在于口语中,所以才使锄驾切的字后来读塞擦音?这个问题需要进一步研究。

前面讨论禅母的音变规律时,说禅母的分化规律可以更进一步概括成韵尾是否具有"高"这一语音特征。从崇母仄声字的分化条件看,崇母的规律也基本上可以概括成韵尾是否具有"高"这一语音特征,即凡是有韵尾并且韵尾带有"高"语音特征的崇母仄声字,都读塞擦音,否则读擦音。于是崇母的演变规律可以概括为:

崇母　⟶　tṣ　　仄声,具备"高"特征的韵尾
崇母　⟶　ṣ　　仄声,无韵尾或韵尾不具备"高"的特征
崇母　⟶　tṣh　平声

从上面的材料看,有韵尾且韵尾有"高"这一特征的-i、-u、-t、-k、-n、-ŋ 都符合音变规律。只有"煔"似乎是一个例外。"煔"是收-p 尾的,-p 并不具有舌位"高"的特征,但"煔"仍然读塞擦音。这是否暗示收-p 的韵尾是先变-k、-t 或-ʔ 以后才丢失的,因为-k、-t 或-ʔ 是具有"高"这一特征的,所以"煔"才读塞擦音。这个问题需要做进一步的研究。

至于崇母仄声字读平舌声母的,有其他音变规则制约,不在此处展开。

总之,从韵尾有无"高"的条件看,崇母的演变规律比禅母更严格。于是我们可以把禅母平声字、崇母仄声字的分化条件统一起来,它们都是因为语音条件中有无韵尾以及韵尾是否有"高"这一语音特征而分化的,韵尾有"高"这一特征的读塞擦音,不符合这一条件的读擦音。所不同的是禅母的分化发生在平声字中,崇母的分化发生在仄声字中。可以说,韵尾具有"高"的语音特征是禅母平声字和崇母仄声字音变规律的本质条件。

禅、崇语音演变规律的结构性再次证实了语言变化中结构的重要性,这也反映了自组织理论在方法论上的价值。

11. 语言接触的无界有阶论

叠置式音变主要是强势方言对弱势方言的影响。弱势方言也会对强势方言施加影响。如果把方言接触再扩展到语言接触,在语言接触中,也存在强势语言影响弱势语言和弱势语言影响强势语言两个向度。方言接触和语言接触都存在两个向度,只是具体的接触规律有异同。另一方面,语言接触也和结构有密切的关系。自组织反映了语言系统内部的自协过程,当我们观察两个语言的接触时,还可以看到两个语言之间的互协过程。

前面我们看到,由于汉藏语系的复杂性,用语音对应规律确定同源关系遇到了很多困难。在这种背景下,中国学者提出了同族词对应和深层对应的方法。和一般的对应相比,同族词对应和深层对应更能排除借词。在密切接触的语言中,单个词的借贷容易发生,但一组同族词或一组同音词(深层对应)同时借用的可能性就要小得多。

同族词对应和深层对应从概率上说比一般的对应更能排除借词,但并不能保证可以绝对排除借词。而在语源关系研究中,只要把一个借词误认为是同源词,就可以把接触关系误认为是同源关系。因此在语源关系研究中,仅仅根据同族词或同音词借用的可能性小来作同源与否的标准还不充分,除非能证明同族词和同音词绝对不能借用。至今还没有人能够证明这一点。那么其他语言成分能否抗拒借用,如果不能,这些成分在接触过程中是否具有一些不同于同源成分的性质?

到此为止已经可以看出语言接触对语源研究的重要意义。其实从20世纪40年代开始,已经有人展开了语言接触的工作,并且有相当深度。傅懋勣《维西么些语研究》(1940—1943)的词汇部分已经注明了哪些是借词。高华年在《黑彝语中汉语借词研究》(1943)一书中系统地研究了黑彝语中的汉语借词。李方桂《台语中的古汉语借词》(Li, F., *Some old Chinese loan words in the Tai language*, 1945)比较系统地研究了台语中的古代汉语借词。岑麒祥《从广东方言中体察语言的交流和影响》(1953.4)通过对汉语广东方言和壮语的比较分析，认为广东方言在语音、语法、词汇上都留有古代侗台语的底层。吴宗济《武鸣僮语中汉语借字的音韵系统》(1958.3)系统地研究了武鸣僮语(壮语)中的汉语借词，认为汉语借字要服从本族语言音韵系统。喻世长《关于"汉语对我国少数民族语言影响"研究中的几个问题》(1961.12)认为研究发生学不能排除语言接触问题。王均(1962.6)系统研究了壮语(僮语)中汉语借词的借用方式，指出了老借词和新借词的重要区别：

> 老借词一般是各地声韵调音类的对应相当整齐，但在音值上，有时各地出入颇大；而新借词则各地读音音值比较接近，但在音类的对应上不免与本民族的语音对应规律不合。最明显的是声调。老借词各地的调类皆同(个别字有越调的现象)，而调值并不一定相同；新借词却正相反：以大多数地区的情况而论，一般是各地调值或调形大体相近，而调类则参差甚大。

拿汉语的阴平字来说，可以得到下面的分布：

壮语方言点	老借词调值	老借词调类	新借词调值	新借词调类
武鸣	24	1	33	6
田阳	13	1	35	5
柳江	42	1	33	5
来宾(南)	35	1	33	3
上思	44	1	44	1
龙州	33	1	33	1
靖西	53	1	35	5
广南(南)	35	1	33	2
实例	开、灯		机、关	

王均关于新老借词的区分，对后来民族语言研究中区分不同时间层面的借词有重要的指导意义。后来的新老借词，主要是靠这种方法来区分的。这一思路在方法论上也有重要价值，这一点可以从西方历史比较法区分借词的方法看出来。西方历史比较法区分不同时间层面的借词主要是通过文献和碑文的时间年代，或者通过考古和文化分析，并没有从语言系统内部明确提出原则和方法。Meillet(梅耶，1924)、Bloomfield(1933)都不同程度地涉及了借词读音问题，但对不同时间层面借词的区分没有做更深入的讨论。这可能和印欧语历史比较语言学者对音类和音值的区别不明确有关系，因为印欧语中音类和音值的差异不如汉藏语明显。这里所说的音类是指调类、韵部、声类这样一些概念，而调类、韵

部、声类的具体读音或构拟形式则是音值。王均的上述思路主要是从音类和音值的差异入手展开的,其中声调在音类和音值上的差异尤其容易凸现出来。而声调正是汉藏语言中最重要的特点之一。

区分了不同时间层面的借词以后,需要进一步区分同源词和古借词。王均(1962.6)谈到的古借词,其中有不少被其他学者认为是汉语和壮语的同源词。面对古借词和同源词难以区分的问题,一些学者从20世纪70年代末开始进一步展开了词汇接触研究,比如张清常(1978.3)、刘光坤(1981.3)、陈乃雄(1982.1)、游汝杰(1982.2)、张均如(1982.1;1985.3)、刀世勋(1982.6)、曹广衢(1983.2;1983.3)、孙宏开(1983.3)、罗滔(1985.1)、李得春(1984.1)、张元生(1985)等人的研究。这方面的研究从80年代末开始越来越多,如吴安其(1986.4)、张均如(1987.1;1987.4)、梁敏和张均如(1988.2)、余志鸿(1988.3)、朝克(1988.4)、孙宏开(1988.4)、李绍年(1988.5)、龙庄伟(1988.6)、贾晞儒(1989.3)、赵杰(1989)、陈忠敏(1989.1;1990;1995.3)、田刚(1989.4)、宋金兰(1990.2)、李亿哲(1990.3)、杨品亮(1990.4)、林向荣(1990.5)、李锦芳(1990.6)、李敬忠(1990.5;1991.5)、郑张尚芳(1990.6)、王尔松(1990.6)、谢志民(1991.2)、宋金兰(1991.6)、照那斯图(1991.6)、邢凯(1993.2)、欧阳觉亚(1990.1;1991.6)、赵加(1990)、白绍尼(1992.1)、赵杰(1993)、杨锡(1993.6)、吴安其(1994.1)、邓晓华(1994.3)、薛才德(1994.3)、贾晞儒(1994.4)、张兴权(1994.5)、石林(1994.5)、谢建猷(1994.5)、薄文泽(1995.3)、何天贞和王天佐(1995.1)、徐世旋(1995.5)、郑贻青(1995.5)、杨清(1996)、赵杰(1996)、王远新(1994.6)、盖兴之(1996.2)等,这些研究论著所列的材料不仅使人们进一步认识到类型特征不能作为确定同源的标准,而且让人们看到实词和虚词都可以借用,要确定同源词和古借词还有很多困难。人们对同源词和古借词的区分开始采取一种更谨慎的态度,逐渐开始认识到谱系树模式只考虑语言分化不考虑语言接触是不够的。因此,除了词汇的接触研究,结构方面的接触研究也越来越多,很多方法论方面的问题也提了出来。

11.1 母语匹配与接触规律性

汉语在和少数民族语言(下称民族语言)接触的过程中通常有语势的差异。以汉语、傣语、德昂语的接触关系为例:

民族	文化强弱情况	掌握语言情况
汉族	强势文化	汉语
傣族	次强势文化	汉语、傣语
德昂族	弱势文化	汉语、傣语、德昂语

语言接触的一个明显事实是强势语言向弱势语言输入词汇。除了地名、人名、特殊名物以外，弱势语言向强势语言输入词汇的情况很少。这就是词汇借贷的方向性。在汉语和傣语的接触中，由于汉语是强势语言，容易让人认为接触过程更多的是汉语影响民族语言而不是民族语言影响汉语。底层说试图解释土著语言对上层语言的影响，有一定的解释力，但由于底层说没有直接地系统分析语言接触的机制，因此没有解释清楚土著语言和上层语言的相互影响，容易让人把土著语言对上层语言的影响看成是零散的、不规则的现象。下面我们会看到，弱势语言对强势语言的影响，或者说民族语言对汉语的影响，是有系统和规则的，这种影响的机制除了特殊词汇借贷，更主要的是母语干扰和母语转换。汉语南方方言的形成和民族语言的母语干扰、母语转换有相当大的关系。

先观察语言接触的基本关系，以汉语和傣语的接触为例：

[语言接触的方向]

说话人的视角	母语	第二语言	民族方言	目标语言
傣族（弱势）	傣语	傣族汉语	汉族傣语	汉语
汉族（强势）	汉语	汉族傣语	傣族汉语	傣语

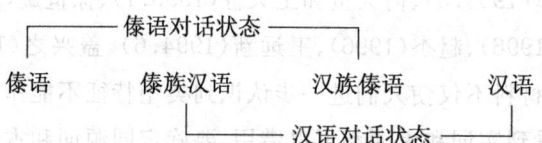

傣族说汉语时，以系统匹配的方式形成傣族汉语，汉族说傣语时，以系统匹配的方式形成汉族傣语。傣族汉语是傣族说的汉语，汉族傣语是汉族说的傣语，这两种语言变体构成傣语和汉语接触的中介语言。语言接触的一个重要性质就是通过中介语言形成的对话状态。傣族汉语是汉语民族方言，是和汉语对话的，汉族傣语是傣语民族方言，是和傣语对话的，傣语和汉语一般不直接对话。由于汉族是强势民族，汉族傣语者比较少，傣族汉语者比较多，所以在汉语和傣语的接触中，傣族和汉族的对话通常是在傣族汉语和汉族汉语之间（汉语对话状态）进行

的,在傣族傣语和汉族傣语之间(傣语对话状态)进行对话的比较少。傣族地区汉语方言变体的形成主要和汉语对话状态有关系。

傣族会把自己傣语中的结构通过系统匹配带到傣族汉语中,傣族汉语在和汉语对话中会干扰汉语,这就是傣语对汉语的母语系统干扰或母语干扰,这一过程是从匹配开始的。前面提到的 Weinreich 和 Thomason 的研究都很重要,但由于他们的研究不是长期全面追踪两个系统语言接触的机制,还有很多基本问题没有回答。Weinreich(1953)所提到的 identification(认同)本质是相似,比如德宏傣族学习汉语时会把 n 发成 l。不过为什么同样是汉语的 tɕh,傣族说汉语的时候有时读 ɕ,有时读 s?这一系列接触机制问题可以通过全面跟踪两个语言系统的接触来观察。Weinreich 所说的 identification(认同),主要是指音位的一对一认同,实际上只是两个语言系统接触的部分情况。音位一对多的认同也是存在的,但必须有音节条件。两个语音系统对齐的单位不是音位,而是音节。母语者需要用自己的音节对齐目标语中的全部音节。傣族说汉语必须给汉语的每个音节一个读音,一个都不能漏掉,我们把这种现象叫作母语匹配,汉语的 tɕh 被读成不同的音节 ɕ 和 s 有不同的音节条件。匹配的语音条件不弱于系统内部历史音变的语音条件,这样我们就弄清楚了语言接触产生严格对应的机制。

基于母语匹配的母语干扰可以从多方面观察到,仅以平舌和卷舌的对立为例。根据我们的调查,早期德宏汉语是分平舌和卷舌的,傣语不分,因此傣族汉语也不分平卷舌。汉语在和傣族汉语的对话过程中,开始受到傣族汉语的影响。影响的程度主要取决于傣语人口和汉语人口比例,傣语人口越多,傣族汉语对汉语的影响越大,汉语不分平舌和卷舌的情况也越多。以德宏部分地区汉语平舌字"色"和卷舌字"蛇"的声母为例:

汉化程度	汉语		傣族汉语		傣语	代表点
	色	蛇	色	蛇		
汉化程度低	s	s	s	s	不分平卷舌	潞西芒市镇
汉化程度较高	s	ʂ	s	s	不分平卷舌	梁河曼东
汉化程度最高	s	ʂ	s	ʂ	不分平卷舌	梁河囊宋①

---

① 囊宋傣语中的汉语借词分平卷舌,现在也有傣语分平卷舌的。

瑞丽、潞西很多地方的汉语一般都不分平卷舌了。在傣族汉语对汉语的干扰过程中，并不是原来分平卷舌的汉族不再分平卷舌了，而是汉族的后代生活在傣族汉语人口多而汉语人口相对较少的语言环境下，失去了平卷舌对立的有效环境，开始不分平卷舌。这种母语干扰过程发生在音系的很多方面，使瑞丽话、潞西话音系带上了新的地域特征，但瑞丽话、潞西话和直接祖语汉语云南话的语音系统之间仍然保持了严格的对应规律，所以仍然是云南话的地域变体，从某种程度上说就是受傣语干扰的地域方言。

以上傣语干扰汉语的情况在云南的所有傣族地区都存在。近些年来我们对西南民族地区的双语做了很多调查，凡是存在双语现象的地方，汉语都不同程度地受到民族语言有规则的干扰。

在傣语和汉语的接触中，汉语中的大量词汇会通过傣族汉语传递到傣语中，由于母语匹配是高度严格的，这些传递到傣语中的汉语借词和汉语原词保持了严格的语音对应。

傣汉接触的另一种现象是母语转换。在德宏的好些傣族地区可以观察到很多傣族由双语到单语的过渡现象，基本遵循下面的规律：

	傣汉混合家庭1	傣汉混合家庭2	双亲傣族家庭
第一代	说汉语，说傣语	说傣语，说汉语	说傣语，说汉语
第二代	说汉语，听傣语	说傣语，说汉语	说汉语，说傣语
第三代	说汉语	说傣语，听傣语	说汉语，听傣语
第四代	说汉语	说汉语	说汉语

能说两种语言时，排列在前面的都是母语。可以说第四代的傣族已经完成了母语转换。有些汉化程度较高的地区，不需要经过四代就可以完成母语转换。汉化程度稍低的地区，母语转换会经过四代以上。完成母语转换后的傣族，傣族汉语成了他们的母语，这种傣族汉语带有很多傣语特征。从体质上看，这些说傣族汉语者有不同程度的傣族血统。重视傣族汉语中傣语特点的人，容易把傣族汉语看成是傣语的变体。重视傣族汉语中汉语特点的人，容易把傣族汉语看成是汉语的变体。这种根据类型学特点的归类只是一种语言相似程度的归类，并不是语源关系的解释。也有人可能把这种傣族汉语说成是从洋泾浜走向了混合语，或者说两个语言相互融合了，产生了一种新的语言。像德宏州梁河县遮岛镇的后街、谢家坡、拉乡、弄么、桥头等傣族聚居地的傣族都不同程度地完成了母

向傣族汉语转换的过程,傣族汉语成为这些地方傣族的唯一语言。从语源关系上看,我们认为完成母语转换后的傣族所说的傣族汉语仍然是汉语方言。无论把这些语言看成混合语还是汉语方言,它们有两个特点值得注意:

1. 傣族汉语是用来和汉语对话的,即它的对话目标是汉语。
2. 绝大部分傣族汉语的 100 核心词、基本词和汉语有严格的语音对应关系,并且越是核心的词比例越高。

有些汉字在汉语中是相同的声母,在傣族汉语中是不同的声母,完成母语转换后也是不同的声母:

[母语转换满足音变条件举例]

例子	汉语	傣族汉语	完成母语转换的傣族汉语
急	tɕi³¹	tɕi³¹	tɕi³¹
局	tɕiu³¹	tsu³¹	tsu³¹

但是傣族汉语这种不同的读法都是有条件的,如果汉语的韵母是 iu、io、iong,傣族汉语的声母就读 ts,其他条件下都读 tɕ。为了认识匹配的严格条件,再举几个实例:

德宏汉语方言	潞西芒市镇傣族汉语	梁河囊宋傣族汉语	阴	阳	上	去
tɕi	tɕi	tɕi	机	级	几	寄
tɕi	tɕi	tɕi	居		举	句
tɕiu	tsu	tɕiu			局	
tɕio	tso	tɕio			角	
tɕ'i	ɕi	tɕ'i	欺	齐	起	气
tɕ'i	ɕi	tɕ'i	区	渠	取	趣
tɕ'iu	su	tɕ'iu		曲		
tɕ'io	so	tɕ'io		雀		
tɕ'iong	song	tɕ'iong		穷		
ɕi	ɕi	ɕi	虚	徐	许	叙
ɕiu/su	su	su		续		
ɕio	so	ɕio		学		
ɕiong	song	ɕiong	兄	熊		

汉语的舌面音在潞西芒市镇傣族汉语中有不同的读音,但是傣族汉语这种不同的读法都是有条件的,如果汉语的韵母是 iu、io、iong,芒市傣族汉语的声母就读舌尖音,其他条件下都读舌面音。这类语言事实对历史比较语言学研究很有价值,说明语言接触产生音变时,也是有规则、有条件的,其规则强度不弱于语言演变的规则。

下面的表列出的是我们调查到的云南德宏傣语（简称德傣）中的西南官话借词（仅以德宏潞西芒市镇调查点为例），这些借词在声母、韵母和声调上跟原词都保持了严格的对应规律，限于篇幅，这里只给出阴平调的字，并且按照声母排列，以显示对应规律。在表中我们列出了傣语的原词，用以说明即便在傣语有自己的原词的情况下，也可能借用汉语的词。其他没有原词的实例有两种可能，一是傣语本来没有这样的词，一是原词完全被汉语借词替代了，后一种情形的证据是用老傣文记录的经文、古歌谣、史诗、叙事长诗、医药等文献中有类似的词。

［出现在德宏潞西芒市镇的汉语西南官话借词］

汉语	西南官话读音	傣语原词	傣语汉借词读音	汉借词用法举例或释义（斜体音标为傣语词），语义和普通话相同的不再解释。
	44（阴平）		55	
歪	uai^{44}	tsaːi^{43}	vaːi^{55}	
兴	ɕin^{44}		ɕin^{55}	流行
星期一	ɕin^{44} tɕhi^{44} zɿ^{31}		ɕin^{55} ɕi^{55} zɿ^{31}	
星期六	ɕin^{44} tɕhi^{44} lu^{31}		ɕin^{55} ɕi^{55} lu^{31}	
星期几	ɕin^{44} tɕhi^{44} ɕi^{53}		ɕin^{55} ɕi^{55} tɕi^{51}；ɕin^{55} tɕhi^{55} tɕi^{51}	
消炎	ɕiau^{44} zian^{44}		ɕeu^{55} zen^{55}	
掀	ɕian^{44}	pet^{43}	ɕiaːn^{55}	揭开
翻	fan^{44}		faːn^{55}	翻滚；翻找
封	foŋ^{44}	men^{55}	foŋ^{55}	信的量词
肝	kan^{53}	tǎp^{35}	kaːn^{55}	kaːn^{55} zen^{55}（肝炎）
锅铲	ko^{44} tʂhan^{53}		ko^{55} saːn^{51}	
该	kai^{44}	zɔm^{51}	kaːi^{55}	kaːi^{55} so^{213} mǎn^{51}（该他的钱）
勾	kəu^{44}	keu^{213}	kəu^{55}	［动词］
□①子	ku^{53} tsɿ^{53}		ku^{51} tsɿ^{51}	烹饪用具
开	khai^{44}		xaːi^{55}	xaːi^{55} pheu^{213}（开票）
亏	khuəi^{44}	sum^{51}	xui^{55}	吃亏；亏负
抠	khəu^{44}	xɔk^{35}	xəu^{55}	掏出来

---

① 如果西南官话本字不明，我们暂时用方框代替。

续表

马虎	ma⁴⁴ xu⁴⁴		ma:⁵⁵ xu⁵⁵	
摸	mo⁴⁴	ŋom⁵⁵	mo⁵⁵	触摸
□	man⁴⁴		ma:n⁵⁵	陈述中的停顿语气词
搬	pan⁴⁴	li³⁵	pa:n⁵⁵	搬（家）；搬（东西）
背	pəi⁴⁴		pui⁵⁵	背不义之名
包围	pau⁴⁴ uəi³¹	lom⁴³ hɔp⁴³	pa:u⁵⁵ vui⁴³	
□	phau⁴⁴		pha:u⁵⁵	（馒头、油炸饼等）松软
拼	phin⁴⁴	xǎp⁴³（排列）	phin⁵⁵	拼合
铺	phu⁴⁴	sə²¹³	phu⁵⁵	[动词]
飘	phiau⁴⁴	piu⁵⁵	phia:u⁵⁵	
痧	sa⁴⁴		sa:⁵⁵	一种地方病
收	sou⁴⁴		sou⁵⁵	收割（谷子）；收拾（东西）
梭	so⁴⁴		so⁵⁵	下滑
三	san⁴⁴	sa:m³⁵	sa:n⁵⁵	la:u⁵¹ sa:n⁵⁵（老三）
酸	suan⁴⁴	som³¹	sɔn⁵⁵	sɔn⁵⁵ tha:ŋ⁵⁵（酸汤）
酥	su⁴⁴	xɔp⁴³	su⁵⁵	酥脆
松	soŋ⁴⁴	lom	soŋ⁵⁵	不紧
赊	sə⁴⁴	zəm⁵¹	sə⁵⁵	
商店	ʂaŋ⁴⁴ tian²¹³	ɕia:ŋ³⁵	sa:ŋ⁵⁵ ten²¹³	
伤	ʂaŋ⁴⁴		sa:ŋ⁵⁵	
筛	ʂai⁴⁴	xɯŋ³⁵	sa:i⁵⁵	[名词、动词]
商量	ʂaŋ⁴⁴ liaŋ⁴⁴	kum⁵⁵ pɔŋ⁵⁵	sa:ŋ⁵⁵ lia:ŋ⁵⁵	
墩	tuən⁴⁴		tun⁵⁵	tun⁵⁵ xo³⁵（桥墩）；tun⁵⁵ xu⁵⁵（坐墩）
爹	tie⁴⁴	po⁵⁵；u⁴³	te⁵⁵	父亲
逗	təu⁴⁴	zɔp²¹³	təu⁵⁵	耍笑
兜	təu⁴⁴	tuŋ⁵¹	təu⁵⁵	用布、衣、裙等接东西
加	tɕia⁴⁴	the³¹	tsa:⁵⁵	sa:m³⁵ tsa:⁵⁵ sɔŋ³⁵（三加二）
交	tɕiau⁴⁴		tɕeu⁵⁵	交（税、公粮……）
揪	tɕiəu⁴⁴		tɕiu⁵⁵	揪（头发、衣服等）
焦	tɕiau⁴⁴	xi³⁵（愁）	tɕeu⁵⁵	焦虑
假装	tɕia⁴⁴ tsuaŋ	het²¹³ ha:ŋ⁵⁵	tɕia:⁵¹ tsɔŋ⁵⁵	
艰苦	tɕian⁴⁴ khu⁵³		tɕia:n⁵⁵ xu⁵¹	

续表

家堂	tɕia⁴⁴ thaŋ⁴⁴		tɕia:⁵⁵（tsa:⁵⁵）tha:ŋ⁵⁵	中堂里供奉祖宗牌位处
撬	tɕhiau⁴⁴	kui⁴³	ɕia:u⁵⁵	［动词］
汤	thaŋ⁴⁴		tha:ŋ⁵⁵	菜汤
拖	tho⁴⁴	la:k⁴³	tho⁵⁵	［动词］
挑	thiau⁴⁴	lək⁴³	thia:u⁵⁵	挑选
瘫	than⁴⁴	xɔk²¹³（罕用）	tha:n⁵⁵	瘫痪
吞	thuən⁴⁴	əŋ⁵⁵	thun⁵⁵	
租	tsu⁴⁴	xa:t⁴³	tsu⁵⁵	租借
追着	tsuəi⁴⁴ tso⁴⁴	tsɔm⁵¹	tsui⁵⁵ tso⁵⁵	不断紧盯着（做某事）
差	tsha⁴⁴		sa:⁵⁵	［动词］
掺	tshan⁴⁴	xon⁵¹	tsha:n⁵⁵	掺和
初一	tshu⁴⁴ ʑi³¹		tshu⁵⁵ ʑi³¹	
憨	xan⁴⁴	ŋə³¹	xa:n⁵⁵	傻、笨
昏	xuən⁴⁴	pa:n²¹³；ta:i⁵⁵ ləm⁵¹	xun⁵⁵	头晕；昏迷
炎	ʑian⁴⁴		ʑen⁵⁵	炎症
□	ʑia⁴⁴	ʑə²¹³；ʑen⁵¹	ʑe⁵⁵	硬把饭菜塞给别人
腌	ʑian⁴⁴	mɔŋ⁵⁵	ʑia:n⁵⁵	做咸菜
淹	ʑian⁴⁴	lup³⁵	ʑia:n⁵⁵	
妖	ʑiau⁴⁴	phi³⁵（鬼）	ʑiǎu⁵⁵	妖（怪）
腰子	ʑiau⁴⁴ tsɿ⁵³	lɔm⁵⁵ lim⁵¹	ʑia:u⁵⁵ tsɿ⁵¹	肾

西南官话的形成历史并不算长，傣语中的西南官话借词就已经有了相当的广度和深度，在基本词汇中产生了大量有语音对应的关系词，甚至涉及核心词。这些借词已经在傣语中站住了脚，绝大部分可以和傣语固有词搭配使用，有些甚至代替了傣语固有词。原始侗台语和古汉语的接触史要比傣语和西南官话的接触史久远得多，两者之间也存在大量基本词汇、核心词的借用。

通过以上母语匹配的机制可以看出，傣族汉语中的基本词，傣语中的汉语借词，都和汉语原词有严格的语音对应。在关联对应一章中我们会给出更多的实例。前面我们讨论过，历史语言学中的语言分化也会在语言之间形成严格的语音对应。这就引出了一个非常重要的问题，语言接触和语言分化都会产生语音对应，仅仅根据严格的语音对应来判定同源关系是不充分的。

11.2 语言转换与语言转型

一般地说，汉语中相同的音类，如果在傣族汉语中读不同的音，都是有条件的，所以完成母语转换后的傣族汉语和原汉语都有严格的对应，就像汉语方言之间有严格的对应一样。完成母语转换后的傣族汉语和云南汉语有直接亲属关系。

早期侗台语和汉语在接触的过程中是否有过母语转换现象？有两个证据证明有。

首先，母语转换和语言接触的深度有关系。从德宏傣语和汉语的接触看，当傣语 200 核心词（或语符）中开始出现汉语借词时，傣语向傣族汉语的母语转换就开始了。就我们调查的几十个接触点的材料看，这种接触深度和母语转换的同步关系在现代民族语言和汉语的接触过程中广泛存在，这就为我们判定早期侗台语和汉语接触时是否发生过母语转换提供了一个原则，我们称之为核心词原则。现代侗台语各语言中都有不同程度的早期汉语核心借贷语素，因此早期说侗台语的民族都应该不同程度地发生过母语转换，现在生活在早期侗台民族地区的南方汉族中有些是侗台民族完成汉语母语转换后形成的。

这种可能性和群体遗传基因证据正好一致。和母语干扰形成的汉语方言不同，完成母语转换的傣族汉语尽管也是汉语方言，但说这些汉语方言的人在遗传特征上都不同程度地和傣族有关系，基本情况是：

[民族和遗传特征基本关系举例]

父亲	母亲	母语转换者平均遗传特征
傣族	傣族	傣族
汉族	傣族	1/2 傣族
傣族	汉族	1/2 傣族
1/2 傣族	1/2 傣族	1/2 傣族
汉族	1/2 傣族	1/4 傣族

还可以列出更多的组配关系和更具体的调查数据及父系或母系传递信息，此处不展开。一个值得注意的问题是，现代遗传学已经使我们可能通过基因分析来判定某个人是否有傣族的遗传基因，如果某个说德宏汉语方言者有傣族基因特征，这个人就是母语转换者或母语转换者的后代。我们还可以把这种方式更一

般地概括成语言—遗传差异原则：如果某个说汉语的人有少数民族的基因特征，这个人就是从民族语言到汉语的母语转换者或该母语转换者的后代。更一般地说，如果某个说 A 语言的人有 B 语言民族的基因特征，这个人就是从 B 语言到 A 语言的母语转换者或该母语转换者的后代。

根据上述语言—遗传差异原则和最新近的群体遗传学成果，可以进一步证明汉语方言在形成过程中有母语转换的因素。Wen 等（2004）的调查发现，从父系看，南方汉族和北方汉族的 Y 染色体单倍组（Y-Chromosome haplogroups）数据（只在男性中传递）相似，和南方少数民族不相似；从母系看，南方汉族和北方汉族 mtDNA haplogroups 数据（只在女性中传递）却相差很大，反而和南方少数民族相似。我们注意到，在 Wen 等的研究中，汉族是根据说汉语来决定的，不同的少数民族是根据说不同的少数民族语言来决定的。根据我们前面谈到的语言—遗传差异原则，我们可以从这两组材料中得出一个结论，南方汉语在形成过程中有母语转换的因素，在一定程度上是北方汉族南下以后和南方少数民族接触造成的。南下的主要是男性，他们之中有一批人和南方少数民族女性通婚，其后代产生了从民族语言到汉语的母语转换，这种母语转换对南方汉语方言的形成起到了不可估量的作用。

民族语言的母语干扰和母语转换是导致汉语方言形成的两种基本方式。这两种方式和人口、对话状态的关系如下：

	傣语人口多汉语人口少	傣语人口少汉语人口多
汉语对话状态	汉语受傣族汉语母语干扰	傣族母语转换为汉语
傣语对话状态	少数地方汉族母语转换为傣语	傣语受汉语母语干扰

在一些特殊条件下，语言的深度干扰有时候会改变语言结构的类型。比如在傣语对话状态，有些地方的傣语受汉族傣语干扰就出现了转型现象。在梁河县曼东乡那勐行政村红坡寨，汉族占 2/3，傣族占 1/3，很多汉族能说汉族傣语，汉族所说的汉族傣语强烈地干扰了傣语的结构。更典型的是金沙江傣语。在云南的永胜、华坪、永仁、大姚、武定、禄劝金沙江一带，有一些傣族村寨分布，这些傣族被包围在汉族中。一方面，金沙江傣族和其他地区的傣族一样，以母语干扰的方式影响汉语，同时在汉化程度很高的地方有转用汉语做母语的。另一方面，汉族很多能说傣语，傣语也受到汉族傣语的强烈干扰。这里的傣语音系和当地的汉语音系几乎完全同构，语法也受到汉语的强烈影响，但基本语符中绝大部分

和德宏、西双版纳、红河、临沧等地的傣语对应,其中核心语符的对应在80%以上,而且越是核心的语符,对应的比例越高,所以金沙江傣语仍然是傣语方言(陈保亚,1994)。为了和其他地区的傣语方言区别,我们说金沙江傣语是汉式转型傣语方言。"汉式转型"是说受到汉语强烈干扰,在结构上基本和汉语同构。形成汉式转型傣语方言的直接条件是:

1. 金沙江傣语脱离了主体傣语群,进入汉语包围区,形成孤岛条件。
2. 有大量的汉族说汉族傣语。
3. 金沙江傣语受到汉语的强烈母语干扰却没有全部向汉语进行母语转换。

整个金沙江傣族地区的接触情况大致如下:

[金沙江傣语(孤岛群体)和汉语(主群体)接触情况举例]

	傣语(孤岛群体)对话状态语言		汉语(主群体)对话状态语言	
早期	傣语	汉族傣语(转型)	汉语	傣族汉语
……	……	……	……	……
	傣语(转型)	汉族傣语(转型)	汉语	傣族汉语
……	……	……	……	……
现代	金沙江汉式转型傣语方言		汉语方言变体	

在傣语对话状态中,孤岛条件是形成金沙江汉式转型傣语方言极重要的条件,这个条件使傣语没有足够的力量回归转型的汉族傣语,反而在汉族傣语的干扰下跟着转型。相比之下,在汉语对话状态中,汉语是主体群语言,有足够的力量回归傣族汉语,傣族汉语没有足够的力量使汉语转型,因此傣族汉语也不会影响到汉语的结构,所以汉语没有发生转型。

从整个金沙江傣汉接触的一般规律看,金沙江汉式转型傣语方言主要是母语干扰的结果而不是母语转换的结果。母语转换的情况主要存在于半汉半傣的家庭中,这些家庭的后代有不少是用汉式转型傣语方言做母语的。双亲为汉族的,子女很少放弃汉语而用傣语做母语。这种现象可以从傣语的孤岛条件得到解释。如果汉族傣语要代替汉语母语而转换成母语,那么傣语的势力一定要相当大,才能使汉族放弃汉语用汉族傣语做母语。但是,如果傣语势力相当大,就会对汉族傣语产生强烈的回归影响,使汉族傣语向傣语靠拢,汉族傣语的汉式转型特征就不会维持下去,金沙江傣语方言的汉式转型特征也不会出现。因此,金沙江汉式转型傣语的出现主要是汉族傣语强烈干扰傣语的结果。无论是母语干扰还是母语转换,金沙江汉式转型傣语方言最终主要都是汉族说的汉族傣语干扰傣语而不是傣族说的傣族汉语干扰汉语。金沙江傣语和云南其他地区的傣有姊妹关系,其直接祖语是原始傣语,和原始傣语、原始台语西南方言有直系传递关系。

　　在整个傣语地区,我们还没有发现汉语被傣族汉语强烈干扰的现象,即还没有发现傣式转型汉语方言。在其他民族地区有没有民族式转型汉语方言?我们发现有些学者从类型学角度提到的混合语,从我们上面讨论的角度出发可以看成是民族式转型汉语。比如四川雅江的倒话,根据阿错(2003)的研究,其特点是:语法、语音结构主要和藏语相似,基本词汇却和汉语对应,对应语素的分布也是越核心的语符和汉语对应越多。阿错、曾晓渝从类型学的角度把这样的语言归为混合语[①]。从发生学的角度看问题,我们可以根据核心语符的有阶分布判定倒话曾经是和汉语对话的,其特殊结构类型是藏族说的藏族汉语强烈干扰汉语而不是汉族说的汉族藏语强烈干扰藏语的结果,已有的文献材料也证明了这一点(阿错,2004)。因此,从类型学的角度看倒话可以看成混合语,从发生学的角度看也可以把倒话这样的语言称为藏式转型汉语方言。和上面提到的转型傣语方言的机制类似,倒话和藏语同构的形成过程主要应该是汉语受藏族汉语强烈干扰的结果,所不同的是,金沙江傣语是傣语转型的结果,而倒话是汉语转型的结果。

　　从文献记录的移民情况看,倒话是从18世纪早期开始形成的。倒话和汉语对应的基本语符读音很相似,跟四川话一致,这说明倒话的直接姊妹语应该是四川话,直接祖语应该是早期四川话。从现代往古代推,倒话和四川话、西南官话、汉语北方方言、《切韵》汉语直到原始汉语等有直系传递关系,倒话是很晚才形成的转型汉语方言。这一结论和根据核心语符建立谱系树的结论是一致的。从这里似乎可以看出,汉语方言亲属关系的远近更应该根据核心对应语符的比例而不是结构类型上的异同。如果根据结构上倒话和其他汉语亲属语言的巨大差异确定谱系远近关系,可能把倒话看成是很早从汉语中分出去的汉语方言,这和实际调查到的数据不符合。

　　与倒话情况相似的是五屯话。根据陈乃雄(1982.1;1988.3;1989.6),芈一之、席元麟(1985)等的研究,五屯话的基本词汇多数是汉语的,语法、语音结构和

　　[①] 阿错:《藏汉语言在倒话中的混合及语言深度接触研究》,南开大学中文系博士学位论文,2003。曾晓渝:《汉藏语言关系与关系词分层法》,石锋、沈钟伟编:《王士元教授七十华诞庆祝文集》,南开大学出版社,2004。

藏语更相似。后来阿错(2004)进一步分析发现,五屯话的 100 核心词中有 82 个是纯汉语的,并认为五屯话是长期受藏缅语影响而形成的混合型语言。我们对这些材料做了进一步分析,五屯话的基本语符主要和汉语的基本语符对应,并且语符的核心程度越高,这些对应语符比例也越高,因此初步可以断定五屯话曾经和汉语有对话状态。从这组对应语符所反映的内容看,时空层次比较晚,所以可以初步断定这组对应语符反映五屯话和汉语在晚近时期有对话状态。芈一之、席元麟等从移民的角度所做的研究也证明说五屯话的汉族祖先是从明永乐四年(1406)迁来的。从发生学的角度看,我们仍然可以把五屯话看成在孤岛条件下汉语受藏语强烈干扰而形成的藏式转型汉语方言。

五屯话、倒话的形成机制和前面讨论的汉式转型傣语方言是统一的,都有孤岛群体语言被其他民族言说这个条件:

[汉语(孤岛群体)和藏语(主群体)接触情况举例]

	汉语(孤岛群体)对话状态		藏语(主群体)对话状态	
早期	汉语	藏族汉语(转型)	藏语	汉族藏语
……	……	……	……	……
	汉语(转型)	藏族汉语(转型)	藏语	汉族藏语
……	……	……	……	……
现代	藏式转型汉语方言(倒话、五屯话)		藏语方言变体	

后来汪锋(Wang,F.,2006)对白语和汉语的对应语素进行了全面系统的研究,找出了一组上古白汉对应语素。在这一批白汉对应语素中,汪锋发现越是核心的语符,白语和汉语对应越多,由此可以肯定这批语素是白语和汉语的同源语素。至于白语和原始藏缅语的关系,现在研究得还不充分。不过,大多数学者都承认汉语和藏缅语有同源关系,后面我们会提出更多的证据证明原始汉语和藏缅语有亲属关系,再根据亲属关系的可传递性(陈保亚,1994),白语和原始藏缅语也应该有亲属关系。由于白语和上古汉语的核心对应语符有 39 个(汪锋,2004),数量很大,白语可能和上古汉语(原始汉语)有直接亲属关系,是从原始汉语直系传递下来的,和苗瑶语、藏缅语只是间接亲属关系,是受藏缅语强烈干扰的转型汉语方言。根据核心语符的数量,原始汉语应该包括白语,白语应该是原始汉语的直接子语,最初是原始汉语的一种方言。这种可能性是否成立还需要系统深入地比较白语和藏缅语,彻底弄清楚白语和藏缅语的核心对应语符是否不超过白语和上古汉语的核心对应语符。

前面提到地域方言的形成可能有语言系统内部自己变化的原因,也有受民族语言影响的原因。就现在所知道的汉语方言来看,有的是从原始汉语直接分化出来的,有的是从原始汉语以后的《切韵》系统汉语分化出来的,而在原始汉语时期,南方已经分布了各种不同的少数民族,因此汉语南方方言在形成过程中不能不考虑民族语言的母语干扰和母语转换。

和一般的母语干扰、母语转换形成的汉语方言相比,民族式转型汉语方言是一种极端情况,还存在大量中间状态。这些不同的干扰深度和方式在民族语言地区可以广泛观察到。无论是哪一种情况,包括学者们提到的许多混合语,基本都可以通过基本语符和核心语符中对应语符有阶分布断定是民族语言干扰汉语还是汉语干扰民族语言,受民族语言干扰的汉语最初总是和汉语对话的,是汉语的一种方言变体,和受干扰前的原汉语有父子关系或兄弟关系,有直接亲属关系。考虑到转型汉语方言的存在,用语音、语法的结构特征给方言进行发生学分类要特别谨慎。

汉语方言在形成过程中民族语言的干扰起了很大的作用,这些干扰必然给汉语方言增加很多原始汉语不存在的结构因素,所以原始汉语的构拟要特别小心,方言中存在的语法、语音现象并不一定是原始汉语中也存在的,汉藏语系亲属语言中存在的语音、语法现象更不一定总是在原始汉语中也存在的,所以现代方言、亲属语言中存在的现象并不一定总要构拟到原始汉语中。根据历史比较法用现代方言或亲属语言的结构特征构拟原始语言,首先要分清下面几种条件:

1. 哪些结构特征是语言接触引起的。
2. 哪些结构特征是后来分化形成的。
3. 哪些结构特征是原始语言的保留。

只有最后一个条件是历史比较法在构拟原始形式时可以利用的,而区分这三种条件的工作还远远没有完成,所以目前各家对原始汉语或上古汉语的构拟都是高度假设性的,还需要做大量的具体研究工作。

11.3 互协同构与无界有阶性

语言接触的两个系统会相互协合,产生同构。以德宏傣语 an 韵母的音节矩

阵为例,下面的斜体字都是汉语西南官话借词:

	an^{35}	an^{51}	an^{31}	an^{43}	an^{213}	an^{55}
p		炒	堵	绊	线/拌	搬
ph	穷			盘、□①	生产/袢	麻味/攀
m	有运气	祭/满	村寨	蛮、□②	玻璃③/慢	缅族/□④
f	削	麂子/反		烦	犯	翻
v	甜		带领		碗/万	
t	蜗牛⑤	赊⑥/胆	说		但	摘
th		指滴	马槽		炭	瘫
l	侄、孙	久	秃	难	荒废	烂
ts		晒台	讨厌		蘸	沾
s	米仁	铲		馋	散	一三、参
z(j)	离开	坠	霉烂			
k		扁担	茎	硫黄	干(部)	工作
x	斧头			懒	焊、看⑦	锈/憨、刊
ŋ	雄性	工作	柄			
h	勇敢		瘸	阶梯	鹅	
ʔ					数[动词]	感冒/鞍

有些借词,读音和傣语原来的音节相似,所以是用傣语原有的音节来读的,比如第一、第二行的"拌、袢、攀"等。这些字都放在斜线后面,斜线前面是傣语原有的同音节词。还有些借词,傣语中没有相应的音节,这些借词进入傣语后就出现了新的音节,比如"盘、蛮、烦、犯"等。这些借词的语音特点是用傣语的声母和韵母拼读汉语借词,于是傣语中增加了新的音节,但并没有增加新的声母和韵母。从音系的组织结构看,这里新的音节填补了傣语音系中的音节空格。在音节层面,新音节使傣语的音节分布和汉语的音节分布趋向同构。

---

① □本字未定,西南官话表示翻找。
② □本字未定,西南官话的语气词。
③ ma:n^{213}表示玻璃,是黏着语素。可通过下面对比提取到:
ma:n^{213} ta^{55} 眼镜
ma:n^{213} tsam^{55} 玻璃
④ □表示语气助词。
⑤ 黏着语素,出现在 tak^{35} ta:n^{35}中。tak^{35}表示蚂蚱类昆虫。
⑥ 傣语指用物品奉献(佛):~佛。
⑦ "看"指"看守所"的"看"。

随着傣汉接触的加深,傣语中会出现新的声母:

	an³⁵	an⁵¹	an³¹	an⁴³	an²¹³	an⁵⁵
p		炒	堵	绊	线/拌	搬
ph	穷			盘、□	生产/祥	麻味/攀
m	有运气	祭/满	村寨	蛮、□	玻璃/慢	缅族/□
f		削	麂子/反		烦	犯	翻
v	甜		带领		碗/万	
t	蜗牛	赊/胆	说		但	摘
th		指滴	马槽		炭	瘫
l	侄、孙	久	秃		荒废	烂
[n]				难		
ts		晒台	讨厌		蘸	沾
[tsh]		[铲]		[馋]		[参]
s	米仁				散	三
z(j)	离开	坠	霉烂			
k		扁担	茎	硫黄	干(部)	工作
kh					[看]	[刊]
x	斧头			懒	焊	锈/憨
ŋ	雄性	工作	柄			
h	勇敢			瘸	阶梯	鹅
ʔ					数[动词]	感冒/鞍

以上方框中的 ts'、k'、n 声母都是新产生的声母,不过这些声母都是利用已经有的区别特征"舌尖、舌根、塞、塞擦、送气、鼻音"来组成新的声母。结果在德宏傣语声母矩阵中出现了以下结果:

			唇音		舌尖音			舌面音			喉音
			双唇	唇齿	齿间	舌尖前	舌尖中	舌尖后	舌面前	舌面中	舌面后	
塞	清	不送气	p				t				k	ʔ
		送气	p'				t'				k'	

续表

塞擦	清	不送气			ts				
		送气			*ts'*				
鼻	浊		m		*n*			ŋ	
边	浊				l				
擦	清		f	s				x	h

斜体辅音都是德宏傣语中新出现的辅音声母,这些辅音填补了德傣辅音矩阵中的空格。

如果傣汉接触再深入,则傣语中可能出现新的区别特征:

	an³⁵	an⁵¹	an³¹	an⁴³	an²¹³	an⁵⁵
p		炒	堵	绊	线/拌	搬
ph	穷		盘、□		生产/祥	麻味/攀
m	有运气	祭/满	村寨	蛮、□	玻璃/慢	缅族/□
f	削	麂子/反		烦	犯	翻
v	甜		带领		碗/万	
t	蜗牛	赊/胆	说		但	摘
th		指谪	马槽		炭	瘫
l	侄、孙	久	秃		荒废	烂
[n]				难		
ts		晒台	讨厌		蘸	沾①
[tsh]						参
s	米仁				散	三
z(j)	离开	坠	霉烂			
[tʂ]						
[tʂ']		铲		馋		
[ʂ]						
k		扁担	茎	硫黄	干(部)	工作
kh					看	刊
x	斧头			懒	焊	锈/憨
ŋ	雄性	工作	柄			
h	勇敢			瘸	阶梯	鹅
ʔ					数[动词]	感冒/鞍

---

① 云南话的卷舌音归类和普通话不完全相同。

这里出现了 tʂ、tʂ'、ʂ 这样一组带有卷舌特征的声母。德傣的整个声母矩阵形成如下格局：

			唇音		舌尖音				舌面音			喉音
			双唇	唇齿	齿间	舌尖前	舌尖中	舌尖后	舌面前	舌面中	舌面后	
塞	清	不送气	p				t				k	ʔ
		送气	p'				t'				k'	
塞擦	清	不送气				ts		tʂ				
		送气				ts'		tʂ'				
鼻	浊		m				n				ŋ	
边	浊					l						
擦	清			f		s		ʂ			x	h

带方框的 tʂ、tʂ'、ʂ 几个音形成了舌尖后聚合群，舌尖后这一区别特征完全是傣语原来没有的新区别特征。产生新的区别特征这种情况更不会发生在纯傣语者的傣语中，即使是傣汉双语者，也只限于汉化程度极高的地区，如囊宋。

由于接触深度各地不一致，上面的语音借贷可以分出下面三种比较典型的情况（如下页表）。

容易看出，在每一个接触深度上，汉语和傣语的音类都形成同构。接触深度1主要是傣语影响汉语，使得当地汉语的音类和傣语同构。接触深度3主要是汉语影响傣语，使得当地傣语的音类和汉语同构。接触深度2双方受到影响，形成同构。从接触方向看，傣语采取母语干扰汉语的方式简化汉语使汉语和傣语趋向同构，汉语采取借贷的方式通过繁化使傣语和汉语趋向同构。接触无论停留在哪个阶段，汉语和傣语都趋向同构。

例字	汉傣接触深度1 汉语独特的音类丢失	汉傣接触深度2 汉语平卷舌丢失,保持k'、ts'	汉傣接触深度3 汉语保持原有对立
科	x	k'	k'
丈	ts	ts	tʂ
馋	s	ts'	tʂ'
蛇	s	s	ʂ
参	s	ts'	ts'
难	l	n	n
	傣语出现新音节,音位不变	傣语出现k'、ts'新音类	傣语出现新区别特征
	集中点:瑞丽	集中点:芒市	集中点:襄宋

长期以来,关于语言接触是否会深入到音系结构和语法结构,一直有不同的看法。Sapir(1921)、Weinreich(1953)认为语言接触难以动摇语言的内在结构。20世纪研究汉藏区域语言的很多学者仍然相信内在结构不容易借用。从傣汉接触的追踪结果看,语言接触在结构上是无界有阶的,即所有的结构成分都可能扩散,显示接触是无界的,但一些结构比另一些结构更容易扩散,显示结构是有阶的。Thomason(1988)认为,语言接触会深入到语言的各个层面,但她又认为基本词汇的语音对应有界限,可能是因为她没有观察到匹配的严格机制,以为语言分化过程中所保留的语音对应是严格的,而语言接触形成的语音对应不够严格,所以在接触形成的对应和分化形成的对应之间划了界限。她的这种假说在中国很多学者中都存在,所以20世纪中国很多学者都用基本词汇的对应来确定同源关系。我们观察到的材料显示,基本词汇在严格遵守语音对应的条件下,扩散也是没有界限的,但是,这种扩散方式是有阶的。概括地说,语言接触是无界有阶的。下面我们将讨论这种无界有阶性质对区分同源关系和接触关系的价值。

11.4 对应:同源的必要条件而非充分条件

从前面的分析结果看,接触是互协的,一般趋势是使两个语言在结构上走向同构,后来不少学者追踪语言接触研究也显示了接触的同构趋势(袁焱,2001;阿错,2003;汪锋,2004;宋伶俐,2009;杜秀丽,2010)。因此,早期的同构标准肯定不能作为确定亲属关系的证据。正是因为同构的形成,在同一时间和空间,语言的深刻接触也可以在基本词汇、核心词甚至同族词、同音词中形成有严格语音对应的关系语素,借贷语素的对应规律并不弱于同源语素的对应规律,语音对应规律不足以区分同源语言中最早时间层面的同源语素和异源语言中最早时间层面的借贷语素,因此仅仅靠关系语素还不能确定同源关系。语音对应仅仅是确定同源关系的必要条件而不是充分条件(陈保亚,1994)。

前面提到,我们现在能区分出西南官话借词根据的是借贷的相似原则以及不同时间和空间层面的关系词在对应方式上的差异。由于傣语中的西南官话借词和西南官话的原词在音质上相似,并且这种借贷现在还在继续,我们可以根据这种相似性并参考这些词的用法确定它们是西南官话借词[①],但对于汉台古代借词,尽管当时的借用是按相似性原则进行的,随着时间的变化,借词和原词在保持语音对应的情况下会变得不相似,所以我们无法根据汉台关系词在语音上是否相似来断定它们是否是借词。至于构拟出的上古汉语和原始台语的音系,也无法加以利用,因为不同的学者构拟的音值不同,所以音值构拟的准确性没有保证。

再看关系词在时间上的差异。让我们先观察下面三组实例:

[侗台语内部关系词]

语素	武鸣	龙州	布依	西傣	德傣
	1	1	1	1	1
雨	fɯn^1	phɯn^1	vɯn^1	fun^1	fon^1
狗	ma^1	ma^1	ma^1	ma^1	ma^1

[汉台古代关系词]

语素	《切韵》音类	武鸣	龙州	布依	西傣	德傣
阴平	阴平	1	1	1	1	1
三	心谈开一平咸	sa:m^1	ɬa:m^1	sa:m^1	sa:m^1	sa:m^1
姜[②]	见阳开三平宕	hiŋ^1	khiŋ^1	jiŋ^1	xiŋ^1	xiŋ^1

---

① 比如作者本人的母语是西南官话,要识别傣语中的西南官话借词就比较容易。
② "姜"作为一种菜,古字为"薑",《说文》:"薑,御湿之菜。"

[台语中的西南官话借词]

汉语	《切韵》音类	武鸣	龙州	布依	西傣	德傣
阴平	阴平	6	1	5	6	6
光(明)	见唐合一平宕	kva:ŋ⁶	kva:ŋ¹	kuaŋ⁵	kwa:ŋ⁶	kɔŋ⁶
宣(传)	心先合三平山	sen⁶	ɬen¹	ɕian⁵	sen⁶	sen⁶

汉语的阴平字在傣语的西南官话借词中读第6调,而汉语的阴平字在古代汉台关系词中读第1调。很多年以后,我们仍然可以通过这种时间差异把符合较晚时间层面对应规律的关系词确定为借词,这里的关键在于有一个早期时间层面的关系词做参照。但是对于属于最早时间层面的汉台古代关系词,就不可能用这种方法鉴定它们是借词还是同源词。

最后看关系词的空间差异。从上面三个表可以看出,汉台古代关系词不仅在汉台之间对应,而且对应的调类和台语内部诸语言的调类对应一致,即1调对1调,或阴平对阴平。西南官话借词尽管也和原词对应,但调类和台语内部诸语言的调类对应并不一致,造成这种对应方式的原因在于西南官话的借词是在原始台语分化成不同的语言以后在不同的空间借入这些语言的,由于这些分化后的语言按各自不同的音系以相似原则匹配西南官话借词(陈保亚,1994),结果同一个西南官话借词在不同的台语言中被归入了不同的调类。很多年以后,我们可以根据关系词在不同空间调类对应的差异来确定它们是借词。至于尚未分化的原始台语和古汉语的关系词,就不可能借助这种办法区分出它们是借词还是同源词,因为原始台语的古代汉语借词在原始台语分化后仍然会在台诸语言中保持一致的语音对应。比如(李方桂上古音,王力中古音):

汉字	上古音	台拟音	中古音	词项	声类	调类	阶	台分布
报	*pəu⁵	*pau⁵	pau⁵	告诉	帮-p	O		scn
卯	*mrəu⁴	*hmau³	mau⁴	卯①	明-hm	O		sn
早	*tsəu³	*dzau⁴	tsau³	早	精-dz	O		scn
救	*kjəu⁵	*kjiau⁵	kĭəu⁵	救	见-k	O		scn
臭	*xjəu⁵	*xiau¹	xĭəu⁵	臭	晓-x	O		scn²
皓	*ɣəu⁴	*xau¹	ɣau⁴	白	匣-x	O	fst	scn
老	*ləu⁴	*thəu³	lau⁴	老	来-th	O	snd	sc
牢	*ləu²	*ləu⁴	lau²	笼	来-l	O		sc

---

① 指地支中的卯。

酉	*lcjəu⁴	*hləu³	jīəu⁴	酒	精-h	O	scn
搔	*səu¹	*kəu¹	sau¹	挠		O	snd	scn
首	*ɕjəu³	*kləu³	ɕīəu³	发髻		O	fst	scn
鸠	*kjəu¹	*khrəu¹	kīəu¹	鸽子①	见-khr	O		scn
九	*kjəu³	*kîəu³	kīəu³	九	见-k	O		scn
鸟	*tiəu³	*nl/rok⁸	tieu³	鸟			fst	scn
白	*gjəu⁴	*grok⁸	gīəu⁴	白	群-gr		sc	

上古幽部和原始台语的 au 和 əu 形成两套对应，大都有声母对应和声调对应的支持，声调一栏画圈的表示有声调对应支持。这两组对应声母也都包含核心词。这两组对应属于完全一致对应和核心一致对应（§12）。

上古幽部 əu 和原始傣泰语的 au 对应得很整齐，实例很多。在这个对应中，包括了实词"九"。我们已经有比较充分的证据证明"三"以上的数词在汉台之间是借词（§13.4.2），但仅仅靠以上对应规则是无法区分借词和同源词的。

由于上述用于确定有语音对应的西南官话借词的原则不能用于确定汉台最早时间层面的关系词是不是借词，而同源词和借词是同一问题的两个方面，不能确定关系词是借词就意味着不能确定关系词是同源词，因此我们不可能仅仅依靠有语音对应的最早时间层面关系词来确定同源关系。这里的实质是，从同一母语中分化出来的两个语言会保留着一些源于母语的有语音对应的关系词，这些关系词是两个语言间最早时间层面的关系词，但是两个没有亲属关系的语言在同一时空第一次密切接触时也将在这两个语言间产生许多最早时间层面的有语音对应的关系词，这些因密切接触而产生的关系词的对应规律并不弱于由分化而产生的关系词的对应规律，因此仅仅靠语音对应规律还不能把这两种最早时间层面的关系词区分开。语音对应规律并不是确定同源关系的充分条件，这是 19 世纪的历史比较语言学家没有估计到的。这正是国内外学者难以区分汉台古代关系词是借词还是同源词的关键。前面提到，19 世纪的历史比较语言学家之所以能够凭借语音对应在确定同源关系上取得重大进展，并不是因为由对应证明同源或者说由同源解释对应这一方法本身得到过严格证明，而是因为印欧语言是在相对独立的环境中从原始印欧母语发生发展起来的，并没有受到其他大语系的强烈影响。而印欧语系内部诸语言的接触又很少破坏这些语言的语

---

① 泛指鸠类。

音对应规律,尤其是形态上的语音对应,再加上这些语言的结构本来就相似,相互接触后一般不影响同构性,因此可以通过语音对应这个标准把属于印欧语系的语言划进来而把不属于印欧语系的语言划出去。在研究汉台语源关系时,由于二者有着深远的接触史,这种方法就不具有充分性。其实 Trubetskoy(特鲁别茨柯依,1936)已经注意到这个问题,提出解释语音对应规律除了用共同来源,也可以用相互借用,比如属于乌拉尔语系的西芬兰语元音之间的 p、t、k 对应于属于印欧语系的东斯拉夫语的 b、d、g,pp、tt、kk 对应于 p、t、k,a 对应于 o,e 对应于 e,等等。Trubetskoy 以此类推,提出一个可能的假设:现代印欧诸语言并不同源,而是因接触而形成的联盟。尽管 Trubetskoy 并没有提出有力的证据,但是我们应当承认仅仅靠一批有语音对应的关系词还不能确定同源关系。

　　寻找同源词需要做出两种区分,一是区分必然对应和偶然对应,一是区分同源词和借词。前面说过(§4.4),严学宭等提出了同族词对应,邢公畹后来又提出了深层对应(同音词对应)。同族词对应和深层对应能够比较有效地排除偶然对应,但我们对傣汉接触的追踪调查结果反映出同族词对应和深层对应也可能通过借用产生(陈保亚,1994,3.4),因此这两种对应还不能在同源词和借词之间划出一条截然分明的界限。我们对傣语中的汉语西南官话借词的分析表明,无论是一般词汇、基本词汇还是核心词,无论是单个的词、同族词还是同音词,都可能借用,并且保持了严格的语音对应规律。当然我们还不能由此断定原始汉台关系一定是接触关系,我们上面的材料旨在通过傣语中的西南官话借词说明接触的机制,说明用基本词汇、核心词、同族词及同音词的语音对应来确定同源关系是不充分的,在汉藏语群中会遇到很多困难。有语音对应的关系词只是确定同源关系的必要条件而不是充分条件[①]。

---

　　① 所谓 a 是 b 的必要条件是指没有 a 就没有 b,所谓 a 是 b 的充分条件是指有 a 就有 b。这种严格的逻辑关系在讨论语源问题时极其重要,应当引起重视。

12. 语素关联对应与层次

尽管语音对应不是判定同源关系的充分条件,却是必要条件。因此,如果不建立严格的语音对应,就无法进一步展开同源关系的判定。建立语音对应,尤其是在共同关系词比较少的语言之间建立语音对应,并不是一件容易的事。很多系属问题的争论跟未建立严格的语音对应有关。建立严格的语音对应是确定同源关系的第一个难点。

12.1 关联对应分析的必要性

再观察 1000 基本语素样本中找到的德宏傣语 m 和英语 h 对应的实例:

	马	有	手	半	他	热
德傣	ma^4	mi^2	mɯ^2	ma:ŋ^2	man^2	mai^3
英语	horse	have	hand	half	he	hot

这种对应很可能是偶然对应。

为了排除偶然对应,需要考虑关联对应。关联对应是指语音形式中各个音段相互支持的对应。比如,要在语素之间建立一条声母对应规则,除了列举大量有声母对应的语素实例,还需要考察这些语素在韵母、声调上是否都符合对应规则,如果不是都符合,应该有一个算法或基于算法的原则来确定这些韵母、声调的对应情况对这条声母对应的支持情况。同样,从关系语素看,要判定一个语素是否是汉台关系语素,除了观察声母的对应,还要观察韵母、声调的对应,如果不是声母、韵母、声调都对应,应该有一个算法来判定是否是关系语素。比如[①]:

字	上古音	台拟音	中古音	词项	韵部	ht 韵	ht 腹	ht 尾	ht 调	rank	台域
藕	ŋo^4	ŋue^4	ŋəu^4	藕	侯	3	3/5	3/3	9/10		sn
午	ŋwa^4	ŋa^4	ŋu^4	午[地支]	鱼	18R1	21/32	11/15	9/10		sn

[①] 表中后面记录的标记和数据是基于大规模数据库的对应规则统计数据,表示对应比例,读者可忽略。

五	*ŋwɑ²	*ŋue²	*ŋu⁴	老五	鱼	2	2/6		2s/3		sn
牙	*ŋrɑ²	*ŋa²	*ŋa²	象牙	鱼	18R1	21/32	11/15	24R1/26		scn
芽	*ŋrɑ²	*ŋok¹⁰	*ŋa²	芽	鱼		1/5	3/3	1R1/2		ŋn
银	*ŋjən²	*ŋən²	*ŋjen²	银子	文	5	14/25	30/42	24R1/26		
牛	*ŋjə²	*ŋue²	*ŋjəu²	黄牛	之		2/8		24R1/26		sc +
五	*ŋwɑ⁴	*ha³	*ŋu⁴	五	鱼	18R1	21/32	11/15	6R2/7	R2	scn
雁	*ŋran⁶	*han⁵	*ŋan⁶	鹅	元	10	11/17	30/42	6/6		scn
鱼	*ŋja²	*pla¹	*ŋjo²	鱼	鱼	18R1	21/32	11/15	16R1/17	R1	scn
吟	*ŋjəm²	*ɣwam²	*ŋjem²	话歌	侵	3R2	10/16	16/22	24R1/26		sc

这是古疑母字和原始台语("台拟音"栏)的配对情况。第一组上古汉语疑母 *ŋ- 对应原始台语 *ŋ-。第二组上古汉语疑母 *ŋ- 对应原始台语 *h-,第三组不能建立对应。由于上面列出了韵母对应的支持,于是上古汉语疑母和原始台语可以建立两套对应规则。关联对应要求我们通过大量的材料比较建立一批这样的对应规则。至于上古汉语 *ŋ- 声母在原始台语中为什么对应 *ŋ- 和 *h 两个声母,这里的材料还无法解释。值得注意的是,上古汉语"午、五"是同音字,不存在分化的条件,原始台语分别是 *ŋ- 声母和 *h- 声母,显然不是条件分化的结果。一种可能是原始台语在分化以前就和汉语有过不同时间段的接触,因此存在不同时间层面的对应。另一种可能是原始台语代表了更早的一种时间状态,在这个状态"五"和"午"是对立的,到了上古汉语中,两个字的声母归并了。

在严格的对应规则的基础上,还应该通过建立在概率统计基础上的关联对应来判定一个语素或字是否是上古汉语和台语的共同字。比如第二组的"雁",除了在声母上的对应,还可以找到其他音类对应的支持,即上古汉台韵母 an 对应原始台语 an 可以找到 10 个实例("ht 韵"一栏),韵腹 a 对应 a 可以找到 11 个对应实例("ht 腹"一栏的分子。分母表示原始台语有 17 个 a 韵的字,下同)。韵尾 n 对应 n 可以找到 30 个对应实例("ht 尾"一栏的分子),在声母或韵母有对应的条件下声调 6 调对应 5 调可以找到 6 个对应实例("ht 调"一栏),这就是关联对应,通过概率计算关联对应(陈保亚,1994),可以有把握地断定"雁"是汉台共同字。

和"雁"字的情况不同,第一组的"牛",上古汉语 *ŋ- 对应原始台语 *ŋ-,在韵腹和声调上也有支持对应,但韵尾没有支持对应,因此韵也没有支持对应,在这种情况下,仍然可以通过关联对应的概率算法证明"牛"是汉台共同字。

根据上面的材料,"鱼"尽管在上古汉语和原始台语之间有韵、韵腹等对应支持,但声母不对应,从概率算法原则上还难以判定"鱼"是汉台共同字。

上表的标注中,rank 一栏的标注表示一个语素是否属于高阶核心词,是一阶(R1,第 100 核心词)还是二阶(R2,第 200 核心词)。"台域"一栏的标注表示一个语素在傣泰语(s)、北部台语(n)、中部台语(c)的分布情况。这些标注有利于确定共同字的性质和分布广度。

概括地说,关联对应涉及语义实证性、完全对应、普遍对应、一致对应、充分对应和基于概率算法的一些原则和方法,下面对这些原则和方法做进一步分析。概率算法部分将在后面相关章节中结合实例引出(§13.2,13.3)。

12.2 关联对应的单位

如果声、韵、调都满足关联对应,属于完全对应。完全对应要求语素音形的每个成分都对应。这些成分可以从声、韵、调出发。但在语素音形(语素的语音形式)比较少的情况下,从声、韵、调出发可能实例不够。比如,如果只有下面四个语素:

	A 语言	B 语言
语素 1	phan	then
语素 2	phon	thun
语素 3	maŋ	neŋ
语素 4	moŋ	nuŋ

根据这里的材料要建立韵母对应材料就不够,因为以上每个韵母都只有一个语素。但如果从音段或音位出发,上面的韵母对应就可以得到证实:

		A 语言	B 语言
a ≡ e	语素 1	an	en
	语素 3	aŋ	eŋ
o ≡ u	语素 4	oŋ	uŋ
	语素 2	on	un
ŋ ≡ ŋ	语素 3	aŋ	eŋ
	语素 4	oŋ	uŋ
n ≡ n	语素 1	an	en
	语素 2	on	un

可见,在语素实例比较少的情况下,单位越小,越容易找到对应。

12.3 建立对应的基本形式:语素与字

语音对应似乎既可以从词形这一层级上展开,也可以从语素音形这一层级上展开,不过在汉藏区域语言中,当词形由两个语素或两个以上语素组成时,仍然需要从语素音形上展开。比如在确定北京话和成都话的"阶段"一词的对应时,仍然要分别确定语素"阶"和语素"段"的对应,像北京话的"脑袋"和成都话的"脑壳",就只能在第一个语素的成分之间建立对应。所以,语音对应说到底基本上还是在语素音形这一层级上展开的。考虑到对应的这种性质,下面我们讨论的对应都是指语素的语音形式的对应。我们把汉语和台语某些语言之间能够建立起关联对应的语素叫关系语素,上古汉语和原始台语之间能够建立起关联对应的语素叫汉台共同语素。

汉语一个语素通常是一个字,语素音形通常是一个音节,所以一个语素我们往往也称为一个字。台语语素的语音形式通常也是一个音节。所以汉台关系语素也可称为关系字,汉台共同语素也可称为汉台共同字。

如果一个关系字或关系语素也是一个语符,就可以称为关系语符或关系词,比如"三",台语中的傣语有两个语素 sam^1、san^6 和汉语对应。sam^1 是一个规则活动单位,所以是一个语符,也是一个关系语符。sam^1 也可以单说,也是一个词,因此 sam^1 也是一个关系词。san^6 不能单说,只是关系语素或关系字。

关联对应研究要经常提到核心语符的概念,也要经常标注核心语符的情况。上面的 sam^1(三)是一个核心语符,但 san^6(三)由于不是语符,所以也不是核心语符。这里的关系也适用于词,词是可以单说的语符,sam^1 可以单说,也是一个核心词,san^6 不能单说,不是核心词。

12.4 对应的语义实证原则

考虑到基本语素是一个相对概念,我们不应该预先规定基本语素的范围,而是根据对应来确定对应语素集。比如,如果一个语素在汉台之间有语音对应,就纳入汉台对应语素集,然后再确定汉台对应语素集的性质。

现在以汉台关系为例来考虑对应语素的语义标准。Benedict 曾提出一条确定同源词的原则:密切但不严格的语义对等(equivalence)优于严格的语义对等(Benedict,1939.4,P228)。这是考虑到语义的复杂变化。但这条原则也会使人漫无边际地把一些语素放在一起比较,缺少严格的标准,引起争论。语义问题确实很复杂,但如果没有严格的标准,甚至像李方桂这样的非常严谨的学者,在择词问题上有时也会遇到困难。李方桂（Li，F.，1976，P235）拿汉语的"髑髅"（头骨或头颅）和台语的"骨"相比，但如果要拿文献和考古证据证明"髑髅"有"骨头"的含义并不容易。怎样证明汉语"头颅"和台语"骨头"语义对当？这一直是一个未解决的问题，因为没有文献或其他证据。Benedict 之所以提出语义不严格对等的标准，原因是他所比较的语言很多都涉及东南亚语言，这些语言的文字起源较晚，缺少文献资料。汉字历史悠久，我们有大量的古文献资料可以利用，所以我们应该尽量追溯上古汉语文献的语义解释和语素的用法来确定语素在语义上的同一性和可比性。

对于意义关系比较远的关系词，语义对当关系应该给出证明或条件，如文献考古证据证明，或语义平行演变等证据（汪锋，2006），而不是仅仅根据语义上有这样那样的聚合关系就归入对应语素，这样才就可以避免漫无边际地把不同的语素归入对应语素。汉语的"髑髅"和台语的"骨"可以按照"骨头"这一语义特征形成聚合关系，构成一个聚合群，但没有直接或间接的文献资料、考古资料证明两者对等。类似这样的实例，应该暂不纳入比较的范围，可作为进一步调查研究的对象。这些不太严格的语义对等实例，需要以后找到证据才能引用。

无论是在语音上还是语义上，建立对应都应该尽量严格，主要理由是汉台对应语素并不少，我们目前缺少的是材料的准确性而不是材料的丰富性，缺少的是满足完全对应和一致对应的实例。在具体操作中应该坚持这样一个透明原则：一个语素在汉台之间是语义上可比较的，当且仅当一个语素曾经在汉语和台语中语义基本相同，并且没有文献资料、考古资料、民族学资料证明该语素曾经在汉语和台语之间语义不同。坚持语义的同一性，才有可比性。如果选择语义不同的语素比较，应该有文献资料、考古资料、民族学资料等证据证明它们曾经在汉语和台语中语义基本相同。

Benedict 曾提出语义不相似原则，目的是为了排除借词，实际上是对历史比较法的一个误解。远古的同源词发展到现代，在意义上可能相似，也可能不相似。上古汉语的"头、手、大、小"等核心语符，在现代的很多汉语方言中仍然是相似的。

总之，在选择对应项目问题上，可以有宽严两种不同的态度。坚持上面提到的语义实证原则，是一种严式择词态度，其好处是尽可能地避免对应项目选择的任意性，缺点是可能把真正具有关联性的对应语素漏掉，比如漏掉李方桂提到的

"髑髅"和"骨头"的情况。不坚持上面提到的语义实证原则，是一种宽式择词态度，这种态度的好处是尽可能地不漏掉对应语素，缺点是存在择词的任意性。我们认为应该坚持严式择词的态度，因为最终确定语源关系不在于对应语素多，而在于对应的严格程度。对于同一时空层次的一组对应语素来说，只要我们能够证明其中一个是同源字，就能证明这一组对应语素是借字还是同源字。

确定对应项目应该采取形式优先的原则，即不同的语音形式算不同的对应项，而不管语义上是两个还是一个，是同义还是近义。从理论上说是考虑到不同语言的差异性，从实际操作看是可以确定较客观有效的比较标准。如果按照语义分项目，就会出现很多麻烦。例如操台语的民族通常傍水而居，经常和水打交道，有关"洗"的语素就比较丰富：

词项	德宏傣语	侗语	水语	毛南语
洗(洗手)	suk^8	εuk^9	suk^8	zuk^7
洗(洗衣)	sak^8	sak^7	lak^7	zak^7
洗澡	$a:p^9 (lam^3)$	$a:p^9$	$a:p^7$	$za:p^8$

这三个"洗"都满足常用、稳定(整齐的对应已经说明三个"洗"在原始侗台语中就已经存在)、构词力强的条件，因此三个"洗"都可以是基本语素。

如果我们依据语义分项，对应表中"洗"就只能出现一个项目，选择哪个"洗"来对比就出现了困难，容易造成研究者根据自己的理论目标选择有利于自己结论的项目。根据形式选择比较项目，只要是有对应的都应该列举出来，这就有了统一的标准。另外根据形式优先原则，对应规则表中能反映不同语言语素集的差异。

12.5 完全对应和不完全对应

关联对应分完全对应和不完全对应。完全对应是指语素音形的每一部分都要对应，这是确定对应层次首先要做的工作。完全对应要求在语音形式的每一个成分上都对应。观察北京话和成都话"半"对应的例子：

[声母对应]

语素	北京	成都
半	pan^{51}	pan^{214}
布	pu^{51}	pu^{214}
包	pao^{55}	pao^{55}

簸 po²¹⁴ po⁵¹

这是声母对应。北京话和成都话的"半"在韵母、声调上也对应,构成完全对应:

[韵母对应实例①]

语素	北京	成都
半	pan⁵¹	pan²¹⁴
干	kan⁵⁵	kan⁵⁵
产	tʂhan²¹⁴	tshan⁵¹

[声调对应实例]

语素	北京	成都
半	pan⁵¹	pan²¹⁴
更	kəŋ⁵¹	kəŋ²¹⁴
最	tsui⁵¹	tsui²¹⁴
见	tɕian⁵¹	tɕian²¹⁴

以上是三种对应的排列,一种排列只能反映语素的语音形式在某一成分上的对应。语音形式各个成分的对应需要多种排列。拿汉语"半"在北京话和成都话中的对应来说,如果我们是按照声母、韵母、声调切分音节,就需要有声母、韵母、声调三个对应表。如果我们是按照音位切分音节,就需要有声母、介音、主要元音、韵尾、声调五个对应表。

汉语和台语的音节都可分成声母、韵母和声调三部分。我们所说的汉语和台语的完全对应是指声母、韵母、声调都对应,如果只是一方面或两方面对应,就是不完全对应。我们也可以按照辅音、元音、声调的划分来处理对应规则,这也是李方桂在《台语比较手册》中使用的办法。按照这种划分,完全对应是指音节中的辅音(领音和辅音韵尾)、元音、声调都和另一种语言相应的成分对应。我们甚至可以按照区别性特征来处理音节,不过这时的完全对应是指音节中区别性特征的完全对应。概括地说,完全对应是指音节中的每一个成分都要对应。因此,无论采取哪种方式划分音节,完全对应都是等价的。

如果不坚持完全对应,仅仅根据语音形式的局部对应,很容易产生偶然对应。完全对应之所以重要,是因为完全对应还有另一个作用,即排除择词的困难。如果我们能够坚持完全对应,就有可能排除大量语义不对当的情况。比如,如果有人一定要坚持李方桂的看法,认为汉语的"髑髅[*duk-lug]"(头颅)和台

---

① 成都话 an 韵的严式记音为 æ。

语的"骨头"有语义对当,那就有必要检查完全对应的情况。目前该词项的完全对应还建立不起来。

只考虑局部对应,还可能把不同时间层面接触导致的结果混淆起来。以汉语北京话和成都话为例:

词例	北京话	成都话	反切上字	反切下字	声母	韵	开合	等
伯	$po^2/pai^1/pai^3$	pe^2	博	陌	帮	陌	开	二
迫	$pho^4/phai^3$	phe^2	博	陌	帮	陌	开	二
佰	pai^3	pe^2	博	陌	帮	陌	开	二
百	pai^3/po^3	pe^2	博	陌	帮	陌	开	二
柏	po^2	pe^2	博	陌	帮	陌	开	二

根据韵母的对应,我们可以在北京话和成都话之间建立两组对应关系:

北京	成都
o	e
ai	e

由于这些字在中古都是同音字,所以这两组对应一定代表了两个不同的时空层次。如果我们不管声母,仅仅根据韵母的差异说这里的材料只存在两个时空层次,就会漏掉声母中隐藏的时空层次信息。在上面的材料中,所有的字在中古都是同音字,但现在北京话从声母上可以分成两组,"迫"为一组,是送气声母,"伯、佰、百、柏"是另一组,是不送气声母。可见,如果考虑到声母的对应,"迫"代表一个时空层次,"伯、佰、百、柏"代表另一个时空层次。如果再从声调看,可以分成三组。以上韵母、声母中隐藏的时空层次都说明北京话明显受到接触的影响,因为中古同音字现在已经变成不同音的字了。不从声、韵、调几方面观察,这种复杂性是认识不到的。更直观地看,以上几个中古同音字现在变成了三个音节,如果没有内部语法因素的干扰,应该隐藏了三个不同的时空层次。

语素"铜"在汉语和侗台语的韵母之间可以建立不太严格的对应规律:

语素	上古汉语韵部①	泰	德傣	龙州	武鸣	侗	仫佬	水	毛南
铜	$uŋ^2$	$thɔ:ŋ^2$	$toŋ^2$	$to:ŋ^2$	$toŋ^2$	$toŋ^2$	$toŋ^2$	$toŋ^2$	$tɔŋ^2$
栋	$uŋ^6$				$to:ŋ^6$	$tuŋ^6$			

这里上古汉语相同韵部的字在台语中有不同的对应,我们现在还不能解释为什

---

① 上古音构拟根据王力拟音,并加上了声调。声调1、2、3、4、5、6、7、8分别代表阴平、阳平、阴上、阳上、阴去、阳去、阴入、阳入。理由详后。

么会出现这种对应差异,上古汉语韵母相同,但侗台语不同。至少我们有三种解释:

1. 由于声调的影响韵母产生了分化。
2. 侗台语本来就是两个韵母,汉语归并了。
3. "铜"和"栋"中至少有一个是借词。

语素"铜"在汉语和侗台语的声母之间可以建立对应规律:

语素	上古汉语声母	泰	德傣	龙州	武鸣	侗	仫佬	水	毛南
铜	定 d	thɔːŋ²	toŋ²	toːŋ²	toŋ²	toŋ²	toŋ²	toŋ²	toŋ²
度①	定 d	thiap¹⁰	tɛk⁸		taːk⁸			taːk⁸	
笛	定 d				tik⁸	ɬik¹⁰	tek⁸		tek⁸
叠	定 d	thap⁸	top⁸			təp⁷	tjep⁸		tiːp⁷
渡②	定 d	thaː⁶	taː⁶		tu⁶	tu⁶	ta⁶	ta⁶	
独③	定 d	thɔːk¹⁰		toːk⁸	-tok⁸	-tok⁸	-tok⁸	-tok⁸	
淡④	定 d				taːm⁶		taːm⁶		
条	定 d		teu²	tiu²	ɬiu²	tjeu²	tju²		tjeu²
读	定 d			toːk⁸	tok⁸	tok⁸	tək⁸	tok⁸	tək⁸
地	定 d		ti⁶	tei⁶	ti⁶	ti⁶	ti⁶	ti⁶	ti⁶

语素"铜"在汉语和侗台语的声调之间也可以建立对应规律:

语素	上古汉语类声调	泰	德傣	龙州	武鸣	侗	仫佬	水	毛南
铜	阳平	thɔːŋ²	toŋ²	toːŋ²	toŋ²	toŋ²	toŋ²	toŋ²	toŋ²
银子	阳平	ŋən²	ŋən²	ŋən²	ŋan²	ɲan²	ɲan²	ɲan²	ɲan²
茶	阳平	tshaː²	saː²	tɕa²	ɕa²	ɕe²	tsa²	tsja²	tsa²
胖	阳平	phiː²	pi²	pi²	pi²	pui²	pi²	pi²	pi²
钳	阳平	khiːm²	kim²		kim²		cem²	ɬim²	cem²
浮	阳平		fu²	fu²	fou²		fu²		
平	阳平		peŋ²		piŋ²	pjiŋ²	peŋ²	pjeŋ²	peŋ²
象牙⑤	阳平	ŋaː²	ŋa²			ŋe²			
盆⑥	阳平			puːn²	puːn²	pən²	pən²	pən²	pən²

---

① 指度量。
② 泰语指渡口。德傣 ta⁶xaːm³ 指渡口。
③ 侗水语指独子。
④ 武鸣壮语指茶淡。
⑤ 侗语指牙齿。
⑥ 龙州壮语指盘。

因此"铜"在汉台之间基本满足完全对应。这里所说的上古汉语类声调主要是为了解释声调产生的条件而拟构的声调,后面还要讨论。前面提到,上古汉语有没有声调是一个尚待解决的问题,但这并不等于说我们通过现代语言或方言的比较确定语源关系时可以不考虑声调。完全对应要求声调也有对应。尽管上古汉语有无声调、有多少声调的问题还没有解决,但现代汉语诸方言在声调上对应得很整齐,中古汉语也有声调对立,这说明汉语声调的产生和分化是有严格语音条件的,这种语音条件应该存在于原始汉语的声母或韵母中,考虑声调的对应就等于考虑到原始汉语声调产生和分化的条件,考虑到原始汉语中曾经有过的某些语音特征。这是完全对应的要求。根据近年来对声调起源的研究,声调起源的初始条件都隐藏在声母或韵母中。在可以观察到的声调起源过程中,如越南语和藏语,情况都是如此。当我们研究汉语和台语的语源关系时,考虑声调的对应就等于考虑到原始汉语和原始台语声调产生和分化的条件,考虑到原始汉语和原始台语中曾经有过的某些语音特征。因此,当我们在比较汉语和台语时,不仅要考虑声母和韵母的对应,还要考虑声调的对应,才能使原始汉语的各种语音特征都得到解释,符合完全对应的要求。如果不考虑声调对应,就可能把很多非同一时间的对应语素放在一起比较,比如台语中有很多西南官话借贷语素,它们的声母、韵母对应规则有时是和汉台早期对应规则一致的,区别这些西南官话借贷语素和早期汉台对应语素往往是靠声调的不一致对应。

在完全对应不能得到满足的情况下,需要考虑不完全关联对应的情况。正是因为不完全关联对应不满足完全对应的条件,不完全关联对应主要是用来排除偶然对应,确定对应的存在,但不能判定对应的时空层次。时空层次的判定是一个相当复杂的问题,需要建立一致对应。

12.6 完全对应的周遍性

如果语言分化的时间太长,保留的关系语素有限,完全对应就不能得到满足,必然出现不完全对应。在什么条件下可以断定不完全对应的语素是关系语素?一般都根据数量的多少。多到什么程度没有统一的标准,所以各家认定的关系语素分歧很大。我们曾考虑过对应的概率问题(陈保亚,1994),在不满足完全对应的情况下,概率计算结果要求有关联对应的条件。下面省去概率统计的数学公式,主要以云南德宏傣语和印尼语的音段有序对应规则表为例来讨论不完全对应和关联对应的复杂情况。先考虑德宏傣语和印尼语首音有序对应规则表,由于傣语的声调没有包括进来,这里的对应属于不完全对应。

[德宏傣语和印尼语首音有序对应规则表]

首音对应	词项	德傣	印尼语	印尼语根	腹音关联对应	尾音关联对应
k:g	双;对	ku^6	gu	gu	u:u	u:u
k:g	咬;叮;啃	kat^7	gitgit	-git	a:i	t:t
k:g	盐	kə^6	garam	ga-	ə:a	0:0
k:k	吃	kin^6	makan	-kan		n:n
k:k	我	kau^6	aku	-ku	a:u	
l:d	鼻子	hu^2 laŋ^6	hiduŋ	-duŋ	a:u	
l:d	胆	li^6	empedu	-du		0:0
l:l	月亮	lən^6	bulan	-lan	ə:a	n:n
l:l	舌头	lin^4	lidah	li-	i:i	n:0
l:l	忘记	luɯm^2	lupa	lu-		
l:l	深(水深)	lək^8	djeluk	-luk		k:k
l:n	田	la^2	tanah	-nah	a:a	0:h
l:n	鸟	lok^8	manuk	-nuk	o:u	k:k
l:n	孩子;儿子	luk^8 tsa:i^2	anak	-nak	u:a	k:k
l:n	年轻;嫩	lum^5	anom	-nom		m:m
l:n	这	lai^4	ini	-ni	a:i	i:0
l:t	上面	pa^3 lə^1	atas	-tas	ə:a	
l:t	老鼠	lu^1	tikus	ti-	u:i	
l:t	厚	la^1	tebal	te-		0:0
l:t	黑	lam^6	hitam	-tam	a:a	m:m
m:b	猪	mu^1	babi	-bi	u:i	0:0
m:b	甘薯	man^2	ubi	-bi	a:i	n:0
m:b	果子	ma:k^9	buah	buah		k:h
m:b	肩膀	ho^1 ma^5;ma^5	bahu	ba-	a:a	0:0
m:b	新	maɯ^5	baru	ba-		
m:b	刀①	mit^8	sabit(镰刀)	-bit	i:i	t:t

————————

① 印尼语 sabit 指的是镰刀。

续表

m:m	蚂蚁	mot^8	semut	-mut	o:u	t:t
m:m	来	ma^2	mari	ma-	a:a	0:0
m:m	你	mau^2	kamu	-mu	a:a	
p:p	鱼	pa^6	patin	pa-	a:a	0:0
p:p	旋转	pan^5;tɔn^5	putar	pu-		
s:s	洗	suk^8	basuh	-suh	u:u	k:h
s:s	你们	su^1	saudara	sau-	u:a	
t:t	眼睛	ta^6	mata	-ta	a:a	0:0
t:t	门	la^3 tu^6	pintu	-tu	u:u	0:0
t:t	死	ta:i^6	mati	-ti	i:0	
t:t	屁	tot^9	qentut	-tut	o:u	t:t
t:t	掉	tok^9;tok^{9}ha:i^1（丢失）	jatuh	-tuh	o:u	k:h
x:k	右边	xa^1	kanan	ka-	a:a	0:0
x:k	笑	xo^1	dekah	-kah	0:h	

这里是把所比较的语素音形或词根音形（基本上是音节）分成首音、腹音和尾音进行比较的。以"月亮"为例：

德傣：lən^6　印尼：bulan

印尼是两个音节，其中第二个音节有可比性，我们就拿这个音节比较。印尼语的音节和德宏傣语的音节首音、腹音和尾音的具体切分是：

	首音	腹音	尾音
德傣	l	ə	n
印尼可比音节	l	a	n

当尾音为零时，记为 0。尾音为零时也可以看成是和腹音相同的音段，这样的关联对应更准确，此处未展开。

回到前面首音有序对应规则表。如果仅仅看第一栏，词根首音对应得很好，但事实上以上首音的对应是有区别的，有的实例能够得到腹音对应和尾音对应的支持，有的不能。在腹音对应栏和尾音对应栏，凡是有空格的实例，都是腹音或尾音不对应的，这一信息在下面的腹音对应表和尾音对应表中立刻可以检索到。带右括号的实例都属于相似但不对应，因此性质和空格相同。凡是不能同时得到腹音对应和尾音对应支持的对应，都属于不完全对应。这一事实本身说明，音位的对应并不是孤立的事实，对应的完备程度要依赖于语素音形中其他音段的对应情况,或者说和语素音形中其他音段的对应相关。

我们之所以能够知道哪些腹音对应,哪些腹音不对应,哪些尾音对应,哪些尾音不对应,前提是我们必须同时做出下面的腹音有序对应规则表和尾音有序对应规则表。下面来观察这两个表(更多的细节请参考 Chen and Wang,2009):

[德宏傣语和印尼语腹音有序对应规则表]

腹音对应	词项	德傣	印尼语	印尼语根	首音关联对应	尾音关联对应
a:a	田	la^2	tanah	-nah	l:n	0:h
a:a	右边	xa^1	kanan	ka-	x:k	0:0
a:a	鱼	pa^6	patin	pa-	p:p	0:0
a:a	芝麻	ŋa^{2}lo^5	leŋa	-ŋa	ŋ:ŋ	0:0
a:a	眼睛	ta^6	mata	-ta	t:t	0:0
a:a	肩膀	ho^{1}ma^5;ma^5	bahu	ba-	m:b	0:0
a:a	腿	xa^1	paha	-ha	x:h	0:0
a:a	细糠	ham^2	sekam	-kam	h:k	m:m
a:a	灰	tau^6	pirau	-rau		u:u
a:a	来	ma^2	mari	ma-	m:m	0:0
a:a	黑	lam^6	hitam	-tam	l:t	m:m
a:a	晚上	ka:ŋ^{6}xam^6	semalam	-malam	x:l	m:m
a:a	树枝	xa^6;ŋa^6	tjagak	-gak		
a:i	火	fai^2	api	-pi		i:0
a:i	甘薯	man^2	ubi	-bi	m:b	n:0
a:i	种子	fan^2	bibit	bi-	f:b	n:0
a:i	梦	fan^1	mimpi	-pi	f:p)	n:0
a:i	这	lai^4	ini	-ni	l:n	i:0
a:i	咬;叮;啃	kat^7	gitgit	-git	k:g	t:t
a:u	跳蚤	mat^7	kutu	-tu		t:t
a:u	鼻子	hu^{2}laŋ^6	hiduŋ	-duŋ	l:d	ŋ:ŋ
a:u	吹	pau^5	hembus	-bus	p:b)	
a:u	我	kau^6	aku	-ku	k:k	u:0)
a:u	你	mau^2	kamu	-mu	m:m	ɯ:0)
e:a	绿	xeu^1	hijau	-jau		u:u
e:a	青蛙	xet^9	katak	-tak	x:t	t:t
ə:a	月亮	lən^6	bulan	-lan	l:l	n:n
ə:a	上面	pa^{3}lɔ^1	atas	-tas	l:t	
ə:a	盐	kɔ^6	garam	ga-	k:g	0:0
i:i	舌头	lin^4	lidah	li-	l:l	n:0

12. 语素关联对应与层次

续表

i:i	刀	mit^8	sabit（镰刀）	-bit	m:b	t:t	
o:u	鸟	lok^8	manuk	-nuk	l:n	k:k	
o:u	蚂蚁	mot^8	semut	-mut	m:m	t:t	
o:u	屁	tot^9	qentut	-tut	t:t	t:t	
o:u	掉	tok^9；tok^{9}ha:i^1（丢失）	jatuh	-tuh	t:t	k:h	
o:u	覆盖	lop^9	kup	kup	l:k)	p:p)	
u:a	孩子；儿子	luk^8 tsa:i^2	anak	-nak	l:n	k:k	
u:a	你们	su^1	saudara	sau-	s:s	0:u)	
u:i	猪	mu^1	babi	-bi	m:b	0:0	
u:i	老鼠	lu^1	tikus	ti-	l:t		
u:u	门	la^3 tu^6	pintu	-tu	t:t	0:0	
u:u	洗	suk^8	basuh	-suh	s:s	k:h	
u:u	知道；懂	hu^4	tahu	-hu	h:h)	0:0	
u:u	双；对	ku^6	gu	gu	k:g	0:0	

[德宏傣语和印尼语尾音有序对应规则表]

尾音对应	词项	德傣	印尼语	印尼语根	首音关联对应	腹音关联对应
0:0	右边	xa^1	kanan	ka-	x:k	a:a
0:0	猪	mu^1	babi	-bi	m:b	u:i
0:0	鱼	pa^6	patin	pa-	p:p	a:a
0:0	芝麻	ŋa^2 lo^5	leŋa	-ŋa		
0:0	眼睛	ta^6	mata	-ta	t:t	a:a
0:0	肩膀	ho^1 ma^5；ma^5	bahu	ba-	m:b	a:a
0:0	腿	xa^1	paha	-ha		a:a
0:0	胆	li^6	empedu	-du	l:d	
0:0	门	la^3 tu^6	pintu	-tu	t:t	u:u
0:0	盐	kə^6	garam	ga-	k:g	ə:a
0:0	知道；懂	hu^4	tahu	-hu		u:u
0:0	来	ma^2	mari	ma-	m:m	a:a
0:0	厚	la^1	tebal	te-	l:t	
0:0	双；对	ku^6	gu	gu	k:g	u:u
0:h	田	la^2	tanah	-nah	l:n	a:a

续表

0:h	笑	xo^1	dekah	-kah	x:k	o:a)
i:0	火	fai^2	api	-pi		a:i
i:0	死	ta:i^6	mati	-ti	t:t	
i:0	这	lai^4	ini	-ni	l:n	
k:h	果子	ma:k^9	buah	buah	m:b	
k:h	洗	suk^8	basuh	-suh	s:s	u:u
k:h	掉	tok^9；tok^{9}ha:i^1（丢失）	jatuh	-tuh	t:t	o:u
k:k	鸟	lok^8	manuk	-nuk	l:n	o:u
k:k	孩子；儿子	luk^8 tsa:i^2	anak	-nak	l:n	u:a
k:k	深（水深）	lək^8	djeluk	-luk	l:l	
m:m	细糠	ham^2	sekam	-kam	h:k)	a:a
m:m	黑	lam^6	hitam	-tam	l:t	a:a
m:m	年轻；嫩	lum^5	anom	-nom	l:n	u:o)
m:m	晚上	ka:ŋ^6 xam^6	semalam	-malam	x:l)	a:a
n:0	甘薯	man^2	ubi	-bi	m:b	a:i
n:0	种子	fan^2	bibit	bi-	f:b)	a:i
n:0	舌头	lin^4	lidah	li-	l:l	i:i
n:0	梦	fan^1	mimpi	-pi	f:p)	a:i
n:n	月亮	lən^6	bulan	-lan	l:l	ə:a
n:n	吃	kin^6	makan	-kan	k:k	i:a)
t:t	蚂蚁	mot^8	semut	-mut	m:m	o:u
t:t	跳蚤	mat^7	kutu	-tu	m:k	a:u
t:t	屁	tot^9	qentut	-tut	t:t	o:u
t:t	刀	mit^8	sabit(镰刀	-bit	m:b	i:i
t:t	青蛙	xet^9	katak	-tak	x:t)	e:a
t:t	咬；叮；啃	kat^7	gitgit	-git	k:g	a:i
u:u	灰	tau^6	pirau	-rau		a:a
u:u	绿	xeu^1	hijau	-jau		e:a

表中带")"符号的情况与前表相同，表示对应还没有建立起来，只是看上去相似，列出来作为参考。和首音有序对应规则表的道理一样，腹音的对应有的能够得到首音对应和尾音对应的支持，有的不能，尾音的对应有的能够得到首音和腹音的支持，有的不能。

为了得到有序的完全对应规则表，在前面给出的首音、腹音、尾音三个有序对应规则表中，需要删除不完全对应的实例。具体地说，从首音对应规则表中删

除腹音和尾音上得不到支持的实例,就可以得到以首音排序的完全对应实例:

[傣印完全对应规则表("首音＋腹音＋尾音"排序)]

词项	德傣	印尼语	印尼语根	首音对应	腹音关联对应	尾音关联对应
双;对	ku^6	gu	gu	k:g	u:u	0:0
咬;叮;啃	kat^7	gitgit	-git	k:g	a:i	t:t
月亮	lən^6	bulan	-lan	l:l	ə:a	n:n
舌头	lin^4	lidah	li-	l:l	i:i	n:0
田	la^2	tanah	-nah	l:n	a:a	0:h
鸟	lok^8	manuk	-nuk	l:n	o:u	k:k
孩子;儿子	luk^8 tsa:i^2	anak	-nak	l:n	u:a	k:k
这	lai^4	ini	-ni	l:n	a:i	i:0
黑	lam^6	hitam	-tam	l:t	a:a	m:m
猪	mu^1	babi	-bi	m:b	u:i	0:0
甘薯	man^2	ubi	-bi	m:b	a:i	n:0
肩膀	ho^1 ma^5;ma^5	bahu	ba-	m:b	a:a	0:0
刀	mit^8	sabit(镰刀)	-bit	m:b	i:i	t:t
蚂蚁	mot^8	semut	-mut	m:m	o:u	t:t
来	ma^2	mari	ma-	m:m	a:a	0:0
鱼	pa^6	patin	pa-	p:p	a:a	0:0
洗	suk^8	basuh	-suh	s:s	u:u	k:h
眼睛	ta^6	mata	-ta	t:t	a:a	0:0
门	la^3 tu^6	pintu	-tu	t:t	u:u	0:0
屁	tot^9	qentut	-tut	t:t	o:u	t:t
掉	tok^9;tok^9 ha:i^1(丢失)	jatuh	-tuh	t:t	o:u	k:h
盐	kə^6	garam	ga-	k:g	ə:a	0:0
右边	xa^1	kanan	ka-	x:k	a:a	0:0

以上完全对应规则表看起来已经满足了词根中每个音段的对应(不包括声调),但仍然存在问题,因为即使每一个语素或词根(受证实例)能够在首音、腹音和尾音上满足完全对应,支持这些受证实例在首音、腹音和尾音上对应的施证实例数量和施证实例本身的对应情况也是不同的。换个角度看,我们从有序对应规则表中删除的不完全对应实例只是受证实例中的不完全对应实例,剩下的完

全对应实例赖以成立的施证实例的对应情况并不是完全对应的,以"月亮"为例子:

[德宏傣语和印尼语之间支持"月亮"首音对应的施证实例]

首音对应	词项	德傣	印尼语	印尼语根	腹音关联对应	尾音关联对应
l:l	月亮	lən⁶	bulan	-lan	ə:a	n:n
l:l	舌头	lin⁴	lidah	li-	i:i	n:0
l:l	忘记	lɯm²	lupa	lu-		
l:l	深(水深)	lək⁸	djeluk	-luk	ə:u	k:k

[德宏傣语和印尼语之间支持"月亮"腹音对应施证实例]

腹音对应	词项	德傣	印尼语	印尼语根	首音关联对应	尾音关联对应
ə:a	月亮	lən⁶	bulan	-lan	l:l	n:n
ə:a	上面	pa³lə¹	atas	-tas	l:t	
ə:a	盐	kə⁶	garam	ga-	k:g	0:0

[德宏傣语和印尼语之间支持"月亮"尾音对应施证实例]

尾音对应	词项	德傣	印尼语	印尼语根	首音关联对应	腹音关联对应
n:n	月亮	lən⁶	bulan	-lan	l:l	ə:a
n:n	吃	kin⁶	makan	-kan	k:k	i:a

以上支持"月亮"对应的首音施证实例最多,共有 4 例(包括"月亮"自身,下同),腹音其次,共有 3 例,尾音最少,共有 2 例。

再看施证实例的细节,即使"月亮"在德宏傣语和印尼语之间得到了完全对应的支持,这些施证实例本身的对应情况也是不平衡的。比如,除了"月亮"本身,支持"月亮"首音对应的施证实例中,只有"舌头"是满足完全对应的;支持"月亮"腹音对应的施证实例中,只有"盐"是满足完全对应的;而支持"月亮"尾音对应的施证实例中,并没有完全对应的实例。这些支持"月亮"对应的实例的具体对应细节,必须在各个音位有序对应规则表中才能看出来。更一般地说,支持每条对应规则的关系语素细节以及支持每个关系语素的其他关系语素细节,都必须在各个音段有序对应规则表中才能充分观察到。可见对应是相互关联的,仅仅根据局部对应规则看不出对应的细节。

由于傣语和印尼语完全对应背后存在施证实例的不完全对应,所以前面给出的傣语和印尼语的完全对应规则表是一种不周遍性完全对应规则表。再考虑到傣语的声调没有比较,印尼语词根音节前后的情况没有解释,傣印对应规则表既是不完全的,也是不周遍的。

不周遍性完全对应规则表显示了这样一种对应性质,即完全对应在一定程度上是靠不完全对应的施证实例支持的。到底有多少施证实例属于不完全对应,我们可以给出一个对应支持率作为相关对应的量化标准。比如前面傣语和印尼语首音有序对应规则表中,首音对应实例有 40 个,其中有 29 个是能够在腹音上得到对应支持,29 比 40 等于 0.73,我们说和首音对应相关的腹音关联对应支持率是 0.73。根据同样道理,在首音对应的 40 个实例中,有 31 个能够在尾音上得到支持,尾音关联对应支持率是 0.78。下面给出各个音段关联对应的支持率:

[首音对应的关联对应支持率]

首音对应实例数	腹音对应支持率	尾音对应支持率
40	0.73(29/40)	0.78(31/40)

[腹音对应的关联对应支持率]

腹音对应实例数	首音对应支持率	尾音对应支持率
44	0.67(29/44)	0.8(35/44)

[尾音对应的相关对应支持率]

尾音对应实例数	首音对应支持率	腹音对应支持率
43	0.67(29/43)	0.81(35/43)

有了关联对应支持率,就可以看出完全对应周遍程度的细节。一般地说,关联对应支持率越高,完全对应的周遍程度越高,对应也就越系统。完全周遍性的完全对应中相关对应支持率应该是 1。反过来,关联对应支持率越低,完全对应的周遍性程度也越低,对应越不成系统。如果两个语言既没有同源关系,也没有接触关系,完全对应就没有办法建立,关联对应率几乎是零。说"几乎"是因为仍然可能存在偶然的相关对应。这方面的典型实例是我们前面提到的英语和傣语的首音对应(陈保亚,1994,p211):

	马	有	手	半	他	热
德傣	ma^4	mi^2	mɯ^2	ma:ŋ^2	man^2	mai^3
英语	horse	have	hand	half	he	hot

看起来首音对应很整齐,实例不少,但我们进一步比较后所得到的结果是,德傣在腹音、尾音上找不到与英语的关联对应,即相关对应率几乎为零。

我们还可以从其他角度考察对应的细节，但是这些细节都必须给出首音、腹音、尾音三类音段的有序对应规则表，可见给出各个音段的有序对应规则表是最必要的工作，是认识完全对应的基础，也是判定各种对应的基础。但是，在目前的对应研究和时空层次研究中，很少有人给出初始对应表，所以对应的性质无法断定，这是造成关系词数量争论的一个重要原因。

完全周遍性的完全对应规则表应该是每个语素都满足完全对应，比如北京话和成都话之间就可以建立这样的对应。限于篇幅，这里仅仅举一个子集的例子。比如"解、赏、上、界"就已经构成周遍性完全对应（每条对应只列出两个实例）：

[214-51 对应实例]

语素	北京	成都
解	tɕie^{214}	kai^{51}
赏	ʂaŋ^{214}	saŋ^{51}

[tɕ-k, ie-ai 对应实例]

语素	北京	成都
解	tɕie^{214}	kai^{51}
界	tɕie^{51}	kai^{214}

[51-214 对应实例]

语素	北京	成都
界	tɕie^{51}	kai^{214}
上	ʂaŋ^{51}	saŋ^{214}

[ʂ-s; aŋ-aŋ 对应实例]

语素	北京	成都
赏	ʂaŋ^{214}	saŋ^{51}
上	ʂaŋ^{51}	saŋ^{214}

正是周遍完全对应为进一步分析时空层次提供了可能。比如北京话和成都话之间还有这样的对应：

语素	北京	成都
解	tɕie^{214}	kai^{51}
解	tɕie^{214}	tɕiai^{51}
界	tɕie^{51}	kai^{214}
界	tɕie^{51}	tɕiai^{214}

如果我们只是建立了声调的对应，即 214 对 51，51 对 214，而不管声母或韵母的对应，这还只是局部对应，无法判定层次，只有弄清了声母和韵母的对应，才可能知道这里包含了两个时空层次，tɕ 对 k 和 ie 对 ai 是一个时空层次，tɕ 对 tɕ 和 ie

对 iai 是另一个时空层次。又比如：

语素	北京	成都
院	yan^{51}	uan^{214}
院	yan^{51}	yan^{214}

如果只在声调和韵之间建立对应，不管韵头，也分不开两个层次。成都人很容易识别 uan^{214} 是白读层，yuan^{214} 是文读层，根据的就是韵头的区别。

就以上北京话和成都话的关系看，在完全对应的基础上才有可能分析时空层次的道理和原则是容易理解的，但是，在很多历史层次的研究中，涉及时空关系比较远的语言时，这里的原则就没有得到遵守。

区分关系词时空层次必须以完全对应为必要条件，还有更隐蔽的理由，这就是前面一直在讨论的周遍完全对应和不周遍完全对应。只有周遍完全对应才能够真正为时空层次的区分提供良好的基础。在前面给出的傣语和印尼语不周遍完全对应表中，有一对多和多对一的对应。比如傣语的 m 分别对应于印尼语的 b 和 m：

词项	德傣	印尼语	印尼语根	首音对应	腹音关联对应	尾音关联对应
猪	mu^1	babi	-bi	m:b	u:i	0:0
甘薯	man^2	ubi	-bi	m:b	a:i	n:0
肩膀	ma^{5}①	bahu	ba-	m:b	a:a	0:0
刀	mit^8	sabit(镰刀)	-bit	m:b	i:i	t:t
蚂蚁	mot^8	semut	-mut	m:m	o:u	t:t
来	ma^2	mari	ma-	m:m	a:a	0:0

这里的对应看起来很整齐，并且还有腹音对应和尾音对应的支持。问题是这种一对多的对应是有语音条件的对应，还是由于接触导致的两个时空层次的对应？就傣语和印尼语完全对应规则表本身是看不出来的。如果我们再回头看前面给出的傣语和印尼语声母有序对应规则表，就会发现支持傣语和印尼语之间 m-b 对应和 m-m 对应的施证实例有些属于不完全对应，即在腹音和尾音方面都有不对应的情况。只有当这些不完全对应的实例得到充分研究，才有可能进一步研究傣语和印尼语一对多或多对一的实例是接触的结果还是有条件变化的结果。

这种复杂关系可以通过汉语中古"禅"母字和现代读音的对应得到更进一步

---

① ma^5 出现在 ho^{1}ma^5（肩膀）一词中。

的说明。前面提到,中古"禅"母字在现代汉语普通话中有擦音和塞擦音两种读音,形成一对多的对应,过去一直找不到条件。到底是有条件变化的结果,还是方言接触的结果,一直不清楚。王力(1980,P117)认为禅母仄声为擦音,平声分化条件不清楚。后来我们发现,如果我们把韵尾-ŋ、-n的发音部位看成具有"高"的特征,那么禅母平声字在韵尾具有"高"(-u、-i、-ŋ、-n)这一特征下读塞擦音声母 tʂh,否则读 ʂ。-u、-i、-ŋ、-n 有"高"这一共同特征,已经得到实验语音学的支持,这里暂时不展开。于是我们在王力先生的基础上可以得到这样一个公式:

  禅母 ⟶ tʂh 平声,具备"高"特征的韵尾
  禅母 ⟶ ʂ   平声,无韵尾或韵尾不具备"高"的特征
  禅母 ⟶ ʂ   仄声

以平声字为例:"蝉、禅、婵、单、忱、谌、纯、醇、淳、鹑、晨、辰、臣"等字,韵尾为-n,声母读塞擦音 tʂh;"常、尝、偿、嫦、裳、徜、成、城、诚、盛、承、丞"等字,韵尾为-ŋ,声母读塞擦音 tʂh;"垂、陲"等字,韵尾为-i,声母读 tʂh;"畴、酬、仇"等字,韵尾为-u,声母读 tʂh。不符合上述韵尾条件的声母均读 ʂ。例如:"佘、匙、时、埘、莳、鲥、殊、氏"等字均读 ʂ 声母。其他的例外都可以得到解释。

  由此看来,"禅"母字的两种读音是规则变化,不存在两个时空层次问题。得出这一结论的前提是我们能够在中古音系和现代汉语普通话之间建立完全对应,如果我们不考虑韵母尤其是韵尾,不考虑声调的平仄,就不可能得出以上的结论。

  目前在汉藏语比较研究中,声调的对应往往被忽略,这是一个严重的疏忽,会导致很多时空层次问题得不到解释。忽略声调的对应是一种不完全对应,因为尽管上古汉语是否有声调还不清楚,但声调赖以发展起来的音类肯定是存在的,忽略声调的对应就等于忽略早期这些音类的对应。在继续忽略声调对应的情况下,汉藏语关系语素的时空层次就不可能得到合理的区分,甚至会产生很大的偏离。

  周遍性完全对应是否总是能够建立起来?当两个语言或方言之间有足够数量的关系语素,建立周遍性完全对应规则表是比较容易的,我们已经在成都话和北京话之间建立了这样的表,而前面给出的北京话和成都话的一个例子只是这个表中一个很小的子集。当两个语言或方言之间缺少足够数量的关系语素,建立周遍性完全对应规则表就存在问题。上面给出的傣语和印尼语的完全对应规

则表是一个典型的例子。由于傣语和印尼语的关系词历史年代久远,保留下来的很少,要继续在两个语言间建立周遍完全对应很困难,要进一步在两个语言的关系词之间区分时空层次也很困难。

在周遍完全对应和不周遍完全对应之间还存在很多完全对应的周遍程度。面对周遍程度低的完全对应规则表,或者不完全对应规则表,我们必须承认层次分析有困难。要有效地区分时空层次,就应该尽可能建立周遍程度高的完全对应规则表。即使建立了周遍程度高的完全对应规则表,也不能保证时空层次都能充分得到区分,还必须考虑对应的不同方式。但是,没有完全对应的建立,对应的不同方式就无从谈起。正是在这种意义上,可以说完全对应是区分时空层次的必要条件。在当前的层次分析中,最迫切要做的是给出各个音段的有序对应规则表和完全对应规则表。无论完全对应的周遍程度是高是低,都可以让我们清楚地认识到关系词的时空层次可以深入到什么程度,目前的语音对应可以用来做什么工作。在条件不成熟的情况下,不要急于说有哪些时空层次。语言间的扩散是相当复杂的,尤其在双向扩散的情况下更是如此,王士元和连金发(Wang and Lien,1993)曾经特别分析过语言间双向扩散的复杂性。

判定一组关系词的时空层次和判定一组关系词的语源关系具有同样的难度。在区分历史层次前,首先需要摆出对应的细节,比如说哪些是完全对应,哪些是不完全对应,哪些是周遍完全对应,哪些是不周遍完全对应,同时进一步说明有多少种不同的一致对应。而这些基础工作最终要追问到我们是否建立了有序对应规则表或有序对应规则数据库。

12.7　一致对应

一致对应就是一批语素在多种语言或方言中以相同的方式对应。不坚持一致对应,也会把不同时空层次的对应混淆在一起。再以前面提到的汉台声调为例:

[汉台声调一致对应实例1]

语素	汉语音类	武鸣	龙州	布依	西傣	德傣
	阴平	1	1	1	1	1
三	心谈开一平咸	sa:m^1	4a:m^1	sa:m^1	sa:m^1	sa:m^1
姜(生~)	见阳开三平宕	hiŋ^1	khiŋ^1	jiŋ^1	xiŋ^1	xiŋ^1

[汉台声调一致对应实例2]

语素	汉语音类	武鸣	龙州	布依	西傣	德傣
	阴平	6	1	5	6	6
光(明)	见唐合一平宕	kva:ŋ⁶	kva:ŋ¹	kuan⁵	kwa:ŋ⁶	koŋ⁶
宣(传)	心先合三平山	sen⁶	ɬen¹	ɕian⁵	sɛn⁶	sɛn⁶

在以上材料中,"三、姜、光、宣"都是汉语阴平字,但在台语中的声调对应方式不一样,"三、姜"是一种对应方式,"光、宣"是另一种对应方式。我们说"三、姜"是一致对应,"光、宣"是一致对应,但"三、姜"和"光、宣"不是一致对应。

西南官话借贷语素尽管也和汉语原语素对应,但调类和台语内部诸语言核心语素的调类对应并不一致,武鸣、西傣、德傣是6调和阴平对应,龙州是1调和阴平对应,布依是5调和阴平对应,造成这种对应方式的原因在于西南官话的语素是在原始台语分化成不同的语言以后在不同的空间借入这些台语语言的。由于这些分化后的台语语言按各自不同的音系以相似原则匹配西南官话语素(陈保亚,1994,上编1.1),结果同一个西南官话语素在不同的台语语言中被归入了不同的调类:

	武鸣	龙州	布依	西傣	德傣	
对应方式1	1	1	1	1	1	中古对应层
对应方式2	6	1	5	6	6	西南官话对应层

从中古汉语调类的角度看,可以把西南官话和台语的对应称为不一致对应。从西南官话调类的角度看,也可以把中古汉语和台语的对应称为不一致对应。一致对应和不一致对应是相对的,跟调类的命名没有关系。如果把台语中和西南官话1调对应的语素都命名为1调,台语和中古汉语1调对应的语素就不全是1调了,这只是命名不同,不改变对应的实质。

现在我们可以确定"光、宣"一致对应是西南官话的借贷语素,主要根据是形式和意义两个方面:从形式上看,台语诸语言的调值和西南官话相似,从语义上看,内容是很晚出现的。但对于历史上不同的一致对应语素集,我们通常没有这两个有利条件。尤其是史前时期,我们对那时的音值并不熟悉,对语素的出现时间也不是很清楚。但是,一致对应本身却是一个重要的事实。在很多情况下,一个一致对应语素集的确切时空并不好断定,但两个不同的一致对应集本身显示了不同的时空层次,因此一致对应是根据语言材料区分层次的主要方法和标准。

一致对应要求在音韵的历史比较中尽可能将两个语言集团的亲属语言或方

言做普遍比较,这样才能看出是否符合一致对应。单独拿汉语的某个方言和台语中的某个语言比较,比如单独拿武鸣壮语、龙州壮语或泰语跟汉语某个方言比,往往会把不同层面的对应语素混杂在一起。我们在汉语和傣语接触的追踪研究中,常常会遇到这样的问题。为了克服这样的问题,应该首先建立亲属语言或方言的对应规则,构拟原始形式。比如,先构拟台语的原始形式和汉语的古代形式,然后再拿原始台语的原始形式和汉语的古代形式比较。这样做的主要目的之一就是为了满足一致对应。在后面我们还要谈到,构拟的原始形式最重要的价值不在于反映实际的读音,而在于反映关系语言的对应规则,使对应语素满足一致对应并尽可能使这些对应语素保持在最早时间层面。实际音值往往不容易实证,所以构拟往往有分歧,但都应该满足对应和音变的规律性。

只有当声母、韵母、声调每一部分都确定了一致对应,对应层次才能明确确定下来。而要使语素音形的每一部分都保持一致对应,完全对应是一个必要条件。

完全对应是一致对应的必要条件,一致对应又是区分时空层次的必要条件。确定一致对应是相当重要的基础工作。目前汉藏语的关系字时空层次研究最缺乏的就是完全对应,因此一致对应也难以建立。

12.8 多重对应与时空层次区分

一般把历史层次称为时间层次,严格地说,应该是时空层次(陈保亚,1994),因为历史层次可能是因为时间造成的,也可能是空间造成的,比如台语中的上古汉语关系词和中古汉语的区别是时间造成的,而壮语中的现代西南官话借词和粤语(俗称白话)借词,会在壮语中留下不同的层次,这和时间空间都有关系。又比如,西傣、德傣中的西南官话借词对应规则不完全一致,是因为接触的空间不一致。前面讨论叠置式音变时提到,早在20世纪二三十年代,赵元任、罗常培就开始关注汉语方言的文白异读。汉语文白异读的本质就是同源字对应的时空层次。但是,如何找出一套有效的方法来区分方言接触或语言接触的时空层次,却一直没有统一的结果,主要是语言分化和语言接触错综复杂。如果对应都是一对一的对应,比如汉语的3调对台语的3调,区分层次就比较容易。但实际对应情况更复杂,问题主要出在多重对应,包括一对多的对应或多对一的对应。中古汉语1调、2调和台语1调、2调的关系就属于多重对应：

[汉1调对台1调]

语义	汉字	等韵					中古汉语	原始台语
风俗	风	平	帮	东	合	三	pǐuŋ¹	fuŋ¹
篱笆	笆	平	帮	麻	开	二	pa¹	fa¹
方[形容词]	方	平	帮	阳	合	三	pǐwaŋ¹	fuŋ¹
兵	兵	平	帮	庚	开	三	pǐɐŋ¹	piŋ¹
辫子	编	平	帮	仙	开	三	pǐɛn¹	pien¹
鞭子	鞭	平	帮	仙	开	三	pǐɛn¹	pien¹

[汉2调对台1调]

语义	汉字	等韵					中古汉语	原始台语
缝	缝	平	并	锺	合	三	bǐwoŋ²	fuŋ¹
耙	杷	平	并	麻	开	二	ba²	phə¹
沉	沉	平	澄	侵	开	三	dǐĕm²	tsom¹
久	长	平	澄	阳	开	三	dǐaŋ²	h∝ŋ¹
坑	塘	平	定	唐	开	一	daŋ²	thaŋ¹

[汉2调对台2调]

语义	汉字	等韵					中古汉语	原始台语
朋	朋	平	并	登	开	一	bəŋ²	bəŋ²
棚	棚	平	并	登	开	一	bəŋ²	buŋ²
平	平	平	并	庚	开	三	bǐɐŋ²	beŋ²
盘子	盘	平	并	桓	合	一	buan²	ban²
盘绕	盘	平	并	桓	合	一	buan²	bun²
盆	盆	平	并	魂	合	一	buən²	bun²
瓶	瓶	平	并	青	开	四	bieŋ²	biŋ²

以上对应方式可以概括成：

汉语	台语	分类编号
1	1	a
2	1	b
2	2	c

  对于以上一对多的对应情况，如果能够找到对应条件，可以有两种不同的解释：

  1.从汉语看，汉语2调对应于台语1调和2调，如果这种一对多有语音条件，那么这种对应说明了一种有规则的变化，这种对应是同一时空层面的对应。

  2.从台语看，台语1调对应于汉语1调和2调，如果这种一对多有语音条件，那么这种对应说明了一种有规则的变化，这种对应是同一时空层面的对应。

如果我们找不到一对多的语音条件，我们可能面临规则解释和不规则解释两种选择：

    1.规则解释：

        以上汉台对应语素本来分成 a、b、c 三类，后来在汉语中，b 和 c 合并成 2 调，a 变成 1 调，在台语中，a 和 b 变成 1 调，c 变成 2 调。

    2.不规则解释：

        汉台 1 调对 1 调、2 调对 2 调看成是一个对应层次，2 调对 1 调看成是另一个对应层次。两个对应层次中，至少有一个对应层次是接触的结果。

在找不到一对多的语音条件的情况下，目前我们还没有更有效的语音分析原则来区分规则解释和不规则解释这两种情况。这是目前对应语素层次分析中最困难的问题。

20 世纪很多语言学家根据构拟语音形式的相似来判定时空层次，这在方法论上存在问题。上面提到汉台有两个显著对应的时空层次，一个和西南官话读音相似，一个和中古拟音相似，我们可以断定台语跟西南官话相似的层次是和西南官话接触的结果，这没有多大问题，因为西南官话是现存语言，判定其读音没有问题。但如果说和中古拟音相似的层次是和中古汉语接触的结果或中古汉语分化的结果，却会遇到下面的问题：我们目前所构拟的中古音是否就能代表真正的中古汉语实际读音？我们所构拟的原始台语是否能真正代表当时的原始台语实际读音？按照相似原则来判定对应层次的时间顺序有时会导致有意识地把两个原始形式构拟得相似。

另一个确定时间顺序的方法是根据对立。一般地说，能够区分对立的层次比不能区分对立的层次更早。我们可以把这个原则称为对立前置原则。比如台语有以下语素对应：

词	傣泰	泰	德傣	西傣	龙州李	剥隘
脖子	γo^2	$khoo^2$	xo^2	xo^2	koo^2	hoo^2
夜里	$\gamma \operatorname{uun}^2$	$kh\operatorname{uun}^2$	$-x\operatorname{uun}^2$	$-x\operatorname{uun}^2$	$k\operatorname{uun}^2$	$h\operatorname{uun}^2$
茅草	γa^2	$khaa^2$	xa^2	xa^2	kaa^2	ha^2
晚上；夜	γam^6	$kham^6$	$-xam^6$	$-xam^6$	kam^6	ham^6
扁担	$ga{:}n^2$	$khaan^2$	$ka{:}n^2$	$-ka{:}n^2$	$kaan^2$	$haan^2$
下巴	$ga{:}ng^2$	$khaang^2$	$ka{:}ng^2$	$ka{:}ng^2$	$kaan^2$	$haang^2$
人	gon^2	$khun^2; khon^2$	kon^2	kun^2	$k\partial n^2$	hun^2
猫头鹰	gau^4	$khau^4$	kau^4-	$-kau^4-$		

德傣、西傣的声母是对立的，而泰语、龙州壮语和剥隘壮语的声母没有对立，这

时需要把傣语的对立看成更早层次的对立,原始傣泰语需要把这一对立构拟出来。

在不考虑语言接触的情况下,对立前置原则是有效的,但在考虑语言接触的情况下,对立前置原则会遇到问题。下面以成都话和普通话的两个对应层次为例:

	汉字	成都话	普通话	上字	下字	声母	韵	开合	等	声调
对应层次1	该	kai¹	kai¹	古	哀	见	咍	开	一	平
	街	kai¹(白读)	tɕie¹	古	膎	见	佳	开	二	平
对应层次2	该	kai¹	kai¹	古	哀	见	咍	开	一	平
	街	tɕiai¹(文读)	tɕie¹	古	膎	见	佳	开	二	平

按照对立前置原则,对应层次2形成区别,应该比时空层次1更早,因为在时空层次2中,"该、街"的两个音节是对立的,在对应层次1中并不对立。从《切韵》音系看,"该、街"确实有对立,但成都话中,"该、街"现在的对立是后来产生的,是受普通话影响的结果。

在汉语和台语的不同时空层次对应语素中,也存在类似的情况。

在确定对应的时空层次时,还需要区分对应的时空层次和对应实例的时空层次。对应的时空层次晚并不等于对应实例的时空层次晚。比如成都话"三、山",中古声母和韵母都是有区别的,现在没有了,无论从声母看还是从韵母看,都是很晚的对应层,但并不等于说语素"三、山"在成都话中出现很晚。汉台对应语素情况相似。

要判定一个时空层次的年代或时间顺序在目前的研究条件下还有很多困难。当前迫切需要做的工作首先要找出普遍核心一致对应,这一对应层为进一步展开语源研究提供了比较可靠的基础。比如,台语中满足核心普遍一致对应的,根据分阶分析,可以肯定是台语同源语素,可以构拟为原始语言中的语素。根据核心一致对应语素的有阶分布可以证明,李方桂建立的台语对应规则中所辖的语素,属于同源语素,构拟为原始形式是成立的。

12.9 普遍对应与非普遍对应

观察下面台语对应的材料:

词项	原始台语	武鸣 （北部语群）	龙州 （中部语群）	德傣 （西南语群）
说	*wa⁶	xwa⁶	va⁶	va⁶
磨	*mu⁶	mu⁶	mu⁶	
淡	*dam⁶	da:m⁶		

这里的三个语言分别代表了台语北部语群、中部语群和西南语群。*wa⁶（说）在台语的三个语群中都对应得很整齐。*mu⁶（磨）只在北部和中部两个语群中对应，普遍对应程度比*wa⁶要低。*dam⁶只在北部语群中对应，普遍对应程度比*wa⁶和*mu⁶都低。我们说*wa⁶的普遍对应程度最高，*mu⁶其次，*dam⁶最低。由于*wa⁶在台语三大语群中都对应，可以称为普遍对应，*mu⁶、*dam⁶只在部分语群中对应，可以称为非普遍对应。在后面的汉台声调有序核心一致对应规则表中可以看出，*wa⁶（说）、*mu⁶（磨）、*dam⁶（淡）都是汉台核心一致对应语素。尽管如此，从普遍对应的角度看，它们对应的普遍程度是不一样的，这种区别对于进一步研究汉台对应语素有重要价值。在后面涉及台语的对应规则表中，这种区别都在"台语分布"一栏或"台域"一栏中注明，s、c、n 分别表示台语的傣泰语、中部台语和北部台语。s、c、n 共同出现时表示汉台对应语素在台语中普遍对应，如果只出现 n，表示只在北部语群中对应，等等。①

最典型的例子是，剥隘的"席子"(min³)，侗语有一个 min³。但是这个词不仅不见于傣泰语或西南台语，也不见于台语中部语群。而且在北部语群中也只有剥隘有实例。这有两种可能：

    1. min³（席子）是原始侗台语的形式，后来在台语中部、西南部语群中丢失了。

    2. min³（席子）是一个横向传递形式。

正是因为零散分布有接触传递的可能，用零散分布构拟做同源词并用这样的词做构拟的证据，都有不确定性，需要在具体个案中给出解释。

12.10 完全一致对应与普遍一致对应

考虑上古汉语类 3 调②和原始台语 3 调的对应：

---

    ① s1、s2、s3 分别表示西南语群和原始台语在声母、韵母、声调上有不一致对应的现象。c、n 加数字的涵义与此类似。

    ② 上古汉语有无声调有争议，故这里说类 3 调，是根据中古的声调对立系统对上古汉语的构拟。

字	上古音	台拟音	词项	声类	韵部	汉台声	汉台韵	汉台尾
饼	*pjeŋ³	*pjɛŋ³	饼	帮	耕	帮-p	耕:ɛŋ	ŋ 对 ŋ
板	*pran³	*pɛn³	板子	帮	元	帮-p	元:ɛn	n 对 n
底	*tiei³	*təɯ³	下面	端	脂	端-t	脂:əɯ	
短	*twan³	*tin³	短	端	元	端-t	元:in	n 对 n
主	*twjo³	*tɕiəɯ³	主人	章	侯	章-tɕ	侯:əɯ	
纸	*tje³	*tɕi³	纸	章	支	章-tɕ		
首	*ɕjəɯ³	*kləɯ³	发髻	书	幽		幽:əɯ	u 对 u
屎	*ɕjei³	*xei³	粪	书	脂		脂:ei	
秆	*kan³	*kan³	茎	见	元	见:k	元:an	n 对 n
解	*krek³	*ke³	解	见	锡	见:k		
九	*kjəɯ³	*kiəɯ³	九	见	幽	见:k	幽:əɯ	u 对 u
绞	*krau³	*kiau³	缠绕	见	宵	见:k		
紧	*kjen³	*khɛn³	牢实	见	真	见:kh	真:ɛn	n 对 n
广	*kwaŋ³	*kwaŋ³	广	见	阳	见:k	阳:aŋ	ŋ 对 ŋ
苦	*khwa³	*kho³	穷	溪	鱼	溪:kh		

"屎（粪）"除了满足上古汉语类3调和原始台语3调的对应，还能得到韵部对应的支持，即上古汉语脂部和原始台语ei对应，但是声类对应得不到支持，"屎"自身属于不完全对应。但是在上古汉语3调对原始台语3调的这套对应中，有不少实例属于完全对应，比如上面的"饼、板、短"等，这说明3调对3调这套对应规则不仅自身有大量实例支持，并且有完全对应实例支持，于是我们说上古汉语3调对原始台语3调属于完全一致对应。完全一致对应的存在极其有利于排除偶然对应。可以肯定上古汉语3调对原始台语3调不是偶然对应。但是完全一致对应并不保证这套对应的实例都是完全一致对应的。

有的一致对应普遍分布在同源语言中，有的只分布在同源语言的部分语言中，所以是否普遍一致对应涉及所比较语言的多少。比如下面一组字在泰语、西傣、德傣、孟连傣、金平傣、武定傣、元江傣之间形成6调的一致对应（见[有序对应规则表]）：

[有序对应规则表]

语素	傣泰	德傣	西傣	泰	孟连	金平	武定	元江	元阳	马关	绿春
助①	*dzjuai⁶	tsɔ⁶	-tsɔi⁶	tɕhuai⁶	tsɔi⁶	tɕɔi⁶	tɕɔi⁶		tsɔi³	tsɔi³	tsɔ⁴
匠	*dzjaːŋ⁶	tsaːŋ⁶	tsaːŋ⁶	tɕhaaŋ⁶	-tsaŋ⁶	tɕaːŋ⁶					tsaŋ⁴
辈	*dzjua⁶	tso⁶	tso⁶	tɕhua⁶							
信	*dzjɯɯ⁶		tsɯ⁶	tɕhua⁶							
正	*dzjɯɯ⁶	tsau⁶	tsai⁶	tɕhai⁶	tɕu⁶	-tchjɐi⁶	tsau⁶	tsau³	tsau³	tsai⁴	

① 指帮助。

续表

称①	ˈdzjaŋ⁶	tsaŋ⁶	tsaŋ⁶	tɕhaŋ⁶	tsaŋ⁶		tɕaŋ⁶	tsaŋ⁶	tsaŋ³	tsaŋ⁶
洞	ˈdzjɔːn⁶			tɕhɔːn⁶						
字②	ˈdzɯ⁶	tsɯ⁶	tsɯ⁶	tɕhɯɯ⁶	tsɯ⁶	tɕɯ⁶	tɕɯ⁶	tsɯ⁶	tsɯ³	tsɯ⁴

但是，如果这些字的比较扩大到元阳、马关、绿春等地，则不满足6调的一致对应，这时候我们可以说可能存在几种情况：

　　1. 元阳、马关、绿春等地并不是原始傣泰语形式的保留，而是后来从其他傣泰语言或汉语中借来的。
　　2. 元阳、马关、绿春等地保留了原始傣泰语调类，后来又和其他傣泰语言接触，声调改变了读音，类似叠置式音变。
　　3. 原始傣泰语的6调本来就有两个类，需要构拟成两个次类。
　　4. 变化是规则的，元阳、马关变成了3调，绿春变成了4调，"称"是例外。

面对这样的情况，我们需要找其他证据来证明是哪一种可能。就现代语言的证据看，还不足以得出明确的结论。根据傣文和泰文的记录，可以知道早些时候是6调。

12.11　核心一致对应

　　把时空层次分开和断定哪个时空层次在时间上更早，是两项不同的工作，后一项工作更困难。最早时间层面的一致对应语素层在确定语源关系时是最重要的，但怎样确定最早时间层面的对应语素还缺乏有效的方法。比如在汉语和台语之间，前面给出过的西南官话一致对应层和《切韵》一致对应层是典型的两种对应层次，我们还可以建立其他时间层面的一致对应，在确定汉语和台语的语源关系时，哪一个时间层面的一致对应语素最关键？

　　下面我们提出一个核心一致对应原则，用以确定一个关键对应层次。

12.11.1　核心字、核心语素、核心语符和核心词

　　Swadesh(1952；1954)先后提出了200词项(item)和100词项的概念，认为这是人类语言普遍存在的词项。后来不少学者都启用了200词项和100词项。我们通过几十年的积累调查，发现不同的语言并不必然都能分出这200词项和

---

　　① 用作动词。
　　② 指名字。

100词项,不过Swadesh的200词项和100词项中绝大部分词项都具有普遍性,所以Swadesh的200词项和100词项有一定的田野调查基础。

但Swadesh在历史比较中还存在很多问题,我们曾对200词项和100词项做过调整,对词项的确定做了进一步限制,在Swadesh的基础上提出第100核心词表和第200核心词表(陈保亚,1994)。我们提出的进一步限制原则要求词项有以下属性:

    1.单纯规则形式,即都是由一个语素充当的规则形式。
    2.内在稳定性,即构词能力强,不容易被系统内部其他成分替换。
    3.外在稳定性,即在语言接触中不容易被替换。

不同的学者根据Swadesh词项表确定自己所调查的语言的核心词表时有出入,原因之一是没有把择词控制在规则活动这个层面上。比如傣语中"星期一"的"一",尽管在概念上和汉语的"一"相同,但傣语的"一"并不是规则活动单位,只能作为构词成分出现在"星期X"的环境中或其他复合词的环境中,因此不属于核心词。傣语另有 $luŋ^6$ 表示数词"一",属于核心词。

四川话的"脑壳"(头)是核心词项中的项目,但是由于是两个语素构成,因此是一个复合形式,而不是单纯形式。复合词是后起的,不完全反应早期核心语素或核心语符的面貌,因此严格地说"脑壳"不算是核心词。由于我们把核心词限制在单纯词中,所以通常情况下最好使用核心语符、核心语素或核心字的概念,以突出单纯形式的特点。但由于核心词已经是一个通用的术语,在不引起矛盾的情况下,我们也会经常使用这一概念。一般来说,我们的核心词、核心语素、核心字和核心语符,都指相同的概念。

这里所谓的核心词包括自由的规则语素和不自由的规则语素。现代汉语的"手"是核心词项中的项目,并且其分布满足平行周遍条件,由于"手"的分布是自由的,是核心词。现代汉语的"和"也是核心词项中的项目,分布也满足平行周遍条件,是规则活动单位,因此是核心语符,但不自由,我们也称为核心词。

核心词要求构词能力强,但不一定是最常用的。比如"手"的构词能力很高,但肯定没有"的、了、着、过"等语素常用,而这些所谓的高频虚词实际上在系统内部演变以及语言接触中比"手"容易被替换(陈保亚,1994,上篇2.3)。

12.11.2 核心一致对应语素集

历史比较中,有对应的词落在核心词中当然很重要,没有落在核心词中的词有的也很核心,由于核心词并没有考虑到各个语言的差异,这些词都没有被考虑。这些词的对应规则往往和核心词的对应规则是一致的。先比较下面材料:

[汉台核心对应实例]

语素	武鸣	龙州	布依	西傣	德傣	侗语	仫佬	水语	毛南
	1	1	1	1	1	1	1	1	1
雨	fɯn¹	phun¹	vuun¹	fun¹	fon¹	pjən¹	kwən¹	fən¹	fin¹
狗	ma¹	ma¹	ma¹	ma¹	ma¹	ŋwa¹ˑ	hŋwa¹	hma¹	ma¹

"狗、雨"都是核心词,这些核心词之间形成一种 1 调的一致对应,这就是核心对应。

前面讨论的汉台"三、姜"的声调对应方式和台语内部核心词"雨、狗"的对应方式是一致的,这就是核心一致对应。"三"本来就是核心词,"姜"不属于核心词,但由于对应规则和核心词一致,属于汉台核心一致对应语素集。前面提到的汉台对应语素"光、宣"和台语核心语素对应规则不一致,不属于汉台核心一致对应语素集。这里我们用核心一致对应语素集而不用核心对应词集,是因为满足核心一致对应的语素有的是语法上不规则的黏着语素。

概括地说,核心一致对应是指,非核心语素和核心词在对应规则上的一致性。提出核心一致对应的概念是要说明很多非核心对应语素的重要性。

再来看一个核心一致对应实例"铜"。"铜"本身不是核心词,但"铜"在汉语和侗台语之间表现出来的对应规则,在侗台语内部 100 核心词中也能找到。换句话说,侗台语的"铜"不仅和汉语对应,而且"铜"在侗台语中的对应规则和侗台语中 100 核心词的对应规则是一致的。由于核心词的词项有限,"铜"在台语和侗水语之间声母核心一致对应的实例无法给出,但从特征对应上可以找到,这里不展开。韵母和声调都能找到核心一致对应的实例:

["铜"在台语和侗水语之间满足韵母核心一致对应]①

语素	泰	德傣	龙州	武鸣	侗	仫佬	水	毛南
铜	thoːŋ²	təŋ²	toːŋ²	toŋ²	toŋ²	toŋ²	toŋ²	toŋ²
肚子	thɔːŋ⁴	təŋ⁴		tuŋ⁵	loŋ²	loŋ²	loŋ²	loŋ²
弟弟妹妹	nɔːŋ⁴	ləŋ⁴	noːŋ⁴	nuːŋ⁴	noŋ²	nuŋ⁴	nuŋ⁴②	nuŋ⁴

---

① 韵母的对应有个别地方不规则,我们现在还不能解释。
② 这个语素选自佯黄语。

["铜"在台语和侗水语之间满足声调核心一致对应]

语素	泰	德傣	龙州	武鸣	侗	仫佬	水	毛南
铜	thɔːŋ²	toŋ²	toːŋ²	toŋ²	toŋ²	toŋ²	toŋ²	toŋ²
胖	phiː²	pi²	pi²	pi²	pui²	pi²	pi²	pi²
肥		man²					man²	
圆	mon²	mon²	mən²	luːn²	ton²	køn⁶		don²
你	mɯŋ²	mauɯ²	mauɯ²①	mɯŋ²	ɲa²	ɲa¹	ɲa²	ŋ²②
睡	nɔːn²	lən²	noːn²	nin²	nun²	nun²	nun²	nuːn²
人	khun²; khon²	kon²	kən²	vun²	ɲən²	ɕən¹	zən¹	xən¹
烟	khwan²	xɔn²	van²	hon²	kwan²	-kwan¹	kwan²	kwan²

以上确定核心一致对应语素集的方法也可以概括如下:

　　1. 找出各种一致对应层的对应语素集。
　　2. 如果某个一致对应语素集中有一部分落在核心语素集中,我们就说这个对应语素集是核心一致对应语素集。

12.11.3　核心一致对应语素集的重要性

　　建立核心一致对应语素集有两方面的意义。第一个方面,一般地说,如果两个语言之间共同的核心词数量很少,要在核心词之间建立对应规则是比较困难的,判定这些共同的核心词是否真是核心对应词就存在困难,因为对应规则必须有相当数量的语素才能建立起来。这时根据核心一致对应原则进行判定就有了一个比较客观的标准。事实上,汉语和侗台语之间共同的核心词是很少的,用这些有限的核心词很难建立对应规则,需要考虑核心一致对应。第二个方面,当我们把核心词分阶研究扩展到所有对应语素分阶研究时,我们在这些对应语素中会面临很多不同的对应层次,有些对应层次的语素集中很少包含核心词,有些包含有核心词,核心一致对应语素集在这些不同的层次中形成了一个关键层次。

　　核心一致对应语素是对应语素研究的一个相当重要的部分。拿汉语和台语的关系来说,研究汉台语源关系首先需要对这一部分对应语素的语源性质做出解释,这是因为核心词的借用率很低。为了弄清核心词借用率,我们对西南官话和台语语言的接触进行了追踪调查,发现在保持语音对应的前提下,200 核心语素,尤其是 100 核心语素,作为词或语符来借用的情况相当少。在各地傣语方言

---

① 对晚辈说。
② 成音节的 ŋ。

中，除了元江傣语有一个"杀"字是西南官话语符，西双版纳、德宏、临沧、金沙江等地均未发现100核心语符中有直接从西南官话输入的，只有少数语素是以黏着方式借入的，如"星期一、星期二"中的"一"和"二"等情况。在我们所调查分析的几十种侗台语或侗台语方言中，100核心词从西南官话借入的也很少。1990年，我们曾对滇藏川三角地带的十几种藏缅语族语言进行过100核心词调查，没有发现西南官话借贷语素。1999年我们又沿着茶马古道在云南、西藏对藏缅语十几种语言做了专门调查，均无西南官话100核心词借入藏缅语。西南官话在侗台语、藏缅语地区有很大的势力，很多民族都会说西南官话，从民族语言到西南官话的母语转换也频繁发生。有些地区还有汉族说民族语言，使当地民族语言的结构面貌发生了很大的变化。即使在这样一种深刻接触的背景下，100核心词仍然很稳定。200核心词的稳定性要稍微弱一些，但也是相当稳定的。

由于核心词相当稳定，核心词所体现的对应规则一般都是早期对应规则的保留，如果非核心语素和核心词的对应规则一致，这些非核心语素的对应规则也和核心词对应规则一样，这些非核心语素的时间层次也跟核心语素的时间层次一样早。可见，一致对应语素集在语源研究中是一个相当重要的语素集。在最早时间层面的对应语素尚未确定的情况下，核心一致对应语素集的语源属性是首先需要回答的问题。

我们目前所找到的汉台核心一致对应语素集只有一个。不排除这种可能，两个语言之间有两个或两个以上的核心一致对应语素集。在汉台之间能否找到更多的核心一致对应语素集，是我们研究要做的工作。如果出现这种情况，分析就更为复杂。中国其他语言的历史比较，也存在类似的问题。一般情况下，如果核心一致对应语素集中的核心词呈现同源有阶分布（聚敛有阶分布），即越是核心的词比例越高，我们认为该核心一致对应语素集就是最早层面的对应语素集。

12.11.4 声调在核心一致对应中的层次判定作用

从语言调查的结果看，核心词比较稳定，和核心词保持一致对应的语素形成了一个对应层。如果同源语言分化后又接触，因为接触而产生的借贷语素往往和核心一致对应的规则不一致。这样我们就可以通过核心一致对应规则和非核心一致对应规则把早期对应和晚期对应区别开。

从目前的调查情况看，声调的核心一致对应对于确定对应语素的时空层次相当关键，因为声调的调值很容易变化，晚期的对应语素很难保持声调的核心一致对应。比如傣语分化时间并不是很长，声调调值就产生了显著的变化，西南官话借贷语素已经不能保持声调在几个傣语方言中的一致性。下面是几个傣语方言中西南官话借贷语素的声调归类：

西南官话	例字	德傣	西傣	金沙傣	元江傣
阴平	光(荣)	6	6	2	1
阳平	(工)人	4	4	3	1
上声	(工)厂	2	2	2	2
去声	(模)范	5	5	5	5
入声	国	3	3		

西南官话的阴平字和阳平字进入傣语诸方言后调类产生了不一致对应。这仅仅是几种傣语方言的情况。如果观察侗台语的不同语言，西南官话每个声调的借贷语素都产生了不一致对应：

西南官话	例字	武鸣	龙州	西傣	德傣	侗语	仫佬	水语	毛南
阴平	光(荣)	6	1	1	1	6	5	3	5
阳平	缺(点)	2	2	4	4	2	6	4	6
上声	(工)厂	3	5	2	2	4	3	6	3
去声	(模)范	5	3	5	5	1	4	1	4

这说明声调调值的变化是比较显著的，很容易通过借贷语素的调类体现出来，我们正好可以通过这一特性把不同时空层次的对应语素区别开，把核心一致对应语素和非核心一致对应语素区分开。

12.12 有序对应关联表

前面都是方法论的分析。语音对应是一个相互关联的系统对应，要充分了解对应的细节，应该列出关联对应表。下面给出一个汉台核心一致对应关联表。该表按照上古声母排序，声母相同的情况下按照上古类声调排序，类声调相同的情况下再按照上古汉语韵部排序。标注有符号 v 的几栏，表明该字的对应除了声母，还有其他音类的支持。"阶"一栏有多处出现了第 100 核心语符（R1）和第 200 核心语符（R2）的标注，所以该关联对应表属于核心一致对应表。"台域"标注了该字在台语西南方言(s)、中部方言(c)和北部方言(n)的分布情况。更具体

12. 语素关联对应与层次

的标注解释见前面给出的汉台声调、声母和韵母对应规则表和附录中的符号与术语解释。

字	上古音	台拟音	傣泰	声①	韵②	声	韵	腹	尾	调	阶	台域
标	*pjau¹	*plai¹	*plaːi¹	帮	宵	v		v		v		sn
分	*pwjən¹	*pən¹	*pan¹	帮	文	v	v	v	v			scn
黑	*pja	*hmui¹	*hmi¹	帮	歌	v	v	v		v		snc
豝	*prɑ¹	*hmu¹	*hmu¹	帮	鱼	v	v	v		v		snc
夫	*pwjɑ¹	*phu³	*phu³	帮	鱼		v	v		v	R1	scn
肤	*pwjɑ¹	*plɯek⁹	*plɯek⁹	帮	鱼		v	v		v	R1	scn
把	*prɑ³	*ba²	*ba²	帮	鱼	v	v	v		v		scn
板	*pran³	*pɛn³	*pɛn³	帮	元	v	v	v	v			scn
饼	*pjeŋ³	*pîɛŋ³	*pɛŋ³	帮	耕	v	v	v	v			scn
报	*pəu⁵	*pau⁵	*pau⁵	帮	幽	v	v	v		v		scn
变	*pjan⁵	*plien⁵	*plian⁵	帮	元	v	v	v	v			scn
百	*prak⁷	*pak⁹	*paːk⁹	帮	铎	v	v	v	v			scn
八	*pret⁷	*pet⁹	*pɛt⁹	帮	质	v	v	v	v			scn
剥	*prok⁷	*pɔk⁹	*pɔk⁹	帮	屋	v	v	v	v			scn
駓	*phjə¹	*pəi¹	*pai¹	滂	之	v	v	v		v	R1	scn
漂	*phjau¹	*pliu¹	*pliu¹	滂	宵		v	v		v		sn
铺	*phwɑ¹	*pu¹	*pu¹	滂	鱼		v	v		v		scn
破	*phwa⁵	*pha⁵	*pha⁵	滂	歌		v	v		v		scn
肺	*phwjaːt⁷	*pɯət⁹	*pɔt⁹	滂	月	v	x	v	v			scn
缝	*bwjoŋ²	*fuoŋ²	*fuŋ²	並	东	v	v	v			R2	snc
蒲	*bwa²	*vok¹⁰	*bok¹⁰	並	鱼	v	v	v				sn
盘	*bwan²	*ban²	*baːn²	並	元	v	v	v	v			scn
蕃	*bwjan²	*vən²	*van²	並	元	v	v	v	v		R1	scn
肥	*bwjəi²	*bi²	*bi²	並	微	v	v	v		v	R1	scn
浮	*bjəu²	*vu²	*vu²	並	幽	v	v	v			R2	scn
颦	*bwjən²	*pan⁵	*paːn⁵	並	文		v	v	v			sc
父	*bwjɑ⁴	*bɔ⁴	*bɔ⁴	並	鱼		v	v		v	R2	scn
白	*brak⁸	*phɯek⁷	*phɯak⁹	並	铎		v	v	v		R1	scn
缚	*bwjak⁸	*fruək⁹	*phuːk⁹	並	铎	v	v	v	v		R2	scn
旻	*mjən²	*ʔbuɯn¹	*ʔbon¹	明	文		v	v	v		R2	scn
䖟	*mraŋ²	*ml/rɛŋ²	*mɛŋ²	明	阳		v	v	v		R2	scn
猫	*mjau²	*mɛu²	*mɛu²	明	宵	v	v	v		v		sc3n

---

① 指上古声母。上古音构拟参看§16,二等阶音为 ɹ,为书写打印方便写作 r。

② 指上古韵部。

续表

卯	*mrəu⁴	*hmau³	*hmaːu³	明	幽	v	v	v	v		sn
马	*mrɑ⁴	*ma⁴	*ma⁴	明	鱼	v	v	v	v		scn
母	*mə⁴	*mɛ⁶	*mɛ⁶	明	之		v	v	v		scn
雾	*mwjo⁶	*hmɔk⁹	*hmɔk⁹	明	侯	v	v	v	R2		scn
未	*mwjəːt⁸	*wi⁶	*wi⁶	明	物			v	v		sn
未①	*mwjəːt⁸	*mot⁸	*mot⁸	明	物			v	v		sn
墨	*mək⁸	*hmɯk⁸	*mɯk⁸	明	职	v	v	v	v		scn
担	*tam¹	*thram¹	*hraːm¹	端	谈	v		v			scn
㨡②	*twən¹	*tɔn¹	*tɔn¹	端	文		v	v	v		sn
底	*tiei³	*təɯ³	*taɯ³	端	脂						sc
鸟	*tiəu³	*nl/rok⁸	*nok⁸	端	幽	v	v	v	v	R1	scn
到	*tau⁵	*təu³	*tau³	端	宵	v	v	v	v	R1	sn
碓	*twəi⁵	*tɔi⁵	*tɔi⁵	端	微	v	v	v	v		sn
钉	*tieŋ⁵	*diŋ⁶	*diŋ⁶	端	耕	v	v	v	v		sn3
𩽾	*to⁵	*dɔ⁶	*dɔ⁶	端	侯	v	v	v	v		sn
侸③	*trat⁷	*trɔk⁷	*trak⁷	端	月		v	v	v		scn
㧬	*tiaːuk⁷	*tɔk⁹	*tɔk⁹	端	药			v	v		scn
答	*təp⁷	*tɔp⁹	*tɔp⁹	端	缉	v		v	v		scn
啄	*trok⁷	*tɔt⁹	*tɔt⁹	端	屋	v		v	v		scn
梯	*thiei¹	*ʔdl/rəi¹	*ʔdai¹	透	脂						
吞	*thən¹	*klɯən¹	*klɯːn¹	透	文		v	v	v		scn
探	*thəm⁵	*thlam¹	*thaːm¹	透	侵		v	v	v		scn
炭	*than⁵	*than⁵	*thaːn⁵	透	元		v	v	v		scn
跳	*thiau⁵	*thiu⁵	*thɛu⁵	透	宵		v	v	v		scn
退	*thwəːt⁷	*thɔi⁵	*tɔi⁵	透	物	v	v	v	v		s3cn
脱	*thwat⁷	*thɔt⁷	*thɔt⁹	透	月	v	v	v	v		sn
蹋	*dap⁸	*dap¹⁰	*daːp¹⁰	定	叶			v	v		sn
沉	*djəm²	*tɕem¹	*tɕom¹	定	侵			v	v		sn
持	*djə²	*thu¹	*thu¹	定	之	v	v	v	v	R2	scn
茶	*drɑ²	*dza²	*dzja²	定	鱼	v	v	v	v		scn
涂	*dwɑ²	*da²	*da²	定	鱼	v	v	v	v		sc
铜	*dwoŋ²	*dɔŋ²	*dɔŋ²	定	东	v	v	v	v		scn
潭	*dəm²	*dem²	*thom¹	定	侵	v	v	v	v		sc23n

---

① 未[地支]。

② 该字的意思为：阉。《广雅·魂》"去势也。都昆切"。

③ 该字的意思为：蚱蜢。《说文》"侸，侸蜢，草上虫也"。《广韵·陌韵》"侸，陟格切"。

续表

丈	*djaŋ⁴	*tɕaŋ⁵	*tɕaːŋ⁵	定	阳	v	v	v	v	v	sn3
箸	*dja⁶	*thu⁵	*thu⁵	定	鱼	v	v	v	v	v	scn23
豆	*do⁶	*thue⁵	*thua⁵	定	侯	v	v	v	v	v	scn3
段	*dwan⁶	*dɔn⁶	*dɔn⁶	定	元	v	v	v	v	v	scn
擢	*drauk⁸	*dlak¹⁰	*laːk¹⁰	定	药	v		v	v	R2	scn
度	*dak⁸	*dɛk¹⁰	*dɛk¹⁰	定	铎	v	v	v	v		scn
择	*drak⁸	*l—k¹⁰	*lɯak¹⁰	定	铎			v	v		sc
独	*dwok⁸	*dɔk¹⁰	*dɔk¹⁰	定	屋	v	v	v	v		scn
夺	*dwat⁸	*dɔ²	*do²	定	月	v		v	v		sc
队	*dwəːt⁸	*duai²	*duai⁶	定	物		v	v	v		sn
渡	*dwɑːk⁸	*da⁶	*da⁶	定	铎	v		v	v		scn
特	*dək⁸	*thɯk⁷	*thɯk⁷	定	职	v	v	v	v		scn
濯	*drauk⁸	*zək⁸	*zak⁸	定	药		v	v	v	R2	scn
叠	*diap⁸	*dep⁸	*dop⁸	定	叶						
柚	*dwjəuk⁸	*thruok⁹	*hruk⁹	定	觉	v		v	v		scn
脓	*nwəm²	*hnoŋ¹	*hnoŋ¹	泥	冬	v		v	v		scn
泥	*niei⁴	*nl/rai²	*naːi²	泥	脂			v	v		scn
弩	*nwa⁴	*hna³	*hna³	泥	鱼			v	v		scn
衲	*nəp⁸	*n̂iep⁸	*nɛp⁸	泥	缉	v	v	v	v	R2	scn
[聂]①	*njap⁸	*hnɛp⁹	*hnɛp⁹	泥	叶			v	v		sn
犁	*liei²	*thləi¹	*thai¹	来	脂						
离	*lja²	*li²	*la²	来	歌	v	v	v	v		scn
牢	*ləu²	*ləu⁴	*lau⁴	来	幽	v	v	v	v		sc
笼	*lwoŋ²	*kroŋ⁵	*kroŋ¹	来	东		v	v	v		s3cn
冷	*lreŋ⁴	*ʔdaŋ³	*ʔdaːŋ³	来	耕		v	v	v	R1	sc
老	*ləu⁴	*thəu³	*thau³	来	幽		v	v	v	R2	sc
懒	*lan⁴	*gran⁴	*graːn⁴	来	元	v	v	v	v		sc
了	*liau⁴	*lɛu⁴	*lɛu²	来	宵	v	v	v	v		sn
累	*lwjəi⁶	*hnai⁵	*hnaːi⁵	来	微	v	v	v	v		scn
漏	*lo⁶	*rue⁶	*rua⁶	来	侯	v	v	v	v		scn
落	*lak⁸	*dlɔk¹⁰	*lɔk⁸	来	铎						
仂	*ljək⁸	*khlak⁷	*khrak⁷	来	职		v	v	v		sc
煎	*tsjan¹	*tɕien¹	*tɕien¹	精	元	v	v	v	v		sn
子	*tsjə³	*dzai²	*dzjaːi²	精	之	v		v	v	R1	scn
早	*tsəu³	*dzau⁴	*dzjaːu⁴	精	幽	v	v	v	v		scn

---

① 该字的意思是镊子或用镊子夹。李方桂用该字和台语配对。我们认为也可用汉字"聂"配对。

续表

字				声	韵						
雀	*tsjauk⁷	*tɕɔk⁹	*tɕɔk⁹	精	药	v	v		v	v	sc
浸	*tsjəm⁵	*tɕim⁵	*tɕim⁵	精	侵	v		v	v	v	sn
从	*dzwoŋ²	*ʔdoŋ¹	*ʔdoŋ¹	从	东		v	v	v	v	scn
匠	*dzjaŋ⁶	*dzaŋ⁶	*dzja:ŋ⁶	从	阳	v	v	v	v	v	scn
字	*dzjə⁶	*dzɯ⁶	*dzjɯ⁶	从	之	v	v	v	v	R1	scn
三	*səm¹	*sam¹	*sa:m¹	心	侵	v	v	v	v	R2	scn
孙	*swən¹	*hlan¹	*hla:n¹	心	文		v		v	v	scn
搔	*səu¹	*kəu¹	*kau¹	心	幽	v	v	v	v	R2	scn
嵩	*swjəm¹	*suɯŋ¹	*su:ŋ¹	心	冬	v		v	v		scn
酸	*swan¹	*som³	*som³	心	元			v	v		scn
散	*san³	*san⁵	*sa:n⁵	心	元		v	v	v		scn
燥	*sau³	*eɯ⁵	*kheɯ⁵	心	宵		v	v	v	R1	scn
婿	*siɑ⁵	*khɯi¹	*khɯi¹	心	鱼		v	v	v		scn
绣	*sjəu⁵	*siu⁵	*sɛu⁵	心	幽	v					scn
送	*swoŋ⁵	*soŋ⁵	*soŋ⁵	心	东	v	v	v	v		scn
索	*sɑk⁷	*dzɯak¹⁰	*dzjɯak¹⁰	心	铎	v	v	v	v	R2	scn
四	*sje:t⁷	*si⁵	*si⁵	心	质	v			v	R2	scn
锡	*siek⁷	*thriek⁷	*hrek⁹	心	锡		v	v	v		scn
析	*siek⁷	*tɕhik⁹	*tɕhik⁹	心	锡		v	v	v	R2	scn
像	*zaŋ⁴	*dzaŋ⁴	*dzja:ŋ⁴	邪	阳	v	v	v	v		scn
巳	*zə⁴	*zei⁶	*sɯ³	邪	之		v	v	v		sn
双	*crroŋ¹	*sɯŋ¹	*soŋ¹	山	东	v	v	v	v	R1	scn
缩	*crwjəuk⁷	*hruot⁷	*hrot⁹	山	觉		v	v	v		sn
正	*tjeŋ¹	*tɕeŋ¹	*tɕeŋ¹	章	耕	v	v	v	v		scn
鍼	*tjəm¹	*khîem¹	*khem¹	章	侵		v	v	v		scn
捶	*tʇwja³	*ti¹	*ti¹	章	歌	v	v	v	v	R2	sn3
纸	*tje³	*tɕi³	*tɕe³	章	支	v		v	v	v	s2cn
主	*tʇwjo³	*tɕîəu³	*tɕau³	章	侯	v	v	v	v		scn
指	*tjei³	*dzei⁴	*dzji⁴	章	脂	v	v	v	v		scn
颤	*tjan⁵	*sən⁵	*san⁵	章	元	v	v	v	v		scn
炙	*tjɑk⁷	*tɕi⁵	*tɕi⁵	章	铎	v			v		sc
酌	*tjauk⁷	*tək⁷	*tak⁷	章	药	v	v	v	v		scn
祝	*tʇwjəuk⁷	*thrək⁷	*hrak⁷	章	觉			v	v		scn
穿	*thwjan¹	*ɕuen¹	*son¹	昌	元	v		v	v		sn
称	*thjəŋ¹	*dzəŋ¹	*dzjaŋ⁶	昌	蒸	v	v	v	v		scn
尺	*thjɑk⁷	*tɕhak⁹	*tɕha:k⁹	昌	铎			v	v		sc
申	*ɕjen¹	*sən¹	*san¹	书	真	v	v	v	v		sn

续表

声	*ɕjeŋ¹	*seŋ¹	*seŋ¹	书	耕	v	v	v	v		scn
飏	*ɕjɑŋ¹	*thruŋ¹	*hruŋ¹	书	阳		v	v	v		scn
伸	*ɕjen¹	*jɯən⁶	*jɯːn⁶	书	真	v	v	v	v		scn
首	*ɕjəu³	*kləu³	*klau³	书	幽		v	v	v	R1	scn
屎	*ɕjei³	*xei³	*khi³	书	脂		v	v	v		scn
税	*ɕwjaːt⁷	*suəi⁵	*suai⁵	书	月	v		v	v		sn
辰	*zjən²	*si¹	*si¹	禅	文	v			v		sn
城	*zjeŋ²	*dzeŋ²	*dzeŋ²	禅	耕	v	v	v	v		scn
市	*zjə⁴	*zu⁴	*zu⁴	禅	之	v	v	v	v		scn
是	*zje⁴	*dzɯu⁶	*dzjɯu⁶	禅	支	v		v	v		scn
啜	*zwjat⁷	*zot⁸	*zot⁸	禅	月	v	v	v	v	R1	sn
十	*zjəp⁸	*sip⁷	*sip⁷	禅	缉	v		v	v		scn
熟	*zwjəuk⁸	*suk⁷	*suk⁷	禅	觉	v		v			scn
瓤	*ȵjɑŋ²	*ȵueŋ²	*ȵɔŋ²	日	阳						sn
染	*ȵjam⁴	*ȵuɔm⁴	*ȵɔm⁴	日	谈	v		v	v		scn
二	*ȵjei⁶	*ȵi⁶	*ȵi⁶	日	脂	v	v	v	v	R1	scn
肉	*ȵwjəuk⁸	*ȵuo⁴	*ȵua⁴	日	觉	v		v	v	R1	scn?
热	*ȵjat⁸	*ȵuat⁴	*ʔdɯaːt⁹	日	月	v			v	R1	scn
日	*ȵjet⁸	*ʔdl/riɛt⁹	*ʔdɛt⁹	日	质	v		v	v	R1	scn
斤	*kjən¹	*xwan¹	*khwaːn¹	见	文	v		v	v		scn
甘	*kam¹	*hwan¹	*hwaːn¹	见	谈						scn
钢	*kɑŋ¹	*kaŋ¹	*kaŋ¹	见	阳	v	v	v	v		scn
僵	*kjɑŋ¹	*khlɛŋ¹	*khɛŋ¹	见	阳	v	v	v	v		scn
鸠	*kjəu¹	*khrəu¹	*khrau¹	见	幽	v		v	v		scn
薑	*kjɑŋ¹	*xiŋ¹	*khiŋ¹	见	阳	v		v	v		scn
蜫	*kwən¹	*hnɔn¹	*hnɔn¹	见	文	v		v	v		scn
关	*kwran¹	*klɔn¹	*klɔn¹	见	元	v	v	v	v		scn
弓	*kwjəŋ¹	*koŋ¹	*koŋ¹	见	蒸	v		v	v		scn
巾	*kjən¹	*khɯn¹	*khan¹	见	文	v		v	v		scn
鹽	*kwɑ¹	*klɯo¹	*klɯa¹	见	鱼	v		v	v	R2	scn
官	*kwan¹	*xun¹	*khun¹	见	元	v		v	v	v	sn
竿	*kan¹	*ɣan²	*ɦaːn²	见	元	v	v	v	v	v	s1c1n
金	*kjəm¹	*ɣəm²	*ɣam²	见	侵	v	v	v			sc3n13
钩	*ko¹	*giau²	*giau²	见	侯	v		v	v		scn
钩	*ko¹	*go²	*go²	见	侯	v		v	v		scn
躬	*kwjəm¹	*kom³	*kom³	见	冬	v		v	v		scn
枭	*kiau¹	*ɣeu⁴	*ɦau⁴	见	宵	v	v	v	v		sc

续表

字												
坚	*kien¹	*kɛn⁵	*kɛn⁵	见	真	v	v	v	v			sn
鸡	*kie¹	*kəi⁵	*kai⁵	见	支	v	v	v	v			scn
股	*kwɑ³	*kha¹	*kha¹	见	鱼	v	v	v	v		R2	scn
广	*kwɑŋ³	*khwaaŋ¹	*khwaːŋ¹	见	阳	v	v	v	v			sc3n3
罟	*kwɑ³	*hɐ¹	*hɐ¹	见	鱼	v		v	v			scn
贾	*kwɑ³	*ga²	*ga²	见	鱼	v	v	v	v			sn
秆	*kan³	*kan³	*kaːn³	见	元	v	v	v	v			
广	*kwɑŋ³	*kwaŋ³	*kwaːŋ³	见	阳	v	v	v	v		R2	scn3
解	*krek³	*kɛ³	*kɛ³	见	锡	v		v	v			scn
紧	*kjen³	*khɛn³	*khɛn³	见	真	v		v	v			scn
九	*kjəu³	*kîəu³	*kau³	见	幽	v	v	v	v			scn
绞	*krau³	*kiau³	*kiau³	见	宵	v		v	v			scn
哽	*krɑŋ³	*gɛn⁴	*gɛn⁴	见	阳	v		v	v			scn
拱	*kwjoŋ³	*koŋ⁵	*koŋ⁵	见	东	v		v	v			scn
厩	*kjəu⁵	*ɣɔk¹⁰	*ɣɔk⁸	见	幽	v		v	v			scn
稼	*krɑ⁵	*kla³	*kla³	见	鱼	v		v	v			scn
嫁	*krɑ⁵	*xa⁵	*kha⁵	见	鱼	v		v	v			scn
绀	*kam⁵	*kləm⁵	*klam⁵	见	谈	v	v	v	v			scn
救	*kjəu⁵	*kjiau⁵	*kiaːu⁵	见	幽	v	v	v	v			scn
锯	*kjɑ⁵	*kɯ⁵	*kɯ⁵	见	鱼	v		v	v			scn
贾	*krɑ⁵	*ga⁶	*ga⁶	见	鱼	v		v	v			sn
角	*krok⁷	*khəu¹	*khau¹	见	屋	v		v	v		R1	sn
钁	*kwjɑk⁷	*khwak⁷	*kwak⁷	见	铎	v		v	v			sc2n
结	*kiet⁷	*kit⁷	*kit⁷	见	质	v	v	v	v		R2	scn
夹	*krap⁷	*hȵip⁹	*hȵip⁹	见	叶	v		v	v			sn
刮	*kwrat⁷	*xuot⁹	*khuːt⁹	见	月	v		v	v			scn12
开	*khəi¹	*xəi¹	*khai¹	溪	微	v		v	v			scn2
牵	*khien¹	*xen¹	*khen¹	溪	真	v	v	v	v		R2	scn
空	*khwoŋ¹	*kloŋ¹	*kloŋ¹	溪	东	v	v	v	v			sn
筐	*khwjɑŋ¹	*khlɔŋ³	*khrɔŋ³	溪	阳	v		v	v			scn3
溪	*khie¹	*xruəi³	*xrai³	溪	支	v		v	v			scn
詾	*kho³	*xrue¹	*xrua¹	溪	侯	v	v	v	v		R2	scn
嗛	*khiam³	*gəm²	*gam²	溪	谈	v		v	v			scn
苦	*khwɑ³	*kho³	*kho³	溪	鱼	v		v	v			sc
靠	*khəːuk⁷	*khau⁵	*khaːu⁵	溪	觉	v			v	v		sc
客	*khrɑk⁷	*xɛk⁹	*khɛk⁹	溪	铎	v	v	v	v			scn
契	*khiat⁷	*khit⁹	*khiːt⁹	溪	月	v		v	v	v		sn

续表

字				声	韵						R	类
拑	*gjam²	*kəm¹	*kam¹	群	谈	v	v	v	v		R2	scn
求	*gjəu²	*khrɔ¹	*khrɔ¹	群	幽	v		v		v		sc
夒	*gwjəu²	*ɣwai¹	*ɣwai²	群	幽		v		v	v		scn
旗	*gjə²	*gi²	*gi⁴	群	之	v		v		v		scn
鳍	*gjei²	*gi²	*gi²	群	脂	v	v	v	v	v		sn
钳	*gjam²	*gim²	*gim²	群	谈	v			v	v		scn
骑	*gja²	*khi⁵	*khi⁵	群	歌	v		v		v		scn
臼	*gjəu⁴	*grok⁸	*grok⁸	群	幽		v	v	v			sc
旧	*gjə⁶	*kəu⁵	*kau⁵	群	之	v		v		v		scn
掘	*gwjət⁸	*xut⁹	*khut⁹	群	物			v	v	v	R2	scn
芽	*ŋra²	*ŋok¹⁰	*ŋok¹⁰	疑	鱼	v						sn
牙	*ŋra²	*ŋa²	*ŋa²	疑	鱼	v	v	v	v	v		scn
银	*ŋjən²	*ŋən²	*ŋən²	疑	文	v		v		v		scn
牛	*ŋjə²	*ŋue²	*ŋua²	疑	之	v		v		v		sc
五	*ŋwa⁴	*ŋue⁴	*ŋua⁴	疑	鱼	v	v	v	v			sn
五	*ŋwa⁴	*ha³	*ha³	疑	鱼	v	v	v	v	v	R2	scn
午	*ŋwa⁴	*ŋa²	*ŋa⁴	疑	鱼	v	v	v	v			sn
藕	*ŋo⁴	*ŋəu⁴	*ŋau⁶	疑	侯	v	v	v	v			sn
雁	*ŋran⁶	*han⁵	*ha:n⁵	疑	元	v	v	v	v	v		scn
鼾	*xan¹	*kron¹	*kron¹	晓	元		v	v	v			sn
吼	*xo³	*hrəu⁵	*hrau⁵	晓	侯		v	v	v	v		scn
唤	*xwan⁵	*xwən¹	*khwan¹	晓	元	v	v	v	v	v		scn
臭	*xjəu⁵	*xiau¹	*khiau¹	晓	幽	v	v	v	v	v		scn2
吸	*xjəp⁷	*tɕuəp⁹	*tɕu:p⁹	晓	缉		v	v	v	v		scn
横	*ɣwraŋ²	*xwaŋ¹	*khwa:ŋ¹	匣	阳	v	v	v	v	v		scn
魂	*ɣwən²	*xwən¹	*khwan¹	匣	文	v	v	v	v	v		scn
含	*ɣəm²	*ʔom¹	*ʔom¹	匣	侵		v	v	v	v		scn3
鹹	*ɣrəm²	*gîem²	*gem²	匣	侵		v	v	v	v		sc
喉	*ɣo²	*ɣɔ²	*ɣɔ²	匣	侯	v	v	v	v	v	R1	scn
禾	*ɣwa²	*xəu³	*khau³	匣	歌	v		v		v		scn3
浑	*ɣwən²	*khun⁵	*khum⁵	匣	文			v		v		scn
皓	*ɣəu⁴	*xau¹	*kha:u¹	匣	幽	v	v	v	v	v	R1	scn
胫	*ɣieŋ⁶	*ɣɛŋ⁶	*ɣɛŋ⁶	匣	耕	v	v	v	v	v		scn
狭	*ɣrap⁸	*gɛp¹⁰	*gɛp¹⁰	匣	叶	v	v	v	v	v	R2	scn
阖	*ɣap⁸	*həp⁷	*hap⁷	匣	叶		v	v	v	v		scn
齕	*ɣət⁸	*kət⁷	*kat⁷	匣	物			v	v	v	R1	scn
鸦	*ʔra¹	*ka¹	*ka¹	影	鱼		v	v	v			scn

续表

鞍	*ʔan¹	*ʔan¹	*ʔaːn¹	影	元	v	v	v	v		scn
阴	*ʔjəm¹	*khəm¹	*kham¹	影	侵	v	v	v			sc
要	*ʔjau¹	*ʔəu¹	*ʔau¹	影	宵	v	v	v	v	R2	scn
要	*ʔjau¹	*ʔeu¹	*ʔeu¹	影	宵	v		v	v		sn
盎	*ʔaŋ⁵	*ʔaŋ⁵	*ʔaːŋ⁵	影	阳	v	v	v	v		scn
燕	*ʔian⁵	*ʔɛn⁵	*ʔɛn⁵	影	元	v	v	v	v		scn
闇	*ʔəm⁵	*ɣəm⁶	*ɣam⁶	影	侵	v	v	v	v	R1	scn
一	*ʔjet⁷	*ʔîet⁷	*ʔet⁷	影	质	v	v	v	v	R1	scn
軛	*ʔrek⁷	*ʔɛk⁹	*ʔɛk⁹	影	锡	v		v	v		scn
鮎	*ʔrek⁷	*ʔɥak⁹	*ʔjaːk⁹	影	锡	v		v	v		scn

13. 关系词有阶分析

20世纪基于语音对应的历史比较,基本上认为只要找出了基本词汇的对应,就可以确定同源关系。亚太地区由于语言的深刻接触,问题并不如此简单。同源语言的构拟方面,考虑到语言接触的问题,王均(1989.2)开始对谱系树的一元论持怀疑态度,认为谱系树把现代诸亲属语言和方言看成从一个上古完全统一而无方言差异的原始母语分化的结果,势必把母语构拟成无比复杂的体系。同源语言的判定方面,问题更严重。

汉藏语系研究中遇到的困难最终可以追问到比较法的方法论上来。19世纪的历史比较语言学暗含了一个重要假说,可以称为谱系树假说,即有同源关系就一定有对应,有对应也一定有同源关系。这一观念对汉藏语比较研究有很深的影响。前面我们看到,尽管从20世纪40年代开始已经展开了接触研究,80年代以后接触研究又进一步得到深化,但在大多数学者的心目中,仍然认为借词的对应规律总是比同源词的对应规律弱,只要找到了严格的对应规律,就可以断定同源关系。

13.1 关系词比较的基础:
现代语言还是构拟语言

确定两个语言是否有同源关系,可以拿所构拟的原始语言比较,也可以直接从现代语言材料入手进行比较。这两种角度各有利弊。拿所构拟的原始语言进行比较存在的问题首先在于,如何证明这些被用来构拟的语言有同源关系,比如,构拟原始汉藏语首先需要证明汉语和藏语有同源关系,构拟原始藏缅语也首先需要证明藏缅语诸语言有同源关系。

用构拟语言来做比较基础的另一个问题是,语素在各语族、语支的分布上有差异,这是构拟出现分歧的重要原因,目前还没有引起足够的重视。拿南岛语来说,如果一个语素在南岛语现代诸语言中都有分布,构拟成原始形式当然没有问题。但很多语素并不是在南岛语的所有语言中都有分布,要在哪些语言中有分布,才有资格构拟成原始形式,不同的学者标准并不一样,所以面临完全相同的现代语言材料,不同的学者构拟出的原始形式并不一样,原始形式的数量也不一样。之所以出现这样的问题,是因为没有严格遵守上面提到的步骤,即在没有得到谱系树的情况下就开始了构拟。严格的做法是应该先确定同源关系,再画出亲属语言的谱系树,然后根据谱系树来确定哪些语素可以构拟到原始语系中,哪些只能构拟到某个原始语族和语支中。

对音变规律的不同解释是形成构拟差异的另一个重要原因,不同的人拟测的原始语不仅在音值上不同,而且在系统上也不一样。

以上三个主要原因使得构拟必然存在分歧。比如,在南岛语的构拟体系中,由于对语音规律认识的不同以及新的南岛语材料的不断发现,出现了几家不同的构拟。一般公认 Blust 的研究所用材料最为丰富,也最具代表性,不过在南岛语的下位分层上还存在着比较多的分歧。几十年来对南岛语言亲缘结构有了许多不同的认识,尤其发现台湾南岛语在语言谱系中的位置比以前了解的要复杂得多(Starosta,1995;李壬癸,2004;何大安,1995)。Blust(1999)有一个下位分层的更新。面对如此分歧迭出的南岛语下层分类时,原始南岛语重构的基础就显得相对不那么牢靠。何大安(1998,P77)在讨论南岛语同源词时采用了更为严格的限制标准:"即使对原始南岛语的分群理论还存在着不同的主张,但是我们可以用最严格的标准来界定同源词……这一标准就是:于大洋语(OC)、西部语(Hesperonesian)和台湾南岛语(Formosan)都有所见的方为同源,而台湾语之中又必须见于泰雅(AT)、邹(TS),和排湾(PW)三群中的两群以上。"这一分布上的要求或许能在一定程度上加强重构的基础,但这些标准的"严格"程度其实仍旧在很大程度上受限于对下层分支结构的划分。

从现代语言入手进行比较更能够排除构拟上带来的主观性,更具有可实证性。比如,我们可以拿现代德宏傣语和印度尼西亚语言来比较,然后再根据同源关系的可传递性来分辨侗台语和南岛语的语源关系。如果印尼语和傣语有同源关系,根据同源关系的可传递性(陈保亚,1994,P193),和印尼语有同源关系的语言,跟傣语也有同源关系;和傣语有同源关系的语言,跟印尼语也有同源关系。当然,根据现代语言进行比较也存在一定的局限,主要表现在早期的音变现象在比较中可能体现不出来。观察下面的材料：

台印首音对应	词项	傣语	原始台语	印尼语	腹音对应支持	尾音对应支持
hm:b	猪	mu¹	*hmu¹	-bi	u:i	0:0
hm:b	熊	mi¹	*hmi¹	bi-	i:i	i:0
hm:b	果子	ma:k⁹	*hmak⁹	buah	a:a	k:h
hm:b	新	maɯ⁵	*hmoɯ⁵	ba-		
m:b	甘薯	man²	*mən²	-bi	ə:i	n:0
m:b	刀	mit⁸	*mit¹⁰	-bit	i:i	t:t
m:m	蚂蚁	mot⁸	*mot⁸	-mut	o:u	t:t
m:m	来	ma²	*ma²	ma-	a:a	0:0
m:m	你	maɯ²	*mɯɯ²	-mu	ɯ:u	

以上印尼语词根的分布如下：

词项	印尼语
猪	[ba]bi
熊	bi[ruaŋ]
果子	buah
新	ba[ru]
甘薯	[u]bi
刀	[sa]bit(镰刀)
蚂蚁	[se]mut
来	ma[ri]
你	[ka]mu

可以看出，如果根据构拟的原始台语和印尼语比较，可以观察到下面3组首音的对应：

台印首音	印尼语音节首音
hm	b
hm	b
hm	b
hm	b
m	b
m	b
m	m
m	m
m	m

如果根据德宏傣语和印尼语的比较，只能观察到两组对应：

傣语首音	印尼语首音
m	b
m	b
m	b
m	b
m	b
m	b
m	m
m	m
m	m

原因就在于，原始台语的 hm、m 两组声母，在德宏傣语中都变成了 m 声母，现在还保留了声调痕迹，原 hm 声母的读阴调。

另外，现代不同的亲属语言所保留的原始词项数量不一样，每个语言所保留的原始词项通常都少于构拟的语言。当词项特别少的时候，会影响分阶的有效性。考虑到基于现代语言的比较和基于构拟语言的比较各有局限，应该考虑把这两种方法结合起来，进行同源判定和分层构拟。比如，先确定傣语方言和泰语确实有同源关系，再构拟原始傣泰语，依据同样原则根据壮语方言构拟原始壮语，再根据原始傣泰语和原始壮语构拟原始台语，然后再对原始台语和原始南岛语进行分阶比较，观察是否有同源关系。

有些情况下，这种分层构拟的手续得不到实现，这时对早期关系词的分阶最好能在现代语言和古代构拟的语言中都加以观察，以便证据更可靠。

13.2　绝对有阶分析

基于大量的语言接触事实，应当承认语言的接触是无界的，即语言在任何深度层面都可能借用，包括保持了语音对应的基本词汇、核心词、同族词和同音词。与此相对立的是语言接触的有界观念，即语言的接触只能到达一定的限度。有界观念是 19 世纪以来谱系树模式赖以成立的最重要的潜在理论依据，因为只有预先假定语言接触是有界的，不会形成基本词汇的系统对应，才能根据语音演变的规律性和音义结合的任意性两条原则，把基本词汇中有语音对应的关系词解释成同源词而不是借词。前面相关章节已经分析了语言接触的无界性，我们要在可能借用和不可能借用之间划出一条绝对的界线来区分同源关系和深刻的接触关系是不可能的。

前面还讨论过,语言接触的另一现象是有阶性。比如我们对傣语和汉语西南官话的追踪分析,发现尽管核心词也可以相互借用,但越是核心的词借用越少。相反,傣语各方言之间越是核心的词集中同源词比例越多。这说明关系词的分布在语言的分化和语言的接触中并不相同。可以说语言的接触和语言的分化都是有阶的,而且这两种阶是对立的。我们正好可以由此入手来区分同源关系和接触关系。于是区分核心词的阶就成了关键的问题。

13.2.1　绝对有阶分析程序

为了排除研究者个人意向对选择核心词的干扰,可以考虑选择 Swadesh 的 200 词项作为统计分析的样本(Swadesh,1952),因为这 200 词项实际上是 Swadesh、Lees、Greenberg 等许多学者在分析欧洲、美洲、非洲和澳洲语言的基础上提出和完善的,尽管我们现在仍然可以对这 200 词项中某些词的选择提出异议,但该 200 词项中绝大多数词的选择在世界上其他语言中有一定普适性。更重要的是,区分同源和接触关系时更重要的问题还不在于词项本身,而在于不同等级的词项的分布差异。因此用 Swadesh 的 200 词项做统计分析的样本尽管会略有误差,但不会影响统计的结果。

我们把核心词分成不同的阶,并用大量材料来论证这种分阶对区分同源和接触关系的可行性,基本程序是把 200 词项分成两组,分组的要求是其中第一组的词从概率上看应该比第二组的词更稳定。为了达到这种目的,我们先回顾一下 Swadesh 200 词项的实质。Swadesh 提出 200 词项是为了通过词汇变化率的统计来确定语言分化的年代,最初他认为 200 词项可以作为人类语言最稳定的词项(Swadesh,1952),但在实际工作中他发现 200 词项也可以借用,他又从 200 词项中筛选出 100 词(Swadesh,1954),认为这 100 词是人类语言最稳定的词项。Swadesh 的语言接触观念是有界的,他想在借用和不借用之间划出绝对的界线,但在我们后面的分析中会看到,100 词也可以借用。不过我们注意到,尽管 100 词也可以借用,但比起 200 词的借用率要小得多。由此出发,我们把 Swadesh 的 100 词称为第 100 词集。然后从 200 词中减去和第 100 词相同的 93 词,还剩 107 词,从这 107 词中除去 at(和 in 语义有重复)、other(不便比较)、some(不便比较)、when(和 what 部分语义重复)、wipe(和 rub 语义交叉)、with

(和 and 语义交叉)、ye(和单数 you 有重复)等不便于比较的词,得到第 200 词集。这样我们就有了稳定性有区别的两组核心词:第 100 词集和第 200 词集(参见陈保亚,1994,附录),也可称为一阶核心词和二阶核心词,或高阶核心词和低阶核心词。尽管第 100 词集不是绝对稳定的,但从概率统计上讲要比第 200 词集相对稳定,下面我们将在许多语言的比较中看到这种现象。区分同源和接触关系的关键就是要根据这种相对稳定性而不是绝对稳定性。

通过对大量材料的分析统计,我们发现在语言接触和语言分化中有语音对应的关系词的分布是对立的:在语言接触中,第 100 词集的核心关系词比例低于第 200 词集的关系词比例,在语言分化中情况正好相反。比较侗台语内部语言的关系词分布:

[第 100 词集壮侗诸语言关系词的比例,每种语言取开头一个字代表]

	龙	布	西	德	侗	仫	水	毛	通	保
武	0.86	0.90	0.78	0.76	0.61	0.56	0.57	0.56	0.49	0.46
龙		0.78	0.80	0.72	0.54	0.52	0.50	0.46	0.48	0.46
布			0.72	0.72	0.56	0.52	0.56	0.54	0.52	0.50
西				0.88	0.52	0.51	0.53	0.48	0.48	0.49
德					0.48	0.48	0.50	0.47	0.51	0.48
侗						0.74	0.80	0.79	0.40	0.39
仫							0.76	0.73	0.38	0.37
水								0.79	0.37	0.38
毛									0.37	0.38
通										0.90

[第 200 词集壮侗诸语言关系词的比例]

	龙	布	西	德	侗	仫	水	毛	通	保
武	0.69	0.81	0.53	0.54	0.46	0.48	0.54	0.55	0.27	0.32
龙		0.61	0.55	0.58	0.38	0.40	0.41	0.41	0.25	0.24
布			0.53	0.51	0.46	0.47	0.52	0.52	0.25	0.27
西				0.71	0.36	0.34	0.44	0.37	0.26	0.29
德					0.34	0.33	0.40	0.37	0.31	0.30
侗						0.56	0.59	0.57	0.18	0.21
仫							0.50	0.59	0.18	0.18
水								0.62	0.21	0.24
毛									0.19	0.22
通										0.90

我们又进一步考察了汉语和侗台语的古代关系词的分布,发现第 100 词集的关

系词比例远远低于第 200 词集的关系词比例:

[汉语和侗台语第 100 词集和第 200 词集中关系词的分布比例]

		武	龙	布	西	德	侗	仫	水	毛
第 100 词集	汉	0.13	0.13	0.05	0.04	0.07	0.11	0.10	0.06	0.07
第 200 词集	汉	0.22	0.19	0.18	0.15	0.15	0.15	0.22	0.16	0.16

这里每一种侗台语言和汉语的关系词比例都是第 100 词集低于第 200 词集,也就是说关系词曲线呈上升分布,这和侗台语群内部诸语言两阶关系词的分布完全相反,而和我们讨论过的借词在 200 词中的分布一致。这么多语言的关系词呈现出上升分布,应当承认汉语和侗台语这批早期关系词还不能证明汉语和侗台语同源。

通过现代侗台语的个别语言和古汉语比较对确定汉台早期关系词有一定的好处,即材料的可观察事实比较明确。当然,正如前面讨论过的,基于现代语言的比较也有弱点。下面考虑基于构拟语言的比较。前面我们根据关联对应给出了上古汉语和原始台语核心一致对应规则表,共得到 55 个属于早期对应的核心词,有阶分布如下:

上古汉语和原始台语高阶关系词:25
上古汉语和原始台语低阶关系词:30

李方桂先生(1976)列出了汉语和泰语的关系词 100 多个,倾向于把它们作为汉台同源词。根据我们的分析,这些关系词属于 200 核心词的有 28 个,其中第 100 词集中有 10 例,第 200 词集中有 18 例,一阶核心词少于二阶核心词,这些关系词的分布方式和语言接触分布方式是一致的。

这种分布有两种可能。一种可能是,汉台关系词都是接触的结果。另一种可能是,这里的关系词内部还有不同的层次,只是目前还没有足够的办法区分这里的最早时间层次,如果将来能有办法进一步区分出最早时间层次,需要重新再用有阶分析来确定语源性质。在这两种情况确定下来之前,我们认为侗台语和汉语的同源关系证据还没有找到。将来无论确定为哪一种情况,由于现在的核心关系词分布是高阶比例低于低阶比例,都说明汉台之间有过很深的接触。由于汉台之间有大量有严格语音对应的古代关系词,可以考虑用语言联盟解释这种密切接触关系(陈保亚,1993;1995.5;1996)。

孟和达来、黄行、赵明鸣(孟和达来、黄行,1997.1)研究了蒙古语族诸语言之间、突厥语族诸语言之间以及蒙古语族和突厥语族之间核心关系词的有阶分布,发现了突厥语族语言中两个重要的现象：

  1.当两个语言的核心关系词很多时,两阶关系词的差别从概率统计上看不显著,高阶词(第100词)平均比低阶词(第200词)高7.61。

  2.当两个语言的核心关系词较少时,两阶关系词的差别从概率统计上看也不显著。

由于阿尔泰语系的人口已经超过1亿,是世界上一个比较重要的语言集团,从方法上解释这两个现象是很有必要的。

上述两个现象我们在汉语中也注意到了(陈保亚,1994,P198)。汉语北方方言各次方言之间分化年代不长,就出现了第一种情况(陈保亚,1994,P192)。下面是统计结果：

方言1	方言2	200词	高阶	低阶	Z值1	显著程度1	z值2	显著程度2
北京	庆阳	158.00	86.00	72.00	1.72	B	4.03	A
托克托	交河	161.00	91.00	70.00	2.65	A	7.34	A
德州	庐江	164.00	82.00	82.00	0.00	D	0.00	D
托克托	庐江	166.00	89.00	77.00	1.60	C	3.84	A
扬州	德州	166.00	89.00	77.00	1.60	C	3.84	A
成都	德州	168.00	88.00	80.00	1.09	C	2.46	A
托克托	扬州	168.00	95.00	73.00	3.00	A	10.09	A
交河	庐江	168.00	84.00	84.00	0.00	D	0.00	D
庆阳	交河	169.00	89.00	80.00	1.24	C	2.88	A
成都	交河	169.00	89.00	80.00	1.24	C	2.88	A
托克托	德州	169.00	93.00	76.00	2.35	A	6.66	A
庆阳	德州	170.00	91.00	79.00	1.68	B	4.19	A
庆阳	庐江	170.00	89.00	81.00	1.12	C	2.56	A
交河	扬州	170.00	89.00	81.00	1.12	C	2.56	A
庆阳	扬州	171.00	94.00	77.00	2.41	A	7.16	A
古敖	庐江	171.00	86.00	85.00	0.14	C	0.29	C
武汉	托克托	172.00	95.00	77.00	2.59	A	8.26	A
成都	古敖	173.00	89.00	84.00	0.73	C	1.60	C
庆阳	古敖	174.00	93.00	81.00	1.78	B	4.70	A
托克托	古敖	174.00	96.00	78.00	2.68	A	9.19	A
扬州	古敖	174.00	92.00	82.00	1.49	C	3.69	A
北京	托克托	175.00	94.00	81.00	1.97	B	5.47	A
扬州	庐江	175.00	88.00	87.00	0.15	C	0.31	C
庆阳	托克托	176.00	92.00	84.00	1.23	C	2.95	A
武汉	交河	176.00	93.00	83.00	1.54	C	3.92	A
武汉	德州	176.00	93.00	83.00	1.54	C	3.92	A

成都	托克托	177.00	95.00	82.00	2.04	B	5.96	A
北京	庐江	178.00	90.00	88.00	0.32	C	0.67	C
庆阳	武汉	178.00	94.00	84.00	1.60	C	4.21	A
北京	成都	180.00	92.00	88.00	0.67	C	1.47	C
成都	庐江	180.00	92.00	88.00	0.67	C	1.47	C
武汉	古敖	180.00	95.00	85.00	1.67	B	4.59	A
成都	扬州	181.00	94.00	87.00	1.19	C	2.95	A
武汉	庐江	181.00	91.00	90.00	0.17	C	0.35	C
古敖	德州	183.00	93.00	90.00	0.54	C	1.18	C
北京	扬州	184.00	94.00	90.00	0.74	C	1.68	B
交河	古敖	184.00	94.00	90.00	0.74	C	1.68	B
北京	德州	186.00	95.00	91.00	0.78	C	1.84	B
庆阳	成都	186.00	96.00	90.00	1.18	C	3.06	A
武汉	扬州	187.00	97.00	90.00	1.42	C	4.10	A
北京	交河	188.00	95.00	93.00	0.42	C	0.92	C
北京	古敖	189.00	96.00	93.00	0.66	C	1.53	C
成都	武汉	189.00	96.00	93.00	0.66	C	1.53	C
北京	武汉	190.00	95.00	95.00	0.00	D	0.00	D
交河	德州	193.00	98.00	95.00	0.82	C	2.14	B
平均	平均	175.93	92.02	83.91	1.25	C	2.99	A

这里我们是按照200词中关系词的多少来排序的,并根据正态分布计算高阶核心词和低阶核心词在分布差异上的概率。表中的z值是指概率统计中正态分布的z值。在概率统计中,有两个显著标准,当z值等于或大于1.64,即概率小于0.05时,称结果是显著的。这是采用的统计学中的单尾检验。本问题考虑的是高阶关系词等于或高于低阶关系词的情况,所以用单尾检验。当z值大于或等于2.33,概率小于0.01时,称结果是极显著的。"显著程度1"和"显著程度2"中的A、B、C、D分别表示从高阶词到低阶词的分布是"极显著下降""显著下降""下降"和"平直"。

表中列出了两列z值,相应的就有两列显著程度。z值1的计算思路是:先根据200核心词中关系词的数量算出每100核心词中关系词的平均值,作为"每100词的期望值",然后根据正态分布来分析第100词等于或高于第200词中关系词的概率。从孟和达来、黄行(1997.1)的材料看,采取的是这种算法。按照"z值1"的算法,当200核心词中的关系词大于180时,阶分布是一般的下降,个别平直,不再出现极显著下降和显著下降的情况。从整个阶分布的平均情况看,也是不显著的。这种情况和突厥语族诸语言的关系词分布基本是一致的。

在本问题中,期望值还有一个算法,即把第100词中实际出现的关系词作为期望值,来观察第200词中关系词和第100词中关系词的差别概率。"z值2"和"显著程度2"就是根据这种算法。这种算法将会有更多的情况属于显著下降和极显著下降,当然,仍然反映出当关系词的数量不断增加时,下降越来越不显著。

以上是同源关系的情况。接触的情况与此正好相反,阶分布不太显著甚至平直的情况,一般是在关系词很少的情况下出现的。尤其是当借词还没有深入到核心词时或刚刚深入核心词时,本身就是一种平直或接近平直的分布,汉语西南官话借词在西双版纳傣语、临沧傣语中都显示出这种情况。

在关系词较少或较多时呈现出的这两种情况暗示关系词的阶分布差异和核心关系词的数量有一定联系,我们当时把这种联系概括成一种阶曲线的函数关系表:

	接触关系	同源关系
关系词数量多	上升显著	下降(少数平直)
关系词数量少	上升(少数平直)	下降显著

当时我们还不敢断定这种函数关系有多大的普适性,因为我们分析的材料主要限于汉语、侗台语。孟和达来、黄行、赵明鸣(1997.1)对阿尔泰语的分析更进一步证实了这种函数关系的存在。所以阿尔泰语某些语言之间核心关系词的不显著的有阶分布仍然能够说明语源关系。因为根据核心关系词的数量和阶分布显著程度的函数关系,当关系词数量很多时,接触关系的阶曲线显著上升,同源关系的阶曲线一般是下降的,少数平直,"显著上升"和"下降(少数平直)"是对立的,差别很明显,因此我们在关系词数量较多的情况下容易区分接触关系和同源关系。当关系词数量较少时,接触的阶曲线呈上升趋势,少数平直,同源的阶曲线呈显著下降趋势,"上升(少数平直)"和"显著下降"两种曲线也是对立的,因此我们在关系词数量较少的情况下也容易区分接触关系和同源关系。可以说,如果考虑关系词数量和有阶分布的函数关系,关系词的有阶分布对于判定同源关系和接触关系是比较精确的。因此,尽管在两阶核心关系词很多或很少的情况下出现不显著或平直分布的现象,根据上述两种分布对立的存在,仍然可以确定是同源关系还是接触关系。

正是关系词的数量和有阶分布的这种函数关系的存在,尽管突厥语诸语言间的关系词分布是下降的但不显著,甚至有两例平直的现象(孟和达来、黄行,1987.1),我们仍然可以断定突厥语内部诸语言之间有同源关系。

这一结论和突厥语族专家的结论是一致的,不过突厥语族研究专家通常依据的是基本词汇中有大量的对应规则严格的词。我们还可以从另一个角度证实这个结论。根据赵明鸣的统计,突厥语群诸语言的高阶核心关系词都在60%以上,而在我们所做过的接触追踪研究中,高阶核心词中的借词达到60%以上而不发生母语转换的情况尚未发现(陈保亚,1996,P230—231)。也就是说,当云南省梁河一些傣族村寨的村民所说的话中有60%以上核心词是汉语词汇,这时该村寨村民的语言已经不是傣语,而是汉语了,即他们已经完成了从母语到汉语的转换。这种转换的过程一般是,上一代人是双语者,下一代人成了单语者。完成这种转换以后,从傣语的角度看,傣族又少了一部分说傣语的人,这部分人的语言被同化成汉语了。从汉语的角度说,这些村民所说的语言是通过傣汉语变来的汉语方言,也可以说汉语融合了这部分傣族的傣语。

不难看出,用核心词有阶分布确定语源关系,不一定要限制有阶分布是否显著,关键在于同源和接触关系中,两种有阶分布是否对立。这也是我们为什么在进行核心关系词的有阶分析时,没有引入"显著水平"这个概念来限定有阶和无阶的范围。考虑到"期望值"的两种算法以及每种算法的两种显著程度,用"显著水平"限定有阶的范围是有相对性的。"显著水平"这一概率标准对于说明纯粹分化和纯粹接触比较管用,但对分化后有接触,或接触后又有分化这样一些复杂的现象,还难以控制。

但这并不是说孟和达来、黄行(1997.1)引入"显著程度"的概念在有阶分析中没有意义。在后面的讨论中我们会看到,如果在有阶分析中引入系联法,区分显著程度有重要意义。为了从统一的角度讨论汉语、侗台语和阿尔泰语核心关系词的分布,后面的"显著程度"都指概率小于0.05的显著水平。

核心关系词较多的同源语言或方言之间,之所以会出现核心词分布下降但不显著的现象,是因为这些语言或方言之间既有分化又有接触。由于分化不明显,接触往往是依照对应接触展开的。所谓对应接触是指通过语音对应规则传递借词。分化程度低的方言和亲属语言间通常是以这种方式传递借词的。比如北京话和西南官话在声调上总保持着这样一种对应

北京	成都	词例	北京读音	成都读音
阴平	55	44	摊	than^{55}	than^{44}
阳平	35	31	谈	than^{35}	than^{31}
上声	214	53	毯	than^{214}	than^{53}
去声	51	213	探	than^{51}	than^{213}

这时借词的传递依据的不是相似原则而是这种对应关系。西南官话的"傣tai^{53}"这个词的声调和北京话的去声相似，但它借入北京话时决不读去声，而读上声，这个过程必须符合历史音韵的对应原则。这就使本来的同源词和借词难以根据语音对应区分开，而接触时更多的借词是在第200词或低阶词上发生，所以出现了平直的现象。当同源语言或方言分化比较大时，尽管有接触，这些因接触而产生的晚期借词在传递过程中依据的是相似原则，和早期同源词的对应关系通常有较大的区别，容易区别开，所以早期同源词的阶分布都比较显著。

现在我们来讨论突厥语族和蒙古语族之间关系词少而呈无阶分布的情况。根据上面讨论的关系词数量和有阶分布的函数关系，突厥语和蒙古语应当是接触关系。但由于突厥语族和蒙古语族的关系词占核心词的40%左右，不算很少。在我们所接触到的材料中，同源语言核心关系词占40%左右时，关系词的下降有阶分布都是比较显著的（陈保亚，1994）。突厥语族和蒙古语族之间核心关系词的无阶分布是非常独特的现象。有必要对这种无阶分布的情况做一些具体分析。

这里首先要强调语言的接触和语言的分化在核心关系词分布上的对立，因为这种对立可以通过正在分化和正在接触的语言材料直接观察到，并且这种对立在可观察的材料中还没有发现例外。理论原则首先应该建立在可直接观察的事实上，由此出发去分析不可直接观察的问题，这样基础就比较可靠。因此，在不否定分化和接触在核心关系词分布上有对立的前提下，对于突厥语族和蒙古语族的关系，我们面临两种可能：

1. 突厥语族和蒙古语族本来有同源关系，关系词呈有阶分布状态，由于后来又产生了深刻的接触，低阶关系词增多，使关系词出现了无阶分布的现象；

2. 突厥语族和蒙古语族本来没有同源关系，由于史前时期的深刻接触，形成语言联盟，产生了大量关系词，关系词呈上升有阶分布，后来突厥语族和蒙古语族又产生分化，低阶关系词减少，两阶关系词呈无阶分布。

对于第一种情况来说，关系词是由两个时间层面的关系词叠加而成的。由于核心关系词的数量较少，可以断定突厥语族和蒙古语族首次分开的时间比较长，分化前的同源词和较晚时期的借词在语音对应上应该有比较大的区别,往往会呈现出两套不同的对应规则或不严格的对应规则。因此,如果严格遵守同一时间层面的对应规律,这些晚期借词是比较容易排除的,如果孟和达来、黄行、赵明鸣等在进行突厥语族和蒙古语族的有阶分析时采用的语音对应标准比较严格,核心关系词一般会呈现出下降的有阶分布形式。对于第二种情况来说,只有一套对应规则,即都是最早时间层面的借词留下的对应规则。由于突厥语族和蒙古语族的核心关系词并没有呈现出下降有阶分布,基本上是呈平直分布,很可能突厥语族和蒙古语族的语源关系不是同源关系,而是深刻的接触关系,即属于第二种情况。

当然,所谓对应规则的严格性是相对于我们目前的认识水平和材料的多少来说的。如果将来有更严格的方法能够说明突厥语族和蒙古语族 40% 的核心关系词是两个时间层面的关系词,并且最早层面的关系词呈下降分布,就有必要承认两种语言的同源关系。不过就目前的材料看,更可能是深刻的接触关系。所以 Ramstedt 在阿尔泰诸语族之间建立的语音对应规则,在类型上、形态上找到的相似性,很可能像 Clauson 所断言的,是接触造成的。由于蒙古语族和突厥语族核心关系词的数量超过了汉语和侗台语的核心关系词,蒙古语族和突厥语族的接触可能比汉语和侗台语的接触更深。

最后还有个现象值得注意。突厥语族的维吾尔语和塔塔尔语之间、乌孜别克语和塔塔尔语之间,核心关系词略呈上升的分布(孟和达来、黄行,1997.1),这在我们所做的同源语言的有阶分析中,是极为罕见的现象。如果这种现象在其他语言关系中还有发生,就有必要把核心关系词的数量和有阶分布的函数关系表修正如下:

	接触关系	同源关系
关系词数量多	上升显著	下降(少数平直或略上升)
关系词数量少	上升(少数平直)	下降显著

当然这时接触关系和同源关系的对立仍然是存在的,仍然应该承认维吾尔语和塔塔尔语、乌孜别克语和塔塔尔语有同源关系。

如果考虑到同源关系的可传递性(陈保亚,1994,P193),可以在显著有阶分析的基础上更进一步确定维吾尔语和塔塔尔语、乌孜别克语和塔塔尔语有同源关系。所谓同源关系的可传递性是指:当 B 语言和 A 语言有同源关系并且 C 语言和 A 语言也有同源关系时，B 语言和 C 语言也必定有同源关系。在关系逻辑或离散数学中，这种现象称为"可传递性"。语言的同源关系具有可传递性。从下面的谱系树看，C 要么在 x 点和 A 同源，即在 A、B 分化以后和 A 同源，要么在 y 点（或由 y 引出的分支）和 A 同源，即在 A、B 分化以前和 A 同源，在这两种情况下，C 最终都和 B 同源。

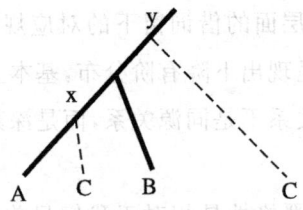

显然，接触关系是没有可传递性的，侗台语和汉语有接触，阿尔泰语和汉语有接触，不一定侗台语和阿尔泰语就有接触，这又是接触和同源的对立。正是这种可传递性，使我们有可能根据已知有同源关系的语言来把维吾尔语和塔塔尔语、乌孜别克语和塔塔尔语系联起来，断定它们之间有同源关系。系联如下：

语言1	语言2	高阶	低阶	z 值	传递方式（数字表示前后两个语言高低阶之差的 z 值）
乌孜别克语	塔塔尔语	87	90	-0.47	乌孜别克语—2.18—撒拉—1.93—塔塔尔语
维吾尔语	塔塔尔语	88	91	-0.49	维吾尔语—1.95—撒拉—1.93—塔塔尔语

在系联过程中，对已知有同源关系的语言来说，核心关系词的有阶分布应该是极显著或显著下降的，这样就能保证系联的可靠性。很明显，用于系联的中间语言中，关系词的对应规则被控制在最早时间层面的条件越严格，关系词有阶分布的显著程度越明显，系联的结论就越可靠。可以把根据传递性和有阶分布为基础的有阶分析称为系联有阶分析。

以上我们讨论的都是关系词很多或很少时，阶分布不显著的情况。如果关系词的数量中等，阶分布不显著，关系词数量和有阶分布的函数关系表就不太好区分同源和接触关系。这是有阶分析中判断语源关系的难点。根据孟和达来、黄行、赵明鸣等目前所做的词阶研究，阿尔泰语言中还没有发现这种现象。不过在侗台语中偶尔有这种现象。在这种情况下，如果考虑同源关系的可传递性，仍然可以说明这些语言间的同源关系：

语言1	语言2	高阶	低阶	z值	传递方式
武鸣	毛南	56	55	0.10	武鸣－2.27－通什－2.00－毛南
布依	毛南	56	52	0.20	布依－2.77－通什－2.00－毛南
武鸣	水	56	54	0.30	武鸣－2.27－通什－1.76－水
布依	水	56	52	0.40	布依－2.77－通什－1.76－水
龙州	毛南	46	41	0.50	龙州－2.39－通什－2.00－毛南
布依	仫佬	52	47	0.50	布依－2.77－通什－2.23－仫佬
武鸣	仫佬	56	48	0.80	武鸣－2.27－通什－2.23－仫佬

当然，也应该充分估计到关系词数量中等，阶分布不显著，并且不可系联的情况。可以说可系联是同源关系的充分条件，但不是必要条件，即根据传递性可系联时，可以确定同源关系，但不可系联时，不一定没有同源关系。这需要更强的分析方法。

13.2.2 绝对有阶分析的可行性与限度

词阶法根据接触和分化的有阶性把 Swadesh 的200词项分成第100词集和第200词集两个不同的阶。通过对大量材料的调查和分析统计，我们发现在语言接触和语言分化中，有语音对应的关系词的分布是对立的。在语言接触中，第100词集的关系词比例低于第200词集的关系词比例，在语言分化中情况正好相反。我们又进一步考察了汉语和侗台语之间一批对应比较严格的古代关系词的分布，发现第100词集的关系词远远低于第200词集的关系词，由此我认为这一部分关系词不是侗台语和汉语有同源关系的证据(陈保亚，1994)。

丁邦新(2000)提出，如果把第100词和第200词中的词互换几个，就会影响统计的结果。回答这一问题可以概括成几个方面：

1.统计样本要有较大的认同性，不能根据研究者的倾向有意选择符合研究者目的的样本。Swadesh(1952)的200词项是为了研究语言年代学设立的，没有分阶的思想，借用 Swadesh 的200词做样本，基本上能满足样本选择和研究目的相互独立这个条件。

2.Swadesh 提出200词是想通过词汇变化率的统计来确定语言分化的年代，最初他认为200词可以作为人类语言最稳定的核心词，但在实际工作中他发现200词也可以借用，他又从200词中筛选出100词(Swadesh,1954)，认为100

词是人类语言最稳定的词项。Swadesh 的语言接触观念基本上是有界的,他想在借用和不借用之间划出绝对的界线。在我们所做的接触研究中,100 核心词也可以借用。如果我们从无界有阶性的角度看,尽管 100 词也可以借用,但比起 200 词的借用率要小得多。由此出发,我们从 Swadesh 的 200 词减去 100 词,并经过一些调整(陈保亚,1994,P297)就得到两个阶:第 100 核心词和第 200 核心词。尽管第 100 核心词不是绝对稳定的,但从概率上讲比第 200 核心词稳定。

3. 更重要的是,两阶词集核心程度差异已经经过一定的检验。在我们进行专项调查的上百种民族语言中,西南官话的借词总是第 100 核心词中的比例低于第 200 核心词中的比例。同样,在我们进行专项调查的几十种明确有亲属关系的民族语言或方言之间(比如傣语内部之间、壮语内部之间,等等),语音对应关系很容易建立起来,所保留的同源词总是第 100 核心词比例高于第 200 核心词比例。同样,在汉语方言和汉语普通话之间,同源词总是第 100 核心词比例高于第 200 核心词比例。如果排除因为普通话的强烈影响带来的借词,汉语方言和汉语普通话之间第 100 核心词比例高于第 200 核心词比例的情况更显著。其实 Swadesh 从 200 词到 100 词的筛选工作本身也说明 100 词更稳定。

第 100 核心词比第 200 核心词稳定是从整体上看的,这正是概率统计思想的核心。当然,正如丁邦新(2000)想到的,不排除第 100 核心词中少数词比第 200 核心词核心程度差。后面我们会讨论相关问题,基本精神是尽可能使核心程度高的词进入高阶词集,核心程度低的进入低阶词集,这项工作做得好,有阶分析就会更准确。新的分阶词集必须经过田野考察的检验:在已知的同源词集中,高阶比例高于低阶比例;在已知的借词词集中,高阶比例低于低阶比例。但在新的经过检验的词集出现以前,我们认为第 100 核心词集和第 200 核心词集仍然是目前最有效的样本。

丁邦新(2000)提到的另一个问题是可比性问题。Swadesh 的 100 词表中有 bark(树皮)和 skin(皮肤)两个词项,并不是所有的语言都这样区分,有的语言可能只有一个。关于这个问题,我们有过讨论(陈保亚,1994,P186)。比如第 100 词中"虱子"一词,侗台语普遍分为"衣虱"和"头虱"两词,这时的样本不再是 100,而是处理成 101($n+1$)。对应的计算最后是看比例而不是看词数。

概括地说,给 200 核心词分阶主要依据两个观察事实:

1. 在已知有同源关系的语言之间(文献材料或其他证据),第 100 词集的同源词高于第 200 词集的同源词。如日耳曼语族诸语言之间，台语诸语言之间，汉语北方方言诸次方言之间，傣语诸方言之间，同源词都满足这一条件。相反，在已知为接触关系的语言之间，第 100 词集的借词低于第 200 词集的借词。如傣语诸方言和汉语西南官话之间，核心词分布都满足这一条件。这可能不是偶然现象。

2. 在傣语和西南官话的接触中，构词能力越强的语素，在台语诸语言中分布越广的语素，越不容易被西南官话的借词取代（陈保亚，1994，P94－124）。台语第 100 词集中的词充当构词语素时，构词能力普遍比第 200 词集中的词要强，在台语诸语言中的分布也比第 200 词集中的词普遍要广。拿分布来说，在第 100 词中，分布在台语西南、中部、北部三个语群中的关系词占 61%；在第 200 词中，分布在台语三个语群中的关系词占 53%。这可能不是偶然现象。

正是依据以上两个观察事实，我们把第 100 词集作为高阶核心词，把第 200 词集作为低阶核心词。我们始终认为，这种分阶的实质不在于这 200 核心词是否完全反映了汉语和侗台语的特点，而在于第 100 词和第 200 词这两个词集被作为分析样本时，能够反映同源词和借词在分布上的对立。

总之，有阶分析尽管还有需要进一步改进的地方，尤其是高阶词集和低阶词集的调整，但仍然有可行性。有阶分析给我们提供了一个观察核心语素分布的机会，展开有阶分析比不展开有阶分析多出一个证据。

有阶分析必须有一个前提，先确定对应语素的时空层次。孙宏开和江荻（2000）、丁邦新（2000）等不少学者都谈到关系词选择不同，会影响到有阶分析的结果，其实这正是我们一贯的主张，所以在这一点上我们没有矛盾。我们认为，严格的对应规则不是确定语源关系的充分条件，但却是确定语源关系的必要条件，要使有阶分析的结果可靠，必须要有严格的语音对应语素做基础，必须区分语音对应语素的时空层次（陈保亚，1996，P201－231）。这个道理就好比音位分析方法和记音的关系。如果语音都记错了，当然音位系统的归纳也会出现问题。这时我们不说是音位分析方法有问题，而是说记音有问题。当然，音位分析方法也有一些问题，但有些问题不是靠准确记音能够解决的。因此，记音不是归纳音位的充分条件，但却是归纳音位的必要条件。同样，在通过有阶分析确定对应语素的语源关系的时候，严格的对应规则是必要条件。对应规则越严格，有阶分析就越准确。目前有人用词阶法分析某些汉语方言，认为和汉语没有同源关系，和我们分析的结果不一致,原因就在于这些学者并没有建立系统的语音对应,没有做或没有公布有序对应规则表,他们把早期对应和后来的接触对应混在一起了。同源关系的阶曲线是一种走向,接触关系的阶曲线是相反的走向,两种不同的阶曲线叠加在一起,同源关系是看不出来的。目前还有一种最显著的错误就是用核心语素来建立对应规则,这就违反了充分对应原则,少量的语素是不能建立对应规则的,更不能展开完全对应,也不能进一步确定对应语素的时空层次。合理的做法是先在全部语素中建立对应,区分层次,找出最早时空层次的对应,然后看有多少最早时空层次对应语素落在核心语素的两个阶中。

正是因为核心词分阶有一定的可行性,20世纪末郑张尚芳、黄布凡、黄行、江荻等给出了自己的核心词集。目前学者们在如何判定词的核心程度上存在分歧,所以不同的学者提出了不同的核心词集。如何给核心词分阶,这是目前有阶分析方法迫切需要解决的问题,如果能够找到判定程序,对判定语源关系有重要意义。

13.2.3 核心词自动分阶问题

我国语言学界经过几十年的语言调查,已经积累了大量可资利用的语言材料。如果用传统的观察或者手工计算来考察这些资料,几乎不可能完成核心词分阶的任务,而如果实现核心词的自动分阶,不仅可以节省大量的人力和物力,而且可以提高语言谱系关系研究的科学性,大大减少研究工作中因人为判断而造成的各种复杂情形。同时,核心词自动化分阶的实现将大大增加可同时处理和计算的语言数量,使整个分阶过程成为开放过程:调查材料越多越准确,自动调节结果也就越有效。

核心词自动分阶首先要解决分阶的标准和计算的可行性。要达到这一目的,有几个迫切需要回答的问题:

第一,有阶词表的确定方面,目前的各种基本词表所依据的语言数据都偏少,没有经过大规模检验,是否具有普适性存在疑问。另外,一个词属于高阶词集还是低阶词集,判断标准不一致,判断起来有一定的主观性。

第二,算法方面,目前确定核心词有阶词集,主要依赖手工调整。如果所调查的语言数量很多,调整一个词就会涉及其他大量语言核心词分布的计算,最佳分阶词集需要经过反复的大规模的调整试验,手工操作难以应付。

第三,材料基础方面,由于没有严格的语音对应规则库的支持,早期的对应词和晚期的借词没有区别开,造成核心程度计算的不准确。

目前,解决这些问题已经具备了一定的条件。汉藏语言研究方面,汉语中古音的构拟已经得到公认,上古音的构拟也有了一些进展。侗台语、苗瑶语、白语、彝语的构拟以及其他藏缅语言的重构也有了一些比较扎实的成果。这样我们就有了一定量的数据积累,这为判定同源成分和借用成分打下了基础。数据库建设及计算机技术方面,有学者已经开始利用数据库和电脑程序展开研究,一些包括100多个汉藏语各支系语言的词汇语音对应数据库已经开始建立。这样就可以考虑核心词自动分阶的算法模型。以我们已经区分的 Swadesh 的第100词和第200词表为例,我们首先需要自动调整高阶核心词集和低阶核心词集,使得两阶词集在已知为同源关系的语言中,其分布与已知为接触关系的语言显著不同,即通过算法调整核心词集,使得有阶分布的显著性增加。这一调整可图示如下:

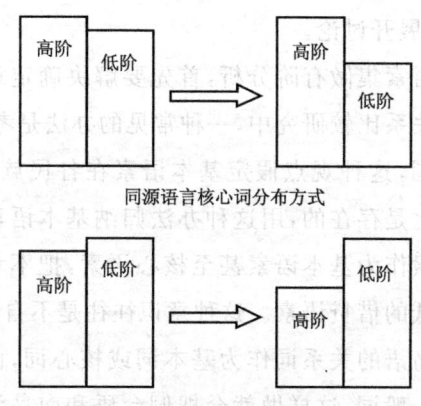

同源语言核心词分布方式

语言接触核心词分布方式

通过算法设计,把词的核心程度量化,以便进一步进行比较研究,并可根据具体语言数据的逐渐增加,动态地调整高阶核心词集和低阶核心词集,使语言接触和语言分化的有阶分布差异逼近最大值。这个算法模型需要分为两个密切相关的部分,由两个子模型来实现:核心程度算法模型和两阶核心词调整算法模型。

(1)核心程度算法模型或借用率算法模型。该模型根据大型语音对应数据库中每个关系词的语言分布情况,在数据库中自动搜索,自动计算每个词的借用率,并根据借用率来给词排序。一个词被借入的语言越多,借用率越高,核心程度越低。

(2) 两阶核心词调整算法模型。根据核心程度算法模型算出的借用率,核心词调整模型自动把借用率低的词转移到高阶词集,把借用率高的词转移到低阶词集。在移动过程中核心词调整模型还自动寻找参数,确定高阶核心词和低阶核心词的界线,使得高阶核心词的借用率平均值达到最小值,低阶核心词的借用率平均值达到最大值。

目前我们正在展开研究,希望尽快拿出一个修正的两阶核心词集。

13.3 相对有阶分析

汉台绝对有阶分析是在 200 核心语素中展开的。能否把这种有阶分析扩展到核心一致对应语素集?陈保亚(1997.1;1998.2)给出了相对有阶分析的基本方法,下面对这一方法展开讨论。

对核心一致对应语素集做有阶分析,首先要解决确定核心程度或基本程度的标准。在汉台语源关系比较研究中,一种常见的办法是考虑各种语言的情况,归纳出基本语素的范围,这种观点假定基本语素在各民族语言中都是一样的。但由于语言差异事实上是存在的,用这种办法归纳基本语素范围时可能把有利于自己观点的对应语素作为基本语素甚至核心语素,把不利于自己观点的对应语素作为基本程度较低的借贷语素。这种意识往往是不自觉的。比如 Benedict (1975)把侗台语和南岛语的关系词作为基本词或核心词,而把侗台语和汉语的关系词作为文化词或一般词,这样做就会把侗台语和南岛语的关系列为同源关系而把侗台语和汉语的关系列为接触关系。坚持汉台同源的学者完全可以采取一种完全相反的态度,把汉台关系词看成是基本词甚至核心词。在比较研究中,怎样判定一些语素是基本语素而另一些语素不是基本语素? 事实上在超出 200 核心语素以后,跨语言的绝对标准是很难找到的。因为不同的语言系统依赖于不同的文化背景,同时又有自己的自组织过程,形成划分经验的不同方式。生活在海边的民族,"海"可能属于基本语素,而对于生活在内陆山区的民族,"海"可能就不属于基本语素。在侗台语中,"谷子"可能比"麦子"更基本,在汉语中就不一定总是这样。下面我们讨论如何根据前面提到的普遍对应程度确定对应语素的核心程度,即如何根据普遍对应确定语素的阶。

13.3.1 单向相对有阶分析

我们通过对傣语分化和傣汉接触的追踪分析和对照分析发现,组合指数越高或构词能力越强的语素越不容易被借用(陈保亚,1994,下编2.4),最近10多年的补充调查进一步证实了这一点,因此核心程度的问题可以量化为组合指数高低的问题,这样就可以进行统计分析。不过,就目前我们所掌握的材料来看,对每个语言的每个语素进行组合指数的分析还不够成熟。另一方面,研究者不可能熟练地掌握所比较的每一个语言,不可能准确区分词和词组的界限。因此,全面的组合指数分析需要建立大型词库,由一个研究群体来完成,目前还没有条件用组合指数做分阶的量化标准。我们需要找出另一个划分相对阶的量化标准。为了达到这个目的,我们将启用前面讨论的"普遍对应"的概念。为了更进一步明确普遍对应的含义和普遍对应在分阶中的价值,我们再分析一个实例:

语素	武鸣(北部语群)	龙州(中部语群)	德傣(西南语群)
狗	ma^1	ma^1	ma^1
羊1		be^3	me^3
羊2	$ji:\eta^2$		

这里的三个语言分别代表了台语北部语群、中部语群和西南语群。ma^1(狗)在台语的三个语群中都对应得很整齐。be^3(羊)只在中部和西南两个语群中对应,普遍对应程度比 ma^1 要低。$ji:\eta^2$(羊)只在北部语群中对应,普遍对应程度比 ma^1 和 be^3 都低。我们说 ma^1 的普遍对应程度最高,be^3 其次,$ji:\eta^2$ 最低。由于 ma^1 在台语三大语群中都对应,可以称为普遍对应,be^3、$ji:\eta^2$ 只在部分语群中对应,可以称为非普遍对应。

普遍对应反映了语素的稳定性。我们对正在和汉语接触的傣语的组合指数做过抽样统计,在出现频率相当的前提下,普遍对应和组合指数相关。在西傣、德傣、金沙傣、傣雅、临沧傣中普遍对应越强的语素,也是组合指数越高的语素,同时也是越不容易被汉语西南官话所替代的语素。相反,在西傣、德傣、金沙傣、傣雅、临沧傣中普遍对应越差的语素,也是组合指数越低的语素,同时也是越容易被汉语西南官话所替代的语素。前面已经谈到核心程度和组合指数相关,这里又看到组合指数和普遍对应相关,这说明,核心程度、组合指数高低(构词能力的强弱)、普遍对应三个概念有相关关系,是一组相关概念,它们作为对应语素有阶分析的标准是等价的,用其中一个概念做有阶分析标准,也可以转换成用其中另一个概念做有阶分析标准。由于普遍对应是最容易观察到的,我们将通过普遍对应的标准来确定对应语素的阶。在台语西南部、中部、北部三个语群中对应的语素是普遍对应语素,算高阶语素,否则是非普遍对应语素,是低阶语素。

这种高低阶划分的合理性和有效性取决于对台语三个语群的划分是否合理。台语三个语群的划分是李方桂(1977)提出的。李方桂划分的根据主要是语音演变的规律。但在语言接触中,音变规律也可以扩散,因此三个语群的划分的合理性需要验证。下面我们考虑对台语100核心语素(简称内核语素)的聚敛分类(陈保亚,2000.4b)。这一方法的基本思想是,两个同源语言内核对应语素数量越多,它们在谱系树上的距离就越近。王士元(1995)首先根据这一思想用Swadesh 100词画出了侗台语的谱系树。当时还不清楚这种划分是否能反映同源语言的发生学距离,因为如果核心语素也容易借用,聚敛分类的结果就不一定完全反映发生学距离,在某些方面反映的可能是类型学上的距离。根据我们后来的调查,由于内核语素(第100核心语素)的借用率很低,用聚敛分类确定同源语言的距离是比较可靠的。聚敛分类的具体算法需要涉及很多数学问题,这里不展开。我们对中国境内的德宏傣语、西双版纳傣语、武鸣壮语、龙州壮语、布依语几种有代表性的台语语言做了聚敛分类,结果如下:

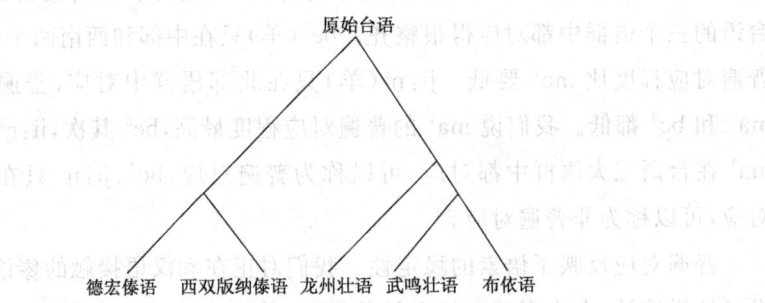

这一结果和李方桂的分类基本是一致的,只是在结构上稍有不同。台语分成西南和中北两大支,代表西南支的傣语进一步分化成西傣和德傣,中北支进一步分化成中部语群(龙州壮语)和北部语群(布依语、武鸣壮语)。根据聚敛分类结果,我们把台语核心一致对应语素集分成两个阶,分布在西南、中部、北部三个语群中的台语对应语素属于高阶语素,只分布在两个语群或一个语群中的台语对应语素属于低阶语素。

聚敛分类是相对分阶的关键,所有用于进行聚敛分类的对应语素应该控制在同一时间层面,而且应该是最早时间层面。只有这样,相互之间同源语素较少的语言,在谱系树上的距离才能拉开。当某个对应语素在远距离的语言之间能够保留下来,它的核心程度就很高,这是一个可观察事实,也是相对分阶的方法论基础。通过内核对应语素的多少来计算同源语言的距离使聚敛分类有了一个比较明确的判定标准。如果我们错误地把西双版纳傣语划到中部语群中,本来只存在于西南语群中的对应语素反而会被当作同时在西南语群和中部语群出现的对应语素,这会影响到分阶的合理性。

做出以上划分以后,台语内部诸语言的同源关系就被量化了。经过计算,各台语语言在两阶语素集中的分布如下:

[台语内部各语言对应语素在两个相对阶中的分布]
[高阶样本:446　　低阶样本:605　]

		高阶对应语素	高阶对应比例	低阶对应语素	低阶对应比例	阶分布指数
西南语群	泰语	414	0.93	130	0.21	4.32
	西傣	376	0.84	156	0.26	3.27
	德傣	396	0.89	174	0.29	3.09
中部语群	龙州壮语	345	0.77	238	0.39	1.97
北部语群	武鸣壮语	401	0.90	454	0.75	1.20
	布依语	350	0.78	306	0.51	1.55

这些语言之间的同源关系是没有疑问的,其对应语素高阶和低阶的分布情况是:高阶对应语素的比例总是高于低阶对应语素的比例。同源语言对应语素在数量上的这种有阶分布也正是我们后面要确定汉台核心一致对应语素集语源性质的标准。表中阶分布指数是指高阶对应语素比例和低阶对应语素比例的比值,在同源关系中,由于高阶对应语素比例高于低阶对应语素比例,因此阶分布指数总是大于1;在接触关系词中,由于高阶对应语素比例低于低阶对应语素比例,因此阶分布的指数总是小于1。容易看出,泰语、西傣、德傣的阶分布指数很大,而龙州壮语、武鸣壮语、布依语的阶分布指数很小,这可能反映了龙州壮语、武鸣壮语、布依语从汉语借了更多的语素。

由于台语是依照台语诸语言的对应规则构拟出来的,上面每一个语言和台语的关系反映了每一个语言和其他语言的关系。我们也按照单个的语言做了统计,比如泰语和傣语的对应语素的分布,泰语和武鸣壮语对应语素的分布,等等,每两种语言之间都是高阶对应语素的比例高于低阶对应语素的比例。这种分布可以直观地描述为:

[台语内部语言核心一致对应语素有阶分布]

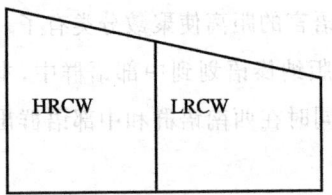

HRCW 代表高阶对应语素,LRCW 代表低阶对应语素。

以上是拿台语内部的语言分阶,这时我们承认台语内部语群之间的核心一致对应语素集是同源的结果。这一前提通常都依赖了文献记录等证据。如果没有这方面的证据,就不能根据普遍分布给语素分阶。

现在来观察台汉、台侗、台水、台黎核心一致对应语素的分布差异:

[台汉、台侗、台水、台黎核心一致对应语素的分布差异]
(高阶样本:446　　低阶样本:605　)

	高阶对应语素	高阶对应语素比例	低阶对应语素	低阶对应语素比例	阶分布指数
台汉	115	0.26	318	0.53	0.49
台侗	355	0.80	440	0.73	1.09
台水	372	0.83	422	0.70	1.20
台黎	150	0.34	68	0.11	2.99

汉语和台语的核心一致对应语素中,高阶对应语素比例明显低于低阶对应语素比例,阶分布指数小于1。而侗语、水语、黎语和台语的核心一致对应语素都是高阶对应语素比例高于低阶对应语素比例,阶分布指数大于1。由于我们比较的材料比较多,对应规则都控制得比较严格,材料的疏漏不太可能影响到阶分布的走向,因此,我们有理由认为台汉核心一致对应语素集是汉台接触的结果,而台侗、台水、台黎核心一致对应语素是同源语言分化的结果。

台汉核心一致对应语素比台黎核心一致对应语素多,但台汉核心一致对应语素的分布是高阶比例低于低阶比例,而台黎核心一致对应语素的分布是高阶比例高于低阶比例。台汉核心一致对应语素本质上是这样一种分布:

［汉台核心一致对应语素有阶分布］

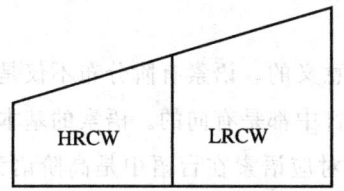

我们把上面的有阶分析称为"直接相对有阶分析",这是拿所比较的语言直接进行有阶分析。我们通过这种方式确定了台侗核心一致对应语素集、台水核心一致对应语素集、台黎核心一致对应语素集的收敛分布是同源的结果,这并不是说这些语言之间的对应语素一定是同源语素。汉语和台语有不少高阶对应语素,这些高阶对应语素有些也和侗语、水语、黎语有对应关系,比如好些数量语素、金属语素、农业工具语素、家畜语素等,因此,台侗之间、台水之间、台黎之间的许多对应语素实际上是从原始汉语和原始侗台语的对应语素传递下来的。

13.3.2 双向相对有阶分析

以上分析根据台语分阶,然后观察汉语和台语核心一致对应语素在台语中的有阶分布,这是在比较的两种语言中,拿其中的一种语言分阶。我们可以把这种分阶分析称为单向有阶分析。

事实上,语源关系的比较都是在两个语言或语群之间展开的,要使相对有阶分析的结论更为可靠,应该对所比较的两个语言或语群都进行分阶。在比较汉语和台语的语源关系时,我们不仅可以按台语分阶来考察汉台核心一致对应语素的分布,也可以同时参考汉语的分阶来考察汉台核心一致对应语素的分布。可以把这种相对有阶分析称为双向相对有阶分析。当我们不清楚对应语素的借贷方向时,双向有阶分析更为关键。双向分阶分析的操作技术比单向有阶分析更为复杂。

在汉台核心一致对应语素集中,有些对应语素在汉语一方并不是高阶语素。这些语素在上古汉语文本中分布较窄,使用频率较底,构词力较弱;这些语素多出现在《方言》以及《广雅》这样一些广收博引的辞书中,现代北方方言几乎不使用,南方方言中使用面也比较窄,这些语素不满足基本语素的"常用、构词力强、稳固"三个条件。从普遍对应这一定量分析的角度看,这些语素在时间深度(纵向)和空间广度(横向)上的普遍对应较差。可以把这些语素看成是汉语低阶语素。

在比较中考虑这些汉语低阶对应语素是有意义的。语素有阶分布不仅是相对的,而且是有向的,并且是在所比较的两种语言中都是有向的。语素的基本程度或核心程度和"双向性"密切相关。一个汉台对应语素在台语中是高阶语素,在汉语中可以是低阶语素。像下面的语素就属于这种情况:

语义解释	原始台语	西南语群	中部语群	北部语群	汉字	《切韵》音系地位
hungry	*ʔjak⁹	jaːk⁹	jaːk⁷	jiːk⁹	馁	影入梗开二麦
purple	*kləm⁵	klam⁵	dam¹	tsam⁵	绀	见去咸开一勘
hue	*khwak⁷	khwaːk⁷	kuːk⁷	jaːk⁹	钁	见入宕合三药
maggot	*hnɔn¹	nɔːn¹	noːn¹	noːn¹	䘒	见平臻合一魂
hold	*kəm¹	kam¹	kam¹	kam¹	雗	群平咸开三盐
boil	*thruŋ¹	huŋ¹	huŋ¹	luŋ¹	筦	书平宕开三阳
male	*thɔːk⁷	thɔːk⁷	tɔːk⁸	tak⁸	特	定入曾开一德
fall	*tok⁷	tok⁷	tuk⁷	tək⁷	沰	透入宕开一铎

从语义上看,它们都有资格成为基本语素,但在不同语言中,它们分布在不同的阶中。同样,一个对应语素在台语中是低阶语素,在汉语中可以是高阶语素。汉台比较研究中关于对应语素语源性质的分歧在很大程度上是和我们对"基本语素"这一概念的双向性不太明确有关。我们进行双向有阶分析的目的在于同时考虑两个语言集团的对应语素有阶分布的相对性,使基本语素的相对性和双向性更明确。

古代汉语文献中记载的语素并不等于是高阶语素。汉字的语素文字性质使汉字有较大的超时空性,很多民族语言的语素都被记录下来了。古汉语语素也存在很多不同的时间和空间层面,其中包括由民族语言输入的低阶语素,汉语中的民族语言底层语素属于这种情况。考虑对应语素基本程度或核心程度的相对性和有向性也就是为了充分考虑分化和接触的错综复杂性。

双向有阶分析需要给所比较的语言双方分阶。前面我们已经给出了台语分阶的原则,即对应语素的分布范围。我们划分汉语高阶和低阶的原则也遵循对应语素的分布范围,具体做法是:既在古代文献中出现,又广泛分布于汉语南北方言中,且组合指数高的语素,是高阶语素;只在古代文献或部分方言中出现的语素,是低阶语素。

13. 关系词有阶分析

在汉台单向有阶分析中,我们只对台语做有阶划分,而且是两阶划分,这时任何一个对应语素归阶方式只有两种可能,或者归入高阶语素,或者归入低阶语素。在汉台双向有阶分析中,我们需要对汉台双方做出阶的划分,任何一个对应语素的归阶方式就有四种可能:

汉语高阶/台语高阶　　　汉语高阶/台语低阶
汉语低阶/台语高阶　　　汉语低阶/台语低阶

这时的有阶分析比单向有阶分析更复杂,因为单向有阶分析只面临高阶和低阶两种有阶分类,而这里的双向有阶分析面临四种有阶分类。因此,单向有阶分析所使用的正态分布、卜哇松分布等方法已经不能说明双向有阶分析的复杂情况。在下面的双向有阶分析中,我们将引入概率统计中卡方分布的概念。在概率统计中,如果一个事件有两种以上的可能,要判定这些可能出现的事件有无相关关系,可以用卡方分布来处理。

汉台对应语素的双向有阶分布情况如下:

	台语高阶语素	台语低阶语素	共计
汉语高阶语素	*105*	*309*	414
汉语低阶语素	*11*	*8*	19
合计	116	317	433

直观地看,汉高阶台高阶的语素比汉高阶台低阶的语素少,但比汉低阶台高阶的语素多,也比汉低阶台低阶的语素多,这种复杂的分布关系只有通过卡方分析才能得出明确的结论。

为了进行卡方分布计算,首先要算出"期望出现的对应语素 e"。"期望出现的对应语素 e"是指,按照台语和汉语对应语素在高阶和低阶中的分布总数,这些对应语素在四种有阶分类中平均分布的可能数目。以上分布是从我们建立的汉台核心一致对应语素表中观察到的对应语素分布情况。根据概率分布原则,在上表中非斜体数据确定下来后,可以求出斜体数据的期望数:

	台语高阶语素	台语低阶语素	共计
汉语高阶语素	w	x	414
汉语低阶语素	y	z	19
合计	116	317	433

按照常态分布以及卡方分析的基本原则,"汉高台高"的期望数目和其他数据有如下关系:

汉语高阶台语高阶期望对应语素 w:台语高阶对应语素(116)

＝汉语高阶对应语素(414)：全部对应语素(433)

根据这一比例关系，可以算出"汉语高阶台语高阶期望对应语素 w"的值为110.91。其他"期望出现的对应语素"的值也是根据这种关系计算出来的。具体比例式如下：

汉语高阶台语低阶期望对应语素 x：台语低阶对应语素(317)
＝汉语高阶对应语素(414)：汉台对应语素(433)
汉语低阶台语高阶期望对应语素 y：台语高阶对应语素(116)
＝汉语低阶对应语素(19)：汉台对应语素(433)
汉语低阶台语低阶期望对应语素 z：台语低阶对应语素(317)
＝汉语低阶对应语素(19)：汉台对应语素(433)

为便于比较，我们把所求出的期望值列表如下：

汉高阶/台高阶　　　　w：116＝414：433　　　w＝110.91
汉高阶/台低阶　　　　x：317＝414：433　　　x＝303.09
汉低阶/台高阶　　　　y：116＝19：433　　　　y＝5.09
汉低阶/台低阶　　　　z：317＝19：433　　　　z＝13.91

下面我们来看这些数据的卡方分布和卡方值的情况：

[汉台核心一致对应语素卡方分布表]

	观察值 o	期望值 e	o－e	(o－e)^2	((o－e)^2)/e
汉高阶/台高阶	105.00	110.91	－5.91	34.93	0.31
汉高阶/台低阶	309.00	303.09	5.91	34.93	0.12
汉低阶/台高阶	11.00	5.09	5.91	34.93	6.86
汉低阶/台低阶	8.00	13.91	－5.91	34.93	2.51
卡方值					9.80

"汉台核心一致对应语素卡方分布表"中，在汉语高阶语素和台语高阶语素一栏中，实际出现的对应语素数目和期望出现的对应语素数目的差值是负数，说明两个语言高阶对应语素比期望的要少。这和我们在语言接触中观察到的分布是一致的。在汉语高阶对应语素和台语低阶对应语素中，以及汉语低阶对应语素和台语高阶对应语素中，实际出现的对应语素和期望出现的对应语素之差都是正数，说明实际出现的对应语素比期望出现的对应语素要多，同时说明两个语言的高阶语素和低阶语素相互补充，联系密切。这几个性质都是我们在语言接触中观察到的性质。在语言的接触中，两个语言的高阶语素的借贷属于替换借贷，发生的可能性较小，而一方高阶、一方低阶的互补借贷就比较容易(陈保亚，1994，上编 2.2)。

  汉语低阶和台语低阶对应语素比期望的要少,反映了两个语言的低阶对应语素联系不密切,这也和我们在语言接触过程中观察到的事实相一致。在语言接触中,低阶语素由于出现频率低,不容易闯入另一种语言。汉台双方都是低阶的对应语素比较少,可能还反映了这些语素在双方都是不稳定的,容易衰变。这似乎从另一个角度印证了汉台核心一致对应不是晚近的借贷语素,汉台接触然后又分化,双方低阶的对应语素减少较快。

  最后得到的卡方值是 9.80。在卡方分布中,卡方值越大,数据分布方式的偶然性就越低。下面是卡方值和概率分布的对应关系:

卡方值	3.84	5.41	6.64	10.83
概率	0.05	0.02	0.01	0.001

  公认的极显著水平的概率值是 0.01。这个概率值的含义是,某种事件极难以我们观察到的方式出现。由于我们的卡方值是 9.80,概率小于 0.01,比极显著水平低,说明汉台对应语素双向有阶分布所反映的结果不是偶然因素造成的,应该是语言接触引起的。

  在"汉台核心一致对应语素卡方分布表"中还可以看出,汉高阶台低阶的对应语素比汉低阶台高阶的对应语素多,这可能反映了台语从汉语借用语素的情况更普遍。Benedict(1975)曾经认为汉台接触主要是汉语从台语输入借词,这里的材料不支持这种说法。

  再来看台语和侗水语之间核心一致对应语素双向有阶分布情况。侗水语分阶的标准是:同时在侗语组和水语组中出现的对应语素属于高阶对应语素,只在水语组或侗语组中出现的对应语素是低阶对应语素。下面是台语和侗水语对应语素的双向有阶分布:

	台语高阶词	台语低阶词	合计
侗水高阶词	318	341	659
侗水低阶词	87	184	271
合计	405	525	930

所求出的期望值如下:

侗水高/台高(w) $w : 405 = 659 : 930$ $w = 286.98$
侗水高/台低(x) $x : 525 = 659 : 930$ $x = 372.02$
侗水低/台高(y) $y : 405 = 271 : 930$ $y = 118.02$
侗水低/台低(z) $z : 525 = 271 : 930$ $z = 152.98$

  根据台语和侗水语核心一致对应语素的现实分布(观察到的分布)和期望分

布,可以做进一步的卡方分析:

	观察值 o	期望值 e	o-e	(o-e)^2	((o-e)^2)/e
侗水高/台高	318.00	286.98	31.02	962.00	3.35
侗水高/台低	341.00	372.02	-31.02	962.00	2.59
侗水低/台高	87.00	118.02	-31.02	962.00	8.15
侗水低/台低	184.00	152.98	31.02	962.00	6.29
卡方值					20.38

台语和侗水语核心一致对应语素的分布情况和汉台核心一致对应语素的分布情况正好相反。台语高阶和侗水语高阶的对应语素实际出现的数量比期望出现的数量要高,反映了两个语言高阶对应语素的密切程度,这和我们观察到的台语内部每两个语言之间双向相对有阶分布是一致的。这也反映了台语和侗水语之间的核心一致对应语素是同源语言分化的结果。表中卡方值为 20.38,其对应的概率远远小于 0.001,证明台语和侗水语核心一致对应语素的分布差异是非常明显的,不是偶然因素引起的,是同源引起的。

在双向有阶分布中,最重要的对立指标是核心一致对应语素在两个语言中的高阶分布。如果核心一致对应语素是接触的结果,实际出现的对应语素数量小于期望出现的对应语素数量,因此 o-e 是负数。如果核心一致对应语素是同源语言分化的结果,实际出现的对应语素数量大于期望出现的对应语素数量,因此 o-e 是正数。

13.3.3 内核语符相对有阶分析

相对有阶分析尽管充分考虑到分阶的相对性,但也存在一个问题。当两个语言分化后又接触,如果再接触的时间和早期分化的时间隔得很长,分化前共有的早期对应语素和再接触后的晚期对应语素在对应规则上有明显的差异,我们通常都可以根据对应规则把早期对应语素和晚期对应语素分开。汉台西南官话层面对应语素和汉台《切韵》层面对应语素基本上能够被区分开,依据的正是这一原则。但如果这个间隔时间不是很长,甚至是连续的,我们就没有足够的办法把早期对应语素和晚期对应语素分开,早期对应语素的分布细节就体现不出来。后面分析金属语素"铜、铁"时可以发现,这两个语素在时间上相差很远,但在对应层次上是一致的。在相对有阶分析中我们已经发现,用于分析的语素样本越大,汉台不同时间借用的语素混在同一个对应层次的可能性也越大。

可见,当我们把有阶分析从核心语素扩展到基本语素时,尽管不同语言的相对性问题被充分考虑到了,但不同时间层面的语素也容易混在一起。

有阶分析是以最早时间层面的对应语素为必要条件的。把对应语素限制在最早时间层面有两个办法:

  1.严格限制对应规则,尽可能使对应语素满足一致对应和完全对应。

  2.把对应语素收缩到一个不容易借用的范围中。

就第一条路子来说,即使我们把对应语素限制在严格的完全对应和一致对应规则中,也不能绝对保证所有的对应语素都属于最早时间层面。就第二条路子来说,核心语素尽管没有考虑不同语言的相对性,但有利于排除不同时间层面的借贷语素,尤其是当严格的对应规则难以建立的时候,这是一个可行的办法。这就促使我们从相对有阶分析的角度再次考虑核心词问题。

核心词集的大小是一个相对概念。比如下面高阶和低阶分布图:

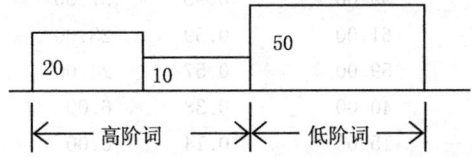

即使我们把对应词的分析样本限制在高阶词集(第 100 词集)和低阶词集(第 200 词集),两个语言的对应语素仍然存在下面的可能:由于高阶词集中的对应词(20 + 10 = 30)低于低阶词集的对应词(50),我们可能认为这些对应词是接触的证据。但从高阶词集本身看,更为核心的对应词(20)高于次核心的对应词(10)。这是一种凹形分布,产生这一特殊情况的原因仍然在于:

  1.两个语言分化后又接触。

  2.从分化到接触的时间间隔不长,我们没有强有力的手段把两个时间层面的对应规则区分开。

在核心词(200 词)绝对有阶分析和基本语素相对有阶分析中,汉语和台语之间都是高阶对应实例低于低阶对应实例。在比核心词更为核心的词集中,情况是否仍然是这样?这需要进一步分析更为核心的词集。

因此,在核心一致对应语素的有阶分析中,除了从核心词有阶分析到基本语素有阶分析这样一种扩展对应语素的思路,还有一种从核心词有阶分析到更核心的词的有阶分析这样一种收缩对应词的思路。根据我们对核心词借用情况的调查,西南官话借入侗台语、苗瑶语、藏缅语的核心词相当少,尤其是第100核心词,这样我们就可以考虑把200核心词的样本进一步限制在100核心词。为了和200核心词相区别,我们把100核心词称为内核词。下面来讨论怎样用100内核词相对分阶确定语源关系。

为了充分考虑不同语言内核词的相对性,我们尝试对台语内核词进行相对分阶,分阶的原则和前面讨论的基本语素相对有阶分析相同,在内核词中普遍分布的是高阶,非普遍分布的是低阶。

现在来看台语和汉语、侗语、水语、黎语、印尼语、马来语的内核对应词分布情况:

	台语高阶内核语素	高阶比例	台语低阶内核语素	低阶比例
台语对应语素分布	104.00		68.00	
台泰对应语素	99.00	0.95	37.00	0.54
台侗对应语素	61.00	0.59	23.00	0.34
台水对应语素	59.00	0.57	24.00	0.35
台黎对应语素	40.00	0.38	6.00	0.09
台印尼对应语素	15.00	0.14	0.00	0.00
台马来对应语素	12.00	0.12	0.00	0.00
汉台对应语素(严式)	9.00	0.09	17.00	0.25
汉台对应语素(宽式)	29.00	0.28	27.00	0.40
汉台对应语素(李方桂)	5.00	0.05	6.00	0.09

台语高阶内核语素和低阶内核语素总共有172个,而不是100个,这是因为同一内核语素,在台语中可以是两个甚至三个,比如"山":

	德宏傣语	龙州壮语	武鸣壮语
山	pha^1(山岩)	phja^1(石山)	pja^1(石山)
山	lɔi^6		doi^1(土山)

遇到"山"这样的情况,内核语素就相应增加一个。由于这种差异,内核语素实际上在不同的语言中有一定的差异,这样做实际上是从另一个角度照顾到了不同语言内核语素的相对性。

高低阶的比例是一个百分比,比如汉台高阶内核对应语素(严式)有9个,台语高阶内核对应语素共104个,所以汉台内核对应语素分布在台语高阶内核对应语素中的比例是$9/104=0.09$。其他比例的算法相同。

台泰对应语素的分布是对内核词聚敛有阶分析的一个验证。我们在对内核词进行分阶的时候，并没有用泰语的材料，用的都是中国境内台语的材料，所以这里的台泰内核对应语素的分布指的是泰语和中国境内其他台语语言内核对应语素的分布情况。根据内核词数量对应原则，泰语和中国境内其他台语语言同源是没有疑问的。台泰对应语素在内核词的有阶分布中，也正好是高阶内核词比例高于低阶内核词比例。

现在来看汉台对应语素的分布。严式汉台对应语素指声韵调满足一致对应和完全对应的对应语素。宽式汉台对应语素包括严式对应语素和一部分对应规则不严格或语义关系没有得到严格证明的对应语素，这些不严格的对应语素曾经被有些学者作为论证汉台同源的证据，所以我们也对这些对应语素做了有阶分析。

李方桂汉台对应语素是指李方桂(1976)提出的汉台同源词。李方桂当时提出这些汉台同源词时，口气也不是很肯定，所以我们也对这些对应语素进行了有阶分析。

上面三种汉台对应语素都说明，汉台高阶内核对应词比例低于汉台低阶内核对应词比例。

与此相反，在台侗、台水、台黎、台印尼、台马来的内核对应词分布中，都是高阶内核对应词比例高于低阶内核对应词比例。我们可以说，台侗、台水、台黎、台印尼、台马来的同源关系在内核对应词有阶分析中得到了进一步证实，但汉台内核对应词的分布还不能说明汉台内核对应词是汉台同源的证据。

由于印尼语、马来语是南岛语系的两种典型语言，这里的内核对应语素有阶分布进一步证明台语和南岛语同源。

当然，收缩核心语素集是一个相对过程，如果我们把100内核语素再向内收缩，会不会在更为核心的对应语素集中取得汉台同源的证据？在没有人提出更核心的对应语素集之前，我们来考虑Jaxontov曾经提出的一个有代表性的35词集，这一词集的英文版本(Starostin,1991)和汉语对译如下：

blood 血、bone 骨头、die 死、dog 狗、ear 耳朵、egg 蛋、eye 眼睛、fire 火、fish 鱼、full 满、give 给、hand 手、horn 角、I 我、know 知道、louse 虱子、moon 月亮、name 名字、new 新、nose 鼻子、one 一、salt 盐、stone 石头、sun 太阳、tail 尾巴、this 这、thou 你、tongue 舌头、tooth 牙齿、two 二、water 水、what 什么、who 谁、wind 风、year 年。

除了"wind 风、year 年、salt 盐"这 3 个语素属于第 200 语素,其他 32 个语素都属于第 100 语素。

考虑到台语的特殊情况,这 35 个语素在台语中可以对译出 43 个语素。同样根据相对分阶原则,可以从台语中的这 43 个语素划分出两个阶,其中高阶语素 33 个,低阶语素 10 个。现在来观察台汉、台侗、台水、台黎、台印尼、台马来对应语素在这两个阶的分布情况:

关系语言	台语高阶语素	高阶比例	台语低阶语素	低阶比例
台语对应语素分布	34.00		10.00	
台泰对应语素	34.00	1.00	3.00	0.30
台侗对应语素	25.00	0.74	3.00	0.30
台水对应语素	24.00	0.71	2.00	0.20
台黎对应语素	14.00	0.41	2.00	0.20
台印尼对应语素	11.00	0.32	0.00	0.00
台马来对应语素	9.00	0.26	0.00	0.00
汉台对应语素(严式)	3.00	0.09	4.00	0.40
汉台对应语素(宽式)	9.00	0.26	5.00	0.50
汉台对应语素(李方桂)	1.00	0.03	1.00	0.10

这里的分布方式和内核语素的分布方式是一样的,能说明台语和侗、水、黎以及南岛语有同源关系,但仍然不能说明汉台有同源关系。

由于以上内核语素的严式对应和汉台核心一致对应在同一个语素集中,汉台内核语素相对有阶分析进一步证明汉台核心一致对应语素集是汉台接触的结果。

无论是绝对有阶分析,还是相对有阶分析,都显示汉台早期关系词是接触的结果。当然,这只是基于目前对应语素集的情况。如果能够从目前的对应语素集里离析出一个更早时间层次的对应语素集,并且该对应语素集呈现出高阶高于低阶的分布,就应当承认汉台有同源关系。

13.4 语素类聚有阶分析

20 世纪 90 年代开始,王士元(1993)、潘悟云(1995)等开始把考古、群体基因遗传和语言结合起来研究语言的同源问题。王士元专门提出了语言、基因、考古三个窗口的理论。这三个方面的结合是必要的,留下的问题是如何有效地结合起来。考古和基因材料都显示中国南北方有密切的联系,但是这些证据就像关系词一样,只能证明族群有密切关系,至于这些族群所使用的语言的相似性是接触的结果还是同源的结果,仅仅从考古、基因的密切关系上还得不到证实。如果我们把词汇的有阶分析和考古、基因结合起来,就会得到一些结果。

相对有阶分析认为,由于文化的差异,同一个语素在不同的语群中核心程度或基本程度可能不一样,于是根据一个语素在同源语言中的分布范围来确定一个语素的核心程度或基本程度,最后达到分阶的目的。相对有阶分析只是把文化材料作为分阶的背景,认为不同民族的语言因为有文化差异,基本语素并不完全一样,需要分阶。相对有阶分析并没有直接利用文化材料。下面我们要考虑怎样通过考古证据和民族学证据来给语素分阶。通过考古和民族学证据来证明语言的发生是一个相当复杂的问题。尽管现在已经有很多考古证据和民族学证据可以论证和重建中国史前时期文化活动的面貌,但是这些考古学证据和民族学证据跟语言发生有什么样的关系,一直没有得到严格的论证。所以根据不同的证据,往往可以得出不同的结论。如果强调文化差异,往往得出汉台(侗台)不同源的结论。比如根据现有的考古学和民族学证据,基本上可以断定中国南方出现的水稻种植、干栏式建筑、文身习俗、有肩石斧和有段石锛等文化现象是相对独立于中国北方文化而发生的,但是这种文化上的相对独立性并不能充分证明当时南北方语言在发生学上的独立性,因为源于同一原始母语的民族完全有可能分化成南北两支后独立发展自己的文化。另一方面,如果强调文化共性,往往得出汉台同源的结论。比如汉语和侗台语的"鸡、马、犁"等语素在语音上有对应关系,并且鸡、马、犁等文化因子从考古看在南北方都有分布,因此被看成是原始汉语和原始侗台语的同源语素。但是这种分析方法不能从根本上排除这种可能:这些共同的文化因子是汉台文化集团密切接触的结果。上述两种方法有一个共同的特点,即孤立地拿一组文化因子作为同源与否的证据。其实只要能够合理利用可靠的文化材料给对应语素分阶,往往可以对语源问题做出一些解释。

在区分同源关系和接触关系时,一个关键的问题是怎样区分史前时期的早期对应语素和后来产生的晚期对应语素。这一问题又必然引导我们去追问史前时期语素的出现年代。有条件地参考文化材料,有利于确定语素的出现年代和对应语素的出现年代,为解释同源关系和接触关系提供了重要的证据。比如"猪、鸡"都是很常用的家畜语素,分别在汉语诸方言和侗台语诸语言内部对应得很整齐,因此"猪、鸡"在这两个语言集团中都是基本语素。但是,为什么"鸡"在汉语和侗台语之间对应而"猪"在汉语和侗台语之间不对应,从对应规律本身很难解释这个问题。从考古材料看,猪很早就出现在中国的南方和北方,而鸡的出现比较晚,在南方出现得尤其晚。再从文献资料和民族学材料看,原始汉民族分布在北方,说原始侗台语的原始百越民族分布在南方,这是否暗示汉语和侗台语在驯化猪的时代是独立的,而在驯化鸡的年代开始了频繁深入的接触,并且"鸡"是从北方汉语扩散到南方侗台语的?

要回答这样的问题需要对文化材料和语言材料进行系统的分析。下面我们把汉台核心一致对应语素和考古材料结合起来,尝试进行汉台对应语素类聚有阶分析。这种分析方法的具体做法是:通过考古材料把同类的文化因子按时间先后分阶,考察指称这些文化因子的一组语素在不同时间和空间的对应及分布情况,最后根据这些对应和分布情况对核心一致对应语素的语源性质做出解释。下面先讨论六畜语素的语素类聚有阶分析。

13.4.1 考古证据和语素文化类聚分阶

这里我们以家畜为例来讨论语素类聚分阶。具体做法是根据考古材料将最常用的六个家畜语素(简称六畜语素)"猪、狗、牛、鸡、马、羊"按照年代先后排列,然后比较六畜语素在汉语和侗台语中的对应情况。研究结果显示,代表早期家畜的语素"猪、狗"在汉语和侗台语之间不对应,在各自内部却对应得很整齐,而代表晚期家畜的语素"鸡、马"在汉语和侗台语之间对应得很整齐,因此我们认为"鸡、马"对应是接触的结果,并认为鸡、马等家畜向南方传播的时间也是原始汉语和原始侗台语大规模接触的时间,这个时间大约不会早于公元前 2000 年。

13.4.1.1 类聚语素的对应和考古分布

六畜语素在汉语和侗台语之间的对应情况如下:

[汉语和侗台语六畜语素对应情况]

词项	上古音	武鸣	龙州	布依	西傣	德傣	侗	仫佬	水	毛南	通什	保定
猪	tja¹	mou¹	mu¹	mu¹	mu¹	mu¹	ŋu⁵	hmu⁵	hmu⁵	mu⁵	pau⁴	pou¹
豕①	ɕje³											
狗	ko³	ma¹	ma¹	ma¹	ma¹	ma¹	ŋwa¹	hŋwa¹	hma¹	ma¹	pa⁴	pa¹
犬②	khian³											

---

① 《尔雅·释兽》:"豕子,猪。""猪"指小猪,"豕"指猪的通称。
② 《说文》:"狗,犬也,大者为犬,小者为狗。"

续表

鸡	kie¹	kai⁵	kai⁵	kai⁵	kai⁵	aːi⁵	ci¹	qaːi⁵	kaːi⁵	khai¹	khai¹
水牛[犙]	ŋjwəi	vaːi²	vaːi²	vaːi²	xwaːi²	xaːi²	kwe²	wi²	kui²	kwi²	tui³	tui³
黄牛[牛]	ŋɿə²	ɕɯ²	mo²	tsu²	ho²	ŋo²	sən²	tən²	po⁴	pɔ⁴	ȵiu¹	ȵiu¹
马	mra⁴	ma⁴	ma⁴	ma⁴	ma⁴	ma⁴	ma⁴	ma⁴	mja⁴	ka⁶	ka³
羊	ʎjaŋ²	jiːŋ²	be³	juːŋ²	bɛ³	me³	ljeː; peu²	cwa²	pja⁴ 山羊; fa² 绵羊	zo²	zeːŋ⁴	zeːŋ¹

"猪、狗"在侗台语和汉语内部分别都对应得很整齐,在汉语和侗台语之间看不出对应的痕迹。语素"水牛"在侗台语中对应得很整齐,但现代汉语没有专门指称"水牛"的语素(古代汉语有"犙牛"的说法,详后)。"鸡、马"只在汉语和侗台语的侗水、台语(壮傣)支之间对应,而在汉语和黎语之间、侗台语和黎语之间都不对应。"黄牛、羊"在汉语和侗台语之间以及在侗台语内部各语支内部的对应就更乱。

六畜语素在汉台间的对应差异不太可能是这些语素的不同语义类型、核心程度或基本程度引起的,因为六畜语素都表示家畜,核心程度都相当。我们把具有共同语义类型、核心程度相当的一组语素称为语素类聚。根据该定义,六畜语素构成一组语素类聚。所谓核心程度相当,更具体地说是指构词能力、稳固性都相当。拿汉语六畜语素来说,自有文字记载以来,六畜语素就出现了,甲骨文、金文中都有记录。六畜在现代汉族和现代侗台黎民族中仍然是常见家畜,六畜语素在现代汉语诸方言和侗台黎诸语言中仍然是常用语素。在现代汉语诸方言中,六畜语素仍然对应得很整齐。

六畜既然从古至今在汉民族和侗台民族的生活中都有连续性,而且都是常见家畜,为什么指称六畜的语素在侗台黎诸语言的语音对应上存在较大的差异?现在我们从考古材料来看六畜在时间和空间上的分布差异。我们对考古文献做了专门调查,这些文献所涉及的主要遗址和文化有:仰韶文化、大汶口文化、龙山文化、白石村、老官台、大地湾、李家村、北首岭、姜寨、泉护村、庙底沟、王湾、元君庙、大河村、后冈、下王岗、白营、客省庄、陶寺、青莲岗、北辛、王因、邠县、城子崖遗址、两城、东海、石岭下、马家窑、半山、马厂、柳湾、齐家文化(包括齐家坪)、大何庄、秦魏家、皇娘娘台、关庙山、三元宫、草鞋山、崧泽、钱山漾、马桥、寺墩、石峡、西樵、甑皮岩、卡诺(卡若)、新乐、小珠山、新开流、红山、白斯朗营子、富河沟门、阿善、大口、屈家岭、马家浜、崧泽文化、良渚、夏家文化、大溪文化、薛家岗、白羊村、石峡遗址、大垄坑、昙石山、筑卫城、跑马岭、仙人洞、河姆渡文化、北阴阳营文化、牛道口、壳丘头、小北沟水库。根据结论比较明确的考古文献材料,我们曾经列出了有代表性的遗址中六畜分布的情况(陈保亚,2000a)。根据碳素断代的下限,我们统计了六畜出现的大致时间序列(只列出代表点):

前5500年	前5100年	前5020年	前4959年	前4400年	前4300年	前1700年
猪 (甑皮岩)	狗 (磁山)	黄牛 (北首岭)	水牛 (胡家屋场)	鸡 (青莲岗)	羊 (半坡)	马 (二里头)

六畜出现的年代是有差异的,于是我们就有了一个根据时间给六畜语素分阶的方法,不过这不是根据六畜语素的核心程度来分阶,因为六畜语素的核心程度都相当,而是根据家畜语素出现的考古年代来给家畜语素分阶。根据家畜出现的年代可以把家畜语素分成早期家畜语素和晚期家畜语素。至少在公元前5000年以前出现的家畜可以看成早期家畜,相应的家畜语素是早期家畜语素。公元前5000年以后出现的家畜可以看成晚期家畜,相应的家畜语素是晚期家畜语素。显然,如果两个语言集团有同源关系,在语素的核心程度相同并且现在仍然相同的情况下,越早的对应语素越可能是两个语言集团的共同语素,越早出现的语素对应的可能性越大,对应的规则越一致,在各同源语言中分布得越普遍。当两个语言集团是接触关系时,就不存在这种关系。因为接触关系必然有一个最早接触时间,在该时间借用的语素才可能产生语音对应,在该时间以前出现的语素不存在对应。

猪、狗在六畜中出现最早。中国大陆至迟在公元前5000年以前已经有了猪、狗,但是指称猪、狗的语素在汉语和侗台语中没有对应,后来出现的家畜黄牛、水牛、鸡、羊、马,其语素反而在汉语和侗台语的台语、侗水语之间有不同程度的对应,这正好说明了汉语和侗台语史前时期由相对独立到接触的时间过程。大致说来,至迟在公元前5000年左右,原始汉语和原始侗台语是相对独立的,"猪、狗"两个语素应该是在原始汉语和原始侗台语相对独立的时期独立产生的,所以在这两个语言集团之间没有对应。后来出现的"黄牛、水牛、鸡、羊、马"等汉台对应语素应该标志着汉语和侗台语开始了大规模的接触。

史前时期六畜在空间上的分布差异可以更进一步证明六畜语素中汉语和侗台语相互对应的语素是接触的结果。下面是我们调查考古材料后整理出的六畜在南北空间的最早分布差异(只列出代表点):

碳素断代下限	北方	南方
前5500年		猪(甑皮岩)
前5210年	猪(郏县水泉遗址)	
前5100年	狗(磁山)	
前5020年	黄牛(北首岭遗址早期)	
前4959年		水牛(胡家屋场)
前4400年	鸡(青莲岗遗址)	
前4300年	羊(半坡)	
前4000年		狗(马家浜)
前2100年		黄牛、羊(宾川县)
前2000年	水牛(陕西龙山文化)	
前1700年	马(二里头文化)	

一般地说,当两种语言接触时,双方都有的事物,其词项形成对立分布,不太容易借用,因此不容易产生对应;一方有而另一方没有的事物,其词项形成互补分布,比较容易借用,因此容易产生对应(陈保亚,1994)。从南北方家畜语素分布的情况看,基本上是这样一种现象。猪、狗早在公元前4000多年前已经出现在南方和北方,形成对立分布,但指称猪、狗的语素并没有产生对应。相反,在南方和北方长期呈互补分布的黄牛、水牛、鸡、羊等家畜,其相应的家畜语素在汉语和侗台语之间却有不同程度的对应。具体地说,黄牛、鸡、羊在公元前4000年以前已经出现在北方,但南方直到公元前2000年左右才出现黄牛和羊。鸡在南方出现得更晚,根据我们现在占有的资料,直到公元前1500年前,南方都未发现严格意义上的家鸡。水牛在公元前5000年左右已经出现在南方,但北方直到公元前2000年才出现水牛。概括地说,公元前4000年以前六畜的分布和现代六畜语素在汉语和侗台语之间的对应如下:

前4000年北方六畜分布	前4000年南方六畜分布	语素对应情况
猪、狗	猪、狗	不对应
黄牛、鸡、羊		对应
	水牛	对应

黄牛、水牛、鸡、羊等家畜在空间上的互补分布再次证明家畜语素在汉台之间的对应是接触的结果。

无论是从时间还是空间看,汉语和侗台语六畜语素中的对应语素都应该是接触的结果,即六畜语素中有对应的语素都不是同源语素而是借贷语素。可以说,在史前饲养六畜的时期,汉语和侗台语是接触关系。

有没有这样的可能：汉语和侗台语本来享有"猪、狗"共同语素，后来这两个语素在汉语或侗台语中被替代了，所以没有对应。这种可能性比较小。这不能解释为什么正好是在考古上较早的事物所具有的语素被替换了，因为这两个语素分别在侗台语内部和汉语内部对应得都相当整齐，应该是侗台语和汉语中核心程度很高的语素。在语素衰变过程中，除非语素所指称的事物不用了或用得较少了，一般情况下，没有理由说越早出现的语素越容易衰变。

在猪狗被驯化以前，汉语和侗台语是否有过更早的共同时期呢？这个问题需要做更为深入的研究。在驯养家畜以前，人类活动的一个重要时期是采集和狩猎，因此采猎活动代表了比驯养家畜更早的时间层次的人类文化活动。我们初步所做的采猎语素类聚有阶分析还不足以证明汉语和侗台语在猪狗被驯化以前有过共同采猎时期。在众多的史前猎物中，至今仍然常见的是鱼、鸟、龟，"鱼、鸟、龟"这三个语素在汉语方言中对应得很整齐，"鱼、龟"在侗台语内部对应得也很整齐。"鸟"在台语支和侗水语支之间对应是整齐的，在黎语支和侗台语支之间可能也是对应的。我们所找到的支持韵母对应的实例有：

语素	武鸣	龙州	布依	西僳	德僳	侗	仫佬	水	毛南	通什	保定
鸟	ɣok⁸	nuk⁸'	zoʔ⁸	nok⁸	lok⁸	mok⁸	nɔk⁸	nok⁸	nɔk⁸	tatˀ⁷	tatˀ⁷
拔		luk⁷	loʔ⁷	lok⁷						ʔɯt⁷	ʔɯt⁷

我们所找到的支持声母对应的实例有：

语素	武鸣	龙州	布依	西僳	德僳	侗	仫佬	水	毛南	通什	保定
鸟	ɣok⁸	nuk⁸'	zoʔ⁸	nok⁸	lok⁸	mok⁸	nɔk⁸	nok⁸	nɔk⁸	tatˀ⁷	tatˀ⁷
田		na²		na²	la²					ta²	ta²
虱子							nan²	nan²	nan²		
少		noi⁴		nɔi⁴	lɔi⁴ 小					to²	
水獭		naːk⁸								teːt⁸	teːk⁷

声调对应的实例很多，不再举例。但"鱼、鸟、龟"这三个语素在汉语和侗台语之间看不出系统对应的痕迹：

词项	上古音	泰	武鸣	龙州	布依	西僳	德僳	侗	仫佬	水	毛南	通什	保定
鱼	ŋja²	plaa¹	pja¹	pja¹	pja¹	pa¹	pa⁶	pa¹				lsa¹	lsa¹
鱼	ŋja²								məm⁶	mom⁷	mbjai³		
鸟	tiu³	nok⁸	ɣok⁸	nuk⁸'	zoʔ⁸	nok⁸	mok⁸	mok⁸	nɔk⁷	nok⁸	nɔk⁸	tatˀ⁷	tatˀ⁷
龟	kjwə¹		kvi¹	kvi¹				kui¹		cip⁷ kwi¹			
龟	kjwə¹	tau⁵			tau⁵	tau⁵	tau⁵	taːu⁵		tja:n⁵		thau⁵	thau⁵

"龟"的汉语读音 kjwə¹ 和侗台语之间有对应，但该读音在武鸣、龙州、仫佬、毛南中的分布有限，属于低阶分布，很可能是后来的借贷语素，tau⁵ 才是侗台语内部

固有的语素,黎语和其他侗台语的 tau⁵ 对应,尤其能说明这一点。因此,从采猎类聚有阶分析看,我们仍然没有找到汉语和侗台语同源的证据,现有的家畜语素的对应方式反映了汉语和侗台语由独立到第一次大规模接触的过程。

由于汉台家畜对应语素是汉台核心一致对应词集中的语素,和整个核心一致对应语素处在同一个时间层次,由此可以进一步证实汉台核心一致对应语素集合是汉台接触的结果而不是同源的结果。我们后来对工具类聚语素的分析也得到类似的结果(陈保亚,2004)。

13.4.1.2　语素的时空判定和传播过程

以上讨论是说汉语和侗台语家畜语素的对应是接触的结果。我们还可以进一步通过汉语和侗台语家畜语素对应规则的整齐程度和六畜的空间分布来断定汉语和侗台语在当时的空间分布情况以及家畜语素的传播方向。考虑到黄牛、鸡、羊、马是由北方传向南方的,初步可以断定家畜语素"黄牛、鸡、羊、马"也是从北方传播到南方的。再考虑到家畜语素"黄牛、鸡、羊、马"在汉语方言中一致对应程度很整齐,在侗台语中一致对应的整齐程度要差一些,初步可以断定"黄牛、鸡、羊、马"等语素是从汉语传入侗台语的,即汉语是施借方而侗台语是受借方。根据家畜语素"黄牛、鸡、羊、马"由北到南和由汉语到侗台语这两个传播方向,可以断定汉语和侗台语接触时,汉语在北方而侗台语在南方。我们把这一现象称为"北汉南越"。

指称牛的语素比较特殊。至迟在公元前 4500 年前后,南北方都有了牛,不过南方是水牛,北方是黄牛。从考古材料看,早在公元前 5000 年左右,南方已经产生了水牛,而北方到了公元前 2000 年还没有水牛。古汉语中有"犤、犪"两个字,都指的是夔牛。《山海经·中山经》:"岷山……其兽多犀象,多夔牛。"郭璞注:"今蜀山中有大牛,重数千斤,名为夔牛。"《尔雅·释畜》有"犪"一字,郭璞注:"即犤牛也,如牛而大,肉数千斤,出蜀中。"但"犤、犪"两个字在古汉语和现代汉语诸方言中分布不广,因此在汉语中不是核心语素,甚至不是基本语素。"夔",渠追切,中古属止摄脂韵合口三等平声群母字,和侗台语的语素"水牛"读音可能有关系,可能是指水牛。如果承认"犤、犪"是汉台之间的早期关系语素,根据家畜"水牛"由南到北的传播方向,语素"犤、犪"很可能是从侗台语借入汉语的。

北方的黄牛是在公元前 5000 年左右产生的,南方直到公元前 2100 年前,还没有黄牛出现,所以汉台有对应关系的语素"黄牛"应该是从汉语传播到侗台语的,传播的时间也不该早于公元前 2100 年。

"北汉南越"的结论和史学证据、民族学证据正好吻合。根据俞敏(1980.1)以及其他一些史学家的研究,基本上可以肯定原始汉族源于西北,然后沿着黄河流域向东扩展。至于侗台黎民族,我们可以根据原始百越民族和现代侗台黎民族的习俗证明现代侗台黎民族源于原始百越民族。原始百越人有文身的习俗,今侗台黎民族的某些支系还保留了这种习俗。有关越人文身的习俗,文献中多有记载:

《战国策·赵策》:"披发文身,错臂左衽,瓯越之民也。"

《墨子·公孟》:"昔者越王勾践,剪发文身。"

《史记·越王勾践世家》:"越王勾践,其先禹之苗裔,而夏后帝少康之庶子也。封于会稽,以奉守禹之祀。文身断发,披草莱而邑焉。"

《史记·赵世家》:"夫翦发文身,错臂左衽,瓯越之民也。"

《汉书·地理志》:"粤地,牵牛、婺女之分野也。今之苍梧、郁林、合浦、交趾、九真、南海、日南,皆越分也。其君禹后,帝少康之庶子云。封于会稽,文身断发,以避蛟龙之害。"(《史记》、《汉书》"帝少康之庶子"只限于指越王,越王受封之地的越人不应该属于帝少康之子的范围,《史记》和《汉书》本身也无越人为帝少康之子的意思。颜师古《汉书注》专门就此做了说明:"臣瓒曰:自交趾至会稽七八千里,百粤杂处,各有种姓,不得尽云少康之后也。")

以上材料证明百越人文身的习惯从古到今具有连续性,正好和现代侗台黎民族连接起来,由此可以初步断定原始百越民族即现代侗台黎民族的前身。语言的同一性可以进一步证实这一结论。韦庆稳(1981)、郑张尚芳(Zhengzhang, 1991)用壮语解读了汉代刘向所著《说苑·善说》中记录的越人歌,大致可以肯定古代的越人就是现代的侗台(壮侗)民族。联系到前面讨论的史前时期的考古证据和语言证据,可以说原始百越民族即今天的侗台黎民族,他们从开始饲养家畜起一直生活在南方。

首先在北方驯化的鸡、黄牛、羊、马,其语素都不同程度地向南方传播,在侗台语中产生了不同程度的对应,而首先在南方驯化的水牛,其语素向北方汉语传播的范围要窄一些,这种同类性质的语素类聚在传播方向上形成的差异很可能暗示当时原始汉语和原始侗台语的词汇接触既是双向的,又是不平衡的。我们对汉语和侗台语基本语素中的对应语素所做的有阶分析说明,汉台核心一致对应语素通常在汉语诸方言之间对应得更整齐、分布范围更广,在侗台语诸语言之间一致对应和分布范围要弱一些,因此汉台语素传播方向更多情况下是北方汉语的语素传播到南方侗台语。这一结论和 Benedict 以及好些西方学者假设的方向正好相反。从现有的语言接触材料看,语素有方向的传播往往意味着接触的双方有强势文化和弱势文化的分别,向外传播语素多的文化集团往往处在强势文化的地位,接受语素多的文化集团往往处在弱势文化的地位。处在弱势文化的民族往往是双语民族。

现在再来看六畜语素传播的具体时间。直到公元前 2000 年,在南方,或者说在百越民族活动地带,还没有发现鸡、羊、马、黄牛等家畜,在侗台语中当然不会有"鸡、羊、马、黄牛"等语素,在当时更不存在这些语素和汉语相应的语素的对应问题,所以在汉语和侗台语之间有对应的语素"鸡、羊、马、黄牛"等出现的时间应该是公元前 2000 年以后或更晚的事。

在"鸡、马、黄牛、羊"四个语素中,"鸡、马"两个语素在台语和侗水语之间对应得很整齐(只有仫佬语的语素"鸡"的调类和其他侗台语的调类不一致),可以初步断定在鸡、马、黄牛、羊四种家畜中,鸡、马最早向南方扩散,同时也可以断定当"鸡、马"等语素传播到南方时,台语和侗水语尚未明显分化,所以现在才保持了一致对应。在我们所建立的核心一致语音对应语素表中,"鸡、马"在侗台语和黎语之间并不对应,这一点对于语素"马"来说很明显。语素"鸡"在侗台语和黎语之间看上去很相似,但侗台语的 5 调和黎语的 1 调建立不起对应规则[①],这或许说明鸡、马由北方向南方扩散时,黎语已经从原始侗台语中分化出来,即黎语和侗台语已经分开。这个断言可以通过语素"水牛"的语音形式得到进一步的证明。根据我们所建立的核心一致对应规则表,语素"水牛"在侗台语和黎语之间没有语音对应,所以语素"水牛"是在侗台语和黎语分开以后独立产生的。由于水牛是在公元前 5000 年左右出现在南方的,所以侗台语和黎语的分化可能在这个时间以前。

黄牛、羊传播到百越民族地区的时间可能相当晚,因为汉语借贷语素"黄牛、羊"主要分布在台语和黎语中,侗水语中没有,因此"黄牛、羊"是在侗台语进一步分化后进入台语、黎语的,而且是在南方不同地区借入台语和黎语的某些语言或

---

① 关于声调对应的要求,参考前面的讨论。

方言的,所以"黄牛、羊"这两个语素在台语和黎语中对应得很不整齐。

现在有的学者认为侗台语和南岛语有同源关系,后面的分析中我们会就这种同源关系提供进一步的证据。值得注意的是,南岛语的六畜语素中只有语素"猪"和侗台语有关系:

词项	马来语	武鸣	龙州	布依	西傣	德傣	侗	仫佬	水	毛南	通什	保定
猪	babi	mou⁵	mu¹	mu¹	mu¹	mu¹	ŋu⁵'	hmu⁵	hmu⁵	mu⁵	pau⁴	pou¹

由于南岛语和侗台语分化得较早,严格的语音对应关系尚未建立起来,但我们可以在 200 核心语素中找到支持声母对应的实例:

词项	马来语	武鸣	龙州	布依	西傣	德傣	侗	仫佬	水	毛南	通什	保定
新	baru	mo⁵	mau⁵	mo⁵	mai⁵	mau⁵	məɣ⁵'	hmai⁵	hmai⁵	mai⁵		
妻子	bini	me⁶ ja⁶	me⁶		me²	me²	ma:i⁴	ma:i⁴			pai³ kho⁵	pai³ khau²

这里的"猪"和"新、妻子",在声母上都是相互支持的。"新、妻子"属于 200 核心语素,根据对应语素概率计算公式(陈保亚,1994,P216—228),这里的声母对应不太可能是偶然的,可以断定是对应语素。前面我们看到,"猪"大约在公元前 5500 年出现在南方,而"狗"出现在南方的年代大约在公元前 4000 年,既然"猪"在侗台语和南岛语之间有对应而"狗"没有对应,我们估计侗台语和南岛语的分化年代可能是在公元前 5500 年到公元前 4000 年这一段时间或这一段时间的前后。

从前面的材料可以看出,原始汉族和原始侗台民族是在鸡、马被驯化后开始大规模接触的,同时也是在黎语和侗台语分化以后开始接触的,我们可以把这个接触时期称为汉台驯养共同时期。这个时期当然也是从猪狗被驯化以后开始的。

根据以上分析,我们大致可以描绘出原始汉语和原始侗台语接触的过程。大约在公元前 5500 年左右,原始侗台语和原始南岛语还处在共同发展时期,对应语素"猪"是共同发展时期的重要证据。此后到公元前 4000 年之间或相当的时间,原始侗台语和原始南岛语产生了分化,原始侗台语开始独立发展,"狗"在南岛语和侗台语之间不对应而在侗台语诸语言中保持严格对应是原始侗台语独立发展的重要证据[①]。后来黎语开始从原始侗台语中分化出来,原始汉语的"鸡、马"等语素在公元前 2000 年以后进入原始侗台语支。再往后,"黄牛、羊"两

---

① 仫佬、拉基、布央等语言可能在原始侗台语出现语素"狗"以前就分化出原始侗台语了,所以仫佬、拉基、布央等语言的"狗"和侗台黎的"狗"不对应。

个语素在原始侗台语支分化以后从不同地方借入侗台语诸语言。

以上的分析主要是对我们所找到的汉台对应语素和考古材料的解释,可能存在误判,我们的主要目的是分析这种方法的可行性。随着研究的深入展开,新的对应语素和新的考古资料会不断发现,因此语源关系可能伴随更复杂的解释。但是这仅仅是可能的解释。在新的资料被发现以前,我们只能根据已经有的资料做出结论,否则语源问题就会让人感到漫无边际。

对应语素类聚有阶分析给我们提示了一个很重要的信息。过去有不少人为了追求远古的同源关系,或明或暗地认为越古老的语素对应规律越不整齐,越难找到。所谓很古老的语素从考古材料看就是语素所指称的事物很古老,从原始侗台语分化成侗台语和黎语以及侗台语再分化成台语和侗水语的过程看,只要古老的语素至今还在使用,越古老的语素就对应得越整齐。所以我们不应该把那些似是而非的对应语素作为研究语源关系的证据,而应该尽可能寻找有严格对应的语素作为语源研究的证据。

13.4.1.3 语素类聚考古有阶分析方法

现在来归纳一下方法论。我们把类似"猪、狗、鸡、水牛、黄牛、马、羊"这样一组具有共同文化语义特征的语素称为有阶语素类聚,它们符合下面几个特点:

1. 有共同的文化语义特征。这使我们可以在同一个水平上比较对应语素的分布,同一组语素类聚的语素在分化和借用上机会比较均等。

2. 至今仍是构词能力很强、出现频率较高的自由语素。这一点保证了不对应的原因并非是因为文化因子已经不再起作用,比如"猪、狗"在汉语和侗台语中不对应,并不是因为猪、狗这两种家畜在汉民族或侗台黎民族中不再存在,而是因为它们是在两个文化集团中独立发展起来的。这一点决定了并非所有的文化因子都可以分阶。用于分阶的文化因子必须从古到今都在使用。新石器时代的器皿区分得很细,但这些不同样式的器皿现在很多都不存在了,语言中也不再使用,拿这些文化因子分阶就有困难。

3. 可以按时间序列分阶,以便和考古材料的时间联系起来,通过文化因子的考古年代观察对应语素出现的年代差异,进一步断定接触的时间。"日、月、星、云、雨、水、山、河"等尽管是很核心的语素,但不容易按照时间分阶,因而不容易和考古材料的时间结合起来分析。

4. 同一组语素类聚中,语素的核心程度相当,不会因为所处不同的时间序列而受到影响,比如按时间序列,"猪、狗"处在家畜语素类聚的前段,"鸡、黄牛、马、羊"等处在家畜语素类聚的后段,但"猪、狗"等语素的核心程度并不因此而弱于"鸡、黄牛、马、羊"等语素的核心程度,于是"猪、狗"在汉台之间不对应而"鸡、黄牛、马、羊"等对应,不至于是"猪、狗"等语素的核心程度弱引起的。

5. 语素类聚在两个语言文化集团之间有可比性。"陶、瓷"等在汉语和侗台语之间就没有可比性,因为侗台语很少用"陶、瓷"这样一些语素,相应的语义都用语素组的方式表达。

13.4.2 自然序列和语素类聚分阶

展开语言和文化相结合的有阶分析,关键要找出办法通过文化材料给词汇分阶,或者可以在时间上分阶,或者可以在核心程度上分阶。语言中还有一些语素类聚,不一定要依赖文化材料分阶,其自身的性质就可以分阶,并体现出核心程度的差异,形成自然序列,比如数词序列。下面考虑数词分阶的方法论问题。

13.4.2.1 数词对应的语源问题争论

汉台数词存在对应。根据我们对上古音和台语的构拟修订,对应语素如下(具体对应规则见§12.12的汉台对应规则表):

字	上古音	台拟音	傣泰	声	韵	声	韵	腹	尾	调	阶	台域
八	$*p\text{ɹ}et^7$	$*pet^9$	$*pet^9$	帮	质	v	v	v		v		scn
三	$*səm^1$	$*sam^1$	$*sa:m^1$	心	侵	v	v			v	R2	scn
四	$*sje:t^7$	$*si^5$	$*si^5$	心	质	v				v	R2	scn
十	$*zjəp^8$	$*sip^7$	$*sip^7$	禅	缉							scn
二	$*ȵjei^6$	$*ȵi^6$	$*ȵi^6$	日	脂						R1	
九	$*kjəu^3$	$*kiəu^3$	$*kau^3$	见	幽	v	v			v		scn
五	$*ŋwa^4$	$*ŋue^4$	$*ŋua^4$	疑	鱼	v				v		sn
一	$*ʔjet^7$	$*ʔiet^7$	$*ʔet^7$	影	质	v	v	v	v	v	R1	scn

根据其他学者的构拟系统,也基本是对应的。

Benedict(1942)认为这些有对应的数词都是借用的结果。邢公畹(1999)总结了他多年的研究,给出了很多汉台同源词,汉台早期有语音对应的数词被看成同源词。罗美珍(1983;1992)也倾向于把数词认为是同源词。陈保亚(1994;1999)在完全对应和一致对应的基础上,给出了汉台核心一致对应规则表,并从分阶的角度断定这个对应层是接触的结果,因此断定数词是接触的结果。

丁邦新(2000)专门就数词问题提出了讨论,认为汉台数词对应整齐,而且对应规则复杂,不可能是借词。后来梁敏、张均如(2004.2)认为侗台和汉语对应的数词,在黎语以及其他很多语言中并不对应,因此认为不是同源词是借词。当然,从丁邦新汉台的数词同源的角度看,黎语的数词基本上和汉语不对应,也可能解释成黎语后来受到其他语言的影响。要论证汉台数词是接触的结果,还需要更进一步的证据。

13.4.2.2 汉台数词类聚的有阶分布

在前面汉台核心一致对应的材料中,有一个很重要的现象值得注意。台语2和2以上的数词跟汉语的数词关系比较密切,但台语数词1和汉语数词1的关系却比较疏远。现在我们来分析数词的语源性质。

在上面的汉台数词对应中,实际上数词"一"并不是自由语素的对应。台语中的 *ʔiet⁷ 这个形式,尽管和汉语数词1有不同程度的对应,但分布上受到很多限制。在布依语中,it⁷ 一般不做基数词,不和自然量词结合,主要做序数词,出现在"十、二十、三十……百、千、万、亿"等后面,和这些形式构成加法关系。在台语西南语群中,*ʔet⁷ 的分布范围尤其狭窄,通常只作为一个黏着语素出现在"十一、二十一、三十一……"等复合形式中。下面以德宏傣语为例来观察"一"的分布情况:

一	ləŋ⁶
十一	sip⁷ ʔet⁹
二十一	saːu² ʔet⁹
三十一	saːm¹ sip⁷ ʔet⁹
四十一	si⁵ sip⁷ ʔet⁹
五十一	ha³ sip⁷ ʔet⁹
六十一	hok⁹ sip⁷ ʔet⁹
七十一	tset⁹ sip⁷ ʔet⁹
八十一	pɛt⁹ sip⁷ ʔet⁹
九十一	kau³ sip⁷ ʔet⁹

可以说,傣语中的 ʔet⁹ 不是作为独立的"一",而是"十一"中的"一",也就是说,汉语的"一"和傣语的核心语素或语符的"一"并不对应,汉语的"一"只和傣语的构词成分 ʔet⁹ 对应。其他台语语言的"一"和汉语的"一"也有类似情况。

台语数词1有自己独立于汉语的形式,而和汉语有关系的形式 *ʔiet⁷ 在分布上受到很多限制(详后)。台语2和2以上的数词和汉语对应很整齐。这种现象可能不是偶然的。一般地说,在人类语言的发展过程中,先有数词1,然后有数词2,然后有数词3,等等。1可以定义2,2可以定义3,3可以定义4,等等,反过来就不成立。换个角度说,没有1就没有2,没有2就没有3,没有3就没有4,等等。在核心程度上,数词本身就构成一个自然的有阶序列,1比2更核心,2比3更核心,3比4更核心,等等。根据我们的初步调查,在这个自然有阶序列中,数词1的核心程度尤其突出,数词1的构词能力最强,在文本中的出现频率最高,从古到今的稳定程度也最高。其中构词能力强最关键。根据我们对语言接触的调查,构词能力强的语素稳定性很高,很不容易在接触中被替换掉(陈保亚,1994)。我们曾经把构词能力的强弱量化为构词指数。构词指数是指一个语素成词的数量,能构成1个词的构词指数是1,能构成2个词的构词指数是2,能构成n个词的构词指数是n。根据我们自己初步建立的汉语语素组合指数数据库的统计,数词构词指数如下:

一	二	三	四	五	六	七	八	九	十
491	57	87	62	33	34	11	30	27	20

"一"的构词指数远远要比其他数字的构词指数要高。这里我们只统计了两个音节到四个音节中数词的构词情况,包括数字出现在词中各种位置的情况。比如"一般、万一、一团糟、清一色、单打一、一往无前、独一无二、九牛一毛、表里如一"等情况。作为一个参考和补充,我们根据傅兴岭、陈章焕《常用构词字典》(1981)统计现代汉语数词1到10的构词指数(个别地方做了取舍):

一	二	三	四	五	六	七	八	九	十
321	36	66	56	52	21	20	34	17	20

"一"的构词指数也远远要比其他数字的构词指数要高。

我们再来考虑两种和汉语类型完全不同的语言。在我们建立的英语一般词汇数据库中,数词1构成短语的指数也相当高,下面是从35407个英语词汇和固定短语中统计的结果:

a(an)	one	two	three	four	five	six	seven	eight	nine	ten
365	32	18	9	10	4	9	8	8	8	2

我们为了研究日语和汉语的接触规律,建立了日语词汇数据库,尽可能多地收集了日语常用词。日语中固有数词(训读)的构词情况如下:

一	二	三	四	五	六	七	八	九	十
ひと-	ふた-	み-	よ-	いつ	むっ	なな	や	ここの	とお
83	14	20	16	2	1	10	12	1	3

由于词汇统计的样本不同,不同的人对词、固定短语的确定标准不完全相同,数字构词指数是有差异的,但"一"和其他数字在构词指数上的对立应该是存在的。为此,我们还考察了和上述三种语言有关的其他一些数据库和词典,数字1的构词指数比其他数字的构词指数要高得多,这种显著对立趋势是比较稳定的。

我们对德语、法语、西班牙语、日语、韩语、马来语以及侗台语、藏缅语、苗瑶语等语群的各种语言词表或词典进行了抽样调查，也显示出数词1的构词指数比其他数词的构词指数高得多。因此，在数词中，我们可以把数词1看成是比其他数词更核心的词。也就是说，数词1是高阶词，而其他数词是低阶词。

现在的情况是，傣语活动能力很强的"一"有 ləŋ⁶ 这个形式，跟汉语"一"并不对应，其他台语语言也有类似情况。高阶数词不对应而低阶数词对应，这应该是语言接触的表现。

13.4.2.3 数词分布语序的有阶差异

傣语和汉语不仅高阶数词的对应和低阶数词的对应有区别，而且傣语高阶数词和低阶数词的活动方式也有区别。傣语的高阶数词是按照傣语的方式活动的，低阶数词是按照汉语的方式活动的。下面两种情况值得我们注意：

1. 傣语中和汉语对应的数词，它们和量词结合的语序跟汉语中数词和量词结合的语序是一致的。

2. 和汉语没有关系的形式 ləŋ⁶，和量词结合的语序跟汉语中数词和量词结合的语序不一致。

下面展开具体分析（德宏傣语中 ȵi⁶〔二〕不单独做数词用，只表示排行的"老二"，没有列出）：

实例				语义解释
mak¹¹	moŋ⁵⁵	hoi¹¹	ləŋ⁵⁵	
果	芒	个	一	一个芒果
mak¹¹	moŋ⁵⁵	sɔŋ⁵⁵	hoi¹¹	
果	芒	两	个	两个芒果
mak¹¹	moŋ⁵⁵	saːm³⁵	hoi¹¹	
果	芒	三	个	三个芒果
mak¹¹	moŋ⁵⁵	si¹¹	hoi¹¹	
果	芒	四	个	四个芒果
mak¹¹	moŋ⁵⁵	ha³¹	hoi¹¹	
果	芒	五	个	五个芒果
mak¹¹	moŋ⁵⁵	hok¹¹	hoi¹¹	
果	芒	六	个	六个芒果
mak¹¹	moŋ⁵⁵	tset¹¹	hoi¹¹	
果	芒	七	个	七个芒果
mak¹¹	moŋ⁵⁵	pɛt¹¹	hoi¹¹	

果	芒	八	个		八个芒果
mak^{11}	moŋ^{55}	kau^{31}	hoi^{11}		
果	芒	九	个		九个芒果
mak^{11}	moŋ^{55}	sip^{35}	hoi^{11}		
果	芒	十	个		十个芒果

傣语的数词1出现在量词后,2和2以上的数词出现在量词前。在有量词的语言中,"这、那、哪"一般也必须和量词组合后修饰名词。比较汉语中的数词和量词:

一个人、这个人、那个人、哪个人

"这、那、哪"都是非常核心的词,它们的分布反映了傣语中的一种内在结构。通过下面的材料对比可以看出,在数量组合中,傣语高阶"一"和"这、那、哪"的分布语序是一致的,都是"名+量+数/指代",而跟汉语高阶数词"一"和指示代词的分布不一致:

实例   **语义解释**

mak^{11}	moŋ^{55}	hoi^{11}	ləŋ^{55} (hoi^{11} ŋ^{55})	一个芒果
果	芒	个	一	
mak^{11}	moŋ^{55}	hoi^{11}	ʔai^{42}	这个芒果
果	芒	个	这	
mak^{11}	moŋ^{55}	hoi^{11}	ʔan^{42}	那个芒果
果	芒	个	那	
mak^{11}	moŋ^{55}	hoi^{11}	laɯ^{55}	哪个芒果
果	芒	个	哪	
kon^{53}	kɔ^{42}	ləŋ^{55} (kən^{42})		一个人
人	个	一		
kɔ^{42}	ʔai^{42} (kɔi^{42})			这个人
人	个	这		
kon^{53}	kɔ^{42}	ʔan^{42} (kən^{42})		这个人
人	个	那		
kon^{53}	kɔ^{42}	laɯ^{33}		哪个人
人	个	哪		

另外,傣语指示代词和量词组合往往有语音融合现象,数词"一"(ləŋ^{55})和量词组合也有语音融合现象,更说明两者的语法活动方式很一致。融合的规则见前面任意性原则的讨论(§3.5)。

更一般地说,如果承认数量结构中量词是中心,那么傣语数词"一"以及指示代词的分布方式和傣语中的体词性定中结构的语序是一致的:

	mak¹¹ moŋ⁵⁵ loŋ³⁵
逐字翻译	果 芒 大
意译	大芒果

	mak¹¹ moŋ⁵⁵ kau⁵⁵
逐字翻译	果 芒 我
意译	我的芒果

	mak¹¹ moŋ⁵⁵ məŋ⁵¹ ma:u⁵¹
逐字翻译	果 芒 瑞丽
意译	瑞丽芒果

相反,傣语中和汉语对应的低阶数词,其分布和先秦两汉古汉语的数词分布有一致的地方:

未得皇帝之志也,故使郎中系雩浅奉书请,献橐他一匹,骑马二匹,驾二驷。(《史记·匈奴列传》)

塞之斥也,唯桥姚已致马千匹,牛倍之,羊万头,粟以万钟计。(《史记·货殖列传》)

根据沈培(1992)的研究,在甲骨文中不多的"数量名"结构中,其语序全部是"名+数+量"。我们注意到,傣语2和2以上的数词跟量词结合时,和甲骨文的数词跟量词结合时有同样的语序。

以上傣语语法特点说明,高阶数词的语法分布和汉语不同,而低阶数词的语法分布和汉语相同,这又是语言接触的特点。台语语言数词分布大都有这种特点。

汉傣高阶数词不对应而低阶数词对应,高阶数词的分布方式和汉语不同而低阶数词的分布和汉语相同,这和语言接触是一致的,所以上面汉傣对应的数词应该是接触的结果。整个汉台有语音对应的数词道理应该相同。

以上汉台对应的数词以及支持这些数词对应的实例形成一个比较严格的对应层。这个对应层中有的词是落在核心词中的,比如"一、二、三、四、五"。这个层次也是汉语和台语早期对应层中落在核心词中最多的层次,这也就是前面我们讨论的核心一致对应层。

如果承认属于汉台核心一致对应的数词是借词,和这些数词有一致对应规则的词也应该都是借词,于是我们所找到的核心一致对应关系词应该是汉台之间的借词而不是同源词。这一结论和我们对汉台核心一致对应关系词所做的绝对有阶分析、相对有阶分析、内核词集相对有阶分析、家畜语符类聚相对有阶分析的结果是一致的。如果我们要继续寻找汉台的同源关系,应该找出比上面核心一致对应层更早的证据。

数词分阶办法的适用范围是有限度的,即数词的对应和分布都保留了有阶的特点,如果这个有阶差异消失了,比如说如果汉语数词进入台语再深一个层次,"一"也进入了,就没有办法判定数词的语源性质。汉语"一"已经进入壮语,我们就无法用数词分阶的办法。所以数词有阶分析只能断定接触,不能断定同源。也就是说,在同源关系中,如果低阶数词对应,高阶数词也应该对应。但反过来,高阶数词和低阶数词都对应也不一定同源,比如,日语的音读数词从1到10都和汉语对应,但这些数词显然不是汉日同源词。另外,高阶数词对应,低阶数词不对应,也不一定同源,比如日语和汉语对应的低阶数词如果被第三种语言替代,就会出现汉日高阶对应而汉日低阶不对应的情况。

14. 历史比较与恰当重构

由于20世纪末学者们对汉藏区域语言的接触机制有了一定的认识,尤其是认识到了语言接触的无界有阶性质和互协性质,历史语言学的比较方法、重构方法、谱系分类方法等就需要重新分析。

前面提到,在确定了亲属关系的前提下,为了认识亲属语言早期的性质,有必要对亲属语言进行重构。面对语言接触的复杂性,重构需要分清哪些现象是亲属语言传递下来的,哪些是后来演变的结果,哪些是语言接触导致的横向传递。在缺少文献资料的条件下,就只能依靠历史比较,这时候区分纵向传递和横向传递就更困难。考虑到语言演变和接触的复杂性,历史比较必须重新审视其基本原则。

历史比较最基础的工作是找出语言间的语音对应,再从语音对应中分析各个语言演变发展的机制,最后以原始语言重构的形式表现出比较的最终结果。20世纪关于古汉语、汉藏语的构拟,在方法论上还存在重大分歧,所以构拟的结果往往有很大差异。构拟的好坏是鉴别田野调查和比较研究是否充分和完善的一个重要尺度,构拟的原则首先应该得到深入研究和讨论。

在历史语言学的研究中,最显著的分歧是对重构形式的实质或具体音值有不同的解释。实质派认为,重构的原始形式确实反映了原始语言的音值,进一步说也体现了历史。Schleicher是实质派的代表。形式派则只承认重构形式是对语音对应的总结,并不一定就能体现出原始语的实际情形。新语法学派是形式派的代表。鉴于Schleicher大胆的构拟,新语法学派从实证出发,不主张构拟,而主张研究对应和音变规律。实际上,这两种观点也并不完全对立(Fox,1995)。随着研究的进展,历史语言学开始倾向于在形式派总结对应的基础上追求能反映实际语言面貌的原始形式。我们也认为,构拟和解释语音对应、音变规律以及复原原始语言音值并不矛盾,并且还认为两者之间存在着一种依存关系。为了更清楚地说明这种依存关系,需要严格区分构拟的两个步骤:音类拟测和音类赋值。音类拟测解释对应和音变规律,是第一步,也是音类赋值的基础。也就是说,构拟首先必须解释对应和音变规律,然后尽可能给出合理的音值,进一步解释演变的具体机制。不过,目前在具体的构拟中比较突出的问题是,音类构拟还没有解决,就进入到了音类赋值阶段。下面我们要重点讨论音类拟测中存在的问题。

14.1 比较的充分性

以原始台语的比较为例。李方桂先生(1977)构拟原始台语时,对台语的各种语言和方言材料做了全面深入的调查和收集工作。他的构拟工作是一个里程碑。当然,我们并不能因此就满足于已经有的调查材料,也不能因此就不再对原始台语展开更深入的比较工作。近几十年来,汉台有无同源关系的争论迟迟得不到解决,在一定程度上和台语研究的不充分性有关系。

比较的充分性是指所比较的语言的充分性和所比较的语素的充分性。语言调查和比较的充分性是相对的,任何一种构拟都只是基于当时所调查的亲属语言和方言以及提取到的语素。随着更多的语言调查和比较的展开,更多的语素被提取,新的对立也会被发现,原来的构拟就需要修正或给以解释说明。台语内部诸语言和方言的分化、接触错综复杂,情况更是如此。

李方桂先生把台语分成北部台语、中部台语和西南台语三支。他的西南台语主要以泰语以及境外其他西南台语为主,国内语言涉及较少。当时国内的傣语还没有得到充分的调查研究。傣语在云南的分布很广,内部有比较大的差异。傣语中的西双版纳傣语和德宏傣语有比较丰富的文献,这些文献记录了早期很多有价值的音位对立信息,这些对立有的已经消失,有的还保留在口语中,这些对立对原始台语的比较研究有重要的价值。傣语语群的主要语言没有包括在李方桂的西南台语中,但其重要性日益明显。傣语和泰语有比较近的关系,可以把傣语和泰语合称为傣泰语。下面从傣泰语的一组特殊对应出发来讨论比较的充分性和重构的恰当性。

李方桂所构拟的原始台语 $^*\gamma$-,其所辖语素在傣语中实际上有对立。比较:

词项	原始台语	原始傣泰语泰	德傣	西傣	龙州李	剥隘
脖子	$^*\gamma\mathfrak{o}^2$	$^*\gamma\mathfrak{o}^2$	$kh\mathfrak{o}\mathfrak{o}^2$	$x\mathfrak{o}^2$	$x\mathfrak{o}^2$	koo^2	hoo^2

夜里	*ɣɯn²	*ɣɯn²	khɯɯn²	-xɯn²	-xɯn²	kɯn²	hɯn²
茅草	*ɣa²	*ɣa²	khaa²	xa²	xa²	kaa²	ha²
晚上;夜	*ɣɯm⁶	*ɣam⁶	kham⁶	-xam⁶	-xam⁶	kam⁶	ham⁶
扁担	*ɣan²	*ga:n²	khaan²	ka:n²	-ka:n²	kaan²	haan²
下巴	*ɣaŋ²	*ga:ŋ²	khaaŋ²	ka:ŋ²	ka:ŋ²	kaan²	haaŋ²
人	*ɣon²	*gon²	khun²;khon²	kon²	kun²	kən²	hɯn²
猫头鹰	*ɣəu⁴	*gau⁴	khau⁴	kau⁴-	-kau⁴-		

这里的"泰、龙州李、剥隘"指李方桂调查的泰语、龙州壮语和剥隘壮语,分别是李方桂的西南台语、中部台语和北部台语的代表语言。从这三种语言看,这些语素的声母没有形成对立,不存在两套对应。但是,*ɣ-在傣泰语中的德傣、西傣中有两种表现,"下巴、扁担、人、猫头鹰"德傣、西傣是 k 声母,其他是 x 声母。德傣、西傣的"下巴、扁担、人、猫头鹰"的声母和原始泰傣语的*g 声母的字合流。

比较:

词项	原始台语	原始傣泰语	泰	德傣	西傣	龙州李	剥隘
贵①	*ga⁶	*ga⁶	khaa⁶	ka⁶	ka⁶	kjaa⁵	ka⁶
肿、胀	*gɯɯ⁶	*gaɯ⁶		kaɯ⁶	kai⁶	kaɯ⁶	kɯɯ⁶
剪子	*gim²	*gim²	khiim²	kim²	kim²	kim²	tɕim²
弯曲	*got⁸	*got⁸	khot⁸	kot⁸	kot⁸	kut⁸	kut⁷
双;对	*gu⁶	*gu⁶	khuu⁶	ku⁶	ku⁶	kuu⁶	kuu⁶
扁担	*ɣan²	*ga:n²	khaan²	ka:n²	-ka:n²	kaan²	haan²
下巴	*ɣaŋ²	*ga:ŋ²	khaaŋ²	ka:ŋ²	ka:ŋ²	kaan²	haaŋ²
人	*ɣon²	*gon²	khun²;khon²	kon²	kun²	kən²	hɯn²
猫头鹰	*ɣəu⁴	*gau⁴	khau⁴	kau⁴-	-kau⁴-		

傣语中的这种对立在德宏、西双版纳以外的其他傣语方言中也普遍存在。

比较:

词项	原始台语	原始傣泰语	德傣	西傣	孟连	金平	元阳	武定
扁担	*ɣan²	*ga:n²	ka:n²	-ka:n²	-kan²	ka:n²-	ka:n²	
下巴	*ɣaŋ²	*ga:ŋ²	ka:ŋ²	ka:ŋ²	kaŋ²	ka:ŋ²	ka:ŋ²	kaŋ²
猫头鹰	*ɣuɛ⁴	*gau⁴	kau⁴-	-kau⁴-	-kau⁴-	-kau⁴	-kau⁴-	-xɯ³
人	*ɣon²	*gon²	kon²	kun²	kon²	kun²	kən²	kun²
腥、膻	*ɣau²	*xa:u²	xyu²	xa:u²	xɛu²	xa:u²	xa:u²	xau²
茅草	*ɣa²	*ɣa²	xa²	xa²				
吐	*ɣai²	*ɣa:i²	xa:i²	xa:i²	hai²	xa:i²		

---

① 也可用作名词,表示价钱。

垢	*ɣɤi²	*ɣai²	xai²	-xai²	xɑi²	xai²		-khai²
金	*ɣəm²	*ɣam²	xam²	xam²	xɑm²	xam²	xam²	xɐn²
夜	*ɣəm⁶	*ɣam⁶	-xam⁶	-xam⁶				
痒	*ɣən²	*ɣan²	xan²	hɯn²	xɑn²	xan²		xun²
脖子	*ɣɔ²	*ɣɔ²	xo²	xɔ²	xɔ²	xɔ²	xo²	xo²
圈①	*ɣɔk¹⁰	*ɣɔk⁸	xɔk⁸	kɔk⁸	xɔk¹⁰	xɔ²		xɔk⁷
夜里	*ɣɯn²	*ɣɯn²	-xɯn²	-xɯn²				
拃	*ɣɯɯp¹⁰	*ɣɯp⁸	xɯp⁸	xɯp⁸	xɯp⁸	xɯp⁸	xəp⁸	xɯt⁷
痒	*ɣum²	*ɣom²	xom²	xum²	xom²	xom²	xum²	

其实李方桂(1977,P215—219)的注释中也提到"人"等词在西南台语和中部台语有几个点的特殊读音。我们把李方桂的材料收集出来,做以下比较:

词项	原始台语	泰	Whitetai	Lü	Tay
人	*ɣon²	khun²;khon²	kun²	kun²	cân²
扁担	*ɣan²	khaan²	kan²	kan²	can²
下巴	*ɣaŋ²	khaaŋ²	kaŋ²	kaŋ²	caŋ²
猫头鹰	*ɣəu⁴	khau⁴	kău⁴	kău⁴	câu⁴
腥、膻	*ɣau²	khaau²	xau²	xau²	khao²(腐烂的)
夜里	*ɣɯn²	khɯɯn²	xɯn²	xɯn²	hu'n²;khu'n²
茅草	*ɣa²	khaa²	xa²	xa²	kha²
脖子	*ɣɔ²	khɔɔ²	kɔ²	xɔ²	
圈;牢	*ɣɔk¹⁰	khɔɔk¹⁰		xɔk¹⁰?	khoc¹⁰
锤子;槌	*ɣɔn⁴	khɔɔn⁴	xɔn⁴	xɔn⁴	hon⁴;khon⁴
捆;扎	*ɣat⁹	khaat¹⁰		xat¹⁰	
锋利;尖;刀刃	*ɣom²	khom²	xum²	xum²	kho>m²;ho>m²
痒	*ɣum²			xum²	
拃	*ɣɯɯp¹⁰	khɯp¹⁰	xɯp¹⁰	xɯp¹⁰	
垢	*ɣɤi²	khlai²;khai²	xăi²	xăi²	khay²
埂	*ɣən²	khan²	xăn²		khăn²
晚上;夜	*ɣəm⁶	kham⁶			
金	*ɣăm²	kham²	xăm²	xăm²	khăm²
吐	*ɣai²	khaai²	xai²	xai²	khai²
痒	*ɣən²	khan²	xăn²		khăn²
小腿	*ɣɛŋ⁶	khɛɛŋ⁶	xɛŋ⁶	xɛŋ⁶	
周;环;圈	*ɣɔp¹⁰	khɔɔp¹⁰	xɔp¹⁰	xɔp¹⁰	khop¹⁰

---

① 指鸡圈、牢房等意义上的圈。

Whitetai 和 Lü 属于李方桂的西南台语,因此也属于傣泰语,Tay 属于中部台语。显然,这里的材料显示,*ɣ-包含了两套对应,"下巴、扁担、人、猫头鹰"是一套对应,其他语素是另一套对应。不仅原始傣泰语形成两套对应,根据 Tay 语言的情况,中部台语也应该是两套对应。按照音变规律,谱系树上的下位语支如果有两套对应,上位语言或原始母语也应该有两套对应。现在原始台语的下位语支傣泰语和中部台语都有两套对应,整个原始台语也应该是两套对应。有两套对应就需要构拟成两个原始语言形式。

李方桂(1979,P219)提到,"人"在中部台语和西南台语的表现表明其原始台语形式是 *g-,但李方桂并没有把"下巴、扁担、人、猫头鹰"几个语素构拟成 *g-,而是继续放在 *ɣ-声母下。就对应关系看,把"下巴、扁担、人"构拟成 *g-声母也会存在问题,因为在不考虑"下巴、扁担、人"这几个词以前,原始台语 *g-和 *ɣ-各自都只存在一套对应,或者说 *g-和 *ɣ-所辖的语素总共只有两套对应,各自是一套对应,一旦"下巴、扁担、人"进入,*g-和 *ɣ-这两套对应就变成了三套对应("猫头鹰"的情况后面要解释):

词项	原始台语	原始傣泰语	泰	德傣	西傣	龙州李	剥隘
价钱;贵	*ga⁶	ga⁶	khaa⁶	ka⁶	ka⁶	kjaa⁵	ka⁶
肿、胀	*gɯɯ⁶	gaɯ⁶		kaɯ⁶	kai⁶	kaɯ⁶	kɯɯ⁶
剪子	*gim²	gim²	khiim²	kim²	kim²	kim²	tɕim²
弯曲	*got	got⁸	khot⁸	kot⁸	kot⁸	kut⁸	kut⁷
双;对	*gu⁶	gu⁶	khuu⁶	ku⁶	ku⁶	kuu⁶	kuu⁶
脖子	*ɣɔ²	ɣɔ²	khɔɔ²	xo²	xɔ²	koo²	hoo²
夜里	*ɣɯɯn²	ɣɯɯn²	khɯɯn²	-xɯn²	-xɯn²	kɯn²	hɯn²
茅草	*ɣa²	ɣa²	khaa²	xa²	xa²	kaa²	ha²
晚上;夜	*ɣəm⁶	ɣam⁶	kham⁶	-xam⁶	-xam⁶	kam⁶	ham⁶
扁担	*ɣan²	ga:n²	khaan²	ka:n²	-ka:n²	kaan²	haan²
下巴	*ɣaŋ²	ga:ŋ²	khaaŋ²	ka:ŋ²	ka:ŋ²	kaan²	haaŋ²
人	*ɣon²	gon²	khun²;khon²	kon²	kun²	kən²	hɯn²
猫头鹰	*ɣəu²	gau⁴	khau⁴	kau⁴-	-kau⁴		

因此,无论是把"下巴、扁担、人"构拟成 *g-还是 *ɣ-,都不能解释三套对应。一般地说,一项构拟只能解释一套对应,两项构拟只能解释两套对应,两套构拟解释三套对应就会和音变规律相冲突。

更一般地说,只要一组对应有不一致的地方,都应该分成不同的对应。所谓不一致,是说在所比较的多种语言中,只要有一种语言在所比较的音类上出现了两种对立的音类,就形成不一致对应,就上面 *γ- 所辖的对应,"脖子"这一组语素和"扁担"这一组语素对应是不一致的。

比较的语言越多,记录的词汇越丰富,比较也越具有充分性,这样会得到更多的对应语素和对应规则,同时还能让我们发现一些复杂的对应情况。

考虑"脑髓"的构拟。李方桂原始台语构拟成 *ʔɔk⁹ 韵母。这个原始形式在现在的表现有的地方是 *ʔɔk⁹,有的地方是 *ʔɛk⁹,对应不一致:

脑髓(双音节)	
原始台语	*ʔɔk⁹
Ahom	ɔk⁹
Shan	ʔɔk⁹
Whitetai	ʔɛ⁹
Lü	ʔɔk⁹ ʔ ɛk⁹
Nuŋ	oc⁹ ec⁹
剥隘	ʔuk⁷
Dioi	ʔouk⁹

我们如果比较更多语言可以看出,"脑髓"经常以双音节的形式出现,通过对比,可以提取出两个语素。比较:

词项	脑髓(双音节)	脑髓	脑髓
原始台语		*ʔɛk⁹	*ʔɔk⁹
原始傣泰语		*ʔɛk⁹	*ʔɔk⁹
德傣	ʔɔk⁹ ʔ ɛk⁹	-ʔɛk⁹	ʔɔk⁹-
西傣	ʔɛk⁹ ho¹	ʔɛk⁹-	
Ahom			aok⁹
Shan			ʔɔk⁹
Whitetai		ʔɛ⁹	
Lü	ʔɔk⁹ ɛk⁹	-ʔɛk⁹	ʔɔk⁹-
孟连		ʔ ɛk⁹	
金平	ʔek⁷ ho¹	ʔek⁷-	
元阳	ʔuk⁹ ɛk⁹, ʔo¹ʔ ɛk⁹	-ʔɛk⁹	ʔuk⁹-
龙州	ʔuk⁷ ek⁷	-ʔek⁷	ʔuk⁷-
武定	ʔuk⁹ ɛk⁹	-ʔɛk⁹	ʔuk⁹-
元江	lu⁶ʔ ɛi⁵		
马关	ho¹ʔɔk⁹ʔ ɛk⁹	-ʔɛk⁹	-ɔk⁹-

绿春	ʔu⁵ʔie⁵	-ʔie⁵	ʔu⁵-
nuŋ	oc⁹ec⁹	-ec⁹	oc⁹-
剥隘			ʔuk⁷
武鸣			ʔuk⁷
Dioi			ʔouk⁹
布依志			ʔuʔ⁷

*ʔɛk⁹ 在现代台语中是黏着的,只有孟连是自由语素,*ʔok⁹ 在现代台语诸语言中,有的地方黏着,有的地方自由。分出两个词根后,可以看出这两个语素的对应很整齐。这里可能存在两种演变解释。一种可能是原始台语的脑髓有两个语素,即两个词根。另一种可能是原始台语该词项是两个音节的单纯词,后来在各个亲属语言中的脱落方式不一样。

14.2 弱重构、过度重构与恰当重构

前面提到的"下巴、扁担、人"这套对应是否应该构拟到原始台语中?

按照音变规则,相同的语音在相同的条件下只能有相同的变化,那么现代语言的对立都需要构拟到原始语言中,否则不能解释对立形成的条件,从而导致弱重构。这里暗含了一个基本原则:亲属语言或方言中对立的音类在原始语言中也必须是对立的。我们前面曾把这种原则称为差异原则。差异原则也可以看成是原始语言重构的对立原则。差异原则是比较法给亲属语言或方言材料排列时间顺序、构拟古音的根本原则。

现在有了语言接触的知识,构拟之前就有必要提出这样的问题:现代语言的对立是否都是语言内部有规则变化造成的?具体地说,"下巴、扁担、人"这套对应有没有可能是接触造成的。现在我们通过对应语素的有阶分布来回答这个问题。

这几个词在声调对应上为 2 调,整个 2 调的对应规则很整齐,并且有很多语素都落在 200 核心词中。

词项	台拟音	傣泰	泰	德傣	西傣	k200
扁担	*ɣan²	gaːn²	khaan²	kaːn²	-kaːn²	
下巴	*ɣaŋ²	gaːŋ²	khaaŋ²	kaːŋ²	kaːŋ²	

路	*daŋ²	*daŋ²	-thaaŋ²	ta:ŋ²	ta:ŋ²	1
湿	*dum²					2
风	*dlom²	lom²	lom²	lom²	lum²	2
看；见	*gɔi²	*gɔi²	khɔi²			1
男人	*dzai²	*dzja:i²	tɕhaai²	tsa:i²	tsa:i²	1
游	*lɔi²	*lɔi²	lɔɔi²（飘浮）	lɔi²	lɔi²	1
来	*ma²	*ma²	maa²	ma²	ma²	1
他①	*mən²	man²	man²	man²	man²②	2
妻	*mie²	mia²	mia²	me²	me²	1
圆	*mon²	*mon²	mon²	mon²	mun²	1
你	*muɯŋ²	*mauŋ²	muɯŋ²	mauŋ²	muɯŋ²③	1
虫	*ml/rɛŋ²	mɛŋ²	mɛɛŋ²④	mɛŋ²	mɛŋ²	1
虱子	*ml/rin²	*mlin²	len²	min²	min²	1
手	*mɯɯ²	*mɯ²	mɯ²	mɯ²	mɯ²	1
睡；躺	*nɔn²	*nɔn²	nɔɔn²	lɔn²	nɔn²	1
听见	*ɲin²	*ɲin²	jin²	ngin²	jin²	1
蛇	*ngu²	*ngu²	nguu²	ngu²	ngu²	2
咱俩	*ra²	*ra²	raa²	ha²		1
鸡虱	*rɛi²	*rai²	rai²	hai²	hai²；hai²[老]	1
什么	*rəɯ²	*rai²	rai²			1
火	*vɛi²	*vai²	fai²	fai²	fai²	1
种子	*vən²	*van²		fan²	fan²（菜种）	1
牙齿	*vən²	*van²		fan²	fan²	1
砍	*vən²	van²	fan²	fan²（词集）	fan²	2
吐	*ɣai²	ɣa:i²	khaai²	xa:i²	xa:i²	1
脖子	*ɣɔ²	*ɣɔ²	khɔɔ²	xo²	xo²	1
人	*ɣon²	*ɦon²	khun²；khon²	kon²	kun²	1
夜里	*ɣɯn²	*ɣɯɯn²	khɯɯn²	-xɯn²	-xɯn²	1
沙子	*zai²	za:i²	saai²	sa:i²	sa:i²	1
洗；淘米	*zau²	za:u²	saau²			2

这里"人"及其以下的词都属于200核心词,我们说原始台语的2调对应属

---

① 包括"她、它"。
② 鄙视他人的称呼。
③ 鄙视他人的称呼。
④ 泰语该形式相关的一个形式是 ma-lɛɛŋ²。

于核心一致对应。更重要的是,2调核心对应语素中,第100核心词占24例(k200中标注为1),第200核心词占9例(k200中标注为2),这是一条收敛性核心一致对应规则,即这条对应规则下所辖词中,越是核心的词比例越高,而且这种差异相当明显。收敛对应是同源语言分化的结果(陈保亚,1994),因此台语的2调对应规则是同源语言分化的结果。

根据以上分析,"下巴、扁担、人"所表现出的这一套独立对应可以考虑构拟到原始台语中。以上分析说明如果要有一个恰当重构,不仅要在比较的充分性基础上找出各种对应,还需要有核心词分阶或类似的证据来排除因为词汇扩散或语言接触带来的晚期对应。

14.3　构拟的系统格局和音变机制

"下巴、扁担、人"这套对应的构拟如何赋值?这需要同时考虑系统格局和音变机制。这几个字在现代语言中的读音主要有kh-、k-、h-、c-几种形式,且都是阳调(双数调),这组对应需要构拟成接近这几个音的浊音声母。李方桂已经构拟了 *g-、*ɣ-,不能再利用这两个音。我们考虑把这组对应构拟成ɦ,以解释现代音变。这样构拟正好填补了李方桂擦音系列的一个空格。李方桂原来的原始台语擦音声母矩阵为:

清	f	s		x	h
浊	v	w	z	j	ɣ

其他清擦音都有配对的浊音,唯独h没有,有些奇怪,"下巴、扁担、人"对应的原始形式有可能就是ɦ,这样正好可以填补这个奇怪的空格:

清	f	s		x	h
浊	v	w	z	j	ɣ	ɦ

这样构拟也不违反台语音变的两个趋势:

  1.发音部位趋势:舌面音和喉音有可变关系。
  2.发音方法趋势:擦音和塞音、塞擦音有可变关系。

还有一种可能的构拟是 *ɟ-,即舌面中浊塞音。在李方桂的构拟中,只有一套塞擦音。下面是李方桂构拟的原始台语单辅音声母塞音和塞擦音格局:

			唇音		舌尖音			舌叶	舌面音			小舌	喉壁音	喉音
			双唇	唇齿	齿间	舌尖前	舌尖中	舌尖后		舌面前	舌面中	舌面后			
塞	清	不送气	p				t					k			ʔ
		送气	p'				t'					k'			
	浊	不送气	b				d					g			
塞擦	清	不送气									tɕ				
		送气									tɕ'				
	浊	不送气									dʑ				

这里只是舌面音有塞音和塞擦音配对,舌尖音没有塞擦音配对。也可能原始台语没有塞擦音,李方桂构拟的舌面塞擦音可能是舌面中塞音,如果是这样,可以把"下巴、扁担、人"这组对应构拟成 *ɟ-,于是就形成这样一种原始台语声母的格局:

			唇音		舌尖音			舌叶	舌面音			小舌	喉壁音	喉音
			双唇	唇齿	齿间	舌尖前	舌尖中	舌尖后		舌面前	舌面中	舌面后			
塞	清	不送气	p				t				c	k			ʔ
		送气	p'				t'				c'	k'			
	浊	不送气	b				d				ɟ	g			

这样的构拟需要改动李方桂原来构拟的两个音,即把两个舌面清塞擦音改

为舌面中塞音。但这种方案 dʑ 不好处理。为了和李方桂原来的构拟尽可能一致,最好是选择前一种构拟,即把"下巴、扁担、人"这组对应构拟成 *ɦ-。结果如下(举最主要的语言):

词项	原始台语	原始傣泰语	泰	德傣	剥隘
价钱;贵	*ga⁶	*ga⁶	khaa⁶	ka⁶	ka⁶
肿、胀	*gɯ⁶	*gaɯ⁶		kaɯ⁶	kɯɯ⁶
剪子	*gim²	*gim²	khiim²	kim²	tɕim²
弯曲	*got	*got⁸	khot⁸	kot⁸	kut⁷
双;对	*gu⁶	*gu⁶	khuu⁶	ku⁶	kuu⁶
脖子	*ɣɛ²	*ɣɛ²	khɯɯ²	xo²	hoo²
夜里	*ɣɯn²	*ɣɯn²	khɯɯn²	-xɯn²	hɯn²
茅草	*ɣa²	*ɣa²	khaa²	xa²	ha²
晚上;夜	*ɣəm⁶	*ɣam⁶	kham⁶	-xam⁶	ham⁶
扁担	*ɦan²	*ga:n²	khaan²	ka:n²	haan²
下巴	*ɦaŋ²	*ga:ŋ²	khaaŋ²	ka:ŋ²	haaŋ²
人	*ɦon²	*gon²	khun²;khon²	kon²	hun²

于是"下巴、扁担、人"几个语素的声母从原始台语到原始傣泰语的变化扩展是:

原始台语 *ɦ-　>　原始傣泰语 *g-

现在来看"猫头鹰"一词的构拟。李方桂把"猫头鹰"的声母构拟成 *ɣ-。其实从前面的材料看,也可以构拟成原始台语的 *g-。要确定是哪一种,目前材料还不充分。如果是李方桂所构拟的 *ɣ-,由于我们已经把原始台语的 *ɣ-分成了 *ɣ-和 *ɦ-两组,"猫头鹰"的声母应该属于哪一组呢?

有时候,由于所比较的语言或词项不够充分,要满足恰当构拟,只能列出可选构拟的几种情况。比较下面两组对应和"猫头鹰"语音形式的关系:

词项	原始台语	原始傣泰语	泰	德傣	西傣	龙州李	剥隘
价钱;贵	*ga⁶	*ga⁶	khaa⁶	ka⁶	ka⁶	kjaa⁵	ka⁶
肿、胀	*gɯ⁶	*gaɯ⁶		kaɯ⁶	kai⁶	kaɯ⁶	kɯɯ⁶
剪子	*gim²	*gim²	khiim²	kim²	kim²	kim²	tɕim²
弯曲	*got	*got⁸	khot⁸	kot⁸	kot⁸	kut⁸	kut⁷
双;对	*gu⁶	*gu⁶	khuu⁶	ku⁶	ku⁶	kuu⁶	kuu⁶
扁担	*ɦan²	*ga:n²	khaan²	ka:n²	-ka:n²	kaan²	haan²
下巴	*ɦaŋ²	*ga:ŋ²	khaaŋ²	ka:ŋ²	ka:ŋ²	kaaŋ²	haaŋ²
人	*ɦon²	*gon²	khun²;khon²	kon²	kun²	kən²	hɯn²
猫头鹰	*ɦəu⁴/*gəu⁴	*gau⁴	khau⁴	kau⁴-	-kau⁴-		

原始台语 *g- 和 *ɦ- 的区别主要是：

*g- 在北部台语的语言中主要读 k-；

*ɦ- 在北部台语的语言中主要读 h-。

上面的剥隘代表了北部台语。现在，由于北部台语缺少"猫头鹰"这个同源语素，所以无法确定"猫头鹰"这一语素的原始形式是 *g- 还是 *ɦ-，这时"猫头鹰"的原始形式的构拟是可选的，或者是 *gəu⁴，或者是 *ɦəu⁴，用符号表示就是 *ɦəu⁴/*gəu⁴，其中符号"/"表示可选。

随着所比较的语言和语素的增加，可以逐渐使可选构拟变为必选构拟。

我们根据"下巴、扁担、人"这一组语素的对应规则构拟了原始台语形式 *ɦ-。从这一构拟的过程中我们发现，比较的充分性是相对的，随着新的语言调查的展开，更多的语素被纳入比较，新的对立和新的对应也会被发现，原始语言的重构就更为充分。正因为如此，我们应该投入更多的田野调查，找出更多的对应语素，使构拟更为充分。

但不是所有的对立项都需要构拟到原始语言中，因为语言内部的扩散和语言间的扩散错综复杂，构拟前要分清哪些是后来产生的对立和对应，这样才不至于形成过度构拟。这是一道必要手续。这正是词汇扩散理论以及相关的语言接触理论在原始语言构拟方面的价值所在。这里关于原始台语 *ɦ- 的构拟只是一种尝试。将来若有更多的证据证明"下巴、扁担、人"这一组语素的对应规则是语言内部词汇扩散或语言间词汇扩散的结果，我们就需要撤回 *ɦ- 的构拟，以保证构拟的恰当性。

15. 基于异质性的《切韵》研究

15.1 从《切韵》同质论到《切韵》异质论

在§3.中我们看到,在重建古音的过程中,Karlgren 以《切韵》为参照系的方法根本上是以语文学为主的方法。语文学的方法是把文献作为确定音系的主要证据,现代方言主要用来给音系赋值。中国地域广袤,文献记录的是何处的语音系统?这是文献资料面临的一个根本问题。徐通锵(1991)在分析 Karlgren 的研究方法时认为:

> Karlgren 认为《切韵》是现代各个方言的原始母语,那自然就可以从《切韵》出发来研究汉语方言,并且可以用现代方言的材料为《切韵》的每一个音类注出它的音值。以这种认识为基础,汉语方言的研究主要着眼于描写性的调查与分析,以便为描写《切韵》的音类提供可供选择的可靠方言材料,而不必着力于方言差异的比较去重建原始语。Karlgren 的《中国音韵学研究》只有"现代方言的描写语音学",而没有现代方言的比较语音学,这不是偶然的。

Karlgren 根据《切韵》构拟出中古汉语音系后,《切韵》的性质这个问题迅速提到了日程上。由于《切韵》是联系上古和近代音系的重要著作,在以语文学为主的方法中,面对《切韵》的性质,形成了两种理论:一种把《切韵》看成一时一地的音系,可以称为《切韵》同质论;一种把《切韵》看成包含了南北方言特点的综合音系,可以称为《切韵》异质论。

Karlgren 的《中国音韵学研究》是典型的《切韵》同质论的代表。Karlgren 在《论汉语》(1949)中重申了这种《切韵》同质观,认为《切韵》忠实地记录了长安话,是 7 到 10 世纪的汉语共同语。同质论假定《切韵》是从《诗经》发展下来的,现代方言又是从《切韵》发展下来的。我们可以把这种同质论概括成这样的模式:

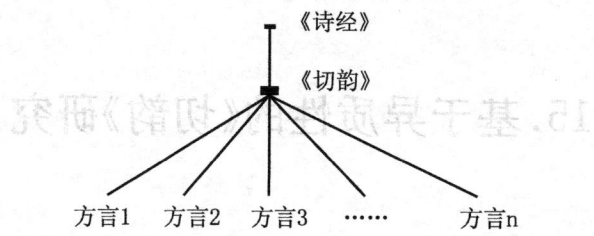

这种观念也反映在 Maspero 的《唐代长安方音考》(1920)以及 Dragurov 的《对于中国古音重订的贡献》(龙果夫,1928)等论文中。按照这种观点,以《诗经》为代表的上古音发展为以《切韵》为代表的中古长安音,中古长安音又分化成现代的诸多方言。陈寅恪、周祖谟、李荣等也持《切韵》同质论的态度,但不认为《切韵》代表的是长安音。陈寅恪在《从史实论〈切韵〉》(1949)中认为《切韵》代表洛阳音系。李荣《陆法言的〈切韵〉》(1957)、李于平《陆法言的"切韵"》(1957.2)、王显《〈切韵〉的命名和〈切韵〉音系的性质》(1961.4)、邵荣芬《〈切韵〉音系的性质和它在汉语语音史上的地位》(1961.4)、赵振铎《从〈切韵·序〉论〈切韵〉》(1962.10)、王显《再谈〈切韵〉音系的性质——与何九盈、黄淬伯两位同志讨论》(1962.12)等基本同意陈寅恪的观点。周祖谟《〈切韵〉的性质和它的音系基础》(1966a)认为《切韵》代表了金陵士大夫的语音,并且比较系统地论证了《切韵》音系代表的是6世纪文学语言的语音系统。周祖谟的主要论据是,《切韵》的分韵不仅与齐、梁、陈之间诗文押韵的情况基本一致,而且与梁代吴郡顾野王《玉篇》的韵类几乎全部相同。不过陈寅恪、周祖谟、李荣等对《切韵》的同质性已经持有保留态度。

既然不同的学者认为《切韵》代表了不同中心的中古音系,这本身已经暗示《切韵》记录的可能不是一时一地的语音。《切韵》系统有异质性,章太炎(1910)已经比较早地意识到了这一点。章氏说:"《广韵》所包,兼有古今方国之音。"(《国故论衡》上,P18)不过章氏没有严格论证《切韵》异质性的理由。

由于《切韵》和《诗经》以及现代方言之间存在的复杂关系,一些学者开始在《切韵》之外寻找中古音以及中古与上古之间演变的其他证据。黄淬伯率先在这个问题上做了比较深入的研究。黄淬伯《论〈切韵〉的韵部与声纽》(1928)、《慧琳一切经音义反切考韵表》(1930a)、《慧琳一切经音义反切声类考》(1930b)通过对慧琳《一切经音义》中反切的系统系联与分析,并和陈澧系联的

《切韵》音系做比较,发现了一些重要的现象。《一切经音义》只有36声类,173韵类(132韵)①,而《切韵》有40声类,335韵类(193韵)。慧琳《一切经音义》成书于唐宪宗元和二年(807),语音以秦音为标准音。陆法言《切韵》成书于隋仁寿元年(601),与慧琳《一切经音义》时间相差200余年,如果《切韵》也以秦音为标准音,音类的差异为什么这样大?黄淬伯认为《切韵》分类细密是因为《切韵》涵盖了不同方言和多种韵书的综合音系。当然,这种差异也可能是200余年来语音归并所致,黄淬伯没有解释这一点。但黄淬伯所用的方法和对《切韵》性质的认识在方法论上有重要意义。后来罗常培《〈切韵〉鱼虞的音值及其所据方言考》(1931a)、王力《南北朝诗人用韵考》(1936b)、张世禄《朱翱反切声类》(1943)和《朱翱反切考》(1944)、周法高《玄应反切考》(1948c)和《从玄应音义考察唐初的语音》(1948a)、罗常培和周祖谟《汉魏晋南北朝韵部演变研究》(1958)、黄淬伯《〈切韵〉"内部证据"论的影响》(1959.2)、黄淬伯《关于〈切韵〉音系基础的问题——与王显、邵荣芬两位同志讨论》(1962.2)、黄淬伯《〈切韵〉音系的本质特征》(1964)、何九盈《〈切韵〉音系的性质及其它——与王显、邵荣芬同志商榷》(1961.9)、丁邦新《魏晋音韵研究》(1975)都体现了这种思路。通过这些研究,《切韵》的异质性逐渐开始明朗了。罗常培(1931a)认为:

> 《切韵》的分韵是采取所谓"最小公倍数的分类法"的。就是说,无论哪一种声韵,只要是在当时的某一个地方有分别,或是在从前的某一个时代有分别,纵然所能分别的范围很狭,它也因其或异而分,不因其或同而合。

陆志韦(1947,P2)进一步论证了《切韵》从分不从合的理由:

> 《〈切韵〉序》说得清清楚楚,那部书是汇通南北古今的,而且不是陆法言一个人的意见。所用的反切是从六朝的韵书抄录下来的。他们的来历跟《经典释文》也差不多。高氏最近的著作颇有参考《经典释文》之处,难道不知道《释文》不代表任何一种方言的么?陆法言的原意,在乎调和当时的各种方言。就好比初期的注音字母包含几个浊音,免得江浙人说闲话。隋唐的任何方言恐怕都不需要300类的切下字来代表。……《切韵》所代表的韵类的界限实在不妨说比第六、七世纪还来得古旧些。《切韵》代表六朝的汉

---

① 韵类指根据反切下字而得到的分类。

语的整个局面,不代表任何一个方言。

王力在《汉语史稿》(上册,1957,P49)中认为:

> 《切韵》的系统并不能代表当时(隋代)的首都(长安)的实际语音,它只代表一种被认为文学语言的语音系统。这种语音系统纯然是属于书面语言的。

黄淬伯、罗常培、陆志韦、王力等的论述说明一些中国学者对《切韵》性质的认识正在朝异质观念转变,这种《切韵》异质观主要有两条理由:

    1.《切韵·序》中谈到《切韵》是汇通南北古今的韵书。

    2.《切韵》反切所表现出的韵类太多。

后来的研究证明,后一个理由不充分,因为广州话的韵母在350个以上,超过了《切韵》(邵荣芬,1961.4)。现代德宏傣语不计声调有80多个韵,也比《切韵》不计声调的61个韵要多。因此,《切韵》韵类多并不是理由,但上面前一条理由是有分量的。

我们认为,承认《切韵》异质论更重要的理由在方法论上。以Karlgren为代表的《切韵》同质论只是从不同的角度看到了《切韵》的局部性质,在方法论上会碰到两个难以解释的问题。

从《切韵》往上看,即把中古的《切韵》和上古的《诗经》比较,无论把《切韵》看成哪个地方的代表方言,都会和语音演变的规律性产生矛盾。根据《诗经》的押韵,最多可以分成31个韵部。这是不计算声调的统计。但《切韵》系统的韵部,即使不算声调,也有61个。也就是说,从《诗经》到《切韵》,韵部主要是一个分化过程,而且分化比较严重,韵部增加了很多。问题还不在于分化的数量。如果分化是有条件的,分化得再多也符合语音演变的规律。同质论遇到的困难在于,从《诗经》到《切韵》,很多分化是找不到条件的。如果只是几个韵部找不到分化的条件,尚可说我们的研究深度不够,条件尚未找到。现在的难点是,从《诗经》到《切韵》,很多韵部的分化都找不到条件。这可能不是条件尚未找到的问题。找不到分化条件,而说从《诗经》到《切韵》产生了分化,这是违背语音演变的规律性的。

再从《切韵》往下看,即把中古《切韵》和现代方言比较。如果《切韵》代表了中古的长安音、洛阳音、金陵音等音系中的一种,就必须假定现代中国的几大方言都是其中之一分化出来的。于是我们必须在下面的模式中选择一种。

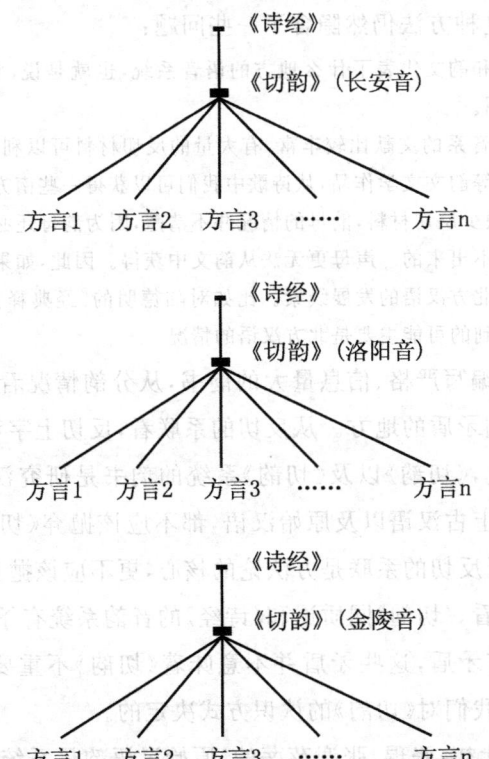

但是现在有很多证据表明,客家方言、闽方言在中古以前就形成了,不太可能是由长安音、洛阳音或金陵音中的某个音系分化出来的。

既然汉语有很多能反映出古代语音信息的文献,为了避开《切韵》中存在的"矛盾",是否可以抛开《切韵》,直接从汉语韵书、韵文中的押韵情况和反切入手来研究汉语音系的发展?王力《汉语语音史》(1985)正是以这种思路展开了汉语语音史的研究。在这部著作中,王力完全抛开了《切韵》,按照时间顺序把汉语史分成先秦、汉代、魏晋南北朝、隋—中唐、晚唐—五代、宋代、元代、明清和现代九个时期,每一个时期选择一两个有代表性的作家,根据他们的作品中押韵情况和反切分类,整理出各个时代的音系,比如隋—中唐音系可以拿陆德明的《经典释文》和玄应的《一切经音义》为依据。每个时代的音系整理出来后,再根据各个时代音系的异同整理出语音发展的规律。

这个办法从方法论上看是有进展的。这种方法能够清理出汉语权威音系发

展的单一线索,因此丰富了语文学的历时研究方法。但是从构拟中古汉语和上古汉语的目的看,这种方法仍然隐含了一些问题:

1. 这些韵书和韵文代表了什么地方的语音系统,也就是说,它们的方言基础是什么,仍然需要证明。

2. 代表北方音系的文献比较丰富,有大量的反切材料可以利用。代表南方音系的文献主要是诗歌等韵文文学作品,从诗歌中我们可以获得一些南方方言押韵的情况,得到韵部,但由于缺少反切材料,韵母的情况并不清楚,因为韵母还必须考虑介音,这在诗歌押韵中是反映不出来的。声母更无法从韵文中获得。因此,如果我们抛开《切韵》,得到的有可能只是北方汉语的发展线索。比如对陆德明的《经典释文》和玄应的《一切经音义》的研究,得到的可能主要是北方汉语的情况。

《切韵》是一部编写严格、信息量大的韵书,从分韵情况看,是当时韵书中最精密的,很少有自相矛盾的地方。从反切的系联看,反切上字和下字归类基本也是有条不紊的,因此,《切韵》以及《切韵》系统的韵书是研究汉语史的重要参照系,研究中古汉语、上古汉语以及原始汉语,都不应该抛弃《切韵》。以语文学为主的研究方法,由于反切的系联是方法论的核心,更不应该抛弃《切韵》。

从《切韵》往上看,《切韵》同质论和《诗经》的音韵系统有矛盾,从《切韵》往下看,和方言的发展有矛盾,这些矛盾并不意味着《切韵》不重要,矛盾也不是《切韵》造成的,而是由我们对《切韵》的认识方式决定的。

20世纪70年代初,张琨、张谢蓓蒂的《原始汉语韵母系统和〈切韵〉》(1972)开始对《切韵》的性质做了新的解释。可以把这种解释作为《切韵》异质论的代表。张琨对《切韵》在汉语史中的地位做了如下分析:

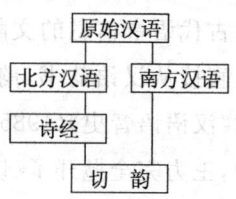

即《切韵》不完全是由《诗经》发展的结果,早在《诗经》以前,原始汉语就分化成为北方汉语和南方汉语,《切韵》既包含了《诗经》的北方汉语系统,也包含了《诗经》以外的南方汉语系统。这就是说,《切韵》所反映的语音系统是综合系统,是一个异质系统。这样就比较合理地解释了《切韵》和《诗经》的复杂关系,也解释了《切韵》和现代方言的复杂关系。这一模式实际上是对罗常培(1931)、陆志韦(1947)《切韵》异质说的系统化。《切韵》异质说避免了《切韵》同质说所遇到的困难,后来的研究越来越说明《切韵》是一个异质系统,因此,《切韵》异质说在方法论上有重要进展。后来何大安(2006)提出重组的观点,认为魏晋南北朝期间由于移民等关系,韵部发生过重组,这是进一步从方言接触来解释《切韵》和《诗经》的关系,何文有很多值得重视的证据。

15.2 比较法的作用与限度

《切韵》异质论尽管充分考虑了中古南北方言的特点,但由于把《切韵》放在汉语音韵研究的中心,现代活的语言和方言被置于从属地位。因此《切韵》异质论从根本上说仍然是一种以语文学为参照点的方法。也就是说,无论是《切韵》同质论还是《切韵》异质论,都是一种语文学中心论。像《切韵》这样的著作,尽管考虑了南北方言,但不一定考虑了所有的方言,有些方言中音位的对立就不一定在《切韵》系统的韵书中体现出来。张琨(1972)实际上已经看到了这一问题,但当时并没有详细展开这一问题,后来才进一步展开了这个问题(张琨,1985)。

同样也是看到《切韵》中不好解释的问题,20世纪60年代末,有人主张彻底抛开《切韵》,完全根据历史比较法来研究汉语史。这种思路最初开始于美国普林斯顿大学,称为"普林斯顿假说"。当时在普林斯顿进行"中国语言学计划"研究的学者Norman、梅祖麟、桥本万太郎等认为Karlgren关于汉语方言都来源于《切韵》的说法不正确,主张先依据方言材料对汉语各大方言做历史比较,拟测原始方言母语,如原始吴音、原始粤语、原始闽语、原始湘语、原始北方汉语等,最后比较这些原始语言和《切韵》的关系,进一步确定《切韵》的性质。20世纪70年代初,Norman比较系统地展开了这种思路。Norman(1973)发现,中古全浊声母在闽语中有三种读法,从《切韵》系统的韵书中看不出分化的条件,现代读音也看不出分化的条件。以定母d为例:

[中古d声母的闽语今读]

	中古	福州	厦门	建阳	永安
蹄	diei	te^2	tue^2	tai^2	te^2
弟	diei:	tie^6	ti^6	tie^5	te^4
啼	diei	thie^2	thi^2	hie^2	the^2
糖	dâŋ	thouŋ^2	thŋ^2	hoŋ^2	tham^2

| 毒 | duok | tøik⁸ | tak⁸ | lo⁸ | tau⁴ |
| 铜 | duŋ | tøyŋ² | taŋ² | loŋ² | tau² |

从建阳的读音看可以把古代的定母分化成为三个不同的声母,从福州、厦门、永安的读音看,至少也可以把古代的定母分成两个。Norman 认为这一事实本身意味着《切韵》并不能解释所有的方言,有些方言中的音类对立是《切韵》没有的。沿着这条思路,Norman 认为,应该抛弃《切韵》,严格按照历史比较法,直接根据现代闽方言的差异和对应规律构拟原始闽语。Norman 的《闽方言声调的发展》(Norman,1973)、《原始闽语的声母》(Norman,1974)、《原始闽语的韵母》(Norman,1981)、《闽北方言的第三套清塞音和清塞擦音》(罗杰瑞,1986.1)都是这种方法论的体现。

Norman 的方法加深了我们对历史比较法的认识。我们通常认为 Karlgren 在汉语史研究中引进了历史比较法,但 Karlgren 所用的历史比较法并没有比较现代方言的对立。19 世纪的历史比较法首先要从活的语言或方言材料中确定语音对应规律,然后再构拟原始形式。但 Karlgren 所开创的汉语历史比较法并没有经过前一步骤,而用《切韵》等文献中的反切所体现的音类代替了这个步骤,然后直接进入到历史比较法的第二步,即拟音。Karlgren 的方言材料主要用来给《切韵》赋值,方言中独特的对立并没有得到重视。

高度重视方言和亲属语言,在汉语音韵研究中有重要价值。Norman 所提出的方法,实际上可以概括成下面的模式:

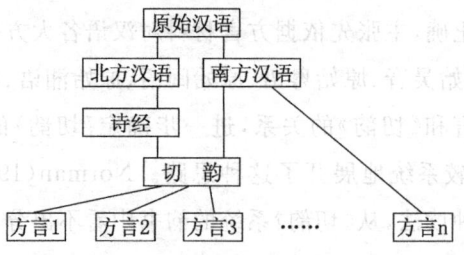

和张琨的模式相比,Norman 的模式反映了有些现代方言是从原始汉语直接分化出来的,《切韵》无法解释,甚至连《诗经》也无法解释。

当然人们也可以批评 Norman 这种分化古代声母的方式,因为定母的这几种不同的读音也有可能是我们尚未找到分化的条件,尚未找到分化的条件并不等于分化的条件不存在。Norman 没有回答这个问题。

不过,我们对反切的初步调查发现全浊声母在闽语中的不同读音并不是分化条件的问题,因为即使同一个反切的定母字,在闽语中也存在对立。比如厦门定母的常用字:

字	现代音	《切韵》上字	下字	声母	韵母	开合	等	声调	摄
廷	$tɪŋ^2$	特	丁	定	青	开	四	平	梗
庭	$tɪŋ^2$[文]	特	丁	定	青	开	四	平	梗
庭	$tiã^2$[白]	特	丁	定	青	开	四	平	梗
亭	$tɪŋ^2$[文]	特	丁	定	青	开	四	平	梗
亭	tan^2[白]	特	丁	定	青	开	四	平	梗
停	$thɪŋ^2$[文]	特	丁	定	青	开	四	平	梗
停	$thin^2$[白]	特	丁	定	青	开	四	平	梗
徒	$tɔ^2$	同	都	定	模	合	一	平	遇
屠	$tɔ^3$	同	都	定	模	合	一	平	遇
涂	$tɔ^2$	同	都	定	模	合	一	平	遇
涂	$thɔ^2$	同	都	定	模	合	一	平	遇
途	$tɔ^2$	同	都	定	模	合	一	平	遇
图	$tɔ^2$	同	都	定	模	合	一	平	遇
苔	$thai^1$[文]	徒	哀	定	哈	开	一	平	蟹
苔	thi^2[白]	徒	哀	定	哈	开	一	平	蟹
台	tai^2	徒	哀	定	哈	开	一	平	蟹
苔	$thai^1$[文]	徒	哀	定	哈	开	一	平	蟹
苔	thi^2[白]	徒	哀	定	哈	开	一	平	蟹
涛	to^2	徒	刀	定	豪	开	一	平	效
陶	to^2	徒	刀	定	豪	开	一	平	效
桃	tho^2	徒	刀	定	豪	开	一	平	效
桃	to^2	徒	刀	定	豪	开	一	平	效
桃	to^2	徒	刀	定	豪	开	一	平	效
逃	to^2	徒	刀	定	豪	开	一	平	效
腾	$thɪŋ^2$	徒	登	定	登	开	一	平	曾
藤	$thɪŋ^2$[文]	徒	登	定	登	开	一	平	曾
藤	tin^2[白]	徒	登	定	登	开	一	平	曾
誊	$thɪŋ^2$	徒	登	定	登	开	一	平	曾
调	$tiau^6$	徒	吊	定	啸	开	四	去	效
调	$tiau^2$	徒	吊	定	啸	开	四	去	效
掉	$tiau^6$[文]	徒	吊	定	啸	开	四	去	效
掉	$thio^6$[白]	徒	吊	定	啸	开	四	去	效
坛	$tham^2$	徒	干	定	寒	开	一	平	山

檀	tan²[文]	徒	干	定	寒	开	一	平	山
檀	tũã²[白]	徒	干	定	寒	开	一	平	山
弹	tan²[文]	徒	干	定	寒	开	一	平	山
弹	tũã²[白]	徒	干	定	寒	开	一	平	山
弹	tan²	徒	干	定	寒	开	一	平	山
谈	tam²[文]	徒	甘	定	谈	开	一	平	咸
谈	tã²[白]	徒	甘	定	谈	开	一	平	咸
痰	tham²	徒	甘	定	谈	开	一	平	咸
独	tɔk⁸[文]	徒	谷	定	屋	合	一	入	通
独	tak⁸[白]	徒	谷	定	屋	合	一	入	通
读	thɔk⁸[文]	徒	谷	定	屋	合	一	入	通
读	thak⁸[白]	徒	谷	定	屋	合	一	入	通
牍	tɔk⁸	徒	谷	定	屋	合	一	入	通
怠	tai⁶	徒	亥	定	海	开	一	上	蟹
待	thai⁶	徒	亥	定	海	开	一	上	蟹
同	tɔŋ²[文]	徒	红	定	东	合	一	平	通
同	taŋ²[白]	徒	红	定	东	合	一	平	通
童	tɔŋ²[文]	徒	红	定	东	合	一	平	通
童	taŋ²[白]	徒	红	定	东	合	一	平	通
铜	tɔŋ²[文]	徒	红	定	东	合	一	平	通
铜	taŋ²[白]	徒	红	定	东	合	一	平	通
桐	tɔŋ²[文]	徒	红	定	东	合	一	平	通
桐	thaŋ²[白]	徒	红	定	东	合	一	平	通
筒	tɔŋ²[文]	徒	红	定	东	合	一	平	通
筒	taŋ²[白]	徒	红	定	东	合	一	平	通
瞳	tɔŋ²	徒	红	定	东	合	一	平	通
田	tiɛn²	徒	年	定	先	开	四	平	山
田	tshan²[俗]	徒	年	定	先	开	四	平	山
填	tiɛn²	徒	年	定	先	开	四	平	山
填	thiɛn²	徒	年	定	先	开	四	平	山
毒	tɔk⁸[文]	徒	沃	定	沃	合	一	入	通
毒	tak⁸[白]	徒	沃	定	沃	合	一	入	通
毒	thau⁶[白]	徒	沃	定	沃	合	一	入	通
蝶	tiap⁸	徒	协	定	帖	开	四	入	咸
谍	tiap⁸	徒	协	定	帖	开	四	入	咸
叠	tiap⁸[文]	徒	协	定	帖	开	四	入	咸
叠	thiap⁸[文]	徒	协	定	帖	开	四	入	咸
叠	thaʔ⁸[白]	徒	协	定	帖	开	四	入	咸

同一个反切的字，比如"徒红"切的字，同样是白读音，也有 t 和 th 两种读法。从《切韵》的角度看，同反切的字声韵调都是一样的，其声母不存在语音条件的差异。这些字现在既然在闽语中读成不同的声母，根据语音演变的规律性和历史比较法的原则，只能做出这样的理解："徒红"切的字在原始闽语中声母本来就不一样。其他反切的字和"徒红"切的情况相似。因此，就当时对语音演变规律性的认识水平出发，定母在闽语中的几种读音只能理解成定母在古代就有不同的读音。由于《切韵》音系没有反映出定母的几种读音，因此《切韵》中定母的时空层次比原始闽语的时空层次晚。也就是说，闽语不是从《切韵》系统发展出来的，而是从比《切韵》更早的上古汉语或原始汉语中发展出来的。《切韵》不是闽语的原始母语。

早在 20 世纪 40 年代末，Karlgren(1949)在论述《切韵》的性质时已经有一定的保留态度，认为厦门、汕头话的有些性质《切韵》不能解释，暗示了比《切韵》更早的一些语言性质。但由于 Karlgren 在同一篇文章中坚持《切韵》同质论的观点，所以并没有对厦门、汕头话的特殊现象做方法论上的讨论。

15.3　语文学和比较法的互补

历史比较法重视现代方言或亲属语言的地位，从实证的观点看无疑具有很多优点，因为方言是可以观察到的活材料，不存在语文学方法中碰到的诸如文献的真伪、文献的年代和地域差异、文献的性质等问题。对于没有文字的语言，这种方法尤其重要。但是历史比较法也有不足。方言或亲属语言在发展过程中，由于音类的合并，一些在历史上存在的语音对立可能在方言中体现不出来，而这种对立本来在文献中是有的，比如中古的"之、支、脂"三韵的章母字：

方言点	例字	读音	中古音地位				
北京	之	tʂʅ^1	章	之	开	三	平	止
北京	芝	tʂʅ^1	章	之	开	三	平	止
北京	支	tʂʅ^1	章	支	开	三	平	止
北京	枝	tʂʅ^1	章	支	开	三	平	止
北京	肢	tʂʅ^1	章	支	开	三	平	止
北京	脂	tʂʅ^1	章	脂	开	三	平	止
北京	脂	tʂʅ^3	章	脂	开	三	平	止

方言	字	音	声母	韵	开合	等	调	摄
北京	锥	tʂuei¹	章	脂	合	三	平	止
长沙	之	tsʅ¹	章	之	开	三	平	止
长沙	芝	tsʅ¹	章	之	开	三	平	止
长沙	支	tsʅ¹	章	支	开	三	平	止
长沙	枝	tsʅ¹	章	支	开	三	平	止
长沙	肢	tsʅ¹	章	支	开	三	平	止
长沙	脂	tsʅ¹	章	脂	开	三	平	止
长沙	脂	tsʅ³	章	脂	开	三	平	止
长沙	锥	tɕyei¹	章	脂	合	三	平	止
潮州	之	tsʅ¹	章	之	开	三	平	止
潮州	芝	tsʅ¹	章	之	开	三	平	止
潮州	支	tsī¹	章	支	开	三	平	止
潮州	枝	ki¹[白]	章	支	开	三	平	止
潮州	肢	tsī¹	章	支	开	三	平	止
潮州	脂	tsī¹	章	脂	开	三	平	止
潮州	锥	tsui¹	章	脂	合	三	平	止
成都	之	tsʅ¹	章	之	开	三	平	止
成都	芝	tsʅ¹	章	之	开	三	平	止
成都	支	tsʅ¹	章	支	开	三	平	止
成都	枝	tsʅ¹	章	支	开	三	平	止
成都	肢	tsʅ¹	章	支	开	三	平	止
成都	脂	tsʅ¹	章	脂	开	三	平	止
成都	锥	tsuei¹	章	脂	合	三	平	止
福州	之	tsi¹	章	之	开	三	平	止
福州	芝	tsie¹	章	之	开	三	平	止
福州	支	tsie¹	章	支	开	三	平	止
福州	枝	tsie¹	章	支	开	三	平	止
福州	肢	tsie¹	章	支	开	三	平	止
福州	脂	tsie¹	章	脂	开	三	平	止
福州	锥	tsuei¹	章	脂	合	三	平	止
广州	之	tʃi¹	章	之	开	三	平	止
广州	芝	tʃi¹	章	之	开	三	平	止
广州	支	tʃi¹	章	支	开	三	平	止
广州	枝	tʃi¹	章	支	开	三	平	止
广州	肢	tʃi¹	章	支	开	三	平	止
广州	脂	tʃi¹	章	脂	开	三	平	止
广州	锥	tʃøy¹[文]	章	脂	合	三	平	止
广州	锥	jøy¹[白]	章	脂	合	三	平	止

合肥	之	tʂɿ¹	章	之	开	三	平	止
合肥	芝	tʂɿ¹	章	之	开	三	平	止
合肥	支	tʂɿ¹	章	支	开	三	平	止
合肥	枝	tʂɿ¹	章	支	开	三	平	止
合肥	肢	tʂɿ¹	章	支	开	三	平	止
合肥	脂	tʂɿ¹	章	脂	开	三	平	止
合肥	锥	tʂue¹	章	脂	合	三	平	止
济南	之	tʂɿ¹	章	之	开	三	平	止
济南	芝	tʂɿ¹	章	之	开	三	平	止
济南	支	tʂɿ¹	章	支	开	三	平	止
济南	枝	tʂɿ¹	章	支	开	三	平	止
济南	肢	tʂɿ¹	章	支	开	三	平	止
济南	脂	tʂɿ¹	章	脂	开	三	平	止
济南	锥	tʂuei¹	章	脂	合	三	平	止
建瓯	之	tsi⁵	章	之	开	三	平	止
建瓯	芝	tsi¹	章	之	开	三	平	止
建瓯	支	tsi¹	章	支	开	三	平	止
建瓯	枝	tsi¹[文]	章	支	开	三	平	止
建瓯	枝	ki¹[白]	章	支	开	三	平	止
建瓯	肢	tsi¹	章	支	开	三	平	止
建瓯	脂	tsi¹[文]	章	脂	开	三	平	止
建瓯	脂	tsi³[白]	章	脂	开	三	平	止
建瓯	锥	tsy¹	章	脂	合	三	平	止
梅县	之	tsɿ¹	章	之	开	三	平	止
梅县	芝	tsɿ¹	章	之	开	三	平	止
梅县	支	tsɿ¹	章	支	开	三	平	止
梅县	枝	tsɿ¹[文]	章	支	开	三	平	止
梅县	枝	ki¹[白]	章	支	开	三	平	止
梅县	肢	tsɿ¹	章	支	开	三	平	止
梅县	脂	tsɿ¹	章	脂	开	三	平	止
梅县	锥	tsui¹	章	脂	合	三	平	止
南昌	之	tsɿ¹	章	之	开	三	平	止
南昌	芝	tsɿ¹	章	之	开	三	平	止
南昌	支	tsɿ¹	章	支	开	三	平	止
南昌	枝	tsɿ¹	章	支	开	三	平	止
南昌	肢	tsɿ¹	章	支	开	三	平	止
南昌	脂	tsɿ³	章	脂	开	三	平	止
南昌	锥	tsui¹	章	脂	合	三	平	止

厦门	之	tsi¹	章	之	开	三	平	止
厦门	芝	tsi¹	章	之	开	三	平	止
厦门	支	tsi¹[文]	章	支	开	三	平	止
厦门	支	ki¹[白]	章	支	开	三	平	止
厦门	枝	tsi¹[文]	章	支	开	三	平	止
厦门	枝	ki¹[白]	章	支	开	三	平	止
厦门	肢	tsi¹	章	支	开	三	平	止
厦门	脂	tsi¹	章	脂	开	三	平	止
厦门	锥	tsui¹	章	脂	合	三	平	止
双峰	之	tʂɿ¹	章	之	开	三	平	止
双峰	芝	tʂɿ¹	章	之	开	三	平	止
双峰	支	tʂɿ¹	章	支	开	三	平	止
双峰	枝	tʂɿ¹	章	支	开	三	平	止
双峰	肢	tʂɿ¹	章	支	开	三	平	止
双峰	脂	tʂɿ³	章	脂	开	三	平	止
双峰	锥	tuī¹	章	脂	合	三	平	止
苏州	之	tsʮ¹	章	之	开	三	平	止
苏州	芝	tsʮ¹	章	之	开	三	平	止
苏州	支	tsʮ¹	章	支	开	三	平	止
苏州	枝	tsʮ¹	章	支	开	三	平	止
苏州	肢	tsʮ¹	章	支	开	三	平	止
苏州	脂	tsʮ¹	章	脂	开	三	平	止
苏州	锥	tsE¹	章	脂	合	三	平	止
太原	之	tsɿ³	章	之	开	三	平	止
太原	芝	tsɿ¹	章	之	开	三	平	止
太原	支	tsɿ¹	章	支	开	三	平	止
太原	枝	tsɿ¹	章	支	开	三	平	止
太原	肢	tsɿ¹	章	支	开	三	平	止
太原	脂	tsɿ³	章	脂	开	三	平	止
太原	锥	tsuei¹	章	脂	合	三	平	止
温州	之	tsɿ¹	章	之	开	三	平	止
温州	芝	tsɿ¹	章	之	开	三	平	止
温州	支	tsei¹	章	支	开	三	平	止
温州	枝	tsei¹	章	支	开	三	平	止
温州	肢	tsei¹	章	支	开	三	平	止
温州	肢	tsɿ¹	章	支	开	三	平	止
温州	脂	tsɿ¹	章	脂	开	三	平	止
温州	锥	tsɿ¹	章	脂	合	三	平	止

武汉	之	tsʅ¹	章	之	开	三	平	止
武汉	芝	tsʅ¹	章	之	开	三	平	止
武汉	支	tsʅ¹	章	支	开	三	平	止
武汉	枝	tsʅ¹	章	支	开	三	平	止
武汉	肢	tsʅ¹	章	支	开	三	平	止
武汉	脂	tsʅ¹	章	脂	开	三	平	止
武汉	锥	tsuei¹	章	脂	合	三	平	止
西安	之	tsʅ¹	章	之	开	三	平	止
西安	芝	tsʅ¹	章	之	开	三	平	止
西安	支	tsʅ¹	章	支	开	三	平	止
西安	枝	tsʅ¹	章	支	开	三	平	止
西安	肢	tsʅ¹	章	支	开	三	平	止
西安	脂	tsʅ³	章	脂	开	三	平	止
西安	锥	pfei¹	章	脂	合	三	平	止
扬州	之	tsʅ¹	章	之	开	三	平	止
扬州	芝	tsʅ¹	章	之	开	三	平	止
扬州	支	tsʅ¹	章	支	开	三	平	止
扬州	枝	tsʅ¹	章	支	开	三	平	止
扬州	肢	tsʅ¹	章	支	开	三	平	止
扬州	脂	tsʅ¹	章	脂	开	三	平	止
扬州	锥	tsuəi¹	章	脂	合	三	平	止
阳江	之	tʃi¹	章	之	开	三	平	止
阳江	芝	tʃi¹	章	之	开	三	平	止
阳江	支	tʃi¹	章	支	开	三	平	止
阳江	枝	tʃi¹	章	支	开	三	平	止
阳江	肢	tʃi¹	章	支	开	三	平	止
阳江	脂	tʃi¹	章	脂	开	三	平	止
阳江	锥	tʃui¹[文]	章	脂	合	三	平	止
阳江	锥	jui¹[白]	章	脂	合	三	平	止

除了温州,"之、支、脂"三韵的读音在各方言内部都是一样的,"锥"的读音和其他字不同,是以合口呼为条件的。如果没有温州的材料,我们就不可能知道古代"之、支、脂"的对立。即使考虑到温州,我们也没有办法知道"支"和"之、脂"在古代是对立的。

可见方言保存古代语音对立的信息量是相对的。有些方言保存的对立较多,有些方言保存的对立较少,有些方言保存了某些对立,有些方言保存了另一些对立。有些对立在能调查到的方言中都消失了,比如"支"和"之、脂"的对立,这些对立的复原就只能靠语文学的或别的方法来实现。

如果不考虑文献的重要性,上述音类的对立和音值的差异在重建的古音中就得不到体现。Meillet(梅耶,1925,P11)曾经把用方言或亲属语言的比较来推溯语言史的方法称为建立语言史的唯一方法,这种观点看来是不充分的。Meillet 主要是从印欧语的比较研究中得出这一结论的。实际上这也是19世纪历史比较语言学的基本态度,也是19世纪的历史比较语言学和它以前的语文学在方法上的对立之处。19世纪的历史比较语言学主张通过现代亲属语言和方言的比较来重建原始语言,和以前的语文学方法相比,有重要进展。历史比较法找到了由今证古的方法。但由于过分依赖现代语言和方言,必然要丢失很多原始语言的信息。19世纪的历史比较法在处理现代语言和原始语言的关系上隐含了一个前提:原始语言中存在的语音对立,必然会保留在现代语言或方言中。从上面的分析看,这个前提不充分,实际情况更为复杂。另一方面,亲属语言或方言中存在的对立,原始语言中不一定必然存在,因为语言接触也会造成对立。就《切韵》和方言的关系看,方言中存在的对立,《切韵》中不一定必然存在,《切韵》中存在的对立,方言中也不一定存在。因此《切韵》中的对立和方言中的对立在某些方面可以是相互独立的。这种复杂的关系决定了语文学的方法和比较法必须结合起来,才可能尽量多地保留原始语言的信息。当然,对于没有文字的语言,就只能用比较法,而由此建立起来的原始语言也只能是对现代语言的一个解释,从原始语言到现代语言的过程中丢失的对立信息和音值信息,再也得不到复原。汉语文献中的各种注音材料和押韵材料包含了很多古代音系的信息,现代人正好可以充分利用这些文献材料来恢复古代音系的面貌。

考虑到前面讨论的对音材料,可以看出,重建原始语言的音系可以有三方面的材料,一是古代文献,二是对音材料,三是现代方言。这三种材料中,任何一种材料中成系统的对立都为原始语言的对立提供了证据。前两种属于语文学的范围,第三种属于历史比较法的范围。

15.4 构拟的协调性和充分性

根据以上分析,如果有语文学的条件,构拟原始语最有效的方法是从语文学的角度和历史比较的角度同时展开。于是构拟《切韵》音系有两方面的材料:一是文献材料，包括《切韵》系统韵书中的反切、韵类和《切韵》系统韵图中的等、开合、内外转等范畴，另外还有文献对音材料；一是现代汉语方言以及周边语言中的汉语借词。把这两方面的材料研究结合起来才能做到充分构拟。但结合是有偏重的。Karlgren 在方法论上就有选择，先通过韵书、韵图中的材料描写《切韵》音的音类信息，再通过方言和其他语言的汉语借词给这些音类填写音值，不过 Karlgren 并没有充分利用韵书、韵图中的材料直接构拟音值，因此韵图中关于音类聚合关系的信息，在 Karlgren 的构拟中没有得到体现，甚至和拟音有矛盾。下面我们来讨论语文学方法应该遵守的协调性构拟原则。

以《韵镜》为代表的韵图把《切韵》音系的字音分成四个等。一般认为韵母的主要元音的高低可以从这四个等反映出来，高低次序是一等最低，二等次低，三等较高，四等最高。Karlgren 基本上也是这样来理解四个等的。Karlgren (1926) 对蟹摄四个等的主要元音构拟是：

一等	二等	三等	四等
ɑ	a	ɛ	e

但 Karlgren 又把止摄三等的某些韵的主要元音构拟成 i。Karlgren 这样做是为了照顾止摄字在现代方言中的读音，但却打乱了四个等的高低次序，有些三等韵主要元音的舌位反而比四等韵的主要元音 e 还要高。

这里涉及一个基本的方法原则。Karlgren 的方法原则是充分考虑方言读音，把止摄三等韵的主要元音构拟成 i，而不管韵图中等的次序。我们也可以考虑另一种方法原则，即严格遵守韵图描写的原则，把所有三等韵的主要元音构拟得比四等韵的主要元音低，而不管方言的读音。我们把这种方法称为协调构拟。显然，协调构拟涉及我们怎样理解《切韵》系统韵书、韵图的描写范畴。我们现在基本上把等理解成韵腹的舌位高低，这种理解是否贴近韵图作者思想需要进一步研究，但是一旦我们用舌位高低理解等，我们在构拟中就应该处处贯彻这种理解。

除了有充分理由加以解释的一些特殊情况，《切韵》系统韵书、韵图中的范畴或对立特征在赋值时应该保持协调性。为此我们给出一个赋值的协调性原则：一旦我们给《切韵》音系的某个范畴或对立特征赋予某个音值，这种赋值在音系的任何地方都应该是协调的。比如，如果把一等韵理解成主要元音开口度最低的韵，那么在所有的摄中，只要是一等韵，都应该构拟成开口度最低的韵。这里所说的范畴或对立特征包括韵、韵类、韵母、摄、等、内外转、开合等等。

具体地说,协调原则包括下面内容:

  1.所构拟的形式要和文献中的范畴对应起来,一个形式对应于一个范畴,一个范畴对应于一个形式,如果是一对多或多对一,一定要有条件。

  2.一旦给出构拟赋值的规则,赋值过程中就不能违背规则。比如,一旦把等理解成元音的高低,就不应该此处三等比二等高,另一处三等比二等低。

于是我们看出,即使把文献和现代语言材料结合起来,也可以有两种不同的构拟原则:协调构拟原则和比较构拟原则(或今音构拟原则)。协调构拟严格遵守《切韵》韵书、韵图中各种范畴的协调性来构拟《切韵》音系,当这些范畴和现代方言材料、周边语言汉语借词材料有矛盾的时候,协调构拟坚持古音类范畴优先;比较构拟或今音构拟是通过比较现代汉语方言和周边语言中的汉语借词来构拟《切韵》音系,当这些现代材料和韵书、韵图的描写范畴有矛盾时,比较构拟坚持现代材料优先。比较构拟是19世纪历史比较语言学提出的方法。在没有文献材料或者文献材料不丰富的情况下,必须用比较构拟的方法来还原古音。但在文献材料比较丰富的情况下,比较构拟的弱点就显露出来了,可以概括为几个方面:

  1.从比较构拟中我们可以概括出一个对立原则。根据这一原则,现代方言或同源语言中对立的音,要在古代语言中构拟成对立的音,但在具体比较中,有时很难分清对立的音是古代音类的反映还是后来接触的结果。即使在同一个系统中,也可能因为词汇扩散导致音变中断(Wang,1969),形成新的对立。

  2.由于音变的复杂性,现代方言或借词的音值表现形式多种多样,有时候很难断定某个音值是古代音值的反映还是后来变化的结果。

  3.即使通过比较构拟得到了古代音系,也很难断定这个古代音系的时空性质,即很难断定这个音系的时间年代和地域。

在文献材料比较丰富的条件下,协调构拟不会面临上面困难中的前两个方面。至于第三个方面,即使尚未弄清拟音的时空性质,协调构拟本身也是有价值的。比如说即使我们尚未弄清《切韵》音系的性质,尚未弄清《切韵》音系代表哪个方言点,《切韵》音系构拟本身也是有价值的,它反映了某个时空的对立系统。

当然协调构拟会面临其他的困难。拿《切韵》音系的协调构拟来说:

  1.《切韵》音系本身是否有时空层次?

  2.由于时间距离,现代学者对反映《切韵》音系的韵书、韵图中的范畴的理解会有分歧。

  3.反映《切韵》音系的韵书和韵图所提供的音类和语音分析手段不是音标,因此音值信息不是很明确,协调构拟的准确性会受到影响。比如,如果没有现代方言或其他语言中借词的证据,我们根本无法想象山摄、臻摄的入声字收-t 尾,深摄、咸摄的入声字收-p 尾。

4.韵图对《切韵》音系音节的描写不是很充分的,等主要描写韵母主要元音的高低,开合主要描写圆唇与不圆唇,摄跟韵尾有关系,但这些描写都还不充分。

正像前面谈到的古代材料和现代材料应该结合起来一样,在《切韵》音系构拟中,协调构拟和比较构拟这两种方法应该结合起来,相互补充。问题在于这两种方法经常有矛盾,这种矛盾在构拟中不能绕过去。比如上面对 Karlgren 构拟的例子所做的分析。又比如,Karlgren 依照现代方言,果摄一等构拟成 ɑ,通摄一等构拟成 u 或 o,发音部位的高低并不一样,但依照韵图,都是一等,在发音部位的高低上应该协调。在处理这些问题上,Karlgren 背后的方法论基础是比较构拟先于协调构拟。可见在具体构拟中,两种方法的结合仍然有一个权重问题。

和 Karlgren 不同,我们认为《切韵》音系的协调构拟应该先于比较构拟。理由如下:

1.《切韵》音系的反切和韵类所反映出来的对立系统,跟《韵镜》类韵图反映出来的对立系统基本是一致的,但跟现代汉语方言和周边语言汉语借词中反映出来的对立系统差别比较大,所以《韵镜》类韵图在音类上更接近《切韵》音系。

2.韵图采用音节表的方式描写字音。由于韵图更接近《切韵》音系,韵图中描写的音节结构也应该比现代方言的音节结构更接近《切韵》中小韵的音节结构,因此韵图中描写音节的等、开合、内外转、摄一类范畴应该是《切韵》音系音节结构的重要区别特征,用这些区别特征描写《切韵》音系的音节,应该比用现代汉语方言或周边语言汉语借词中提取的区别特征来描写《切韵》音系的音节更合适,因此《切韵》音系的构拟应该首先把这些区别特征体现出来。

在下面的构拟方法讨论中,我们采取一种协调构拟先于比较构拟的态度:首先考虑把《切韵》音系的韵书、韵图中的各种对立范畴通过音标赋值区别开,相同的范畴在赋值时音标相同,不同的范畴在赋值时音标不同。除非有很充分的理由证明《切韵》系统的韵书和韵图在某些方面有误,一般情况下我们坚持《切韵》系统韵书和韵图所提供的语音描写范畴是有效的,因为反切和韵图的技术可以追溯到印度的语音学,韵图和印度的悉昙(siddham,即拼音表)有渊源关系,其语音描写应该是比较严格的。尽管韵图放置字音的位置和韵书中的反切所提供的信息有时有出入,但都是有条件的,通常可以通过反切上下字的分类加以解决。比如"嵩"在《韵镜》"内转第一开"中被放置在四等,《广韵》嵩为息弓切,反切下字为弓,而弓在《韵镜》"内转第一开"中被放置在三等,从反切分类的角度可以断定"嵩"是三等字。即使有这种出入,在音理上也不是不可以解释的,因为《韵镜》的作者也可以说在心母的条件下,韵图时代"嵩"韵母的主要元音和"弓"韵母的主要元音有区别。

在范畴的含义不确定的情况下,再考虑汉语方言和周边语言汉语借词的读音。具体地说,我们将首先通过韵书、韵图的材料直接构拟《切韵》音系,然后再考虑现代方言和其他语言中跟汉语有对应关系的语素的音值。以上构拟态度从构拟的目标看也是有道理的。构拟的首要目标要体现《切韵》音系的音类系统,其次要体现音类的具体读音,这两个目标都是通过给音类赋值实现的。体现《切韵》音系的音类系统包括体现音类的对立信息和音类的聚合、组合信息。体现音类的具体读音是要尽可能地解释音类的音值信息,并尽可能解释现代方言或语言的语音变化。在体现音类系统和体现音值这两个目标中,体现音类系统是最根本的。音类系统是可以实证的,同时是汉语和亲属语言进行比较的基础,因此音类的对立和范畴一定要体现出来,不同的音节或对立的音节一定要分开,不同的反切一定要构拟成不同的音节。体现音值是辅助性的、解释性的工作,必须围绕着音类系统来进行。构拟的具体古代音值是不能完全实证的,所以即使满足了同样的音类系统,满足了同样的现代方言、现代语言的条件,具体音值也可能有多种结果。因此具体音值的构拟往往是好坏的问题,不是对错的问题。

以上分析说明拟音的材料基本上可以分成两大类:一类是直接材料,即直接反映古音音系的材料,如《切韵》音系韵书的反切、韵类和韵图的等、开合口、内外转等;一种是间接反映古代音系的材料,如现代汉语方言、现代和汉语有关系的亲属语言和非亲属语言中和《切韵》音系对应的语素。直接材料和间接材料分别是前面讨论的直接构拟方法和比较方法的基础。前面我们谈到,构拟的首要目的是体现音类系统,由于《切韵》音系的直接材料比较丰富可靠,能够反映出一个比较明确的音类系统,所以我们需要采取一种直接拟音优先的态度,即拟音的依据首先是《切韵》系统韵书所反映的音类信息和韵图所反映的音类、语音描写信息。《切韵》系统的韵书、韵图中的信息都应该在构拟中体现出来。而贯彻这一态度的具体做法是坚持直接材料运用的一致性原则。

把现代汉语方言和周边语言汉语借词放在韵书、韵图之后,不是因为这些材料不重要,而是因为我们前面提到过的一个重要理由,方言读音和汉语借词读音可能是中古音的体现,可能是后来变化的结果,也可能是方言接触和语言接触的结果,在未能区分这几种情况的时候,越过协调构拟直接用方言读音或汉语借词读音构拟《切韵》音系不仅不准确,甚至连《切韵》音系的音类都可能弄错。在有可靠的直接文献支持的情况下,应该首先考虑对直接文献进行协调构拟,下面的《切韵》音系构拟就是这样一种尝试。当然,所谓的可靠文献,并不是绝对可靠的,在具体构拟中需要专门考虑。

协调拟音当然不能违背语音学的普遍原则。比如一个音系中不能在没有 i 的前提下构拟出 y,不能在没有 u 的前提下构拟出 ɯ,因为世界上有 y 而没有 i 的语言目前还没有发现,有 ɯ 而没有 u 的语言目前也没有发现。

15.4.1 赋值的充分性

协调构拟原则首先要求赋值的充分性。以前的《切韵》音系构拟没有体现内转和外转的信息,这是不充分的。把内外转纳入《切韵》音系构拟的根本理由是充分考虑韵图提出的各种范畴。从韵图作者所做的工作看,韵图描写语音是比较精细的。比如《韵镜》中有韵、等、开合、内外转、声母、清、浊、次清、清浊、唇音、舌音、牙音、齿音、喉音、半舌、半齿等语音描写范畴或特征,除了内转和外转这个概念不太清楚,其他描写概念基本上都能对应到现代语音描写概念上来。内转和外转这对概念不太清楚并不一定是这对概念本身不清楚,而可能是我们对它的认识不清楚。从《韵镜》的四十三转到《四声等子》的十六摄(二十四图),可以看出内外转的对立价值,不同的转读音是不一样的。四十三转归并成十六摄后,内转和外转的界限并没有混淆,一个摄是内转还是外转,是截然分开的。因此我们有理由把内转和外转作为独立的区别特征构拟出来,否则我们的构拟不能完全反映《切韵》音系的对立特征。我们目前还不知道内转和外转的确切含义,不知道内转和外转可能和发音特征对应到什么程度,但内转和外转的对立应该在构拟中体现出来。换个角度说,无论我们把内转和外转理解成什么内容,都属于具体音值的问题,这些不同的理解不能否认内转和外转的对立,这种对立是可以从韵图分转和分摄中观察到的事实,这种对立必须要在《切韵》音系中构拟出来,我们没有理由只考虑韵图中语音描写的部分对立特征(如等、开合、摄),而忽略其他对立特征(如内外转)。对所有的范畴特征进行语音赋值,这就是赋值的充分性。

15.4.2 内转与外转

现在考虑怎样构拟内转和外转的暂拟音值。内转和外转前人有各种不同的解释。为了满足构拟的协调性和充分性,内转和外传的区别应该构拟出来。具体怎么构拟还需要研究,可以考虑这样一种构拟,把外转和内转理解成韵母主要元音前后的对立。主要理由如下:

  1.韵母的重要组成部分是元音。元音发音部位可以从高低、圆展、前后三个特征来规定。韵图中有等、开合、内外转三种概念,Karlgren 的构拟只考虑了等和开合,即把等大致和元音的高低特征联系起来,把开合和圆展联系起来,内外转的概念却没有考虑。这样 Karlgren 实际上在确定元音时只考虑了高低、圆展特征,而没有考虑前后特征,前后特征往往是和高低特征混在一起的。从发音部位看,一个元音如果只考虑高低和圆展是不确定的。韵母的元音应该考虑前后特征。

  2.韵图作者审音比较细致,不应该不考虑元音的前后特征。那么前后特征在韵图中是用什么来代表的?这使我们想到韵图中的内外转可能和发音部位前后有关系。

  3.韵图中的转和发音部位前后的关系还可以进一步从现代方言中看出一些痕迹。内外转管辖摄的情况是:

   内转:通、止、遇、果、宕、曾、流、深
   外转:江、蟹、臻、山、效、假、梗、咸

从现有的方言材料和境外汉语借词看,内转的读音大体上是主要元音和韵尾舌位靠后,外转的读音大体上是主要元音和韵尾舌位靠前,因此可以考虑把内转的主要元音大体上构拟成靠后的元音,外转的主要元音大体上构拟成靠前的元音。具体做法是:

  主要元音是前元音的,都是外转。
  主要元音是后元音的,都是内转。
  主要元音是央元音的,分两种情况:
   1.韵尾发音部位靠后的,属于内转。
   2.韵尾发音部位靠前的,属于外转。
   (比如 əŋ 是内转韵,ən 是外转韵)

当然转的音值构拟还需要深入研究。我们把内转的韵构拟成主要元音和韵尾发音部位靠后的韵,把外转的韵构拟成主要元音和韵尾发音部位靠前的韵,还需要找更多的证据来支持。不过有一点是明确的,内转和外转的对立要通过构拟的音值体现出来。

15.4.3 等

韵图把韵分成四等①,很多学者把等理解成主要元音舌位的高低。这种观点应该是成立的,但在具体处理过程中存在很多问题。让我们再回到 Karlgren 区别蟹摄四个等的问题上来:

一	二	三	四
ɑ	a	ɛ	e

从协调性赋值原则看,这种构拟除了我们已经分析过的和止摄构拟的矛盾,还有一些其他问题。比如,这里并不是完全按照高低来区别等,因为 ɑ 和 a 的区别是前后的区别而不是高低的区别,也违反了音类协调性赋值原则。Karlgren 的构拟还存在另一个问题。实际音位组合和演变中,二三等韵往往有相同的性质,比如端组配一四等,知组配二三等,二等有时候像三等一样会产生 i 介音。Karlgren 把二等主要元音构拟成 a,不利于解释 i 介音的产生。最后,i 是很多方言都有的主要元音,也是人类语言中最基本的主要元音,如果严格按照 Karlgren 四个等的构拟,整个中古音系中没有以 i 做主要元音的。但 Karlgren 本人并没有严格这样做,前面我们说他在止摄三等中增加了主要元音 i,舌位反而比蟹摄四等的主要元音 e 还要高,违反了我们前面谈到的赋值的协调性原则。为了克服这些矛盾,需要重新考虑等(高低)的具体定位。一般地说,不同等的韵,主要元音舌位高低应该明显不同;同等的韵,主要元音舌位高低应该相近。考虑到发音的自然协调,我们补充一个对立音值均等原则:在发音允许的范围内,同一聚合群中对立的音发音部位的差异应该均等。比如元音按照高低可以分成以下几组:

编号	现代语音描写术语	前	央	后
1	最高	i/y	ɨ/ʉ	ɯ/u
2	次高	ɪ/ʏ		/ʊ
3	高中	e/ø	ɤ/θ	ɤ/o
4	正中	ɛ̝	ə	
5	低中	ɛ/œ	ɜ	ʌ/ɔ
6	次低	æ	ɐ	
7	最低	a/ɶ	ᴀ	ɑ/ɒ

---

① 下面每个字音等的归属根据丁声树《古今字音对照手册》(1981)。

既然韵图把韵母分成四等,各等之间发音部位距离应该大致相同,并且在口腔中均等分布。如果我们选择上表1、2、3、4行分别给韵图的一、二、三、四等赋值,一、二、三、四等就集中分布在舌位的中等和中等以上区域,中等以下没有分布,这不符合均等原则。如果我们选择上表的1、5、6、7行分别给等韵的一、二、三、四等赋值,这时一等和二、三、四等的发音部位距离很远,二、三、四等相互的距离很近,也不符合均等原则。比较合理的处理是选择1、3、5、7作为等韵的一、二、三、四等,这样做符合均等原则,使对立的区别程度都比较均等。

根据这一原则,可以考虑把"低、半低、半高、高"四个等级作为"一、二、三、四"等的参照点,这样四个等的主要元音和舌位高低的关系是:

等韵术语	编号	现代语音描写术语	前	央	后
四等	1	最高	i		
	2	次高			
三等	3	高中	e/ø		ɤ/o
	4	正中		ə	
二等	5	低中	ɛ/œ		
	6	次低	æ		
一等	7	最低	a/ɶ	ᴀ	ɑ/ɒ

由于《切韵》音系的内转实际上没有二等和四等,ʌ 和 ɑ 的对立、ɔ 和 ɒ 的对立、ɯ 和 ɤ 的对立、u 和 o 的对立不存在,所以一等的 ɑ/ɒ 可以构拟成 ʌ/ɔ,三等的 ɤ/o 也可以构拟成 ɯ/u,这样可以使所构拟的音更符合普遍现象。如果我们暂时采用上面的构拟,可以通过所构拟元音的高低判定等的次序。这四个元音的对立在现代语言中可以观察到,同时二等和三等都可能产生 j 介音。从9世纪到13世纪中叶的日译吴音材料看,重纽四等比重纽三等高(李香,2005)。同时具有三等和其他等的韵中,也基本符合等的协调原则。这是一个值得注意的现象。

同一个韵,韵图有时分成不同的等。比如韵图把东韵的字音分成一等和三等,根据我们前面提到的等不同则主要元音不同的原则,一等韵和三等韵的主要元音要分开,反切下字的系联也反映了这种区分。但是从《切韵》韵书分韵的原则出发,同一韵下的字是相互押韵的,主要元音不应该不同,所以东韵一等和三等的主要元音和韵尾都应该相同。由于在三等韵中引入了介音 j,所以无论采取哪种构拟方式,东韵下的两类反切下字提供的对立信息都能反映出来,因此两种构拟都是有道理的。《切韵》和韵图的差异可能反映了不同时代的语音面貌，《切韵》时代东韵两类反切下字所反映的区别可能是介音的区别，韵没有区别，即使有微小的区别（如普通话的 ian 和 an），仍然继续押韵，所以两类反切下字都放在同一个韵下。韵图时代东韵两类反切下字所反映的区别有两种可能。一种可能是这两类反切下字的区别不仅体现在介音上，同时体现在韵上，所以两类反切下字所代表的字音被置于不同的等中。李香（2005）根据 9 世纪到 13 世纪中叶日译吴音材料，认为东韵一等为 ong，三等为 ung，支持这种可能。另一种可能是这两类反切下字在韵图时代确实主要元音和韵尾相同，只是介音不同，由于韵图没有设立描写特征来专门区别介音，韵图只能把这些介音不同但主要元音和韵尾相同的韵放在不同的等中。由于押韵是一种严格的语言行为，分韵反映的是这种严格行为，而分等可能带有研究者审音的态度，所以可以暂时从《切韵》韵书分韵出发，把同一韵下的字的主要元音和韵尾构拟成相同的形式。

麻韵、庚韵分三等和二等也应该是同样的道理。如果我们把四个等看成是不同高低元音的区别，同一个韵的字要保证押韵，主要元音应该相同，就不应该分为不同的等。同一个韵分不同的等可能是因为到等韵时代，同一个韵在不同声母或介音条件下产生了分化，所以出现了不同的等，实际上是韵已经产生分化了。麻韵、庚韵分二、三等是有条件的，同样跟 j 的有无有关系。

《切韵》韵书同一个韵下重纽的差别也应该是介音的不同，韵图按照三、四等的方式来处理重纽，也是同一个韵分成两个等的问题。不排除《切韵》韵书中介音的对立在韵图中是主要元音的对立。重纽问题还相当复杂，韵图分置三、四等的，《广韵》的反切大体上分成两组，但也有同一反切下字韵图也分三、四等的。很可能韵图还考虑了比《广韵》更早的对立系统。把重三和重四分开，符合对立原则。具体是什么音值还可以讨论，我们暂定重三的介音是 j，重四的介音是 i。

韵图中还有些置于二等或四等的字，通过《切韵》韵书反切下字的系联可以证明这些字属于三等。韵图置于二等或四等是有声母或韵类条件的，并不是胡乱放置，因此不排除这些字在特定的声母或韵类条件下确实为二等或四等。依据协调性原则，拟音可暂从《切韵》韵书反切出发，按照三等韵拟音。

总之，同一个韵分入不同等的，其中之一和三等有关系，而三等韵有 j 介音，这个 j 介音可能是同一个韵分成两个等的关键。

15.4.4 开合

韵图中还提供了开合的信息。开合大体代表了不圆唇和圆唇。下面举几个例子说明开合构拟的协调性问题：

韵	构拟方式	开	合
佳	构拟方式1	ɛ	wɛ
佳	构拟方式2	ɛ	œ

佳韵有开口合口两类。构拟佳韵的第一种方式是用 w 来区别合口和开口（也可以用 u），主要元音不变，这样能解释押韵。第二种方式能够通过主要元音的圆唇与否把开口和合口区别开，但不能解释押韵，因为两个圆展不同的元音做韵腹构成的韵通常是不押韵的。由于《切韵》同一韵下的字在满足一定的声调条件下是押韵的，因此开合的构拟应该选择第一种构拟方式。根据现代押韵的规范，相同的韵的字主要元音相同，韵尾相同，因此《切韵》中同一个韵的字，主要元音应该构拟成一样，韵应该构拟成一样。在韵图中，同一个韵的字基本上放在同一个等中，也大体说明同韵的字等相同，主要元音相同。只有三等韵的情况比较特殊，前面我们已经做了解释。从更严格的意义上说，押韵并不等于主要元音绝对相同，比如汉语普通话的"天"[t'iɛn]⁵⁵ 和"滩"[t'an]⁵⁵ 押韵，主要元音并不绝对相同，一般都写出 a 音位，这个 a 实际相当于共时构拟。因此，如果把押韵的字的主要元音构拟成相同的元音，这种同一性是建立在押韵同一性和音位同一性基础上的，并不是绝对严式的音值同一。

如果一个韵只有合口韵，比如模韵，可以直接用圆唇元音构拟主要元音，也可以用不圆唇元音加 w：

韵	构拟方式	开	合
模	构拟方式1		ɒ
模	构拟方式2		wɑ

选择方式1表示并不存在一个和合口模韵对立并相互押韵的开口模韵。

有的韵很相近，并且正好开合有别。这时可以有两种构拟方式：

		构拟方式1	构拟方式2
寒	开	an	an
桓	合	ɒn	wan

方式1用主要元音来区别开合，方式2用圆唇介音来区别开合。我们认为应该

选择方式 1，因为《切韵》中两个不同的韵，应该不押韵。如果选择方式 2，就等于承认这两个韵是押韵的。

15.4.5 摄

一般认为相同的摄主要元音应该相近，韵尾应该相配。Karlgren 的构拟没有完全体现这一点。比如止摄的支、脂、之三个韵没有韵尾，止摄的微韵却有 i 韵尾。同摄的字元音相似到什么程度，现在很不清楚。比如蟹摄的字一、二、三、四等都有，说同摄的字主要元音相似就等于说一、二、三、四等的字主要元音都相似，这会遇到困难。按照协调构拟原则，同摄的字，总有共同的特征，把这个共同的特征理解成韵尾相同（包括零韵尾）比较合适。可以考虑把韵尾格局构拟为：

-p   -t   -k
-m   -n   -ŋ
-u   -i   -ɯ

和 Karlgren 的区别是增加了一个 -ɯ 韵尾，这样做是为了体现 ɯ 是内转韵，同时把止摄的韵尾和蟹摄的韵尾区别开。

15.4.6 《切韵》音系韵母协调构拟表

为了进一步把构拟的协调性和充分性具体化，下面尝试给出一个中古音韵母的构拟表。

《切韵》音系韵书和韵图都没有长短音的范畴。Karlgren 构拟《切韵》音系时用了长短音的特征。下面的表也用了长短音的特征（ă 表示 a 的短音），不过使用长短音的范围和理由跟 Karlgren 不完全一样。这里引入长短对立特征是为了区分《切韵》音系复杂的韵类。按照韵图的分析，摄（韵尾）相同的情况下，同一个等中可以多到四个韵，如止摄的支、脂、之、微。这些不同的韵在现代方言中有的没有区别了，有的是靠音质来区别的。如果坚持协调构拟原则，同时只靠元音韵腹来区分这些不同的韵，元音的空间距离就会相当小，比如止摄的支、脂、之几个韵要满足三等和内转（后元音）的条件，就得靠 ɣ、e、ə 三个元音韵腹来区别，这样小的空间距离在现代语言中很难观察到，同时微韵还找不到合适的元音和支、脂、之相区别。这时可以考虑引入长短元音的对立。从一些周边语言汉语借词看，长短特征在汉语中似乎是存在的。比如侗台语中有长短音对立。不过下面表中的长短对立仍然只能看作一种区别符号，不能落实到音值。实际的音值还需深入研究。

这里还构拟了 ain、ein 等带复合元音韵腹的韵。增加复合元音韵腹是为了区分《切韵》音系中不同的韵，因为我们如果要通过元音的高低体现等的次序，元音的数目就要严格限制，这时仅仅靠有限数目的元音来区别不同的韵是不够的。必须承认，这里的构拟更多的是音类上的解释，ain、ein 等韵在现代方言中比较少见，只是在闽方言中能见到，所以真实的音质还有待做更深入的研究。

根据大多数学者的意见，由于三等韵有腭化作用，三等韵前都有 j 介音。同摄韵类按照一、二、三、四等的顺序排列。同一个韵类，先列开口，再列合口。

转	摄	韵类	开合	舒声韵				入声韵			
				一	二	三	四	一	二	三	四
内	通	东董送屋	合	ɒuŋ		jouŋ		ɒuk		jouk	
内	通	冬宋沃	合	ɒŋ				ɒk			
内	通	锺肿用烛	合			joŋ				jok	
外	江	江讲降觉	开		æŋ				æk		
内	止	支纸寘（重三）	开			jɯi					

内	止	支纸寘(重四)	开			iɣw				
内	止	支纸寘(重三)	合			jwɤw				
内	止	支纸寘(重四)	合			iwɤw				
内	止	脂旨至(重三)	开			jəw				
内	止	脂旨至(重四)	开			iəw				
内	止	脂旨至(重三)	合			jwəw				
内	止	脂旨至(重四)	合			iwəw				
内	止	之止志	开			jɤw				

内	止	微尾未	开		jɜɯ					
内	止	微尾未	合		jwɜɯ					
内	遇	模姥暮	合	ɒ						
内	遇	鱼语御	开		jə					
内	遇	虞麌遇	合		jo					
外	蟹	泰	开	ai						
外	蟹	泰	合	wai						
外	蟹	咍海代	开	ăi						
外	蟹	灰贿队	合	ɒi						
外	蟹	佳蟹卦	开	εi						
外	蟹	佳蟹卦	合	wεi						
外	蟹	皆骇怪	开	ɛ̌i						
外	蟹	皆骇怪	合	wɛ̌i						
外	蟹	夬	开	æi						
外	蟹	夬	合	wæi						
外	蟹	祭	开		jĕi					

外	蟹	祭(重三)	合		jwěi					
外	蟹	祭(重四)	合		ɨwěi					
外	蟹	废	开		jei					
外	蟹	废	合		jwei					
外	蟹	齐荠霁	开		616	i				
外	蟹	齐荠霁	合			wi				
外	臻	痕很恨	开	ain						
外	臻	魂混恩没	合	œin				œit		
外	臻	臻榇	开		jǒn			jǒt		
外	臻	真轸震质(重三)	开		jən			jət		
外	臻	真轸震质(重四)	开		ɨən			ɨət		
外	臻	欣隐焮迄	开		jəin			jəit		

外	臻	文吻问物	合		jon				jot
外	山	寒旱翰曷	开	an			at		
外	山	桓缓换末	合	ɶn			ɶt		
外	山	删潸谏鎋	开		ɛn			ɛt	
外	山	删潸谏鎋	合	wɛn			wɛt		
外	山	山产裥黠	开		ĕn			ĕt	
外	山	山产裥黠	合	wĕn			wĕt		
外	山	仙狝线薛（重三）	开		jen			jet	
外	山	仙狝线薛（重四）	开		ɿen				

外	山	仙猕线薛（重三）	合		jwen				jwet	
外	山	仙猕线薛（重四）	合		ɨwen				ɨwet	
外	山	元阮愿月	开		jěn				jět	
外	山	元阮愿月	合		jwěn				jwět	
外	山	先铣霰屑	开			in				it
外	山	先铣霰屑	合			win				wit
外	效	豪皓号	开	au						
外	效	肴巧效	开		ɛu					
外	效	宵小笑（重三）	开		jeu					

外	效	宵小笑（重四）	开		ieu				
外	效	萧篠啸	开			iu			
内	果	歌哿箇	开	ɑ					
内	果	戈果过	开		ɤ				
内	果	戈果过	合	wɤ	jɤ				
外	假	麻马祃	开	ɛ	jɛ				
外	假	麻马祃	合	wɛ					
内	宕	唐荡宕铎	开	ɑŋ			ɑk		
内	宕	唐荡宕铎	合	wɑŋ					
内	宕	阳养漾药	开		jəŋ		jək		
内	宕	阳养漾药	合		jwəŋ		jwək		

外	梗	庚梗映陌	开		ɛŋ	jɛŋ		ɛŋ	jek
外	梗	庚梗映陌	合		wɛŋ	wjɛŋ			wek
外	梗	耕耿诤麦	开		ɛ̆ŋ				ɛ̆k
外	梗	耕耿诤麦	合		wɛ̆ŋ				wɛ̆k
外	梗	清静劲昔	开			jɛŋ			jek
外	梗	清静劲昔	合			jwɛŋ			jwek
外	梗	青迥径锡	开			iŋ			ik
外	梗	青迥径锡	合			wiŋ			wik
内	曾	登等嶝德	开	ɑɯŋ			ɑɯk		
内	曾	登等嶝德	合	wɑɯŋ			wɑɯk		

摄内外	摄	韵	开合								
内	曾	蒸拯证职	开		jɤŋ					jɤk	
内	曾	蒸拯证职	合		jwɤŋ					jwɤk	
内	流	侯厚候	开	ɑu							
内	流	尤有宥	开		jɤu						
内	流	幽黝幼	开		jəu						
内	深	侵寝沁缉(重三)	开		jɤm					jɤp	
内	深	侵寝沁缉(重四)	开		iɤm					iɤp	
外	咸	谈敢阚盍	开	am				ap			
外	咸	覃感勘合	开	ăm				ăp			
外	咸	衔槛鑑狎	开	ɛm				ɛp			

外	咸	咸豏陷洽	开	ɐ̆m			ɐ̆p	
外	咸	盐琰艳叶（重三）	开		jĕm			jĕp
外	咸	盐琰艳（重四）	开		iĕm			
外	咸	严俨酽业	开		jem			jep
外	咸	凡范梵乏	合		jøm			jøp
外	咸	添忝㮇帖	开			im		ip

以上的协调构拟可以从音标上直接断定《切韵》音系音类的范畴，比如从开口度最大的 a、ɑ 就可以推断为一等韵，从开口度最小的 i、u 就可以推断为四等韵。拟音反映音类范畴是协调构拟的一个基本目的，这有利于进一步展开《切韵》音系和方言、周边语言的比较。协调原则不仅认为《切韵》系统韵书、韵图中的各种范畴代表音类的对立，而且认为这些对立范畴有语音描写特征的价值。协调构拟并不否认比较构拟的价值，比如把四个等理解成韵母主要元音的高低，一开始就参考了四个等的字音在方言中的大致分布。根本区别在于，一旦认定四个等为舌位的四级高低，协调构拟就把这种区分贯彻下去。目前条件下进行直接的比较构拟还存在困难，这首先需要对现代汉语方言和周边语言汉语借词

的时空层次有充分的研究,需要区别方言分化过程中保存的对立和方言接触过程带来的对立,需要判定现代方言的某个读音是古代语音的体现还是后来产生的变化。

16.基于异质性的上古音构拟

　　Karlgren 对上古音的构拟做了很多开创性的工作,但到目前为止,由于没有类似中古反切这样的条件,上古音缺少完整的音节表,因此上古音系统是一个不自足的系统,即上古音系统无法通过上古文献独立获得。和中古音研究的完善程度相比,上古音的研究还很薄弱。首先,上古音的音类还不是很清楚。中古音有反切,通过反切可以得到中古音的音节,通过反切的系联基本上可以得到声母、韵母和声调。中古还有韵图,可以通过韵图大致弄清楚声母和韵母的聚合关系和组合关系。加上中古的韵文和其他文献材料,中古音的音类系统目前应该说是比较可靠的。上古音的材料并不充分。通过先秦韵文材料的押韵和汉字的谐声所得到的只是韵部而不是韵母,所以介音的信息不清楚。至于拿谐声来确定声母,也还存在很多问题。有人考虑直接通过方言的比较建立原始汉语,这样的做法和通过比较构拟获取《切韵》音系遇到的困难一样,因为方言接触现象错综复杂,在很多情况下我们无法断定对立的音类是原始汉语中存在的还是后来接触形成的。目前有不少学者把上古音的构拟锁定到了相当具体的音值和细节,越是细节的地方,分歧越大,这些构拟细节都是高度猜测性的。上古音的声母和韵母系统需要做深入的研究,上古音的构拟更需要深入研究。

　　20 世纪 70 年代以前的中国历史语言学很少考虑历史演变中的异质因素,很少考虑历史变化和结构的关系,很少考虑系统之间接触后导致的历史变化,历史语言学研究的深度和广度都受到了影响。70 年代以后,异质历时研究得到了广泛深入的展开。由于中国语言、方言众多,同一空间的人口层次复杂,语言接触和方言接触广泛存在,语言和方言都存在丰富的变异。考虑到前面所讨论的语言、方言接触的复杂性,现代语言或方言之间的有些对立可能是接触的结果。另一方面,现代语言或方言不对立的音,上古未必不对立。如何区分是古代语言保留的对立还是语言接触导致的对立,是重构古代语言形式最根本的问题。因此,语言接触规律并不能简单看成语言分化规律的补充,两者实际上对认识语言演变具有同等重要的作用。这就使得我们必须同时在语言接触规律和语言分化规律的条件下重新考虑汉语上古音构拟的基本方法和原则,并重新考虑古代文献的重要价值。

前面讨论叠置音变时我们看到,现代方言中音类的对立不仅仅是古代语言音类对立的保留,也有可能是方言的叠置和语言接触的结果,要完全根据现代方言或语言中所保存的对立来构拟古代语言的对立,可能形成过度构拟或过度重构。比如,如果在北京话和成都话之间建立对应规则,就会有多套对应规则出现。这些对立带来的几套对应同样很严格。仅仅以声调为例,就可以在成都话2调和北京话之间建立如下几套对应:

	例子	成都	北京
2 对应 1	踢	thi²	thi¹
	郭	ko²	kuo¹
2 对应 2	伯	pɛ²	po²
	滴	tsɛ²	tṣɤ²
2 对应 3	脊	tɕi²	tɕi³
	百	pɛ²	pai³
2 对应 4	迫	phɛ²	pho⁴
	魄	phɛ²	pho⁴

这四套对应都同样能得到很多材料的支持。正因为如此,我们才很难分清北京话和成都话清入字四套对应中哪一套是北京话原有的,哪一套对应需要重建到原始北方汉语中。如果把这些对应都拿来重构原始北方方言,就会出现过度重构。构拟上古音也存在类似的问题。

因此,考虑到方言叠置和语言接触的复杂性,在有古代文献的条件下,应该把语文学的方法和历史比较法充分结合起来,以避免过度重构。在古汉语构拟方面,古代文献材料如果性质清楚,和现代方言具有同样重要的价值。但如何利用文献材料,一直有方法论的分歧。下面从上古音构拟出发,对语文学的方法做一些讨论,主要集中讨论上古音构拟应该满足的一些基本原则,然后给出上古音构拟的调整方案以体现我们的方法论态度。这只是一种方法论分析,并不等于我们的方案是最终结果。为便于讨论,我们主要以王力的上古音系统和构拟为参照,理由在于王力的系统是从 Karlgren 系统出发的,而郭锡良的《汉字古音手册》依据王力的体系,对每个字的归部及其声母等呼条件做了比较细致的处理,为讨论各种方法提供了基础。上古音研究不仅存在音系、音值的问题,还存在每个字归部等问题。后一个问题在历史比较中是相当突出的。当然,必要的时候我们还会吸取已经有的其他研究成果对字的归类加以调整。

16.1 上古音和中古音的关系

构拟上古音的方法可以分成三种。一种是直接从现代汉语方言的对应来构拟上古音,Norman(1974)对原始闽方言的构拟属于这种方法。在没有古代语言文献可利用或古代文献没有办法解释的条件下,这是不得不使用的一种方法,但这种方法在汉语上古音构拟中所遇到的困难是如何区别现代有对立的音是上古已经存在的还是后来接触造成的。另一种方法是直接从上古的押韵、谐声或异读等方法来确定上古音音系。前面已经提到,这种方法是不充分的,因为押韵、谐声只能提供韵部的信息,至于介音、声母和声调,押韵没有办法确定,谐声则存在很多不确定因素,比如同谐声字在声母上的关系,由于缺乏材料,一直没有得到充分的论证。第三种方法是我们要重点讨论的方法。基本原则是:

1. 保留上古韵部研究已经取得的成果。
2. 中古音系有对立而上古没有对立的音类,上古有对立而中古没有对立的音类,都在上古音系中体现出来。

采取第三种方法是因为中古音系有严格的分韵和反切基础,又有等韵的旁证,是一个比较可靠的音系。上古音的研究由于声母、介音、声调等信息缺乏内部材料,上古音的构拟就需要充分依赖中古音系。上古音比较可靠的基础是韵部,所以上古音中韵的构拟有一个好的基础。其他部分的构拟,需要遵循上面提到的原则。其中第 2 条无非是遵守下面的基本原则:

中古音对立的音节,上古音一定要构拟成对立的音节,除非有文字类推、语音融合或语言接触等音系以外的证据证明对立是后来产生的。

如果不坚持这个原则,就会违背音变条件。比如,Karlgren 把喻三和喻四构拟成相同的上古音,就会遇到如何解释音变条件的问题。董同龢《上古音韵表稿·序》中特别提到了这一问题。这类违反音变条件的构拟在 Karlgren 的上古音中还有多处。后面我们都将重点遵循音变条件来讨论构拟。

16.2 上古韵母

由于清代学者在上古韵部分类上做了很多工作，上古韵部的构拟至少在音类上比较一致，分歧在于韵部的主要元音，这是音值构拟的问题。另外上古韵母中的介音，由于上古材料没有成系统的证据，也有分歧。下面分别讨论。

16.2.1 韵腹和押韵原则

《诗经》的押韵是上古汉语实证性最强的内部证据，构拟上古音的时候，不应该违背押韵的原则。

上古同一韵部的字，Karlgren 的构拟可以是不同的元音，他认为这些元音相似就行。他这样做的目的是想解释上古韵部到中古的语音分化条件。问题是元音相似不容易找到原则，相似到什么程度才可以押韵并不清楚。李方桂《〈切韵〉â 的来源》(1931)主张同一韵部的字只有主要元音都相同，押韵才有可能。王力《上古韵母系统研究》(1937)也提出了一个韵部只有一个主要元音的主张，并在《汉语史稿》中做了进一步论证。王力认为：

> 高本汉把上古韵部看做和中古韵摄相似的东西，那也是不合理的。例如《诗经·关雎》以"采""友"为韵，高本汉把它们拟成[tseg],[iug]，我们古代的诗人用韵会不会这样不谐和呢？《邶风·击鼓》以"手""老"为韵，高本汉把它们拟成[ciog],[log]，为什么"友"字不能和读音较近的"手"字押韵，反而经常和读音较远的"采"字等押韵呢？应该肯定：《诗经》的用韵是十分和谐的，因此，它的韵脚是严格的，决不是高本汉所构拟的那样。(P64)

李方桂、王力先生提出一个韵部只有一个主要元音的主张有充分的理由。目前我们一直在调查汉语和民族语言的押韵现象。从现在汉语各地方言的民歌看，押韵都要求主要元音相同、韵尾相同。这方面我们有比较多的田野调查的依据。《诗经》韵部是按照押韵归纳出来的，韵部的构拟必须要反映押韵的规律，Karlgren 的构拟方法不反映押韵的规律。后来董同龢、陆志韦的构拟方式也和 Karlgren 相似，同一韵部构拟的元音更多，和押韵的规律不一致。为了体现押韵的规律，我们主张同一韵部的字都构拟成相同的音，不仅韵尾相同，韵腹也相同。在前面讨论中古音的构拟时，我们坚持体现押韵的规律。一般地说，相互押韵的字,都应该有相同的韵腹和韵尾,这是我们遵守的一个原则。如果这个原则得不到充分的遵守,我们至少应该找出解释的理由。

概括地说,从现代汉语方言的押韵行为看,押韵不仅要求有相同的韵腹,还要求有相同的韵尾。我们可以概括一个韵部构拟的押韵构拟原则:

相同的韵部构拟成相同的音段组合,不同的韵部构拟成不同的音段组合。

构拟上古韵部需要解决的另一个根本问题是语音分化的条件问题。上古韵部发展到中古,呈现出变化多端的局面。尤其是等,一个韵部可以发展成中古的一、二、三、四等。比如上古之部的字,中古既有止摄的字,也有蟹摄、流摄等字,既有一等字,也有二等、三等字。要坚持上古同一个韵部的字韵腹、韵尾相同,等的对立就不能体现在韵腹、韵尾中,只能在音节的其他音段上体现,可能是在介音上,也可能是在声母上。

《切韵》分193韵。这些韵是否真能区别开,后人有不同的看法。我们认为即使当时口语中不区分有些韵,更早的某个时期的汉语一定有区分,所以不同的韵都构拟成不同的音段组合,这样一来,《切韵》兼顾方言对立的性质有利于我们观察比《切韵》成书更早的时间层面汉语音类对立信息。Karlgren把有些不同的韵构拟成相同的音段或音段组合,例如脂之两韵都做i,我们认为应该分开,很多学者也都主张分开。

如果承认《切韵》系统韵的复杂性,就需要解释从上古到中古韵部的分化条件。而要解释这些分化条件,又不能把上古同一韵部的韵腹构拟成多种不同的元音。有一种韵腹解决方案是用元音长短、松紧等特征来解释上古到中古的元音变化条件。比如Karlgren构拟的上古音中,主要元音中分长短、松紧。董同龢的上古音中,元音分松紧,以解释中古等、开合的变化。李方桂(1935)也认为《诗经》松元音和紧元音可以押韵,但在1968年的《上古音研究》中没有构拟松紧元音。王力《汉语史稿》用长短元音的区别来解释一部分上古入声字到中古变去声的条件,即长入变去声。就我们的田野调查情况看,有长短区别的韵,也是不押韵的。至于松紧对立的韵是否押韵,还缺少调查。我们暂时不在上古音同一韵部的构拟中区分韵腹元音的长短、松紧。

就目前的迹象看,现有的上古汉语韵部是一个押韵系统,同一韵部的字应该有相同的元音,这样上古的元音系统应该是比较简单的。在这样一个简单的元音系统中,要解释中古193韵的复杂变化,语音条件应该更多地到上古声母、介音和声调中去找。上古汉语很可能具有更为丰富的声调系统、介音系统和声母系统,大量的音节靠声调、介音和声母来区分,使得相对简单的韵部能够有足够的声母、介音和声调条件发展出中古复杂的韵母系统。

16.2.2 介音和等

有些学者构拟上古音或利用上古音时,并不考虑介音,只把条件限制在某母某部,即只考虑声类和韵部。这在训诂学中比较常见。但是,中古有等与开合的分别,即使把声调条件给出,上古韵部也无法解释开合、等的出现条件。比如上古帮母鱼部平声字:

字	上古声母	上古韵部	反切上字	反切下字	中古声母	中古韵	开合	等	声调	摄
巴	帮	鱼	伯	加	帮	麻	开	二	平	假
钯	帮	鱼	伯	加	帮	麻	开	二	平	假
芭	帮	鱼	伯	加	帮	麻	开	二	平	假
逋	帮	鱼	博	孤	帮	模	合	一	平	遇
晡	帮	鱼	博	孤	帮	模	合	一	平	遇
誧	帮	鱼	博	孤	帮	模	合	一	平	遇
夫	帮	鱼	甫	无	帮	虞	合	三	平	遇
肤	帮	鱼	甫	无	帮	虞	合	三	平	遇

中古产生了开、合、一等、二等、三等的差别,形成了不同的韵,如果上古不把开合、等的特征构拟出来,后来开合、等的出现就找不到条件。

仔细观察 Karlgren 的分析思路,他之所以把同一韵部的字构拟成不同的韵腹,是想在韵部中体现中古的等,好处是从音变规则上解释中古等的来源,但正如我们前面讨论过的,这样一来就违反了押韵规律。体现中古等的方式还可以通过介音来实现,这正是王力《汉语史稿》(1957)和李方桂《上古音研究》(1968)所采取的办法。王力、李方桂坚持押韵的字主要元音相同,所以开合、等的对立只能在韵头上解决,这个办法不能说是最令人满意的,但既不违反押韵规律,也不违反音变规则,具有逻辑上的一贯性。

我们后面尝试的上古音构拟也将采用介音来解释中古等、呼以及声母的复杂变化。三等、四等介音基本上遵循 Karlgren 中古音构拟的方式往上古推。二等在 Jaxontov(1960)构拟为 l 的基础上,构拟成 ɹ,以解释卷舌声母的来源,并体现其他周边语言的对音情况,同时坚持所有的介音为半元音。合口韵吸收 Karlgren 的意见,全部有一个 w 特征。李方桂把介音-r-和-w-都作为声母的成分,我们把介音都作为韵母的成分,理由是使得韵母聚合关系不违背前面提到的原则,也便于和民族语言展开比较。这两种处理方式各有理由,从语音对应的观点看是等价的。我们尝试上古开合、等的构拟如下(X 代表上古韵部):

	开	合
一等	-X	-wX
二等	-ɹX	-ɹwX
三等	-jX	-jwX
四等	-iX	-iwX

有了介音,我们就可以在不违反音变规律的前提下说明很多演变规则。比如,上古帮母条件下的鱼部到中古的演变规则:

在开口二等前变为中古麻韵;
在合口一等前变为中古模韵;
在合口三等前变为中古虞韵。

也有学者认为中古三等介音另有来源,比如 Pulleyblank(1962)就认为中古的介音是从长元音变来的。郑张尚芳(1987.4)找出了一些材料来证明三等介音来源于短元音。我们认为从元音的长短来解释介音的形成还会遇到一定的困难。在上面给出的上古鱼部字都是相互押韵的字,内部有等的差异,如果把等的信息构拟为长短特征,就需要承认长短音可以押韵。前面已经讨论过,长短音对立的韵一般是不押韵的。当然,把三等介音构拟成短音,也相当于把中古等的信息构拟到上古音节中了,不会抹掉音变条件。

16.2.3 重纽

陈澧《〈切韵〉考》根据系联法已经注意到后来称为"重纽"的问题。重纽是指在下面的声母和韵的条件下有两套反切趋势:

声母条件:喉、牙、唇音声母。

韵的条件:支、脂、祭、真、仙、宵、侵、盐三等韵①。(以平赅上去入)

中古的等韵著作《韵镜》《七音略》等把这两类不同反切的字分别列在三等和四等,形成重纽。举支韵平声几个字为例:

词	韵书	上字	下字	声母	韵	开合	等	声调	摄
陂	广	彼	为	帮	支	开	三(重三)	平	止
卑	广	府	移	帮	支	开	三(重四)	平	止
皮	广	符	羁	並	支	开	三(重三)	平	止
脾	广	符	支	並	支	开	三(重四)	平	止
䃰	广	符	支	並	支	开	三(重四)	平	止
糜	广	靡	为	明	支	开	三(重三)	平	止
弥	广	武	移	明	支	开	三(重四)	平	止

这里的支韵"帮、並、明"各自都有不同的反切,有的学者认为每一组中不同的反切是同音异切,比如"陂、卑"同音,但用了不同的反切。也有学者认为有对立,因此反切不同。我们认为既然等韵著作能够把两类反切分开,说明两类不同反切的字确实有对立。重纽的分布情况如下(B类表示重纽三等,A类表示重纽四等)②:

韵母	帮	滂	並	明	见	溪	群	疑	影	晓	匣	计数
支开三B	彼为	敷羁	符羁	靡为	居宜	去奇	渠羁	鱼羁	於离	许羁		10
支开三A	府移	匹支	符支	武移			巨支			香支		6
支合三B					居为	去为		鱼为	於为	许为		5
支合三A					居隋	去随				许规		3
纸开三B	甫委	匹靡	皮彼	文彼	居绮	墟彼	渠绮	鱼倚	於绮	兴倚		10
纸开三A	并弭	匹婢	便俾	绵婢	居氿							5
纸合三B					过委	去委	渠委	鱼毁	於诡	许委		6
纸合三A						丘弭						1
寘开三B	彼义	披义	平义		居义	卿义	奇寄	宜寄	於义	香义		9
寘开三A	卑义	匹赐	毗义		居企	去智			於赐			6
寘合三B					诡伪			危睡	於伪	况伪		4
寘合三A					规恚	窥瑞			於避	呼恚		4
脂开三B	府眉	敷悲	符悲	武悲	居夷		渠脂	牛肌				7
脂开三A		匹夷	房脂						於脂	喜夷		4
脂合三B					居追	丘追	渠追					3

---

① 孙玉文《中古尤韵舌根音有重纽试证》论证了舌根音的尤韵有重纽,台湾《清华学报》1994年24卷第1期。

② 这里要特别感谢中国人民大学赵彤教授多次为北大老师制作和升级《切韵》反切表。

韵	B/A									数
脂合三	A					渠隹		许维		2
旨开三	B	方美	匹鄙	符鄙	无鄙	居履	暨几	於几		7
旨开三	A	卑履		扶履						2
旨合三	B					居洧	丘轨	暨轨		3
旨合三	A					居诔	求癸		火癸	3
至开三	B	兵媚	匹备	平祕	明祕	几利	去冀	其冀 鱼器	乙冀 虚器	10
至开三	A	必至	匹寐	毗至	弥二		诘利			5
至合三	B					俱位	丘愧	求位	许位	4
至合三	A					居悸		其季	香季	3
祭开三	B					居例	去例	其憩 牛例	於罽	5
祭开三	A	必袂	匹蔽	毗祭				鱼祭		4
祭合三	B					居卫				1
真开三	B	府巾		符巾	武巾	居银	巨巾	语巾	於巾	7
真开三	A	必邻	匹宾	符真	弥邻			於真	下珍	6
真合三	B					居筠	去伦		於伦	3
轸开三	B			眉殒				宜引		2
轸开三	A		毗忍	武尽		居忍				3
轸合三	B						渠殒			1
震开三	B						去刃	渠遴 鱼觐	许觐	4
震开三	A	必刃	匹刃				羌印	於刃		4
质开三	B	鄙密		房密	美笔	居乙	巨乙	鱼乙 於笔	羲乙	8
质开三	A	卑吉	譬吉	毗必	弥毕	居质	去吉	於悉	许吉	8
仙开三	B					去干	渠焉	於干	许延	4
仙开三	A	卑连	芳连	房连	武延	居延				5
仙合三	B					居贠	丘圆	巨贠	於权	4
仙合三	A							於缘	许缘	2
狝开三	B	方免	披免	符蹇	亡辨	九辇	其辇	鱼蹇 於蹇		8
狝开三	A	方缅		符善	弥兖		去演			4
狝合三	B					居转	渠篆			2
狝合三	A						狂兖	香兖		2
线开三	B	彼眷		皮变				鱼变	於扇	4
线开三	A		匹战	婢面	弥箭		去战			4
线合三	B					居倦	区倦	渠卷		3
线合三	A					吉掾				1
薛开三	B	方别		皮列		居列	丘竭	渠列 鱼列	於列 许列	8
薛开三	A	并列	芳灭		亡列					3
薛合三	B					纪劣		乙劣	许劣	3
薛合三	A					倾雪		於悦		2
宵开三	B	甫娇			武瀌	举乔	起嚻	巨娇 於乔	许娇	7
宵开三	A		抚招	符宵				於霄		3
小开三	B	陂矫		平表		居夭	巨夭	於兆		5

韵类									
小开三A	方小	敷沼	符少	亡沼				於小	5
笑开三B	方庙			眉召		渠庙			3
笑开三A		匹妙	毗召	弥笑		丘召	巨要	牛召	於笑	7
养开三			毗养						1
养合三	分网	妃两		文两	俱往		求往	鱼两	於两	许两	8
侵开三B					居吟	去金	巨金	鱼金	於金	许金	6
侵开三A									挹淫	1
寝开三B	笔锦	丕饮			居饮	丘甚	渠饮	牛锦	於锦	许锦	8
寝开三A						钦锦				1
沁开三B					居荫		巨禁	宜禁	於禁	4
缉开三B	彼及		皮及		居立	去急	其立	鱼及	於汲	许及	8
缉开三A									伊入	1
盐开三B	府廉					丘廉	巨淹	语廉	央炎	5
盐开三A							巨盐		一盐	2
琰开三B	方敛				居奄	丘检	巨险	鱼检	衣俭	虚检	7
琰开三A						谦琰			於琰	2
豔开三B	方验							鱼窆	於验	3
豔开三A									於豔	1
叶开三B					居辄	去涉	其辄		於辄	4
叶开三A									於叶	1

以上值得注意的是：真开三重三重四有相同的反切下字"义"，脂开三有相同的反切下字"夷"，旨开三有相同的反切下字"履"，至开三有相同的反切下字"利"，震开三重三重四有相同的反切下字"刃"，仙开三重三重四有相同的反切下字"延"，薛开三重三重四有相同的反切下字"列"，笑开三重三重四有相同的反切下字"召"，寝开三重三重四有相同的反切下字"锦"，这说明这些重三重四的对立体现在声母上。同样，有些韵中重三重四有相同的反切上字，但反切下字不同，要保证这些字都是押韵的，这些重三字和重四字的对立就只能在介音上。

重三和重四应该是有对立的，主要理由在于：

    1. 同一个韵中重三和重四的字，切上下字不会同时相同。
    2. 系联的分组趋势在等韵图中有三等和四等的区别。
    3. 从日语、韩国语、越南语中的汉语借词情况看，重三和重四的字有对立。

既然《切韵》系统中的反切还保留了重三和重四的对立，根据音变规则，上古音也应该构拟成有对立的音。

其实自 Karlgren(1940)以来不承认《切韵》重纽有对立的学者，基本上承认这两类字在上古有对立，因为上古两类字不同部，比如"皮"（重三）属于上古歌部，"脾"（重四）属于上古支部。不过承认《切韵》重纽对立对构拟上古音是有意义的,这里需要澄清一个关于"等"的方法论问题。等的分析程序应该是,先系联反切,然后看每个韵中的反切下字分几类,最后确定每个韵可以分成几等。比如东韵分两类,其中一类在韵图中正好置于一等,另一类在韵图中正好置于三等,于是我们说东韵有一等和三等的分别。根据这种方法来分析支韵,系联结果显示反切下字有分成两类的趋势,韵图也分别置于三等和四等,那么支韵就应该有三等和四等两种情况。反切重纽这个名称反映了早期研究这类问题的一些误解。我们不能预先设定支韵只有三等,然后遇到系联实际结果有三等和四等两种情况时,就说是重纽。事实上《切韵》自身并没有分等。分等是《韵图》的行为,这些字既然韵图分列在三等或四等,这些字出现的韵就不应该说只有三等,然后又说有重纽。

把重三和重四分开,有一个关键理由,即上面提到的第三个理由,这就是日语、韩国语、越南语能体现韵图重三、重四的对立,都能分开,这方面经过很多学者的研究已经是很清楚的事实。但是,过去很多学者没有重视对音材料中重三和重四的对立价值,主要是对语言接触机制不十分清楚。根据我们对大量语言接触现象的观察,在同一个接触时间层面,凡是源语言不对立的音,借词一般不会对立,因此,借词如果有对立,一种可能是源语言本身有对立,另一种可能是不同时空层次的借用,或者借用时方言背景不一样。但是这种不同时空的借词对立在源语言汉语中通常找不到条件。现在域外借词的对立正好在韵图中找到了三等和四等的条件,这不是偶然的,可以肯定源语言就有对立。

章太炎《国故论衡·音理篇》已经注意到重纽和上古音的对应关系,不过章太炎并不认为中古重纽有语音对立。根据平山久雄(1997)的分析,日本学者有坂秀世(1935)、河野六郎(1937)已经认识到重纽和介音有关系,并且当时的研究已经相当深入。中国学者陆志韦(1939)也认为重纽有对立,但认为重纽的区别是主要元音的区别,这种观点无法解释重三重四互相押韵的事实。王静如(1941)认为主要是介音的区别,陆志韦(1947)也改变了态度,认为重纽是介音的区别。目前仍然分成元音区别说和介音区别说。我们认为,按照押韵的机制,重三和重四的对立就只能在介音或声母上,也就是说,《切韵》同一个韵下重纽的差别应该有两种可能,当反切上字相同时,对立应该在介音上;当反切下字相同时,对立应该在声母上。韵图按照三、四等的方式来处理重纽,不排除《切韵》韵书中介音或声母的对立在韵图中变成主要元音的对立。在上古音的构拟中,为了反映中古音重三和重四的对立和来源,应该把重三和重四分开,目前还没有证据证明重三和重四到底是声母的对立还是介音的对立,重三的介音可以暂时构拟为j,重四的介音可以暂时构拟为ɨ,但这两个介音属于声母还是韵母暂时不能确定。

前面提到,韵图中还有些置于二等或四等的字,通过《切韵》韵书反切下字的系联可以证明这些字属于三等。韵图置于二等或四等是有声母或韵类条件的,并不是胡乱放置,因此不排除这些字在特定的声母或韵类条件下确实为二等或四等。这些字的拟音可暂从《切韵》韵书反切出发,按照三等韵拟音,中古音和上古音都有j介音。

16.2.4　上古韵部拟音修订

根据以上讨论,作为一个方法论总结,我们尝试给汉语上古韵部拟音一个必要的修订([上古汉语拟音修订表]),基本要求是同一韵部的字韵腹和韵尾相同,不同韵部的字韵腹和韵尾不同。王力20世纪80年代后的上古音构拟采取了更为简化的方式,韵腹都构拟成单元音,我们也遵循这个方案,但元音不分长短。

[上古汉语拟音修订表]

1.之部 ə	2.职部 ək	3.蒸部 əŋ
4.幽部 u	5.觉部 uk	6.冬部 uŋ
7.宵部 o	8.药部 ok	
9.侯部 ɔ	10.屋部 ɔk	11.东部 ɔŋ
12.鱼部 a	13.铎部 ak	14.阳部 aŋ
15.支部 e	16.锡部 ek	17.耕部 eŋ
18.脂部 ei	19.质部 et	20.真部 en
21.微部 əi	22.物部 ət	23.文部 ən
24.歌部 ai	25.月部 at	26.元部 an
	27.缉部 əp	28.侵部 əm
	29.叶部 ap	30.谈部 am

以上冬部,王力作əm。为了保持阴阳入关系中元音的一致性,这里改成uŋ。冬部的韵尾构拟成m,为的是解释和侵部字的押韵,也是一种选择。

16.3 上古声母

Karlgren 率先通过谐声关系来探求上古声母。李方桂(1968)也利用了谐声关系，并提出了两个基本原则：

1. 上古发音部位相同的塞音可以互谐。
2. 上古的舌尖塞擦音或擦音可以互谐，不跟舌尖塞音相谐。

现在看来，声母和谐声关系异常复杂，这两个原则会遇到很多问题。以上两个方面只能作为声母谐声的主要倾向。探索上古声母的异读等其他材料比起谐声材料显得更不充分。截至目前公布的研究成果，我们只能说段玉裁的同谐声必同部(韵部)基本上是可以成立的原则。至于谐声和声母的关系，有效的规则目前并没有找到。而根据现代方言的对立重建上古音的方法，由于无法有效区分接触引起的对立和分化保留的对立，这些对立只能作为辅助参考材料。总之，由于上古声母研究缺少中古反切那样的内部自足材料，研究上古声母的基本原则目前还只能按照音变规律从中古往上推。上推的基本原则是中古音对立原则：凡是中古有对立的反切或音节，上古都必须构拟成不同的音节。在这一基础上，再参照谐声、异读、现代方言的对立等材料加以补充。上古声母与谐声的规律是一个需要深入研究的问题，还不能作为上古音声母研究的基础。

不可否认，中古有对立的音节也可能是语言接触引起的，何大安(2006)在这方面做过比较多的分析。如果我们有证据证明哪些对立是接触引起的，这些对立就不应该构拟到上古音系统中。还有些对立，我们并不清楚是否是接触引起的对立，只能暂时构拟到上古音系统中。这样做比根据现代方言的对立构拟上古音更保险一些，因为《切韵》音系比现代方言音系的记录时间早1000多年。

16.3.1 复辅音

Edkins(1874)最早提到中国古代有复辅音。Karlgren(1923)率先利用谐声字材料并制定一套原则构拟了一批复辅音。林语堂(1924)则在不了解Karlgren工作的情况下从异读等材料论证复辅音。目前关于有没有复辅音，以及复辅音应该怎么构拟，还在讨论中。考察下面谐声情况：

A类	B类
k:各格阁	l:路洛

如果我们不构拟复辅音,可以直接把上面的两组汉字的声母构拟成 k 和 l,这是直接从中古往上古推,好处是简洁,存在的问题是如何解释上面 k 类字和 l 类字相互谐声的问题,因为这里的声符都相同。复辅音的提出就是为解释谐声。Karlgren 在 *Word Family*(1933,P57—58)中提出了上古声母的三种可能的解释模式,联系到上面提到的单辅音模式,我们可以概括出有四种可能的解释模式:

	A 类	B 类
1	k:各格阁	l:路洛
2	kl:各格阁	l:路洛
3	k:各格阁	kl:路洛
4	kl:各格阁	gl:路洛

Karlgren 比较倾向用第四种模式来解释谐声关系,这样比较容易解释同谐声系列的字读音相近。董同龢《上古音韵表稿》(1944,P40)倾向于用第二种模式。也有的学者主张用第三种模式。王力(1957)用的是第一种模式。

以上四种模式的存在,说明用谐声来解释声母还不充分,需要有更多的证据锁定到底应该用哪一种模式解释。我们目前只能在《切韵》音系的基础上依照音变规则来上推上古声母,即前面所说的,凡是《切韵》对立的音节,上古必须是对立的音节,否则无法解释音变条件。好在上面四种方案中,每一种都区分了 A 类声母和 B 类声母的对立。但是,从整个音系看,构拟复辅音违反了协调性原则。这是目前构拟复辅音在方法论上遇到的最大问题。

第一种解释在音类上和《切韵》相当,没有增加声母对立,中古的 k、l 上古仍然是 k、l 两组。第二、第三种构拟会增加音类对立,即中古的 k、l 的两项对立在上古是 k、l、kl 三项对立。第四种构拟形成四项对立,中古的 k、l 在上古是 k、l、kl、gl 对立。考虑"各"和"洛"的关系,本来"各"声符的字只有两种声母读音,如果构拟复辅音,就会在见母和来母基础上形成新的声母对立,出现三到四套声母。以 Karlgren 的四套声母为例,并不限于 Karlgren 所列举的:

非复辅音			复辅音	
见母	k	哥个各格阁	k	哥、个
			kl	各格阁
来母	l	罗来路洛	l	罗来
			gl	路洛

声母之间的谐声自由度要大得多。王力《汉语语音学史》第一章有过讨论。比如：

声符	形声字	形声字
各	格阁	路洛
谷	俗	
岁	秒	
公	松	
区	枢	
丙	更	
川	训	

王力列举的很多例子值得我们考虑。实际上构拟复辅音的学者并没有把依据谐声构拟复辅音的原则贯彻到底，比如"各"和"路"用复辅音来区分，"公"和"松"有的学者并没有用复辅音区分，即使上面的字都用复辅音区分了，仍然存在很多类似关系的字需要区分。这就在方法论上出现了问题，即我们前面提到的方法论的不协调。如果根据协调原则把依据谐声构拟复辅音的方法贯彻到底，不仅因为上古汉语复辅音的构拟使得音值异常复杂，更需要注意的是复辅音的构拟会导致大量声母对立类的产生。正是由于依据谐声会使声母构拟异常复杂，用谐声材料构拟上古音声母还需要深入研究。所以在声母的构拟方面，一个稳妥的做法是根据音变条件从中古往上古推，将来或许可以解释"各"和"路"作为同一谐声系列的字所分化的条件，因为中古这两个字的韵和开合是不同的：

	韵书	上字	下字	声母	韵	开合	等	声调	摄
各	广	古	落	见	铎	开	一	入	宕
路	广	洛	故	来	暮	合	一	去	遇

开合的差异可能是"各"谐声字分化的直接条件。

但若穷尽举例，条件并不清楚。由于声母和谐声错综复杂的关系目前得不到解释，谐声原则主要应该限制在韵部研究方面。不可否认，谐声字的复杂关系是值得高度重视的，声母方面复杂的谐声关系留下了一个必须要回答的问题：为什么韵部方面谐声规律和押韵相当一致，即段玉裁观察到的"同声必同部"（同谐声字必同韵部），而声母方面却如此错综复杂。从现代新造的形声字看，主谐字和被谐字的声韵读音相当一致。以化学元素周期表中的新造形声字为例：

新造字	新造字读音	主谐字	主谐字读音	可类比谐声字	可类比谐声字读音
氢	qing^1			轻	
氟	fu^2	弗	fu^2		
氖	nai^3	乃	nai^3		
镁	mei^3	美	mei^3		
氯	ly^4	录	lu^4	绿	
氩	ya^4	亚	ya^4		
钙	gai^4	丐	gai^4		
钒	fan^2	凡	fan^2		
铬	ge^4	各	ge^4		
锰	meng^3	孟	meng^4	猛	meng^3
镍	nie^4	臬	nie^4		
锌	xin^1	辛	xin^1		
镓	jia^1	家	jia^1		
锗	zhe^3	者	zhe^3		
砷	shen^1	申	shen^1		
硒	xi^1	西	xi^1		
溴	xiu^4	臭	xiu^4		
氪	ke^4	克	ke^4		
锶	si^1	思	si^1		
钇	yi^3	乙	yi^3		
锆	gao^4	告	gao^4		
铌	ni^2	尼	ni^2		
钼	mu^4	目	mu^4		
锝	de^2			得	de^2
钯	ba^3			把	ba^3
镉	ge^2			隔	ge^2
铟	yin^1	音	yin^1		
锑	ti^1			梯	ti^1
碲	di^4	帝	di^4		
碘	dian^3	典	dian^3		
氙	xian^1	（先）	xian^1	仙	xian^1
铯	se^4	色	se^4		

以上有少数字，比如"锗"，古代已经出现，但并不是以zhe^{3}的声音出现，所以这里仍然算作新造字。类似的情况还有"铌、镉、锑"。

从现在的谐声机制观察，主谐字、可类比谐声字和被谐字的读音是高度一致的，除非被谐字找不到相同读音的主谐字和可类比谐声字。上古的谐声机制和现代谐声机制应该也基本相似。以"各"为主谐字构成的谐声系列，在谐声时代读音应该基本一致，原则上应该构拟成相同的音节。是什么原因使得同一组谐声系列的字变成基本保持韵部一致而声母不一致，这是上古音研究中最根本的问题，只有这样的问题弄清楚了，上古是否有复辅音的问题才会有明确的结果。

如果将来对谐声和声母的关系有一个可信的研究结果，对上古汉语声母的构拟肯定有很大的推动作用。

解决谐声问题应该考虑谐声机制。谐声的基本原则是新造字和声符的某个读音相同或相似。比如"尔（爾）"谐声系列常见的几种读音为：

1. 你、妳、瀰、鬩、俩、檷、鈩（鑈）
2. 尔、迩、薾、趰、嫻
3. 玺、鉨、壐
4. 弥、瀰、狝、祢、瀰、擟、壐、檷

这里从"尔"得声的有四种读音。考虑新造字："妳"。这个字选择了第一种 ni^3 音节的读音。再过 1000 年，我们不能因为要解释"妳"和"玺"的读音关系，就说 1000 年前"妳"的读音是复辅音 xni^3。

显然，这里最重要的问题是要解释为什么"尔（爾）"会发展出四种不同的读音。即使构拟复辅音，也没有回答为什么会有四种不同的读音，带来的后果却是声母的大量增加。没有复辅音之前和上面几个字相关的声母是四个：

n：你、泥、年。
ʔ：尔、迩、耳。
ɕ：玺、西、先。
m：弥、狝。

构拟复辅音后，系统发生了变化：

n：泥、年。
ʔ：尔、迩、耳。
ɕ：玺、西、先。
m：弥、狝。
xn：你、鉨、妳。

这时候声母由原来的 4 个变成了 5 个。由此可见，构拟复辅音一定要小心，因为这里不仅仅是音值的构拟，而且改变了原来的声母系统。

上古音的构拟存在类似的问题。在构拟复辅音之前,这些现象首先需要得到解释。

董同龢(1945)构拟了一个双唇清鼻音。李方桂(1968)构拟的鼻音、流音都有清浊两套,比如与明母谐声的晓母字"悔",构拟成 *hm。董同龢、李方桂依据的是谐声证据,有一定的解释力。留下的问题是,为什么相同的谐声系列字,上古"每"会是 m,而"悔"会是 *hm。这和上面提到的复辅音研究需要回答的问题是相似的。所不同的是,如果把鼻音、流音构拟成清浊两套,对立系统产生了变化,比如"晓"母字出现了 x 和 *hm 的对立。由于用谐声字研究声母的方法论原则没有得到充分论证,我们暂时没有给鼻音、流音设立清浊两套。

从现代金属字的造字过程看,主谐字、可类比谐声字和被谐字都有相同或很相近的读音,谐声时代也应该遵循这个原则,因此,在谐声时代,同一谐声系列的字音节应该相同或很相近。目前关于有无复辅音的争论并没有触及到背后更为根本的问题:为什么相同系列的谐声字组,会形成不同的声母?回答这个问题,对上古音的研究才是至关重要的。至于不同声母的形成是复辅音的结果还是单辅音的结果,都是次要的问题。如果相同的谐声字系列读不同的声母能够找到辅音以外的语音条件,则可以不构拟复辅音,由于"同声必同部",同谐声字韵部相同,所以辅音以外的音变条件很可能在介音上。还有一种可能,同一谐声系列的字后来出现不同的读音,是语言接触引起的。比如,由于傣语地区的汉族不区分 an 和 ang,所以可以自由地用"曼、芒"两个字记录傣语的 man[43](寨子),对于汉字"芒"来说,又获得了一个 man[43] 的读音,"亡"谐声系列字又多了一个读音。

16.3.2 腭化

上古音腭化跟中古的腭化有关系,我们先弄清中古腭化问题。在研究中古音时,Karlgren 认为见组、帮组的反切可以分成两套,一组和三等相拼,一组和一、二、四等相拼,原因是和三等相拼的声母由于受到三等韵前介音的影响产生了腭化。

如果不考虑腭化,《切韵》声母应该是 30 多个。Karlgren 中古音系有 47 个声母,多出的声母都是喉牙组、帮组腭化声母,但没有区分泥、娘,也没有把俟母独立出来。曾运乾再加上精组腭化音,共 51 个声类。下面做一个比较,带 j 的为腭化声母。

	清塞(擦)	送气清塞(擦)	浊塞(擦)	清擦音	浊擦音	鼻音	边音
	影 ʔ						
	影 ʔj						
牙音喉音	见 k	溪 kʻ	群 gj	晓 x	匣 ɣ	疑 ŋ	馀 ʎ
牙音喉音腭化	见 kj	溪 kjʻ		晓 xj	匣 ɣj	疑 ŋj	
舌音	端 t	透 tʻ	定 d			泥 n	来 l
舌音腭化							来 lj
	知 ʈ	彻 ʈʻ	澄 ɖ			娘 ɳ	
齿音	精 ts	清 tsʻ	从 dz	心 s	邪 z		
齿音腭化	精 tsj	清 tsjʻ	从 dzj	心 sj			
	庄 tʃ	初 tʃʻ	崇 dʒ	山 ʃ	俟 ʒ		
	章 tɕ	昌 tɕʻ	船 dʑ	书 ɕ	禅 ʑ	日 nʑ	
唇音	帮 p	滂 pʻ	并 b			明 m	
唇音腭化	帮 pj	滂 pjʻ	并 bj			明 mj	

其实,陈澧《〈切韵〉考》中已经发现,喉牙音、唇音、齿音都有分两组的趋势。赵元任(Chao,1941)提出介音和谐理论,认为反切上字分两组是一种趋势,即三等字的反切上字和一、二、四等的反切上字大体可以分成两组,三等字的反切注音用三等字做反切上字,是为了元音和谐,并不是绝对严格的。陆志韦(1947)、李荣(1956)也有这样的看法。邵荣芬《〈切韵〉研究》(1982)有一个统计数据:

	《王 三》			《广 韵》		
	甲+乙次数	甲乙互混次数	%	甲+乙次数	甲乙互混次数	%
帮	131	14	10.8	139	16	10.7
滂	99	15	16.2	115	20	17.4
并	140	7	5.0	144	6	4.9
明	138	19	13.8	142	20	13.9
来	143	12	8.4	154	14	9.1
精	127	31	24.4	132	27	20.4
清	106	24	22.6	112	22	19.6
从	102	31	30.4	106	17	15.6
心	126	8	6.3	130	6	4.6
见	244	2	0.8	247	2	0.8
溪	197	2	1.0	213	6	2.8
疑	152	2	1.5	165	5	3.0
晓	187	20	10.3	209	29	13.8
匣[①]	193	1	0.5	195	1	0.5
影	217	29	13.4	226	31	13.6
	2302	217	9.4	2429	222	9.1

其中甲为一、二、四等的反切上字,乙为三等的反切上字。从表中数据看,喉牙音、唇音混用比精组混用要低。总的混用情况接近10%。

在声母分类上,应该保持方法论的一致性,如果要根据j化给声母分组,不能只是见组、帮组分j化和非j化,精组都应该分j化和非j化,即曾运乾所采取的51声类的办法。另一种一致性的处理办法是声母都不分j化和非j化,这是李荣(1956)的办法。

其实可以不把j化反切上字单独作为一套声母,更主要的理由在于韵母的分等已经基本上能够把三等的音节和一、二、四等的音节区别开,也因此能够把j化和非j化的音节区别开。从音位系统的角度看,即使j化和非j化的界限是绝对明确的,由于两者是互补的关系,不单列j化声母也是一种处理方案。

我们主张《切韵》系统声母构拟为37声母,这和李荣(1956)的36声母基本一致,即不把腭化声母列入,和李荣(1956)36声母的区别在于我们主张把泥、娘分开。我们的依据是构拟的协调性,既然端组和知组分开,泥和娘也应该分开。

泥母和娘母的关系,历来有两种处理方式,一种是泥母和娘母分开,一种是合并。泥母和娘母的关系跟端组和知组的关系相当,邵荣芬(1982,P33)、麦耘(1991)已经提供了很多证据。端组和知组是互补的,泥和娘的关系也是互补的。目前大多数学者端组和知组都是分开的,但泥母和娘母不分。我们认为泥母和娘母也应该分开,否则在处理上就不一致。

日母和娘母是对立的,比如"茸",而容切,"浓",女容切,下面再讨论。但日母和泥母不对立。如果泥母和娘母分开,日母归入泥母对系统也没有影响。但从等韵学的声母排位来看,日母和泥母、娘母的音值区别比较大,所以《切韵》系统中日母要独立出来。这也是大家的共识。

为了体现等韵的性质,娘母构拟成和知组发音部位相当的鼻音。日母构拟成和章组同部位的鼻音。

有了对中古音的认识,上古声母我们也不列腭化声母,这一点和王力、李方桂一致。至于泥母和娘母,由于上古只有端组,知组并入端组,所以泥、娘也合并。但日母和娘母在中古有对立,上古音应该保持日母和娘母的对立。

16.3.3 日母和娘(泥)母的对立

章太炎在《国故论衡(上)》(P25—28)中认为上古没有娘、日两母,都应该归入泥母。日母和泥母的字经常互谐。要依据谐声来构拟声母还有困难,比如,从"如"声的字分属泥娘日。王力《汉语史稿》(P75)认为日母是有的。我们同意王力的意见,并进一步给出一个对立的理由。比较下面《切韵》系统中对立的反切材料:

汉字	日母	汉字	娘母
茸	而容切	浓	女容切
尔迩	儿氏切	旎	女氏切

日母全是拼三等字。这里的材料是同行反切下字相同,上字不同,形成上字对立,也即日母和娘母对立,这种对立在现在很多方言中都有保留。由于日母和娘母在中古有对立,如果上古没有对立,就不能解释中古对立的音变条件,因此日母和娘母在上古不能归成同一声母。尽管对立的情况很少,也需要分成不同的声母。对立的原则就是,两个音子只要有一处对立,都要分属不同的音位。至于上古文献中有混用的现象,可能有方言的差异。

16.3.4 上古声母表

根据以上理由,上古声母仍以王力后期修订为准:

	清塞(擦)	送气清塞(擦)	浊塞(擦)	清擦音	浊擦音	鼻音	边音
	影 ø						
牙音喉音	见 k	溪 k'	群 g	晓 x	匣 ɣ	疑 ŋ	徐 ʎ
舌头音	端 t	透 t'	定 d			泥 n	来 l
舌上音	章 ȶ	昌 ȶ'	船 ȡ	书 ɕ	禅 ʑ	日 ȵ	
齿音	精 ts	清 ts'	从 dz	心 s	邪 z		
	庄 tʃ	初 tʃ'	崇 dʒ	山 ʃ			
唇音	帮 p	滂 p'	并 b			明 m	

和中古比较,上古的端组和知组不分。上古舌头舌上不分钱大昕已经做过论证。端组和知组可以合并是没有问题的,因为到中古的分化可以从等上找到条件,一、四等变为中古的端组,二、三等变为中古的知组。由于我们在上古音的构拟中使用了中古音变条件开合与等,所以端组和知组的分化条件已经构拟到上古音系中。

徐母(喻四),也有学者认为是 l,而来母为 r,有一定的道理。我们没有做改动,不会影响系统性。宋人36字母中的喻母,按照《切韵》的反切上字系联可以分成两类,韵图分别排列在三等和四等(见董同龢《上古音韵表稿》):

  韵图排列在三等的:于、王、雨、为、羽、云、永、有、筠、云、远、韦、洧、荣;

  韵图排列在四等的:以、羊、余、馀、与、弋、夷、翼、营、移、悦。

  郭锡良《汉字古音手册》喻四这类字都标作三等,但馀母是构拟到上古音中的,能反映出对立。为了反映上古到中古的演变条件,我们的上古音构拟中不仅有馀母,也标出三、四等的区别。

16.3.5　上古声母及其和中古声母的关系

  根据以上讨论和对声母的修订,下面给出上古音和中古音的关系表:

上古	中古(《切韵》)	条件
帮	帮	
滂	滂	
並	並	
明	明	
端	端	一、四等
透	透	一、四等
定	定	一、四等
泥	泥	一、四等
来	来	
端	知	二、三等
透	彻	二、三等
定	澄	二、三等
泥	娘	二、三等
章	章	
昌	昌	
船	船	
书	书	
禅	禅	
庄	庄	
初	初	
崇	崇	
山	山	
精	精	
清	清	

从	从	
心	心	
邪	邪	
见	见	
溪	溪	
群	群	
疑	疑	
影	影	
晓	晓	
匣	匣	一、二、四等[①]
匣	喻三(云)	三等
馀	喻四	

16.4 上古声调

16.4.1 从音变规则看上古四声

中古有四声，上古有无声调有争议。从音变规则看，目前我们还不能从语音条件上看出中古四声的来源。比如：

字	上古声母	上古韵部	反切上字	反切下字	中古声母	中古韵	开合	等	声调	摄
夫	帮	鱼	甫	无	帮	虞	合	三	平	遇
肤	帮	鱼	甫	无	帮	虞	合	三	平	遇
夫	帮	鱼	甫	无	帮	虞	合	三	平	遇
甫	帮	鱼	方	矩	帮	麌	合	三	上	遇
甫	帮	鱼	方	矩	帮	麌	合	三	上	遇
脯	帮	鱼	方	矩	帮	麌	合	三	上	遇
黼	帮	鱼	方	矩	帮	麌	合	三	上	遇
赋	帮	鱼	方	遇	帮	遇	合	三	去	遇
傅	帮	鱼	方	遇	帮	遇	合	三	去	遇

[①] 《切韵》匣母仍然有几个字属于三等。

这里列举的上古帮母鱼部的几个字,即使把开合和等的条件给出,也不能解释为什么会有不同声调产生。因此,在构拟上古音时,必须满足下面两个条件之一:

    1. 给上古音构拟出声调。
    2. 给上古音构拟出声调赖以形成的音类或音类条件。

只有满足以上两个条件之一,才不会违背语音演变的规则。

16.4.2 阴入通押

上古韵部的分合到王力时已经比较细致了,但仍然有少数通押的现象。郭锡良曾在《也谈上古韵尾的构拟问题》(1987,P342)中,根据王力先生的《诗经韵读》全面讨论了阴、阳、入三类韵通押和合押的情况,对-k尾六个韵部的阴、入通押做了一个统计表(前一数字为阴、入两部总押韵数,后一数字为阴、入通押数,百分比为通押百分比):

    之职   283:17   占6.1%弱
    幽觉   157:5   占3.2%弱
    宵药   77:7   占9.1%弱
    侯屋   61:3   占4.9%弱
    鱼铎   212:16   占7.6%弱
    支锡   25:1   占4%

-t尾入声韵质部、物部和阴声韵脂部、微部也有五次通押,还有一次歌、锡通押。总之,从阴、阳、入三分的观点来看,诗韵阴、入通押的比例最多也不会达到1/10,谐声也是如此。

Karlgren把歌鱼侯以外阴声韵构拟成收浊塞音韵尾的韵,目的之一是想解释阴入通押问题,即浊塞音韵尾的韵和清塞音韵尾的韵是可以通押的。他认为阴声韵(即开口韵)和入声韵(即收塞音韵尾的韵)是不能通押的。就我们对现在的诗歌押韵初步调查结果看,这个认识是有类型学依据的。后来Simon(1924)、董同龢(1944)、陆志韦(1947)、李方桂(1968)等都有这种思路。陆志韦、李方桂把阴声韵都构拟为浊辅音韵尾,当然,李方桂也谈到,由于上古音构拟了声调,阴声韵和入声韵已经分开,韵尾的清浊对立是否存在也不一定。但是,从类型学的调查结果看,Karlgren的构拟和下面两个重要事实有冲突:

    1. 收浊塞音韵尾的韵和同部位收清塞音韵尾的韵仍然是不能通押的。
    2. 一个语言全部是闭音节的情况几乎是没有的。

我们对现在的诗歌押韵调查结果显示,韵尾不同韵腹相同的押韵情况在一定条件下可以出现,这就是语言接触中的母语干扰或母方言干扰。比如郭沫若在《天上的街市》这首诗中,"星、灯、品"押韵,在北京话中"星、灯"是后鼻音韵尾,"品"是前鼻音韵尾,在郭沫若的乐山方言中,都是前鼻音韵尾。又如云南彝族的马帮小调:"山上有个泥娃娃,山下有个水塘塘,马帮师傅一声吼,山前山后开红花。"这里的"娃、塘、花"押韵,因为彝族说的汉语把"塘"读成 t'a^{31}。根据这些现象,我们依照王力的意见,阴声韵基本不构拟辅音韵尾,这样就避开了一个语言全是闭音节或绝大部分是闭音节的情况。为了解释阴入互相押韵的特殊情况,需要定出一个最基本的原则:通押的阴声字和入声字韵腹应该相同。

概括一下这里的理据要点。如果把阴声韵构拟成不带辅音韵尾的韵,只需要解释阴入相互押韵的可能性;如果把阴声韵构拟成带辅音韵尾的韵,不仅要解释阴入互相押韵的可能性,还得承认世界上存在全是闭音节的语言。承认后者缺乏类型学依据,因为全是闭音节的语言至今还没有找到。至于开音节(阴声韵)和闭音节(入声韵)的通押、不同辅音韵尾韵之间的通押,仍然是一个需要深入研究的问题。Pulleyblank(1962)论证去声有-s尾,上声有-ʔ尾,是一个新的解释,留下的问题是-s尾和-ʔ尾的字能否和零韵尾的字押韵。

16.4.3　去声

《切韵》系统有些阴声韵的字,上古和入声有关,比如"解":
《大雅·韩奕》一章押"解(蟹韵)易辟"。
《鲁颂·閟宫》三章押"解帝"。
《商颂·殷武》三章押"辟绩辟适解"。

其实《诗经》押韵中"解"只跟入声字押韵,应该归入入声字。这里的理由王力(1957,P102)、郭锡良(1987)已经讨论得很充分。留下的问题是,这类字后来变成了阴声韵,演变条件是什么,为什么其他的入声字没有变成阴声韵?王力区分长入短入,认为长入字后来归并到去声。

概括地说,中古的去声,有一部分字是从上古入声演变过来的,这部分字来源于入声的证据可以概括为:
1.《诗经》中和入声字押韵。
2.有些去声字有入声变异读音。
3.和入声字谐声。

前面提到,关于这部分字的变化条件,王力认为是长入字。这就是说,长入和短入可以押韵。目前押韵类型的调查还不多,但就我们调查到的有长短对立的语言材料看,长入和短入的押韵情况很少见。要合理地解释这些既押韵又有分化的条件,我们认为把这些字构拟成有不同的声调是比较好的选择。可以把中古归入去声的上古入声记录为类 9 调和类 10 调,类 9 调的字相当于王力构拟的清声母长入字,类 10 调的字相当于王力构拟的浊声母的长入字。不排除类 9 调和类 10 调的对立是声母或介音特征的对立。

王力等学者用长短音作为条件来解释中古的变化,长入变去声。这样的处理有助于解释演变条件,长入字中古变去声:

上古字	上古音	声类	韵部	中古音	声母	开合	等	韵	声调
豹	*pɹaːuk	帮	药	pau⁵	帮	开	二	效	去
肺	*phjwaːt	滂	月	phĭwɐi⁵	滂	合	三	废	去
带	*taːt	端	月	tɑi⁵	端	开	一	泰	去
对	*twəːt	端	物	tuɒi⁵	端	合	一	队	去
灶	*tsəuːk	精	觉	tsɑu⁵	精	开	一	号	去
告	*kəːuk	见	觉	kɑu⁵	见	开	一	号	去
爱	*ʔəːt	影	物	ʔɒi⁵	影	开	一	代	去

我们同样也可以尝试用声调来解释变化条件,以"识"的两个读音为例:

字	上古声母	上古韵部	上古音	类声调	反切上字	反切下字	中古声母	中古韵	开合	等	中古声调	摄
识	章	职	tjək	9	职	吏	章	志	开	三	去	止
识	书	职	ɕjək	7	赏	职	书	职	开	三	入	曾

即类 9 调的字变成了去声。

从现存汉族民歌以及流行歌曲的押韵情况看,韵不同,通常不能押韵,声调不同,则可以押韵。从这个角度看,《诗经》中不同声调的字相互押韵,也可能是押韵方式允许这样,不一定是相同的韵脚一定有相同的声调。构拟上古声调的理由主要在于中古有声调对立,并不在于《诗经》押韵是否在声调上一致。

王力《汉语史稿》(P103)还谈到部分去声由平声和上声发展出来,王力当时没有给出这些字后来发展出去声的条件。比如"上",上古为禅母阳部,只构拟成一个音。《切韵》系统中有两个反切,时掌切和时亮切,一个是上声,一个是去声。根据王力的构拟,上古只有禅母阳部读音,如何解释《切韵》上声和去声两个读音?要不违背音变规则,《切韵》两个反切的出现就应该有音变条件,上古音应该有一个导致这些字出现去声的音类信息。

去声的音值还不能最后落实,Haudricourt (1954)研究了越南语的声调和汉语借词,认为去声有-s尾,之后Pulleyblank (1962)根据梵汉对音支持这一看法。梅祖麟(1980)、郑张尚芳(1994)根据对音材料也认为去声有-s尾。丁邦新(1982)提出了异议。汪锋(2006)后来的调查发现正例和反例相当。这个问题还需要深入研究。如果去声真有-s尾,去声和其他声调相互押韵的现象还需要进一步解释。

16.4.4 上古类声调及其和中古声调的关系

由于汉语诗歌押韵的条件限制主要是韵而不是调,试图通过押韵来区分上古汉语的调类有困难。区分上古声调或声调赖以实现的条件,最根本的方式是音变规则:由于《切韵》存在声调对立,如果找不出语音条件,上古汉语就必须构拟声调或声调赖以出现的语音条件。根据这个理由,可以把中古四声按照声调的清浊条件分成八类,用数字表示,奇数为清声调,偶数为浊声调。并进一步把这八类标记构拟到上古音中,以显示声调变化的条件。我们把这八个标记称为类声调标记,因为我们不能保证这八项特征在上古一定是声调,也可能是声母或介音的某些特征,但后来发展出的声调和这八个特征是有关系的,所以称为类声调。前面提到,有的学者主张声调的来源和元音长短、-s尾等有关系,无论这些方案是否可行,实际上也都承认声调的来源有音类条件。类声调的说法主要是给出声调形成的音类条件,以满足语音演变的规律性,并不肯定音值一定是声调。

为了解释部分去声字源于入声的问题,我们还进一步构拟出类9调和类10调,这两个调的字中古变成了去声,和孙玉文(1998)、唐作藩(2006)的五声说一致。9调跟清声母有关系,10调跟浊声母有关系:

上古类声调	中古声调
1	1(阴平)
2	2(阳平)
3	3(阴上)
4	4(阳上)
5	5(阴去)

6	6(阳去)
7	7(阴入)
8	8(阳入)
9	5(阴去)
10	6(阳去)

也有的学者(比如 Baxter,1992,P7)基于 Haudricourt(1954)的观点,认为声调是从声母前的辅音和韵尾后的辅音发展出来的。但是,正如前面讨论去声提到的,用韵尾辅音的差异来解释异调相押很困难,这等于承认不同的韵尾的韵可以押韵,就汉语的情况看,这在田野调查中很难观察到。

17. 汉藏区域语言的谱系关系

前面的分阶研究已经提到,现有的证据还不能证明汉语和台语有同源关系。那么汉语和藏缅语的同源关系是否成立？台语和哪些语言有同源关系？

17.1 汉藏关系字关联对应与有阶分布

前面提到,19世纪末西方有些学者认为汉语和藏缅语有同源关系,主要是以类型相似为标准。但是,近几十年的调查显示,语言接触会造成同一地域的语言在类型上相似,所以根据汉语和藏缅语之间的类型相似来断定汉语和藏缅语有同源关系是不能成立的,寻找同源词才是一个有效的路子。

20世纪上半叶,Laufer、Simon、Shafer、Benedict等学者陆续在汉语和藏语之间找出了几百个语音上有对应的词,他们认为这些对应词就是汉藏同源词。但是他们建立的语音对应规则还不严格,择词的标准也比较随意。从20世纪下半叶开始,Bodman、龚煌城、Coblin、俞敏等陆续在汉语和藏语、缅语之间找出了一批语音对应比较严格的关系词,其中龚煌城的对应标准最为严格。龚煌城、Bodman、Coblin、俞敏等学者认为这些汉藏对应词就是汉藏同源词。前面讨论过,语言的深刻接触也可以造成成批的对应词。严格的语音对应是语源研究的必要条件,并不是充分条件。这是历史比较语言学需要重视的问题。龚煌城等的研究给汉藏同源研究提供了一个必要条件,即这些对应语素由于是依据上古汉语和古藏语(或古缅语)的对应建立起来的,很可能是最早时间层面的对应语素。但是,如何判定这些最早时间层面对应语素是同源词而不是借词,仍然是一个没有解决的问题。

要确定语言的亲属关系,有两个前后相继的难关不能绕过。这两个难关是:

 1.全面比较两个语言的语素,建立系统的语音对应规则,确定最早时间层面的对应语素。

2.判定最早时间层面的对应语素是借用的结果还是同源的结果。

我们对上古汉语和藏文的核心对应语素所做的分阶研究支持汉藏同源的结论(陈保亚,1993)。我们的基本做法是,先建立上古汉语韵部和古藏语(以藏文为依据)韵部的关联对应,找出上古汉语和古藏语的关系语素,然后再将这些关系语素中的核心语素拿出来进行分阶研究,结果显示高阶的语素比例高于低阶的语素比例。

根据前面提到的关联对应原则,可以建立一套查核程序来完成汉语和藏语的韵部关联对应。先观察下面的对应:

morpheme	OCR	OC	OWT	CTN	CTF	Rank
坐	歌	$dzwai^4$	sdod	a ≡ o	i ≡ d	1st
伪	歌	$ŋjwai^6$	rŋod	a ≡ o	i ≡ d	
垂	歌	$zjai^2$	ɦjol	a ≡ o	i ≈ l	

(OCR:上古韵部;OC:上古音构拟;OWT:古藏文音标转写;CTN:汉藏辅音对应;CTF:汉藏尾音对应。符号≡表示对应,符号≈表示对应还未得到证实,Rank 一栏中 1st 表示高阶词,2nd 表示低阶词。)

以上 a ≡ o,i ≡ d,这两条对应是相互关联的,但 i ≈ l 是否能够上升到对应,该对应表体现不出来。于是在该对应表中可建立两条对应规则,并留下一条待核查的对应:

可建立的对应:a ≡ o,i ≡ d

有待查核的对应:i ≈ l

通过查核 i ≈ l,可以得到下面的对应表:

morpheme	OCR	OC	OWT	CTN	CTF	Rank
荷	歌	$ɣai^4$	sgal	a ≡ a	i ≡ l	
妥	歌	$thwai^3$	rnal	a ≡ a	i ≡ l	
垂	歌	$zjai^2$	ɦjol	a ≡ o	i ≡ l	
违	微	$ɣjwəi^2$	rgol	ə ≈ o	i ≡ l	

可建立的新对应:i ≡ l;a ≡ a

需要查核的对应:ə ≈ o

通过查核 ə ≈ o,可以得到下面的对应表:

morpheme	OCR	OC	OWT	CTN	CTF	Rank
违	微	$ɣjwəi^2$	rgol	ə ≡ o	i ≡ l	
围	微	$ɣjwəi^2$	ɦkhor	ə ≡ o	i ≈ r	

违	微	ɣjwəi²	rgol	ə ≡ o	i ≡ l	
胃	物	ɣjwət¹⁰	grod	ə ≡ o	t ≈ d	1st

可建立的新对应：ə ≡ o

继续查核的对应：i ≈ r；t ≈ d

通过查核 t ≈ d，可以得到下面的对应表：

morpheme	OCR	OC	OWT	CTN	CTF	Rank
胃	物	ɣjwət¹⁰	grod	ə ≡ o	t ≡ d	1st
脱	月	thwat⁷	lhod	a ≡ o	t ≡ d	
越	月	ɣjwat⁸	ɦgrodod	a ≡ o	t ≡ d	
悦	月	ʎjwat⁸	glod	a ≡ o	t ≡ d	
绝	月	dzjwat⁸	gtɕod	a ≡ o	t ≡ d	

可建立的新对应：t ≡ d

继续查核 i ≈ r，可以得到下面的对应表：

morpheme	OCR	OC	OWT	CTN	CTF	Rank
围	微	ɣjwəi²	ɦkhor	ə ≡ o	i ≡ r	
诽	微	pjwəi¹	phyar	ə ≈ a	i ≡ r	
飞	微	pjwəi¹	ɦphur	ə ≈ u	i ≡ r	1st

可建立的对应：i ≡ r

需要查核的对应：ə ≈ a；ə ≈ u

继续查核 ə ≈ a，可以建立以下的对应表：

morpheme	OCR	OC	OWT	CTN	CTF	Rank
诽	微	pjwəi¹	phyar	ə ≡ a	i ≡ r	
答	缉	təp⁷	btab	ə ≡ a	p ≡ b	
汁	缉	tjəp⁷	chab	ə ≡ a	p ≡ b	
泣	缉	khjəp⁷	khrab	ə ≡ a	p ≡ b	
立	缉	ljəp⁸	'khrab	ə ≡ a	p ≡ b	1st

可建立的对应：ə ≡ a；p ≡ b

继续查核 ə ≈ u，可以得到以下的对应表：

morpheme	OCR	OC	OWT	CTN	CTF	Rank
飞	微	pjwəi¹	ɦphur	ə ≡ u	i ≡ r	1st
三	侵	səm¹	gsum	ə ≡ u	m ≡ m	2nd
钦	侵	khəm¹	'gum	ə ≡ u	m ≡ m	
分	文	pjwən¹	bul	ə ≡ u	n ≡ l	
银	文	ŋjən²	dŋul	ə ≡ u	n ≡ l	
贫	文	bjən2	dbul	ə ≡ u	n ≡ l	

可建立的对应:ə ≡ u;m ≡ m;n ≡ l

通过以上关联程序,每个对应表中的对应都有了至少两个实例的支持,由此形成一个完整的关联组,即以上每个语素的韵腹和韵尾都得到至少两个实例的支持,于是我们说这些语素的韵部是完全对应的。在上古汉语韵部和古藏语韵部之间可以建立好几个关联对应组,全部有对应的语符如下:

morpheme	OCR	OC	OWT	CTN	CTF	Rank
蜂	东	phjwoŋ[1]	buŋ	o ≡ u	ŋ ≡ ŋ	
孔	东	khuoŋ[3]	khuŋ	o ≡ u	ŋ ≡ ŋ	
痛	东	thiwoŋ[5]	gduŋ(s)	o ≡ u	ŋ ≡ ŋ	
恶	铎	ʔak[7]	ʔag	a ≡ a	k ≡ g	2nd
赤	铎	ƫhjak[7]	khrag	a ≡ a	k ≡ g	1st
渡	铎	dwak[10]	daa	a ≡ a	k ≡ a	
百	铎	prak[7]	brgjaa	a ≡ a	k ≡ a	
攫	铎	kjwak[7]	hgog	a ≡ o	k ≡ g	
荷	歌	ɣai[4]	sgal	a ≡ i	i ≡ l	
妥	歌	thuai[3]	rnal	a ≡ a	i ≡ l	
坐	歌	dzwai[4]	sdod	a ≡ o	i ≡ d	1st
伪	歌	ŋwai[6]	rŋod	a ≡ o	i ≡ d	
垂	歌	ʑjai[2]	ɦjol	a ≡ o	i ≡ l	
争	耕	ƭɹeŋ[1]	ɦdziŋ	e ≡ i	ŋ ≡ ŋ	
领	耕	ljeŋ[4]	mdziŋ	e ≡ i	ŋ ≡ ŋ	1st
名	耕	mjeŋ[2]	miŋ	e ≡ i	ŋ ≡ ŋ	1st
雾	侯	mjwo[6]	smug	o ≡ u	o ≡ g	2nd
躯	侯	khjwo[1]	gzugs	o ≡ u	o ≡ gs	
寇	侯	kho[5]	rkuu	o ≡ u	o ≡ u	
候	侯	ɣo[6]	sgug	o ≡ u	o ≡ g	
昼	侯	tjo[5]	gdugs	o ≡ u	o ≡ gs	
咮	侯	tjo[5]	mtɕhuu	o ≡ u	o ≡ u	
斜	侯	ƭjwo[3]	btɕuu	o ≡ u	o ≡ u	
答	缉	təp[7]	btab	ə ≡ a	p ≡ b	
汁	缉	tɕəp[7]	chab	ə ≡ a	p ≡ b	
泣	缉	khjəp[7]	khrab	ə ≡ a	p ≡ b	
立	缉	ljəp[8]	'khrab	ə ≡ a	p ≡ b	1st
觉	觉	kɹuk[7]	dkrug	u ≡ u	k ≡ g	
毒	觉	dwuk[8]	dug	u ≡ u	k ≡ g	
笃	觉	twuk[7]	'thug	u ≡ u	k ≡ g	2nd
覆	觉	bjwuk[8]	phug	u ≡ u	k ≡ g	

粥	觉	tɕjwuk⁷	thug	u ≡ u	k ≡ g	
六	觉	ljwuk⁸	drug	u ≡ u	k ≡ g	
含	侵	ɣəm²	'gam	ə ≡ a	m ≡ m	
心	侵	sjəm¹	bsam	ə ≡ a	m ≡ m	1st
恁	侵	ȵjəm⁴	snyam	ə ≡ a	m ≡ m	
寝	侵	tshjəm³	gzim	ə ≡ i	m ≡ m	1st
三	侵	səm¹	gsum	ə ≡ u	m ≡ m	2nd
欽	侵	khəm¹	'gum	ə ≡ u	m ≡ m	
谈	谈	dam²	gtam	a ≡ a	m ≡ m	
汎	谈	phjwam⁵	bjam	a ≡ a	m ≡ m	
誹	微	pjwəi¹	phyar	ə ≡ a	i ≡ r	
水	微	ɕjwəi³	rtsii	ə ≡ i	i ≡ i	1st
围	微	ɣjwəi²	ɦkhor	ə ≡ o	i ≡ r	
违	微	ɣjwəi²	rgol	ə ≡ o	i ≡ l	
飞	微	pjwəi¹	ɦphur	ə ≡ u	i ≡ r	1st
焚	文	bjwən²	ɦbar	ə ≡ a	n ≡ r	1st
闻	文	mjwən²	njan	ə ≡ a	n ≡ n	1st
孙	文	swən¹	mtshan	ə ≡ a	n ≡ n	
洗	文	siən³	sel	ə ≡ e	n ≡ l	2nd
分	文	pjwən¹	bul	ə ≡ u	n ≡ l	
银	文	ŋjən²	dŋul	ə ≡ u	n ≡ l	
贫	文	bjən²	dbul	ə ≡ u	n ≡ l	
昏	文	xwən¹	mun	ə ≡ u	n ≡ n	
顺	文	ɖjwən⁶	dul	ə ≡ u	n ≡ l	
尊	文	tswən¹	btsun	ə ≡ u	n ≡ n	
敦	文	twən¹	ɦthuŋ	ə ≡ u	n ≡ ŋ	
钝	文	dwən⁶	rtul	ə ≡ u	n ≡ l	
颐	文	kən³	'gul	ə ≡ u	n ≡ l	
烛	屋	tɕjwok⁷	dugs	o ≡ u	k ≡ gs	
触	屋	tɕhjwok⁷	thug	o ≡ u	k ≡ g	
曲	屋	khjwok⁷	ɦgug	o ≡ u	k ≡ g	
胃	物	ɣjwət¹⁰	grod	ə ≡ o	t ≡ d	1st
滴	锡	tiek⁷	thigs	e ≡ i	k ≡ gs	
冈	阳	kaŋ¹	sgan	a ≡ a	ŋ ≡ ŋ	
张	阳	tjaŋ¹	than	a ≡ a	ŋ ≡ ŋ	
瀼	阳	ȵjaŋ²	naa	a ≡ a	ŋ ≡ a	
让	阳	ȵjaŋ⁶	gnan	a ≡ a	ŋ ≡ ŋ	
藏	阳	tsaŋ¹	bzaŋ	a ≡ a	ŋ ≡ ŋ	1st

藏	阳	dzaŋ²	gsaŋ	a≡a	ŋ≡ŋ			
囊	阳	naŋ⁴	gnaa	a≡a	ŋ≡a			
纺	阳	phjwaŋ³	phaŋ	a≡a	ŋ≡ŋ			
放	阳	pjwaŋ⁵	spaŋ	a≡a	ŋ≡ŋ			
量	阳	ljaŋ²	graŋ	a≡a	ŋ≡ŋ			
凉	阳	ljaŋ²	graŋ	a≡a	ŋ≡ŋ			
梗	阳	kɹaŋ³	khraŋ	a≡a	ŋ≡ŋ			
皇	阳	ɣaŋ²	goŋoŋ	a≡o	ŋ≡ŋ			
惶	阳	ɣaŋ²	ɦgoŋoŋ	a≡o	ŋ≡ŋ			
弱	药	ȵjok⁸	nyogog	o≡o	k≡g			
爚	药	ʎjok⁸	glog	o≡o	k≡g			
甲	叶	krap⁷	khrap	a≡a	p≡p			
叠	叶	diap⁸	ltap	a≡a	p≡p			
盍	叶	ɣap⁸	bkab	a≡a	p≡b			
蝶	叶	diap⁸	leb	a≡e	p≡b			
牒	叶	diap⁸	leb	a≡e	p≡b			
胞	幽	peu¹	phruu	u≡u	u≡u			
舟	幽	ʈju¹	gruu	u≡u	u≡u			
肘	幽	tju³	gruu	u≡u	u≡u			
收	幽	ɕju¹	sgrug	u≡u	u≡g			
手	幽	ɕju³	sug	u≡u	u≡g	1st		
柔	幽	ȵju²	nyug	u≡u	u≡g			
揉	幽	ȵju²	nyug	u≡u	u≡g			
九	幽	kju³	dguu	u≡u	u≡u			
舅	幽	gju⁴	khuu	u≡u	u≡u			
马	鱼	mɹa⁴	maŋ	a≡a	a≡ŋ			
且	鱼	tshja³	chaa	a≡a	a≡a			
巫	鱼	mjwa²	baa	a≡a	a≡a			
吾	鱼	ŋwa²	ŋaa	a≡a	a≡a	1st		
无	鱼	mjwa²	maa	a≡a	a≡a			
五	鱼	ŋwa⁴	lŋaa	a≡a	a≡a	2nd		
苦	鱼	khwa³	khaa	a≡a	a≡a			
除	鱼	dja²	dag	a≡a	a≡g			
如	鱼	ȵja²	njaa	a≡a	a≡a	2nd		
汝	鱼	ȵja⁴	naŋ	a≡a	a≡ŋ	1st		
睹	鱼	twa³	ltaa	a≡a	a≡a	1st		
父	鱼	bjwa⁴	phaa	a≡a	a≡a	2nd		
鱼	鱼	ŋja²	nyaa	a≡a	a≡a	1st		

17. 汉藏区域语言的谱系关系

语	鱼	ŋja⁴	ŋ/dŋag	a≡a	a≡g	1st
举	鱼	kja³	bkjag	a≡a	a≡g	
于	鱼	ɣjwa²	ɦgroo	a≡o	a≡o	
羽	鱼	ɣjwa⁴	sgroo	a≡o	a≡o	1st
芋	鱼	ɣjwa⁶	groo	a≡o	a≡o	
竿	元	kan¹	mkh/'kharar	a≡a	n≡r	2nd
乾	元	kan¹	khan	a≡a	n≡n	
捍	元	ɣan⁶	ɦgal	a≡a	n≡l	
展	元	tjan³	rdal	a≡a	n≡l	
颤	元	ʈjan⁵	ɦd/sdar	a≡a	n≡r	
缠	元	djan²	star	a≡a	n≡r	
灿	元	tshan⁵	mtshar	a≡a	n≡r	
难	元	nan⁶	mnar	a≡a	n≡r	
鲜	元	sjan¹	gsar	a≡a	n≡r	
产	元	ʂan³	srel	a≡a	n≡l	
霰	元	sian⁵	ser	a≡e	n≡r	
脱	月	thuat⁷	lhod	a≡o	t≡d	
越	月	ɣjwat⁸	ɦgrodod	a≡o	t≡d	
悦	月	ʎjwat⁸	glod	a≡o	t≡d	
绝	月	dzjwat⁸	gtɕod	a≡o	t≡d	
年	真	nien²	niŋ	e≡i	n≡ŋ	2nd
引	真	ʎjen⁴	riŋ	e≡i	n≡ŋ	
尽	真	dzien⁴	zin	e≡i	n≡n	
薪	真	sjen¹	ɕiŋ	e≡i	n≡ŋ	
憎	蒸	tsəŋ¹	sdaŋ	ə≡a	ŋ≡ŋ	
梦	蒸	mjwəŋ²	rmaŋ	ə≡a	ŋ≡ŋ	
蝇	蒸	ʎjəŋ²	sbraŋ	ə≡a	ŋ≡ŋ	
耳	之	ɳə⁴	rnaa	ə≡a	ə≡a	1st
母	之	mə⁴	maa	ə≡a	ə≡a	2nd
屎	脂	ɕjei³	ltɕii	e≡i	i≡i	
死	脂	sjei³	ɕii	e≡i	i≡i	1st
底	脂	tiei³	mthil	e≡i	i≡l	
织	职	ʈjək⁷	ɦthag	ə≡a	k≡g	
翼	职	ʎjək⁸	lag	ə≡a	k≡g	2nd
黑	职	xək⁷	smag	ə≡a	k≡g	1st
贼	职	dzək⁸	jag	ə≡a	k≡g	
至	质	ʈjet⁹	mchii	e≡i	t≡i	
虱	质	ʃjet⁷	ɕig	e≡i	t≡g	

日	质	njet[8]	njii	e≡i	t≡i	1st
四	质	sjet[9]	bzjii	e≡i	t≡i	2nd
吉	质	kjet[7]	skjid	e≡i	t≡d	1st
漆	质	tshjet[7]	tshii	e≡i	t≡i	
慄	质	ljet[8]	jig	e≡i	t≡g	2nd

根据韵部完全对应，我们找出了150个汉藏对应语素，其中有40个落在核心语素中。现在观察这40个核心语素有阶分布情况：

高阶核心词（第100核心语素）： 26
低阶核心词（第200核心语素）： 14

这种分布和我们调查同源语言核心语素分布的情况一致。

现在有两个问题需要讨论：一个是偶然对应问题，一个是接触问题。

先考虑偶然对应问题。由于我们是韵部的完全对应，介音、声母、声调都没有考虑，所以在音节上并不是完全对应。从我们给出的对应概率计算公式看（陈保亚，1994），韵部若能建立完全对应，能够比较充分地排除偶然对应，但并不能保证这150个语素中绝对不产生偶然对应。不过，少量的偶然对应不会改变核心语素有阶分布趋势。

再考虑接触问题。由于没有满足语素音形的完全对应，没有办法把对应限制在一个层次，有可能有不同时间层面的层次，即有可能有借词。不过，从接触的规律看，借词更多是分布在低阶，所以如果排除借词，高阶比例会更加显著：

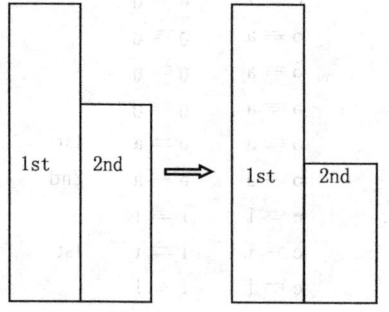

因此，我们认为上面40个核心语素的有阶分布显示汉语和藏语有同源关系。

龚煌城（1980）提出了164个汉藏对应词，他认为是同源词。龚煌城所建立的对应也是韵部对应，就当时的情况看，龚煌城的对应已经相当严格了，大部分可以满足我们所说的韵部完全对应的条件，但也有一部分不满足韵部完全对应。龚煌城的这些对应词有47个落在核心语素中，现在来观察这47个核心语素的有阶分布：

  高阶核心词（第 100 核心语素）： 29

  低阶核心词（第 200 核心语素）： 18

这种分布和我们调查同源语言核心语素分布的情况一致，也支持汉藏同源。

  龚煌城（1995）提出了新的汉藏对应词表，有几百个语素。这个词表不满足韵部完全对应的实例更多一些。这次的词表落在核心语素中的有 43 个，其有阶分布情况如下：

  高阶核心词（第 100 核心语素）： 27

  低阶核心词（第 200 核心语素）： 16

结果仍然是高阶核心词高于低阶核心词，支持汉藏同源。

  彝语是也是藏缅语中的重要一支，内部分歧大，显示出有久远的发展历史。如果汉语和彝语的语源关系能够得到充分研究，汉语和藏缅语的语源关系会有更多的讨论机会。最近我们根据几个大的彝语方言构拟了原始彝语（汪锋，2006；汪锋、陈保亚，2010），又在彝语、汉语之间建立最早时间层面的对应规则。我们通过有阶分析发现，彝语和汉语之间越是核心的词集，最早时间层面的对应词比例越高，显示汉语和彝语有同源关系。

  如果汉彝同源，而彝语又属于藏缅语，根据同源关系的可传递性，汉语和藏缅语同源。最近余德江（2014）做的汉缅关系词有阶分析研究，也支持汉缅同源。考虑到前面提到的汉语和藏语同源的核心语素有阶分布证据，现在我们可以比较有把握地说，汉语和藏缅语同源，国内外很多学者多年研究所依据的一个假设，应该是成立的。

17.2 澳台关系字关联对应与有阶分布

17.2.1 首音、腹音、尾音的切分和关联对应

  如果两个语言分化时间很长，即使在两个语言之间建立充分对应，有时候语素数量也显得不够，完全关联对应得不到满足。我们曾经把台语和汉语的音节分成声母、韵母和声调三部分进行比较，因此我们所说的汉语和台语的完全对应是指声母、韵母、声调都对应。这样一种建立在声韵调基础上的分析方法对实例

较多的情况来说比较合适,因为每个声母、韵母、声调下面都可以有很多实例来支持对应,但对于分化年代久远、关系语素已经相当少的语言,就会遇到一些困难,很多声母或韵母只有一个实例,无法判定对应,更谈不上完全对应。拿台语和南岛语的关系来说,从过去一些学者的研究成果以及我们所掌握的一些材料来看,即使台语和南岛语有同源关系,二者分化的时间也相当长,保留的同源语素也就不多。为了在这种情况下建立关联对应,比照上一节汉藏语比较的方法,我们把对应的音类分得更细一些,这样,每个音类下所辖的实例相对多一些,便于观察对应。考虑"月亮"这个项目:

德傣:lən⁶
印尼:bulan

印尼是两个音节,其中第二个音节有可比性,可拿这个音节比较。印尼的音节和德宏傣语的音节都可以分成首音、腹音和尾音:

	首音	腹音	尾音
德傣	l	ə	n
印尼可比音节	l	a	n

先看首音 l 和 l 对应的情况:

傣印首音对应	词项	德宏傣语	印尼语	傣印腹音对应支持	傣印尾音对应支持
l:l	月亮	lən⁶	[bu]lan	ə:a	n:n
l:l	舌头	lin⁴	li[dah]	i:i	n:0
l:l	深	lək⁸	[dje]luk	ə:u)	k:k
l:l	忘记	lɯm²	lu[pe]		

第一栏说明有四个实例支持首音 l 和 l 的对应,但这四个实例的支持力度并不一样。"月亮"一词除了在首音上对应,还能得到腹音对应支持和尾音对应支持,腹音是 ə 对应 a,尾音是 n 对应 n(详后)。"舌头"和"月亮"一样,也得到腹音对应支持和尾音对应支持。"深"只得到尾音对应支持,腹音对应的支持还不严格,ə 对 u 在整个傣语和印尼语的对应中只能找到一个实例,由于 ə 对 u 这种关系在音理上可以做出一些解释,随着今后实例的增加,可能会形成对应,凡是这种情况,在我们后面给出的有序对应规则表中,都在后面加上标记")"。"忘记"只在首音上对应,腹音和尾音都得不到对应支持。

再来看"月亮"在腹音上的对应:

17. 汉藏区域语言的谱系关系

傣印腹音对应	词项	德宏傣语	印尼语	傣印尾音对应支持	傣印首音对应支持
ə:a	月亮	lən⁶	bulan	n:n	l:l
ə:a	上面	pa³lə¹	atas		l:t

下面是"月亮"在尾音上的对应：

傣印尾音对应	词项	德宏傣语	印尼语	傣印腹音对应支持	傣印首音对应支持
n:n	月亮	lən⁶	bulan	ə:a	l:l
n:n	吃	kin⁶	makan	i:a)	k:k

由于"月亮"在首音、腹音、尾音上都能找到对应实例，我们说语素"月亮"满足完全对应。在上面的材料中，凡是证明首音对应时，都给出了对应实例在腹音和尾音上的对应情况；凡是证明腹音对应时，都给出了对应实例在首音和尾音上的对应情况；凡是证明尾音对应时，都给出了对应实例在腹音和首音上的对应情况。在后面的有序对应规则表中，我们都将这样排列对应，以便使每个语素在首音、腹音、尾音上的对应情况都显示出来，这样我们就很容易判定哪些满足完全对应，哪些不满足完全对应，不满足完全对应的实例属于哪种具体情况。比如从上面的首音 l 和 l 的对应中，可以看出"月亮、舌头"都满足完全对应，"深、忘记"不满足完全对应；在上面的腹音对应中，"上面"不满足完全对应；在上面的尾音对应表中，"吃"不满足完全对应。

概括地说，一个音节可以分成首、腹、尾，为了体现完全对应，我们列出的对应格式是（以首音为例）：

主对应	元音部位对应的关联	尾音对应的关联
首音	腹音	尾音

如果没有尾音，就以 0 来标记。

有些对应语素在德宏傣语和印尼语之间对应得很整齐，比如 t，但在原始台语和印尼语之间不对应。比如：

	原始台语	印尼语	德宏傣语	龙州壮语
门	*tu¹	pintu	la³tu⁶	tu¹
屁	*tlot⁷	qentut	tot⁹	tat⁷〔Tay〕
眼睛	*tra¹	mata	ta⁶	ha:1

这种情况有可能是因为实例太少，体现不出原始台语和现代印尼语之间的对应，也有可能是构拟的问题。为了解释龙州壮语中的 h，李方桂的构拟假定 t 和 tr

在现代方言中的差异在原始语言中就已经存在。其实还有另外一种可能:原始台语本来都是 t,龙州壮语后来在 a 前变成了 h。

17.2.2 傣印词根关联对应表

17.2.2.1 傣印首音对应

下表的阶分布一栏,1st 表示该语素属于第 100 核心语素,2nd 表示该语素属于第 200 核心语素。两组核心语素的划分请参看陈保亚(1994)和陈保亚、汪锋(2006)的讨论。

首音对应	词项	德宏傣语	印尼语	印尼词根	腹音关联对应	尾音关联对应	阶
k:g	双;对	ku⁶	gu	gu	u:u	0:0	
k:g	咬;叮;啃	kat⁷	gitgit	-git	a:i	t:t	1st
k:g	盐	kə⁶	garam	ga-	ə:a	0:0	2nd
k:k	吃	kin⁶	makan	-kan		n:n	1st
k:k	我	kau⁶	aku	-ku	a:u		1st
l:d	鼻子	hu² laŋ⁶	hiduŋ	-duŋ	a:u		1st
l:d	胆	li⁶	empedu	-du		0:0	
l:l	月亮	lən⁶	bulan	-lan	ə:a	n:n	1st
l:l	舌头	lin⁴	lidah	li-	i:i	n:0	1st
l:l	忘记	lum²	lupa	lu-			
l:l	深(水深)	lək⁸	djeluk	-luk	ə:u	k:k	
l:n	田	la²	tanah	-nah		0:0	
l:n	鸟	lok⁸	manuk	-nuk	o:u	k:k	1st
l:n	孩子;儿子	luk⁸ tsa:i²	anak	-nak	u:a	k:k	2nd
l:n	年轻;嫩	lum⁵	anom	-nom		m:m	
l:n	这	lai⁴	ini	-ni	a:i	i:0	1st
l:t	上面	pa³ lə¹	atas	-tas	ə:a		
l:t	老鼠	lu¹	tikus	ti-	u:i		
l:t	厚	la¹	tebal	te-		0:0	2nd
l:t	黑	lam⁶	hitam	-tam		m:m	1st
m:b	猪	mu¹	babi	-bi	u:i	0:0	
m:b	甘薯	man²	ubi	-bi	a:i	n:0	
m:b	果子	ma:k⁹	buah	buah		k:h	2nd
m:b	肩膀	ho¹ ma⁵ ; ma⁵	bahu	ba-	a:a	0:0	

续表

m:b	新	mau⁵	baru	ba-		t:t	1st
m:b	刀	mit⁸	sabit(镰刀)	-bit	i:i	t:t	
m:m	蚂蚁	mot⁸	semut	-mut	o:u	t:t	
m:m	来	ma²	mari	ma-	a:a	0:0	1st
m:m	你	mau²	kamu	-mu	a:u		1st
p:p	鱼	pa⁶	patin	pa-	a:a	0:0	1st
p:p	旋转	pan⁵; taɯn⁵	putar	pu-			
s:s	洗	suk⁸	basuh	-suh	u:u	k:h	2nd
s:s	你们	su¹	saudara	sau-	u:a		
t:t	眼睛	ta⁶	mata	-ta	a:a	0:0	1st
t:t	门	la³ tu⁶	pintu	-tu	u:u	0:0	
t:t	死	ta:i⁶	mati	-ti	i:0		1st
t:t	屁	tot⁹	qentut	-tut	o:u	t:t	
t:t	掉	tok⁹; tok⁹ ha:i¹（丢失）	jatuh	-tuh	o:u	k:h	2nd
x:k	右	xa¹	kanan	ka-	a:a	0:0	2nd
x:k	笑	xo¹	dekah	-kah		0:h	2nd

以上首音的对应是有区别的，有的能够得到腹音对应和尾音对应的支持，有的不能。凡是不能同时得到腹音对应和尾音对应支持的，都属于不完全对应。

17.2.2.2 傣印腹音对应

腹音对应	词项	德宏傣语	印尼语	印尼语根	首音关联对应	尾音关联对应	阶
a:a	田	la²	tanah	-nah	l:n	0:h	
a:a	右	xa¹	kanan	ka-	x:k	0:0	2nd
a:a	鱼	pa⁶	patin(鲶鱼)	pa-	p:p	0:0	1st
a:a	芝麻	ŋa² lo³	ləŋa	-ŋa		0:0	
a:a	眼睛	ta⁶	mata	-ta	t:t	0:0	1st
a:a	肩膀	ho¹ ma⁵; ma⁵	bahu	ba-	m:b	0:0	
a:a	腿	xa¹	paha	-ha		0:0	2nd
a:a	细糠	ham²	sekam	-kam	m:m		
a:a	灰	tau⁶	pirau	-rau		u:u	1st
a:a	来	ma²	mari	ma-	m:m	0:0	1st
a:a	黑	lam⁶	hitam	-tam	l:t	m:m	1st

续表

a:a	晚上	ka:ŋ⁶ xam⁶	semalam	-malam		m:m	1st
a:a	树枝	xa⁶;ŋa⁶	tɕagak	-gak			
a:i	火	fai²	api	-pi		i:0	1st
a:i	甘薯	man²	ubi	-bi	m:b	n:0	
a:i	种子	fan²	bibit	bi-		n:0	1st
a:i	梦	fan¹	mimpi	-pi		n:0	
a:i	这	lai⁴	ini	-ni	l:n	i:0	1st
a:i	咬①	kat⁷	gitgit	-git	k:g	t:t	1st
a:u	跳蚤	mat⁷	kutu	-tu		t:t	
a:u	鼻子	hu²laŋ⁶	hiduŋ	-duŋ	l:d		1st
a:u	吹	pau⁵	hembus	-bus	p:b		2nd
a:u	我	kau⁶	aku	-ku	k:k		1st
a:u	你	mau²	kamu	-mu	m:m		1st
e:a	绿	xeu¹	hijau	-jau		u:u	1st
e:a	青蛙	xet⁹	katak	-tak	t:t		
ə:a	月亮	ləŋ⁶	bulan	-lan	l:l	n:n	1st
ə:a	上面	pa³lə³	atas	-tas	l:t		
ə:a	盐	kə⁶	garam	ga-	k:g	0:0	2nd
i:i	舌头	lin⁴	lidah	li-	l:l	n:0	1st
i:i	刀	mit⁸	sabit(镰刀)	-bit	m:b	t:t	
o:u	鸟	lok⁸	manuk	-nuk	l:n	k:k	1st
o:u	蚂蚁	mot⁸	semut	-mut	m:m	t:t	
o:u	屁	tot⁹	qentut	-tut	t:t	t:t	
o:u	掉	tok⁹	jatuh	-tuh	t:t	k:h	2nd
o:u	覆盖	lop⁹	kup	kup			
u:a	孩子	luk⁸	anak	-nak	l:n	k:k	2nd
u:a	你们	su¹	saudara	sau-	s:s		
u:i	猪	mu¹	babi	-bi	m:b	0:0	
u:i	老鼠	lu¹	tikus	ti-	l:t		
u:u	门	la³tu⁶	pintu	-tu	t:t	0:0	
u:u	洗	suk⁸	basuh	-suh	s:s	k:h	2nd
u:u	懂	hu⁴	tahu	-hu		0:0	1st
u:u	双②	ku⁶	gu	gu	k:g	0:0	

① 指叮、咬、啃。
② 指量词"双、对"。

17.2.2.3 傣印尾音对应

尾音对应	词项	德宏傣语	印尼语	印尼语根	首音关联对应	腹音关联对应	阶
0:0	右	xa^1	kanan	ka-		a:a	2nd
0:0	猪	mu^1	babi	-bi	m:b	u:i	
0:0	鱼	pa^6	patin	pa-	p:p	a:a	1st
0:0	芝麻	ŋa^{2}lo^5	ləŋa	-ŋa			
0:0	眼睛	ta^6	mata	-ta	t:t	a:a	1st
0:0	肩膀	ho^{1}ma^5；ma^5	bahu	ba-	m:b	a:a	
0:0	腿	xa^1	paha	-ha			2nd
0:0	胆	li^6	empedu	-du	l:d		
0:0	门	la^{3}tu^6	pintu	-tu	t:t	u:u	
0:0	盐	kə^6	garam	ga-		ə:a	2nd
0:0	懂	hu^4	tahu	-hu		u:u	1st
0:0	来	ma^2	mari	ma-	m:m	a:a	1st
0:0	厚	la^1	tebal	te-	l:t		2nd
0:0	双	ku^6	gu	gu	k:g	u:u	
0:h	田	la^2	tanah	-nah	l:n	a:a	
0:h	笑	xo^1	dekah	-kah	x:k		2nd
i:0	火	fai^2	api	-pi		a:i	1st
i:0	死	ta:i^6	mati	-ti	t:t		1st
i:0	这	lai^4	ini	-ni	l:n	a:i	1st
k:h	果子	ma:k^9	buah	buah	m:b		2nd
k:h	洗	suk^8	basuh	-suh	s:s	u:u	2nd
k:h	掉	tok^9	jatuh	-tuh	t:t	o:u	2nd
k:k	鸟	lok^8	manuk	-nuk	l:n	o:u	1st
k:k	孩子	luk^{8}tsa:i^2	anak	-nak	l:n	u:a	2nd
k:k	深(水深)	lək^8	djeluk	-luk	l:l		
m:m	细糠	ham^2	sekam	-kam		a:a	
m:m	黑	lam^6	hitam	-tam	l:t		1st
m:m	嫩	lum^5	anom	-nom	l:n		
m:m	晚上	ka:ŋ^{6}xam^6	semalam	-malam		a:a	1st
n:0	甘薯	man^2	ubi	-bi	m:b	a:i	
n:0	种子	fan^2	bibit	bi-		a:i	1st
n:0	舌头	lin^4	lidah	li-	l:l	i:i	1st
n:0	梦	fan^1	mimpi	-pi		a:i	
n:n	月亮	lən^6	bulan	-lan	l:l	ə:a	1st
n:n	吃	kin^6	makan	-kan	k:k		1st

t:t	蚂蚁	mot⁸	semut	-mut	m:m	o:u	
t:t	跳蚤	mat⁷	kutu	-tu		a:u	
t:t	屁	tot⁹	qentut	-tut	t:t	o:u	
t:t	刀	mit⁸	sabit(镰刀)	-bit	m:b	i:i	
t:t	青蛙	xet⁹	katak	-tak		e:a	
t:t	咬	kat⁷	gitgit	-git	k:g	a:i	1st
u:u	灰	tau⁶	pirau	-rau		a:a	1st
u:u	绿	xeu¹	hijau	-jau		e:a	1st

以上对应还存在三个问题：

1. 印尼语词很多是多音节的，选择其中的一个音节或词根和傣语比较，剩下的音节还无法解释。

2. 傣语的声调对应印尼语的什么成分还没有落实，因此，从更严格的角度看，即使傣印首音、腹音、尾音都对应，也不算是完全对应。

3. 还存在一对多的对应，这些对应还不能从音变条件上进行解释。

上面列出的傣印之间对应规则所存在的问题说明我们还不能区分早期对应的时空层次，还不能解释早期语音演变的某些细节，因此我们给出的傣语和印尼语的有序关联对应表还只能说是宽式完全对应表，但从对应的完全性程度看，不太可能是偶然对应，因此傣语和印尼语应该存在很深的关系。是接触关系还是同源关系？下面我们来考察这些对应语素的有阶分布，看看可能得出什么解释。

17.2.3 傣印完全对应有阶分布

在前面给出的首音、腹音、尾音三个对应规则表中，删除不完全对应的实例，立刻可以得到完全对应的集合。从首音对应规则表中删除腹音和尾音上得不到支持的实例，就可以得到以首音排序的完全对应实例：

[傣印完全对应（"首音+腹音+尾音"排序）]

词项	德傣	印尼语	印尼语根	首音对应	腹音关联对应	尾音关联对应	阶
双；对	ku⁶	gu	gu	k:g	u:u	0:0	
咬	kat⁷	gitgit	-git	k:g	a:i	t:t	1st
月亮	lən⁶	bulan	-lan	l:l	ə:a	n:n	1st
舌头	lin⁴	lidah	li-	l:l	i:i	n:0	1st
田	la²	tanah	-nah	l:n	a:a	0:h	
鸟	lok⁸	manuk	-nuk	l:n	o:u	k:k	1st

孩子	luk[8] tsa:i[2]	anak	-nak	l:n	u:a	k:k	2nd
这	lai[4]	ini	-ni	l:n	a:i	i:0	1st
黑	lam[6]	hitam	-tam	l:t	a:a	m:m	1st
猪	mu[1]	babi	-bi	m:b	u:i	0:0	
甘薯	man[2]	ubi	-bi	m:b	a:i	n:0	
肩膀	ho[1] ma[5]；ma[5]	bahu	ba-	m:b	a:u	0:0	
刀	mit[8]	sabit（镰刀）	-bit	m:b	i:i	t:t	
蚂蚁	mot[8]	semut	-mut	m:m	o:u	t:t	
来	ma[2]	mari	ma-	m:m	a:a	0:0	1st
鱼	pa[6]	patin	pa-	p:p	a:a	0:0	1st
洗	suk[8]	basuh	-suh	s:s	u:u	k:h	2nd
眼睛	ta[6]	mata	-ta	t:t	a:a	0:0	1st
门	la[3] tu[6]	pintu	-tu	t:t	u:u	0:0	
屁	tot[9]	qentut	-tut	t:t	o:u	t:t	
掉	tok[9]；tok[9] ha:i[1]（丢失）	jatuh	-tuh	t:t	o:u	k:h	2nd
盐	kə[6]	garam	ga-	k:g	ə:a	0:0	2nd
右	xa[1]	kanan	ka-	x:k	a:a	0:0	2nd

傣印对应的有阶分析结果如下表：

第 100 核心语素： 9
第 200 核心语素： 4

这种分布差异符合同源语言分化的核心语符分布情况，因此，我们初步断定傣语和印尼语有同源关系。

以上完全对应的方式是"首音+腹音+尾音"排序方式，如果换成其他排序方式，结果是相同的。

17.2.4 傣印宽式不完全对应有阶分布

完全对应是非常严格的要求，通常都能排除偶然对应。不完全对应也不是完全没有价值，尤其是那些在首音、腹音、尾音三种音类中已经有两种音类产生对应的，要完全归入偶然对应显得有些武断。不完全对应存在两种可能：

  1.没有同源或接触关系的偶然对应。
  2.可能是同源或接触关系造成的对应，但由于语素太少，对应规则建立不起来。

对于第一种情况，由于既不是分化造成的，也不是接触造成的，有阶分布的趋势应该是平直的。对于第二种情况，应该存在有阶分布。下面我们来考虑有两个或两个音类以上对应的情况。

词项	德傣	印尼	印尼语根	傣印首	傣印腹	傣印尾	阶分布
火	fai²	api	-pi		a:i	i:0	1st
右	xa¹	kanan	ka-		a:a	0:0	2nd
跳蚤	mat⁷	kutu	-tu		a:u	t:t	
盐	kə⁶	garam	ga-		ə:a	0:0	2nd
灰	tau⁶	pirau	-rau		a:a	u:u	1st
绿	xeu¹	hijau	-jau		e:a	u:u	1st
树枝	xa⁶;ŋa⁶	tjagak	-gak		a:a		
种子	fan²	bibit	bi-		a:i	n:0	1st
梦	fan¹	mimpi	-pi		a:i	n:0	1st
懂	hu⁴	tahu	-hu		u:u	0:0	1st
细糠	ham²	sekam	-kam		a:a	m:m	
双	ku⁶	gu	gu	k:g	u:u	0:0	
咬	kat⁷	gitgit	-git	k:g	a:i	t:t	1st
吃	kin⁶	makan	-kan	k:k		n:n	1st
我	kau⁶	aku	-ku	k:k	a:u		1st
鼻子	hu² laŋ⁶	hiduŋ	-duŋ	l:d	a:u		1st
胆	li⁶	empedu	-du	l:d		0:0	
月亮	lən⁶	bulan	-lan	l:l	ə:a	n:n	1st
舌头	lin⁴	lidah	li-	l:l	i:i	n:0	1st
深	lək⁸	djeluk	-luk	l:l		k:k	
田	la²	tanah	-nah	l:n	a:a	0:h	
鸟	lok⁸	manuk	-nuk	l:n	o:u	k:k	1st
孩子	luk⁸ tsa:i²	anak	-nak	l:n	u:a	k:k	2nd
嫩	lum⁵	anom	-nom	l:n		m:m	
这	lai⁴	ini	-ni	l:n	a:i	i:0	1st
上面	pa³ lə¹	atas	-tas	l:t	ə:a		
老鼠	lu¹	tikus	ti-	l:t	u:i		
厚	la¹	tebal	te-	l:t		0:0	2nd
黑	lam⁶	hitam	-tam	l:t	a:a	m:m	1st
猪	mu¹	babi	-bi	m:b	u:i	0:0	
甘薯	man²	ubi	-bi	m:b	a:i	n:0	

续表

果子	ma:k⁹	buah*	buah	m:b		k:h	2nd
肩膀	ho¹ma⁵; ma⁵	bahu	ba-	m:b	a:a	0:0	
刀	mit⁸	sabit(镰刀)	-bit	m:b	i:i	t:t	
蚂蚁	mot⁸	semut	-mut	m:m	o:u	t:t	
来	ma²	mari	ma-	m:m	a:a	0:0	1st
你	mɯ²	kamu	-mu	m:m	a:u		1st
芝麻	ŋa²lo⁵	ləŋa	-ŋa		a:ə	0:0	
鱼	pa⁶	patin	pa-	p:p	a:a	0:0	1st
洗	suk⁸	basuh	-suh	s:s	u:u	k:h	2nd
你们	su¹	saudara	sau-	s:s	u:a		
眼睛	ta⁶	mata	-ta	t:t	a:a	0:0	1st
门	la³tu⁶	pintu	-tu	t:t	u:u	0:0	
死	ta:i⁶	mati	-ti	t:t	a:i	i:0	1st
屁	tot⁹	qentut	-tut	t:t	o:u	t:t	
掉（丢失）	tok⁹; tok⁹ha:i¹	jatuh	-tuh	t:t	o:u	k:h	2nd
腿	xa¹	paha	-ha		a:a	0:0	2nd
青蛙	xet⁹	katak	-tak		e:a	t:t	
晚上	ka:ŋ⁶xam⁶	semalam	-malam		a:a	m:m	1st
笑	xo¹	dekah	-kah	x:k		0:h	2nd
右	xa¹	kanan	ka-	x:k	a:a	0:0	2nd

有阶分析结果如下表：

                关系语符数目
第100核语素：   20
第200核语素：   10

如果按照高、低绝对分阶来计算,高阶中的关系语素比率20%要大于低阶中的关系语素比率10%。由于有阶分布趋势很明显,以上不完全对应的实例中确实有些是必然对应,但哪些是必然对应,我们还没有严格的方法来判定,也没有严格的方法来解释不完全对应的原因。由于高阶对应语素比例明显高于低阶对应语素比例,联系到前面完全对应的结果,傣语和印尼语同源的可能性可以得到进一步确认。也就是说,不完全对应仍然显示傣语和印尼语有同源关系。

由于傣印之间完全对应语素实例太少,我们还没有办法对语音演变的规律和机制做出充分的解释,因此也不能从音变规律的角度来判断这些对应中有没有不同的时空层次。

从有阶分布可以看出,高阶对应比例高于低阶对应比例,首先可以排除完全是接触关系的可能。如果假设该分布状况源自于先接触,后分化,就要先观察已知的先接触后分化的情况,与之对照,然后判断二者的表现是否相同。我们可以拿汉台青铜－家畜语素对应层为例,根据我们的初步研究(陈保亚,1997),汉台在青铜时代有过密切接触,形成一大批对应整齐的借词,后来汉台又分开。这批借词正符合先接触后分化的情况,其有阶分布情况是,高阶对应语素低于低阶对应语素。这种分布和傣印对应语素的有阶分布不同,所以我们暂时不把傣印对应语素看成是先接触后分化的结果。

如果是先分化后接触,由于接触总是增加低阶对应语素的比例,会出现两种可能的情况。一种情况是,后来的接触改变高阶对应语素比例高于低阶对应语素的分布,使得高阶对应语素比例接近低阶对应语素比例,或低于低阶对应语素比例。由于傣印对应语素不属于这种分布,因此不太可能属于这种情况。另一种情况是,后来的接触不深刻,并没有影响到早期同源语素高阶比例高于低阶比例的分布,目前傣印对应语素的分布是高阶比例明显高于低阶比例,可能属于这种情况。

如果分化后没有接触,也是高阶比例高于低阶比例,也符合目前傣印对应语素的分布。

可以说,傣印对应语素的分布似乎说明两种可能,一种是傣印对应语素是同源分化的结果,一种是同源分化后经过不深刻的接触。这两种情况都证明傣印有同源关系。

17.2.5　同源关系的可传递性和澳台语源关系

以上分析基本上可以断定德宏傣语和印尼语有同源关系。我们曾经讨论过同源关系的可传递性(陈保亚,1994,P193),大致是说,如果 A 语言和 B 语言有同源关系,B 语言和 C 语言有同源关系,那么可以间接断定 A 语言和 C 语言有同源关系。下面我们将根据同源关系的可传递性证明原始侗台语和南岛语有同源关系。

早期的南岛语构拟企图从对应上证明同源关系,我们已经多次讨论过对应是同源的必要条件但不是充分条件。现在我们进一步通过构拟形式的有阶分析来看南岛语诸语言的语源关系。

先考虑何大安的构拟材料。根据有阶分布,南岛语诸语言应该有同源关系。现摘录核心语素实例并进行有阶分析(PAN = 原始南岛语,PA = 原始泰雅语,PP = 原始排湾语,PT = 原始邹语,下同):

词	PAN	PA	PP	PT	词阶
耳朵	caliŋañ	caŋiraʔ	caljŋa	caliíŋaña	1st
二	ḍusa	dusaʔ	ḍusa	ŕuúSa	1st
给	bəgay	bəgay	pa-vai		1st
骨头	cuqəlai		cuqəlai	cuʔúlaɬə	1st
火	śapuy	hapuy	sapuy	apúžu	1st
角	təquŋ		təquŋ	suʔ₁úŋu	1st
名字	ŋadan		ŋadan	ŋázánə	1st
你	su	ʔisuʔ	su-	su	1st
石头	batuñ	batu-nux		vátuñu	1st
水	jalum		zalum	čahlúmu	1st
头虱	kucuú	kucuʔ	kucu	kúcúñu	1st
我	(a)ku	akuʔ	ku-	´aku	1st
新	vaquñ		vaqu-an	vaʔ₂əruñu	1st
血	daga	dagaʔ	daq	caráʔ₁ə	1st
眼睛	maca		maca	macá	1st
一	́ta		ita	cáni	1st
月亮	bulal	bural		vuláhlə	1st
这	(i)niñ	ni		iniñi	1st
吃	kan	kan	k-əm-an	k₁-um-ánə	1st
肝	qacay		qacay	ʔ₁₄acayi	1st
灰	qabu	qabu-liq	qavu	ʔ2avuʔ4u	1st
看见	kita	kitaʔ		kíta	1st
路	dalan	daran	ɗalan	čalánə	1st
皮肤	kulic	luliC 树皮	kulic	kulíci	1st
热	jaŋjaŋ		zaŋzaŋ	čaŋčaŋə	1st
人	caw	cawcaw	cáw		1st
乳房	zuzuh	nunuh	tutu	θuθu	1st
杀	macay		pa-pacay	pacáyi	1st
树	kaśuy	kahuy	hasiw	káiwu	1st
胃	bicuka		vicuka	civúka	1st
我们[咱们]	ita	ʔita		(-ita)	1st
咬	kagac	k-um-agac	k-ə-ac	k₁-um-áraca	1st
游	laŋuy	l-um-aŋuy	l-əm-aqis	laŋúžu	1st
雨	qudal		qudal	ʔ₂účahjə	1st

父亲	amafi		k-ama	ámafia	2nd
挖	kalifi	kari?	k-əm-ali	ː kaliúi	2nd
五	lima	rima?	lima	líma	2nd
流	qańud	qaluic	səqalud	-?₂ añúcu	2nd
四	se-pat	səpat	səpa	Sópátə	2nd
脊背	likuj		likuz	(liku[crc])	2nd
左	wiri	?iril	ka-viri	wírífii	2nd
活的	qujip		pa-quzip	-?₂ učípi	2nd
母亲	-inafi		k-ina	inafia	2nd
绳	ʈalis		calis	talíSi	2nd
缝	ʈaqiś	c-cum-aqis	c-əm-aqis	t-um-á?₃iθi	2nd
薄	liśipis	hlipis		hlípisi	2nd
三	təlu	təru?	təlu	túlu	2nd
呕吐	mutaq	mutaq	mutaq		2nd
洗	sinaw		s-əm-ənaw	sináwu	2nd
孩子	alak		alak	-ahlákə	2nd

统计结果如下所示：

第 100 核心语素：34

第 200 核心语素：16

如果从高、低绝对分阶来看，高阶中的关系语素比率 34% 要大于低阶中的关系语素比率 16%，显示出南岛语内部的同源关系。

如果坚持原始形式在语言中的完全分布原则，即要求每个对应语符在几个语支中都有分布，则南岛语的核心关系语素如下：

词	PAN	PA	PP	PT	词阶
耳朵	caliŋafi	caŋira?	caljŋa	calíŋafia	1st
二	ḍusa	dusa?	ḍusa	rúSa	1st
火	śapuy	hapuy	sapuy	apúżu	1st
你	su	?isu?	su-	su	1st
头虱	kucufi	kucu?	kucu	kúcúfiu	1st
我	(a)ku	aku?	ku-	ːáku	1st
血	daga	daga?	daq	carấ?₁ə	1st
吃	kan	kan	k-əm-an	k₁-um-ánə	1st
灰	qabu	qabu-liq	qavu	?₂avu?₄u	1st
看见	kita	kita?		kíta	1st

续表

路	dalan	daran	ɖalan	čalánə	1st
皮肤	kulic	luliC 树皮	kulic	kulíci	1st
乳房	zuzuh	nunuh	tutu	θuθu	1st
树	kaśuy	kahuy	hasiw	káiwu	1st
咬	kagac	k-um-agac	k-ə-ac	k_1-um-áraca	1st
游	laŋuy	l-um-aŋuy	l-əm-aqis	laŋúžu	1st
挖	kalifi	kari?	k-əm-ali	ʽ kalifi	2nd
五	lima	rima?	lima	líma	2nd
流	qaɲud	qaluic	səqalud	-$?_2$ añúcu	2nd
四	se-pat	səpat	səpa	Sópáta	2nd
左	wiri	?iril	ka-viri	wíríñi	2nd
缝	ʈaqiś	c-cum-aqis	c-əm-aqis	t-um-á$?_3$ iθi	2nd
三	təlu	təru?	təl	túlu	2nd

完全分布的统计如下：

第100核心语素：15

第200核心语素：7

如果从高、低绝对分阶来看,高阶中的关系语素比率15%要大于低阶中的关系语素比率7%,显示出南岛语内部的同源关系。

前面论证了德傣和印尼语有同源关系,这里论证了南岛语内部的同源关系,侗台语内部的同源关系前面也做了论证,根据同源关系的可传递性,可以得出一个初步结论,南岛语和侗台语有同源关系。

17.3 汉藏区域语言谱系关系

基于严格的语音对应和有阶分析,汉藏区域语言大的谱系关系是：

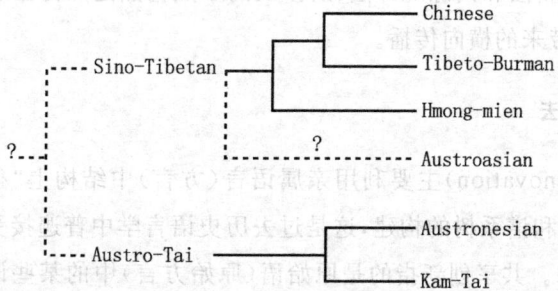

这一模式是说，截至目前的研究，有比较充分的理由说明存在着汉藏语系（Sino-Tibetan）和澳台语系（Austro-Tai）。汉藏语系包括汉语族（Chinese）和藏缅语族（Titeto-Burman）、苗瑶语族（Hmong-mien）。一些初步研究显示南亚语（Austroasian）和汉藏语可能有关系，但研究还相当不充分。澳台语包括南岛语（Austronisian）和侗台语（Kam-Tai）。至于澳台语和汉藏语有无同源关系，是汉藏区域语言研究中的难题。李方桂（1937）提出汉藏语四族说，邢公畹近几十年了给出了很多汉台关系字，Sagart（1993）提出汉语和南岛语有同源关系，潘悟云（1995）提出存在华澳语系。考虑到同源语言的可传递性，如果能够进一步证明这些假说，就能断定澳台语和汉藏语是否有同源关系。目前需要解决的两个关键问题是，如何排除偶然对应和如何区分借词和同源词。

17.4 谱系分类的原则

　　语源关系的判定与亲属语言（方言）的谱系分类都是历史语言学研究中的重要内容。语源关系的判定主要涉及的是语言之间亲属关系的确定。谱系分类则通过语言（方言）谱系树的构建反映亲属语言（方言）的分化过程，以及亲属关系的远近。

　　亲属语言（方言）的远近可以从共时和历时两个角度研究，郑锦全（1988.2；1994.1）做了共时方面的研究。下面要讨论的是历时方面的研究。亲属语言（方言）谱系分类通常以谱系树的方式呈现。德国语言学家 Schleicher 于 1862 年提出了语言演变的谱系树模型，并绘制了印欧语的谱系树。在为亲属语言（方言）进行谱系分类并构建谱系树的过程中，最核心的问题是选择哪些语言信息作为谱系分类的标准，以及如何对所选择的语言信息进行处理。20 世纪学者们选择的方法主要有两种，共享创新法和词源统计法，所涉及的难点仍然是如何区别同源带来的纵向传播和接触带来的横向传播。

17.4.1 共享创新法

　　共享创新法（shared innovation）主要利用亲属语言（方言）中结构上"独特的共享创新"进行谱系分类和谱系树的构建，这是过去历史语言学中普遍接受的分类标准（Campbell，1998）。共享创新指的是原始语（原始方言）中的某些语特征在一组后代语言中发生了同样的变化。比如汉语西南官话的重庆话和成都话入声归入阳平，相对于汉语原始北方方言来说就是共享创新。人们通常用入派阳平的标准区分西南官话，所依据的就是共享创新。历史语言学将共享创新作为谱系分类的标准基于如下假设：一个语言会随着时间发展变化，分裂为两个或两个以上的后代语言，这些语言还会进一步发展分化为各自的后代语言，共享创新的出现是由于创新变化 A 发生在原始语的某一个后代语中，这个后代语最终分化为多个语言，这些语言都继承了创新变化 A。亲属语言（方言）谱系分类的目的就是确定哪些后代语言在发生学上的关系更近，即这些后代语言属于同一个分支，拥有一个共同的祖语。因此，可以通过共享创新来判断哪些亲属语言（方言）可能来源于同一个共同的直接祖先，在哪个祖语状态，此类创新已经发生。在选择共享创新时，语音共享创新最常用，包括音类分合关系的变化和音值的变化，其次是词法创新和句法创新。汉语方言的分区，有不少标准属于共享创新。近年来，汪锋、王士元（2006）和汪锋（2012）提出语义创新也可作为亲属语言（方言）数理统计谱系分类的标准，并分别应用于汉语方言和白语方言的数理统计谱系分类。

共享创新需要和共同存古严格区别开来。只有共享创新才可能作为衡量语言（方言）亲属关系远近的标准，共同存古应该排除。这一点在为亲属语言（方言）进行谱系分类时是非常重要的。一组亲属语言或方言，只有拥有共享创新，才能说明它们在与其他亲属语言或方言分化后，仍拥有一个共同的祖语，或者说经历过一个共同的发展阶段。而共同存古只是后代语言从原始语继承下来且没有发生变化的语言特征，并不反映这些语言在原始语分化后经历了共同的发展。比如，汉语很多方言都有保留了端母字读 t 的特点，这只是存古，不是创新，因此用 t 来划分方言谱系没有意义。然而，在很多亲属语言（方言）的谱系分类中，并没有对创新和存古进行区分，例如汉语方言的分区，同时运用了创新和存古标准。比如确定吴语的标准是系统保留全浊声母，确定官话的标准是全浊声母清化后平声送气上去入不送气，前者是存古，后者是创新。从语言演变的角度看，一组语言只有"独特的共享创新"才能说明一组语言（方言）可能经过共同发展阶段。一组语言共同保留古代特征不是共享创新，不能证明这组方言有共同发展时期。例如，闽东、闽南、闽北等方言有部分匣母归群母、部分章组归见组、部分支韵同歌韵等少量上古汉语的特征（王洪君，2009），这说明这些方言与其他汉语方言的分化是在上古汉语时期,但是仅凭这些特征无法证明曾经存在一个原始闽语,后又分化为现在的闽东、闽南、闽北等方言。闽东、闽南、闽北也可能本来就是独立的方言。原始闽语的存在只能通过现代闽语诸方言中"独特的共享创新"证明。

共享创新需要区分相对共享创新和普遍共享创新。并不是所有的共享创新在衡量亲属关系时都是等效的。有一些创新变化从跨语言角度来看是很普遍的创新,比如腭化。这些创新完全有可能在不同的语言中独立发生,即语言类型上的平行演变。因此,将某一项共享创新作为谱系分类的标准时,必须确定这类创新不会在两个已经分离的语言群中因为普遍的类型趋势独立地平等发展出来。西南官话中的入派阳平就不是一个普遍类型发展,这样的变化属于相对共享创新。

使用共享创新划分谱系关系遇到的最大困难是如何区分纵向传递和横向传递。两个亲属语言分化以后,其语音、语法可以在后来的接触中相互干扰趋同,已经发生的变化也可能在语言或方言间扩散,所以现代亲属语言的共同特征并不一定是两个亲属语言分化以前的共同特征。比如金沙江地区的傣语深受汉语影响,很多结构特征和受汉语影响较深的侗水语一致,如果因此把金沙江傣语作为侗水语的子语言,就不能反映金沙江傣语的历史。又比如,云南话入声字归阳平,根据这点可以将其归入汉语北方方言西南官话,但根据是否区分平卷舌以及哪些字分平卷舌的特点,又可以归入汉语北方方言北方官话或江淮官话,所以在汉语方言区分中,不同的学者依据共享创新所得出的汉语方言谱系是不一样的。

由于共享创新法所运用的语言结构特征在划分谱系树、确定亲属关系远近时会遇到上述困难,因此使用这种方法首先要排除借用和类型学上的普遍变化。对语言接触的追踪调查表明,在语言接触的过程中越核心的词汇越稳定,越不容易借用,因此将同源核心词汇作为谱系分类的标准能够在很大程度上排除语言接触的干扰。相比共享创新法,词源统计法作为谱系分类的方法更有可操作性。

17.4.2　词源统计法

词源统计法(Lexicostatistics)是亲属语言(方言)谱系分类的重要方法,其基本观念是两种具有亲属关系的语言分离的时间,可以通过它们继承的词的共用程度来判断。Swadesh 提出在任何语言中,日常基本词汇以一个相对恒定的速率变化。当一个语言社团分裂为两个或两个以上的部分,每一个新的社团中语言的变化都以独立的方式进行时,就可以通过语言中共同保留的词汇的比率来计算分化的时间(Swadesh,1952)。有了分化的时间,也就有了谱系分类。如何优选核心同源词,即设计一种通用的基本词汇表是词源统计分析法的最重要步骤之一。这一词表必须满足两个条件:普遍性和稳定性,即不仅要在不同语言中都能得到相应的词汇,还必须在语言接触过程中不容易被借用。Swadesh 最初给出了一个包含 200 个词的词表,后来又调整为 100 词表(Swadesh,1955)。我们认为可以根据 Swadesh 100 词表中同源词的比例来确定亲属语言(方言)谱系分类的一个样本。之所以选用 Swadesh 100 词表,不仅仅是因为这一词表已经比较成功地运用于世界上的多种语言,在语言调查中具有一定的普适性,还因为我们对 100 词表的衰变率和借用情况都进行了考察,稳定度比较高,因此 100 词可以成为 100 核心词。

  如果 100 核心词的衰变率在不同的亲属语言中差异较大,100 核心词中同源词的保留率就不能反映同源语言亲属关系的远近。关于这一问题,徐通锵(1991)曾将汉语方言 100 核心词中同源词的保留率和文献中所记录的汉语方言分化年代做了比较,结果显示同源词保留率基本能反映方言的分化顺序。我们也曾经分析过德宏傣语、西双版纳傣语和未受佛教影响的金沙江傣语 100 核心词中同源词的保留率,并与小乘佛教传入傣族地区的年代进行了比较,该保留率也基本能反映金沙江傣语从原始傣语分化出来的年代(陈保亚、木镜湖,1994)。因此我们认为不同的同源语言 100 核心词中,同源词的衰变率基本上是一致的。Wang,William S-Y.(1995)根据陈保亚(1995)提供的侗台语 100 核心词表,首次展开了核心词谱系分类的数学计算。

  如果核心词也容易借用,分类的结果就不一定完全反映亲属关系的远近,在某些方面反映的可能是接触的结果。对西南官话和侗台语、藏缅语接触情况的调查表明,100 核心词的借用情况相当少。西南官话在侗台语、藏缅语地区有很大的势力,很多民族都会说西南官话,从民族语言到西南官话的母语转换也频繁发生。即使在这样一种深刻接触的背景下,100 核心词仍然很稳定。例如,在各地傣语方言中,除了元江傣语有一个"杀"字是西南官话词,西双版纳、德宏、临沧、金沙江等地均未发现 100 核心词中有西南官话借词,只有少数语素是以黏着方式借入的,如"星期一、星期二"中的"一"和"二"。

一方面,100 核心词的衰变率基本上是均匀的,另一方面,100 核心词在语言接触中的借用率很低且比较稳定,基本上可以避免共享特征法中语言普遍变化和语言接触的干扰。如果我们能够建立严格的核心一致对应规则表,尽可能多地排除后来的借词,则 100 核心词更能够体现稳定性。因此,用 100 核心词中同源词比例的高低来确定同源语言亲属关系的远近比其他方法似乎更容易实现。至于 Swadesh 的 200 核心词,其稳定程度不如 100 核心词。根据语言调查,200 核心词都有不同程度的借用,所以我们不主张用 200 核心词中关系词的比例作为衡量语言(方言)亲属关系远近的根据。现在也有学者提出了新的核心词词集,比如郑张尚芳、黄布凡、黄行、江荻等的词集。由于这些核心词集现在还没有在专项调查中经过检验,还不好断定其稳定程度,随着专项调查的展开,这些词表中有很多肯定是很有价值的,因为这些词表中的大多数词在语言调查中都反映出相当高的稳定性。

当然,Swadesh 的 100 核心词表并不能完全解决核心词表的确定问题,即 100 核心词表还不是最终的方案。核心词表还需要通过田野调查进行调整,如何给出更为准确适用的核心词表,是我们现在努力的工作方向。目前,在确定核心词方面,主要依靠手工调整,并且在判断标准上具有一定的主观性,难以达成一致。最近陈保亚、李子鹤(2012)尝试提出了一种核心词自动分阶的模型。该模型以 Swadesh 的 100 词表和 200 词表为基础,基于大规模语音对应数据库,计算核心词的核心程度。这个算法模型包括两个密切相关的部分:核心程度算法模型和两阶核心词调整算法模型。核心程度算法模型是根据大型语音对应数据库中每个关系词的语言分布情况,自动计算每个词的借用率,并根据借用率来给词排序。一个词被借入的语言越多,借用率越高,核心程度越低。两阶核心词调整算法模型则是根据核心程度算法模型算出的借用率,自动把借用率低的词转移到高阶词集,把借用率高的词转移到低阶词集,同时在移动过程中自动寻找参数,确定高阶核心词和低阶核心词的界限,使得高阶核心词的借用率平均值达到最小值,低阶核心词的借用率平均值达到最大值。这一模型通过计算可以避免确定某个词核心程度时的主观性。此外,该模型还具有一定的开放性,随着大规模语音对应数据库中语言数量的增加,对应规则的完善,以及区分同源词和借词准确性的提高,可以不断地对核心词表进行改进。

通过100核心词中同源词比例高低来确定同源语言亲属关系远近,必须在严格建立语音对应规则并找出最早时间层面对应语素的基础上进行,这一点前面相关章节已有论述。

17.4.3 严式词源统计法和谱系树绘制

通过对共享创新法和词源统计法的分析比较,核心词不容易在语言和方言间扩散,保持严格语音对应的同源词扩散更难,我们认为亲属语言(方言)的谱系分类应该以100核心词中同源词比例高低作为首要依据,比例越高,两个同源语言的分化时间越晚,或者说两个同源语言的发生学关系越近。如果核心词比例接近,再参考共享创新法。根据共同核心词在不同语言中的差异,通过一定的算法就可以构建亲属语言(方言)的谱系树。因此语言谱系关系研究可以进一步分成两方面的工作,一个方面是算法研究,一个方面是对应语素的确定,前者主要是数学方面的工作,后者主要是语言学方面的工作。

目前存在的一个显著问题是,即使选择相同的调查材料,使用同样的数学算法,统计的结果也不一样。原因就在于语言学方面的基础工作做得不扎实。为了使词源统计法更为有效,必须对词源统计法加以方法论的限制。严式词源统计法应该遵循下面的步骤:

  1.找出最早时间层面的对应语素。
  2.通过有阶分布确定这些对应语素是同源还是接触的结果。
  3.如果是同源的结果,再选择核心词或核心语符样本,计算出每两个语言的对应语符比例。
  4.建立数学算法模型,计算并画出谱系树。

前面的工作是后面工作的基础。建立严格的语音对应并找出最早时间层面的对应语素是有阶分析的基础。也只有在确定了语言的同源关系后,谱系分类的工作才有价值。建立语言(方言)间的语音对应规则,并找出最早时间层面的对应语素,是确定核心同源词的基础工作。事实上,即使是以"独特的共享创新"作为谱系分类的标准,找出最早时间层面的对应语素也是首先要进行的工作,因为共享创新法必须观察从原始母语到后代子语的演变情况,而构拟原始母语的基础也是最早时间层面的对应语素。

前三项工作前面已经做过讨论。这里特别要强调第四项工作中词和语素的区分。我们所说的核心词一定是词或语符,词或语符是有规则活动的单位,通常是自由的。有的学者把黏着语素也作为词,这样的黏着语素实际上很容易借用。比如 sam^{35}(三)在傣语中是词,但 san^{55}(三)在傣语中只是黏着语素不是词,san^{55}这个形式是"星期三"这个词的一个构词语素,是西南官话借词中的一个语素。san^{55}不是作为一个词借入傣语的,而是在借词传递过程中作为借词中的构词成分被带入的。如果不区分词(语符)和语素,就不能准确计算核心词的比例。目前不同的学者使用词阶法、词源统计法,面对相同的调查材料有不同的结果,主要原因就是词(语符)和语素没有分开。区分词(语符)和语素,就要求我们在田野调查中要尽可能详细地考察每一个语素在语言中的实际使用情况,以准确判断该语素的性质。

第四项工作是复杂的数学工作。根据核心一致对应和 Swadesh 100 核心词表,我们可以计算出亲属语言(方言)间核心同源词的比例,例如台语北部语群的三种语言之间核心同源词比例如下表所示:

	武鸣	龙州	布依
武鸣壮语	100	86	90
龙州壮语	86	100	78
布依语	90	78	100

容易看出,布依语和武鸣壮语的同源词比例最高,说明这两个语言分化时间较晚。如果只有这三个语言,可以很容易地给出谱系树:

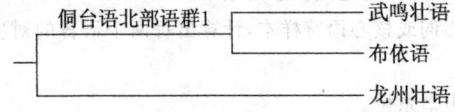

随着同源语言的增多,仅靠手工或凭直观,很难实现谱系树的转换。这时从同源词比例表到谱系树的转换会成为一个相当复杂的数学问题,问题的核心是怎样把由比例构成的相似矩阵转换成谱系树。生物学家和群体遗传学家在研究物种或人种的亲属关系中,也遇到了相同的数学问题。现在已经有了一些计算程序,比如 Kitch,Fitch 和 Neighborhood。陈保亚、陈泽浩(2005)也开发了一种用于语言谱系分类的快速算法 SFF(Simulated Force Field,模拟力场算法)。由于这主要是一个数学问题,因此我们在此不多做讨论。

基于严格的语音对应和核心词的比例,澳台语的谱系关系可绘制如后:

基于同源核心词比例的澳台语谱系树(无时间深度)

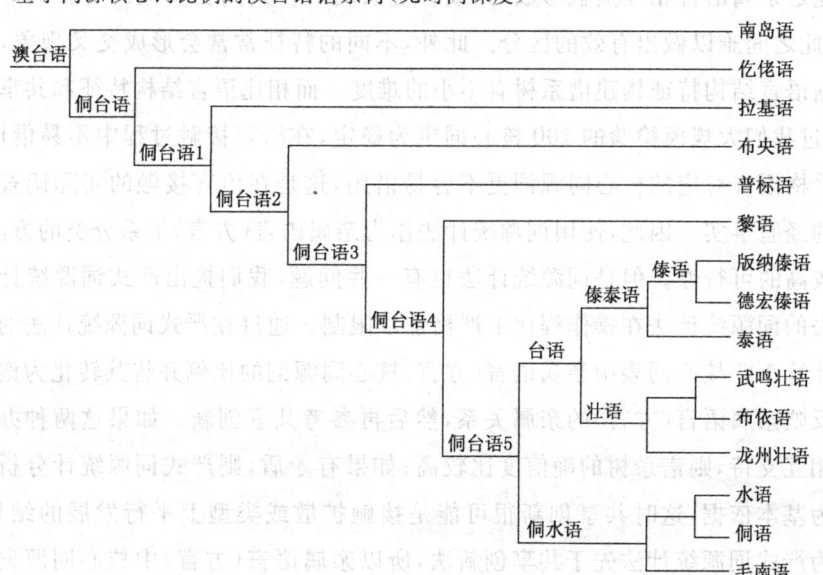

这个结果说明，黎语、仡佬语、普标语、布央语、拉基语等并不构成一个独立的语支，它们之间的关系是很遥远的，自从南岛语和侗台语分开以后，仡佬语最先从侗台语中分化出来，后来，拉基语、布央语、普标语先后分化出来，其后黎语和侗台语分开，侗台语最后再分化出侗水语和台语。

最近邓晓华、王士元(2003.3;2003.4;2009)也根据核心词比例对侗台、苗瑶、藏缅等语言的谱系树做了绘制，汪锋(2006;2009)根据核心词比例绘制了彝语谱系树、白语谱系树。基于同源核心词的谱系树正在逐步完善。谱系树绘制的准确程度取决于语音对应规则是否严格，是否充分。随着田野工作的深入展开，同源语言比较数量的增加，对应规则的不断完善，谱系树也会逐渐完善，逐渐接近实际的谱系分化顺序。

17.4.4 谱系分类存在的问题

作为亲属语言(方言)谱系分类中使用最为广泛的两种方法，共享创新法和词源统计法各有得失。共享创新法的优点在于严格区分了创新和存古在谱系分类中的有效性，只有"独特的共享创新"才能作为谱系分类的依据；缺点则是共享创新法主要利用的是语言结构特征方面的创新，但共同的语音、语法特征的出现除了可能是语言分化的结果，还有可能是按照语言演变的普遍趋势发展出来的，也可能是亲属语言相互接触形成的,或者是亲属语言共同受其他语言影响形成的,彼此之间难以做出有效的区分。此外,不同的特征常常会形成交叉现象,使得依据语言结构特征构建谱系树有不小的难度。而相比语言结构特征和共享创新,经过我们大规模检验的100核心词更为稳定,在语言接触过程中不易借用,保持严格语音对应的核心同源词更不容易借用,这是在语言接触的实际调查中得出的经验事实。因此,使用词源统计法作为亲属语言(方言)谱系分类的方法,有比较高的可行性。但是词源统计法也有一些问题,我们提出严式词源统计法对过去的词源统计法在操作程序上严格加以限制。通过在严式词源统计法的基础上计算100核心词表中亲属语言(方言)核心同源词的比例并将其转化为谱系树来反映亲属语言(方言)的亲属关系,然后再参考共享创新。如果这两种办法能够相互支持,则谱系树的确信度比较高;如果有矛盾,则严式词源统计分析结果仍为基本依据,这时共享创新很可能是接触扩散或类型上平行发展的结果。正因为严式词源统计法先于共享创新法,所以亲属语言(方言)中核心同源词的确定必须首先建立语言(方言)间严格的语音对应,尽量剔除不同层面的借词,得到核心一致对应语素集,以保证词源统计法的可靠性。

核心同源词比例在谱系分类中的有效性还需要在今后的研究过程中做进一步的检验。目前来看,核心词原则在谱系分类中面临两个难点问题。一是选择哪些词作为核心词,另一个难点问题是如何判断核心一致对应语素集的语源性质。同源语言(方言)间的对应语素,也有可能是分化后通过横向接触的结果,特别是在接触情况复杂深刻的汉语方言中,即使是核心词也只是相对稳定,不易借用,而不是绝对不会借用。如何更有效地区分同源形成的对应和接触形成的对应还需要做更多的工作。此外,如果在今后的研究中发现某些语音、语法特征比核心词更加稳定,就需要将这些特征作为谱系分类的标准。

结　语

不少学者认为,20世纪中国语言学深受西方语言学理论的影响,不过这只是中国语言学的一个方面。中国境内语言的特点更直接地决定了20世纪中国语言学方法论的进展线路。中国结构语言学的产生和发展尤其能够说明这种内在联系。如果把分布分析看成是结构语言学的根本方法之一,那么最早系统讨论分布理论的应该是中国学者。继马建忠(1898)提出"惟字之在句读也必有其所"之后,陈承泽(1922)最早比较系统地讨论了分布,认为"当未分本用、活用之前,应不设成见,先广搜各字之用例,然后参合比较,而得其孰为本用,孰为由本用而生之活用,不当仅于实质上求之也。"所以中国学者一开始就有结构语言学的倾向。随着结构语言学在西方的发展,中国结构语言学也在不断发展,并且吸收了很多美国结构语言学思想。这种吸收是很自然的,从赵元任、陆志韦、丁声树、吕叔湘到朱德熙,似乎没有遇到大的障碍。

当我们注意中国结构语言学的方法论特点时,语言特点对方法论的引导作用更为明显。结构语言学有两个根本操作原则:对比和分布。通过对比切分单位,再通过分布归并单位、给单位分类、说明单位的组合关系。中国结构语言学充分展开了分布理论却没有展开对比理论,和汉语的"字"不无关系。汉语字的存在,使汉语研究在切分单位方面没有遇到太多的困难。在语音层面,传统的声韵调表明对字的音形已经有了一定的线性切分结果。在语法层面,字的存在已经基本为语素的切分铺平了道路。

当转换生成语言学在美国兴起时,一个非常引人深思的问题出现了。和吸收结构语言学思想不同,在吸收转换生成语法理论时,中国学者遇到了很大的障碍。尽管英语界不断有学者介绍转换生成语法理论,但真正能够准确地用转换生成语法分析汉语、解决汉语实际问题而又不歪曲汉语事实的学者实在是寥寥无几。事实是,美国转换生成语法兴起后,中国语言学仍然在结构语言学参照系下工作。中国语言学虽然吸收了转换分析的方法,但中国的转换分析和生成语法的转换分析有区别,中国的转换分析是一种分析方法,而不是生成句子的规则。这一点实际上已经出现在吕叔湘(1942)的变换分析中。为了区别中国的转换分析和美国的转换分析,中国语言学家用变换来称呼这一套分析方法。中国结构语言学的变换从本质上看仍然是分布,是分布分析的扩展,是比较相同语义结构项或语义格在不同句式中的分布。因此,中国结构语言学不仅在语法结构层面使用分布理论,在语义结构层面也继续使用分布理论,通过词在鉴定字、鉴定句式和可变换句式中的分布,在语义结构关系、语义特征、语义指向和语义范畴方面取得了进展,扩展了语义格、价、空语类的概念,提出了句位的概念,系统地论述了语法、语义、语用三个平面,并且在历史语言学层面广泛深入地扩展了分布分析。

结构语言学方法论在中国能够延续至今,分布方法能够从语法结构层面深入到语义结构层面,最后深入到历史语言学层面,并显出其价值,和汉语形态不丰富、线性关系比较明确有一定的联系。汉语主要靠语序、虚词和核心词的类来完成组合关系,这正是分布方法能够解决的。在印欧语中,主语和谓语、动词和宾语、修饰语和中心语,大多有一致关系,组合关系主要通过形态来完成,而线性关系并不明确,仅仅靠建立在分布原则上的直接成分分析是不够的。比如:

Does he speak English?

该句在任何地方断开都违反直接成分分析。这样的片段在印欧语中比较常见。所以美国语言学从结构语言学转向转换生成语法是一种必然趋势。在汉语中,尽管有"跳得过/将他的军/叫他来"等不好用直接成分断开的片段,在音系层面有儿化韵、Z变韵、D变韵等非线性组合,但相对印欧语言毕竟要少很多。这可能是中国结构语言学迟迟没有转向转换生成语法的原因之一。

这并不等于说中国结构语言学的线性描写方法及其同质语言观是充分的。当语言事实提出要求时,转向仍然会出现。从同质语言观向异质语言观的转向最能说明这一点。从20世纪中叶开始,西方语言学在语言观念上产生了分化,以Chomsky为代表的转换生成语法继续沿着结构语言学同质语言观行进,并且强化了同质语言观的理论基础,以理想说话人的语言为研究对象,认为变异问题不是语言理论的实质问题,处理语义问题时通常只考虑可以用语法规则控制的部分。与此不同,以Weinreich、Labov为代表的有序异质理论强调异质是语言的本质现象,语言本质上就是异质系统,不过这种异质系统是有序的。在这个背景下,"文化大革命"以后中国语言学面临一个选择:继续沿着同质语言观的线路行进,或者转向异质研究。中国语言学选择了后者,从异质角度展开了共时语言学和历时语言学研究。这种转向的内在原因就在于,汉语主要是一种语义型语言,而方言间错综复杂的关系使变异问题异常突出。随着这种转向,在共时语言研究层面,展开了语义组合关系的研究。语义本质上是异质的、非线性的,因为语义基础根植在整个文化集团的知识结构和文化背景中。

在历时语言研究层面,转向更为自觉。这也和汉语以及中国境内语言的特点有关系。中国方言众多,《切韵》同质观由于不能解释众多的方言,必然要出现《切韵》异质论。汉语方言也在相互接触,形成众多的双方言人口。汉语方言差异之大,双方言人口之多,同一地区方言人口层次之复杂,在世界上大语言集团中是罕见的。因此,汉语方言接触的后果必然伴随大量文白异读的出现,由于19世纪历史比较语言学的波浪说只考虑方言在地域上的连续扩散,汉语中的文白异读现象得不到解释,这是叠置式音变理论出现在中国的主要内在原因。汉语方言产生巨大差异从根本上看是因为千百年来汉语和周边民族语言密切而频繁的接触造成的,这种深刻接触的后果使历史比较法根据对应确定同源关系的原则遇到了困难,同族词论、深层对应论、无界有阶论也就是在这种特殊的背景下产生的。丰富的变异是汉语以及中国境内民族语言的一个显著现象,而扩散式音变理论和自组织理论也都是从汉语的变异入手展开的。

正是因为材料对方法的引导作用,中国语言学理论研究在最近几十年里开始了语言研究姿态的转向,即从理论到理论转向从理论到材料,最后转向从材料到理论。最后的这次转向是近十几年出现的,这是20世纪中国语言学方法论中最为根本的进展。

早期的方法论研究多限于从理论到理论,即方法论研究评价标准取决于某个有影响的人物或语言学家,结果导致辗转引用名人言论论证自己的观点,批评别人的观点。一些真正从材料入手思考方法论的思路反而没有引起足够的注意,陈承泽(1922)的分布论,陆志韦(1937)的同形替代法,就是这种命运。从理论到理论的研究姿态由于缺乏实证,最终会走向空谈,导致无意义的争论。所以不少学者转向了另一种研究姿态,不追问理论本身,在写作中把理论藏在材料中。这就形成了研究姿态从理论到材料的转向。但是材料背后的理论从哪里来?可行性如何?没有得到回答。因此,从理论到材料的研究姿态往往使人茫然,不知道研究的确定目标是什么。中国早期的变换分析就常常使人不知所措,一些学者找几个句式变来变去,原则和目标都不够明确。

从理论到材料的姿态是针对从理论到理论的姿态而出现的。这是在批评好些研究理论的学者脱离实际,常常得出一些过强的理论或无法证实的理论。这在方法论上是一个进展,但弱点也是很明显的,即缺乏自觉的理论探讨。这已经成了一种习惯。正因为中国语言学习惯于把理论隐藏在材料中,中国语言学所取得的进展往往是方法上的进展而不是方法论上的进展。这就使得一种方法不能在理论上得到充分说明,比如本音和变音的区分,声韵调的切分,本来在方法上已经相当领先了,但没有从方法论上进行深入分析,这不利于指导实践。结果常常出现这样一种情况,本来在方法上已经取得进展,却总是从外国语言学理论上找出处和理论依据。陈承泽的分布论,陆志韦的替代法同样面临这种命运。由于缺乏理论上的说明,一些有价值的方法也容易被新理论、新概念掩盖。同样一种方法也容易被多次重复提出讨论,词类的问题就是这样。其实词类问题截至"鉴定字"这一阶段,问题已经很清楚了,鉴定字是汉语划分词类的判定标准(不是划分标准),同时也是词的语义再分类的重要判定标准,这反映了中国学者对分布理论的深刻认识。但是,由于鉴定字的方法论意义没有得到详细说明,20世纪90年代同样有人在提出和讨论词类划分的标准问题,所做的分析不一定比当初赵元任、吕叔湘、朱德熙等讨论得透彻。很多工作是重复的。

由于方法论态度不明确,使很多学者在具体研究工作展开之前,没有正面面对方法论问题。方法论的训练也没有提到日程上来。结果是,对外国理论知其然不知其所以然,局限于一些名词术语的争论。一些学者开始大量使用未经定义的新词汇、新概念,认为这样就能体现理论水平。而在很多国外学者看来,这是在重复别人的工作或无视别人的工作,甚至是歪曲或剽窃别人的工作。由于不追问方法论原则,一些研究者在一些先入为主的理论前提和方法论前提下,有意或无意地选择一些材料而抛开另一些材料,关注一些材料而忽视另一些材料。有人为了证实一种外国的新理论,甚至歪曲材料,错误地报道材料。于是出现了这样的奇怪现象:不是材料验证理论,而是理论验证材料。由于不追问方法论原则,最坏的结果就是所谓学术理论骗子的出现。但是欺骗和被欺骗是一个问题的两个方面。欺骗是寄生在被欺骗之上的。之所以被欺骗,就是因为缺乏方法论的起码训练。

正是因为从理论到理论和从理论到材料都有严重的局限,随着问题的深入,人们必然要追问为什么要根据某种理论研究汉语和中国境内的语言。这个问题继续追问下去,就会追问到印欧语的方法是否适合汉语以及中国境内语言这一根本问题。近十几年来,经过一些学者的努力,方法论研究的思路开始明确了,出现了研究姿态由材料到理论的重要转向。一些学者认识到,建立在印欧语基础上的方法论,有的可能有普适性,有的没有,这就需要从汉语的实际出发归纳新的方法和理论。徐通锵、王洪君(1996.8)在总结中国理论语言学近十几年的发展道路时认为:

> 现在,设法在具体语言事实的研究基础上提炼语言普遍规律的假设,再放到具体语言的研究中去检验和修正,这种理论语言学的基本思路已经开始成为我国理论语言学界的自觉意识。这可能对我们建立有自己特点的理论语言学具有积极的意义。(P3)

从近十几年中国语言学方法论所取得的进展看,这种认识上的转向不仅仅对中国理论语言学有积极意义,对21世纪整个世界普通语言学理论的研究也有深远的意义,因为汉藏语和印欧语一样,是世界上最大的两个语言集团之一,在提出方法和检验方法上都最有代表性。源于印欧语的理论方法首先需要放在汉藏语中检验,源于汉藏语言的方法也需要放在印欧语中检验。换个角度看,从印欧语可能提取到普通语言学的方法,从汉语中也可能提取到普通语言学的方法。因此,研究姿态从材料到理论的转向是20世纪中国语言学方法论的进展中最为根本的进展。

从材料到理论的转向必然要更加关注田野调查。田野调查在语言研究中的至关重要性在于田野调查的可观察性和实证性。目前学界关于语言的普遍原则、语言演变规律、语言接触的微观机制有很多不同的假说,要证实这些假说,必须做微观的跟踪调查,才能证实和证伪这些假说。比如,19世纪的新语法学派认为语音演变是绝对有规律的。我们几十年的跟踪调查结果是,语音确实没有无条件的分化,一个音节不会分化成两个不同的音节。有些看上去是一变二的分化,实际上都有语法层面的原因或语言接触的原因。比如傣语的"三"现在有sam^{35}和san^{55}两个音节,后一个音节是跟着西南官话借词"星期三"进入傣语的。类型学调查也很重要,这样可以让语言的特殊性和普遍性显露出来。比如核心词中哪些词更容易借用,需要调查大量的语言,这样核心词的分阶就有了经验依据。又比如,在上古汉语研究中,有的学者把一个韵部的主要元音构拟成好几个,但我们对押韵的类型学初步调查显示,押韵要求主要元音和韵尾相同,即韵腹和韵尾相同。押韵的类型调查还应该扩大,最后的结果对上古韵部的构拟有重要意义。上面谈到的语言接触的无界有阶性质,也是在田野调查中观察到的。在语言的共时研究和历时研究中,都或明或暗地带有各种方法论前提或假说,这是各种争论的主要起因。单个语言的长期追踪调查和多个语言的类型学调查对解决这些争论都是相当重要的。语言研究有两个最重要的实证方法,一个是田野调查,一个是语言实验。统一地看,语言实验也是一种田野调查,是在控制各种条件下的一种田野调查。总之,方法论的进展最终离不开实证,这是21世纪中国语言学应该高度重视的问题。

语言学是一门经验科学,只有坚持实证,语言理论模型才是有价值的。实证的核心就是材料的精准和逻辑的严密。

符号和术语说明

下面是符号与术语的音序排列。简称符号后列出了完整术语。同一个术语有时有不同的含义,或者不同的学者有不同的翻译,为便于检索,也都一并列出供参考。有英文对应的术语都列出英文对应。部分术语给出了简要的说明,不便简要说明的可查阅主要章节索引。

词条	英语	符号或名词解释	主要章节索引
[ ]		在有序对应规则表中表述所引用的语言或读音的出处	
≡		语音对应符号	
A		傣泰语的 Ahom 语	14.1
Ahom		分布在印度 Assam 的一种傣语,与德宏傣语关系密切	14.1
AP		形容词短语	5.6
BIHP	Bulletin of the Institute of History and Philology	《"中研院"历史语言研究所集刊》	参考文献
C	Comp;COMP	标补语	5.4.3
c-控制	c-command, constituent-command	成分控制	5.4.4
D		区别词	7.3、7.4
Dioi		贵州布依语的一种方言	14.1
EST	Extended Standard Theory	乔姆斯基转换生成语法标准理论	5.4.3
GB	Governing and Bounding Theory	支配约束理论/支约论/管辖约束理论	5.4
GR	Grammatical Relation	语法关系	1、2、5、6、7
HR	High Rank	关系词有序对应规则表中表示高阶性	13
IA	Item and arrangment	项目与配列	5.9
IC	Immediate Constituent	直接成分	2.1.4
IP	Item and Process	项目与变化	5.9
JCL	Journal of Chinese Linguistics	《中国语言学报》	参考文献
JS		金沙江傣语	11.2
Katai		卡岱语/加贷语	4

LD	Lexical Defussion	王士元词汇扩散理论	8、9、10
LR	Low Rank	关系词有序对应规则表中表示低阶词	13
Lü(Lu)		分布在云南整董的一种傣泰语	14.1
Ly		云南绿春傣语	14.1
Lz		指《壮侗语族语言简志》中的龙州壮语	13、14、17
MC		中古汉语	15
Mg		傣泰语的马关傣语	12.10、14.1
Ml		傣泰语的孟连傣语	12.10、14.1
NP		名词短语	2.1、5.3、5.4、5.5
O		受事、宾语	2、5
OC		上古汉语	3、11、12、13、15、16、17
Pt(pt)	Proto-Tai	原始台语	11、12、13、14、15、17
R1		一阶核心词(第100词)标记	12、13
R2		二阶核心词(第200词)标记	12、13
REST	Revised Extended Standard Theory	乔姆斯基转换生成语法修正版扩展标准理论	5.4.3
ST	Standard Theory	转换生成语法标准理论(1965)	5.4.3
Tay		分布在北越的一种台语中部方言	14.1
TBU	tone bearing unit	声调承载单位或载调单位	6.2、6.5
Ty		傣泰语的傣雅语	13.3.1
VP		动词短语	5、9
Wd		傣泰语的武定傣语	11.2、12.10、14.1
Wh	Whitetai	傣泰语中的白傣语	14.1
Wm		北部台语的武鸣壮语	11、12、13、14
X		汉语西南官话	6、7、9、11、12、13、17
Y/Yj		指傣泰语的元江傣语	12.10、12.11、14.1
Yn		傣泰语中的元阳傣语	12.10、14.1
α移动	move-α		5.4.1
白傣	Whitetai	参看 Whitetai(Wh)	14.1
保定		黎语保定方言	13.4.1
必选转换	obligatory transformation		5.4
变换	transformation	结构语言学框架中的转换	5.4
变体	variable		2.2、5.5、5.9、7.1
宾格、受格	accusative	有形态变化的语言中名词做动词宾语所采取的形式	1
补足语	complement		5.4.4
布		布依语	11、12、13
长元音		和短元音相对,用两种方式表示,如 a 的长元音可以表示为 a:或 aa	16.2.2

符号和术语说明

成分控制	c-command, constituent-command		5.4.4、6.3
成分线性组合	constituent linearity		5.4、6.2
处所格	Locative		5.5.1
词汇功能语法	Lexical-Functional Grammar		5.4
词汇化			7.2.2、7.3.3、7.4.3
词汇扩散	Lexical Defussion		8、9、10
词汇音系学	Lexical phonology		6
词库	lexicon		7.4.4
词类	word-class, part of speech		2.1.1
次范畴化	subcategorization		5.3、5.5、5.6
傣泰语		傣语和泰语的共同形式	12
傣雅		即 Ty,红河流域一带的傣语	13.3.1
代词	pronoun		2.1.1
单位线性组合	unit linearity		5.4.1、5.4.3
当事		一种论元角色	5.5.1
德傣		德宏傣语	11、12、13、14
底层形式	underlying form	指句法上和深层结构相关的形式	6.7
典型语素		剩余语素以外的语素	7.2.1
调域	register		6.2、6.4、6.6
侗		侗语支的侗语,有时指侗语和仫佬语构成的侗语支	11、12、13
独特成分	unique constituent	即剩余语素,也叫独用语素或单用语素	7.1.2
短语结构规则	phrase structure rule		2.1.3、5、7.3.3
短语音系学	Phrase Phonology		6
对象语言	object language	和元语言相对	5.5.1
多线性	multilinear		6
泛时		共时和历时的结合	5.9、9.3
浮游调	floating tone		6.2
符号线条性	sign linearity		5.4.1、5.9
复辅音;复声母	Consonant cluster	指一个音节中有辅音丛	3.3、4.2、16.3.1
改写规则;重写规则	rewrite rule		2.3、5.4.1
格框架	theta-grid		5.5.1
格语法	Case Grammar		1、2.1.1.5、2.3
工具格	Instrument		5.5.1
功能语法	Functional Grammar		2.3、5.1、5.4、5.8
共同字		最早时间层面的关系字	12.1、12.3
关联对应	correlated correspondcn	指有其他音类对应支持的对应	12

关系语法	Relational Grammar		5.4、5.5.1
关系语素		有关联对应的语素,也即关系字	12、17
关系字		有关联对应的字,也即关系语素	12、17
广义短语结构语法	Generalized Phrase Structure Grammar		5.4、5.4.1
汉台共同字		上古汉语和原始台语对应的字或词素	12.1、12.3
汉台语	Sino-Tai	汉语和侗台语,有时指汉语和台语	12、13
行动元	actant		5.5.1
合式的、良构的	well-formed		5.2、5.3
核心词、核心语符、核心语素	kernel word	最稳定的规则活动语素,特别指100核心词和200核心词	11、12、13
核心句	kernel sentence		5.4、7.1.2
话题、主题	topic、theme		5.8、6.5.4、7、7.5
回指词	anaphor		5.4.4
基础部分	base component	转换生成语法的组成部分	5.4.1、5.4.3
节律音系学	Metrical Phonology		6、6.5
结构语言学	Structural Linguistics		1、2、5、6、7
结构主义	Structuralism		1、2、5、6、7
解释性的	interpretive		2.1.1.4、5.3.5.9
介词短语	PP		5.4.2、5.6
金平傣		云南金平傣语	12.10
金沙傣		云南北部金沙江流域一带的傣语	11.2、12.11.4、13.3.1、17.4
句法结构关系	syntactic relation	即语法关系	2.1.3.3
句子音系学	Sentence Phonology		6
客体格	Objective		5.5.1
控制理论	control theory		5.4.3
扩展法	expansion		2.1.2、2.1.3、2.1.4、2.3、7.3、7.4
离心结构	exocentric construction		2.1.1、2.1.3、2.1.4、5.6
量词	quantifier		2.1.1、4.3
临沧傣		云南临沧傣语	13.2.1、13.3.1、17.4
龙州(壮)		龙州壮语(特指《壮语简志》记录的龙州壮语)	4.4、11、12、13、14、17
龙州李		龙州壮语(李方桂《台语比较手册》的龙州壮语)	12.8、14.1、14.3
论元	argument		1、5.4、5.5、5.7
论元结构	argument structure		1、5.3

符号和术语说明

论元位置	A-position		1、5.4、5.5、5.7
逻辑实证主义	logical positivism		2.3
毛南		水语支的毛南语（毛难语）	12、13
孟连傣		即MI，云南孟连傣语	12.10
名词	N		1、2、5、6、7
命题	proposition		5.4.1、5.5.1
莫拉（摩拉）	mora	长于音段而短于音节的音系单位。汉语的重音节有两个莫拉，轻音节有一个莫拉。	6
仫佬		侗语支的仫佬语	12、13
能指	signifier		2.3、5.4.1、5.5.1、7.1.2
配对		用于对应进行的比较对，并不断定有对应。	12.1、12.12、14.3
平行周遍对比			7.3、7.4
普遍核心一致对应		指一个语素音形的音类既满足核心一致对应，也在各支系之间对应	12.8
普遍连接规约	Universal Association Convention		6.2
普遍原则	universal principles		5.4.4
屈折	inflection		1、5.9
曲拱声调语言	contour tone language		6.2
人工语言	artificial language		5.5.1、7.3.3
认知	cognitive		2.3、5.3、5.4.4、5.8、7.4、7.5
生成语法	Generative Grammar		2.1.3.2、2.1.5、2.2.4、2.3、5、6.3、7.1.2、7.3.4、7.4.4
生成语义学	Generative Semantics		2.3、5
剩余语素	unique constituent		7.1、7.2
使成格	Factitive		5.5.1
收敛分布、聚敛分布		是指一套对应规则下的字，落在高阶词中的比例高于落在低阶词中的比例。	13.3.1
受格、宾格	accusative	（见"宾格、受格"）	1
受事	Patient		1、2.1.1.2、2.1.1.3、5、7.4、2、7.5
述题	Rheme		5.1、5.8
双拍步	binary foot		6.5.1
双项对比			7.1.2、7.3.2
水语（水）		水语支的水语，有时指水语和毛南语等构成的水语支	4.4、12.4、12.5、12.11、13.3、13.4、17.4

台语(台)		又称壮傣语,为泰语、傣语、壮语、布依语、缅甸掸语、老挝语等总称	4、11、12、13、14、17
泰语	Thai		11、12、13、14
特征几何论	Feature Geometry		6
题元	thematic		5.3、5.4
题元角色	thematic role		5.3
题元理论	thematic theory		5.3
替换	substitution		2、5.4、5.6、5.7、7.1.2、7.3.1、7.3.2、8.2
通什		黎语通什方言	13.2.1、13.4.1
推导式			1、2.1.1.7、2.1.3、5.8、7、7.5
武鸣(武)		武鸣壮语	11、12、13、14、17.4.3
西傣(西)		西双版纳傣语	11、12、13、14
显性的	overt		2.1.4、5.4.3
向心结构	endocentric construction		2.1.1、2.1.3、2.1.4、5.6
形态音位学	morphophonology		2.2.4
雅		红河一带的傣语	13.1、13.3.1、17.2.5
音位	phoneme		2.2、6、7、8、10、11、12、14
音系学	phonology		2.2、6、10.3
音域声调语言	register tone language 或 level-pitch language		6.2
隐性的	covert		5.3、5.4.3、7.5
优选论	Optimality Theory		6、6.7
与格(与事)	Dative		5.5.1
语法范畴	grammatical category		1、2.1.1.5、5.3、5.6、5.8、7.5
语法功能	grammatical function		5、6.5.4
语法结构关系(语法关系)			2.1.3、5.
语法形式		有意义的片段	7.1
语法语义		从语法到语义的研究模型	7.5
语符、字符	syntactic unit		7.3、7.4
语符库	syntactic lexicon		5.5.3、7.4.4
语迹	trace		5.4、5.7
语素	morpheme; simple form		7.1、7.2
语素变体	allomorph		0、7.1.2、7.1.3
语素交替	morpheme alternants		参考文献
语素音位	morphophoneme		参考文献
语言能力	language competence, language faculty		2.1.2、5.4.1

语言形式（构词形式）	formative		2.1.2、7.1.2、14.1、16
语言直觉	linguistic intuition		7.1.3
语义格	symantic case		1、2.3、5
语义功能	semantic function		5
语义结构关系	semantic relation		2.1.3、5.
语义特征	semantic feature		2.1.1.5、2.3、5
语义语法		从语义到语法的研究模型	7.5
语义指向			5.7,7.5
语音形式	phonetic form（PF）		2.2、6
语子	morph		7.1
元江傣		云南元江傣语	12.10
元语言	metalanguage	和对象语言相对，用来解释、定义或描写对象语言的语言	5.5.1
约束理论	binding theory		5.4
韵律层阶	Prosodic Hierarchy		6.1、6.5.3
韵律词	prosodic word		6.1、6.5
韵律音系学	Prosodic Phonology		6.5
支配	governing	即管辖	5.4.4
支配范畴	govering category		5.4.4
支配约束	government-binding		5.4.4
直接成分	immediate constituent		2.1、2.3、5、6、7
指称	reference		2.1.1
主格	nominative case		1
主目	argument	即论元或变元	5.3
主语	subject		1、2、5、7
转换	transformation	在线性组合上进行变化而生成的形式，用符号⇒表示	1、2、5、6、7
转换生成语法	Generative Transformational Grammar		2.3、5
转换循环	transformation cycle		6
壮傣语		即台语	4.4
状态元	circonstant		5.5.1
准语素		在音义上有同一性但不符合对比原则的形式，如 what、where、why 中的 wh-	7.1.2
自由交替	free alternation		7.1.2
自主音段音系学	Autosegmental Phonology		6

补充说明：

1.考虑到引文和上下文的一致性，国际音标的送气符号有时用 h，有时用 '。

2.声调一律用右上方的数字表示。10 以上的数字表示调值，如汉语的

kan^{55}（干）。10 以下的数字表示调类，有时表示轻音，根据上下文区别。为便于共时比较和历时比较，表示调类的方式又有两种，一种用 1、2、3、4 表示，分别代表阴平、阳平、上声、去声。如汉语的 kan^1（干），表示阴平。另一种用 1、2、3、4、5、6、7、8 表示，分别代表阴平、阳平、阴上、阳上、阴去、阳去、阴入、阳入。若不做说明，如汉语 tṣan^5（战），表示阴去。用哪一种表示方法可以从上下文中看出。

3. 正文中，人名后括号中的数字分别表示文章发表的年代、章节、页码。页码前用大写 P 表示。章节代码不加 P。

中西人名对照

人名对照表仅供检索参考文献中的西文文献或有中文翻译的文献。为便于检索参考文献,译名对照分为中文排序和外文排序两种。除非是普遍公认的译名,本书提到的外国人名尽量用原文或英文,以避免译名分歧带来的检索错误,有分歧的译名在人名对照中尽量都给出。

1 人名译名对照西文排序

西文名	汉名
Austin, J. L.	奥斯汀
Bao, Zhiming	包智明
Baxter. W. H.	白一平
Benedict, P. K.	本尼迪克特/白保罗
Bloomfield, L.	布龙菲尔德
Boas, F.	博厄斯/博爱士
Bodman, N.	包拟古
Bopp, F.	博普
Burge, T.	伯奇
Carnap, R.	卡尔纳普
Chang, Kuang-yu	张光宇
Chang, Kun	张琨
Chao, Y. R.	赵元任
Chen, Baoya	陈保亚
Chen, Matthew Y.	陈渊泉
Cheng, C. C.	郑锦全
Chomsky, N.	乔姆斯基
Chou, Fa-kao	周法高
Church, A.	丘奇
Clauson, J.	克劳森
Coblin, W.	柯蔚南
Conrady, A.	孔好古

Courtenay, J.	库尔德内
Davies, H. R.	戴维斯
Dragunov, A.	龙果夫
Duanmu, San	端木三
Durkheim, É	涂尔干
Edkins, J.	爱约瑟
Feng, Shengli	冯胜利
Fillmore, C.	菲尔墨
Firth, J. R.	弗斯
Fodor, J. A.	福多
Frege, F.	弗雷格
Godel, K.	哥德尔
Gong, Hwang-cherng	龚煌城
Grassmann. H.	格拉斯曼
Greenberg, J.	格林伯格
Grice, H. P.	格莱斯
Grimm, J.	格里木
Groot, A.	格罗特
Grube, W.	格鲁布, W.
Gruber, J. S.	格鲁布, J.
Halle, M.	哈勒
Halliday, M.	韩礼德
Handel, Zef	韩哲夫
Harris, Z. S.	哈里斯/海里斯
Hartman, L. M.	哈忒门
Haudricourt, A.	欧德里古尔/奥德里古/奥德里库
Hockett, C. F.	霍凯特/霍盖特
Huang, C. T. James	黄正德
Huang, Chu-Ren	黄居仁
Jakobson, R.	雅格布逊
Jaxontov, S.	雅洪托夫
Jesperson, Otto	叶斯泊森
Jones, W.	琼斯
Karlgren, B.	高本汉
Katz, J. J.	凯茨
Kong, Jiangping	孔江平
Lacouperie, T.	拉古勃里
Ladefoged, P.	赖福吉/拉德福奇德

Lakoff, G.	雷科夫/拉科夫
Lamb, S. M.	兰姆
Langacker, R. W.	兰盖克
Larson, R.	拉尔森
Lee, Thomas Hun-tak	李行德
Leibniz, G.	莱布尼茨
Li, C. N.	李讷
Li, Fangkuei	李方桂
Li, Yafei	李亚非
Lien, Chinfa	连金发
Lottner, C.	罗德纳
Lu, Bingfu	陆丙甫
Malinowski, B.	马林诺夫斯基
Marshman, J.	马士曼
Martinet, A.	马丁纳/马尔丁内/马尔丁纳
Maspero, H.	马伯乐
Mathesius, V.	马提修斯
Matisoff, J. A.	马提索夫
McCarthy, J.	麦卡锡
McCawley, J.	麦考莱
Meillet, A.	梅耶/梅耶尔
Moore, G.	摩尔
Morris, C. W	莫里斯
Norman, J.	罗杰瑞
Palmer, L. R.	帕默尔
Pike, K. L	派克
Poppe, N.	鲍培
Postal, P. M.	波斯特
Przyluski, J.	普鲁伊路斯基
Pulleyblank, E. G.	蒲立本
Putnam, H.	普特南
Ramstedt, G.	兰司铁
Rask, R.	拉斯克
Ross, J.	罗斯
Russell, B.	罗素
Sagart, Laurent	萨加尔/沙加尔
Sapir, E.	萨丕尔
Saussure, F.	索绪尔

Schleicher, A.	施莱歇尔	
Schmidt, J.	施密特	
Schmidt, P. W.	施密特	
Searle, J. R.	塞尔	
Shen, Jiaxuan	沈家煊	
Shen, Zhongwei	沈钟伟	
Shi, Ding-xu	石定栩	
Shih, Chi-lin	石基琳	
Simon, Water	西门华德	
Stael-Holstein, A.	钢和泰	
Starostin, S. A.	斯塔罗斯京	
Swadesh, M.	斯瓦迪士	
Sweet, H.	斯维特	
Tang, C.-C. J.	汤志真	
Tao, Hongyin	陶红印	
Tesnière, L.	特思尼耶尔/特斯尼埃	
Thomason, S.	托马森	
Thompson, S. A.	汤姆逊	
Thomsen, V.	汤姆生	
Ting, Pang-Hsin	丁邦新	
Trier, J.	特里尔	
Trubetzkoy, N. S.	特鲁别茨科依	
Turing, A. M.	图灵	
Ullman, S.	乌尔曼	
Verner, K.	维尔纳	
Wang, Feng	汪锋	
Wang, William S-Y.	王士元	
Weinreich, U.	魏茵莱希	
Wells, R. S.	威尔斯	
Whorf, B. L.	沃尔夫	
Wittgenstein, L.	维特根斯坦	
Woods, W. A.	伍兹	
Wright, M. S.	赖特	
Wulff, K.	吴克德	
Xu, Liejiong	徐烈炯	
Xu, Yi	许毅	
Zadeh, L.	扎德	
Zhang, Hongming	张洪明	

Zhang, Min	张敏
Zhang, Zhengsheng	张正生
Zhengzhang, Shangfang	郑张尚芳
Zhong, Rongfu	钟荣富
Смерниций, А. И.	斯米尔尼兹基

2 人名译名对照汉语排序

汉名	西文名
爱约瑟	Edkins, J.
奥斯汀	Austin, J. L.
白一平	Baxter, W. H.
包拟古	Bodman, N.
包智明	Bao, Zhiming
鲍培	Poppe, N.
本尼迪克特/白保罗	Benedict, P. K.
波斯特	Postal, P. M.
伯奇	Burge, T.
博厄斯/博爱士	Boas, F.
博普	Bopp, F.
布龙菲尔德	Bloomfield, L.
陈保亚	Chen, Baoya
陈渊泉	Chen, Matthew Y.
戴维斯	Davies, H. R.
丁邦新	Ting, Pang-Hsin
端木三	Duanmu, San
菲尔墨	Fillmore, C.
冯胜利	Feng, Shengli
弗雷格	Frege, F.
弗斯	Firth, J. R.
福多	Fodor, J. A.
钢和泰	Stael-Holstein, A.
高本汉	Karlgren, B.
哥德尔	Godel, K.
格拉斯曼	Grassmann, H.
格莱斯	Grice, H. P.
格里木	Grimm, J.

格林伯格	Greenberg, J.
格鲁布, J.	Gruber, J. S.
格鲁布, W.	Grube, W.
格罗特	Groot, A.
龚煌城	Gong, Hwang-cherng
哈勒	Halle, M.
哈里斯/海里斯	Harris, Z. S.
哈忒门	Hartman, L. M.
韩礼德	Halliday, M.
韩哲夫	Handel, Zef
黄居仁	Huang, Chu-Ren
黄正德	Huang, C. T. James
霍凯特/霍盖特	Hockett, C. F.
卡尔纳普	Carnap, R.
凯茨	Katz, J. J.
柯蔚南	Coblin, W.
克劳森	Clauson, J.
孔好古	Conrady, A.
孔江平	Kong, Jiangping
库尔德内	Courtenay, J.
拉尔森	Larson, R.
拉古勃里	Lacouperie, T. de
拉斯克	Rask, R.
莱布尼茨	Leibniz, G.
赖福吉/拉德福奇德	Ladefoged, P.
赖特	Wright, M. S.
兰盖克	Langacker, R. W.
兰姆	Lamb, S. M.
兰司铁	Ramstedf, G.
雷科夫/拉科夫	Lakoff, G.
李方桂	Li, Fangkuei
李行德	Lee, Thomas Hun-tak
李讷	Li, C. N.
李亚非	Li, Yafei
连金发	Lien, Chinfa
龙果夫	Dragunov, A.
陆丙甫	Lu, Bingfu
罗德纳	Lottner, C.

罗杰瑞	Norman, J.
罗斯	Ross, J.
罗素	Russell, B.
马伯乐	Maspero, H.
马丁纳/马尔丁内/马尔丁纳	Martinet, A.
马林诺夫斯基	Malinowski, B.
马士曼	Marshman, J.
马提索夫	Matisoff, J. A.
马提修斯	Mathesius, V.
麦卡锡	McCarthy, J.
麦考莱	McCawley, J.
梅耶/梅耶尔	Meillet, A.
摩尔	Moore, G.
莫里斯	Morris, C. W.
欧德里古尔/奥德里古/奥德里库	Haudricourt, A.
帕默尔	Palmer, L. R.
派克	Pike, K. L.
蒲立本	Pulleyblank, E. G.
普鲁伊路斯基	Przyluski, J.
普特南	Putnam, H.
乔姆斯基	Chomsky, N.
琼斯	Jones, W.
丘奇	Church, A.
萨加尔/沙加尔	Sagart, Laurent
萨丕尔	Sapir, E.
塞尔	Searle, J. R.
沈家煊	Shen, Jiaxuan
沈钟伟	Shen, Zhongwei
施莱歇尔	Schleicher, A.
施密特	Schmidt, P. W.
施密特	Schmidt, J.
石定栩	Shi, Ding-xu
石基琳	Shih, Chi-lin
斯米尔尼兹基	Смерницкий, А. И.
斯塔罗斯京	Starostin, S. A.
斯瓦迪士	Swadesh
斯维特	Sweet, H.
索绪尔	Saussure, F.

汤姆生	Thomsen, V.
汤姆逊	Thompson, S. A.
汤志真	Tang, C.-C. J.
陶红印	Tao, Hongyin
特里尔	Trier, J.
特鲁别茨科依	Trubetzkoy, N. S.
特思尼耶尔/特斯尼埃	Tesnière, L.
托马森	Thomason, S.
图灵	Turing, A. M.
涂尔干	Durkheim, É.
汪锋	Wang, Feng
王士元	Wang, William S-Y.
威尔斯	Wells, R. S.
维尔纳	Verner, K.
维特根斯坦	Wittgenstein, L.
魏茵莱希	Weinreich, U.
沃尔夫	Whorf, B. L.
乌尔曼	Ullman, S.
吴克德	Wulff, K.
伍兹	Woods W. A.
西门华德	Simon, Walter
徐烈炯	Xu, L. J.
许毅	Xu, Yi
雅格布逊	Jakobson, R.
雅洪托夫	Jaxontov, S.
叶斯泊森	Jesperson, O.
扎德	Zadeh, L.
张光宇	Chang, Kuang-yu
张洪明	Zhang, Hongming
张琨	Chang, Kun
张敏	Zhang, Min
张正生	Zhang, Zhengsheng
赵元任	Chao, Y. R.
郑锦全	Cheng, C. C.
郑张尚芳	Zhengzhang, Shangfang
钟荣富	Zhong, Rongfu
周法高	Chou, Fa-kao

参考文献

本书在讨论一些关键性理论问题时,为了不引起理解上的争议,尽量使用原文。一般情况下直接使用译文。凡是外文书目,一些比较关键的论著,译本和原文都列出,读者可根据人名译名对照表查阅。本书译文主要根据已有译本,若和译本有出入,都是根据原文的意思更改的,并加以说明。外文文献没有译本的,一般情况下直接给出译文。请读者能尽量阅读原文。

作者后面的第一个年代是作者最早发表论著的年代,也是书中人名后面的括号中的年代。出版社后面的年代是本书引用的版本年代,两者相同时后一个年代省略。方括号中的内容是该文献和本书内容有联系的主要观点或内容,涉及范围较多的不再注明,请读者从本书相关论述中查找。

Austin. J. L., 1962, *How to Do Things with Words*, Clarendon Press, Oxford.
Bach, E., 1974, *Syntactic Theory*, Holt, Rinehart & Winston.
Bao, Zhiming, 1990, On the Nature of Tone, PhD Dissertation, MIT.
Barrack, C., 1976, Lexical Diffusion and the High German Consonant Shift, *Lingua* 40.
Bauer, R., 1979, Alveolarization in Cantonese: A Case of Lexical Diffusion, *Journal of Chinese Linguistics* 7(1).
Baxter, W. H., 1992, *A Handbook of Old Chinese Phonology*, Berlin: Mouton de Gruyter.
Bell, A. and J. Hooper, 1978, *Syllables and Segments*, The North Holland Publishing Co..
[认为音节内音段的组合是有层次的]
Benedict, P.K., 1942, Thai, Kadai, and Indonesian: A New Alignment in Southeastern Asia, *American Anthropol*.44.译文载《汉藏语系语言学论文选译》,罗美珍译,中国社会科学院民族研究所语言研究室,1980。[根据同源词把侗台语划入南岛语]
Benedict, P. K., 1972, *Sino-Tibetan*: *A Conspectus*, Cambridge University Press, Berkeley.[给出了很多汉藏关系词,根据对应认为汉语和侗台语不同源]
Benedict, P.K., 1975, *Austro-Thai*: *Language and Culture*《澳台语系——语言和文化》, Hraf Press.[找出了一批侗台语和南岛语的关系词,根据这些关系词把侗台语划入南岛语,把侗台语(白称为卡岱语)与南岛语言和苗瑶语都归入他所建立的澳台语系]

Benedict, P. K., 1976, Sino-Tibetan: Another Look(《再论汉—藏语系》), *Journal of the American Oriental Society* 96(2). [找出了一批汉藏关系词,认为汉语藏缅语同源,汉台不同源]

Bloomfield, L., 1922, Review of Sapir's Language, *Classical Weekly* 15. [对索绪尔语言观的肯定]

Bloomfield, L., 1926, A Set of Postulates for the Science of Language(《语言科学的公设》), *Language* Vol. 2. [描写语言学的基本原则]

Bloomfield, L., 1933, *Language*, Henry Holt, New York.

Blust, R., 1999, Subgrouping, Circularity and Extinction: Some Issues in Austronesian Comparative Linguistics, In Elizabeth Zeitou and Paul Jen-kuei Li (eds.) *Selected Papers from the Eighth International Conference on Austronesian Linguistics*. Taipei: Academia Sinica.

Boas. F., 1911, *Handbook of American Indian Languages*, Washington, D. C.. [把语序(order)作为表达语言单位之间的关系的基本手段之一]

Bopp, F., 1816, On the Conjugational System of the Sanskrit Language, in Comparison with that of Greek, Latin, Persian and the Germanic Languages, In W. Lehmann, 1967. [根据形态同构确定同源]

Campbell, L., 1998, *Historical Linguistics: An Introduction*, Edinburgh University Press.

Carnap, R., 1933, *The Logical Syntax of Language*, Routledge & Kegan Paul, London.

Chang, Kuang-yu, 1993, The Chongniu Problem Revisited, Presented at the 25th International Conference on Sino-Tibetan Languages & Linguistics, University of California at Berkeley (Oct. 16—18).

Chang, Kun, 1969, Sino-Tibetan Words for "needle", *Monumenta Serica* Vol. XXVIII, 译文载《汉藏语系语言学论文选译》。[根据对应确定同源]

Chang, Kun, 1971, Sino-Tibetan "iron": *qhleks, *Journal of the American Oriental Society* 92, 译文载《汉藏语系语言学论文选译》。[根据对应确定同源]

Chang, Kun, 1976, The Prenasalized Stop Initials of Miao-Yao, Tibeto-Burman, and Chinese: A Result of Diffusion or Evidence of a Genetic Relationship? 《"中研院"历史语言研究所集刊》第47本第3分, 译文载《汉藏语系语言学论文选译》。

Chao, Y. R., 1941, Distinctions within Ancient Chinese(《中古汉语的语音区别》), *Harvard Journal of Asiatic Studies*, 5.

Chao, Y. R., 1947, *Cantonese Primer*, Harvard University Press.

Chao, Y. R., 1948, *Mandarin Primer, An Intensive Course in Spoken Chinese*(《北京口语语法》), Harvard University Press. [最早用结构语言学理论全面描写汉语]

Chao, Y. R., 1959, Ambiguity in Chinese, *Studia Serica Bernhard Karlgren Dedicala*, Copenhagen. 译文载赵元任(1922)。

Chen, Baoya, 1995, On the Original Relationship between Chinese and Kam-Tai, *Linguis-*

tics of the Tibeto-Burman Area Vol. 18：1-Spring, University of California at Berkeley, USA.

Chen, Baoya, 1996, What Original Relationship between Mon-Khmer and Kam-Thai, *MonKhmer Studies* XXV, Thailand.

Chen, Baoya and Wang Feng, 2009, More Evidence for Genetic Relationship between Austronisian and Kam-Tai, JCL, Vol. 37.

Chen, Matthew Y., 1979, Metrical Structure：Evidence from Chinese Poetry, *Linguistic Inquiry* 10.

Chen, Matthew Y., 2000, *Tone Sandhi*：*Patterns Across Chinese Dialects*, 外语教学与研究出版社, 2001.

Cheng, C. C., 1973, *A Synchronic Phonology of Mandarin Chinese*, The Hague.[首次系统用生成音系学理论描写汉语]

Cheng, C. C. and Wang, W. S-Y., 1975, Tone Change in Chaozhou Chinese：A Study in Lexical Diffusion, In Wang, 1977.[词汇扩散]

Chomsky, N., 1955, *The Logical Structure of Linguistic Theory*, Plenum, New York, 1975.[形式语法,详细讨论了转换规则代数和转换规则语法]

Chomsky, N., 1956, Three Models for the Description of Language, I. R. E. Transactions on Information Theory, Vol. I-2, *Proceedings of the Symosium on Information Theory*, Sept, 1956.[形式文法]

Chomsky, N., 1956a, On Accent and Juncture in English, For Roman Jakobson, Mouton, The Hague.

Chomsky, N., 1956b, Three Models for the Description of Language, *PGIT*, 2：3.

Chomsky, N., 1957, *Syntactic Structures*, Mouton, the Hague.

Chomsky, N., 1958, Finite State Languages, *Information and Control*, Vol. 1；2.[形式文法]

Chomsky, N., 1959, On Certain Formal Properties of Grammars, *Information and Control*, Vol. 2.[形式文法]

Chomsky, N., 1962, Context-Free Grammars and Pushdown Storage, Quart. Prog. Dept. No. 65, MIT Res. Lab. Elect.[形式文法]

Chomsky, N., 1963a, Formal Properties of Grammars, *Handbook of Math. Psych.*, 2, Wiley, New York.[讨论了正则文法、上下文无关文法、递归可枚举集、上下文无关法]

Chomsky, N., 1963b, The Algebraic Theory of Context-Free Languages, *Computer Programming and Formal Systems*, North Holland, Amsterdam.[形式文法]

Chomsky, N., 1963c, Introduction to the Formal Analysis of Natural Languages, In *Handbook of Mathematical Psychology* Vol. 2.[形式文法]

Chomsky, N., 1964, *Current Issues in Linguitic Theory*, Mouton, the Hague.[讨论了描写

的充分性和解释的充分性]

Chomsky, N., 1965, *Aspects of the Theory of Syntax*, MIT Press, Cambridge.

Chomsky, N., 1970, Remarks on Nominalization, in R. Jacobs & P. Rosenbaum, eds., *Readings in English Transformational Grammar*. Ginn, Waltham, Mass.

Chomsky, N., 1972, Deep Structure, Surface Structure and Semantic Interpretation, In N. Chomsky, *Studies on Semantics in Generative Grammar*, Mouton, the Hague.[生成语法扩展标准理论]

Chomsky, N., 1973, Conditions on Transformations, In S. Anderson & P. Kiparsky, eds., *A Festschrift for Morris Halle*.[讨论转换条件]

Chomsky, N., 1981, *Lectures on Government and Binding*, Foris Publications, Holland, 1982.

Chomsky, N., 1986, *Barriers*, MIT Press, Cambridge.

Chomsky, N., 1995, *The Minimalist Program*, MIT Press, Cambridge Mass.

Chomsky, N. and Halle, M., 1968, *The Sound Pattern of English*, Harper & Row, Publishers, New York.[生成音系学标准理论]

Chou Fa-kao, 1972, Archaic Chinese and Sino-Tibetan, *JICSCUH* 5.1.[给出了一批汉藏关系词]

Church, A., 1936, An Unsolvable Problem of Elementary Number Theory, *Amer. J. Math.*, 58.[形式文法]

Clark, J. and C. Yallop, 1990, *An Introduction to Phonetics and Phonology*, 外语教学与研究出版社, 2000。

Clements, G. N., 1977, The Autosegmental Treatment of Vowel Harmony, in Dreslsler, W. & Pfeifer, O. E. (eds.).

Clements, G. N., 1990, The Role of the Sonority Cycle in Core Syllabification, In J. Kingston & M. Beckman (eds.). *Papers in Laboratory Phonology* 1: *Between the Grammar and Physics of Speech*. Cambridge: Cambridge University Press.[音节响度理论]

Coblin, W., 1986, A Sinologist's Handlist of Sino-Tibetan Lexical Comparisons., *Monumenta Serica Monograph* #18. Nettetal: Steyler Verlag.[给出了一批汉藏关系词]

Conrady, A., 1916, Eine merkwürdige Beziehung zwischen den austrischen und den indochinesischen Sprachen, *Kuhn Festschrift*, München.[根据相似确定同源]

Conrady, A., 1922, Neue austrisch-indochinesische Parallel, *Asia Major*, Introductory Volume.[根据相似确定同源]

Davies, H. R., 1909, *Yün-nan, the Link between India and the Yang-tze*, Appended Vocabularies, Cambridge.[根据相似确定同源]

Dinnsen, D. (ed.), 1979, *Current Approaches to Phonological Theory*, Bloomington and London: Indiana University Press.

Dolgopolsky, A. B., 1986, A Probabilistic Hypothesis Concerning the Oldest Relationships among the Language Families in Northern Eurasia, *Typology, Relationship and Time: A Collection Of Papers on Language Change and Relationship by Soviet Linguists*. Ann Arbor: Karoma.

Dowty, David R., 1991, Thematic Proto-Roles and Argument Selection, *Language* 67. [论元角色理论]

Duanmu, San, 1990, A Formal Study of Syllable, Tone, Stress and Domain in Chinese, PhD Dissertation, MIT.

Durand, J., 1990, *Generative and Non-Linear Phonology*, Longman, London. [给出了响度阶]

Durkheim, E', 1895, *The Rules of Sociological Method*, English ed., Collier-Macmillan, 1966.

Edkins, J., 1853, *A Grammar of Colloquial Chinese as Exhibited in the Shanghai Dialect*, Shanghai(上海).

Edkins, J., 1857, *A Grammar of Chinese Colloquial Language, Commonly Called Mandarin Dailect*, Shanghai(上海).

Edkins, J., 1874, The State of Chinese Language at the Time of Invention of Writing, Transac 2d Congr. Gr., London. [中国古代有复辅音声母]

Feng, Shengli, 1990, Subject in Chinese and the Theory of Case-Assignment, *PENN Reveiw of Linguistics* Vol. 14. [空语类分析]

Feng, Shengli, 1995, Prosodic Structure and Prosodically Constrained Syntax in Chinese, Doctoral Dissertation, University of Pennsylvania.

Ferguson, C., 1962, Review of Halle, The Sound Pattern of Russian, *Language* 38.

Fillmore, C., 1963, The Position of Embedding Transformations in a Grammar, *Word* 19.

Fillmore, C., 1966, A Proposal Concerning English Prepositions, *Monograph Series on Languages and Linguistics* 19.

Fillmore, C., 1968, The Case for Case, In E. Bach and E. Harms, eds., *Universals in Lingguistic Theory*. [提出格语法理论]

Fodor, J. A., and J. J. Katz (eds.), 1964, *The Structure of Language: Readings in the Philosophy of Language*, Englewood Cliffs, N. J.: Prentice-Hall.

Fox, A., 1995, *Linguistic Reconstruction*, Oxford: Oxford University Press.

Gazdar, G., 1982, Phrase Structure Grammar, In Jacabson, P. & G. Pullum eds., *The Nature of Syntactic Representation*, Dordrecht: Reidel.

Gazdar, G. & G. Pullum, 1982, Natural Languages and Context-Free Languages, *Linguistics and Philosophy* 4.

Gazdar, G. etc., 1985, *Generalized Phrase Structure Grammar*, Harvard University Press. Cambridge, Mass. [全面论述广义短语结构语法]

Givon, T., 1971, Historical Syntax and Synchronic Morphology: An Archaeologist's Field Trip, *Chicago Linguistic Society* 7. [词汇化理论]

Godel, K., 1931, über formal unentscheidbare Satze der Principia mathematica und verwandter Systeme I, Monatshefte für Mathematik und Physik, Vol. 38 (1931), pp. 173—198. Also in Kurt Godel Collected Works Vol. 1, Oxford University Press, Inc. 1986.

Goldberg, A. E., 1995, Constructions: A Construction Grammar Approach to Argument Structure, Chicago University Press, Chicago. 汉译本《构式:论元结构的构式语法研究》,吴海波译,北京:北京大学出版社,2007。

Goldsmith, J., 1976, An Overview of Autosegmental Phonology, *Linguistic Analysis* 2. [最早提出了"自主音段音系学(Autosegmental Phonology)"]

Goldsmith, J., 1976, Autosegmental Phonology, PhD dissertation, MIT. [自主音段音系理论,多线性分析]

Goldsmith, J., 1979, The Aims of Autosegmental Phonology, In Dinnsen 1979. [自主音段音系理论,多线性分析]

Gong, Hwang-cherng, 1980, A Comparative Study of the Chinese, Tibetan, and Burmese Vowel Systems, *BIHP* 51.3.

Gong, Hwang-cherng, 1994, The First Palatalization of Velars in Late Old Chinese, in Matthew Y. Chen and Ovid J. L. Tzeng eds. *In Honor of William S-Y. Wang: Interdisciplinary Studies on Language and Language Change*. Taipei: Pyramid Press.

Gong, Hwang-cherng, 1995, The System of Finals in Proto-Sino-Tibetan, *Journal of Chinese Linguistics*, Monograph Series Number 8. [给出了一批对应比较严格的汉藏同源词]

Greenberg, J. H., 1953, Historica Linguisties and Unwritten Languages, In A. L. Kroeber (ed.) *Anthropology Today*, Chicago.

Greibach, S. A., 1967, A Note on Undecidable Properties of Formal Language, SDC Document TM 738/038/00. [形式语法]

Grice, H. P., 1975, Logic and Conversation, Code, P. and J. Morgan (eds.) *Syntax and Semantics*, Vol. 3: Speech Acts, New York: Academic Press. [提出了会话结构的"配合原则"]

Grimm, J., 1819, Germanic Grammar, In W. Lehmann 1967. [根据语音对音确定同源]

Groot, A., 1949, *Structurele Syntaxis* (《结构句法》), Den Haag: Servire.

Grube, W., 1881, *Die sprachgeschichtliche Stellung des Chinesischen* (《汉语的历史地位》), Leipzig. [根据相似确定同源]

Gruber, J. S., 1965, Studies in Lexical Relations, Ph. D dissertation, MIT, Cambridge, Mass. [转换生成语法中早期语义格的研究]

Gruber, J. S., 1976, *Lexical Structures in Syntax and Semantics*, North Holland, Amsterdam.

Halle, M., 1959, *The Sound Pattern of Russian*, Mouton, The Hague.

Halle, M. & J. R. Vergnaud, 1978, Metrical Structures in Phonology, (A fragment of a draft). ms. [节律音系理论]

Halle, M. & J. R. Vergnaud, 1980, Three Dimensional Phonology, *Journal of Linguistic Research* 1.

Halliday, M., 1985, An Introduction to Functional Grammar, Edward Arnold, London. [功能语法研究]

Handel, Zev, 1998, The Medial Systems of Old Chinese and Proto Sino-Tibetan, Ph. D. dissertation. Berkeley: University of California. [讨论了汉藏语的介音]

Harris, Z. S., 1942, Morpheme Alternants in Linguistic Analysis, Joos, 1957. [语素的线性切分和归并]

Harris, Z. S., 1944, Simultaneous Components in Phonology, *Language* 20. 译文载《国外语言学》1982.1. [非连续直接成分]

Harris, Z. S., 1945, Discontinuous Morphemes, *Language* 21. [不连续语素]

Harris, Z. S., 1946, From Morpheme to Utterance, *Language* 22. 译文载《语言学资料》, 1963.6. [通过语素分布描写句法]

Harris, Z. S., 1951, *Methods in Structural Linguistics*, University of Chicago Press, Chicago. [全面讨论分布分析]

Harris, Z. S., 1952, Discourse Analysis, *Language* 28. [首次提出了转换（变换）的分析方法]

Harris, Z. S., 1955, From Phoneme to Morpheme, *Language* 31, No. 2. [从音位出发描写语素]

Harris, Z. S., 1957, Co-Occurrence and Transformation in Linguistic Structure, *Language* 33. [可观察结构的转换分析]

Harris, Z. S., 1964, *String Analysis of Sentence Structure*, The Hague Mouton. [提出了分析话语的线性分析法]

Harris, Z. S., 1965, Transformational Theory, *Language* 41, No. 3, Part 1. [把转换（变换）作为分析方法进行理论分析]

Hartman, L. M., 1944, The Segmental Phonemes of the Peking Dialect, *Language* 20. [用 IA 模式或纯线性模式描写北京话]

Hartmanis, J., 1967, On the Complexity of Undecidable Problems in Automata Theory, IEEE conference Record of Eighth Annual Symposium on Switching and Automata Theory, Austin, Texas. [形式语法]

Haspelmath, Martin, 2011, The Indeterminacy of Word Segmentation and the Nature of Morphology and Syntax, *Folia Linguistica* 45.

Haudricourt, A., 1954, De l'origine des tons en Vietnamien, *Journal of Asian Studies*, 242. [分析了越南语声调的产生过程, 首次解释了声调发生的机制]

Haudricourt, A., 1961, Bipartition et tripartition des syetèmes de tons dans quelques langues d'Extrême-Orient, *BSLP* 56.

Helbig, G., 1971, *Beitrage zur Valenztheorie*, Mouton, The Hague. [以不可省略成分作为配价原则]

Hockett, C. F., 1942, A System of Descriptive Phonology, *Language* 18.

Hockett, C. F., 1947, Peking Phonology, *Journal of American Oriental Society* 67. [用 IA 模式描写北京话]

Hockett, C. F., 1954, Two Models of Grammatical Description, *Word* 10. [概括出结构语言学的 IA 和 IP 两种描写模式]

Hockett, C. F., 1958, *A Course in Modern Linguistics*, The Macmillan Company, New York, 1968. [结构语言学集大成著作]

Hockett, C. F., 1961, Linguistic Elements and their Relations, *Language* 37.

Hooper, J. B., 1976, *An Introduction to Natural Generative Phonology*, Academic Press, New York. [不主张使用不可观察的底层音系结构]

Hopcroft, J. E. and J. D. Ullman, 1969, *Formal Languages and their Relation to Automata*, Addison-Wesley Publishing Company. [形式文法]

Hopper, J. B., 1979, Substantive Principles in Natural Generative Phonology, In Dinnsen 1979. [不主张使用不可观察的底层音系结构或单位]

Huang, C. T. James, 1982, Logical Relations in Chinese and the Theory of Grammar, PhD dissertation, MIT. [汉语生成语法]

Huang, C. T. James, 1987, Remarks on Empty Categories in Chinese, *Linguistic Inquiry* 18. [汉语空语类研究]

Jackendoff, R. S., 1969a, Some Rules of Semantic Interpretation for English, PhD dissertation, MIT.

Jackendoff, R. S., 1969b, An Interpretive Theory of Negation, *Foundations of Language*, V.

Jackendoff, R. S., 1972, *Semantic Interpretation in Generative Grammar*, MIT Press, Cambridge. [讨论题元问题]

Jackendoff, R. S., 1977, *X-bar Syntax: A Study of Phrase Structure*, MIT Press, Cambridge, Mass.

Jakobson, R., 1938, Sur la theorie des affinites phonologiques entre des langues, *Selected Writings*, vol.1, The Hague: Mouton 1962. [接触的相似问题]

Jakobson, R., C. Fant, and M. Halle, 1952, *Preliminaries to Speech Analysis*, The MIT Press, Cambridge, Mass.

Janson, T., 1977, Reversed Lexical Diffusion and Lexical Split: Loss of 'd' in Stockholm, In Wang 1977.

Jaxontov, S., 1960, Consonant Combination in Archaic Chinese. Pappers presented by the USSR delegation at the 25 International Congress of Orientatists, Moscow.

Jesperson, O., 1913, *Lehrbuch der Phonetic*(语音学), B. G. Teubner, Leipzig. [早期的音节

响度理论]

Jesperson, O., 1922, *Language: Its Nature, Development and Origin*, Allen and Unwin, London.

Jones, W., 1786, The Third Anniversary Discourse, on the Hindus. In W. Lehmann 1967. [首次提出印欧诸语言同源,启用词根和语法相似的标准]

Joos, M. ed., 1957, *Readings in Linguistics*, American Council of Learned Societies, Washington.[美国描写语言学论文选,1925—1957]

Kahn, D., 1976, Syllable-Based Generalizations in English Phonology, Doctoral dissertation. MIT.[开创了音节音系学]

Karlgren, B., 1923, *Analytic Dictionary of Chinese and Sino-Japanese*(《中日汉字分析词典》),Paris.[提出了分析上古汉语声母的谐声原则]

Karlgren, B., 1933, Word Families in Chinese(《汉语字族》), *BMFEA*, No.5.

Karlgren, B., 1949, *The Chinese Language*, New York.[重申《切韵》同质观]

Karlgren, B., 1954, Compendium of Phonetics in Ancient and Archaic Chinese, *BMFEA*, No. 26, Stockholm.[否认音位理论]

Katz, J. J. and J. A. Fodor,1963, The Structure of a Semantic Theory, *Language* 36, Reprinted in Fodor and Katz (1964).[提示:语言描写＝语法学＋语义学]

Katz, J. J. and P. M. Postal,1964, *An Integrated Theory of Linguistic Descriptions*, MIT Press, Cambridge.[语法学中应包括语义部分,并在深层结构解释语义]

Kiparsky, P., 1982, From Cyclic Phonology to Lexical Phonology, In H. van der Hulst and N. Smith(eds.), *The Structure of Phonological Representations Part 2*. Foris, Dordrecht.[词汇音系学理论]

Krishnamurti, B., 1977, Sound Change: Shared Innovation vs. Diffusion, Phonologica.

Krishnamurti, B., 1978, Areal and Lexical Diffusion of Sound Change: Evidence from Dravidian, *Language* 54.

Labov, W., 1994, *Principles of Linguistic Change: Internal Factors*, 北京大学出版社, 2007.

Lacouperie, T., 1887, *Languages of China before the Chinese*(《汉文创制前的汉语》), London.[根据相似确定同源]

Ladefoged, P., 1967, *Three Areas of Experimental Phonetics*, Oxford University Press, London.

Lakoff, G., 1970, Global Rules, *Language* 46.[派生的普遍性问题]

Lakoff, G., 1971, On Generative Semantics, in *Semantics*, edited by Steinberg, D. D. and Jakabovits, A., Cambridge University Press.

Lakoff, G. and J. R. Ross,1967, Is Deep Structure Necessary? In J. McCawley, ed., *Syntax & Semantics* 7.[取消深层结构]

Lamb, S. M., 1969, Lexicology and Semantics, In *Linguistics Today*, New York, edited by Hill.

Langacker, R. W., 1969, On Pronominalization and the Chain of Command, In D. Reibel and S. Schane, eds., *Modern studies in English*. Englewood Cliffs, N.J.: Prentice-Hall.

Langacker, R. W., 1987, *Foundations of Cognitive Grammar*, Vol. I. Standford University Press, Standford.

Larson, R., 1988, On the Double Object Construction, *Linguistic Inquiry* 19.

Lasnik, H., 1976, Remarks on Coreference, *Linguistic Analysis* 2, Reprinted in Lasnik 1989.

Lee, Thomas Hun-tak, 1996, Theoretical Issues in Language Development and Chinese Child Language, in James C-T Huang and Audrey Li (eds.), *New Horizons in Chinese Linguistics*. Dordrecht: Kluwer.

Lees, R. B., 1960, *The Grammar of English Nominalizations*, Mouton, The Hague.

Lehmann, W. D., 1967, *A Reader in Nineteenth Century Historical Indo-European Linguistics*, Indiana University Press.

Lehmann, W.P. and Y. Malkied, 1970, *Directions for Historical Linguistics*. University of Texas Press.

Li, C. N. and S. A. Thompson, 1976, Subject and Topic: A New Topology of Language, In Li ed., *Subject and Topic*. Academic Press, New York.

Li, C. N. and S. A. Thompson, 1979, Third-Person Pronouns in Zero-Anaphora in Chinese Discourse, *Syntax and Semantics* 12, Academic Press, New York.［语用分析］

Li, Fangkuei, 1937, Languages and Dialects（《中国的语言和方言》）, *The Chinese Year Book*, Shanghai. 又载 *Journal of Chinese Linguistics* 1973.1.［明确提出了汉藏语系四族说］

Li, Fangkuei, 1944, The Influence of the Primitive Tai Glottal Stop and Pre-Glottalized Consonants on the Tone System of Po-ai, *Bulletin of Chinese Studies* 4（成都）.［最早讨论了声母对声调的影响］

Li, Fangkuei, 1945, Some Old Chinese Loan Words in the Tai Language, *Harvard Journal of Asiatic Studies* Vol. 8.［讨论了台语中的汉语借词］

Li, Fangkuei, 1948, The Distribution of Initials and Tones in the Sui Language, *Language* 24.［声母和声调的关系］

Li, Fangkuei, 1949, Tones in the Riming System of the Sui Language, *Word* 5.

Li, Fangkuei, 1974, Tai Languages, *Encyclopaédia Britannica*.［开始承认台语和汉藏语系的关系从未明确建立］

Li, Fangkuei, 1976, Sino-Tai（《汉语和台语》）, Papers for the 1st Japan-US Joined Seminar on East and Southest Asian Linguistics, Tokyo.（译文载《民族语文研究情报资料》, 1984.4, 王均译）.［列出了100多个汉语和台语的同源词, 使用了并用原则］

Li, Fangkuei, 1977, *A Handbook of Comparative Tai*（《台语比较手册》）, The University

Press of Hawaii. [台语对应规则的全面描写]

Li, Yafei, 1993, What Makes Long Distance Reflexives Possible, *Journal of East Asian Linguistics*.

Lien, Chinfa, 1987, Coexistent Tone Systems in Chinese Dialects, PhD Dissertation, Berkeley: University of California. [系统间的双向扩散]

Lien, Chinfa, 1993, Bidirectional Diffusion in Sound Change Revisited, *Journal of Chinese Linguistcs* 21. [系统间的双向扩散]

Lohr, Marisa., 1998, *Methods for the Genetic Classification of Languages*, University of Cambridge.

Lu, B. F. and Duanmu San, 1991, A Case Study of the Relation between Rhythm and Syntax in Chinese, Paper Presented at the Third North American Conference on Chinese Linguistics, May, 3—5, Ithaca.

Lyovin, A., 1977, Sound Change, Homophony, and Lexical Diffusion, In Wang 1977.

Marshman, J., 1808, *Dissertation on the Characters and Sounds of the Chinese Language*, India.

Martinet, A., 1952, Function, Structure, and Sound Change, *Word* 8, New York. [首次提出音系整合的概念,音变原因和结构有关]

Martinet, A., 1955, *Économie des changements phonétiques*, Berne. [提出音系整合的经济原则]

Martinet, A., 1960, *Éléments de linguistque générale*, Armand colin 1973, Paris.

Maspero, H., 1911, Contribution a l'etude du systéme phonétique des Langues Thai, *BEFEO* 11. [根据相似确定同源]

Maspero, H., 1912, Études sur la phonetique historique de la Langue Annamite, les initiales (《安南语音史研究》), *BEFEO* 12. [运用对应材料构拟古汉语]

Maspero, H., 1920, Le Dialecte de Tch'ang-ngan sous les T'ang (《唐代长安方音》), *BEFEO* 20. [运用对应材料构拟古汉语]

Mathesius, V., 1911, On the Potentiality of the Phenomea of Language, English translation in Vachek (1964). [马提修斯从交际和信息的角度最早提出了"主题"和"述题"(Theme and rheme)]

Matisoff, J. A., 1970, Glottal Dissimilation and the Lahu High-Rising Tone: A Tonogenetic Case-Study, *Journal of the American Oriental Society* 90. [声调的产生和发生学无关,首次提出"声调发生(tononenesis)"的概念]

Matisoff, J. A., 1972, The Loloish Tonal Split Revisited, *Research Monograph* No. 7, Center for South and Southeast Asia Studies, University of California, Berkeley. [声调的演化机制]

Matisoff, J. A., 1973a, Notes on Fang-kuei Li's "Languages and Dialects of China", *Journal of Chinese Linguistics* 1(3). [肯定了Benedict汉台不同源的观点,批评了李方桂的

观点]

Matisoff, J. A., 1973b, Tonogenesis in Southeast Asia, *Consonant Types and Tone*, In Larry M. Hyman, ed., *Southern California Occasional Papers in Linguistics*, No. 1. Los Angeles. [声调的演化机制]

Matisoff, J. A., 1974, The Tones of Jinghpaw and Lolo-Burmese: Common Origin vs. Independent Development, *Acta Linguistica Hafniensia* (Copenhagen), 15.2. [声调的演化机制,声调的产生和发生学无关]

Matisoff, J. A., 1976, Austro-Thai and Sino-Tibetan: An Examination of Body-Part Contact Relationships. In Mantaro J. Hashimoto, ed., *Genetic Relationship, Diffusion, and Typological Similaritics of East and Southeast Acian Languages*. [汉台是接触关系]

Matisoff, J. A., 1991, Jiburish Revisited: Tonal Splits and Heterogenesis in Burmo-Naxi-Lolo Checked Syllables., *Acta Orientalia* (Copenhagen) 52. [声调演化机制]

Matisoff, J. A., 1991, Sino-Tibetan Linguistics: Present State and Future Prospects, *Annual Review of Anthropology* 20.

McCarthy, J. & A. S. Prince, 1993, Prosodic Morphology I: Constraint Interaction and Satisfaction, MS, University of Massachusetts, Amherst, and Rutgers University.

McCawley, J., 1968, Lexical Insertion in a Transformational Grammar without Deep Structure, Papers from the 4th regional meeting of the Chicago Linguistic Society.

McCawley, J., 1968, *The Phonological Component of a Grammar of Japanese*, The Hague: Mouton.

Morris, C. W, 1925, Symbolism and Reality: A Study in the Nature of Mind, Dissertation, University of Chicago. Reprinted, Amsterdam: John Benjamins, 1993.

Morris, C. W, 1937, *Logical Positivism, Pragmatism and Scientific Empiricism*, Paris: Hermann et Cie. Reprinted, New York: AMS Press, 1979.

Morris, C. W., 1964, *Signification and Significance, A Study of the Relations of Signs and Values*, M.I.T. Press. [划分了语义、语法、语用三个层面]

Nespor M. & I. Vogel, 1986, *Prosodic Phonology*, Foris Publications, Holand.

Newmeyer, F., 1980, *Linguistic Theory in America: The First Quarter-Century of Transformational Generative Grammar*, Academic Press, New York.

Norman, J., 1973, Tonal Development in Min, *Journal of Chinese Linguistics* 1(2). [应该绕开《切韵》,根据历史比较法构拟原始汉语方言,再构拟原始汉语]

Norman, J., 1974, The Initials of Proto-Min, *Journal of Chinese Linguistics* 2(1).

Norman, J., 1981, The Proto-MinFinals,《"中研院"国际汉学会议论文集》(语言文字组): 35—73。

Ogura, M., 1987, *Historical English Phonology: Lexical Perspective*, Tokyo: Kenkyusha.

Perlmutter, D. and P. Postal, 1977, Toward a Universal Characterization of Passive, *Proceedings of the Third Annual Meeting of the Berkeley Linguistics Society*.

Pijper, J. R. and A. A. Sanderman, 1994, On the Perceptual Strength of Prosodic Boundaries and its Relation to Suprasegmental Cues, *Journal Acoustical of Society of America*, 96(4).[语调重置问题]

Pike, K. L, 1943, Taxemes and Immediate Constituents, *Language* 19.[组合方式和直接成分理论]

Pike, K. L, 1948, *Tone Languages*, Ann Arbor: University of Michigan Press.[区分了两种声调语言,一种是音域声调语言(register tone language 或 level-pitch language),一种是曲拱声调语言(contour tone language)]

Poppe, N., 1955, *Introduction to Mongolian Comparative Studies*, Helsinki.

Postal, P. M., 1962, On the Limitations of Context-Free Phrase-Structure Description, *Quarterly Progress Report*, No.64, Research Laboratory of Electronics, MIT.

Postal, P. M., 1964, Limitation of Phrase Structure Grammars, In J. A. Fodor & J. J. Katz, eds., *The Structure of Language*.

Prince, A. and Paul Smolensky, 1991, Optimality Theory: Constraint Interaction in Generative Grammar, *Technical Report* 2. Rutgers University Center for Cognitive Science. 1993.

Przyluski, J., 1924, Le Sino-Tibétain, A. Meillet et M. Cohen, *Les Langues du Monde*, Paris.[根据相似确定同源]

Pulleyblank, E. G., 1962, *The Consonantal System of Old Chinese*(《上古汉语的辅音系统》),Asia Major 9. 潘悟云、徐文堪译,中华书局,2000.

Putnam, H., 1981, *Reason, Truth and History*, New York.[指称和使用这个词的历史、文化有关系]

Rask, R., 1818, An Investigation Concerning the Source of the Old Northern or Icelandic Language, In W. Lehmann 1967.[根据形态和语音对音确定同源]

Reinhart, T., 1976, The Syntactic Domain of Anaphora, Ph.D dissertation, MIT., Cambridge, Mass.

Ross, J., 1967, Constrains on Variables in Syntax, Ph.D. dissertation, MIT.

Sagart, Laurent, 1993, Chinese and Austronesian: Evidence for a Genetic Relationship, *Journal of Chinese Linguistics* 21(1).

Sampson, G., 1980, *Schools of Linguistics: Competition and Evolution*, Hutchinson & Co. (Publishers) Ltd.

Sapir, E., 1921, *Language*, Rupert Hart-Davis.

Saussure, F., 1878, Mémoire on the Primitive System of Vowels in the Indo-European Languages, In Lehmann, 1967.[首次使用内部拟测法]

Schaank, S. H., 1900, Ancient Chinese phonetics, *T'oung pao*, sér. 1.8(1897), 9(1898).[古音构拟,j化说]

Schleicher, A., 1862, Introduction to a Compendium of the Comparative Grammar, In

Lehmann 1967.

Schmidt, J., 1872, *Die Verwandtschafts Verhaltnisse der indogermaishen Sprchen*, Weimar.

Schmidt, P.W., 1907—1908, Les peuples Mon-Khmer, trait d'union entre les peuples de l'Asie Centrale et de l'Austronesi, *BEFEO*, 8—9.[根据相似确定同源]

Selkirk, E., 1978, On Prosodic Structure and its Relation to Syntactic Structure, In *Nordic Prosody* Ⅱ, Fretheim, T. ed., Trondheim.

Selkirk, E., 1984, *Phonology and Syntax*, MIT Press.

Searle, J, R., 1969, *Speech Acts*, Cambridge University Press, London.

Shafer, R., 1966/1967, *Introduction to Sino-Tibetan*, Otto Harrassowitz, Wiesbaden, Part I, 1966, Part II, 1967.

Shen, Jiaxuan, 1983, Subject Function and Double Subject Construction in Mandarin Chinese. *Cahiers de Linguistique Asie Orientale*, Vol. XVI, No.2, 1987.

Shen, Zhongwei, 1990, Lexical Diffusion: A Population Perspectives and a Mathematical Model, *Journal of Chinese Linguistics* 18(1).

Shi, Ding-xu, 1991, Chinese Pidgin English, Its Origin and Linguistic Features. *Journal of Chinese Linguistics* 19(1).

Shih, Chi-lin, 1986, The Prosodic Domain of Tone Sandhi in Chinese, MIT dissertation, University of California at San Diego.

Shih, Chi-lin, 1991, Pitch Variation across Word Boundary, Paper presented at the Third North American Conference on Chinese Linguistics, Cornell.

Simon Water, 1929, Tibetisch-Chinesische Wrotgleichungen: Ein Versuch, *Mitteilungen des Seminars für Orientalische Sprachen zu Berlin*, 32.

Starostin, S. A., 1991, On the Hypothesis of a Genetic Connection between the Sino-Tibetan Languages and Yeniseian and North-Caucasian Languages, In Vitalij Shevoroshkin, ed., *Dene-Sino-Caucasian Languages: Materials from the First International Interdisciplinary Symposium on Language and Prehistory*, Ann Arbor, 8—12 November 1988.

Starosta, S., 1995. A Grammatical Subgrouping of Formosan Languages. In Paul Jen-kuei Li, Cheng-hwa Tsang, Ying-kuei Huang, Dah-an Ho, and Chiu-yu Tseng(eds.) *Austronesian Studies Relating to Taiwan, Symposium Series of the Institute of History and Philology Academia Sinica* No.3. Taipei, Academia Sinica.

Streeter, L. A., 1978, Acoustic Determinates of Phrase Boundary Perception, *Journal Acoustic of Society of America*.

Swadesh, M., 1934, The Phonemic Principle, *Language* vol.10.[提出声调音位]

Swadesh, M., 1952, Lexico-Statistic Dating of Prehistoric Ethnic Contacts, with Special Reference to North American Indians and Eskimos, *Proceedings of the American Philosophical Society* 96.[提出语言年代学方法,确定 200 核心词]

Swadesh, M., 1954, Time Depths of American Linguistic Groupings, *American Anthropolo-*

gist 56. [进一步讨论语言年代学方法,确定 100 核心词]

Sweet, H., 1875—1876, Word, Logic, Grammar, *Transactions of the Philological Society*. 译文载《中国语文》,1961.9。[词能构成独立的句子]

Tang, C.-C. J., 1989, Chinese Reflexives, *Natural Language and Linguistic Theory* 7.

Tao, Hongyin, 1996, *Units in Mandarin Conversation: Prosody, Discourse, and Grammar*, Amsterdam and Philadelphia: John Benjamins.

Tesnière, L., 1934, Comment Construire Une Syntaxe, *Bulletin de la Facultè des Lettres de Strasbourg*. [首次阐释了从属关系语法的基本论点]

Tesnière, L., 1959, *Éléments de Syntaxe Structurale*(《结构句法基础》). Paris. 部分内容载胡明扬(主编)《西方语言学名著选读》,中国人民大学出版社 1988 年版。[提出了从属语法和"价"的概念]

Thomason, S., 1988, *Language Contact, Creolization, and Genetic Linguistics*, University of California Press.

Thomsen, V., 1877, *The Relations between Arcient Russia and Scandinavia, and the Origin of the Russian State*, Cambridge University Press, 2010.

Ting, Pang-Hsin, 1980, The Tan-chon Dialect of Hainan, Cahiers de Lingustique, *Asia Orientale* 8. [文白异读分析]

Trier, J., 1931, *Der Deutsche Wortschatz im Sinnbezirk des Verstandes*, Heidelberg: Winter. [提出词汇场的概念]

Trubetzkoy, N. S., 1939, *Principles of Phonology*, University of California Press, 1969. [全面讨论了音位理论]

Turing, A. M., 1936, On Computable Numbers with an Application to the Entscheidungsproblem, *Proc. London Math. Soc.*, 2-42, A correction, ibid., 43. [形式文法]

Ullman, S., 1957, *Principles of Semantics*, Oxford Blackwell. [结构语义学]

Vachek, J. (ed), 1964, *A Prague School Reader in Linguistics + +*, Bloomington.

Vennemann, T., 1974, Phonological Concreteness in Natural Generative Phonology, In Shuy and Bailey.

Verner, K., 1875, An Exception to Grimm's Law, in Philip and Werth(eds.) *Readings in Historical Phonology*, The Pennsylvania State University Press, 1978.

Volpicelli, C., 1896, *Chinese Phonology*, 上海. [最早参考方言和对音构拟汉语]

Wang Feng(汪锋), 2006, *Language Contact and Language Comparison — the Case of Bai*, Institute of Linguistics, Academia Sinica. [研究汉语和白语的同源词]

Wang, William S-Y., 1964, Some Syntactic Rules for Mandarin, *Proceedings of the Ninth International Congress of Linguistists*, Mouton. [根据分布给动词分类]

Wang, William S-Y., 1967, Phonological Features of Tone, *International Journal of American Linguistics* 33. 译文载石锋《语音学探微》。[调位的独立性]

Wang, William S-Y., 1968, The Many Uses of F0, Kyoto Communication Symposium. 又载

《王士元语音学论文集》,世界图书出版公司,2010。[提出了一个描述人类语言声调类型的模型]

Wang, William S-Y., 1969, Competing Changes as a Cause of Residue, *Language* 45. 译文载石锋《语音学探微》。[提出了词汇扩散理论]

Wang, William S-Y. ed., 1977, *The Lexicon in Phonological Change*, Monton, The Hague.

Wang, William S-Y., 1979, Language Change: A Lexical Perspective. *Annual Review of Anthropology* 8.译文载《语言研究》,1982.2。

Wang, William S-Y., 1982, Variation and Selection in Language Change,《"中研院"历史语言研究所集刊》第53本第3分。

Wang, William S-Y., 1995, A Quantitative Study of Zhuang-Dong Languages,余霭芹、远藤光晓编《桥本万太郎纪念——中国语言学论集》,内山书店。[首次把生物学的谱系算法 neibor-joining 引入语言学谱系算法]

Wang, William S-Y. & Chin-fa Lien, 1993, Bidirectional Diffusion in Sound Change, In Jones Charles ed., *Historical Linguistics: Problems and Perspectives*. London and New York: Longman Group UK Ltd. [系统间的双向扩散]

Weinreich, U., 1953, *Language in Contact*, The Hague: Mouton. [比较系统地讨论了语言的接触]

Weinreich, U., Labov, W and Herzog, M. I., 1968, Empirical Foundations for a Theory of Language Change, Reprinted in Lehmann and Malkiel 1982. 译文见《国外语言学》,1988.4—1989.1。[提出有序异质模型]

Wells, R. S., 1947, De Saussure's System of Linguistics, *Word* 3.

Wells, R. S., 1947, Immediate Constituents, *Language* 23, also in Joos 1957.

Wen, Bo, etc., 2004, Genetic Evidence Supports Demic Diffusion of Han Culture, *Nature*, Vol. 431, 16 September, 2004.

Whorf, B. L., 1937, Grammatical Categories, *Language* 21, 1945. [首次提出了隐性范畴的概念]

Woo, Nancy, 1972, Prosody and Phonology, Doctoral Dissertation, MIT.

Woods W. A., 1969, Augmented Transition Networks for Natural Language Analysis, Rep. CS-1, Comput. Lab, Harvard U., Cambridge, Mass. [提出了扩充转移网络]

Wright, M. S., 1983, A Metrical Approach to Tone Sandhi in Chinese Dialects, MIT dissertation.

Wulff, K., 1934, Chinesisch und Tai, Danske Videnskabernes Selskab. *Historisk-filologiske Meddelelser* 20(3). Copenhagen. [根据类型相似确定同源关系]

Xu, L. J., 1986, Free Empty Categories, *Linguistic Inquiry* 17. [空语类]

Xu, L. J., 1993, The Long-Distance Binding of Ziji, *Journal of Chinese Linguistics* 21(1).

Xu, L. J. and D. T. Langenden, 1985, Topic Structures in Chinese, *Language* 61. [根据汉语施事提出对空语类的修正]

Xu, Yi, 1999, Effects of Tone and Focus on the Formation and Alignment of F0 Contours, *Journal of Phonetics* 27.

Xu, Yi, 2001, Pitch Targets and Their Realization: Evidence from Mandarin, *Speech Communication* 33.

Yip, Moira, 1980, The Tonal Phonology of Chinese, PhD. Dissertation, Garland Press, New York, 1990.[调域]

Yip, Moira, 1989, Contour Tones, *Phonology* 6.

Yip, Moira, 1993a, Cantonese Loanword Phonology and Optimality Theory, *Journal of East Asian Linguistics* 2.

Yip, Moira, 1993b, Phonological Constraints, Optimality, and Phonetic Realization in Cantonese, Ms., Rutgers Optimality Archives (ROA), 1993.

Zadeh, L., 1965, Fuzzy Sets, *Information and Control*, Vol. 8, No. 3.

Zhang, Hongming, 1992, Topics in Chinese Phrasal Tonology, PhD dissertation. UC, San Diego.[对韵律音系学的介绍研究]

Zhang, Min, 1995, Lexical Diffusion in Syntactic Change — Evidence from Mandarin Dialects, Paper presented at the Fourth Meetings of the International Association of Chinese Linguistics.

Zhang, Zhengsheng, 1988, Tone and Tone Sandhi in Chinese, PhD Dissertation, The Ohio State University.

Zhengzhang, Shangfang, 1991, Decipherment of Yue-Ren-Ge(越人歌), *CLAO* 20 - 2, Paris.

Zhengzhang, Shangfang, 1993, The Root of Austro-Tai Language is in Sino-Tibetan. Paper presented to CAMAC, Hawaii.[根据对应确定澳台同源]

Zhong, Rongfu, 1989, Aspects of Kejia Phonology, PhD Dissertation, University of Illinois at Urbana-Cham Paign.

阿错,2003,《藏汉语言在"倒话"中的混合及语言深度接触研究》,南开大学中文系博士学位论文。[语言的深度接触研究]

巴苹·玛诺迈韦本著,1976,《汉语和泰语是不是亲属语言》,《亚洲语言计算机分析》第6期,王均译,民族语文研究情报资料集,1984,4:10—21。[泰汉同源词表列举了208对同源词]

白涤洲,1931,《北音入声演变考》,北京女子师范大学《学术月刊》第2卷第2期。

白涤洲,1933,《关中方音调查报告》,(喻世长整理),中国科学院出版社,1954。

白涤洲,1935,《关中入声之变化》,《"中研院"历史语言研究所集刊·庆祝蔡元培先生六十五岁论文集》。

白绍尼,1992.1,《白语基数词与汉语、藏缅语关系初探》,《中央民族学院学报》。[数词典型地反映了底层词汇的混合状态]

包拟古,1995,《原始汉语与汉藏语》,潘悟云、冯蒸译,中华书局,2009。[论文集,给出一批汉

藏关系词]

包智明,1997,《从晋语分音词看介音的不对称性》,《中国语言学论丛》第1辑,北京语言文化大学出版社。

包智明,2005,《方言接触对变调语法的影响》,《语言学论丛》第31辑。

包智明、侍建国、许德宝,1997,《生成音系学理论及其应用》,中国社会科学出版社。

薄文泽,1995.3,《侗台语的判断词和判断式》,《民族语文》。[侗台语族语言的判断词有些是从汉语借来的]

薄文泽,1997,《佯僙语研究》,上海远东出版社。

鲍培.N.,1960,《阿尔泰语言学导论》,内蒙古教育出版社(汉译本),2004。[阿尔泰内部关系词]

北京大学中文系汉语教研室,1958,《现代汉语》,高等教育出版社。

北京大学中文系现代汉语教研室,1993,《现代汉语》,商务印书馆。

北京大学中文系语言学教研室,1962,《汉语方音字汇》,文字改革出版社,1989。

北京大学中文系语言学教研室,1963,《汉语方言词汇》,语文出版社,1995。

本尼迪克特,1942,《台语、加岱语和印度尼西亚语:东南亚的一个新联盟》,载《汉藏语系语言学论文选译》,罗美珍译,中国社会科学院民族研究所语言研究室,1980。[找出了一批侗台语和南岛语的关系词,根据这些关系词把侗台语划入南岛语]

布龙菲尔德,1933,《语言论》,袁家骅等译,商务印书馆,1980。

藏缅语语音和词汇编写组,1991.1,《藏缅语语音和词汇》,中国社会科学出版社。[提供了多种藏缅语词表]

曹伯韩,1955,《关于词的形态和词类的意见》,中国语文杂志社《汉语的词类问题》,中华书局。[主张根据词与词的结合这种广义形态来划分词类]

曹广衢,1958.7,《温岭话入声变调同语法的关系》,《中国语文》。

曹广衢,1983.2,《壮侗语中和汉语有关系的词的初步分析——有关上古汉语阴声韵韵尾的一点线索》,《民族语文》。[把汉语和侗台语的关系词分成上、中古和现代三个层次]

曹广衢,1983.3,《从布依语的汉语借词考察汉语调值的变化》,《贵州民族研究》。

曹广衢,1984.3,《从布依语的方音对比研究考察布依语声母和声调相互制约的关系》,《贵州民族研究》。

曹剑芬,1998,《汉语普通话语音节奏的初步研究》,《语言所语音研究报告》,中国社会科学院语言研究所语音实验室。

曹剑芬,2001,《汉语韵律切分的语音学和语言学线索》,《新世纪的现代语音学》(第五届中国现代语音学学术会议论文集),清华大学出版社。

曹正义,1963.5,《中古的崇、船、禅与现代的 tsr、tsr'、sr》,《山东大学学报》。

岑麒祥,1939,《语音学概论》,中华书局。

岑麒祥,1943,《入声非声说》,《中山大学研究院文科研究所集刊》。

岑麒祥,1952,《广东少数民族语言调查纪略》,《科学通报》第3卷第5期。

岑麒祥,1953.4,《从广东方言中体察语言的交流和影响》,《中国语文》。

岑麒祥,1955.10,《讨论主语宾语问题的几个原则》,《语文学习》。
常理、王跃滨,1992.4,《语法的三个平面献疑》,《北方论丛》。
朝克,1988.4,《达斡尔语中的满—通古斯语借词》,《民族语文》。
陈保亚,1985.2,《论句法结构》,《西南师范大学学报》。[讨论了三个和结构相关的概念:直接成分的类、结构的类、结构关系,认为只有直接成分的类和结构关系是初始概念]
陈保亚,1988,《语言演变的结构基础》,北京大学中文系硕士学位论文,部分内容载《缀玉集》第一集,北京大学出版社,1990。[结构内部的协合运动决定了变异起变的原因和目的,社会因素的介入导致变异有序化,不同层面的协合过程是异步的]
陈保亚,1989.3,《系统演变的目的性》,《哲学研究》。[自组织论]
陈保亚,1989.4,《论语言符号的模糊与指称》,《思想战线》(《云南大学学报》)。[提出了模糊指称功能的概念及其计算公式]
陈保亚,1991.2,《上下文约束变换与语义限制》,《西南师范大学学报》。
陈保亚,1993.3,《羌夏—澳越语言文化联盟论》,《云南民族学院学报》。[提出关系词的有阶分析法]
陈保亚,1994,《论语言接触与语言联盟》,北京大学博士学位论文,语文出版社,1996。[追踪分析了语言接触的机制,认为语言接触是无界有阶的,提出并讨论了核心关系词的绝对有阶分析法]
陈保亚,1995.5,《从核心词分布看汉语和侗台语的语源关系》,《民族语文》。[核心关系词的绝对有阶分析]
陈保亚,1997.1,《台佤关系词的相对有阶分析》,《语言研究》。[给出了一批傣语佤语关系词]
陈保亚,1998.2,《汉台关系词双向相对有阶分析》,《语言研究》。
陈保亚,1999,《20世纪中国语言学方法论》,山东教育出版社。
陈保亚,2000.4,《汉台内核关系词相对有阶分析》,《中国语文》。
陈保亚,2004.3,《汉越工具质料关系词的有阶分析》,邹嘉彦、游汝杰编《语言接触论集》,上海教育出版社。
陈承泽,1922,《国文法草创》,商务印书馆,1982。[最早讨论了分布和词类的关系]
陈康,1988.1,《彝语的紧调类》,《民族语文》。[彝语支语言有两个紧调类,是随声母清浊的分化而形成的]
陈康,1991.3,《彝语支调类诠释》,《民族语文》。[声调分化和元音松紧、声母清浊有关]
陈康,1993.1,《彝缅语塞音韵尾演变轨迹》,《民族语文》。[韵尾变化顺序是双唇、齿、舌根、喉、喉壁,最后由喉部闭塞音的影响产生声调]
陈康、王德温,1988.6,《从语言探索高山族与古越人的渊源关系》,《中央民族学院学报》。[从基本词汇的同源词入手,解释《越人歌》和高山族语言的关系]
陈澧(清),《〈切韵〉考》,中国书店影印,北京,1984。[首次发明系联法]
陈立民,1995,《论汉语动词配价分类的原则》,北京大学中文系硕士学位论文。[设法先建立汉语的格系统,再通过这个系统来确定配价原则]
陈乃雄,1982.1,《五屯话初探》,《民族语文》。[五屯话是以汉语为基础,长期受藏缅语影响而

形成的混合型语言]
陈乃雄,1988.3,《五屯话音系》,《民族语文》。
陈乃雄,1989.6,《五屯话的动词形态》,《民族语文》。
陈平,1987.1,《描写和解释:论西方现代语言学研究的目的和方法》,《外语教学与研究》。
陈平,1987.2,《释汉语中与名词性成分相关的四组概念》,《中国语文》。[讨论了与名词相关的"±有指""±定指""±实指""±通指"四组概念]
陈平,1987.5,《汉语零形回指的话语分析》,《中国语文》。[用"参与成分(participant role)"和"附带成分(circumstantial role)"确定"价"]
陈平,1988.6,《论现代汉语时间系统的三元结构》,《中国语文》。[分析了汉语中的时相(phase)、时制(tense)和时态(aspect)]
陈平,1991,《现代语言学研究——理论、方法与事实》,重庆出版社。
陈平,1994.3,《试论汉语中三种句子成分与语义成分的配位原则》,《中国语文》。[语义特征分析]
陈其光,1984.3,《汉藏语的几种变调》,《贵州民族研究》。
陈其光,1990,《苗汉同源词谱》,《中央民族学院学报增刊》。[把语音对应作为同源词的必要条件]
陈其光,1994.6,《汉藏语声调探源》,《民族语文》。
陈其光,2001,《汉语苗瑶语比较研究》,《汉藏语同源词研究》(二),广西民族出版社。[汉语苗瑶语关系词分析,认为汉语苗瑶语同源]
陈其光、李永燧,1981.2,《汉语苗瑶语同源例证》,《民族语文》。[把语音对应作为同源词的必要条件]
陈士林(等),1962.8—9,《凉山彝语的使动范畴》,《中国语文》。
陈望道,1939.2,《从分歧到统一》,陈望道《中国文法革新论丛》,中华书局,1958。[反对把词类和句子成分统一起来的"一线制"]
陈望道,1943,《中国文法革新论丛》,中华书局,1958。[肯定了词类、句子成分的"双轴制"]
陈望道,1943.2,《文法的研究》,陈望道《中国文法革新论丛》,中华书局,1958。[根据分布、功能确定词类]
陈秀珠,1985.5,《句法中的语义结构》,《华东师范大学学报》。[语义特征分析]
陈寅恪,1949,《从史实论〈切韵〉》,《岭南学报》第9卷第2期。[《切韵》同质论]
陈章太,1982.5,《碗窑闽南方言岛二百多年间的变化》,《中国语文》。[方言接触]
陈章太,1983.2,《邵武方言的入声》,《中国语文》。
陈章太,1984.1,《邵武方言的语音系统》,《语言研究》。
陈忠敏,1989.1,《汉语侗台语和东南亚诸语言先喉塞音对比研究》,《语言研究》。[给出了一批基于先喉塞音对应的汉语侗台语关系词]
陈忠敏,1990,《汉越语 gi-声母研究》,《现代语言学》,延边大学出版社。
陈忠敏,1995.3,《作为古百越语底层形式的先喉塞音在今汉语南方方言里的表现和分布》,《民族语文》。[汉语南方方言先喉塞音的产生不是受侗台语影响所致,而是古百越语底

层残存现象]

程工,1994.1,《生成语法对汉语"自己"一词的研究》,《国外语言学》。

程工,1999.2,《汉语"自己"一词的性质》,《当代语言学》。

初敏、王韫佳、包明,2003,《普通话节律组织中的局部语法约束和长度约束》,《第六届全国语音学学术会议论文集》,天津大学出版社。

崔希亮,1992.2,《语言交际能力与话语的会话含义》,《语言教学与研究》。[语用分析]

崔希亮,1993.2,《汉语"连"字句的语用分析》,《中国语文》。[语用分析]

崔希亮,1996.3,《"在"字结构解析——从动词的语义、配价及论元之关系考察》,《世界汉语教学》。

崔永华,1982,《与褒贬义形容词相关的句法和词义问题》,《语言学论丛》第9辑。[提取褒贬形容词的语义特征]

戴浩一,1988.1,《时间顺序和汉语的语序》,《国外语言学》,黄河译。[汉语语序和事件先后发生的一致性]

戴庆厦,1958,《谈谈松紧元音》,《少数民族语文论集》。

戴庆厦,1979.1,《我国藏缅语族松紧元音来源初探》,《民族语文》。

戴庆厦,1980,《藏缅语族松紧元音研究》,《中央民族学院学术论文选》。[紧元音有逐渐消失的趋势,变为不同的舌位元音和不同声调]

戴庆厦,1981.4,《载瓦语使动范畴的形态变化》,《民族语文》。[讨论了亲属语言之间使动范畴的历史联系]

戴庆厦,1989.1,《载瓦语声调研究》,《中央民族学院学报》。[讨论了载瓦语声调的现状和来源]

戴庆厦,1990,《景颇语的句尾词》,《藏缅语族语言研究》,云南民族出版社。[屈折形式向分析形式的过渡]

戴庆厦,1990.1,《藏缅语族语言的研究与展望——马提索夫教授访问记》,《民族语文》。[介绍了汉藏历史语言学的最新发展]

戴庆厦,1992.1,《彝缅语鼻冠声母的来源及发展——兼论彝缅语语音演变的"整化"作用》,《民族语文》。[结构与音变]

戴庆厦、刘菊黄、傅爱兰,1987.1,《云南蒙古族嘎卓语研究》,《语言研究》。[母语转换研究]

戴庆厦、刘岩,1997,《从藏缅语、孟高棉语看亚洲语言声调的起源及演变》,《中国民族语言论丛》(二),云南民族出版社。

戴庆厦、岳相昆,1985.3,《景颇语的声调》,《中央民族学院学报》。

戴震(清)《六书音韵表》。[切韵同质论]

刀世勋,1982.6,《巴利语对傣语的影响》,《民族语文》。[讨论了巴利语对傣语的影响,包括借词]

邓守信,1975,《汉语及物性关系的语义研究》,侯方等译,黑龙江大学科研处1983,台湾学生书局,1984。[区分了自主动词和非自主动词,动态动词和非动态动词]

邓晓华,1994.3,《南方汉语中的古南岛语成分》,《民族语文》。[闽、客南方汉语方言的形成是

中原文化区与南岛文化区长期交互作用的结果]
邓晓华、王士元,2009,《中国的语言及方言的分类》,中华书局。
丁邦新,1975,《魏晋音韵研究》,《"中研院"历史语言研究所专刊》之六十。
丁邦新,1982,《汉语调源于韵尾说之检讨》,《台湾国际汉学会议论文集》(语言文字组)。
丁邦新,1986,《儋州村话》,《"中研院"历史语言研究所专刊》之八十。[文白异读分析]
丁邦新,1989,《汉语声调的演变》,《台湾第二届国际汉学会议论文集》(语言文字组)。
丁邦新,1995.6,《重建汉语中古音系的一些想法》,《中国语文》。[主张构拟两种切韵音系]
丁邦新,2000.6,《汉藏系语言研究法的检讨》,《中国语文》。[汉藏比较方法论分析]
丁邦新(编),1974,《董同龢先生语言学论文选集》,台北:食货出版社。
丁崇明,1989,《昆明方言中两种特殊问句》,山东大学中文系硕士学位论文,部分内容载《学术论丛》,云南大学出版社,1990。[语法叠置]
丁崇明,1992.1,《大理方言中与动词"给"相关的句式》,《中国语文》。[在方言语法研究中运用语义特征分析]
丁崇明、荣晶,1997.3,《汉语与南方少数民族语言在语法类型学上的部分共性特征》,《思想战线》。[运用格林柏格类型学的理论方法,分析汉语及南方民族语言语法共同点,指出其诸多相似是类型学上的相似]
丁崇明,1999.4,《汉语与南方民族语言关研究方法探析》,《云南民族学院学报》。[评价了邢公畹的"深层语义对应"法、徐通锵提出的方法,特别是陈保亚的"语言接触无界有阶"理论极其"核心词分阶考察法"]
丁声树,1935,《释否定词"弗""不"》,《"中研院"历史语言研究所集刊·庆祝蔡元培先生六十五岁文集》。[分布分析]
丁声树,1940,《诗卷耳苢"采采"说》,《国立北京大学四十周年纪念论文集》乙编上。
丁声树,1952,《谈谈语音构造和语音演变的规律》,《中国语文》创刊号。[从变异和例外入手讨论语言演变的规律]
丁声树,1981,《古今字音对照手册》,中华书局。
丁声树、李荣,1956,《汉语方言调查简表》,中国科学院语言研究所。
丁声树、李荣等,1960,《昌黎方言志》,科学出版社。[参考变调确定调类]
丁声树等,1952.7—1953.11,《现代汉语语法讲话》,商务印书馆,1961。[用结构语言学方法描写汉语]
丁下,1979.1,《同源词及借词的问题》,《民族语文》。
董同龢,1944,《上古音韵表稿》,《"中研院"历史语言研究所集刊》第18本。[讨论了谐声原则]
董同龢,1948,《广韵重组试释》,《"中研院"历史语言研究所集刊》第13本,又载丁邦新(编)《董同龢语言学论文选集》。[重组是主要元音的区别。运用了对音材料]
董同龢,1950.1,《国语与北平话》,(台湾)《大陆杂志》,又见丁邦新(编)《董同龢先生语言学论文选集》。
董同龢,1959,《四个闽南方言》,《"中研院"历史语言研究所集刊》第30本(下)。

董同龢,1970,《汉语音韵学》,台湾学生书局。
董为光、曹广衢、严学宭,1984,《汉语和侗台语的亲缘关系》,日本 Computational Analysis of Asian and African Languages, March.[用同族词做比较研究]
董秀芳,1998.1,《述补带宾句式中的韵律制约》,《古汉语研究》。
董秀芳,1998.4,《古汉语中介宾位置上的零形回指及其演变》,《当代语言学》。
董秀芳,2004,《汉语的词库和词法》,北京大学出版社。
董治国,1994.4,《试论古代汉语句型转换》,《中国语文》。
董昭辉,1983,《汉英音节比较研究》,台湾学生书局。
杜若明,1990.1,《藏缅语动词使动范畴的历时演变》,《语言研究》。[藏缅语动词使动范畴经历了由黏着到屈折,再到分析形式的过程]
杜秀丽,2010,《新疆汉哈语言接触影响现状调查研究》,新疆人民出版社。
渡边丽岭,1991,《副词的修饰域与语义指向》,北京大学中文系硕士学位论文。
端木三,1995,Metrical and Tonal Phonology of Compounds in Two Chinese Dialects,Language 71.2.
端木三,1997,《从汉语的重音谈语言的共性与特性》,《中国语言学论丛》第1辑,北京语言文化大学出版社。
端木三,1999.4,《重音理论和汉语的词长选择》,《中国语文》。
端木三,2000.4,《汉语的节奏》,《当代语言学》。
段贶乐,1989.4,《论汉语在哈尼语发展中的影响》,《中央民族学院学报》。[语言接触]
段玉裁[清],《答江晋三论韵书》
范继淹,1958.5,《形名组合间"的"字的语法作用》,《中国语文》。[分布分析]
范继淹,1963.2,《动词和趋向性后置成分的结构分析》,《中国语文》。[提出了层次分析的并立扩展法]
范继淹,1979.3,《"的"字短语代替名词的语义规则》,《中国语文通讯》。[分布分析]
范继淹,1982.1,《论介词短语"在+处所"》,《语言研究》。[分布分析]
范继淹,1983,《汉语语法结构的层次分析问题》,《语法研究和探索》(一),北京大学出版社。[讨论了并列扩展方法]
范继淹,1985.5,《无定NP主语句》,《中国语文》。
范继淹,1986,《范继淹语言学论文集》,语文出版社。
范开泰,1985.6,《语用分析说略》,《中国语文》。
范开泰,1990.2,《省略、隐含、暗示》,《中国语文》。[语用分析]
范晓,1986.3,《交接动词及其构成的句式》,《语言教学与研究》。[交接动词要求三个强制性成分与它共现]
范晓,1986.5,《有关动词研究的几个问题》,《语文导报》。[动词的向包括谓词性成分]
范晓,1991,《动词的"价"分类》,《语法研究和探索》(五),语文出版社。[用强制性共现标准确定价。借助介词给动词定价]
方德义,1986.3,《法国现代语言学理论研究概况》,《国外语言学》。

方光焘,1939.1,《体系与方法》,陈望道《中国文法革新论丛》,中华书局,1958.[提出"广义形态"]

方经民,1987,《变换理论研究》,华东师范大学硕士学位论文。

方经民,1987.2,《现代汉语方位参照聚合类型》,《语言研究》。[语用分析]

方经民,1987.3,《汉语"左""右"方位参照中的主视和客视——兼与游顺钊先生讨论》,《语言教学与研究》。[语用分析]

方经民,1989.1—2,《哈里斯的变换理论》,《语言学通讯》。

方经民,1993,《现代语言学方法论》,河南人民出版社。

方经民,1994.2,《汉语句子信息结构分析》,《语文研究》。[语用分析]

方立,1993,《美国理论语言学研究》,北京语言学院出版社。

方梅,1993.1,《宾语与动量词语的次序问题》,《中国语文》。

方梅,1994.2,《北京话句中语气词的功能研究》,《中国语文》。

方梅,1995.4,《汉语对比焦点的表现方式》,《中国语文》。[语用分析]

方希,1999,《黏合式多重定名结构的顺序》,《语言学论丛》第25辑,商务印书馆,2002。

房德里耶斯,1921,《语言》,商务印书馆,1992年。

菲尔墨,1968,《"格"辨》,胡明扬译,《语言学译丛》第2辑,中国社会科学出版社,1980。[提出格语法理论]

费春元,1992.2,《说"着"》,《语文研究》。[语义特征]

冯胜利,1996.1,《论汉语的"韵律词"》,《中国社会科学》。

冯胜利,1997,《"管约"理论与汉语的被动句》,《中国语言学论丛》第1辑,北京语言文化大学出版社。[转换或移位]

冯胜利,1998.1,《论汉语的"自然音步"》,《中国语文》。

冯蒸,1984.2,《试论藏文韵尾对于藏语方言声调演变的影响》,《西藏民族学院学报》。

冯志伟,1979.1,《形式语言理论》,《计算机科学》。

冯志伟,1983.1,《特思尼耶尔的从属关系语法》,《国外语言学》。

冯志伟,1985,《数理语言学》,知识出版社。

冯志伟,1987,《现代语言学流派》,陕西人民出版社。

冯志伟,1992,《中文信息处理与汉语研究》,商务印书馆。[语料处理的计算机方法]

弗雷格,1988,《论涵义与指称》,肖阳译,《语言哲学名著选辑》,北京三联书店。[讨论符号的涵义和指称的关系。]

符淮青,1982.3,《表动作行为的词的意义分析》,《北京大学学报》。[语义特征分析]

符淮青,1983.2,《语素"红"的结合能力分析》,《语文研究》。[分布分析]

符淮青,1996,《词义的分析和描写》,语文出版社。[提出"词义成分——模式"分析法]

傅爱兰,1989.1,《怒语(怒苏)系属研究》,《语言研究》。

傅爱兰,1996.3,《藏缅语的a音节》,《民族语文》。[亲属称谓词中普遍有a,是一种普遍特征而不是同源证据]

傅爱兰、和向东,1997,《普米语动词的趋向范畴》,《中国民族语言论丛》(二),云南民族出版社。
傅爱兰、杨将领,1997,《也谈独龙语的使动词》,《中国民族语言论丛》(二),云南民族出版社。
傅东华,1938,《一个国文法新体系的提议》,陈望道《中国文法革新论丛》,中华书局,1958。
傅东华,1939,《三个体制的实例比较和几点补充的说明》,陈望道《中国文法革新论丛》,中华书局,1958。[提出"一线制",把词类和句子成分统一起来]
傅懋勣,1953.11,《北京话究竟需要多少拼音字母》,《中国语文》。
傅懋勣,1955.9,《拼音汉字中的声调问题》,《中国语文》。[声调是元音音位的一个构成部分]
傅懋勣,1956,《音位的基本理论和实际问题》,《语音调查常识》,中华书局。[系统介绍了提取音位的步骤。声调是区分元音的成分]
傅懋勣,1956.5,《北京话的音位和拼音字母》,《中国语文》。[声调是元音音位的一个构成部分]
傅懋勣、刀世勋等,1954.1,《云南省西双版纳允景洪傣语的音位系统》,《语言研究》。[音位系统的全面描写。语言调查的方法论问题]
傅懋勣,1940—1943,《维西么些语研究》,《中国文化研究所集刊》,1940年第1卷第4期;1941年第2卷;1943年第3卷。
傅兴岭、陈章焕,1981,《常用构词字典》,中国人民大学出版社。
傅雨贤,1988,《现代汉语语法学》,广东高等教育出版社。[讨论了变换]
盖兴之,1996.2,《中介语与底层研究的关系》,《民族语文》。
钢和泰,1923,《音译梵书与中国古音》,《国学季刊》第1卷第1号。[肯定了对音在古音构拟中的重要价值]
高本汉,1915—1926,《中国音韵学研究》,商务印书馆,1995。[中古汉语的全面构拟]
高本汉,1928,《上古中国音当中的几个问题》,《"中研院"历史语言研究所集刊》第1本第3分,1930。[根据空格拟测上古音音值]
高更生,1993.3,《谓语及其部分的蒙后省略》,《中国语文》。[语用分析]
高华年,1943,《黑彝语中汉语借词研究》,南开大学文科研究所边疆人文研究室《语言人类学专刊》第2种。[汉彝关系字分析]
高名凯,1948,《汉语语法论》,上海开明书店出版。[提出了汉语中的一些独立的范畴]
高名凯,1953.10,《关于汉语的词类分别》,《中国语文》。[汉语没有根据形态划分的词类]
高名凯,1954,《普通语言学》(上),东方书店。
高名凯,1963,《语言论》,商务印书馆,1995。[最早使用了义位]
格桑居冕,1982.5,《藏语动词的使动范畴》,《民族语文》。
葛毅卿,1932,On the Consonantal Value of 喻——Class Words,《通报》第29期。
葛毅卿,1939,《喻三入匣再证》,《"中研院"历史语言研究所集刊》第8本第1分。
耿振生,1992,《明清等韵学通论》,语文出版社。
更生,1978.3,《评朱德熙先生〈"的"字结构和判断句〉》,《扬州师院学报》。[讨论了确定"向"的原则]
龚煌城,1990,《从汉藏语的比较看上古汉语若干声母的拟测》,《西藏研究论文集》,第三辑。

龚煌城,1997,《从汉藏语的比较看重纽问题(兼论上古*-rj-介音对中古韵母演变的影响)》,《声韵论丛》第六辑。

龚煌城,2002,《汉藏语研究论文集》,《语言暨语言学》专刊丙种之二(下),"中研院"语言学研究所(筹备处)。北京大学出版社重印,《语言学前沿丛书》(第五种),2004。

龚千炎,1980.5,《现代汉语里的受事主语句》,《中国语文》。

广西民族学院外语系,1982,《现代汉老(老挝)词典》,油印稿。

广西壮族自治区少数民族语言文字工作委员会研究室,1984,《壮汉词汇》,广西民族出版社。

广州外国语学院,1990,《泰汉词典》,商务印书馆。

郭力,1986,《〈重订司马温公等韵图经〉研究》,北京大学中文系硕士学位论文。

郭力,1997,《古清入字在〈合并字学集韵〉中的归调》,《语言学论丛》第19辑。[变异分析]

郭良夫,1983.4,《现代汉语的前缀和后缀》,《中国语文》。

郭锐,1993.6,《汉语动词的过程结构》,《中国语文》。[从语义角度对汉语动词的时间进行了细致的分析]

郭锐,1993.10,《关于汉语词类划分的一些理论问题》,第四届现代语言学研讨会论文。[根据词做句子成分的能力和与其他词的结合能力分类。提出分布相关度的概念]

郭锐,1995,《述结式的配价结构与成分的整合》,沈阳、郑定欧(主编)《现代汉语配价语法研究》。[提出了述结式配价的公式]

郭锐,1997.3,《过程和非过程——汉语谓词性成分的两种外在时间类型》,《中国语文》。[语义特征分析]

郭锐,2002,《现代汉语词类研究》,商务印书馆。

郭锡良,1986,《上古音手册》,北京大学出版社。

郭锡良,1986,《汉字古音手册》(2010.8增订本),北京大学出版社。

郭锡良,1987,《也谈上古韵尾的构拟问题》,《语言学论丛》第14辑。

郭锡良,1988.6,《殷商时代音系初探》,《北京大学学报》。[内部拟测]

郭锡良,1994,《西周金文音系初探》,《国学研究》第二卷。[内部拟测]

海里斯,1944,《音位学中的同时成分》,《国外语言学》,1982.1—2。[非连续直接成分]

海里斯,1946,《从语素到话语》,《语言学资料》,1963.6。[通过语素分布描写句法]

海里斯,1963.6,《语言分析中的语素交替形式》,语言学资料。[语素的线性切分和归并]

韩礼德,1961,《语法理论的范畴》,《语言学译丛》第2辑,中国社会科学出版社,1980。[系统功能语法]

韩万衡,1992,《德语配价句法》,商务印书馆。

韩源,1991.2,《语言的"合作原则"》,《语文研究》。[语用分析]

何大安,1987,《声韵学中的观念和方法》,台北大安出版社。

何大安,1995,《论排湾群语言的分群》,《台湾研究通讯》5—6。

何大安,1998,《台湾南岛语的语言关系》,《汉学研究》16.2。

何大安,2006,《从上古到中古音韵演变的大要》,《中国语言学集刊》第1卷第1期。

何九盈,1961.9,《〈切韵〉音系的性质及其它——与王显、邵荣芬同志商榷》,《中国语文》。

[《切韵》异质观]
何九盈,1985,《中国古代语言学史》,河南人民出版社。
何九盈,1995,《中国现代语言学史》,广东教育出版社。
何容,1936,《〈马氏文通〉之"次"》,《〈马氏文通〉研究资料》,中华书局,1987。
何容,1937,《中国文法论》,商务印书馆,1985。
何天贞、王天佐,1995.1,《甘谷咀头话里的藏缅语底层》,《民族语文》。
何伟渔,1991.4,《有关语法研究的三个平面学说》,《上海师范大学学报》。
何自然,1991.4,《言语交际中的语用移情》,《中国语文》。[语用分析]
河野六郎,1968,《韩国汉字音の研究》,《河野六郎著作集》2,1979,东京:平凡社。[全面深入地研究了韩语汉字音]
贺嘉善,1982.5,《仡佬语的系属》,《民族语文》。
贺巍,1965.4,《获嘉方言韵母变化的功用举例》,《中国语文》。[变音分析]
贺巍,1979.2,《获嘉方言的连续变调》,《方言》。
贺巍,1981.1,《济源方言记略》,《方言》。
贺巍,1982.1,《获嘉方言韵母的分类》,《方言》。[变音分析]
贺巍,1983,《获嘉方言的一种变韵》,《中国语言学报》第1期。[变音分析]
贺巍,1984.4,《洛阳方言记略》,《方言》。
贺巍,1986.3,《东北官话的分区(稿)》,《方言》。
贺巍,1991.5,《获嘉方言的疑问句——兼论反复问句两种句型的关系》,《中国语文》。[语法叠置]
洪堡特,1936,《论人类语言结构的差异及其对人类精神发展的影响》,姚小平译,商务印书馆,1997。[语言的生成性]
洪波,1991.1,《台语声母ʔb、ʔd的变异》,《民族语文》。
洪波,1994.2,《台语施事成分的语序分布及其原则》,《民族语文》。
洪波,1997.2,《台语和汉语的平行虚化现象及其成因》,《中国民族语言学论丛》。
洪笃仁,1963.1,《万叶假名与广韵对照》,《厦门大学学报》。
侯精一,1980.1,《平遥方言的连读变调》,《方言》。[变调和语法条件有关系]
侯精一,1982,《平遥方言简志》,《语文研究增刊》。
侯精一,1982.1,《平遥方言三字组的连读变调》,《方言》。
侯精一,1982.2,《平遥方言广用式三字组的连读变调》,《方言》。
侯精一,1983.4,《长治方言记略》,《方言》。[参考变调确定调类。变调和结构关系相关]
侯精一,1985,《长治方言志》,语文出版社。
侯精一,1985.2,《晋东南地区的子变韵母》,《中国语文》。
胡炳忠,1985.1,《三声三字组的变调规律》,《语言教学与研究》。
胡敕瑞,1999.1,《对汉字与汉语性质的几点认识》,《古汉语研究》。
胡建华,1998.3,《汉语长距离反身代词化的句法研究》,《当代语言学》。
胡明扬,1959.8,《海盐通园方言中变调群的语法意义》,《中国语文》。[发现变调和语法意义

有关]

胡明扬,1963.3,《〈老乞大谚解〉和〈朴通事谚解〉中所见的汉语、朝鲜语对音》,《中国语文》。[汉朝语音对应研究]

胡明扬,1978.3,《上海话一百年来的若干变化》,《中国语文》。

胡明扬,1982,《关于北京话语音、词汇的五项调查》,《中国语言学报》第1期。

胡明扬,1987,《北京话的语调问题》,《北京话初探》,商务印书馆。

胡明扬,1987,《北京话声母 W 的音值》,《北京话初探》,商务印书馆,1987。

胡明扬,1988.1,《北京话"女国音"调查》,《语文建设》。

胡明扬,1991.2,《句法语义范畴的若干理论问题》,《语言研究》。

胡明扬,1995.5,《现代汉语词类问题考察》,《中国语文》。

胡树鲜,1982,《两组副词的语义特点及其多项作用点》,《四平师院学报》研究生论文专刊。[提出语义指向]

胡树鲜,1985.1,《试论某些副词的多项作用点》,《河北师院学报》。[语义指向]

胡坦,1980.1,《藏语(拉萨话)的声调研究》,《民族语文》。[拉萨话的声调是韵尾的简化和前缀的脱落引起的]

胡坦,1984,《论藏语比较句》,(匈牙利)国际藏学会议,汉文见《民族语文》,1985.5。[比较了15种方言材料,发现木雅话里比人和比物使用不同的"比较格"]

胡坦,1984.1,《拉萨藏语中几种动词句式的分析》,《民族语文》。[分析了藏语的格范畴]

胡坦,1993.4,《略谈规则与例外》,《民族语文》。

胡坦、戴庆厦,1964.1,《哈尼语元音的松紧》,《中国语文》。[元音的松紧和声调有关]

胡以鲁,1923,《国语学草创》,商务印书馆。[分布观念]

胡裕树,1979,《现代汉语》,上海教育出版社。

胡裕树,1982.4,《试论汉语句首的名词性成分》,《语言教学与研究》。[语用分析]

胡裕树、范晓,1985.2,《试论语法研究的三个平面》,《新疆师范大学学报》。[对语义、语法、语用三个层面做了充分论述]

胡裕树、张斌(胡附、文炼),1982.3,《句子分析漫谈》,《中国语文》。[语用分析]

胡裕树(主编),1981.7,《现代汉语》(增订本),上海教育出版社。[提出了语法研究的三个平面]

胡壮麟,1995,《当代语言理论与应用》,北京大学出版社。

胡壮麟、朱永生、张德录,1994,《系统功能语法》,湖南教育出版社。

黄伯荣、廖序东,1979,《现代汉语》,甘肃人民出版社。

黄伯荣、廖序东,1981,《现代汉语》,甘肃人民出版社(第二版)。

黄布凡,1981.3,《古藏语动词的形态》,《民族语文》。

黄布凡,1983.3,《十二、十三世纪藏语(卫藏)声母探讨》,《民族语文》。

黄布凡,1989.2,《藏缅语的"马"与古汉语的"骉"》,《中央民族学院学报》。[汉藏关系字分析]

黄布凡,1994.3,《藏语方言声调的发生和分化条件》,《民族语文》。[各方言声调分化并非都

是清高浊低,而是条件各异,自成系统]
黄布凡,1997.4,《同源词比较词表的选词范围和标准——以藏缅语同源词比较表的制定为例》,《民族语文》。
黄淬伯,1928,《论〈切韵〉的韵部与声纽》,《语言历史研究所周刊》第6集第61期。[《切韵》异质论]
黄淬伯,1930a,《慧琳一切经音义反切考韵表》,《国学论丛》第2卷第2号。[《切韵》异质论]
黄淬伯,1930b,《慧琳一切经音义反切声类考》,《"中研院"历史语言研究所集刊》第1本第2分。[《切韵》异质论]
黄淬伯,1957.2,《论〈切韵〉音系并批判高本汉的论点》,《南京大学学报》。[《切韵》异质论]
黄淬伯,1959.2,《〈切韵〉"内部证据"论的影响》,《南京大学学报》。[《切韵》异质论]
黄淬伯,1962.2,《关于〈切韵〉音系基础的问题——与王显、邵荣芬两位同志讨论》,《中国语文》。[《切韵》异质论]
黄淬伯,1964,《〈切韵〉音系的本质特征》,《南京大学学报》第8卷第3、4期。[《切韵》异质论]
黄棣华,1983,《反义词例释》,北京出版社。[语义特征分析]
黄典诚,1979,《汉语音韵在强弱分合不平衡中的发展——兼论中古四等的由来》,汉语方言科学讨论会论文(厦门)。[由于社会交际的着重点不同,语音可以产生无条件分化]
黄典诚,1980,《〈切韵〉"重纽"与汉语音韵的发展》,中古音韵学研究会成立大会暨首次学术讨论会论文。[由于社会交际的着重点不同,语音可以产生无条件分化]
黄典诚,1980.4,《闽语人字的本字》,《方言》。
黄典诚,1981.1,《反切异文在音韵发展研究中的作用》,《语言教学与研究》。[由于社会交际的着重点不同,语音可以产生无条件分化]
黄国营,1982.1,《"的"字的句法、语义功能》,《语言研究》。[语义特征分析,分布分析]
黄家教,1957.1,《海南临高的"苏东坡话"》,《兰州大学学报》。
黄家教,1958.1,《潮州方音概说》,《兰州大学学报》。
黄家教,1964.2,《广州话无介音说》,《学术月刊》。
黄家教,1985.6,《粤方言地区中的一个闽方言岛中山隆都话》,《中国语文》。
黄家教,1990,《论现代汉语的e和er》,《语言文字论集》,广东人民出版社。[自立音位学的方法]
黄家教、李新魁,1963.1—2,《潮安畲语概述》,《中山大学学报》。
黄家教、张永言、陈世民,1958.1,《海南保亭黎语音位系统》,厦门大学《学术月刊》。
黄景欣,1962.8—9,《读〈说的〉并论现代汉语语法研究的几个方法论问题》,《中国语文》。
黄泉熙,1989.1,《论汉藏语系的"路"》,《广西民族学院学报》。[汉藏关系字分析]
黄行,1996.1,《我国少数民族语言的语序类型》,《民族语文》。
黄行,1997,《论语言的变异与回归——以藏语音系演变为例》,《中国民族语言论丛》(二),云南民族出版社。
黄衍,1992.5,《汉语的空范畴》,《中国语文》。
黄运骅,1984.10,《汉语反身代词》,《英国文化与语言研究》10。

黄正德,1983,《汉语生成语法》,黑龙江大学出版社。
霍凯特,1950,《北京话形态音素学》,《国外语言学》,1980.5—6。
霍凯特,1954,《语法描写的两种模式》,《语言学资料》,1963.6。[概括出结构语言学的 IA 和 IP 两种描写模式]
霍凯特,1958,《现代语言学教程》,索振羽、叶蜚声译,北京大学出版社,1986。[结构语言学的集大成著作]
霍凯特,1961,《语言的各种单位及其关系》,《语言学资料》,1964.1。
霍凯特,1963.6,《语素分析的一些问题》,《语言学资料》。
霍普克罗夫特、厄尔曼,1969,《形式语言及其与自动机的关系》,莫绍揆等译,科学出版社,1979。[形式文法]
季羡林,1956.1,《吐火罗语的发现与考释及其在中印文化交流中的作用》,《语言研究》(科学出版社)。
贾晞儒,1989.3,《海西蒙古语中的藏语借词》,《民族语文》。
贾晞儒,1994.4,《从青海汉语的几个方言词看语言间的接触影响》,《民族语文》。
贾彦德,1986,《语义学导论》,北京大学出版社。
贾彦德,1992,《汉语语义学》,北京大学出版社。[运用西方的义素、义场等理论来分析汉语的语义]
江荻,1996.1,《藏语 sr-声类变化的扩散及中断》,《民族语文》。
江荻,1997,《论语言演化对初始条件的敏感依赖性》,《中国民族语言论丛》(二),云南民族出版社。
江荻、孔江平,1990.2,《藏语合音现象的词汇扩散分析》,《民族语文》。
江傅天,1986.2,《对模糊语义的再认识》,《文史论坛》。
江蓝生,1998.1,《后置词"行"考辨》,《语文研究》。[变音的语法分析]
江蓝生、曹广顺、吴福祥,1996,《近代汉语研究的回顾与前瞻》,《中国语言学现状与展望》,外语教学与研究出版社。
江苏省和上海市方言调查指导组(编),1960,《江苏省和上海市方言概况》,江苏人民出版社。
蒋冀骋,1997,《近代汉语音韵研究》,湖南师范大学出版社。[利用对音材料需要参考对音材料自身的语音系统]
蒋平,1999,《汉语诸方言声调分布的优选分析》,陈恩泉(主编)《汉语双方言》(五),汉学出版社。
蒋绍愚,1989,《古汉语词汇纲要》,北京大学出版社。[在古汉语中展开语义特征分析]
蒋绍愚,1994,《近代汉语研究概况》,北京大学出版社。
蒋绍愚,1995.3,《内部拟测法在近代汉语语法研究中的运用》,《中国语文》。
蒋希文,1962.9,《赣榆话儿化词的特殊作用》,《中国语文》。
金朝炜,2013,《字组的性质与类推》,载周上之主编《世纪对话——汉语字本位与词本位的多角度研究》,北京大学出版社。
金定元,1985.2,《意义、信息和文化背景》,《语言教学与研究》。[语用分析]

金鹏,1956.1,《藏语动词曲折形态在现代拉萨话里衍变的情况》,《语言研究》(科学出版社)。
金鹏,1958,《藏语拉萨、日喀则、昌都话的比较研究》,科学出版社。
金鹏,1983.1,《藏语拉萨话动词的式及其表达方法》,《民族语文》。
金鹏等,1957.2—1958.3,《嘉戎语梭磨话的语音和形态》,《语言研究》(科学出版社)。
金有景,1964.1,《义乌话里咸山两摄三四等字的分别》,《中国语文》。
金有景,1979.5,《普通话"一"字声调的读法》,《中国语文》。
金有景,1980.5,《〈义乌话里咸山两摄三四等字的分别〉一文的补正》,《中国语文》。
金有景,1982.1,《关于浙江方言中咸山两摄三四等字的分别》,《语言研究》。
金兆梓,1921,《国文法之研究》,商务印书馆,1983。[根据意义划分词类。最早提到变换概念]
靳光瑾,1991.5,《北京话文白异读的形成及消长》,《语文建设》。
卡茨纳,1980,《世界的语言》,北京出版社。
卡尔纳普,1934,《哲学和逻辑句法》,上海人民出版社,1962。
卡尔纳普,1936,《可检验性和意义》,载洪谦(主编)《逻辑经验主义》,商务印书馆,1982。
克劳森,1956,《对阿尔泰理论不利的实例》,张继忠译,《民族语文研究情报资料集》第4集,1984。[蒙古语和突厥语不同源]
克里斯特尔,2000,《现代语言学词典》,沈家煊译,商务印书馆。
孔江平,1995.3,《藏语(拉萨话)声调感知研究》,《民族语文》。
孔庆成,1995.4,《话语中的元语否定》,《外国语》。[语用分析]
莱布尼茨,《人类理解论》。[认为语音和意义的关系不是任意的,有必然联系]
兰司铁,1952,《阿尔泰语言学导论》,中国社会科学出版社,1981。[突厥语和蒙古语同源]
黎锦熙,1924,《新著国语文法》,商务印书馆。[提出"凡句,依句辨品,离句无品"]
黎锦熙,1924,《京音入声字谱》,《东方杂志》第21卷第2期。
黎锦熙、刘世儒,1960.1,《语法再研讨——词类区分和名词问题》,《中国语文》。[提出名物化观点]
李葆嘉,1986.4,《荀子的王者制名论与约定俗成说》,《徐州师范学院学报》。
李葆嘉,1994.3,《论索绪尔符号任意性原则的失误与复归》,《语言文字应用》。
李得春,1984.1,《朝鲜语中的满语借词与同源成分》,《民族语文》。
李方桂,1931,《〈切韵〉â的来源》,《"中研院"历史语言研究所集刊》第3本第1分。
李方桂,1935,《论中国上古音的ʰ-iwe = ng、ʰ-iwe = k、ʰ-iwe = g》,《"中研院"历史语言研究所集刊》第5本第1分。
李方桂,1940,《龙州土语》,《"中研院"历史语言研究所单刊》甲种之十六。
李方桂,1943,《莫话记略》,《"中研院"历史语言研究所单刊》甲种之二十。[通过语音对应,认为侗水语和台语同出一源,提出了侗水语的概念]
李方桂,1947,《武鸣土语音系》,《"中研院"历史语言研究所集刊》第12本。
李方桂,1968,《上古音研究》,商务印书馆,1980。[对谐声原则的系统论述]
李方桂,1983.2,《上古音研究中声韵结合的方法》,《语言研究》。

李洁,1986.3,《Kalevi Tarvainen 的〈从属关系语法导论〉》,《国外语言学》。
李锦芳,1990,《华南地区语言清塞音声母浊化现象探析》,《汉语与少数民族语关系研究》,《中央民族学院学报增刊》。
李锦芳,1990.4,《论壮侗语对粤语的影响》,《贵州民族研究》。[讨论了语言接触中弱势语言的作用]
李锦芳,1990.6,《粤语中的壮侗语族语言底层分析》,《中央民族学院学报》。[语言接触]
李锦芳,1992.6,《80年代以来汉藏语系研究的主要收获及评价》,《西南民族学院学报》。
李敬忠,1990.5,《粤语是汉语族群中的独立语言》,《学术论坛》。[粤语中存在一个丰富的百越底层,使它在汉语族中的地位很特殊]
李敬忠,1991.5,《粤语中的百越语成分》,《学术论坛》。
李娟,1997,《章组字的历史演变》,《语言学论丛》第19辑。[结构与音变]
李娟,1998,《对汉语语法研究历程的思索》,《北大中文学刊》,北京大学出版社。
李蓝,1996,《贵阳话音档》,上海教育出版社。
李蓝、张相筑,1996,《贵阳话撮口韵调查报告》,温端政、沈慧云(编)《语文新论》,山西教育出版社。
李临定,1983.2,《宾语使用情况考察》,《语文研究》。[对汉语的语义格进行了比较全面的考察,发现"格"可以由动词性词语充当]
李临定,1985.1,《动词的动态功能和静态功能》,《汉语学习》。
李临定,1986,《现代汉语句型》,商务印书馆。
李临定,1988,《汉语比较变换语法》,中国社会科学出版社。
李临定,1990.4,《动词分类研究说略》,《中国语文》。[区分了自主动词和非自主动词,动态动词和非动态动词]
李讷、石毓智,1997.2,《论汉语体标记诞生的机制》,《中国语文》。
李壬癸,2004,《台湾南岛语论文选集》,《语言暨语言学》专刊丙种之三。
李荣,1956,《〈切韵〉音系》,科学出版社。
李荣,1957,《汉语方言调查手册》,科学出版社。[方言调查的方法]
李荣,1957,《陆法言的〈切韵〉》,《音韵存稿》,商务印书馆,1982。[《切韵》同质论]
李荣,1965,《语音演变规律的例外》,《音韵存稿》,商务印书馆,1982。
李荣,1965,《从现代方言论古群母有一、二、四等》,《音韵存稿》,商务印书馆,1982。
李荣,1978.2,《温岭方言的变音》,《中国语文》。又载《语文论衡》。[本音是语音单位,变音不仅是语音单位,也是语义单位]
李荣,1979.1,《温岭方言的连读变调》,《方言》。
李荣,1982,《音韵存稿》,商务印书馆。
李荣,1982.3,《论北京话"荣"字的音》,《方言》。
李荣,1983.1,《关于方言研究的几点意见》,《方言》。
李荣,1983.3,《〈切韵〉与方言》,《方言》。
李荣,1985,《语文论衡》,商务印书馆。

李荣(董少文),1955,《语音常识》,文化教育出版社。[声韵调和元辅音相结合的音系分析]
李荣(宋元嘉),1965.3,《评哈忒门和霍凯特对北京语音的分析》,《中国语文》。
李如龙,1962.3,《厦门话的变调和轻声》,《厦门大学学报》。
李如龙,1984,《自闽南方言证四等韵无-i-说》,《音韵学研究》第1辑。
李如龙,1984.1,《闽方言和苗、壮、傣、藏诸语言的动词特式重叠》,《民族语文》。[认为这种重叠可能是汉藏语系诸语言的一种同源现象,理由是大量单音词都可以依次类推]
李绍年,1988.5,《浅谈塔城地区语言的相互影响》,《民族语文》。
李思敬,1986,《汉语"儿"[ɚ]音史研究》,商务印书馆。
李小凡,1990a,《苏州话的字调转移及其成因》,载《缀玉集》,北京大学出版社。[结构与变异。不同层面的干扰]
李小凡,1990b,《也谈反复问句》,《语言学和汉语教学》。[语法叠置]
李小凡,1997,《苏州方言中的持续貌》,《语言学论丛》第19辑。[语义特征分析]
李小荣,1994.5,《对述结式带宾语功能的考察》,《汉语学习》。[语义指向]
李新魁,1962.8,《〈中原音韵〉的性质及其代表的音系》,《江汉学报》。
李行德,1985.7,《广州话元音的音质和长短区别》,《方言》。
李行健、刘思训,1985.1,《天津方言的连读变调》,《中国语文》。
李延瑞,1984.4,《普通话音位研究述评》,《中国语文》。
李艳,1997,《汉语三大类词的分布统计》,北京大学本科生学年论文。[动词、名词、形容词在句子成分中分布差异显著]
李亿哲,1990.3,《朝鲜语从汉语中吸收新词的原则和方法》,《民族语文》。
李永燧,1985,《汉语藏缅语人称代词探源》,《中国语言学报》第2期。[上古汉语和藏缅语单数第1,2人称有语音对应,同出一源]
李永燧,1989,《缅彝语言入声研究》,《中国语言学报》第5期。[开始形成缅彝语 A、B、C、D 四个调类的观点]
李永燧,1992.6,《缅彝语言声调比较研究》,《民族语文》。[缅彝语 A、B、C、D 四声的格局和汉语平、上、去、入很相似,但不同源]
李永燧,1995.1,《论缅彝语调类及其在彝南的反映形式》,《民族语文》。
李于平,1957.2,《陆法言的"切韵"》,《中国语文》。[《切韵》同质论]
李运富,1989,《古汉语词汇学与训诂学关系谈》,《中国语言学发展方向》(论文集),光明日报出版社。
李钊祥,1982.4,《现代侗台语诸语言声调和韵尾的对应规律》,《民族语文》。
李佐丰,1994,《文言实词》,语文出版社。
李佐丰,1994.4,《先秦的不及物动词和及物动词》,《中国语文》。
厉为民,1981.1,《试论轻声和重音》,《中国语文》。[英语的重音实际上音位负担很低,即以重音位置不同而区别意义的比例相当低]
利奇,1987,《语义学》,上海外语教育出版社。
梁敏,1983.3,《壮侗语族量词的产生和发展》,《民族语文》。[量词是后来产生的]

梁敏,1986.5,《壮侗语族诸语言名词性修饰词组的词序》,《民族语文》。[壮侗语受汉语的影响,词序产生了不同的变化]

梁敏,1987.3,《两代人之间的语音变化》,《民族语文》。[在汉语影响下壮侗语出现了新的音位,有的辅音声母消失]

梁敏,1989.3,《壮侗诸语言表示领属关系的方式及其演变过程》,《民族语文》。[汉语影响带来的变化]

梁敏、张均如,1988.2,《广西壮族自治区各民族语言的互相影响》,《方言》。[有新老借词两个层次,老借词少数在切韵以前借入,其他多数和切韵有明显的对应]

梁敏、张均如,1996,《侗台语族概论》,中国社会科学出版社。[构拟了原始侗台语]

梁敏、张均如,2004.2,《从汉台语言的数词是否同源说起》,《民族语文》。

梁玉璋,1983.3,《福州方言连读音变与语义分别》,《方言》。[音变与语义的关系]

廖秋忠,1984.4,《现代汉语中动词的支配成分的省略》,《中国语文》。[用"支配成分"和"非支配成分"确定动词的价]

廖秋忠,1986.6,《现代汉语篇章中的连接成分》,《中国语文》。[语用分析]

廖秋忠,1987.4,《篇章中的管界问题》,《中国语文》。[语用分析]

廖秋忠,1989.1,《空间方位词和方位参考点》,《中国语文》。[语用分析]

廖秋忠,1992.3,《现代汉语并列名词性成分的顺序》,《中国语文》。[语用分析]

林汉达,1955.4,《什么不是词儿——小于词儿的不是词儿》,《中国语文》。

林华,1998.1,《"调素"论及普通话连读变调》,《中国语文》。

林伦伦,1990.3,《广东闽方言中若干语关系词》,《民族语文》。[讨论了闽方言和台语的关系词,认为这些关系词是接触的结果]

林茂灿、颜景助,1980.3,《北京话轻声的声学性质》,《方言》。

林茂灿、颜景助、孙国华,1984.1,《北京话两字组正常重音的初步实验》,《方言》。

林书武,1995.3,《反意正说——中西方"反话"研究的主要取向》,《外语教学与研究》。[语用分析]

林焘,1957.2,《现代汉语补足语里的轻音现象所反映出来的语法和语义问题》,《北京大学学报》。

林焘,1962.7,《现代汉语轻音和句法结构的关系》,《中国语文》。

林焘,1963.6,《北京话的连读音变》,《北京大学学报》。

林焘,1982.2,《北京话儿化韵个人读音的差异问题》,《语文研究》。

林焘,1983,《探讨北京话轻音性质的初步试验》,《语言学论丛》第10辑。

林焘,1985,《探讨北京话轻音性质的初步实验》,《北京语音实验录》,林焘、王理嘉等著,北京大学出版社。

林焘,1985.2,《北京话去声连读变调新探》,《中国语文》。

林焘,1987.3,《北京官话溯源》,《中国语文》。[方言的叠置]

林焘,1987.3,《北京官话区的划分》,《中国语文》。

林焘,1991.2,《北京东郊阴阳平调值的转化》,《中国语文》。

林焘、王理嘉,1992,《语音学教程》,北京大学出版社。
林焘、沈炯,1995.3,《北京话儿化韵的语音分歧》,《中国语文》。[变异分析]
林焘、王理嘉等,1985,《北京语音实验录》,北京大学出版社。
林焘、王士元,1985,《声调感知问题》,《中国语言学报》第 2 期。
林向荣,1990.5,《嘉戎语马尔康话中的藏语借词》,《民族语文》。
林杏光、王玲玲、孙德金,1994,《现代汉语动词大词典》,北京语言学院出版社。[以格语法为框架,全面描写汉语句子中词语搭配规则]
林语堂,1924,《再论歌戈鱼虞模古读》,《晨报副镌》第 1−2 版。[肯定用对音材料构拟古音的价值]
刘保元,1988.5,《论瑶族拉珈语的系属》,《中央民族学院学报》。[用对应和同构标准将拉珈语作为苗瑶语族的独立语支]
刘大为,1996.3,《寓言自指——语义悖论和语义循环》,《语文研究》。[语义特征分析]
刘丹青,1983.4,《亲属关系名词的综合研究》,《语文研究》。[关系词分析方法讨论]
刘丹青,1987.3,《形名同现及形容词的向》,《南京师范大学学报》。
刘丹青,1991.1,《苏州方言的发问词与"可 VP"句式》,《中国语文》。[语法叠置]
刘丹青,1993.1,《汉语形态的节律制约——汉语语法的"语音平面"丛论之一》,《南京师大学报》。
刘丹青,1995.2,《语义优先还是语用优先——汉语语法学体系建设断想》,《语文研究》。[语用分析]
刘丹青、徐烈炯,1998.4,《焦点与背景、话题及汉语"连"字句》,《中国语文》。[区分自然焦点、对比焦点和话题焦点]
刘复,1920,《中国文法通论》,上海群益书社。[从意义出发划分词类]
刘复,1924,《四声实验录》,群益书社。[区别调类和调值]
刘复,1932,《北平方音析数表》,《国学集刊》第 3 卷第 3 期。
刘光坤,1981.3,《羌语中的藏语借词》,《民族语文》。
刘光坤,1984.4,《羌语辅音音位研究》,《民族语文》。[羌语辅音韵尾多数不是藏缅语中固有的,而是后起的一种语音现象]
刘坚,1964.1,《论助动词》,《中国语文》。[分布分析]
刘坚(主编),1998,《二十世纪的中国语言学》,北京大学出版社。
刘坚、江蓝生(等),1992,《近代汉语虚词研究》,语文出版社。[分布分析]
刘菊英,1988.2,《独龙语动词语法形式的历史演变探索》,《中央民族学院学报》。[从屈折到分析的变化]
刘宁生,1984.2,《句首介词结构"在……"的语义指向》,《汉语学习》。[集中地展开了语义指向分析]
刘宁生,1985.1,《动词的语义范畴:"动作"与"状态"》,《汉语学习》。
刘宁生,1994.3,《汉语怎样表达物体的空间关系》,《中国语文》。[用人类认知的普遍语义或逻辑概念来描写和解释汉语语法规则]

刘宁生,1995.2,《汉语偏正结构的认知基础及其在语序类型学上的意义》,《中国语文》。[用人类认知的普遍语义或逻辑概念来描写和解释汉语语法规则]
刘世儒,1963,《现代汉语语法讲义》,商务印书馆。[词组进入句子成分以后就熔解了,不再是词组]
刘叔新,1984,《词汇学和词典学问题研究》(论文集),天津人民出版社。[语义特征分析]
刘叔新,1987,《现代汉语同义词词典》,天津人民出版社。[词汇学应该独立于语义学、词典学,着重研究词汇单位、词汇单位的结构方式和系统网络]
刘叔新,1990,《汉语描写词汇学》,商务印书馆。[语义特征分析]
刘叔新、周荐,1992,《同义词语和反义词语》,商务印书馆。[语义特征分析]
刘松江,1993.2,《反问句的交际作用》,《语言教学与研究》。[语用分析]
刘颂浩,1995.3,《预设与阅读理解》,《语言教学与研究》。[语用分析]
刘现强,2003,《现代汉语节奏研究》,北京大学博士学位论文。北京语言大学出版社,2007。
刘勋宁,1988.5,《现代汉语词尾"了"的语法意义》,《中国语文》。[语义特征分析]
刘岩,1997,《佤语量词来源初探》,《中国民族语言论丛》(二),云南民族出版社。
刘又辛,1982.1,《"右文说"说》,《语言研究》。
刘又辛,1984.1,《释"籩篋"——汉语词族学初探》,《语言研究》。[讨论建立词族的原则]
刘又辛,1985,《汉语词族研究的沿革、方法和意义》,载刘又辛《文字训诂论集》,中华书局,1993。
刘又辛,1993,《文字训诂论集》,中华书局。
刘又辛,1993,《古汉语复辅音说质疑》,载刘又辛1993《文字训诂论集》,中华书局,1993。又载《古汉语复声母论文集》。
刘又辛、方有国,2000,《汉字发展史纲要》,中国大百科全书出版社。
刘又辛、李茂康,1989,《训诂学新论》,巴蜀书社。[分析了同族词研究的方法]
刘月华,1983,《状语的分类和多项状语的顺序》,《语法研究和探索》(一),北京大学出版社。[状语的语义指向]
刘月华,1986.3,《对话中"说""想""看"的一种特殊用法》,《中国语文》。[语用分析]
刘月华,1988.1,《几组意义相关的趋向补语语义分析》,《语言研究》。[语义特征分析]
刘月华等,1983,《实用现代汉语语法》,外语教学与研究出版社。[状语的语义指向]
刘赜,1932,《古声同纽之字义多相近说》,《武汉大学文哲季刊》第2卷第2期。
刘子瑜,1994.4,《敦煌变文中的选择疑问句式》,《古汉语研究》。
龙果夫,1928,《对于中国古音重订的贡献》(A Contribution to the Reconstruction of Ancient Chinese),唐虞译,《"中研院"历史语言研究所集刊》第3本第2分。[《切韵》同质论]
龙果夫,1958,《现代汉语语法研究》,郑祖庆译,科学出版社。[根据"词汇·语法范畴"划分词类]
龙庄伟,1988.6,《湖北恩施话中的一个土家语成分》,《民族语文》。
卢丹怀,1983.2,《音位小议——兼论索绪尔和布龙菲尔德的音位理论》,《安徽大学学报》。
卢甲文,1979.2,《关于三个上声连读变调问题的商榷》,《语言教学与研究》。

卢治常,1987.3,《海南岛苗族的语言及其系属》,《民族语文》。[用对应和同构确定同源关系]
鲁川、林杏光,1989.5,《现代汉语语法的格关系》,《汉语学习》。[给语义格分层次]
鲁国尧,1886.1,《元遗山诗词用韵考》,《南京大学学报》。
鲁国尧,1985.4,《明代官话及其基础方言问题——读〈利玛窦中国札记〉》,《南京大学学报》。
鲁国尧,1991,《论宋词韵及其与金元词韵的比较》,《中国语言学报》第 4 期。[区分音系的时空差异]
鲁国尧,1994,《鲁国尧自选集》,河南教育出版社。
鲁允中,1995,《普通话的轻声和儿化》,商务印书馆。
陆丙甫,1979.4,《读〈"的"字结构和判断句〉》,《中国语文》。[提出组合关系的三个层面]
陆丙甫,1981.1,《主干成分分析法》,《语文研究》。
陆丙甫,1985.1,《流程切分和板块组合》,《语文研究》。[语用分析]
陆丙甫,1986.2,《语句理解的同步组块过程及其数量描述》,《中国语文》。[语用分析]
陆丙甫,1989.3,《结构、节奏、松紧、轻重在汉语中的相互作用》,《汉语学习》。
陆俭明,1980,《"还"和"更"》,《语言学论丛》第 6 辑。
陆俭明,1980.1,《汉语口语句法里的易位现象》,《中国语文》。[区分了语义结构关系和语法结构关系]
陆俭明,1981.3,《分析方法刍议——评句子成分分析法》,《中国语文》。
陆俭明,1985.4,《关于"去 + VP"和"VP + 去"句式》,《语言教学与研究》。[句法、语义、语用三结合的分析。]
陆俭明,1986.3,《周遍性主语句及其他》,《中国语文》。[语用分析。提出了一种区分主语和话题的标准]
陆俭明,1990.1,《"VA 了"述补结构语义分析》,《汉语学习》。[语义指向分析]
陆俭明,1990.3,《变换分析在汉语语法研究中的运用》,《湖北大学学报》。
陆俭明,1991.1,《语义特征分析在汉语语法研究中的运用》,《汉语学习》。[对语义特征分析做了总结,认为可以从动词、形容词、名词等角度分析]
陆俭明,1993,《陆俭明自选集》,河南教育出版社。
陆俭明,1993,《80 年代中国语法研究》,商务印书馆。
陆俭明,1997,《关于语义指向分析》,《中国语言学论丛》第 1 辑,北京语言文化大学出版社。[总结了语义指向分析]
陆天桥,1989.1,《汉语"是"在壮语中的同源词》,《中央民族学院学报》。[讨论了汉壮同源词"是"]
陆志韦,1937,《北京话单音词词汇》,人民出版社,1951,又载《陆志韦语言学著作集》(三),中华书局,1985。[提出同形替代法分词]
陆志韦,1939a,《证广韵五十一声类》,《燕京学报》第 25 期。[用系联法]
陆志韦,1939b,《三四等与所谓"喻化"》,《燕京学报》第 26 期。[批评了高本汉的喻化说]
陆志韦,1940,《说文广韵中间声类转变的大势》,《燕京学报》第 28 期。
陆志韦,1947,《古音说略》,《燕京学报》专号之二十。又载《陆志韦语言学著作集》第 1 集,中华书局,1985。
陆志韦,1948,《国语入声演变小注》,《燕京学报》第34期。
陆志韦,1955.4,《对于单音词的一种错误见解》,《中国语文》。[声明放弃同形替代法]
陆志韦,1956,《北京话单音词词汇》,科学出版社。[声明放弃同形替代法]
陆志韦,1956,《关于北京话语音系统的一些问题》,《现代汉语规范问题学术会议文件汇编》。
陆志韦,1957,《汉语的构词法》,《陆志韦语言学著作选》(三),中华书局,1990。[比较深入全面地讨论了扩展法]
陆志韦,1963.5,《古反切是怎样构造出来的》,《中国语文》。
陆致极,1985.3—4,《关于"非线性"音位学》,《国外语言学》。
陆致极,1986.4,《关于声调理论的探索》,《汉语学习》。
陆致极,1987.4,《试论普通话音位的区别特征》,《语文研究》。
陆致极,1988.1,《关于区别特征的层级性》,《国外语言学》。
陆宗达,1953.12,《汉语的词的分类》,《汉语学习》。[根据重叠方式定词类]
陆宗达、王宁,1983,《训诂方法论》,中国社会科学出版社。
陆宗达、俞敏,1954,《现代汉语语法》,北京群众书店。[根据不同重叠方式定词类]
吕叔湘,1942,《中国文法要略》,商务印书馆,1982。[首次从造句的角度比较明确地提出了转换的概念,重视语义结构关系的分析]
吕叔湘,1944,《个字的应用范围,附论单位词前一字的脱落》,《汉语语法论文集》,商务印书馆,1984。[分布分析]
吕叔湘,1946,《从主语、宾语的分别谈国语句子的分析》,吕叔湘《汉语语法论文集》,科学出版社,1955。[有用施受关系取消主宾关系的倾向]
吕叔湘,1947,《丹阳话里的联词变调》,成都《中国文化研究汇刊》。
吕叔湘,1954.9—10,《关于汉语词类的一些原则性问题》,《中国语文》。[讨论了用"鉴定字"划分词类的方法]
吕叔湘,1955,《汉语语法论文集》,科学出版社。[集中体现了吕氏20世纪40年代的分布分析]
吕叔湘,1962.1,《说"自由"和"粘着"》,《中国语文》。
吕叔湘,1962.11,《关于"语言单位的同一性"等等》,《中国语文》。[分布分析]
吕叔湘、饶长溶,1966.3,《试论汉语非谓形容词》,《中国语文》,1981.2。[分布分析]
吕叔湘,1979,《汉语语法分析问题》,商务印书馆。[讨论了汉语语法研究中的很多基本方法论问题]
吕叔湘,1980.2,《丹阳方言的声调系统》,《方言》。[变调和语法条件有关]
吕叔湘,1982,《狙公赋芧和语法分析》,《语法研究和探索》(二),北京大学出版社,1984。[区分语法结构关系和语义结构关系]
吕叔湘,1983,《吕叔湘语文论集》,商务印书馆。
吕叔湘,1986.1,《汉语句法的灵活性》,《中国语文》。
吕叔湘,1992.4,《试论含有同一[-N]两次出现前后呼应的句子的语义类型》,《中国语文》。

[语义特征分析]
吕叔湘(主编),1980,《现代汉语八百词》,商务印书馆。[分布分析]
吕叔湘(著)、江蓝生(补),1985,《近代汉语指代词》,学林出版社。[分布分析]
罗常培,1930,《厦门音系》,科学出版社,1956。
罗常培,1931a,《切韵鱼虞之音值及其所据方音考——高本汉切韵音读商榷之一》,《"中研院"历史语言研究所集刊》第2本第3分。[《切韵》异质论]
罗常培,1931b,《知彻澄娘音值考》,《"中研院"历史语言研究所集刊》第3本第1分。
罗常培,1933,《唐五代西北方音》,《"中研院"历史语言研究所单刊》之十二。
罗常培,1939,《经典释文和原本玉篇反切中的匣于两纽》,《"中研院"历史语言研究所集刊》第8本第1分。
罗常培,1940,《临川音系》,《"中研院"历史语言研究所单刊》之十七。
罗常培,1951.3,《国内少数民族语言系属和文字情况》,《人民日报》。[肯定汉藏语系四族说]
罗常培、傅懋勣,1954.3,《国内少数民族语言文字的概况》,《中国语文》。[肯定汉藏语系四族说]
罗常培、王均,1957,《普通语音学纲要》,商务印书馆,1981。
罗常培、周祖谟,1958,《汉魏晋南北朝韵部演变研究》,科学出版社。
罗杰瑞,1986.1,《闽北方言的第三套清塞音和清塞擦音》,《中国语文》。[绕开《切韵》,根据历史比较法构拟古音]
罗杰瑞,1988,《汉语概说》,语文出版社,1995。
罗曼玲,1998,《现代汉语同义词的词义分析和组合分析》,北京大学中文系硕士学位论文。
罗美珍,1983.2,《试论台语的系属问题》,《民族语文》。[根据语音对音确定汉台同源]
罗美珍,1985,《台语长短元音探源一得》,《语言论文集》,商务印书馆。[台语长短元音的产生是多音节变单音节的结果]
罗美珍,1986.3,《黎语声调刍议》,《民族语文》。[黎语声调和同语族语言的声调不同]
罗美珍,1988.3,《对汉语和侗台语声调起源的一种设想》,《中国语文》。[声调的产生常常是语音结构简化的补偿,由其他音素的伴随物变成独立的音位]
罗美珍,1992,《汉傣同源词辨》,《语言研究与应用》,商务印书馆。[根据语音对应确定汉台同源]
罗美珍,1994.6,《三论台语的系属问题》,《民族语文》。[根据语音对应确定汉台同源]
罗滔,1985.1,《略谈壮语的汉语借词》,《龙岩师专学报》。
马建忠,1898,《马氏文通》,商务印书馆,1983。
马庆株,1981.2,《时量宾语和动词的类》,《中国语文》。[把"动词+了+时间词+了"这种句法格式所表示的语义的不同归结为动词语义特征的不同]
马庆株,1983,《现代汉语的双宾语构造》,《语言学论丛》第10辑。[认为"价"是"指在最小的主谓结构中动词(不借助于介词)所能联系的名词成分的数目"]
马庆株,1988,《自主动词和非自主动词》,《中国语言学报》第3期。[语义特征分析]
马庆株,1990.3,《数词、量词的语义成分和数量结构的语法功能》,《中国语文》。

马庆株,1992,《汉语动词和动词性结构》,北京语言学院出版社。[语义特征分析]
马秋武,2001,《普通话舌尖元音的优选论分析》,新世纪的现代语音学,清华大学出版社。
马秋武,2003,《优选论与汉语普通话的音节组构》,南开大学出版社。
马秋武,2003.2,《北京话儿化的优选论分析》,《现代外语》。
马秋武,2004.1,《普通话二合元音韵母的组构与优选论分析》,《当代语言学》。
马秋武,2009.1,《南京方言两字组连读变调的优选论分析》,《语言研究》。
马希文,1985.2,《跟副词"再"有关的几个句式》,《中国语文》。[语义指向]
马学良,1951,《撒尼彝语研究》,商务印书馆。
马学良,1980.1,《彝语"二十、七十"的音变》,《民族语文》。[从例外和对应入手证明彝语"七"
    和汉语"七"同源]
马学良,1983,《汉藏语系语言对于加深汉语研究的作用》,《民族语文研究》,四川民族出版社。
马学良,1996.4,《汉藏语系研究的理论和方法问题》,《民族语文》。
马学良、罗季光,1962.5,《我国汉藏语系语言元音的长短》,《中国语文》。
马学良、罗季光,1962.12,《〈切韵〉纯四等韵的主要元音》,《中国语文》。
马学良等,1991,《汉藏语概论》,北京大学出版社。[坚持汉藏语四族说的划分]
马真,1983.1,《关于"都/全"所总括的对象的位置》,《汉语学习》。["都/全"的语义指向]
麦耘,1991.2,《〈切韵〉知、庄、章组及相关诸声母的拟音》,《语言研究》。
麦耘,1993,《粤语是汉语的一支方言——与李敬忠先生商榷》,《语文建设通讯》,41,香港。
麦耘,1998.2,《汉语音节-音位层次分析——以广州话为例》,《语言研究》。
毛宗武、蒙朝吉,1984,《试论畲语的系属问题》,《中国语言学报》第2期。[对应和相似标准并
    用]
梅耶,1925,《历史语言学中的比较方法》,科学出版社,1957。[历史比较法的基本原则]
梅祖麟,1977,《中古汉语的声调与上声的起源》,《中国语言学论集》,台湾幼狮文化事业公司。
梅祖麟,1978,《现代汉语选择问句的来源》,《"中研院"历史语言研究所集刊》第49本第1分。
    [语法叠置]
梅祖麟,1980.6,《四声别义中的时间层次》,《中国语文》。
梅祖麟,1988.3,《内部拟构汉语三例》,《中国语文》。
蒙斯牧,1990.6,《印尼语和侗泰语的关系词》,《民族语文》。[列出了印尼语和侗泰语的关系
    词,根据对应确定同源]
孟琮,1982.3,《口语里的一种重复——兼谈"易位"》,《中国语文》。
孟琮、郑怀德、孟庆海、蔡文兰,1987,《动词用法词典》,上海辞书出版社。[以格语法为框架,
    全面描写汉语句子中词语的搭配限制]
孟和达来,2001,《北方民族的历史接触与阿尔泰诸语言共同性的形成》,中国社会科学出
    版社。
孟和达来、黄行,1997.1,《蒙古语族和突厥语族关系词的词阶分布分析》,《民族语文》。[阿尔
    泰语言核心关系词有阶分析]
孟尊贤,2002,《傣汉词汇》,云南民族出版社。

芈一之、席元麟,1985,《同仁四寨子(五屯)土族历史考察》,载中国少数民族社会历史调查资料丛刊青海省编辑组《青海土族社会历史调查》,青海人民出版社。
民族语文编辑部,1982,《民族语文研究文集》,青海人民出版社。
莫彭龄、单青,1985.3,《三大类实词句法功能的统计分析》,《南京师大学报》。
牟廷烈,1998,《韩汉拟声摹态词比较》,北京大学中文系硕士学位论文。[生成音系学方法]
木村英树,1990.5,《汉语第三人称代词敬语制约现象的考察》,《中国语文》。[语用分析]
木霁弘,1986.4,《〈朱子语类〉中的时体助词"了"》,《中国语文》。
倪大白,1988.2,《海南岛三亚回族语言的系属》,《民族语文》。[用语音对应确定三亚回族语言和侗台语有同源关系]
倪大白,1988.3,《中国的壮侗语与南岛语》,《中央民族学院学报》。[接触引起类型转换]
倪大白,1990,《侗台语概论》,中央民族学院出版社。[根据对应承认侗台语和南岛语同源]
倪大白,1991.4,《侗台语声调的起源》,《民族语文》。
倪大白,1994.3,《南岛语与百越诸语的关系》,《民族语文》。[侗台语与南岛语同出一源]
倪大白,1995,《"汉藏语系"语言的系属问题》,《中国语言学报》第6期。[从发生角度看侗台语和印尼语有亲属关系;从类型角度看,属汉藏语系]
聂鸿音,1984.3,《〈切韵〉重纽三四等字的朝鲜读音》,《民族语文》。[对音研究]
聂鸿音,1988.2,《论契丹语中汉语借词的音系基础》,《民族语文》。
聂鸿音,1994.1,《西夏语中汉语借词的时间界限》,《民族语文》。
宁继福,1985,《中原音韵表稿》,吉林文史出版社。
欧阳觉亚,1979.1,《珞巴语概况》,《民族语文》。
欧阳觉亚,1979.5,《声调与音节的相互制约关系》,《中国语文》。[以广州话、布依语和壮语为例,讨论了声调和音节的关系及其相关问题]
欧阳觉亚,1985,《珞巴语简志》,民族出版社。
欧阳觉亚,1990.1,《汉语粤方言里的古粤语成分》,《中央民族学院学报》。
欧阳觉亚,1991.6,《运用底层理论研究少数民族语言与汉语的关系》,《民族语文》。[汉语到民族语是借用,民族语到汉语是底层干扰]
欧阳觉亚、程方、喻翠容,1984,《京语简志》,民族出版社。
欧阳觉亚、郑贻青,1963.5,《黎语概况》,《中国语文》。
欧阳觉亚、郑贻青,1980,《黎语简志》,民族出版社。
欧阳觉亚、郑贻青,1983,《黎语调查研究》,中国社会科学出版社。
欧阳寿荪,1981.4,《关于动词的向和的字结构》,《江西大学学报》。[对"价"的讨论]
帕默尔,1936,《语言学概论》,李荣、王菊泉等译,吕叔湘校,商务印书馆,1983。
潘文国,1997,《汉英语对比纲要》,北京语言文化大学出版社。
潘文国,2001.3—4,《"字"与word的对应性》(上、下),《暨南大学华文学院学报》。
潘文国,2002,《字本位与汉语研究》,华东师范大学出版社。
潘文国,2006.3,《"字本位"理论的哲学思考》,《语言教学与研究》。
潘悟云,1983,《关于汉藏语历史比较中的几个声母问题》,《语言学集刊》第1辑,复旦大学出

版社,1987。[关系字声母分析]
潘悟云,1995,《对华澳语系假说的若干支持材料》,JOCL,Monograph Series Number 8.[汉侗台南岛语同源论]
潘悟云,1996,《华澳语系中的几个词族比较》,《语言研究增刊》。
彭楚南,1954.4,《两种词儿和三个连写标准》,《中国语文》。[提出了"可分离词"的概念]
彭泽润、潘文国,2010.9,《"词本位"还是"字本位"有利于汉语语言学?》,《通化师范学院学报》。
平山久雄,1987.6,《论"我"字例外音变的原因》,《中国语文》。
平山久雄,1997,《重纽问题在日本》,载《平山久雄语言学论文集》,商务印书馆,2005。
平田昌司,1982.4,《休宁音系简介》,《方言》。[变音和语法条件相关]
平田昌司,1988.1,《闽北方言"第九调"的性质》,《方言》。
朴庆松,1998,《韩国汉字音和汉语音韵史的研究》,北京大学中文系博士学位论文。[汉语和韩语关系字研究]
钱军,1998,《结构功能语言学——布拉格学派》,吉林教育出版社。
钱乃荣,1988.1,《论普通话语音的音位和区别性特征》,《汉语学习》。[按声韵调归纳音位,得声位、韵位和调位]
钱乃荣、石汝杰,1983.4,《关于苏州方言连读变调的意见》,《方言》。
钱玄同,1918,《文字学音篇》,北京大学出版组。[从传统音韵学到现代语音学的过渡]
钱玄同,1927,《关于国语罗马字字母的选用及其他》,《新生》周刊第1卷8期。[观察到了北京话 w/v 变异]
钱玄同,1929,《〈广韵〉四十六字母标音》,《国语句刊》第1卷第9期。[用现代语音学方法分析音理、拟测古音]
钱玄同,1934,《古韵二十八部音读之假定》,《师大月刊》三十二周年纪念专号。[参考现代方言拟测上古音]
钱曾怡,1963.1,《济南话的变调和轻声》,《山东大学学报》。
钱曾怡,1981.4,《文登、荣城方言中古全浊平声字的读音》,《中国语文》。
钱曾怡,1984.3,《山东诸城、五莲方言的声韵特点》,《中国语文》。
钱曾怡,1995,《论儿化》,《中国语言学报》第5期。
钱曾怡、曹志赟、罗福腾,1985.3,《平度方言内部的语音差别》,《方言》。
乔姆斯基,1957,《句法结构》,邢公畹等译,中国社会科学出版社,1979。
乔姆斯基,1965,《句法理论的若干问题》,黄长著等译,中国社会科学出版社,1986。
乔姆斯基,1972,《深层结构、表层结构和语义解释》,赵世开译,《语言学译丛》第2辑,中国社会科学出版社,1980。[生成语法扩展标准理论]
乔姆斯基,1981,《支配和约束论集》,周流溪、林书武、沈家煊等译,中国社会科学出版社,1993。
乔全生,1990.2,《山西汾西方言的归属》,《方言》。
清格尔泰,1983.1,《关于元音和谐律》,《中国语言学报》第1期。

琼斯,1980.2,《"音位"的历史和涵义》,游汝杰译,《国外语言学》。
裘锡圭,1988,《文字学概要》,商务印书馆。[汉字是语素音节文字]
瞿霭堂,1962.7,《卓尼藏语的声调与声韵母的关系》,《中国语文》。
瞿霭堂,1980.4,《阿里藏语动词体的构成》,《民族语文》。
瞿霭堂,1981.1,《藏的声调及其发展》,《语言研究》。[声母对声调发展的影响]
瞿霭堂,1983.4,《嘉戎语动词的人称范畴》,《民族语文》。
瞿霭堂,1985.1,《藏语动词屈折形态的结构及其演变》,《民族语文》。
瞿霭堂,1985.6,《汉藏语调值研究的价值和方法》,《民族语文》。
瞿霭堂,1988.4,《论汉藏语言的形态》,《民族语文》。
瞿霭堂,1990.4—5,《嘉戎语的方言——方言划分和语言识别》,《民族语文》。
瞿霭堂,1993.6,《论汉藏语言的声调》,《民族语文》。
瞿霭堂,1994.1,《论汉藏语言的声调(续)》,《民族语文》。
瞿霭堂、劲松,1992.5,《北京话的字调和语调》,《中国人民大学学报》。
全广镇,1996,《汉藏语同源词综探》,台北:学生书局。[汇集了汉藏关系词]
荣晶,1988,《汉语省略、隐含和空语类的区分》,新疆大学硕士学位论文,部分内容载《新疆大学学报》,1989.4。
荣晶,1995,《1992—1993年语言理论研究综述》,载《中国语言学年鉴》(1994),语文出版社。
荣晶,1997,《汉语语序的语义基础》,北京大学中文系博士学位论文。[语义范畴对语序的制约]
萨丕尔,1921,《语言论》,商务印书馆,1985。
邵敬敏,1990,《副词在句法结构中的语义指向初探》,《汉语论丛》,华东师范大学出版社。[副词的语义指向]
邵敬敏,1990.6,《"比"字句替换规律刍议》,《中国语文》。[语义指向]
邵敬敏,1992.4,《关于语法研究中三个平面的理论思考》,《南京大学学报》。
邵敬敏,1993.3,《量词的语义分析及其与名词的双向选择》,《中国语文》。
邵敬敏,1995,《双音节V+N结构的配价分析》,沈阳、郑定欧(主编)《现代汉语配价语法研究》。
邵敬敏,1996.2,《动量词的语义分析及其与动词的选择关系》,《中国语文》。
邵敬敏、方经民,1990.11,《汉语语法学史稿》,上海教育出版社。
邵敬敏、方经民,1991,《中国理论语言学史》,华东师范大学出版社。
邵龙青,1996.4,《说"结构"》,《语文研究》。[语用分析]
邵荣芬,1961.4,《〈切韵〉音系的性质和它在汉语语音史上的地位》,《中国语文》。[《切韵》同质论]
邵荣芬,1982,《切韵研究》,中国社会科学出版社。
邵永海,1988,《从〈左传〉和〈史记〉看上古汉语双宾语结构及其发展》,北京大学中文系硕士学位论文,载《缀玉集》,北京大学出版社,1990。
邵永海,1996.12,《孟子中的受事主语句》,《中国人文社会科学》(韩国)。[古汉语义结构分

析]
申小龙,1984.6,《汉语语言类型的新探索——论主题句研究的语言类型学意义》,《复旦学报》。
申小龙,1986.1,《汉语动词的分类角度》,《语言教学与研究》。
沈慧云,1983.4,《晋城方言的"子尾"变调》,《语文研究》。
沈家煊,1989.1,《"判定词语"的语义强度》,《中国语文》。[动词语义强度的研究]
沈家煊,1993.5,《"语用否定"考察》,《中国语文》。[语用分析]
沈家煊,1994.1,《R. W. Langacker 的"认知语法"》,《国外语言学》。
沈家煊,1995.5,《"有界"与"无界"》,《中国语文》。[提取了"有界"和"无界"的语义范畴]
沈家煊,1997.4,《形容词句法功能的标记模式》,《中国语文》。
沈家煊,1999,《不对称和标记论》,江西教育出版社。
沈兼士,1933,《右文说在训诂学上之沿革及其推阐》,《沈兼士学术论文集》,中华书局,1986。[从声旁入手研究词族]
沈兼士,1941,《声训论》,《沈兼士学术论文集》,中华书局,1986。[词族论]
沈兼士(主编),1945,《广韵声系》,北平辅仁大学影印本。文字改革出版社,1960。
沈兼士,1986,《沈兼士学术论文集》,中华书局。
沈炯,1985,《北京话声调的音域与语调》,载林焘、王理嘉等《北京语音实验录》,北京大学出版社。
沈炯,1987.5,《北京话合口呼零声母的语音分歧》,《中国语文》。[变异分析]
沈炯,1994.3,《汉语语调构造和语调类型》,《方言》。
沈炯,1994.4,《北京话上声连读的调型组合和节奏形式》,《中国语文》。
沈炯,1995.2,《汉语音高系统的有声性和区别性》,《语言文字应用》。
沈开木,1983.1,《表示"异中有同"的"也"字独用的探索》,《中国语文》。["也"的语义指向。正式提出了"语义指向"的名称]
沈开木,1984.6,《"不"字的否定范围和否定中心的探索》,《中国语文》。["不"的语义指向]
沈开木,1992,《语法、语义、语用的联系》,《语法研究和探索》(六),语文出版社。
沈开木,1992.4,《话题、述题和已知信息、未知信息》,《语言教学与研究》。[语用分析]
沈培,1992.11,《殷墟甲骨卜辞语序研究》,文津出版社(台湾)。
沈同,1981.2,《老派上海方言的连读变调》,《方言》。[变调和语法条件有关]
沈同,1981.4,《上海话老派和新派的差别》,《方言》。
沈小喜,1998,《汉语的节奏单位和语法结构》,北京大学博士学位论文。
沈阳,1994,《现代汉语空语类研究》,山东教育出版社。[变换分析,并提出句位概念]
沈阳,1994.2,《动词的句位和句位变体结构中的空语类》,《中国语文》。[从句法形式入手确定配价]
沈阳,1995,《名词短语部分成分移位造成的非价成分》,沈阳、郑定欧(主编)《现代汉语配价语法研究》。
沈阳、郑定欧(主编),1995,《现代汉语配价语法研究》,北京大学出版社。

沈钟伟,1988,《青浦商榻话语音结构》,《吴语论丛》,上海教育出版社。
施关淦,1991.6,《关于语法研究的三个平面》,《中国语文》。
施关淦,1992.6,《八十年代现代汉语语法研究概说》,《中国语文》。
施其生,1990.3,《汕头方言的反复问句》,《中国语文》。[语法叠置]
施文涛,1964.1,《关于汉语音韵研究的几个问题》,《中国语文》。
施向东,1983.1,《玄奘译著中的梵汉对音和唐初中原方音》,《语言研究》。
施向东,1996,《汉语和藏语同源体系比较研究的音韵学意义》,《语言研究增刊》。[列出若干汉藏关系词]
石安石,1978.4,《汉语词组基本类型的鉴别问题》,《天津师院学报》。[讨论根据推导式确定词组类型的方法]
石安石,1980,《汉语词类划分问题的再探讨》,《语言研究论丛》,天津人民出版社。[词类划分的层阶性]
石安石,1986.2,《句义的预设》,《语文研究》。[语用分析]
石安石,1988.1,《模糊语义及其模糊度》,《中国语文》。[提出语义模糊度]
石安石,1993,《语义论》,商务印书馆。[比较细致地讨论了语义单位、语义成分、语义组合和聚合、歧义、模糊、蕴涵、寓意及寓设]
石安石,1993.1,《论语素的结合能力与一用语素》,《语文研究》。
石安石,1994,《语义研究》,语文出版社。[比较细致地讨论了语义单位、语义成分、语义组合和聚合、歧义、模糊、蕴涵、寓意及寓设]
石锋,1986.1,《天津方言双字组声调分析》,《语言研究》。
石锋,1988.5,《试论天津话的声调及其变化》,《中国语文》。
石锋,1990,《试论语音的层次》,石锋《语音学探微》,北京大学出版社。[语音实验的对象是音子]
石锋,1990,《语音学探微》,北京大学出版社。
石锋,1999,《汉语语调格局在不同语速中的表现》,《中国语言学的新拓展》,香港城市大学出版社。
石锋(编),1994,《海外中国语言学研究》,语文出版社。
石锋(编),1995,《汉语研究在海外》,北京语言学院出版社。
石锋、廖荣蓉,1994,《语音丛稿》,北京语言学院出版社。
石林,1991.5,《侗语声调的共时表现和历时演变》,《民族语文》。[声母的清浊、送气不送气,元音的长短引起声调的分化]
石林,1994.5,《侗语中汉语新借词的读音》,《民族语文》。[新借词要服从侗语固有的语音系统,新音素的借入很困难]
石毓智,1991.3,《现代汉语的肯定性形容词》,《中国语文》。
石毓智,1992,《肯定和否定的对称与不对称》,台湾学生书局。[根据"连续与离散""定量与不定量""肯定与否定"三个语义标准梳理汉语的语法结构]
石毓智,1992.2,《现代汉语的肯定性动词成分》,《语言研究》。[根据"连续与离散""定量与不

定量"两个标准梳理汉语的语法结构]
石毓智,1992.6,《论现代汉语的"体"范畴》,《中国社会科学》。
石毓智,1995.1,《时间的一维性对介词衍生的影响》,《中国语文》。[语义语法]
石毓智,1995.3,《论汉语的大音节结构》,《中国语文》。
石毓智,1996.2,《试论汉语的句法重叠》,《语言研究》。
史存直,1956.3,《什么是词儿》,《中国语文》。
史存直,1957.2,《北京话音位问题商榷》,《中国语文》。
史存直,1957.9,《从音位学看汉语的字调(声调)》,《中国语文》。
史存直,1983.2,《两套句成分优劣的比较》,《常德师专学报》。
史有为,1983,《划分词的普遍性原则和系统性原则》,《语法研究和探索》(一),北京大学出版社。
史振华,1960.12,《试论汉语动词、形容词的名物化》,《中国语文》。
斯米尔尼斯基,1952,《词的分离性》,载陆志韦《汉语构词法》,科学出版社,1957。[讨论了提取词的剩余法]
斯勤巴特尔,1996.4,《蒙古语中保留中古汉语语音特点的汉语借词》,《内蒙古大学学报》。
斯塔罗思京,1989,《古汉语音系的构拟》,张兴亚译,北京大学出版社,2012。[根据押韵和谐声构拟了公元前10世纪初的上古汉语音系]
宋金兰,1990.2,《青海汉语助动词"给"与阿尔泰语言的关系》,《民族语文》。
宋金兰,1991.6,《汉语助词"了""着"与阿尔泰诸语言的关系》,《民族语文》。
宋金兰,1994.1,《汉语和藏缅语住所词的同源关系》,《民族语文》。[根据词族分析确定同源词]
宋伶俐,2009,《贵琼话接触研究》,四川大学博士学位论文。[讨论贵琼话和汉语的接触,包括关系词分析]
宋绍年,1994,《汉语结果补语的起源再探讨》,《缀玉二集》。[语义变化的重新分析]
宋作艳,2001,《照应语"自己"的约束》,北京大学当代语言学课程研究报告。
宋作艳,2005.1,《控制"一"变调的相关因素分析》,《汉语学习》。
苏新春,1992,《汉语词义学》,广东教育出版社。[语义特征分析]
孙宏开,1981.1,《羌语动词的趋向范畴》,《民族语文》。[羌语、普米语、嘉戎语动词的趋向范畴在形式和语义上有对应关系]
孙宏开,1982,《羌语支问题初探》,《民族语言研究文集》,青海民族出版社。[根据同源词、语法的相似确定亲属关系的远近]
孙宏开,1983.2,《我国藏缅语动词的人称范畴》,《民族语文》。
孙宏开,1983.3,《六江流域的民族语言及其系属分类》,《民族学报》。[接触会引起同构]
孙宏开,1984.1,《我国部分藏缅语中名词的人称领属范畴》,《中央民族学院学报》。
孙宏开,1984.4,《藏缅语动词的互动范畴》,《民族语文》。
孙宏开,1985.6,《藏缅语复辅音的结构特点及其演变方式》,《中国语文》。
孙宏开,1987,《藏缅语复辅音研究》,美国《藏缅语区语言学》第9卷第1分册。[声调演变和

复辅音有关]

孙宏开,1988,《藏缅语量词用法比较——兼论量词发展的阶段层次》,《中国语言学报》第3期。[藏缅语中量词差异比较大]

孙宏开,1988.4,《论羌族双语制——兼谈汉语对羌语的影响》,《民族语文》。[分析了部分汉语借词]

孙宏开,1991.2,《从词汇比较看西夏语与藏缅语族羌语支的关系》,《民族语文》。[根据同源词比较认为西夏语词汇上最接近羌语支]

孙宏开,1992.5—6,《论藏缅语语法结构类型的历史演变》,《民族语文》。[演变过程:黏着型—屈折型—分析型]

孙宏开,1995.2,《藏缅语人称代词格范畴研究》,《民族语文》。

孙宏开,1995.3,《关于汉藏语系分类研究中的一些问题》,《国外语言学》。[汉藏比较方法论分析]

孙宏开,1997,《关于汉藏语分类研究的回顾与存在问题》,第30届国际汉藏语言及语言学论文,载《民族语文》1998.3。

孙宏开、江荻,2000,《汉藏语系研究历史沿革》,《汉藏语同源词研究》(一),广西民族出版社。

孙秋秋,1986.5,《模糊语义拟化问题》,《辽宁大学学报》。

孙玉文,1994,《中古尤韵舌根音有重纽试证》,台湾《清华学报》,24卷第1期。[论证了尤韵有重纽]

孙玉文,1998,《汉语变调构词研究》,北京大学中文系博士学位论文。

索绪尔,1916,《普通语言学教程》,高名凯译,商务印书馆,1980。

索玉柱,1996.2,《连接推理与世界知识——英汉语篇的词汇衔接实验研究》,《外国语》。[语用分析]

索振羽,1983.2,《德·索绪尔的语言价值理论》,《新疆大学学报》。

索振羽,1993.3,《"得体"的语用研究》,《语言文字应用》。

索振羽,1994.1,《索绪尔的语言共时描写理论》,《语文研究》。

索振羽,1994.2,《索绪尔及其〈普通语言学教程〉》,《外语教学与研究》。

索振羽,1995.2,《索绪尔的语言符号任意性原则是正确的》,《语言文字应用》。

覃晓航,1988.1,《从汉语量词的发展看壮侗语"数·量·名"结构的语序变化》,《广西民族学院学报》。[受汉语影响]

谭克让,1988.6,《藏语动词的自动态与使动态》,《民族语文》。

汤廷池,1977,《动词的语法属性》,《语文周刊》(台湾)。[区分动词的动态与静态]

汤廷池,1982,《国语变形语法研究——第一集:移位变形》,台湾学生书局。

汤廷池,1990.2,《"原则及参数语法"与英华对比分析》,《世界汉语教学》。

唐钰明,1988.3,《失去指代作用的"见"字》,《中国语文》。

唐钰明,1991.5,《"乃"字第三人称用法考源》,《语文月刊》。

唐钰明,1993.8,《古汉语代词复用的变换考察》,《语文月刊》。

唐钰明,1994.3,《古汉语"动+之+名"结构的变换分析》,《中国语文》。

唐钰明,1995.3,《古汉语语法研究中的"变换"问题》,《中国文》。
唐作藩,1960,《湖南洞口黄桥镇方言》,《语言学论丛》第4辑。
唐作藩,1982,《上古音手册》,江苏人民出版社。
唐作藩,1987,《音韵学教程》,北京大学出版社。
唐作藩,1987,《〈中原音韵〉的开合口》,《〈中原音韵〉新论》,北京大学出版社。
唐作藩,2006,《上古汉语有五声说》,《语言学论丛》第33辑。
陶燠民,1930,《闽音研究》,《"中研院"历史语言研究所集刊》第1本第4分。
特鲁别茨科依,1936,《有关印欧语问题的一些看法》,《国外语言学》1982.4。[根据语言结构标准确定亲属关系。认为借用可以解释语音对应]
田刚,1989.4,《从外来词的分布特点看布努语的发展》,《中央民族学院学报》。
田恭(罗常培、王均),1955.4,《音位和音位学》,《中国语文》。
汪大年,1983.2,《缅甸语中辅音韵尾的历史演变》,《民族语文》。[辅音韵尾的消失引起了声调的产生和变化]
汪锋,2000,《应山话"小称"词缀演变规律初探》,《语言学论丛》,第23辑。[小称变异和结构、社会的相关研究]
汪馥泉,1940,《中国文法革新论丛讨论集》,上海学艺社。
汪高武,2005,《汉语语音声道几何模型研究》,北京大学博士学位论文。
汪平,1981.1,《贵阳方言的语音系统》,《方言》。
汪平,1992,《字本位语法》,油印稿。
汪平,1995,《汉语方言四呼比较》,《中国语言学报》第5期。
汪平,1997.1,《苏州方言语法引论》,《语言研究》。[字本位论]
汪荣宝,1923,《歌戈鱼虞模古读考》,《国学季刊》第1卷第2号。[根据对音构拟古音]
汪荣宝,1925,《论阿字长短音答太炎》,《华国月刊》第2卷第9期。[申述用对音构拟古音的合理性]
王蓓、杨玉芳、吕士楠,2001,《汉语韵律层级边界结构的声学相关物》,《新世纪的现代语音学》(第五届全国现代语音学学术会议论文集),清华大学出版社。
王尔松,1990.6,《哈尼语和汉语关系字初探》,《民族语文》。[承认借词和同源词不易区分,列出关系词做进一步研究]
王福堂,1959,《绍兴话记音》,《语言学论丛》第3辑,上海教育出版社。[变调与语法有关]
王福堂,1994.6,《闽北方言弱化声母和"第九调"之我见》,《中国语文》。[区分文白对立和古音对立]
王辅世,1956,《怎样分析和记录汉藏语系语言的声调》,《语言调查常识》,中华书局。
王辅世,1957.2,《贵州威宁苗语量词》,《语言研究》(科学出版社)。
王辅世,1963.2,《北京话韵母的几个问题》,《中国语文》。[声调附属于韵母,首次以变音的方式描写儿化]
王辅世,1979.2—3,《广西龙胜伶话记略》,《方言》。[伶话是汉语方言,说该方言的人是苗族]
王辅世,1980.2,《苗语的声类和韵类》,《民族语文》。

王辅世,1982.1,《湖南泸溪瓦乡话语音》,《语言研究》。[瓦乡人讲的是汉语方言]
王辅世,1986.1,《苗瑶语的系属问题初探》,《民族语文》。[从声调、词的结合、语法等方面的相似说明苗瑶语和汉语有同源关系]
王辅世,1994,《苗语古音构拟》,国立亚非语言文化研究所。
王辅世、毛宗武,1995,《苗瑶语古音构拟》,中国社会科学出版社。
王红旗,1995,《动结式述补结构配价研究》,沈阳、郑定欧(主编)《现代汉语配价语法研究》。[给出了动结式配价的计算公式]
王红旗,1996,《论〈马氏文通〉"字类假借"理论产生的原因》,载《语文新论》(《〈语文研究〉创刊15周年纪念文集》),山西教育出版社,1996。
王红旗,1997.1,《论语义指向分析产生的原因》,《山东师大学报》。
王洪君,1986,《文白异读和叠置式音变》,北京大学中文系硕士学位论文,载《语言学论丛》第17辑,1992。[解释了叠置式音变的机制]
王洪君,1987.1,《山西闻喜方言的白读层与宋西北方音》,《中国语文》。[通过不同时间变异层的关系解释了叠置的机制]
王洪君,1991,《"见"分布的变化及其意义的演变》,《语言学论丛》第16辑。
王洪君,1994.1,《汉语常用的两种语音构词法》,《语言研究》。[生成音系学的方法,字本位观念]
王洪君,1994.2,《从字和字组看词和短语》,《中国语文》。[字本位观念]
王洪君,1994a,《什么是音系的基本单位——谈本音与变音》,《现代语言学》,语文出版社。[本音与变音分析]
王洪君,1994b,《生成音系学的形成和发展》,石锋(编)《海外中国语言学研究》。
王洪君,1994c,《汉语的特点与语言的普遍性》,《缀玉二集》,北京大学出版社。
王洪君,1996.3,《汉语语音词的韵律类型》,《中国语文》。[生成音系学的方法。字本位观念]
王洪君,1999,《汉语非线性音系学》,北京大学出版社。
王洪君,2000.6,《汉语的韵律词与韵律短语》,《中国语文》。
王洪君,2001.10,《节律边界与节律模式、语法、语用的关联》,2001年10月在IBM公司所做的报告。载《语言学论丛》第26辑,商务印书馆。
王洪君,2001.4,《音节单双、音域展敛(重音)与语法结构类型和成分次序》,《当代语言学》。
王洪君,2005,《普通话节律与句法语用关联之再探》,《第八届全国人机语音通讯学术会议论文集》。
王洪君,2008,《汉语非线性音系学》(增订版),北京大学出版社。
王洪君,2009.3,《兼顾演变、推平和层次的汉语方言历史关系模型》,《方言》。
王洪轩,1987.2,《动词语义分类举要》,《河北大学学报》。[动词"意愿性"语义特征的研究。区分动词的动态和静态]
王还,1957.2,《说"在"》,《中国语文》。
王惠,1997,《从及物性系统看现代汉语的句式》,《语言学论丛》第19辑。[语义特征分析]
王嘉龄,1987.2,《词汇音系学》,《国外语言学》。

王嘉龄,1995.1,《优选论》,《国外语言学》。
王嘉龄,2000.4,《实验语音学、生成音系学与汉语轻声音高的研究》,《当代语言学》。
王嘉龄,2002.4,《优选论和天津话的连读变调及轻声》,《中国语文》。
王晶、王理嘉,1993.2,《普通话多音节词音节时长分布模式》,《中国语文》。
王敬骝、陈相木,1982.3,《论孟高棉语与侗台语的"村寨"、"姓氏"、"家"的同源关系》,《民族语文》。[根据语音对应确定同源关系]
王敬骝、陈相木,1985.4,《论佤语"街"和傣语"街"的同源关系》,《民族调查研究》。[根据语音对应确定同源关系]
王敬骝、陈相木,1988.2,《西双版纳老傣文五十六字母考释》,《民族学报》。[孟高棉语可能和壮侗语有同源关系,两者有很多有严格语音对应的词]
王静、汪洪君,1995,《动词的配价与被字句》,沈阳、郑定欧(主编)《现代汉语配价语法研究》。[语义特征分析,配价]
王静如,1930,《西夏文汉藏译音释略》,《"中研院"历史语言研究所集刊》第2本第2分。
王静如,1931,《中台藏缅数目字及人称代名词语源试探》,《"中研院"历史语言研究所集刊》第3本第1分。[根据语音对应确定语源关系]
王静如,1932—1933,《西夏研究》(3辑),《"中研院"历史语言研究所单刊》甲种之八、之十一、之十三。
王静如,1941,《论开合口》,《燕京学报》第29期。
王静如,1948,《论古汉语之腭介音》,《燕京学报》第35期。
王菊泉,1991.2,《从英语译文看汉语主语的省略现象》,《语言研究》。[语用分析]
王均、郑国乔,1980,《仫佬语简志》,民族出版社。
王均,1989.2,《民族语文创刊10周年学术交流会的发言》,《民族语文》。[对谱系树的一元论持怀疑态度]
王均(等),1984,《壮侗语族语言简志》,民族出版社。
王均(署名壮语小组),1959.10—11,《壮语概况》,《中国语文》。
王均(署名壮语小组),1962.6,《壮语中的汉语借词》,《中国语文》。[分析了不同的地点壮语借词声调不一致]
王理嘉,1983.1,《北京话的中元音音位》,《语文研究》。
王理嘉,1985.1,《北京话的高元音音位》,《语文研究》。
王理嘉,1985.4,《北京话的低元音音位》,《语文研究》。
王理嘉,1988.4,《普通话音位研究中的几个问题》,《语文研究》。
王理嘉,1991,《音系学基础》,语文出版社。
王理嘉,1995,《儿化韵语素音位的讨论》,《中国语言学报》第5期。
王理嘉,1998,《二十世纪的中国语音学和语音研究》,载《二十世纪的中国语言学》,北京大学出版社。
王理嘉、贺宁基,1985,《北京话儿化韵的听辨实验和声学分析》,《北京语音实验录》,北京大学出版社。

王理嘉、侯学超,1963,《怎样确定同义词》,《语言学论丛》第 5 辑。[词之间含义上的共同性和使用上的可替换性是确定同义词的两个共同的必要条件]

王理嘉、王海丹,1991.2,《儿化韵研究中的几个问题——与李思敬先生商榷》,《中国语文》。

王力,1935,《从元音的性质说到中国语的声调》,《清华学报》第 10 卷第 1 期。

王力,1936,《南北朝诗人用韵考》,《清华学报》第 11 卷第 3 期。又载《龙虫并雕斋文集》第一册,中华书局,1980。

王力,1936,《中国音韵学》,商务印书馆。[用现代语音学知识分析语音学]

王力,1937,《上古韵母系统研究》,《清华学报》第 12 卷第 3 期,又载《王力文集》十七,山东教育出版社,1989。[脂、微分部]

王力,1943,《中国现代语法》,中华书局,1954。

王力,1944—1945,《中国语法理论》,《王力文集》第一卷,山东教育出版社,1984。

王力,1946,《中国语法纲要》,开明书店。

王力,1953.9,《词和仂语的界限问题》,《中国语文》。

王力,1955.2,《关于汉语有无词类的问题》,《北京大学学报》。[根据词汇·语法范畴定词类]

王力,1957,《汉语史稿》,中华书局,1980。

王力,1979.4,《现代汉语语音分析中的几个问题》,《中国语文》。

王力,1981,《中国语言学史》,山西人民出版社。

王力,1982,《同源字典》,商务印书馆。

王力,1985,《汉语语音史》,中国社会科学出版社。[绕开《切韵》,从历代韵文归纳音系的演变]

王立达,1959,《汉语研究小史》,商务印书馆。

王玲玲,1995,《动词的必用论元与动词的"向"》,沈阳、郑定欧(主编)《现代汉语配价语法研究》。

王宁,1988.2,《试论训诂学在当代的发展及其旧质的终结》,《中国社会科学》。

王宁,1993.6,《训诂学理论建设在语言学中的普遍意义》,《中国社会科学》。

王士元,1967,《声调的音系特征》,载石锋《语音学探微》,北京大学出版社,1990。[声调特征独立于音段特征]

王士元,1969,《竞争性演变是剩余的原因》,载石锋《语音学探微》,北京大学出版社,1990。[提出了词汇扩散理论]

王士元,1979,《语言变化的词汇透视》,《语言研究》1982.2。[词汇扩散论]

王士元,1993,《观察历史的三个窗口》,《王士元语言学论文集》,商务印书馆 2002。

王士元,1995,《语言变异和语言的关系》,载石锋(编)《汉语研究在海外》,北京语言学院出版社。

王士元、沈钟伟,1991.1,《词汇扩散的动态描写》,《语言研究》。[用同音词分化证明词汇扩散可以不受音变条件限制]

王士元、沈钟伟,1992.2,《方言关系的计量表述》,《中国语文》。

王世华,1985.6,《扬州话里两种反复问句共存》,《中国语文》。[语法叠置]

王维贤,1982,《北京话儿化韵中的音位问题》,《语言学年刊》,浙江语言学会。
王维贤,1985.6,《说"省略"》,《中国语文》。[空语类]
王维贤,1987.7—8,《现代汉语的句法结构、语义结构和语用结构》,《语文导报》。
王维贤,1991.4,《句法分析的三个平面与深层结构》,《语文研究》。[指出任何句子都有语法结构、语义结构和语用结构]
王维贤,1995,《语言的三个平面与句法的三个平面》,《中国语言学报》第7期。[语用分析]
王显,1961.4,《〈切韵〉的命名和〈切韵〉音系的性质》,《中国语文》。
王显,1962.12,《再谈〈切韵〉音系的性质——与何九盈、黄淬伯两位同志讨论》,《中国语文》。[《切韵》同质论]
王尧,1981.4,《藏语 Mig 字古读考——兼论藏语声调的发生与发展》,《民族语文》。[通过 Mig 的变化来解释藏语声调是后来产生的]
王远新,1993,《中国民族语言学史》,中央民族学院出版社。
王远新,1994,《中国民族语言学论纲》,中央民族大学出版社。
王远新,1994.6,《哈萨克语土耳其语辅音对应特点——兼论语音对应与语言影响的关系》,《民族语文》。[借词和原词也有语音对音]
王远新,1995,《突厥历史语言学研究》,中央民族大学出版社。
王韫佳,1995.2,《轻声对非轻声音节调域的调节》,《世界汉语教学》。
王志洁,1999,《北京话的音节与音系》,载《共性与个性》,北京语言文化大学出版社。
威尔斯,1947,《直接成分》,《语言学资料》1963.6。[确定直接成分的方法]
韦庆稳,1981,《〈越人歌〉与壮语的关系试探》,《民族语文论集》,中国社会科学出版社。[通过对应来确定文本中语素的源头]
韦庆稳,1985,《壮语语法研究》,广西民族出版社。
韦星朗,1990.6,《壮语的新语序》,《中央民族学院学报》。[语言接触]
维特根斯坦,1922,《逻辑哲学论》,商务印书馆,1962。[提出了图式论,把意义限制在指称中]
维特根斯坦,1953,《哲学研究》,汤潮、范光棣译,三联书店,1992。[意义即用法]
维特根斯坦,2001,《哲学研究》,陈嘉映译,上海人民出版社,2001。
魏建功,1929,《古阴阳入三声考(国语沿革研究)》,《国语旬刊》第1卷第3期。[结合现代音系研究古音系]
魏建功,1935,《古音系研究》,中华书局,1996。[结合现代音系研究古音系]
魏茵莱希、拉波夫等,1968,《语言演变理论的经验基础》,王洪君译述,《国外语言学》1988.4;1989.1。[提出有序异质模型]
文炼(张斌),1982.1,《词语之间的搭配关系》,《中国语文》。[区分和动词相关的强制性成分和非强制性成分]
文炼(张斌),1996.6,《谈谈汉语语法结构的功能解释》,《中国语文》。[语用分析]
文炼(张斌)、胡附(胡裕树),1954.2—3,《谈词的分类》,《中国语文》。
文炼(张斌)、胡附(胡裕树),1984.3,《汉语语序研究中的几个问题》,《中国语文》。[提出三个平面]

文明英,1990,《黎语的新增语序》,《汉语与少数民族语言关系研究》,《中央民族学院学报增刊》。[语言接触,汉语影响]
闻宥,1955,《"台"语与汉语》,《中国民族问题意见集刊》第6集,中央民族学院研究部编。[台语和汉语关系字研究]
吴安其,1986.4,《温州方言的壮侗语底层初探》,《民族语文》。[温州方言的壮侗底层词汇]
吴安其,1994.1,《论朝鲜语中的南岛语基本成分》,《民族语文》。
吴安其,1995.4,《从汉印尼几组词的对应看汉南岛的关系》,《民族语文》。[汉语和南岛语同源]
吴安其,1997.3,《汉藏语历史比较的择词》,《民族语文》。[讨论历史比较的择词,区分分化前和分化后的关系词]
吴安其,2002,《汉藏语同源词研究》,中央民族大学出版社。[汉藏诸语言同源词分析]
吴竞存、侯学超,1982,《现代汉语句法分析》,北京大学出版社。[层次分析]
吴为章,1982.5,《单向动词及其句型》,《中国语文》。
吴为章,1987.3,《"X得"及其句型——兼谈动词的"向"》,《中国语文》。[以必要的成分(不限于"名词")确定动词的价]
吴为章,1993.3,《动词的"向"札记》,《中国语文》。
吴中伟,1996.1,《主谓谓语句 NP－(VP－AP)语义结构分析》,《语言研究》。[语义特征分析]
吴宗济,1958.3,《武鸣僮语中汉语借字的音韵系统》,《语言研究》(科学出版社)。
吴宗济,1980.1,《什么叫"区别特征"》,《国外语言学》。
吴宗济,1980.5,《试论普通话语音的"区别特征"及其相互关系》,《中国语文》。
吴宗济,1981.1,《普通话"语调"规则初探》,1981年1月在声学学会语言通讯学术交流会上宣读。
吴宗济,1982.6,《普通话语句中的声调变化》,《中国语文》。
吴宗济,1985,《普通话三字组变调规律》,《中国语言学报》第2期。
吴宗济、林茂灿(主编),1989,《实验语音学概要》,高等教育出版社。
吴宗济,1990,《汉语普通话语调的基本调型》,《王力先生纪念文集》,商务印书馆。
吴宗济,1993,《普通话调分析的一种新方法》,曹文译,载《吴宗济语言学论文集》,商务印书馆,2004。
吴宗济,1997,《从声调与乐律的关系提出普通话语调处理的新方法》,《庆祝中国社会科学院语言研究所建所45周年学术论文集》。
伍铁平,1979.4,《模糊语言初探》,《外国语》。
伍铁平,1980.5,《模糊语言再探》,《外国语》。
武力宏,1996.3,《关于语言学中的蕴涵关系》,《语文研究》。[语用分析]
西田龙雄,1961,《十六世纪百夷语—汉语,汉语—百夷语词汇研究》,《东洋学报》(日本),42卷3号。
西田龙雄,1970,《藏缅语群藏语族概况》,载《汉藏语系语言学论文选译》,中国社会科学院民族研究所语言研究室。

西田龙雄,1975,《原始台语与古汉语》,《语音学研究》(日本),IX。

项梦冰,1990.2,《连城(新泉)话的反复问句》,《方言》。[语法叠置]

项梦冰,1997,《连城客家话语法研究》,语文出版社。

小川郁夫,1984,《中国语の"主语"をめぐる问题》,名古屋大学中国文学研究室《中国语学文学论集》(第四辑)。[语用分析]

谢广华,1982.4,《藏语动词语法范畴》,《民族语文》。

谢建猷,1994.5,《壮语陆西话和汉语平话、白话若干相似现象》,《民族语文》。[包括关系字分析]

谢列布连尼科夫、哈尔科娃,1983.5,《研究突厥语蒙古语亲缘关系的一些有效方法》,许浩福译,《民族语文研究情报资料集》第7集,1986。[蒙古语突厥语不同源]

谢志民,1991.2,《"女书"词汇中的百越语底层》,《民族语文》。

谢自立,1982.4,《苏州方言两字组的连读变调》,《方言》。[变调和语法条件有关]

邢福义,1981.2,《评"暂拟汉语教学语法系统"》,《中国语文》。

邢福义,1982.3,《论"不"字独说》,《华中师院学报》。[语用分析]

邢福义,1984.3,《说"NP了"句式》,《语文研究》。[认为"NP了"句式中的名词性词语有推移的语义特征]

邢福义,1984.4,《"但"类词和"无论p,都q"句式》,《中国语文》。[语用分析]

邢福义,1987.2,《现代汉语的"要么P,要么Q"句式》,《中国语文》。[语用分析]

邢公畹,1948,《汉语"子"、"儿"和台语语助词luk试释》,《国文月刊》第68期。

邢公畹,1949,《汉台语构词法的一个比较研究》,《国文月刊》第77期。[从结构的相似确定同源]

邢公畹,1962.1,《论调类在汉台语比较研究上的重要性》,《中国语文》。[从结构的相似确定同源]

邢公畹,1978.4,《语词搭配问题是不是语法问题》,《安徽师大学报》。[语义特征与细分词类]

邢公畹,1979.2—3,《现代汉语和台语里的助词"了"和"着"》,《民族语文》。

邢公畹,1979.4,《论汉藏系语言的比较语法学》,《南开大学学报》。

邢公畹,1983.1,《汉语遇、蟹、止、效、流五摄的一些字在侗台语里的对应》,《语言研究》。[根据对应确定同源]

邢公畹,1983.4,《"别离"一词在汉语台语里的对应》,《民族语文》。[从对应确定同源]

邢公畹,1985,《三江侗语》,南开大学出版社。

邢公畹,1986.4,《汉语和侗傣语里的-m、-ŋ交替现象》,《民族语文》。[根据对应确定同源]

邢公畹,1989,《红河上游傣雅语》,语文出版社。

邢公畹,1989.1,《论汉语台语"关系字"的研究》,《民族语文》。[提出关系词的术语,根据对应确定同源]

邢公畹,1990,《古无轻唇音是汉语和侗泰语共有的现象》,载《王力先生纪念论文集》,商务印书馆。

邢公畹,1990.2,《台语-am、-ap 韵里的汉语"关系字"研究》,《民族语文》。[根据对应确定同源]

邢公畹,1991.1,《台语-an 韵里的"关系词"研究》,《语言研究》。[根据对应确定同源]

邢公畹,1991.3,《关于汉语南岛语的发生学关系问题——L·沙加尔〈汉语南岛语同源论〉述评补证》,《民族语文》。[根据对应确定汉语南岛语同源]

邢公畹,1991.4,《汉语南岛语声母的对应——L·沙加尔〈汉语南岛语同源论〉述评补证》,《民族语文》。[根据对应确定汉语南岛语同源]

邢公畹,1991.5,《汉语南岛语声母及韵尾辅音的对应——L·沙加尔〈汉语南岛语同源论〉述评补证》,《民族语文》。[根据对应确定汉语南岛语同源]

邢公畹,1992.6,《台语-ok 韵是汉台语比较的关键》,《民族语文》。[根据对应确定同源]

邢公畹,1993.5,《汉台语比较研究中的深层对应》,《民族语文》。[提出深层对应方法]

邢公畹,1995.1,《汉台语舌根音声母字深层对应例证》,《民族语文》。[根据深层对应确定同源]

邢公畹,1995.2,《邢公畹先生访谈录》(罗美珍采访),《民族语文》。[坚持汉台同源,但承认还没有找到强有力的方法来区分同源词和借词]

邢公畹,1999,《台语比较手册》,商务印书馆。

邢凯,1993.2,《壮语对毛难语的影响——兼谈语音影响的方式及其对历史比较的意义》,《民族语文》。[语言接触和语音影响方式]

邢欣,1990,《论"递系式"》,复旦大学博士学位论文。[空语类]

邢欣,1995,《致使动词的配价》,沈阳、郑定欧(主编)《现代汉语配价语法研究》。

熊正辉,1979.4,《南昌方言的声调及其演变》,《方言》。

熊正辉,1984.2,《怎样求出两字组的连读变调规律》,《方言》。[制约变调条件有今音的语音环境、古音来历、语法结构三个方面]

徐杰,1985.1,《"都"类副词的总括对象及其隐现、位序》,《汉语学习》。["都"的语义指向]

徐杰、李英哲,1993.2,《焦点和两个非线性语法范畴:"否定""疑问"》,《中国语文》。[语用分析]

徐赳赳,1990.5,《叙述文中"他"的话语分析》,《中国语文》。[语用分析]

徐赳赳,1996.1,《叙述文中直接引语分析》,《语言教学与研究》。[语用分析]

徐赳赳,1996.2,《篇章中的段落分析》,《中国语文》。[语用分析]

徐烈炯,1979.4,《两种新的音位学理论》,《语言学动态》。

徐烈炯,1984,《移位、空语类与领属条件》,《哈尔滨生成语法讨论会论文集》,黑龙江大学出版社。[空语类]

徐烈炯,1984.2,《管辖与约束理论》,《国外语言学》。

徐烈炯,1988,《生成语法理论》,上海外语教育出版社。

徐烈炯,1989.3,《生成音系学:问题与发展》,《外语教学与研究》。

徐烈炯,1990,《语义学》,语文出版社。[全面具体地介绍了现代语义学的各种流派]

徐烈炯,1994.5,《与空语类有关的一些汉语语法现象》,《中国语文》。

徐烈炯,1995,《语义学》,语文出版社。
徐烈炯,1996.4,《汉语语义研究的空白地带》,《中国语文》。
徐烈炯、刘丹青,1998,《话题的结构与功能》,上海教育出版社。
徐世荣,1956.2,《双音缀词的重音规律》,《中国语文》。[重音和词的结构、意义、词性、词素的结合等的关系]
徐世荣,1956.5,《谈谈〈汉语拼音方案〉(草案)结合韵的变音问题》,《中国语文》。
徐世荣,1957.6,《试论北京语音的"声调音位"》,《中国语文》。
徐世荣,1957.8,《北京语音音位简述》,《语文学习》。
徐世荣,1958,《普通话语音讲话》,文字改革出版社。[明确提出区分北京话的"声调音位"和"音素音位"]
徐世荣,1958,《普通话语音基本知识》,北京人民教育出版社。
徐世荣,1960.1,《儿化韵的基本变化规律》,《语文学习》。[概述了儿化韵的变化规律]
徐世荣,1960.2,《北京话里的两类特殊变调》,《中国语文》。
徐世荣,1961.5,《意群重音和语法的关系》,《中国语文》。
徐世荣,1978.3,《谈谈普通话变调中的两个小问题》,《语言教学与研究》。
徐世荣,1980,《普通话语音知识》,文字改革出版社。
徐世璇,1995.5,《毕苏语中的傣语借词》,《民族语文》。
徐世璇,1997.2,《毕苏语在历史比较中的地位和意义》,《民族语文》。
徐世璇,1998.3,《毕苏语方音的形成和语言的接触影响》,《民族语文》。
徐枢、饶长溶,1992.1,《三个平面:语法研究的多维视野——黄山语法修辞座谈会发言摘要》,《语言教学与研究》。
徐思益,1988,《从空语类说开去》,《语法研究和探索》(四),北京大学出版社。
徐思益,1989,《原则性和灵活性——简谈移位和省略》,《中国语言学报》第6期。[变换研究]
徐思益,1994.2,《再谈意义和形式相结合的语法研究原则——兼论语法研究三个平面》,《新疆大学学报》。[语用分析]
徐通锵,1981,《历史上汉语和其他语言的融合问题说略》,《语言学论丛》第7辑。[阐述了融合对汉语发展的作用]
徐通锵,1985.3,《宁波方言的"鸭"[ε]类词和"儿化"的残迹》,《中国语文》。[从变异和例外入手讨论语言演变的规律。儿化能导致音变规律的例外]
徐通锵,1987.4,《语言变异的研究和语言研究方法论的转折(上)》,《语文研究》。[变异和结构]
徐通锵,1988.1,《语言变异的研究和语言研究方法论的转折(下)》,《语文研究》。[变异和结构]
徐通锵,1988.3,《音系中的变异和内部拟测法》,《中国语言学报》第3期。[变异与结构]
徐通锵,1989.2,《变异中的时间和语言研究》,《中国语文》。[自组织论]
徐通锵,1990.1,《结构的不平衡性和语言演变的原因》,《中国语文》。[自组织论]
徐通锵,1991,《历史语言学》,商务印书馆。[全面讨论了历史语言学方法论]

徐通锵,1991,《百年来宁波音系的演变——附论音变规律的三种方式》,《语言学论丛》第 16 辑。[变异与结构]
徐通锵,1991.3,《语义句法刍议》,《语言教学与研究》。[提出字本位和语义句法的概念]
徐通锵,1992,《在"结合"的道理上摸索前进》,Newsletter(香港) No. 13.[语义语法]
徐通锵,1993,《徐通锵自选集》,河南教育出版社。
徐通锵,1994.2,《"字"和汉语的句法结构》,《世界汉语教学》。[提出字本位论]
徐通锵,1994.3,《"字"和汉语研究的方法论》,《世界汉语教学》。[字本位论]
徐通锵,1994.3—4,《音系的结构格局和内部拟测法——汉语的介音对声母系统的演变的影响》,《语文研究》。[结构与音变]
徐通锵,1996,《阴阳对转分析》,《语文新论》,山西教育出版社。[用叠置式音变解释阴阳对转]
徐通锵,1997,《语言论》,东北师范大学出版社。[全面讨论字本位和语义语法]
徐通锵,1997.1,《有定性范畴和语言的语法研究》,《语言研究》。[语义范畴]
徐通锵,1984,《美国语言学家谈历史语言学》,《语言学论丛》第 13 辑,商务印书馆。
徐通锵、陈保亚,1998,《20 世纪的中国历史语言学》,《20 世纪的中国语言学》,北京大学出版社。
徐通锵、王洪君,1986.1,《说变异》,《语言研究》。[讨论结构和变异的关系,提出了叠置式音变]
徐通锵、王洪君,1996,《改革开放以来的中国理论语言学》,载《中国语言学现状与展望》,外语教学与研究出版社。
徐通锵、叶蜚声,1979.3,《"五四"以来汉语语法研究评述》,《中国语文》。
徐通锵、叶蜚声,1980.1,《历史比较法和〈切韵〉音系的研究》,《语文研究》。[语言学和比较法应该结合]
徐通锵、叶蜚声,1980.3,《译音对勘与汉语的音韵研究》,《北京大学学报》。[对音研究的意义]
徐通锵、叶蜚声,1981.1,《内部拟测法和汉语上古音系的研究》,《语文研究》。
徐悉艰,1984.1,《景颇语的使动范畴》,《民族语文》。
徐悉艰,1987.5,《景颇语的量词》,《民族语文》。[量词的起源有自生和借用两条途径]
徐悉艰,1993.4,《载瓦语的量词》,《民族语文》。[载瓦语的量词是在藏缅语分化后产生的]
徐悉艰,1994.1,《彝缅语量词的产生和发展》,《语言研究》。[彝缅语的类别量词是分化成不同语支后独立产生的]
徐云扬,1988.5,《自主音段音韵学理论与上海声调变读》,《中国语文》。
徐震,1924,《歌戈鱼虞模古读考质疑》,《华国月刊》第 1 卷第 6 期。[反对根据对音构拟古音]
许宝华,1957.12,《上海话的读书音和说话音》,《语文知识》。[文白异读]
许宝华、潘悟云,1985.2,《不规则音变的潜语音条件——兼论见系和精组声母从非腭音到腭音的演变》,《语言研究》。[音变规则和语音条件的宽严有关]
许宝华、汤珍珠,1962.1,《上海方言的内部差异》,《复旦大学学报》。

许宝华、汤珍珠,1981,《语音》,上海教育出版社。
许宝华、汤珍珠、钱乃荣,1981.2,《新派上海方言的连读变调》,《方言》。[变调和语法条件有关]
许宝华、汤珍珠、钱乃荣,1982.2,《新派上海方言的连读变调(二)》,《方言》。
许宝华、汤珍珠、钱乃荣,1983.3,《新派上海方言的连读变调(三)》,《方言》。
许宝华、汤珍珠、汤志祥,1982.4,《上海方言的共时差异》,《中国语文》。
许宝华、游汝杰,1984.1,《苏南和上海吴语的内部差异》,《方言》。
许德楠,1979.1,《"一"的变调规律同语法作用的关系》,《语言教学与研究》。
许国璋,1983.1,《关于索绪尔的两本书》,《国外语言学》。
许嘉璐,1988.3,《关于训诂学方法的思考》,《北京师范大学学报》。
薛才德,1994.3,《景洪汉语谓词的一个后附成分与傣语的关系》,《民族语文》。[汉语借用傣语的语气词]
薛才德,2001,《汉语藏语同源字研究》,上海大学出版社。[依据比较严格的对应找出了一批汉藏同源字]
薛凤生,1975,《中原音韵音位系统》,北京语言学院出版社。
薛凤生,1982.2,《论音变与音位结构的关系》,《语言研究》。
薛凤生,1986,《北京音系解析》,北京语言学院出版社。[区别本音和变音]
雅格布逊 等,1952,《语音分析初探》,《国外语言学》,1981.3—4。
雅洪托夫,1986,《汉语史论集》,北京大学出版社。
严学宭,1936,《大徐本说文反切的音系》,《国学季刊》第 6 卷第 1 号。[系联法]
严学宭,1943,《小徐本说文反切之音系》,(国立)《中山大学师范学院季刊》第 1 卷第 2 期。[系联法]
严学宭,1959.1,《汉语声调的产生和发展》,《人文杂志》。[汉语声调的产生和发展是松紧元音递减消失,声母清浊影响分化和复合韵尾消失变化的结果]
严学宭,1979,《谈汉藏语系同源词和借词》,《江汉语言学丛刊》第 1 辑,湖北省语言学会编。[通过同族词的研究区分同源词和借词,提出语音相似、词义相通、形态相符三条原则]
严学宭,1979.2,《论汉语同族词内部屈折的变换模式》,《中国语文》。[系统地阐述了同族词的原则]
严翼相,1997.1,《韩国古代汉字音为中国上古音说》,《语言研究》。[早期汉韩关系字]
岩田礼[日],1982.4,《连云港市方言的连读变调》,《方言》。
颜其香、周植志,1995,《中国孟高棉语族与南亚语系》,中央民族大学出版社。
杨成凯,1986.1—3,《Fillmore 的格语法理论》,《国外语言学》。
杨成凯,1993.1,《句法、语义、语用三平面说的方法论分析》,《语文研究》。
杨春霖、李怀埔,1980.1,《现代汉语声母和日语音读(吴音、汉音)对应关系的研究》,《西北大学学报》。
杨春霖、李怀埔,1984,《现代汉语声母和日语音读(吴音、汉音)对应关系的研究》,《音韵学研究》,中华书局。

杨剑桥,1987.5,《汉藏比较语言学论略》,《复旦学报》。[汉藏历史比较方法论]
杨剑桥,1996,《汉语现代音韵学》,复旦大学出版社。
杨凯荣,1989,《日本语と中国语の使役表现に関する对照研究》,くろしお出版。
杨琳,1990.1,《也谈人称代词"其"》,《中国语文》。[语用分析]
杨耐思,1981,《中原音韵音系》,中国社会科学出版社。
杨宁,1996.3,《语法配价、参与者、价语及介词性价语》,《语文研究》。
杨品亮,1990.4,《现代白语中的古汉语词》,《民族语文》。
杨清,1996,《台—卡岱语系区域语言学研究》,中国社会科学院民族研究所博士学位论文。
杨荣祥,1997,《中古音和现代音对应中的变例现象》,《语言学论丛》第19辑。[解释音变例外]
杨荣祥,1999.3,《近代汉语副词简论》,《北京大学学报》。
杨时逢,1969,《云南方言调查报告》,《"中研院"历史语言研究所专刊》之五十六。
杨时逢,1974,《湖南方言调查报告》,《"中研院"历史语言研究所专刊》之六十六。
杨时逢,1984,《四川方言调查报告》,《"中研院"历史语言研究所专刊》之八十二。
杨树达,1920,《高等国文法》,商务印书馆,1984。
杨树达,1954,《积微居小学述林》,中华书局,1983。[字族论]
杨锡,1993.6,《湖南通道侗族诗歌中的汉语平话借词》,《民族语文》。
杨自翔,1987,《〈李氏音鉴〉所反映的北京音体系》,《语言研究论丛》第4辑,南开大学出版社。
叶蜚声,1963,《房德里耶斯的语言理论》,《语言学论丛》第5辑。
叶蜚声、徐通锵,1981,《语言学纲要》,北京大学出版社。
叶斯泊森,1924,《语法哲学》(The Philosophy of Grammar),语文出版社,1988。
叶文曦,1996,《汉语字组的语义结构》,北京大学中文系博士学位论文。[从字本位角度讨论了语义构词理论]
叶文曦,1998,《论汉语单字格局向双字格局转变的原因和途径》,《北大中文学刊》,北京大学出版社。[字本位观念]
叶文曦,1999,《汉语单字格局的语义构造》,《语言学论丛》第22辑。
叶祥苓,1958,《吴方言研究》,《方言与普通话集刊》第5本。
叶祥苓,1958,《吴江方言的声调》,《方言与普通话集刊》第5本。
叶祥苓,1979.1,《苏州方言的连读变调》,《方言》。[变调和语法条件有关。用比字方法证实连调造成音类合并]
叶祥苓,1979.4,《再论苏州方言上声和阴去的连读变调》,《方言》。
叶祥苓,1983.1,《吴江方言声调再调查》,《方言》。
叶祥苓,1984.1,《关于苏州方言的调类》,《方言》。
叶向阳,1997,《"把"字句的致使性解释》,北京大学中文系硕士学位论文。[论证了高层次语义关系和低层次语义关系,认为动词的及物关系是一种低层次语义关系]
殷国光,1997,《〈吕氏春秋〉词类研究》,华夏出版社。
尹世超,1991.6,《试论黏着动词》,《中国语文》。

尹仲贤,1957.6,《汉语的声调在音位系统中的地位》,《中国语文》。[声调不能从音节中独立出来]
游汝杰,1982.2,《论台语量词在汉语南方方言中的底层遗存》,《民族语文》。[底层关系词分析]
游汝杰、钱乃荣、高钲夏,1980.5,《论普通话的音位系统》,《中国语文》。[按声韵调归纳音位,得声位、韵位和调位]
有坂秀世,1936,《汉字朝鲜音》,《国语音韵史的研究》新版,1957,三省堂,东京。[对音]
有坂秀世,1937—1939,《カールゲレン氏の拗音说を评す》,《国语音韵史研究》新版,1957年,三省堂,东京。[通过对音讨论重纽]
余德江,2014,《基于严格语音对应的汉缅语比较研究》,北京大学本科毕业论文。
余志鸿,1988.3,《"宾动"倒句和语言交融》,《民族语文》。
俞敏,1949,《汉语的"其"跟藏语的gji》,《燕京学报》第37期。
俞敏,1952.11,《北京话的实体词的词类》,《语文学习》。[根据重叠的差别定词类]
俞敏,1980.1,《汉藏两族人和话同源探索》,《北京师范大学学报》。[从民族史和字音变化论证同源]
俞敏,1982.8,《汉藏比较的范围应该扩大》,第15届国际汉藏语言学会议论文。[认为应该在单音节词、双音节词、词组及语序方面展开比较]
俞敏,1984,《汉藏虚字比较研究》,《中国语文学论文选》,日本光生馆。[将古汉语和藏文的词头做系统比较,认为有严整的对应]
俞敏,1984,《后汉三国梵汉对音谱》,《中国语言学论文选》,日本光生馆。[系统展开梵汉对音研究]
俞敏,1984.4,《北京音系的成长和它受的周围影响》,《方言》。
俞敏,1989.1,《汉藏同源字谱稿》,《民族语文》。[系统研究了汉藏同源词]
俞敏,1989.2,《汉藏同源字谱稿(续)》,《民族语文》。[系统研究了汉藏同源词]
尉迟治平,1982.2,《周、隋长安方音初探》,《语言研究》。[运用对音材料]
尉迟治平,1985.2,《论隋唐长安音和洛阳音的声母系统》,《语言研究》。
尉迟治平,1995.2,《"风"之谜和夷语走廊》,《语言研究》。[中原雅言是融合的结果]
尉迟治平,1996,《从"风、雷、雨、电"论夷语、楚语、羌语和雅言》,《语言研究增刊》。[中原雅言是融合的结果]
喻世长,1956.1,《布依语几个声母的方音对应研究》,《语言研究》。
喻世长,1959,《布依语调查报告》,科学出版社。
喻世长,1959.2,《有关我国少数民族语言系属的一些问题》,《中国语文》。
喻世长,1961.12,《关于"汉语对我国少数民族语言影响"研究中的几个问题》,《中国语文》。
喻世长,1981.2,《元音和谐中的三足鼎立》,《民族语文》。[语言的影响可能是元音和谐发生变化的原因]
喻世长,1983,《论蒙古语族的形成和发展》,民族出版社。[语言分化和语言互相影响往往是同时存在的]

喻世长,1992.2,《怎样建立做为语言学一个分科的语义学》,《语言研究》。
袁家骅,1947,《窝尼语音系》,《学原》第1卷第11期。[变调规律。声韵调系统]
袁家骅,1952.12,《广西僮语方言分析概况和创制文字的途径》,《中国语文》。[划分壮语南北方言,南部有送气清塞音,北部没有]
袁家骅,1953,《阿细民歌及其语言》,科学出版社。
袁家骅,1954,《僮语|r|的方音对应》,《语言学论丛》第5辑。
袁家骅、韦庆稳、张均如,1953,《1952年僮族语文工作报告》,中国科学院出版社。
袁家骅等,1960,《汉语方言概要》,文字改革出版社。
袁焱,2001,《语言接触与语言演变——阿昌语个案调查研究》,中央民族大学博士学位论文,民族出版社,2001。[汉语和阿昌语接触]
袁毓林,1989.1,《论变换分析方法》,《汉语学习》。
袁毓林,1992.3,《现代汉语名词的配价研究》,《中国社会科学》。
袁毓林,1993.2,《正反问句及相关的类型学参项》,《中国语文》。[语法叠置]
袁毓林,1993a,《现代汉语祈使句研究》,北京大学出版社。[变换分析,语义特征分析,语用分析]
袁毓林,1993b,《准双向动词研究》,袁毓林《现代汉语祈使句研究》,北京大学出版社。
袁毓林,1994.4,《一价名词的认知研究》,《中国语文》。
袁毓林,1995,《现代汉语二价名词研究》,沈阳、郑定欧(主编)《现代汉语配价语法研究》。
袁毓林,1995.1,《词类范畴的家族相似》,《中国社会科学》。[用认知语言学的原则来解决汉语词类的划分问题]
袁毓林,1995.4,《谓词隐含及其句法后果——"的"字结构的称代规则和"的"的语法、语义功能》,《中国语文》。[语用分析]
袁毓林,1996.4,《话题化及相关的语法过程》,《中国语文》。[语用分析]
袁毓林,2002.3,《论元角色的层级关系和语义特征》,《世界汉语教学》。
袁毓林、郭锐(编),1998,《现代汉语配价语法研究》第2辑,北京大学出版社。
云南民族学院,1983,《西双版纳傣文汉文词汇对照》,油印稿。
曾思奇,1988.5,《排湾语动词的时态及其语法范畴》,《中央民族学院学报》。
曾晓渝,1994,《汉语水语关系词研究》,重庆出版社。[系统分析了汉语和水语的关系词]
曾晓渝,1994,《也谈水语全浊声母 mb-、nd- 的来源》,《语言研究》增刊。
曾晓渝,1997.5,《汉语水语复音形容词的历史比较研究》,《中国语文》。
曾晓渝(主编),2010,《侗台苗瑶语言的汉借词研究》,商务印书馆。[分析了侗台苗瑶的汉语借词]
曾运乾,1927.1,《切韵五声五十一纽考》,《东北大学季刊》。[系联法]
曾运乾,1927.2,《喻母古读考》,《东北大学季刊》。
扎德,1984,《模糊集合、语言变量及模糊逻辑》,陈国权译,科学出版社。
詹伯慧,1959,《潮州方言》,《方言和普通话丛刊》,中国语文杂志社。
詹伯慧,1959,《海南岛军话语音概述》,《语言学论丛》第3辑。[北方方言岛,周围是闽方言系

统的海南话]
詹卫东,1998.1,《"NP+的+VP"偏正结构的组句谋篇中的特点》,《语文研究》。
詹卫东,2000,《面向中文信息处理的现代汉语短语结构规则研究》,清华大学出版社。
张伯江,1994.5,《词类活用的功能解释》,《中国语文》。[用认知语言学的原则来解决汉语词
　　类的划分问题]
张伯江、方梅,1994.2,《汉语口语的主位结构》,《北京大学学报》。[语用分析]
张伯江、方梅,1995,《北京口语易位现象的话语分析》,《语法研究和探索》(七),商务印书馆。
　　[语用分析]
张伯江、方梅,1996,《汉语功能语法研究》,江西教育出版社。[语用分析]
张博,1991.3,《同源词·同族词·词族》,《固原师专学报》。
张博,2003,《汉语同族词的系统性与验证方法》,商务印书馆。
张公瑾,1978.4,《论汉及壮侗语族诸语言中的单位词》,《中央民族学院学报》。
张公瑾,1983.4,《傣语指示词和汉语"者"字关系探源》,《民族语文》。[根据对应确定同源]
张光宇,1989.4,《闽方言古次浊声母的白读 h-和 s-》,《中国语文》。
张光宇,1992,《汉语方言见系二等文白异读的几种类型》,《清华学报》第22卷(新竹)。
张光宇,1993,《吴闽方言关系试论》,《中国语文》。
张光宇,1996.1,《论闽方言的形成》,《中国语文》。
张光宇,1996,《闽客方言史稿》,国立编译馆主编,南天书局。
张光宇,1999.1,《东南方言关系综论》,《方言》。
张国宪,1993,《现代汉语形容词的选择性研究》,上海师大博士学位论文。
张国宪,1993.2,《谈隐含》,《中国语文》。[配价研究]
张国宪,1995,《论双价形容词》,沈阳、郑定欧(主编)《现代汉语配价语法研究》。[讨论了形容
　　词的价]
张国宪,1997.3,《"V双+N双"短语的理解因素》,《中国语文》。
张洪明,1994,《关于短语音系学研究中的若干问题》,石锋(编)《海外中国语言学研究》。
张惠英,1979.4,《崇明方言的连读变调》,《方言》。[变调和语法条件有关]
张惠英,1980.1,《崇明方言三字组的连读变调》,《方言》。[变调和语法条件有关]
张济川,1981.3,《藏语拉萨话声调分化的条件》,《民族语文》。[声调分化与辅音有关,起首辅
　　音决定声调的高低,首尾辅音决定声调的升降]
张济川,1989.2,《藏语的使动、时式、自主范畴》,《民族语文》。
张济民,1984.3,《从语音特点和词义生成看仡佬语与苗语的关系》,《贵州民族研究》。[根据
　　对应和同构确定同源关系]
张家茂,1979.4,《苏州方言上声和阴去的连读变调》,《方言》。
张静,1957.2,《谈北京话的音位》,《中国语文》。
张静,1980,《新编现代汉语》,上海教育出版社。
张均如,1980.2,《原始台语声母类别探索》,《民族语文》。[台语先喉塞音声母与送气声母对
　　声调的再分化有显著的影响]

张均如,1982.1,《广西中南部地区壮语中的老借词源于古汉语"平话"考》,《语言研究》。[按当地长期以来形成的老借词读音系统吸收借词]
张均如,1983.1,《壮侗语族塞擦音的产生和发展》,《民族语文》。[受汉语影响壮侗语出现了新音位]
张均如,1985.3,《广西中南部地区壮语中新借词读音的发展》,《民族语文》。[借词读音的规律]
张均如,1987.1,《广西平话中的壮语借词》,《语言研究》。
张均如,1987.4,《记广西南宁新圩平话》,《方言》。
张均如,1992,《侗台语族声调的发生和发展》,《中国民族语言新探》,四川民族出版社。
张琨,1947,《苗瑶语声调问题》,《"中研院"历史语言研究所集刊》第16本。
张琨,1969,《汉藏语系的"针"字》,《汉藏语系语言学论文选》。[根据对应确定同源]
张琨,1971,《汉藏语系的"铁"字 QHLEKS》,《汉藏语系语言学论文选》。[根据对应确定同源]
张琨,1985,《论比较闽方言》,《"中研院"历史语言研究所集刊》第55本第3分。[《切韵》异质论]
张琨,1987,《汉语音韵史论文集》,张贤豹译,联经出版事业公司(台北)。[《切韵》异质论]
张琨,1988.6,《〈建州八音〉的声调》,《中国语文》。
张琨,1992.3,《瑶语入声字》,《民族语文》。
张琨、张谢蓓蒂,1972,《原始汉语的韵母系统和〈切韵〉》,《"中研院"历史语言研究所单刊》甲种之二十六。[提出《切韵》异质论]
张黎,1986.6,《模糊语义刍议》,《北方论丛》。
张力军,1990.3,《论"NP$_1$+A+VP+NP$_2$"格式中 A 的语义指向》,《烟台大学学报》。[语义指向]
张烈材,1985.2,《特斯尼埃的〈结构句法基础〉简介》,《国外语言学》。
张敏,1990,《汉语方言反复问句的类型学研究》,北京大学博士学位论文。[语法叠置]
张敏,1998,《认知语言学与汉语名词短语》,中国社会科学出版社。
张清常,1959.1,《内蒙古自治区汉语方音与普通话语音的对应规律》,《内蒙古大学学报》。
张清常,1978.3,《漫谈汉语中的蒙语借词》,《中国语文》。[汉语蒙语关系词分析]
张清常,1980,《古音无轻唇舌上八组再证》,《语言研究论丛》,天津人民出版社。
张日升,1968,《试论上古四声》,《香港中文大学中国文化研究所学报》第1卷。
张盛裕,1979.2,《潮阳方言的连读变调》,《方言》。[变调方式和语法有关]
张盛裕,1979.4,《潮阳方言的文白异读》,《方言》。
张盛裕,1980.2,《潮阳方言的连读变调(二)》,《方言》。[变调方式和语法有关]
张盛裕,1983.3,《太平(仙源)方言两字组的连调变调》,《方言》。
张世禄,1934,《语言学概论》,中华书局。
张世禄,1935,《语音学纲要》,开明书店。
张世禄,1938,《中国音韵学史》,商务印书馆。[现代语音学的方法]

张世禄,1943,《朱翱反切声类》,《中山大学研究院文科研究所集刊》第1期。[系联法的运用]
张世禄,1944,《朱翱反切考》,《说文月刊》第4卷。[系联法的运用]
张渭毅,1997,《〈集韵〉研究》,北京大学中文系博士学位论文。[认为《集韵》是叠置多种音系成分的综合音系]
张谢蓓蒂,1976,《苗瑶语藏缅语的鼻冠塞音声母——是扩散的结果呢,还是发生学关系的证据?》,《汉藏语系语言学论文选》。[承认区分发生和扩散存在困难]
张兴权,1994.5,《从语言接触看朝鲜族的语言使用和朝鲜语的共时变异》,《民族语文》。[汉韩接触研究]
张洵如,1937,《北平音系十三辙》,中国大辞典编纂处。
张洵如,1947,《国语里卷舌韵之功用》,《国文月刊》第54期。《中国语文研究参考资料选辑》。
张洵如,1947,《国语轻重音之比较》,《国语月刊》第57期。《中国语文研究参考资料选辑》。
张洵如,1947,《国语用字之变音》,《国文月刊》第59期。《中国语文研究参考资料选辑》。
张洵如,1948,《国语重叠词之调查》,《国文月刊》第67期。《中国语文研究参考资料选辑》。
张亚非,1993.5,《语篇及其符号解释过程》,《外国语》。[语用分析]
张谊生,1996.1,《副词的篇章连接功能》,《语言研究》。[语用分析]
张永言,1984,《述上古汉语的"五色之名"兼及汉语和台语的关系》,《语言论丛》(《四川大学学报丛刊》第22辑)。[汉台关系字分析]
张元生(等),1985,《海南临高话》,广西民族出版社。
张振兴,1983.3,《漳平(永福)方言的连读变调》,《方言》。
张志公,1953,《汉语语法常识》,上海教育出版社,1959。
张志公(等),1956,《暂拟汉语教学语法系统》,人民教育出版社。
张志公(主编),1982,《现代汉语》,人民教育出版社。
张志毅,1981,《简明同义词典》,上海辞书出版社。[语义特征分析]
章士钊,1907,《中等国文典》,商务印书馆。[区分字和词]
章太炎(章炳麟),1910,《国故论衡》,上海古籍出版社,2003。
章太炎(章炳麟),1924,《与汪旭初论阿字长短音书》,《华国月刊》第1卷第5期。[反对用对音材料来构拟古音]
赵秉璇、竺家宁,1998,《古汉语复声母论文集》,北京语言文化大学出版社。
赵加,1990,《试探闽方言中壮侗语底层》,《汉语与少数民族语言关系研究》(《中央民族学院学报增刊》)。[语言底层的关系词分析]
赵杰,1989,《现代满语研究》,辽宁民族出版社。[语言接触]
赵杰,1993,《现代满语与汉语》,辽宁民族出版社。[语言接触]
赵杰,1993.1,《北京香山满语底层之透视》,《中央民族学院学报》。[语言接触]
赵杰,1994.1,《北京话中的满语词浅析》,《满语研究》。[语言接触]
赵杰,1996,《北京话的满语底层和"轻音""儿化"探源》,北京燕山出版社。
赵世开,1983.2,《纽迈耶的〈美国的语言学理论〉》,《国外语言学》。
赵世开,1986.1,《语言结构中的虚范畴》,《中国语文》。[空语类]

赵世开,1989.8,《美国语言学简史》,上海外国语教育出版社。
赵衍荪,1982,《白语的系属问题》,《民族语言研究文集》,青海民族出版社。[列举了几百个白语和彝语支语言的同源词]
赵荫棠,1936,《中原音韵研究》,商务印书馆。
赵元任,1922a,《国语罗马字的研究》,《国语周刊》(原《国语旬刊》)1卷7期。[提出了建立实用国语罗马字系统应该考虑的25条原则]
赵元任,1922b,《中国言语字调底实验研究法》,吴宗济、赵新那(编)《赵元任语言学论文集》,商务印书馆,2002。
赵元任,1923,《国语新诗韵》,商务印书馆。
赵元任,1928,《现代吴语研究》,清华学校研究院丛书第4种。[第一部用现代语言学方法调查研究吴语的著作]
赵元任,1930,《一套标调的字母》,袁毓林(编)《中国现代语言学的开拓和发展》,清华大学出版社。
赵元任,1933,《汉语的字调跟语调》,袁毓林(编)《中国现代语言学的开拓和发展》,清华大学出版社,1992。
赵元任,1934,《音位标音法的多能性》,袁毓林(编)《中国现代语言学的开拓和发展》,清华大学出版社,1992。[讨论了音位归纳的相对性和严式记音的意义]
赵元任,1937,《北京音系的性质》,《国语周刊》第289期。
赵元任,1939,《钟祥方言记》,《"中研院"历史语言研究所单刊》,甲种之十五。
赵元任,1948,《北京口语语法》,李荣编译,载李荣《语文论衡》,开明书店,1952。[最早用结构语言学理论全面描写汉语]
赵元任,1959,《语言问题》,商务印书馆,1980。
赵元任,1968,《汉语口语语法》(*A Grammar of Spoken Chinese*,Berkeley),吕叔湘译,商务印书馆,1979。[用结构语言学方法全面描写汉语]
赵元任,1985,《赵元任语言学论文选》,中国社会科学出版社。
赵元任,1992,《中国现代语言学的开拓和发展》,袁毓林(编),清华大学出版社。[赵元任论文集]
赵元任、丁声树(等),1948,《湖北方言调查报告》,《"中研院"历史语言研究所专刊》之十八。
赵振铎,1962.10,《从〈切韵·序〉论〈切韵〉》,《中国语文》。[《切韵》同质论]
照那斯图,1991.6,《论汉语中的蒙古语借词"胡同"》,《民族语文》。[汉语蒙语关系词分析]
郑国乔,1983.3,《侗语的声调》,《贵州民族研究》。[讨论了声母对声调的制约]
郑锦全,1988.2,《汉语方言亲疏关系的计量研究》,《中国语文》。[数量分类]
郑锦全,1994.1,《汉语方言沟通度的计算》,《中国语文》。
郑仁甲,1983,《朝鲜语固有词中的"汉源词"试探》,《语言学论丛》第10辑,商务印书馆。[早期汉朝关系字]
郑贻青,1980,《黎语和壮、傣、侗、水等元音的比较试探》,全国民族语言学术讨论会上提交的论文。

郑贻青,1995.5,《回辉话中的汉语借词及汉字读音》,《民族语文》。
郑张尚芳,1980.4,《温州方言儿尾词的语音变化(一)》,《方言》。
郑张尚芳,1981.1,《温州方言儿尾词的语音变化(二)》,《方言》。
郑张尚芳,1981,《汉语上古音系表解》,油印稿。[同族词比较法]
郑张尚芳,1990.6,《古吴越地名中的侗台语成分》,《民族语文》。
郑张尚芳,1994,《汉语声调平仄之分与上声去声的起源》,《语言研究增刊》。
郑张尚芳,1995,《汉语与亲属语同源词根及附缀成分比较上的择对问题》,JCL,Monograph Series Number 8.[讨论了历史比较的择词原则,提出汉侗台南岛语同源论]
中国社会科学院语言研究所词典编辑室,1978,《现代汉语词典》,商务印书馆,1978,1996。[以 IA 方式或变音方式处理儿化]
中国语文杂志社,1955,《汉语的词类问题》,中华书局。
中国语文杂志社,1956,《汉语的词类问题》(第 2 集),中华书局。
中国语文杂志社,1956,《主语宾语问题的讨论》,中华书局。
中国语文杂志社,1984,《汉语析句方法讨论集》,上海教育出版社。
钟荣富,1995.3,《优选论与汉语的音系》,《国外语言学》。
周殿福,1984,《声母和韵母》,上海教育出版社。
周法高,1948a,《从玄应音义考察唐初的语音》,《学原》第 2 卷第 3 期。
周法高,1948c,《玄应反切考》,《"中研院"历史语言研究所集刊》第 20 本(上)。[系联法的运用]
周法高,1948c,《广韵重纽的研究》,《"中研院"历史语言研究所集刊》第 13 本。[重纽是主要元音的区别]
周法高,1952,《三等韵重唇音反切上字研究》,《"中研院"历史语言研究所集刊》第 23 本。[重唇反切上字有重纽的区别]
周国光,1995,《确定配价的原则与方法》,沈阳、郑定欧(主编)《现代汉语配价语法研究》。[配价是语义层面的问题]
周国光,1997.3,《工具格在汉语句法结构中的地位——与袁毓林先生商榷》,《中国语文》。
周换琴,1995.1,《"不但……而且……"的语用分析》,《语言教学与研究》。
周荐,1991,《同义词语的研究》,天津人民出版社。
周荐,1995,《汉语词汇研究史纲》,语文出版社。
周晋英,1999,《北京话儿化韵的〈优选论〉分析》,《首都师范大学学报增刊》。
周上之,2013,《辞研究和复合词研究的共同任务》,载《世纪对话——汉语字本位与词本位的多角度研究》,北京大学出版社。
周上之(主编),2013,《世纪对话——汉语字本位与词本位的多角度研究》,北京大学出版社。
周小兵,1991,《表示限定的"只"和"就"》,《第三届国家汉语教学讨论会文选》。[语义指向]
周小兵,1992.2,《句义蕴涵与句义等同》,《语言研究》。[语用分析]
周耀文,1958.2,《怎样处理声调在音位系统中的地位问题》,《中国语文》。
周耀文,1995,《中国少数民族语文使用研究》,中国社会科学出版社。

周耀文、罗美珍,2001,《傣语方言研究》,民族出版社。
周祖谟,1966a,《〈切韵〉的性质和它的音系基础》,《问学集》,中华书局。[《切韵》是6世纪文学语言的语音系统]
周祖谟,1966b,《诗经韵字表》,《问学集》,中华书局。
周祖谟,1966c,《宋代汴洛语音考》,《问学集》,中华书局。
朱昌,1985,《动词的框架与句型的关系》,《研究生论文集·语言文学分册》,江苏古籍出版社。
　　[用"强制性名词成分(obligatory nominal)"规定动词的价]
朱德熙,1956.1,《现代汉语形容词研究》,《语言研究》,科学出版社。
朱德熙,1959.9,《说"差一点"》,《中国语文》。[最早的汉语语用分析]
朱德熙,1961.12,《说"的"》,《中国语文》。[分布分析]
朱德熙,1962.8—9,《论句法结构》,《中国语文》。[讨论了同构问题,提出了用推导式鉴定结构关系。讨论了变换]
朱德熙,1978.1—2,《"的"字结构和判断句》,《中国语文》。[提出了根据歧义指数确定"向"的原则]
朱德熙,1978.3,《"在黑板上写字"及相关句式》,《语言教学与研究》,修订稿在《语法丛稿》。[变换分析]
朱德熙,1979,《汉语句法中的歧义现象》,《中国语文》1980.2。[区分了隐性关系和显性关系。涉及了语义指向]
朱德熙,1979.2,《与动词"给"相关的句法问题》,《方言》。[变换分析,语义特征分析]
朱德熙,1980,《现代汉语语法研究》,商务印书馆。[论文集]
朱德熙,1980.10,《汉语语法丛书·序》,商务印书馆,1983。
朱德熙,1982,《语法讲义》,商务印书馆。[最早提出指称与陈述]
朱德熙,1982.1,《语法分析和语法体系》,《中国语文》。
朱德熙,1982.3,《潮阳话和北京话重叠式象声词的构造》,《方言》。[IP描写方式]
朱德熙,1983.1,《自指和转指:汉语名词化标记"的、者、所、之"的语法功能和语义功能》,《方言》。
朱德熙,1984.6,《关于向心结构的定义》,《中国语文》。[引入语义组合条件限制向心结构的定义]
朱德熙,1985,《语法答问》,商务印书馆。[全面展开了对分布理论的辩护,系统展开了词组本位的理论]
朱德熙,1985.1,《汉语方言里的两种反复问句》,《中国语文》。[语法叠置]
朱德熙,1985.5,《现代书面汉语里的虚化动词和名动词》,《北京大学学报》。
朱德熙,1986.2,《变换分析中的平行性原则》,《中国语文》。
朱德熙,1986.4,《在中国语言和方言学术讨论会上的发言》,《中国语文》。
朱德熙,1990,《语法丛稿》,上海教育出版社。[论文集]
朱德熙,1991.5,《"V-neg-VO"与"VO-neg-V"两种反复问句在汉语方言里的分布》,《中国语文》。[语法叠置]

朱德熙、卢甲文、马真,1961.4,《关于动词形容词"名物化"的问题》,《北京大学学报》。[分布与词类]
朱晓农,2008,《中国语言中具有语言学功能的发生态》,第八届中国语音学学术会议论文。
祝敏彻,1958,《先秦两汉时期的动词补语》,《语言学论丛》第2辑。[分布分析]
祝敏彻,1982.3,《〈朱子语类〉中的"地""底"的语法作用》,《中国语文》。[分布分析]
子月,1984.4,《也谈三个上声连读变调的问题》,《语言教学与研究》。
邹韶华,1986.4,《名词在特定环境中的语义偏移现象》,《中国语文》。[语用分析]

后　记

　　本书是在我的《20世纪中国语言学方法论》（简称《方法论》）基础上进一步研究的结果。研究对象仍以《方法论》所涉及的20世纪中国语言学研究中的主要理论或方法论为主线，内容主要集中在进一步论证这些理论或方法论的得失，并给出自己的初步解决方案，所以增加了更多的材料分析。《方法论》中所涉及的一些重要问题，有些回应一直延续到21世纪，考虑到方法论的连续性，对一些比较新的观点也做了适当的补充分析。关于音系学的方法论讨论，我在林焘主编的《中国语音学史》（2010）里有过比较多的分析，本书考虑到在语法语音方面的整体性，这些音系方面的内容仍然占用了一定篇幅。再考虑到相关内容的完整性，我在《当代语言学》中的有些论述也在本书中有一定展开。

　　20世纪有不少学者运用一些方法对具体问题做了很出色的研究，但由于不直接涉及方法论的问题，这部分内容本书没有纳入，读者可参看相关的专项研究。20世纪末，中国语言学界关于语法化、词汇化、指称回指研究、认知语言研究、语用研究、类型学等重要理论开始得到讨论，但更多的讨论是在21世纪展开的，本书限于篇幅，这些内容没有充分展开分析。这些理论模型需要以后专门展开研究。

　　作为理论或方法论研究著作，大量的材料分析有失琐碎，但要使论证尽可能充分，要对理论模型的得失有尽可能清楚的认识，这些材料分析必不可少。即使增补了很多材料分析，很多问题的论证仍然不够充分，甚至很不充分。随着笔者对相关问题研究的进一步深入，修订工作会继续进行。不同层次和研究方向的读者可根据自己的需要选择阅读这些材料分析和论证。

　　《方法论》1999年出版后，我一直在北大中文系开设本科生的"理论语言学"和研究生的"语言学方法论""当代语言学""语言学前沿问题讲座""汉语语言学理论问题"等课程，十多年来和学生们的讨论为我的后续研究提供了极大的帮助。我的学生和同行专家也多次向我指出了《方法论》中的错误和错漏，在此我对他们表示特别的感谢。本书中涉及白语、彝语、山西话、纳西语的材料，得到了汪锋、李子鹤、覃俊珺等的帮助。

周政后先生对本书初稿做了大量的修改和核对工作。刘一玲女士、龚英女士先后负责本书编辑，为我提供了很多修改和建设性意见。我的学生覃俊珺、郑仲桦、田祥胜、丁彧藻、张婷、余德江、刘晓茜、冯韵等分章节审读了清样，余德江和我的妻子何方最后又通读了清样。在此一并表示衷心的感谢。书中的错误概由本人负责。

陈保亚

2015 年 5 月 7 日于北京大学